平川祐弘決定版著作集

和魂洋才の系譜

平川祐弘

勉誠出版

『花子の面《マスク》』（ロダン美術館蔵、1908年以後）

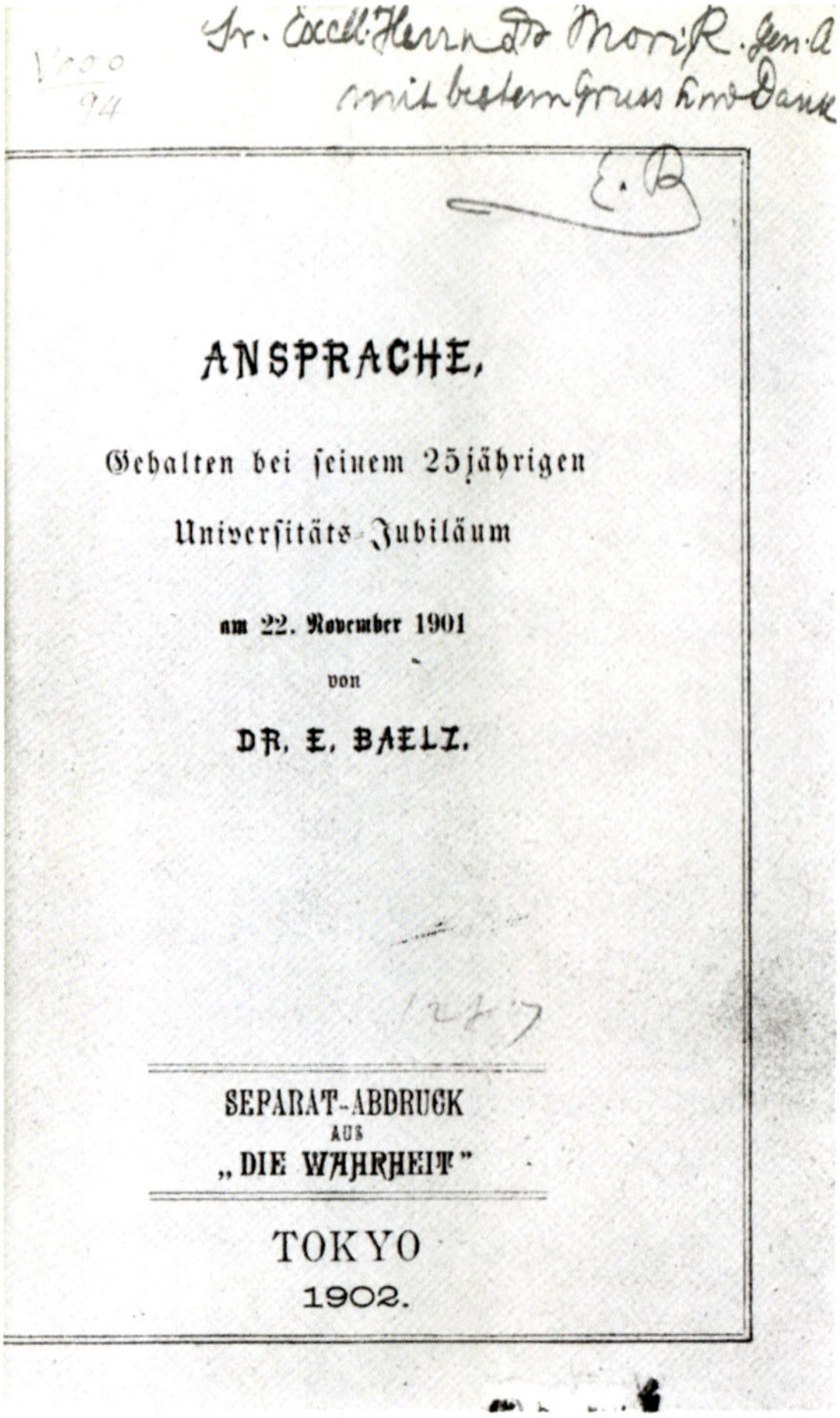

Sr. Excell. Herrn Dr. Mori R. Gen. A.
mit bestem Gruss und Dank
E. B.

ANSPRACHE,

Gehalten bei seinem 25jährigen

Universitäts-Jubiläum

am 22. November 1901

von

DR. E. BAELZ.

SEPARAT-ABDRUCK
AUS
„DIE WAHRHEIT"

TOKYO
1902.

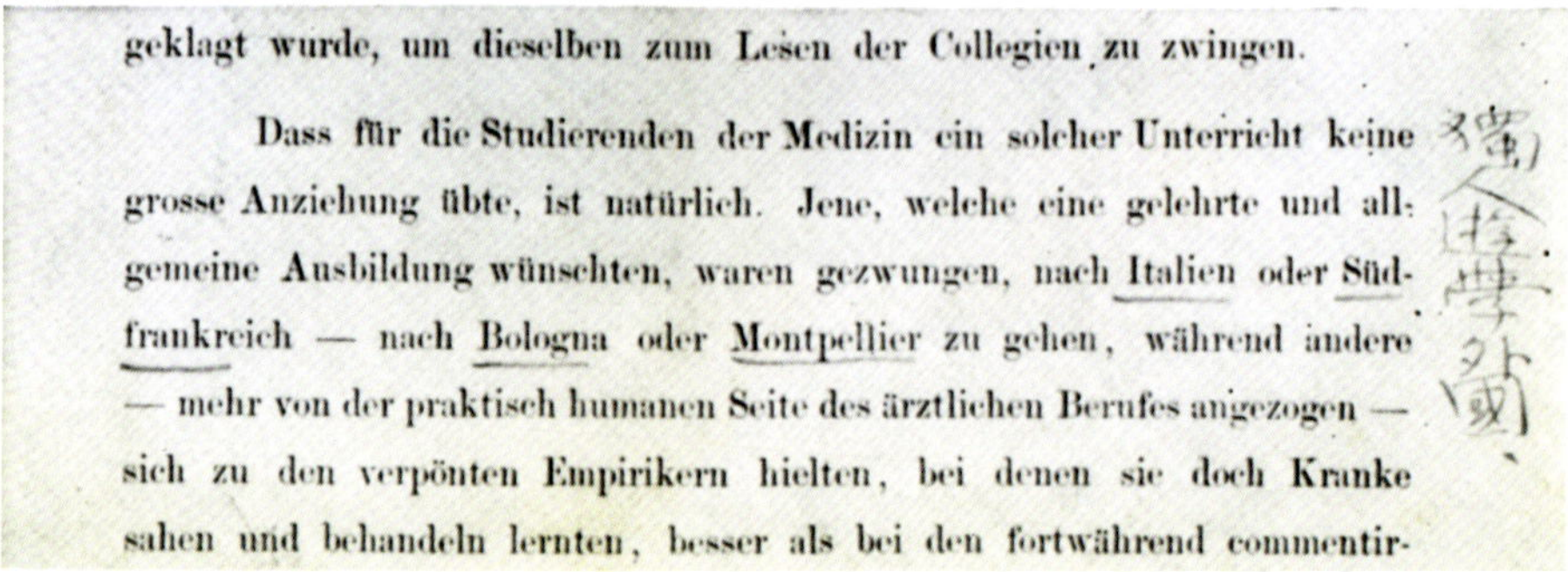

geklagt wurde, um dieselben zum Lesen der Collegien zu zwingen.

Dass für die Studierenden der Medizin ein solcher Unterricht keine grosse Anziehung übte, ist natürlich. Jene, welche eine gelehrte und allgemeine Ausbildung wünschten, waren gezwungen, nach Italien oder Südfrankreich — nach Bologna oder Montpellier zu gehen, während andere — mehr von der praktisch humanen Seite des ärztlichen Berufes angezogen — sich zu den verpönten Empirikern hielten, bei denen sie doch Kranke sahen und behandeln lernten, besser als bei den fortwährend commentir-

上　ベルツ博士が、小倉の第十二師団軍医部長森林太郎博士に贈った告別講演の抜刷。
東京大学総合図書館蔵。
本書155頁以下参照。

下　ミュンヘン大学総長ロートムントの演説の一節と森鷗外の書入れ。
東京大学総合図書館蔵。
本書124頁以下参照。

古人の跡を求めず、古人の求めたるところを求めよ

芭蕉

目次

和魂洋才の系譜
――内と外からの明治日本――

第二部　非西洋の近代化と人種間問題

第三部　西欧化日本と和魂の行方

凡　例

一、本著作集は平川祐弘の全著作から、著者本人が精選し、構成したものである。
一、本文校訂にあたっては原則として底本通りとしたが、年代については明確化し、明かな誤記、誤植は訂正した。
一、数字表記等は各底本の通りとし、巻全体での統一は行っていない。
一、各巻末に著者自身による書き下ろしの解説ないしは回想を付した。
一、各巻末には本著作集のために書き下ろした諸家の新たな解説を付すか、当時の書評や雑誌・新聞記事等を転載した。

底　本

『和魂洋才の系譜』の底本は河出書房新社の完本『和魂洋才の系譜』二〇一六年である。ただし《尊皇攘夷と開国和親――鷗外作『津下四郎左衛門』をめぐって》は『西欧の衝撃と日本』に収めたので省略した。書評 *Wakon-yosai no keifu* は『比較文学研究』22、一九七二年、書評 **Le Japon aux prises avec l'autre** は *Critique*, février 1974, No. 321 pp.172-188 である。それらの日本語訳文（後者は抄訳）は既刊の河出単行本『和魂洋才の系譜』に収められているので本巻には省略した。大嶋仁氏の寄稿は本著作集のためのものである。

和魂洋才の系譜
――内と外からの明治日本――

第一部　非西洋の近代化とその心理

一九五五年のことだった。当時のフランス駐剳《ちゆうさつ》日本大使西村熊雄氏がパリの大学都市でフランス語で講演された。その趣旨は、日本はますます西洋化への努力を続けねばならぬというものだった。居あわせたフランス人はもとより日本人留学生たちもその趣旨に賛成であるかに見えた。そのころの私は西欧文化に深く惹かれた学生だったが、しかし日本の全面的な西洋化などということは、本来的に歴史的にあり得ない純粋目標ではあるまいか、という疑問を覚えた。そしてそのような純粋目標は努力目標としては意味をもつが、それを基準にして日本の現状を批判すればないものねだりに堕するのではないかと考えた。そしてまた、日本の全面的な西洋化を望む声は、一昔前の日本の排他的な国粋保存の運動の裏返しの心理ではないかとも考えた。それはたとえていえば、日本と西洋の間の混血児に純白人なり純黄人なりが生まれることを望むような、近代日本が置かれた文化史上の肉体的条件を超越した、自己変革や自己保存への奇妙な願望ではないか、と感じたのである。精神的混血児ともいうべき知識人は心理的不安定感にさいなまれ、母なる日本への反抗から西洋への帰属を願い、あるいはまた逆に日本へ回帰したりしたのであった。そのような日本人にとっての西欧世界と日本の関係の問題を、心理的側面を重視しつつ論じたのがこの第一部である。まず時間的、空間的に巨視的な考察をまじえて問題を座標軸の上にすえ、ついで焦点を北清事変前後の具体例に絞り、明治日本人の西洋文明との出会いの心理を明らかにしようとつとめた。威圧的な西洋文明の挑戦にたいして果敢に対応し、知性、感性をのびのびと働かせ得た人々——そのような人々を生みだした明治日本を興味ふかい時代に思い、研究の主題に選び、あわせてそれにいくつかの変奏を付した。

和魂洋才の系譜

森鷗外と「和魂洋才」

はじめに

外国産の主義や思想を一つの権威として盲目的に奉ずることもなく、また逆に偏狭な国家主義におちいることもなく、世界の中における日本の位置を具体的・客観的に見つめつつ将来へ向って進む際に、私たちはどのような態度で生きなければならないのだろうか。日本の知的選良は、自分が生まれ自分がその一員として暮らす日本やその国を取りまく国際的環境にたいしてどのような知識を備え、どのような知的感受性を磨かなければならないのだろうか。今日の日本は徳川時代の日本とは異なり、もはや物質的にも精神的にも鎖国することのできない国である。今日の日本人は徳川時代の日本人とは異なり、物質生活でも精神生活でも西洋起源の要素をいちじるしく含んだ生活を営んでいる国民である。もしかりに日本が、なんらかのカーテンの中に閉じこめられ、西洋諸国と交流することを遮断されたとするならば、日本の知識人や学生は一種の精神的な飢餓状態におちいることだろう。日本は非西洋の一国でありながら、幕末に西洋の技術文明の脅威という挑戦《チャレンジ》を受けるや、自分自身を西洋化し産業化することによってその挑戦に応答《リスポンス》してきた国である。そしてその応答の成功の結果として、日本は自分の内部に西洋起源の諸価値の幾つかを自己のものとして所有するにいたった。なるほど上層階級だけを取りあげてみるならば、日本の指導者層はインドの指導者層ほど西洋文化の影響を受けているとはいえないだろう。しかし国民総体として考えるならば、非西洋の諸国の中で日本ほど西洋化している国はほかにはない。それがいわゆる宿命としての西洋化の結果なのである。——もっともこの西洋化といわれた過程は、西洋文明の中でもとくに近代的な要素であるところの技術や制度や生活習慣の摂取や同化とそれの国内における発展という形で行なわれてきたところから、近代化という名でだんだんと自覚されるようになってきた。しかし等しく近代化 modernization の名前で呼ばれても、西洋諸国の近代化の過程と非西洋の近代化の過程には本質的な相違が認められる。内発的で自発的であった西洋諸国の発展に比べると、非西洋の国日本の近代化の場合には対西洋文明との関係が、国家としてもまたその構成員の個人としても、重要な課題として外部からあらわれたからである。日本の近代化の過程では当初は西洋文明の中の形而下的要素を導入するということが国家存立の条件としていちじるしく重要であった。それだから日本では自分たちの伝統的な精神上の価値だけは従来通り維持したいという考え方も手伝って、「和魂洋才」などという折衷主義の公式が唱えられたのであった。

ところで、その西洋文明にたいする日本人の反応はさまざまであって、その受容に関しては必ずしもポジティヴな評価や見方だけがあるわけではない。西洋文明と日本との関係については、日本乃至《ないし》日本人が取り得るコースとして次の三つの可能性がいわれてきた。一つは「洋魂洋才」の主張であり、一つは「和魂洋才」であり、いま一つは「和魂和才」である。これは文明を静的に把握してそれを「魂」と「才」の二つにわけ、それを「和」と「洋」の二つと組合わせたきわめて単純化された公式で、二掛ける二は四であり、論理的には「洋魂和才」という組合わせもあるのだが、その実例は無視し得るほど少ないであろう。

「洋魂洋才」や「和魂洋才」は、近代化の人間的基礎などとして、過去にも説かれ、現在でも問題とされることのある、日本乃至は日本人の進路の公式だが、今日の日本人は、自分たちが西洋人ではない以上「洋魂洋才」という指針はたとえ主張したくとも主張しにくいが、さりとて「和魂洋才」を主張するにしては「和魂」についての自覚がなく、一種のとまどいを覚えているのが現状である。今日の日本人は、宿命としての西洋化——それは西洋化の方向へ進んできたということであって西洋人になったということではない——の結果として、徳川時代の日本人とは同じとはいえず、さりとて西洋人でもなく、いわば混血児に似た一種の精神上の不安定感に悩んでいる。それだから、ある時は日本の伝統文明への帰属感を確認することによって自己同一性を保持しようとつとめ、ある時は西洋の近代文明の摂取やその他の思想や文物の借用によって自己変革を試みようとする——そのような行きつ戻りつの運動は日本国民全体としても見られたし、また個人個人の精神の遍歴の中にも見られた現象なのである。しかしそのような混沌と動揺の中で自分たちがいかなる文化史的状況の下に置かれているのか、ということを自覚的に把握することは、日本の将来の建設に参画しその方向決定を考えようとする際にも貴重な一助となるにちがいない。

近代日本と西洋文明の関係を考える際にとくに意味ふかいこの点を、この第一部の前半ではじめ森鷗外の場合について微視的に実証的に調べた。ついでその種の日本人の自己把握の問題を日本人の外来文化受容の心理の型《パターン》として考察し、それを巨視的に鳥瞰《ちょうかん》し、対中国文明との関係をも含めてさまざまな問題点にふれてみた。そして最後に一般に優越した文明との出会いの心理の例をヨーロッパの歴史の中に求めた。周辺文化の国における外来文化受容の心理についてのその種のマクロスコピカルな考察は、それ自体としても興味ぶかく、意外に示唆的な心理の断面を示してくれるようだが、同時にその種の大局的な考察を行なうことによって「大文明との出会いの心理」——その問題の具体例については次の論でふたたびふれる——についての文化史的な法則性が帰納され、森鷗外をはじめとする日本人の場合をより明確にしてくれると信ぜられたからである。

本書には、森鷗外についての研究と目されやすい章も多いが、筆者の研究の意図は、右に述べたように、鷗外の人と作品に収斂《しゅうれん》するのではない。鷗外とその周辺を微視的に調査する基礎作業から出発して、明治の時代、とくに日露戦争前後の日本の知識人の精神状況を広く比較文化史的見地から考察するところにある。西欧化するこの国の和魂の行方を探ることが『和魂洋才の系譜』の主眼なのである。ただ筆者は、先験的な理論で割り切ったり、空理空論に流れることをおそれて、実証研究に立脚するよう心がけた。文化史や精神史も細部の真実に裏づけられ、しかもその上に推理推論が加えられて、はじめて過去に生きていたものが現在に生きるものと一つになり、自分自身についても納得のゆく自己確認ができるのではないかと思う。ありしがままの過去の実体に即して論を展開しようとつとめたのはそのような次第からである。

西洋文明の輸入と伝統文明との関係

「千八百八十六年の事なりしが余民顕府《ミュンヘン》に在り、ペッテンコオフェル君に従て学ぶ。一日一胖大《はんだい》翁あり、余が試験所に入る。レエマンの曰く。請ふ君をブレスラウの教授ゲシャイドレン君に紹介せんと。余此時に於て始て其人を見たり。渠《かれ》曰く、日本人は勉励の民なり。余曰く。勉励して模倣せり。未だ勉励して創作せず。渠曰く。猶ほ来らん **Es kommt noch!**」

この記事は森鷗外が明治二十二年五月『東京医事新誌』に寄せた『リッヒャルド・ゲシャイドレンの伝』の一節で、今日では『鷗外全集』著作篇第二十五巻（昭和二十八年版、岩波書店）におさめられている。Richard Gescheidlen については森鷗外がその記事の中に小伝を記しているからここでは略するが、森鷗外がゲシャイドレンに会った時、彼はブレスラウの化学試験所長をつとめていた。その一八八六年は明治十九年にあたり、当時満二十四歳であった陸軍一等軍医森林太郎は、ミュンヘン大学医学部でドイツ留学の第三年度を愉快にすごしていた。ミュンヘン大学には世界ではじめて衛生学教室をつくったMax von Pettenkofer（一八一八―一九〇一）がおり、このペッテンコオフェルが森鷗外をあたたかく迎えてくれたのである。鷗外はその翌一八八七年（明治二十年）にドイツ語で「ビールの利尿作用に就て」などの三業績を *Archiv für Hygiene* に発表しているが、それはこのミュンヘン大学の実験室で行なった研究成果をまとめたものだった。右の文の中でゲシャイドレンを鷗外に紹介したレエマンは、鷗外より四歳年上の一八五八年生まれで、当時はミュンヘン大学

の衛生学教室で講師をつとめており、鷗外とはしたしい仲にあったらしく、鷗外の『独逸日記』によると、

「(明治十九年十一月)二十九日。レエマン余に代りて余が亜児箇児《アルコール》に関する試験の成績を形貌学及生理学会 Gesellschaft fuer Morphologie und Physiologie に演ず。大に諸家の喝采を博せり」

と出ている。これはレエマン講師が日本人森に代わって、「ビールの利尿作用に就て」を学会で報告してくれたのである。ミュンヘン時代の森鷗外は医学者として「勉励して創作する」段階にはいりつつあった。それだけにレエマンの紹介で年少気鋭の日本人留学生森が肥えたドイツの老大家ゲシャイドレンと会った時、その間で交された会話は、短かったが、生気をはらむものとなったのだろう。日本人の勤勉に好意を寄せるドイツの老学者は、お世辞をまじえてか抜きにしてか、次のようにいった。

ゲシャイドレン「日本人は勉励の民なり」

森「勉励して模倣せり。未だ勉励して創作せず」

ゲシャイドレン「猶ほ来らん」

森鷗外が『ゲシャイドレンの伝』を記したのは、彼とこの会話をまじえてからまだ三年と経たない明治二十二年の春のことだった。右の文章――それは留学から帰国してまだ半年しか経っていない時に書かれたものだったが――には原《もと》のドイツ語会話が直訳されているかのような印象を受けるが、それはドイツ語に還元してみるならばおよそ次のようになるだろう。

Gescheidlen : "Die Japaner sind ein fleissiges Volk."

Mori : "Sie ahmen nach mit Fleiss, aber sie schaffen noch keine Arbeiten."

Gescheidlen : "Es kommt noch!"

ところで、この「猶ほ来らん」"Es kommt noch!" という言葉をゲシャイドレンは単にお世辞としていったのだろうか。森鷗外はそれを単にお世辞として聞いたのだろうか。そうではないだろう。その言葉を『東京医事新誌』に記した時の若い鷗外の心中には、日本における学問創造への期待がこめられていたにちがいない。この西洋の老大家と日本の少壮の研究者の間の会話は短かったけれども、そこには

日本における西洋の学問成果の輸入（勉励模倣）の問題と日本における学問の創造（勉励創作）の問題が凝縮して示されているようである。そしてこの問題に関して森鷗外は日本帰国後から日清戦争の直前にいたるまではいわゆる「傍観機関」論争などを通じて戦闘的啓蒙を行ない、北清事変直後の国家意識の高揚期には（「西洋文明との出会いの心理」の章でふれるが）『洋学の盛衰を論ず』（明治三十五年）で、また日露戦争後には『妄想』（明治四十四年）などの随筆でこの問題に言及した。それは鷗外個人にとっても重大な関心事だったが、それは同時に西学東漸の時代の日本の世界における文化史的位置とも関連した問題であった。木下杢太郎はかつて「鷗外全集著作篇刊行の辞」に書いた。「鷗外先生の一生は平澹冷静なる一循吏一学匠の如くであつた。然し今其遺稾《いこう》を繙《ひもと》いて見ると、明治大正の過渡期文明が是非醸し出さなければならなかつた波瀾の亦此人の心中に洶湧《きょうゆう》して居るのを知るのである」

　この西洋文明の輸入と伝統文明との関係は、杢太郎が述べた明治大正の過渡期の問題だけではすまされなかったようである。それは日本においては今日にいたるまで引き続いている問題であり、日本以外の非西洋の諸国でも次第に意識されはじめた問題なのである。日本の知的俊秀は——官吏であれ、外交官であれ、軍人であれ、銀行員であれ、科学者であれ、また外国研究の専門家であれ——一度は外国文明と日本、とくに西洋文明と日本との関係について考えることを余儀なくされてきたはずである。日本人——東アジアの一員——である自分にとって西洋文明とはどのような意味があるのか、という問は、日本の知識人の心底にはつねにひそんでいる問のはずである。その際に学問の普遍性の名を借りて研究者の国籍を不問に付することは——その種の国籍脱出の心理については後にふれるが——アカデミズムの名を借りた逃避である場合が不幸にして多かった。森鷗外はそれに反して、日本における軍医行政や研究体制を自分自身の手で創ろうとした草創期に育った人であったから、自分たちの学問的努力がどのような意味をもつのか、西洋における学問の現状と日本における学問の現状とはどのような関係にあるのか、というような問題を自覚的に反省し、それを文化史的見地から位置づけ、その種の反省から得た結論を日本の研究組織や教育組織に反映させようと試みた一人であった。森鷗外はそのように事の実践の現場に身を置いて自ら手を下して努力した人であるだけに、その発言には、机上の評論と違って、練れた思考の重みが感ぜられる。その鷗外の思索の展開を鷗外のハンドライティングから読みとって、その筆蹟を手がかりに和魂洋才の系譜について論じることとしよう。

ロートムント総長の講演

森鷗外がドイツ時代に書いたノートに次のような漢字と横文字のまじった一節がある。

大学宜奨励之点 Selbständige Fortbildung der in Europa gebildeten Gelehrten durch eigene “Arbeiten”!

欧洲医学ノ受売ト買出シハ可嫌也

そしてまた次のような一節もある。

Forschung ノ Frucht ヲ教ルノ期ハ去レリ Forschung ヲ教ユベシ

それはそれぞれ、日本の大学が宜しく奨励すべき点は、ヨーロッパにおいて養成された（日本の）学者たちを（今後日本帰国後も）自分たち自身の「業績」によって独立して継続養成させること、欧州医学の受売りと買出しはいとうべきであるという意味と、（日本において）学問研究の果実を教える時期は去った、学問研究そのものをこれからは教えるべきだという意味であろう。

ところで鷗外がこのような句をノートに書き、それにアンダーラインを引いたことにはなにか直接のきっかけがあったのではないだろうか。鷗外が一八八七年に右の言葉を記したノート Eindrücke（『感想』）（『鷗外全集』第三十四巻）には末尾に、

日本医学　独人遊外国　Rothmund’s Rede S. 7.

という字が見える。ところでこの「ロートムント出版会)の著者小堀桂一郎博士の発見にかかわるのの演説」というのは、『若き日の森鷗外』(東京大学だが、東京大学図書館の鷗外文庫にあるアウグスト・フォン・ロートムントが一八八四年十一月二十二日ミュンヘン大学の総長に就任した際の演説文であることがわかった。その演説が行なわれた時、鷗外はドイツにすでに着いていたが、ミュンヘンでなくライプチヒに留学していたので、その演説を直接に聞くことはできなかった。しかし演説は印刷されて二十五頁の大型の冊子となっていたので、鷗外は一八八六年以降のミュンヘン留学時代に入手して読んだものと思われる。なお鷗外はロートムントの息子夫妻と面識があった。『独逸日記』の明治十九年三月十四日(日曜)の条にはロッツベックの家へ午餐に招かれ、ロートムント夫人の左に坐したことが記されている。

問題の講演は「インゴルシュタット、ランツフート、ミュンヘン大学における医学研究の発展について」と題されたもので、ロートムント自身が演説の冒頭で述べた説明によるとミュンヘン大学の総長は年に二回、冬には聖カタリーナの祭日(十一月二十五日、ただし一八八四年は十一月二十二日講演が行なわれた)に、夏には聖ウルバンの祭日(五月二十五日、ドイツ人の季節感覚では五月末日は夏である。少なくとも学期は夏学期である)に、大学所属の全員を集めて講演をすることが義務づけられていた由である。その集りは大学所属の人々が、日常の自分の専門の枠内の活動をより高くかつより広い視野の中で考えるための機会であり、それぞれの専門が自閉的な自己運動をおこす傾向に、反省を促すことを目的としていたという。それだけに総長演説、とくに就任初回の演説は教授学生から注目されるものとなっていた。しかし一八三〇年に生まれたロートムントは過去四分の一世紀以上をもっぱら医学研究にのみ捧げてきた学者であったから(彼は眼科学の権威で臨床講義を担当した教授だった由である)ドイツ観念論風な高邁な議論を展開しようとはせず、その論題をしぼって「医学研究の発展について」とし、さらに具体的に「なかんずくインゴルシュタット、ランツフートならびにミュンヘンにおける本大学の医学設備と付属施設について」話すこととしたのであった。

この演題は即物的で一見外部にたいする予算請求の宣伝のようだが（そして事実ロートムントは最近の近視眼的な予算制限反対を演説の冒頭で述べるのだが）、その貴重な点は、演説が哲学的な抽象論でも道徳的な訓辞でもなく、学問研究の発展についての歴史的な具体的な説明であり、行政的な展望が含まれていたところにあったのである。とくにこれからの日本で医学研究を盛んにしようという使命感に燃えていた森鷗外にとっては、ロートムントの演説は貴重な示唆に富む、啓示的な内容をもつものだった。鷗外が受けた印象は彼がこの演説文にのこした書き込みからも察せられるのだが、以下にその書き込みにあらわれた問題点を二、三追究することとする。

演説が本論にはいった直後、鷗外はインクで欄外の空白部分に Arabische Medicin. Collegienhefte と書き込みをしている（「医学」は今日のドイツ語では普通には Medizin と綴るが鷗外は古風にZの代わりにCを用いるのが癖だった。なおロートムント自身は Medizin と書いている。Collegienhefte は、ロートムントもそう綴っているが、今日普通には Kolleghefte と綴るのであろう）。この「アラビア医学」「講義ノート」という書き込みは、二十四歳の留学生鷗外のどのような心理を示すものだろうか。いまそのところのロートムントの演説を訳すと次のように述べられている。冒頭の「本大学が創立されました頃」は十五世紀の後半を指すのだろう。

本大学が創立されました頃は、医学につきましては、まことに悲しむべき状態にありました。その当時まで高く尊重されておりましたギリシアの古典時代の学者たちは、だんだんとアラビアの文献によって押し除けられ、そのために学問にある一つの傾向が出来上ってしまったのであります。その傾向とはすでに獲得された結果を維持保存することをもって主要任務とみなし、新しい実り多い発想にたいしては知的刺戟をまったく与えようとしない傾向でありました。多くの人々にとりましてはこの（アラビア語文献という）比類なく豊かな医学の宝庫を、新しい、そしてたいていは妙に複雑化した万能薬によって豊かにすることが至上の目標とされておりました。正確な自然観察への衝動はどこにも見いだされませんでした。ギリシアの学問への復帰の試みはどこにも見いだされませんでした。それでありますから当時の医学の教授の仕事は私どもには極度に単調な、精神の活力を殺《そ》ぐものとして映じるのであります。当時の教授の主要な活動は、アラビア語の原書――その理解の程度には、深浅《しんせん》の差はありましたが――を基礎とした無数の概説書の一冊か、または数冊を講義か演習の場で説明することでありました。しかし、dictator perpetuus（万年講釈師）というあだ名――そのあだ名は才気のある教師にもつけられたのでありました――がよく示すように、説明は主として講義ノートを読みあげることであり、ただ時々それに短い口頭の説明を挿しはさむことだけでありました。それでありますから教授に差支えがあった場合、教授の助手か、あるいはかりにその教授の夫人が講義を代読したとしても、聴講する学生にとってはいっこうに損にならなかったのでありました。

ミュンヘン大学の医学部ははじめインゴルシュタットに創られ（一七二四年、ただしロートムントによれば実際に開かれたのは内装が整った十一年後の一七三五年であったという）ついでランツフートへ移され（一八〇一年）ついでミュンヘンへ移った（一八二六年）のだが、ロートムントがいう「大学創設当時」とは、創設時として普通あげられる一四七二年ごろを指したのだろう。そのころはギリシアの医学方面の古典とされていた紀元前四世紀のヒポクラテスや、紀元二〇一年に没したクラウディス・ガレーヌスやディオスクリデスなどが尊重されず、アラビア医学がもっぱら尊重されていたというのである。森鷗外は幼年時代に父親からオランダ語の手ほどきを受けたこともある蘭方医の家の出であったから、オランダとその背後にあったドイツ系の医学

——たとえば『蘭学事始』で有名な『ターフル・アナトミア』の原著者のクルムスはドイツ人である——にたいしては幼年時代からなじみがあり、敬意の情も抱いていた。そうした人であっただけに、ドイツにおいても医学の主流が一時はドイツ人の手中になく、非西洋のアラビア医学によって占められていたと聞いて、学問の興隆と衰退の動きに驚きを感じたことにちがいない。——そして学問というものが特定の地だけに栄えるものではなく、その中心点が移動する性質のものであるならば、日本で栄える可能性もまたあるにちがいないとも考えたであろうことは想像のつくことである。それが「アラビア医学」Arabische Medicin と書き込んだ時の日本人留学生森林太郎の気持であったろう。

翻訳学問

それでは「講義ノート」Collegienhefte と書き込んだ時の鷗外の気持はどのようなものであったろうか。外国の学問的権威を信奉して、それを口述筆記させたという昔のドイツの授業の愚しさを笑う気持と同時に、日本の学問にもこれと同じような傾向がありはしないかとはっと我に返って警戒の気持を抱いたのではないかと思われる。徳川時代の儒家の学術伝承の形式にしても、蘭方医の家にしても、そして新設の帝国大学医学部の場合にも、このような外国の権威への追随があるのではないか。学問創造の姿からはほど遠い翻訳学問の授業が、一部では行なわれていたのではないか。森鷗外は知的刺戟を与えない「講義ノート」を読みあげる式の授業が、学校当局の上からの指示よりも、むしろ学生側の下からの揶揄《やゆ》によってついにとどめを刺された、という挿話を面白く感じたのであろう。そのところに傍線を付している。

> この広く行なわれておりました口述筆記法にたいする反対は、いろいろの機会に行なわれ主張されてきたのでありましたが、長い間見るべき成果を収めなかったのであります。ところが学生たちの間からそれにたいする反対運動がもりあがりました時、この口述筆記法は後退を余儀なくされ、

当局からの指令ではいかんともしがたかった旧弊が、学生たちの機智と皮肉とによって幾度か改められたのでありました。ヴェネチアから伝わった話でありますが、上級当局の何回にもわたる指示にもかかわらず、依然として口述筆記法に固執していた教授の一名にたいしてDoctor Cartaceus（紙博士）というあだ名がつけられました。これはあらゆる当局側の指令よりも効果がありました。その紙博士はそれ以後講義用ノートを自宅に置いてくることを余儀なくされたのであります。

　この種の学生側の揶揄も、教官と学生との間の対話の一種とみなすべきだろう。ロートムント総長は一般学生の健康な批判力に期待をかけていたかにみえる。

　ところで外国の文明を意識的に摂取する場合には主要な媒体として書物と教師と外国体験とがあげられる。ロートムントが、かつての後進国ドイツは外国へ留学生を送ることによって今日のドイツ医学の隆盛の基を築いたと講演したのを読んだ時、自分自身が現に留学中の身の上であった森鷗外はどうしても彼の事と此の事とを引較べずにはいられなかった。それが七頁の欄外の「独人遊学外国」という書き込みとなるのであり、それはまた鷗外の留学中のノート Eindrücke（『感想』）にも「日本医学　独人遊外国　Rothmund's Rede S. 7.」として書き加えられたのである。いま演説のその部分を訳してみる。

　医学の学生にとってこのような教育が大きな魅力となり得なかったということは、当然のことであります。学問的訓練と、一般的教養を求めた学生たちは、イタリアや南フランスへ、ボローニャやモンペリエへ行かざるを得ないことになりました。他方、医者という職業のより実際的人間的な側面に惹かれた他の学生たちは、罰則で禁じられている自己流の医者のところへ急ぎました。少なくともそうした医者のもとでならばまだ病人を見ることができ、年中テキストを講義したり講釈したりしている学者先生のもととちがって実際に患者を扱うことが習えたからであります。そのような次第でありましたから、ドイツの多くの大学で、医学教授の職には講座はただ一つあればそれで結構だ、という意見が出ていたのは別に驚くべきことではありませんでした。

この文中に出てくるモンペリエは、周知のようにラブレー（一四九四頃―一五五三）が医学を学んだ南仏の大学である。そしてその頃はドイツ人ばかりでなく、イギリス人もフランス人も次々とイタリアの大学へ留学していたのである（その際の高度の文明との出会いの心理については後にフランス・ルネサンスの場合について詳しく述べる）。

このロートムント総長の演説は、医学の発展、その発展の中心地の移動、外来の学問の摂取など、森鷗外にとっては示唆に富むものだった。鷗外はロートムント講演の冊子を読みながら祖国日本の医学の建設に思いをはせていたにちがいない。日本にいた時森鷗外は東京大学で当時の世界の最先端を行くといわれていたドイツから来た教授について学んだのである。いま鷗外はそのドイツへ来ているのである。しかるにそのドイツすらが百数十年前まではそのような状態であったということは驚きに似た発見であった（引用は略したが、ロートムント講演には、魔女レナータ裁判の話が出ていた。一七四九年フランケン地方でおこったその事件にたいしてヴュルツブルク大学が、神学部のみならず医学部までが、魔女の存在を公認したというのである。ちなみに一七四九年はゲーテ生誕の年にあたる）。十八世紀中葉のドイツ諸大学の医学部の実状を知るにつけて、鷗外は安堵に似た念を覚えたのかもしれない。落差がこの程度の開きであるならば、日本が真剣に努力すれば、学問的に追いつき追いこせないものでもあるまい、と考えたのではないだろうか。歴史発展の相対性を鷗外はそこにかいま見たのではなかっただろうか。自然科学の発展も一直線的なものではなく、洋魂と洋才の結びつきも絶対的なものとはいえず、かつてはアラビア科学の方が西欧科学よりも秀れていたことを鷗外はこうして知ったのであった。

学問の創造

それでは、学問の輸入の問題を離れて、学問の創造それ自体はどのようにして行なわれたといえるのだろうか。ロートムントはミュンヘン大学の医学部がランツフートにあった頃（一八〇一－一八二六）学問が栄えだした有様を次のように述べている。すなわち「いま名をあげた人々のほかにもランツフートには歴史に永遠に名を留める人々がおりました」と語り、ロートムントはそれらの学者を次のように定義したのである。鷗外はロートムントの言葉を身にしみて興味ぶかく感じたのであろう。アンダーラインを引き傍線を付したが、その肝要の部分は訳すると次の通りである。

「それらの人々は単に研究の出来上った成果だけを教授していたのではなく、その人々自身が研究者であり学問の推進者でありました」

そして鷗外はその欄外に、

Selbstst. Forschung ù. Arbeit.

と書き込みをしている（Selbstst. は Selbstständige の略、なおそれは Selbständige と同様「独立の」の意味、ù は und の略）。それが本章の冒頭に引用した Eindrücke（『感想』）の、

大学宜奨励之点 Selbständige Fortbildung der in Europa gebildeten Gelehrten durch eigene “Arbeiten” ! 欧洲医学ノ受売ト買出シハ可嫌也

ならびに、

Forschung ノ Frucht ヲ教ルノ期ハ去レリ Forschung ヲ教ユベシ

という感想となったものであることは確実と思われる。そしてここに現われた外国の出来上りの学問の成果の輸入と自国における学問の創造の関係が、冒頭に引いたゲシャイドレンとの会話に出た言葉に従えば、「勉励模倣」と「勉励創作」の関係に相応ずるのであり、森鷗外はこの問題について終生意を用いるところがあったのである。その点については

ドイツ人医学教授ベルツと鷗外の関係や鷗外の短篇『普請中』を論じる時に詳しく述べるので、ここでは、これ以上ふれないが、日本という周辺文化の国の学者や知識人に強い「理論信奉」、あるいは「上からの演繹」と呼ばれる思考形態との関係からなお一言つけくわえておきたい。

上からの演繹

最近の日本では、人文社会系統の学問にたいして「翻訳学問」という批判が厳しくなってきたが、かつては、「翻訳学問」こそが学問の正道であるかのように思われていた時代すらもあったのである。西洋の一思想家を権威と仰いで、それの翻訳——それには上手下手の差はあったが——と解説とを自分の使命と感じていた人は、日本の大学人の、それもある程度秀れた人に多いタイプであった。その種の外国研究者は勉励しかつ模倣したのだが、ただその紹介にあたっては、抽象的な法則や原則的な主義主張の方が、具体的な個々の事実よりも伝えやすかったから、社会誌的な背景は抜きにして知性で把握可能な部分がまず輸入されたのである。この種のアプローチが具体的な事実や実感や感性を尊ぶ人文主義的接近方法と乖離したのは当然の勢であったろう。そしてそのように直輸入された公式やイズムなりに照らして日本の事象を判断しようとするならば、公式主義に堕さないまでも理論信奉の傾向が生じ、上からの演繹が行なわれたのは思考順序としてきわめて自然の勢だったのである。そのような役割を果たす知識人は当然のことながら西洋の思想と横につながっている。しかしそのような連関からは日本における縦の思想的伝統は生まれないのである（縦にたどると思想史ではなくて学説輸入史ということになる）。それが丸山真男教授をして「あらゆる時代の観念や思想に否応なく相互連関性を与え、すべての思想的立場がそれとの関係で——否定を通じてでも——自己を歴史的に位置づけるような中核あるいは座標軸に当る思想的伝統はわが国には形成されなかった」と嘆かせることになったのである（丸山『日本の思想』岩波新書、五頁）。

もっともそのような外国産の理論が先行するアプ

ローチにもそれなりの意味がないわけではなかったのだが、しかし知的努力がいつまでもその段階を脱せないでいるとするならばそれが「勉励創作」の行き方に比べて安易かつ安直であるという弊を免れはしないだろう。そしてこのような問題に森鷗外は日本人としていちはやく突き当っていたのであった。

　森林太郎は日本陸軍の軍医として兵食を（海軍とは異なって）従来通りの日本食とすることに決めた有力な一人だったが、当時の日本に多かった洋食論者の西洋人本位の主張にたいして堂々たる反論を試み、その自説を明治二十一年十二月十三日には自費出版して配付したことがあった。その『非日本食論は将《まさ》に其根拠を失はんとす』（『鷗外全集』第二十七巻）というパンフレットは、留学帰朝直後の森鷗外の科学的精神と独立した思考態度を端的に示すものとして貴重な文献といわなければならないが、その論文は、結論それ自体よりもそこに示されている思想態度のゆえに注目に値する。なお文中の「権力家」や「権柄《けんぺい》」はAutoritätenの意味である。

「諸君よ。我々日本人は此有り難き第十九世紀に生れながら、何故に或権力家の説をば直に認めて、ドグマと做《な》し、此偽造の通則より空中の楼閣たる夥《あま》多《た》の細則を作るの癖あるや。何故に彼の西洋学者の如く平心夷気、夥多の材料を集めて夥多の細則を作り、之を統《す》べて一の汎則と為すに倣《なら》はざるや。何故に溯源法を棄てて順流法《デドウクチオン》を取るや」

「溯源法」は今日の言葉に置き換えれば「帰納法」Induktionであり、「順流法」は「演繹法」Deduktionである。そして鷗外に指摘されたような「上からの演繹」を試みることは日本では自然科学の分野よりも社会科学の分野で広く行なわれた。そのようなアプローチを行なうことが「科学的」といわれていた時期さえあった。丸山真男教授の言葉を借りれば「現実からの抽象化作用よりも、抽象化された結果が重視され」たのである。しかし実はこれは日本だけに限らず、一般に非西洋の諸国が西洋の優越した技術文明に接した際に見られた反応なのである。その接触の一時期にあっては科学にたいする盲目的な信仰に近いものが非西洋の間で生まれる。そのような時期には「科学的」を掲げてドグマを強要することは可能だったのである。しかしそのような一知半解の段階における理論信奉は真に理論的な人の容認するところとはなり得ない。科学信仰は科学的な見方とは本来的に相容れない思考の型だからである(それは例えていうならば、解析幾何学が解けなくてデカルトの合理主義を標榜するような人は、解析幾何学の解ける人よりも、デカルトの精神からは遠い存在であるようなものである)。

西洋文明に威圧されて多くの日本人が西洋の権威にすがってその発言をたよりにしていた時に、鷗外はその大勢に抗して自主独立の思考を次のように説いたが、その鷗外の発言こそ、彼が徳川時代の人間とは違う近代人であることを示すものであった。鷗外は右の『非日本食論は将に其根拠を失はんとす』の中では次のように説いている。

「古の学校にて教育せられたる人は物を知るを要せず、物を信ずれば足れりと心得たり。物を信ずるには依拠する所なかる可からず。其依拠する所は則《すなわ》ち権柄ある人なり。権柄ある人とは独り官職などに就きて言ふのみならず。学問世界にも亦権柄家あり。孔子は斯くこそ言ひたれ、釈迦は斯くこそ教へ置きたれと云へば、言葉を反す人もなかりしは、是れ孔子と釈迦の権柄家たるを以てなり。若《も》し諸君をして此の如き聴衆ならしめば、人の演説を聴くにも、彼は大学の教授なり、彼は陸海軍の顕官なり、其説く所よも間違はあるまじと信ぜらるるならん。果して然らば、余も唯彼は云々、是は云々と事実を列挙し、折々古今の諸名家を後楯に取て話しなば、諸君は一も二も無く信服せらるるならん。或は諸名家を後楯にせざるも、彼は頃日《けいじつ》欧洲より還り来れる者なり、まさか虚言は吐くまじと委頼心を起さるることならん。

諸君は蓋《けだ》し此の如き未開世界の臭味を帯びたる人々に非ざるなり」

この最後の「未開世界」云々の句は鷗外特有の無表情な皮肉であり、ドイツ風の冷いフモールも感じられる条である。この講演の文章は、文体は一見古風だが、「主人持ち」の学風を批判したという点で、内容的には今日なお妥当する警告となっている。ただここで注意しておきたいことは、鷗外に見られるこのような主体性の尊重は、西洋文明にたいする反撥や、その重圧からの脱出としての日本人の自己主張ではなくて、鷗外が西欧の生活に溶けこみ、その文化を自己の血肉と化したことによって得られた自信から出ていた、という点である。それに、この発言に関しては鷗外の個人的な事情も考えなければならないだろう。満二十六歳の森陸軍一等軍医は明治二十一年九月八日四年余の留学から東京へ帰着したその日に軍医学舎（後に軍医学校と改称）の教官に補されていた。鷗外は祖国の陸軍や祖国の学界が自分を迎えてくれることを信じることができたのである。そのような楽観があったからこそ鷗外は帰朝二カ月後、『非日本食論は将に其根拠を失はんとす』を講演した際に、その文を次のような輝かしい言葉で結ぶことができたのである。それは後年careerproblemで躓《つまず》いて、医学者としての活動の場を奪われた後の鷗外とはまったく異なる語調だった。鷗外は大学紀要刊行の意義を説き――「紀要」という日本語そのものが鷗外の造語である――高らかに雄々しく次のように述べたのであった。

「我大学の事業は大学紀要の一著出でてより、其燦爛《さんらん》たる光彩を外に放てり。翻訳の文は変じて述作の文と為り、模倣の業は変じて創造の業と為り、順流法滅びて溯源法興り、東方の学海にも亦将に一の研究世界を湧出《ゆうしゅつ》せんとす」

西洋の「物」と「心」

『西洋紀聞』は新井白石が日本へ潜入してきたイタリア人のイエズス会士シドッティを訊問して著わした書物だが、その上巻にはシドッティから受けた感銘が次のように記されている。

「凡《およ》そ其人博覧強記にして、彼方多学の人と聞えて、天文地理の事に至ては、企及ぶべしとも覚えず」

新井白石はシドッティの自然科学知識にたいしてはこのように感嘆したのだが、しかし精神上の事柄についてはシドッティの言説に全然同意しなかった。白石は書いている。

「其教法を説くに至ては、一言の道にちかき所もあらず、智愚《ちぐ》たちまちに地を易へて二人の言を聞くに似たり。ここに知りぬ、彼方の学のごときは、ただ其形と器とに精《くわ》しき事を。所謂《いわゆる》形而下なるものゝみ知りて、形而上なるものは、いまだあづかり聞かず。さらば、天地のごときも、これを造れるものありといふ事、怪しむにはたらず」

シドッティの説明にたいし新井白石が下した判断は、儒教文明圏の学者政治家がイエズス会の学者宣教師の主張にたいして下した判断としては典型的なものである。シドッティより百三十年ほど以前からイエズス会士はシナへ来、その何人かは末期の明朝、ついで清朝の宮廷に仕え、漢文著述によって西洋科学を伝え、あわせてキリスト教も説いていたのだが、それらの著書をまとめた『天学初函』五十二巻について『四庫全書提要』の著者は、

「……西学所長於測算、其短則在於崇奉天主以炫惑人心」

と評している。清初のシナ知識人の判断は期せずして新井白石の判断と一致していたのである。西洋文明は形而下の領域では秀れているが、形而上の領域では儒教の聖人の道からはずれている。すなわち(聖人の道を絶対視して疑わない人々には) 西洋は東洋に比べて形而上の面では劣る、という評価なのである。新井白石のような見方は、今日の日本人の対西洋文明への見方とは異なるが、しかしその見方は白石においては自然に出たものであり、後世の一部の人々のように強がりから東洋的霊性の優位を説いたという類のものではなかった。

ところで白石が用いた「形而上」「形而下」という分類は、今日の日本では西洋語の metaphysical, physical と同義語のように用いられているが、もとは『易経』の「形而上者謂㆓之道㆒、形而下者謂㆓之器㆒」から出た分類であった。それがアリストテレスの分類とほぼ重なって、いまでは同義として用いられているのだが、元来はニュアンスに差もあったのであろう。「君子不器」は『論語』にある言葉だが、専門職や手仕事は中国では卑しまれていたし、その影響下にあった日本でも西洋の技術文明は「機巧の智」として蔑視された場合が多かった。清では十九世紀の後半、阿片戦争などで西洋科学の優越性を身にしみて感じた後でさえ、「機器は聖人のいふ

ところならんや。これ国人をひきゐて、質実を去り、機巧に趨《おもむ》かしむるのみ」というような批判が、西洋文明ならびにそれを中国へ導入しようとした洋務運動の人々（李鴻章など）に向って浴びせられたのである。[1] 右に引いた精神主義的な発言は、日本人の漢学者岡千仭《せんじん》が光緒十年に渡清して、王硯雲という挙人と会談した際に録した言葉なのだが、その光緒十年こそ森鷗外がドイツへ向けて出発した明治十七年であり、ロートムントがミュンヘン大学で総長就任演説を行なった一八八四年にあたっていたのである。後に森鷗外はヨーロッパとシナの学風を比較して次のように述べたが、それはまさにそのような傾向に言及したものであった。

「彼（ヨーロッパ）の学風は、希臘《ギリシア》Aristoteles 以来、自然を重んじ、偏に精神のみを説くに安んぜず。近世に及びて、所謂自然科学の勃興は、全欧洲学問界の気風を一変し、技術は資を此に仰ぎて蒸気電気の利用となり（他の諸発明は省略）、Marconi をして無線電信を改良せしめたり。此学風は支那の無き所にして、支那朝鮮は其の心を偏重し博物を卑む学を墨守せるを以ての故に、今の憐む可き所動の地位に立ち、我国はこの西洋学を輸入したるを以ての故に、今の賀す可き能動の地位に立てるなり」

この発言は明治三十五年の講演『洋学の盛衰を論ず』の中にあるのだが、その一両年前の北清事変は、日本が取った新しい道と中国の古い道の明暗を劃然《かくぜん》と示した事件だった。[2] 日本人は西洋から形而下の機巧を学んだことの正しさを再確認していたのである。

ところで西洋文明を形而上と形而下、精神的と物質的、心と物、などの両面に分けることは、東洋にも形而上と形而下の二元的分類の思考法があったところから、イエズス会士に接した時にも、また後にオランダ人に接した時にも、直ちに念頭に浮んだ分類であった。幕末には国家存立の危機を感じた佐久間象山が西洋技術の輸入の重要性を痛感して、「東洋道徳西洋芸術」（この「芸術」は技術 technology の意味である）という標語を唱え出した（この有名な主張が後には「和魂洋才」というモットーへ転化するのである）。しかし明治初年になると洋魂洋才は不離である、という論議も行なわれた。中村正直は明治五年木戸孝允の機関誌『新聞雑誌』にキリスト教の奨励を唱え、西欧文化の重要な構成要素を借りようとするならば、その要素が由って来るところの宗教体系を無視してはならない、と述べたのである（その中村正直の主張にたいして日本在留の外人の中から西洋科学はキリスト教よりもアラビア科学に多くを負うている、という反論が出た由である）(3)。明治初期の二十年は洋魂はもっぱらキリスト教の問題として論じられていたが、明治十年代の終りから西洋の心は、宗教の問題としてよりも文学の問題として日本へ伝えられるようになった（そしてその趨勢は今日まで続いてきたといってよく、問題提起者は宗教者よりもむしろ文学者や学者の方に多くなったのである）。森鷗外はちょうどそのような時期に論壇へ登場した人だったが、それでは森鷗外は西洋の「物」と「心」についてどのような考えを抱いていたのだろうか。いま鷗外の初期の著作の中からそれに関連した発言を取りあげて検討してみることとする。

森鷗外は今日の日本ではまずなによりも文学者として記憶されているが、東京大学医学部の出身者（明治十四年卒）であり、軍医としてドイツへ留学した人である。ロートムントの演説との関連で述べた日本における西洋科学の輸入と日本における学問の創造の問題も、まず自然科学の学徒としての鷗外が考えた問題であった。森鷗外の西洋文明にたいする関心は、鷗外の周辺にあった他の自然科学専攻の留学生たちと同様、当初はもっぱら形而下的な側面に注がれていたかに見える。たとえば明治三十五年に小倉で行なった講演『洋学の盛衰を論ず』の中にある、

「文学若くは哲学と宗教とは、曾て自然学の影響を受くと雖《いえども》、猶大に自然学当体即ち理学医学等とその趣を殊にす。所謂純文学の源氏物語を云々し、**Faust** を云々する者は姑《しばら》く置く」

などの文章は、鷗外も形而上の事柄については別扱いをしていたかの印象を与える。しかし森鷗外の主張は、少し立入って調べてみると、「東洋道徳西洋芸術」といった公式では律しきれないものを持っていた。そのことは『洋学の盛衰を論ず』の他の一

節からも感得される。

「我国に於ける洋学の伝来は、既往百年間、早く多少の変遷を経たり。其初は彼《かれ》の兵事、航海術、医方に驚嘆して以為へらく。彼は道徳宗教の観る可き者なしと雖、其機巧の智は、取りて以て玉を攻《おさ》むる他山の石と為す可しと。中ごろは、漸く彼の哲学を知り、彼の宗教を知り、同時に在来の儒学仏教を疎んじて、以為へらく。彼の長は啻《ただ》に機巧の末のみならず、彼の長は精神上にも技術上にも並び存ぜり。我国人は唯だ彼を模倣し彼を崇拝して可なりと。是れ洋学全盛の時代なりき。既にして此模倣崇拝は漸く陳套に帰し、予の見る所を以てすれば、今や許多の朕兆の、洋学の衰替を證するに似たるものあるなり。此事は必然達識者の一顧に値す」

森鷗外は日本における洋学の盛衰を三期に分けて考えていた。第一期は十八世紀後半の蘭学事始の時代から明治初年まで、第二期は明治初年から十年代末までの欧化主義、第三期はその欧化主義にたいする反動期、という区分である。鷗外は西洋の機巧の智のみを重んじた第一期及び第三期についても「他山石主義」の時代と評している。この他山石主義という呼び方には譏誚《きしょう》の意がこめられている。それでは鷗外は西洋文明を「精神上にも技術上にも」秀れているとして尊崇した第二期の欧化主義に賛同したのか、といえばそうではなかった。「洋魂洋才」の欧化主義の主張の論理的帰結は、日本語を廃して西洋語を採択する、儒教仏教神道を廃してキリスト教を採用する、などの政策となるべきはずだったが（そして日本がそのような形で欧化すればそれが文明開化であると思っていた西洋人は大勢いたのだが）、森鷗外はその種の主張には同調しなかった。その種の主張を否定する論理は鷗外のドイツ滞在中のノート Eindrücke（『感想』）に断片的だがすでに記されている。鷗外は特定の文明や特定の言語に盛られた思想を聖典視してその権威に従うことを（ロートムントがアラビア医学を聖典視した弊をついたのと同じ筆法で）否定していた。ただし森鷗外は具体的な事例としては、日本対西洋文明の関係をドイツ対フランス文明の関係から推論していたのである。

Deutsche Cultur. Friedrich's des Grossen Verkehrtheit mit der Verachtung der Mutter-sprache, Verehrung der französischen. Aufblühen deutschen Geistes nach Göthe u. Schiller. 日本有美妙 Literatur. 而猶為容他邦之語之念。可怪訝。

先の分類に従えば、フランス文明の摂取に追われ、フランス語を尊重して母国語を軽蔑していたフリードリヒ大王の時代のドイツは「勉励模倣」の時代であった。それにたいしてゲーテ、シラー以後のドイツ精神の開花は「勉励創作」の時代であった。そのような先例がある以上、過去に美妙な文学の伝統をもつ日本では当然母国語で創作することが望ましいと考えられる。それが「他邦の語を容るるの念を為す、怪訝す可し」の主張となるのであり、それが当時の日本で唱えられていた「英語為邦語之論」に反対する森鷗外の根拠なのでもあった。森鷗外はそのような一見欧化反対の自分の立場を「洋行帰りの保守主義者」と呼んだこともあったが(『妄想』)、その称呼は誤解を招きやすいようである。鷗外の「保守主義」が頑迷固陋《ころう》な「和魂和才」などの主張でないことは、鷗外を知る人には直ちに了解されるが、世の中にはそのように察しの良い人ばかりがいるわけではないからである。その際の鷗外の西洋文明にたいする態度には、レッシングやゲーテなどのドイツ人が十八世紀のフランス文明にたいした時の態度に似たものがあったといってよく、それだけに誤解されることもまた多かったのである。いま当時のドイツ人の心理について二、三例を引いて説明を加えておこう。

「啓蒙時代」とはフランス的ヨーロッパの時代であったから、フランス人には当時も今も了解されやすい時代であった。それにたいしてドイツにおこった「疾風怒濤」の運動は、フランス文明の至上を認める運動ではなかったから、ドイツ人の魂の自己主張は、一部のフランス人にはドイツ人のフランス的伝統からの謀反と考えられがちであった(しかし後にはフランス文学そのものがゲーテの『ウェルテル』などから逆に影響を蒙ることとなる)。十八世紀の後半からドイツ人は積極的に自国語で文学表現を試みるようになるが、しかしその際のドイツの文化的雰囲気がフランスのそれと比べて著しく劣るところがあったのは事実である。その落差は次のような事例によって事実的に把握することができる。クレメンス・ブレンターノの短篇の一つ *Die Geschichte vom braven Kasperl und dem schönen Annerl*（一八一七年作）の中で日本語に訳すれば等しく「作家」を意味する **Schriftsteller** というドイツ語と **homme de lettres** というフランス語のもつニュアンスの違いが次のように比較されている。作品中の「私」は老婆に向って自分が作家であると自己紹介することをためらってしまったのである。

「どうも奇妙な話だが、ドイツ人は自分が作家であるということを人に向って口外する時、いつも少し恥しい思いをしなければならない。なにしろ『作家』**Schriftsteller** という言葉はドイツ人の間ではいたってなじみが薄いのだ。ところがそれに対して **homme de lettres** という言葉の方はフランス人の間ではすっかり根づいている」……返答に窮したブレンターノの短篇の主人公はこうしたことを長々と考えた挙句、„**Ich bin ein Schreiber.**"「私は書記です」と答えてしまい、そのために老婆から代書することを頼まれてしまったのだった。この挿話は、ドイツ人の間で文学やそれに従事する者が当時どのような眼で見られていたかを、フランスとの比較において、示したものだろう。(4)

しかしそのような雰囲気の中でも自国語で創作を試みる人が次第に現われてきた。一八五五年に書かれたメーリケの『旅の日のモーツァルト』は一七八七年に事件を設定してあるが、その中でドイツ語で詩を作る青年が登場する。そのマクスについてメーリケは次のように説明している。「この青年はフランス文学に精通していたが、上流社会ではドイツ語で書かれた詩などほとんど顧られなかった当時に、ハーゲドルンやゲッツその他の人を手本にして、素人離れのした軽妙なドイツ語詩を書いていた」

フランス文化とドイツ文化のこのような関係やそれに伴う心理状態が、ドイツ留学中の森鷗外には次第に感性的にも理解されるようになってきた。その理解は実地見聞と、読書とを通じて行なわれたのである。ドイツ留学中に鷗外が読んだ文学書は夥しい数にのぼるが、その中には右にあげたブレンターノの短篇（一八八五年八月ライプチヒで読了）もメーリケの小説（遅くともドレスデン留学時代に読了）も含まれていたのである。フランス文明のこのような優位とドイツ人のそれに対する憧憬と反感――そのような心理を感得したからこそ鷗外はドイツ留学中にフランス語の習得に取りかかったのではないだろうか。そしてドイツの歴史をこのように対フランスとの関係で見たことが、鷗外の史眼を肥やしてくれたのだろう。鷗外は後に日本の歴史を対中国文明や対西洋文明との関係で展望するという、開けた、いわば比較文化史的な視野に立つことになったからである。

　ところで「勉励模倣」と「勉励創作」の関係で、後者の創意や主体性のある知的努力の尊重は、当然のこととはいいながら、フランス文明至上主義の側の非難を浴びることとなる。レッシングについてのドイツ側の平均的な評価は現行の *Der Neue Brockhaus* などの辞典に記されている次のような言葉であろう。

　Lessing. Als Denker und Dichter blieb Lessing der Aufklärung treu, die das Wesen aller Kunst in der sittlichen Wirkung erblickte. Aber er erkannte, dass diese Wirkung nicht an die Erfüllung der verstandmässigen Formvorschriften der Franzosen gebunden ist. So wurde er zugleich zum Überwinder der Aufklärung; er konnte die deutsche Dichtung aus ihrer Abhängigkeit von französischen Mustern befreien.

　レッシングは啓蒙思想に忠実であったが、同時に啓蒙思想の超克者でもあり、フランス的な典型に従属していたドイツ文学をその従属状態から解放した人である、というのである。しかしそのようなレッシングの立場はフランス側からは誤解されやすい。レッシングについてのフランス側の平均的な評価は現行の *Nouveau Petit Larousse Illustré* にある次のような言葉であろう。

Lessing, écrivain allemand né à Kamenz（Saxe）［1729-1781］. Critique érudit mais partial, il a, dans *la Dramaturgie de Hambourg*, condamné le classicisme français, à l'influence duquel il voulait soustraire la littérature allemande.

レッシングは博識の批評家であったが、偏見があり、フランス古典主義を否定して、ドイツ文学をその影響下から引き離そうとした、というのである。このフランス辞典の評価には、ドイツ側の評価とは異なって、レッシングにたいする非難の意がこめられており、価値の基準が一元的であるだけに、見方も固定的なものとなっている。

ところで啓蒙家であり創作家であった森鷗外の対西洋文明への関係は、レッシングなどの対フランス文明への関係と相似的な地位にあったといえるようである。客観的に見てそうであったといえるだけでなく、森鷗外はレッシングの活動のことなどを意識しつつ日本における新しい文学の創造に向った、と推定できる節もあるのである。

一八八八年、四年間のドイツ留学を了えて帰国した森鷗外は、翌明治二十二年から非常な自負心をもって活動を開始した。専門の医学方面では同年三月『衛生新誌』、続いて『医事新論』を刊行して筆陣を張り、文学方面でも同年八月訳詩集『於母影《おもかげ》』を『国民之友』に掲げ、その稿料を基金として十月には『柵草紙《しがらみ》』を刊行する。「しがらみ」とは水流をせくために杭をうちそれに竹木を横につけた柵をいい、それによって夾雑物《きょうざつぶつ》を取除くためのものである。すなわち『柵草紙』は文芸の批評専門誌を意図した刊行物なのである。森鷗外はその初号に『柵草紙の本領を論ず』というマニフェストを掲げたが、そこには西洋の「物」と「心」の日本への伝来が次のような歴史的なパースペクティヴの中で論じられていた。

「西学の東漸《とうぜん》するや、初その物を伝へてその心を伝へず。学は則格物窮理、術は則方技兵法、世を挙げて西人の機智の民たるを知りて、その徳義の民たるを知らず。況《いわん》やその風雅の民たるをや。是に於いてや、世の西学を奉ずるものは、唯利を是れ図り、財にあらでは喜ばず。……」

森鷗外が描いた西学東漸のスケッチは、鷗外が十余年後に『洋学の盛衰を論ず』の中で述べた洋学伝来の概略を予兆するが、ここでも洋才が洋魂よりも先に伝わった過程が述べられている。それは新井白石流にいえば西洋の「形而下」の機巧の智がまず日本人側に認められたからである。それもまず人間の生命と直接関係する方技（医術）と兵法が最初に日本へはいってきたのだが、西洋文明が非西洋の諸国へ伝わる際には、医学・軍事・航海などの技術面から伝わるものであることはほとんど一般的法則といってよい（トインビーはロシア、トルコ、エジプトなどでも西洋文明の導入がこの種の順序を踏んだことを指摘している）。ところで西洋人が単に機智の民としてのみ秀れているのであるならば、「東洋道徳西洋芸術」の公式も通用し、使い分けが可能となるのだが、西洋文明を構成する要素には（鷗外は、その諸要素の間には不離の関係があり体系的な総体としてでなければ摂取できないとは主張しなかったが）、形而上的な要素もあれば、詩も文学もあるのである。そして福沢諭吉が実学本位の主張を行なっていた時代はすでに過ぎ去って、明治二十年の前後から西洋の文芸は日本へも伝来してくる形勢にあった（坪内逍遥の『小説神髄』の刊行は明治十八年）。西洋の詩文は明治維新に遅れること二十年の時差で「我疆《わがさかい》」日本にはいり、日本人もまた新しい形による文学を創ろうとしはじめていた。鷗外は拝金宗としての洋学者のイメージに皮肉を放った後、次のように論じたのである。

「今や此方嚮は一転して、西方の優美なる文学は、その深邃《しんすい》なる哲理と共に我疆に入り来れり。而してその文学の種属を問へば、叙情詩あり、叙事詩あり、又た戯曲ありて、固《もと》より一体に局せずと雖、輓今《ばんきん》西欧諸州に盛なる小説を以てこれが主となす」

森鷗外は翌明治二十三年の一月には小説『舞姫』を発表して彼自身小説家として文壇にデビューしようとしていたのである。明治二十年代は日本人の注意がようやく「風雅の民」としての西洋人へも向けられるようになった時であり、福沢諭吉に代わって徳富蘇峰の『国民之友』が青年たちの心をとらえるようになっていた。そしてその『国民之友』に美しい雅文体で創作や翻訳を掲げて登場してきたのが森鷗外だったのである。

このように見てくると、森鷗外が単に西洋の「物」にだけ興味を寄せた人ではなく、西洋の「心」にも深い関心を寄せた人であったことがわかるのである。それだけではない、西洋の「心」を、文学という心を伝えるのにもっともふさわしい媒体で、日本へ伝えようとした第一人者であったこともわかるのである。そのような西欧の精神への関心は――鷗外の『独逸日記』の読者にはすでに知られているところだが――ドイツ語を通して（単にドイツ文学に限らず）広く西洋の文学、歴史、哲学の書物は渉猟し、しかもその書籍的知識を外国体験によっていわば追試する機会を得たために、より確かなものとなっていたのである。西洋の心は鷗外の全人格的な体験によって把握されたといってよいのだが、それは森鷗外が専門の衛生学研究に自己限定をすることなく、青春を真に豊かに生きたために可能となったことだった。それではそのような西欧体験を経て近代日本文化の一指導者となった鷗外は、「心」と「物」とを区別して扱おうとするような「和魂洋才」の主張にたいしてはどのような反応を示したことであろうか。

鷗外の『なのりそ』

森鷗外は西学東漸にもっとも功績のあった明治人の一人だったが、鷗外は「洋行帰りの保守主義者」として安直に欧化主義に与しはしなかった。鷗外は国外世界のいずれかに典型を求めてそれを無批判に模倣する行き方を排したからである。外来文明摂取の初期を過ぎた段階では「勉励模倣」よりも「勉励創作」こそが正道であると鷗外は考えていたのである。鷗外の態度には自主性が顕著だったが、そのことは鷗外が西洋の「心」に無関心であったということではなかった。鷗外は富国にも強兵にも賛成であったろうが、しかし西洋の「物」にしか着目しなかったという意味での富国強兵論者とはほとんど対蹠的な位置に立っていた。鷗外は西洋の「心」をもっともよく伝えた日本人の一人であり、日本の若者に青春という新しい感情を啓示したのは『即興詩人』の訳者森鷗外であった、という説もあながち誇張とはいえないだろう。鷗外はまた体系的な思弁を弄するよりも即物的な個々の事物に興味を寄せた人であり、専門の医学に関しても、かつてはアラビア医学が西洋でヘゲモニーを握っていた時代のあったことを承知していたから、洋魂と洋才は不離であり、一つの体系として、全体的に摂取されなければならないなどという無証明の説にたいしても同意を示さなかったであろう。後進国民は好むと好まざるとにかかわらず文明の中の近代的要素を選んで摂取するのが通則であり、近代的要素の中には自然科学をはじめとして普遍的性格を有するものも多かったのである。『妄想』の末尾に記された鷗外の自然科学の未来への希望は（原子爆弾開発以後の時代から振返って読めば楽天的に過ぎるといえるかもしれないが）、全人類に属するものとしての自然科学へ寄せた希望であったろう。

それではそのように西洋の「物」も「心」も日本へ伝えながら、その両者の間の結びつきを強調しなかった鷗外は、その両者を適宜使い分けるような行き方に与していたのだろうか。そのような使い分けを行なった人であったならば、戦後の日本で一時流行した見方のように、鷗外は反動派のイデオローグと呼ばれるにふさわしかったことであろう。

しかし軍医総監であった鷗外は、その種の使い分けをするどころか、そのような地位にいる人としては、実に大胆に、「和魂洋才」説に批判を加えている。鷗外は自分が軍医総監という地位によって保護されていることを意識してあえて自由な発言を行なったとさえ思われるのである。鷗外のリベラリストとしての側面がよく示されているのは、明治末年の軍医総監時代の諸作品においてだが、鷗外が保守思想の隠れ蓑の一種でもあった「和魂洋才」論に皮肉を放ったのは一幕物の芝居『なのりそ』の一人物の口を借りてであった。

『なのりそ』は明治四十四年八月、九月の『三田文学』に掲載された思想劇で、演劇という形式を取っているが、内容的には同年三月、四月発表の随筆『妄想』、同年四月発表の（田口卯吉の七周忌に書かれた）『鼎軒《ていけん》先生』などと共通する比較文化論的な問題を含んでいる。『なのりそ』の中心テーマは、「新しい女」についてだったが、女性解放の問題は外来の諸思想とも関係していただけに、副次的に「和魂洋才」が作中人物の話題となったのである。ここでは『なのりそ』の中では副次的なその問題だけを取りあげることとする。

幕が開くと前某省の次官であった大島崇《たかし》が、娘の婿にと目をかけている帝大法学部出身の広前漣《ひろまえれん》と話をしている。大島の娘耿子《てるこ》は、「遣るだの、貰ふだのと云ふのは、女を品物扱ひにするのだ」といい張って仲人をたてて話を進めることを承知しない。それで困り抜いた父親の大島が止むを得ず直接広前に家まで出向いてもらったのである。耿子は（父親からいわせれば）新しい思想にかぶれた娘である。明治四十四年は日本でもブルーストッキング「青鞜」派の運動がおこり、平塚らいてうが「元始、女性は太陽であった」と宣言した年だったが、鷗外はいちはやくそのような時代の風潮を察知して、そこにひそむ問題を提示してみせたのである。大島と広前漣の間では、欧米の生活習慣や思想と日本の風習や伝統の関係が話題にのぼったが、二十年ほど前には洋行をしたこともある大島は婿の候補の広前に向って次のように話しかけた。

大島　……欧米の風俗習慣でも、善いものは他山の石として、取つて用ゐることに異論はないのです。（少し声を大きくして）唯大和魂丈は無くして貰ひたくないので。

広前　いや。御同感です。なんでもこれから先き、日本の国家社会で有用の材となるには、和魂洋才でなくては行けません。

大島　いや。これは頼母《たのも》しい。ははは。（倣大《さだい》に笑ふ。広前も主人と顔を見合せて、附合ひに共に笑ふ）

鷗外が作中人物の「他山石主義」や「和魂洋才」説に同調しているのではないことは、ト書の指定

「少し声を大きくして」「倣大に笑ふ」「附合ひに共に笑ふ」などからも察せられる。「他山の石」という表現はもと『詩経』に出、よその山から出た粗悪な石でも我が玉を磨くのに用いることができる、「他山の石以て玉を攻《おさ》むべし」という訓に由来している。それは自分より劣っている人々の言行も自分の知徳を磨く助けとなることのたとえとされているが、しばしば弱者の強がりにも用いられた表現なのである。他者の知恵が自分よりも優っていることを心の一部では認めているが、それを公認したくない時にもこの表現は用いられたからである。その虚勢が劇中では「声を大きくし」「倣大に笑ふ」という態度になったのだった。

耿子は日清戦争の前後に生まれた女性なのだろうが、明治四十年代としては驚くほど「新しい」女であった。

「令嬢耿子登場。乗馬服を着て、手に鞭を持ちて入り来り鞭を卓の上に置く」

そして広前璉と大島耿子の間には次のような言葉の上でのやりとりが交された。

広前　……兎に角洋行して帰つても西洋に心酔はしない。彼れの物質的開化は勿論、道徳や宗教の方面をも観察して帰つて、好い処は取つて用ゐる。併《しか》し日本人の日本人たる所は飽くまで棄てないといふ考へでゐるらしいのですね。

耿子　（微笑む）あら。……日本人の日本人たる所なんといふことは、それは誰だつて黙つて行つてゐれば宜しい事なのでございます。あなたの仰《おつし》やるやうな事は極《ごく》物の分からない、頭の古い人が洋行して帰つても、丁度そんな風に申してゐますからね。それから横着な方が、今の反動の世の中で為事《しごと》をする為めに頭の古い人の受けの好いやうに、あなたの仰やるやうな言草を、洋行土産に持つて来て、人に配るのもありますわ。そんな人は皆駄目ですからね。（花をゆつくりむしりて棄つ）

広前の主張は「和魂洋才」の主張であり、耿子の逆襲にはそれを批評する鷗外自身の地の声が示されているようである。鷗外は『なのりそ』より数カ月前に書いた『妄想』で、「洋行帰りの保守主義者は、後には別な動機で流行し出した」と書いているが、鷗外は「洋魂洋才」論に反対するという意味での「洋行帰りの保守主義者」の自分と、反動の思想としての「和魂洋才」論に迎合するという意味での「洋行帰りの保守主義者」とを区別していたといえるだろう。もっともこのようなニュアンスの差は当時の凡庸な知識人には識別されるべくもなかったから、人々は手前勝手なレッテルを鷗外に貼ったのであった。ただ明らかにいえることは、鷗外が多くの洋魂洋才論者よりもはるかに深く西欧について知っていたということであり、また「日本人の日本人たる所」などをことさらに強調しはしなかったが、日本についても実によく知っていたということである。日露戦争後の日本では歴史的条件を無視した東西文化比較論やそこから出てくる「採長補短《さいちょうほたん》」の論が、ややもすると精神上の保守主義を防禦する論理――東洋が遅れているのは物質面だけであり、精神面では秀れているなどの説――として使われていたから、鷗外は耿子をして「広前をきつと見て、殆ど宣告する如く」次のように批評させたのである。

「わたくし、生利《なまぎき》な事を申しますやうですが、只今の外国の様子を見てお帰りになつて日本社会に対して不平のおありなさらないやうな方なら、それは詰《つ》まらない方かと存じますの」

この「外国」は「欧米」の意味だが、欧米社会に比して日本社会が遅れていることを目撃しておりながら、それでいて現状に満足しているとするならば、その反応の鈍さは軽蔑に値すると耿子はいうのである。

しかしここでは作中の男たちの屈折した心理にもふれておく必要があるだろう。大島崇も広前璉も日本の社会のその種の落差は感じていたにちがいないのだが、しかしそのことを（たとえば外国人などから）あからさまに指摘された時は、日本の立場を弁護したい心情の持主なのである。大島や広前が虚勢をはって倣大に笑うのはそのためなのである。ナショナリズムといわれる主張にはしばしば劣等感の裏返しの強がりが含まれている、ということは十分注意されねばならない。後進国民は物質的条件の劣勢を精神主義的主張によってカバーしようとつとめるが、その精神の内容は夜郎自大的なものが多かった。それに自国の精神文明や自国の指導者の理論の優越を説く主張にはいま一つの心理的根拠がある。外国の物質的文明の優位を認めても、精神の分野では従来の価値を維持したいという願望は、人間の発想として自然なものである。形而下の面だけでなく、形而上の面までも外国のものに頼らなければならないとするならば、それはとりもなおさず自分をもはや自分とは呼べなくなることであり、そこには人格崩壊に似た苦痛が秘められている。人間は自己の存在をおびやかすその種の圧迫にたいしては抵抗を試みずにはいられない。それでことさらに「日本人の日本人たる所」や「国体の尊厳」などが強調されるのである。しかしその種の自己主張は対外的関係から唱えられたのであって、自己の精神の内容を把握した上での主張ではなかったから、しばしば修辞の横溢（万邦無比《ばんぽうむひ》、金甌無欠《きんおうむけつ》、東の空に輝く太陽、等）におちいらざるを得なかった。青少年はその種の漢字の魅力に酔い、その種の勅語や語録の類を暗誦することもできたが、知識人は苦い顔をして黙ったり顔をそむけたりしたのである。鷗外が『なのりそ』で大島崇の「和魂洋才」を批判したのはそのような心理を洞察したからであった。

註

（1）実藤《さねとう》恵秀『中国人日本留学史』、くろしお出版、二七頁。

（2）参考に述べると、孫文の救国の大計の一は「機器採用」であった。

（3）判沢弘『土着の思想』、紀伊国屋新書、参照。

（4）文学者にたいする仏独の評価の違いについてRobert Minder に *Deutsche und französische Literatur —— inneres Reich und Einbürgerung des Dichters* などの興味ふかい比較考察がある。コレージュ・ド・フランスの教授の独文の著書は Insel Verlag から出ている。

和魂漢才と和魂洋才

「和魂」——外からの自己把握

先に論じた「和魂洋才」という問題については、

分析を一時代の一個人の場合に限定せず、ほかの方向へも展開させて巨視的に大観した時にその全貌がはじめて判然としてくるだろう。その第一の方向は、日本史をさかのぼり、西学東漸以前の外来文明との出会いの心理について探ることである。

「和魂洋才」という表現が「和魂漢才」という原型から出た一つのヴァリエーションであるという一事によっても研究のその方向への展開の必然性は了解されるだろう。それではまずはじめに「和魂」すなわち「日本精神」の定義についてふれてみたい。第二次世界大戦中に出た新村出《しんむらいずる》の『辭苑《じえん》』（博文館）には、「日本精神」の項に多くの説明の語があてられており、戦後に出た新村出の『広辞苑』（岩波書店）とその点が著しく異なっている。戦後の版には実質的な説明はなにも加えられていないからである。それは「和魂」の説明に戦後の日本人がとまどっていることを示すものだろう。しかし戦時下の『辭苑』に「日本精神」に多くの説明の語があてられていたとしても、その説明が今日そのまま通用するものでないこともまた明らかである。しかしここでは一時代前の日本人の歴史把握の型の一例証としてその項を引用しよう。

日本精神

縦に三千年を貫き、横に九千万の日本人を貫く我が国固有の伝統的精神であつて、其の根柢は万邦無比なる国体の尊厳に対する自覚に根ざしてゐる。その精神の具体的な顕現は、時代によつてその相貌に変化がある。上代に於ては明・浄・直を尊ぶ精神、尚武の気風となつて現れ、海外交通の後は、外国文化の急速な吸収とこれを日本化する精神としてあらはれてゐる。前者は神及び現神としての天皇を仰ぎまつる精神のあらはれであり、後者は国体自覚の第一歩である。平安朝時代に於ては、敬神崇祖の念・平和愛好の精神・優美尊重の文化を産み出したが、その母胎は依然として皇室尊崇と皇国文化顕揚の念より発したものと見るべきである。仏教が本地垂迹説の形態をとらねばならなかつたのも、国体自覚の一発現であり、すべてを日本化せざればやまない日本精神の発露である。（中略）明治以来の隆盛なる国運の発展も、皇室及び国体の尊重の念より発した国運隆昌の念願の精神の発現であつて、欧米文化の吸収も、それの日本化も、畢竟《ひつきよう》は神《かむ》ながらの国をして、益々光輝あらしめようとする日本精神の発動によつたものである。

この種の見方には（当時の新村博士にはこれ以外に書きようがなかったのであろうが）内藤虎次郎が『日本文化史研究』で批判した「お国自慢」が含まれているといわざるを得ない。内藤虎次郎は「国史家始め多くの日本人は、今日（大正十一年）でも動《やや》もすれば日本文化なるものの、最初からの存在を肯定し、外国文化を選択しつつ今日の発達を来したと解釈せんと欲する傾きがある」と述べ、その種の「理由なき謬想《びゆうそう》」を「例へば、児童が生れ落ちてから、漸次智慧が付いて来る年頃は、年長者から導かれ教へこまれることが其の智識の基礎になることは明瞭なる事実であるが、其の児童が成人した後、自己の智識の根本に就て自慢を有し、自己の智識は最初から他の智識を選択するだけの識見を具へてゐて、年長先進者の智識を自己に同化して、以て今日の発達を来したと云ふことを主張したならば、何人も其の無稽なることを嘲笑せざるものはないであらう」と批判している。『辭苑』の「日本精神」の説は内藤虎次郎が「道理に外れた解釈」とした「自国文化が基礎になつて、初めから外国文化に対する選択の識見を具へてゐた」という見方に沿ったものである。

しかし昭和十年代にあっては『辭苑』に記されたような日本精神の定義はまだしも開かれたものであった。それは外国から採用したものはすべて日本固有のものより劣ったものであり、その採用が日本固有の文化を不純にし、日本の国民性を害した、などとした一部の偏狭な日本至上主義にたいする抵抗とはなっていたのである。『辭苑』の説では漢文化の採用については「和魂漢才」、欧米文化の採用については「和魂洋才」の効用が認められていたからである。

ところで日本へ伝えられた三大外来文明は、『辭苑』にも記されていたように、インド起源の仏教とシナ文明と西洋文明であった。その輸入は、大陸の周辺に semi-detached つかず離れずの状態、すなわち大陸から文明は受容するが占領されたり征服されたりはしないという状態で位置していた島国日本では、折衷主義的な形で行なわれた場合が多かった。「和魂洋才」の心理的先蹤《せんしょう》としては「和魂漢才」だけでなく、仏教受容の際の便法として広く行なわれた本地垂迹説もあげられるにちがいない。本地仏の考えが、神仏混淆の因となり、その状態は明治維新に至るまで続いたが、今日でも日本の多くの家庭では仏壇と神棚とが共存しているのである。この種の共存は日本人の折衷主義的な性格を示すものといえるだろう。

「和魂洋才」という発想のより直接的な原型である「和魂漢才」という公式は、シナ文明の摂取に際して作られたキャッチ・フレーズである。しかし一般に一国民の文化的自覚は政治的自覚よりも遅れて生ずるものであるから、大和使《やまとつかい》（遣唐使）がシナへ派遣された直後にこのような公式ができたわけではなかった。「和魂漢才」に類する表現があらわれる日本の文献は、後述するように、『源氏物語』がはじめであるといわれている。それは小野妹子がシナへ渡ってから四百年近く経った後のことである。人は一般に自分や自分の国の精神内容を自覚的に把握しているわけではなかったから、日本人の「和魂」についての認識は、「和魂漢才」に類した表現が作られた後も、必ずしも深まったわけではなかった。「和魂漢才」という際の「和魂」の把握は他者との関係における自己認識であり、いわば外側からの規定だったからである。その種の曖昧さは次のような例によっても示すことができる。「和魂漢才」といった時の「和魂」の内容は、シナ文化の影響を受ける以前の日本人の精神である、ということはできるだろう。しかし幕末以降に「和魂洋才」といった時の「和魂」の内容は、儒教道徳などを摂取して変化した後の日本人の精神をさしている（国学者系統の人々はこのような考え方に反駁してより純粋な大和心を唱えたかもしれない。しかし前節でふれた鷗外の『なのりそ』の大島崇に代表されるような明治日本の平均的知識人が「和魂洋才」といった時の「和魂」は日本人がいうところの「東洋精神」といったものである)。その際の「和魂」は佐久間象山が「東洋道徳西洋芸術」といった時の「東洋道徳」に相当する。いいかえるとその際の「和魂」は「和魂漢才」の「和魂」だけではなく、橋本左内の「器機芸術は彼(西洋)に採り、仁義忠孝は我に存す」といった表現の「我」についての儒教的価値意識からも理解されるように、むしろ漢文化を取入れた後の和魂、すなわちかつての「和魂漢才」の総体に相当する。「和魂」はそのように時代に応じて内容の変化するものであり、外国起源の価値であることを意識させないほど我物として同化された精神内容は、すべて和魂のうちにおさめられているのである。

それでは平安朝後期と幕末以降とで「和魂」の内実がそれだけ変貌していたにもかかわらず、なぜ同じ名称が用いられて「大和魂」の強調が行なわれたのだろうか。それは「和魂」について内容的に深い吟味が行なわれることなしに、他者との関係における自己把握として「和魂」の名前が与えられたからにほかならない。その間の心理は、外地へ行った日本人が、外地にいるためにかえって日本を意識し、必ずしも知識があるわけでなくとも日本文化や日本精神を強調するのと似通った心理であるといえる。『なのりそ』の大島前次官や広前法学士は、和魂とは何かと問われたならば窮した人々であろうが、西洋文明の圧力を感じていたがゆえにことさらに「日本人の日本人たる所」を強調してみせたのであった。

そしてそのような心理を洞察した人には森鷗外だけでなく夏目漱石もいたということも興味ふかい。漱石は日本海海戦の後、『戦後文界の趨勢』という談話で、明治時代の日本人の心理について次のように述べている。

「吾々は大和魂――又は武士魂といふことを今までも口にしたが、然しこれを今日まで無暗に口にしたといふのは、或必要から出たのではあるまいか。これを事実の上に現ずる事なしに、その声をして高からしめんと叫んだのは、一方に精神の消耗といふ事を思はせるのと、一方には恐怖といふことを抱いたが為ではあるまいかと臆測するものがあるのも余儀ないことになる。自信があつていつたのでなくてその精神の消耗を杞憂する恐怖といふ語の呼び換へられた叫びであると思はしめたのも余儀ないのである」

一九〇五年当時の日本で「大和魂」を批判することはタブーに触れることに近かった。文意の明瞭さをやや欠いた文章の中で「余儀ない」の語が二度も繰返されたのは、禁忌に触れることを知りながらも、なおいわずにはいられなかった漱石の誠実さを示すものだろう。漱石はその頃に書かれた『吾輩は猫である』の六の末尾に次のように書いているが、それはそのような叫び声を発する人々の心理の裏を見抜いた上でのカリカチュアであり、漱石の日本への反省、一種の文明批判だったのである。

「大和魂！　と叫んで日本人が肺病やみの様な咳をした。大和魂！　と新聞屋が云ふ。大和魂！　と掏摸《すり》が云ふ。大和魂が一躍して海を渡つた。……東郷大将が大和魂を有つて居る。肴屋の銀さんも大和魂を有つて居る。詐偽師、山師、人殺しも大和魂を有つて居る。……大和魂はどんなものかと聞いたら、大和魂さと答へて行き過ぎた。五六間行つてからエヘンと云ふ声が聞こえた」

劣等感の裏返しとしてのナショナリズムの空疎な強がりを、暗誦と合唱のナショナリズムの愚しさを漱石はこのように批判して、「大和魂はそれ天狗の類《たぐい》か」という発言で笑いのうちに『猫』の文章をくくったのである。英京で文化的劣等感にさいなまれつつ留学生活を送った漱石にはこの種の心理が自分のものでもあったから、痛いほどよくわかったのであろう。

和魂漢才

以上は「和魂漢才」「和魂洋才」などにあらわれた「和魂」についての注意書きだが、次に「和魂漢才」という表現について実例をあげて多少ふれておきたい。『菅家文草《かんけぶんそう》』（日本古典文学大系、岩波書店）に注釈を施された川口久雄教授の解説によると、菅原道真が『菅家遺誡《ゆいかい》』に記したといわれる、「其自レ非二和魂漢才一、不レ能レ闚《のぞ》む二其閫奥《こんおう》一矣」という言葉は、「内容からみても、文体からみても明らかに道真のものでなく、近世人のさかしらな竄入《ざんにゅう》である」とのことであり、偽作者は室町時代の人と推定されている由である。しかしそのような竄入がおこなわれたということは、菅原道真が日本の文化史の上で占めていた位置が、後世の人から見て「和魂漢才」と定義されるのにふさわしいものであったからとも説明されている。

それではそのような後世人のイメージの投入ではなくて、「和魂漢才」の問題は平安時代には実際にはどのような形で話題となっていたのだろうか。その種の論題は、漢文を読み漢文を書き、自己を正統（船来）文明の担い手と規定している人々の口からは出がたいものであったろう。「やまとだましい」と「からざえ」の関係は、男の博士たちよりも、その周辺にいる漢文は読めるが平がなでものを書く宮廷の才女たちによってまず話題とされたようである。日本語表現の媒体としての平がなの発明とその普及は、日本人の自己主張に排け口を与えただけに、和魂漢才の問題を誘発する論理的必然性を秘めていた。しかし藤原時代にあっては漢字文化の威信は圧倒的なものがあったから、男は平がなで書くことをためらっていたのである。学者としての自負がやまとことばで語ることを禁じていたのである。それだから紀貫之は平がなで『土佐日記』（九三五年）を書いた時、彼は自分が女であるかのように第一行で釈明しなければならなかった。

「をとこもすなる日記といふものををむなもしてみんとてするなり」

日本における博士や才女への尊敬は、シナにおける学者政治家への尊敬とは性質を異にして、船来文化という後楯によって特徴づけられていた。「少納言よ、香爐峯《こうろほう》の雪はいかならん」と中宮にいわれた清少納言が、「御格子あげさせて、御簾《みす》を高くあげたれば（中宮）わらはせ給ふ」という名誉をほどこした逸話は名高いが、それは彼女が白居易の「香爐峯雪撥簾看」の詩を知っていたからである。その同じ『枕草子』の中で清少納言は「めでたきもの」の例として次のように書いている。

「博士《はかせ》の才《ざえ》あるは、いとめでたしといふもおろかなり。顔にくげに、いと下﨟《げらう》なれど、やんごとなき御前に近づきまゐり、……」

「げらう」とは年功を積むことが浅くて地位の低いものを指すのだが、そのような男も漢文学の知識ゆえに、宮中の奥深くまで出入りも許され、世にやんごとなき物に思われていた、というのである。ところで和漢の学に通じた才女とされていた清少納言を紫式部は同時代の女性として次のように評した。

「清少納言こそ、したり顔にいみじう侍りける人。さばかりさかしだち、真字《まな》書きちらして侍るほども、よく見れば、まだいとたへぬことおほかり」

真字（真名）は仮名にたいする本字（漢字）をさすが、紫式部は競争意識をもって、清少納言が漢字知識をひけらかすことを「いと堪へぬこと多かり」と嗤《わら》ったのである。しかしこれらのことは清少納言も紫式部も漢字で記されたものこそ価値があるとした当時の価値観に従っていたことを示すものだろう。西暦千年前後の日本の貴族社会では漢文こそが「文」であったから、清少納言も紫式部も自分たちが平がなで綴った大和言葉の文や和歌が男たちが漢字で綴った散文や詩よりも優るものとは考えていなかったのであろう。紫式部は「書《ふみ》に心入れたる親」から「口惜しう、男子《おのこご》にてもたらぬこそ、さいはひなかりけれ」と自分がいわれたことを『日記』に書きとどめたが、これは彼女が真字で書かれた書物をよく読めた、ということを誇りに思っていたからにちがいない。そのように中国文化を勉励模倣することにつとめた中世の日本は、外来文化の威信に支えられた価値体系をたてまえとして持っていた。平安時代も過ぎた十三世紀に道元は次のように書いている。

「この日本国は、海外の遠方なり、人のこころ至愚なり。むかしよりいまだ聖人《しょうにん》むまれず、生知《しょうち》むまれず、いはんや学道の実士まれなり。道心をしらざるともがら、道心をおしふるときは、忠言の逆耳するによりて、自己をかへりみず、他人をうらむ」

「西天および神丹国は、人もとより質直《しちじき》なり。中華のしからしむるによりて、仏法を教化するに、いとはやく会入《えにゅう》す。我朝は、むかしより人に仁智すくなくして、正種《しょうしゅ》つもりがたし。番夷のしからしむる、うらみざらむや。又このくにの出家人は、大国の在《ざい》家人《けにん》にもおとれり。挙世《こせ》おろかにして、心量狭少なり。ふかく有為の功を執して、事相の善をこのむ」

これらは『正法眼蔵』にある言葉だが、西暦一二〇〇年に生まれ、一二二三年に宋へ留学し、一二二七年に帰朝した道元は、このようにシナを大宋国として理想化し、日本を文化の中心から離れて遠い未開国とする、いわゆる他華思想の見方をしていたのである。道元が西の国を美化してそれを権威として弟子に向って訓を説いたことは懐奘編の『正法眼蔵随聞記』の次のような言葉からも察せられる。

「大宋国ノ叢林ニハ、末代ナリトイヘドモ、学道ノ人、千万人ノ中ニ、或ハ遠方ヨリ来リ、或ハ郷土ヨリ出デ来ルモ、多分皆貧ナリ。シカレドモ、愁トセズ。只悟道ノ未ダシキコトヲ愁テ、或ハ楼上、若ハ閣下ニ、考妣《こうひ》ヲ喪セルガ如クニシテ道ヲ思フナリ」

道元もこのような語をつらねて日本人へ訓戒をたれていたのである。秀才たちはこのようにして中国文学と仏教の学問に追われていたのであり、小説などの創作――それは長い間遊びと考えられていた――はそれら学者世界の周辺にいた女性の手になったのであった（その種の関係はT・S・エリオットが *The Classics and the Man of Letters* で述べたルネサンス期イギリスの古典学者と創作者シェイクスピアの関係とは似ていないとはいえないだろう）。それは詩が勤勉からだけでは生まれず、ふと一息ついてよそを向いた時に生まれるようなものでもあるのだろう――男たちの主観的な価値観をよそに日本独自の国風の貴族文化が生み出されたところに、藤原時代の特徴があったといえるのである。平がなで書かれた物語や物語絵巻（それは一名を大和絵と呼ばれたが）は今日にいたるまで日本人の趣味性の決定に参与しているが、それに反して漢字で綴られた『凌雲集』や『文華秀麗集』はもはや専門家にしか読まれない書物となっている。

女性たちの筆になった物語は、当時のシナでもまだ未発達のジャンルであったが、それらの物語は、『更級日記』の著者がいうように、「あづまぢの道のはてよりも、猶おくつかた」でも貴族の女たちの間では評判となっていた。平安朝の男たちの他者本位的な価値観から洩れていたような著作が、その価値体系の風化にともなって、後には平安朝文学を代表するものとして前面へ現われてきた。作品の価値は執筆時に世間の人々がもっていたコンヴェンショナルな基準を越えたところに生ずるのである。しかも『枕草子』や『源氏物語』はウェイリーという天才的な訳者を得てからは、広く英語世界でも読まれ味わわれるにいたったのである。『源氏物語』は仮名で書かれたが、仮の作品ではなかった。趣味の世界であった当時の貴族社会は、借物の漢文でなく、やまとことばを通して自己表現をした時に、はじめてその洗練された感覚をのびのびと生かすことができたのである。平安朝も最末期になるが、『愚管抄』の著者は平がなで自己表現をすることについて正直に書いている。

「物をいひつゞくるに心の多くこもりて時の景気をあらはすことは、かやうのことばさはくとしてする事にて侍る也」

歌人でもあった慈円は、先に歌人であった紀貫之が『古今集』の序にやまとことばで記したように、母国語による感情表現の有利を自覚していたのである。ところで十世紀のはじめに書かれた『古今集』の序文は、

「やまとうたは、ひとのこゝろをたねとして、よろづのことの葉とぞなれりける」

という言葉ではじまっているが、この「やまとうた」という書き出しは「からのうた」といわれた漢詩を意識した上での自己主張であると注釈されている。そのような二元的な国家意識を伴う発想が、後には「やまとだましい」と「からざえ」の対比となったのだろう。そして「和魂漢才」という熟語こそ用いられていないけれども、『源氏物語』の「乙女」の巻には次のような一節がある。

「猶、才《ざえ》を本《もと》としてこそ大和魂の世に用ひらるゝ方《かた》も、強う侍らめ」

これは夕霧の教育について源氏が大宮にいった言葉だが、与謝野晶子はその条を次のように口語文に訳している。

「やはり学問が第一でございます。日本魂をいかに活かせて使うかは学問の根底があってできること

とぞんじます」

この口語訳には中国の学問とは出ていないが、平安朝の宮廷では学問といえば漢学だったのであり、歴史といえばおおむね中国の歴史をさしていたのである。それだから右の「ざえ」について注釈書には「もろこしの文を学てこそ日本の事をも知へき也」(『孟津抄』)とか、「平安朝の上流貴族の理想の男子は、やまとだましいを心に持ち、教養として中国流に六芸《りくげい》を身につけた人であった」(河出版与謝野源氏の池田弥三郎補注)などと記されている。いまの言葉を借りていえば「和魂漢才」は教養人の理念だったというのである。「和魂洋才」の原型となった「和魂漢才」の思想は、このようにしていまを去る千年の昔、紫式部によって説かれていたのであった。

周辺文化国の知的状況

外来文明との出会いの心理について知ろうとすることは、奈良朝や平安朝の昔についてはやはり難しいことである。それに反して江戸時代の儒者の中国傾倒やそれにたいする反動などについては、文献も多く、比較的容易に推察することができる。そして江戸時代の儒者と、明治以降の大学教授や広く知識人の心理の間の並行比較《パラレル》は、ともに日本人の外国研究者の心理として行なうことが可能である。江戸時代の儒者のシナ文化にたいする心理には(それは国学者によって剔抉《てっけつ》されるのだが)型《パターン》として東京時代の外国研究者の西洋文化にたいする心理と多くの共通点をもっている、という事実が、国学者による儒者批判に今日的な意味を与えているのである。ここで国学者による儒者の漢意《からごころ》への批判を取りあげるのは、そのこと自体を専門的に調べるためではなく、周辺文化圏の国における心理上の葛藤の問題として、国学者の儒者にたいする反撥を見てみようとするためである。より一般的な表現を使えば、外国研究者の外国文化へ惹かれる求心的な心理状態とそれが含む矛盾について考えてみようとするのである。

周辺文化の国では中心文化の国の正統性にたいして忠誠を誓うことを本分と心得る知識人が出ることは不可避的な現象である。事大主義という言葉は周辺文化の国や半島地域の人々に冠せられることの多かった表現だが、そのような地域には「王よりも王党的」な人が輩出する。徳川時代の日本には朱子を尊崇し、自ら朱色の服を着、弟子にもその色の服の着用を命じた儒者がいたが、正統文化への忠誠はしばしばそのような心理と行動を取らせるのである。平和が続き、学問が盛んであった徳川時代は、海外との交通が遮断されていたために、他華思想は一そう顕著となった。儒者の中には聖人の国への憧憬を江戸から長崎へ旅行することによって少しでもいやそうとした人がいたが、長崎到着は中華の国へ近づいたという意味でも喜ばしいこととされたのであった。徳川時代の儒者は、清朝シナについての現地体験を欠いていただけに、聖人の国としての中国を理想化することが著しかったのであり、またそれだけに、明治時代における清朝シナの実体の発見と清朝没落後のシナのアナーキーは日本人の間に尊敬から侮蔑への心理の激しい逆転を生んだのであった。

　ところで儒者のそのような外国シナへの崇拝にたいする反撥は儒者の間からも神道家や国学者の間からも現われた。はじめにその種の心理を探る手がかりとして「やまとだましい」を歌った和歌を取りあげて、そこに内在している心理と論理を追ってみよう。高大夫実無は足利義満の時代の人だが、彼の『詠百寮和歌』には「和魂漢才」を主張する日本人の学者の心意気が次のように歌われている。

　　新しき文を見るにもくらからじ読開きぬる大和
　　　玉しひ

　この種の自己主張は、日本側の主体的努力を強調する結果、価値判断の基準を相手側から取りあげて自分の側へ移してくる、という傾向をもっている。そのような主張の動機には、外国文明の重圧からのがれようとする逃避の心理が働いている場合もあるだろう。それはまた反動としての日本中心主義への転化の際にも見られる言動にちがいない。そのような主張は日本側の外的条件の改善が心理の上へ作用したような場合も、当事者個人の内面的な自信体得の自然の結果であるような場合もあるかもしれない。

いずれにせよ無意識裡にいだいていたシナには敵わない、何事もシナに学ばねばならぬという観念からの脱却はこのような主体性の強調によって試みられるのである。すると、論理的必然であるが、研究対象をなにもシナにだけ限定する必要はあるまい、という意識も芽生えてくる。これはある意味では教養摂取の次元から研究創造の次元へ移行する時の心理であるともいえる。

これと似たような心理的変化は、日本人がシナ文明にたいした時にも、また西洋文明にたいした時にも等しく生じたが、近代の例を先に引けば、夏目漱石が英文学研究の途上で逢着した諸問題とそれにたいする諸態度は、その種の心理的変化をもっとも明確に伝えるものといえるだろう。日本人である自分にとって外国研究はどのような意味をもつのか、外国の既成の学問区分の枠内でそのペースに従って仕事を進めるというのが果して理想的な営みであるのか、西洋人の秀れた日本研究者が日本にたいするごとく日本人の外国研究者は外国にたいするべきではないのか、などがその際に提起された論点なのである。そしてその種の反省や自己主張は、夏目漱石の表現に従えば、自己本位の行き方といえるだろう。そして注意すべき点は、この種の悩みや問題は中心文化の社会では(その社会が周辺文化の地位へ落ちない限り)、一般人はもとよりのこと外国研究者の間でもまず滅多に起ることのない問題だということである。かれらは自己本位以外の行き方は、幸か不幸か、考えたことのなかった人々であり、かりにそのような国で他国本位の外国研究者がいたとするならば、その人は「根なし草」déraciné とならざるを得ない。その根なし草は社会から捨てられてしまう種類の根なし草なのである。

ところが周辺文化の社会では、自国から脱出して中心文化の社会と同じ教養をわかちもつことができるのなら「根なし草」となってもよいとする考えが、本人にも周囲にも存在し得る。中心文化の社会と周辺文化の社会とでは、外国研究者とは名のみ共通で、実質的にはかなり異なる任務を果している場合が多いからであり、その質的差異にも注目しなければならないのである。周辺文化の国では外国研究者やインテリゲンチャは、儒者や大学教授がしばしばそうであったように、中心社会の文化の伝導者として自己の任務を規定している場合が多い。原書(原書という表現がすでに文化の起源や流れの方向を示して雄弁であるが)の講読や翻訳や解説の仕事に重きが置かれるのは文化史的状況の必然的な結果であるともいえる。そしてその地位に置かれた人々は、知識人として発言する機会もまた多い。徳川時代の儒者たちが一だんと高いところから聖人の道を日本人に向って説いたように、知的特権階級として臨み、外来の教説を上から説くことができる。また上から説かれることを好む聴衆や読者がこのような社会では伝統的にいるのである。そしてその際に発言者の標準が中心文化の権威の標準と一致していることが媒体としての権威を加える上に役立つ。それは事実一致している場合も、見せかけの場合も、またそうでない場合もあるだろう。しかし仮に努力の結果、自己の標準が相手のそれと合したとしてもなお問題の余地が残されている。というのは中心文化の社会の価値判断の体系はそれ自体の中で自発的にできあがったものであるから、普遍性を主張していても、実は周辺社会の状況を考慮に入れていないことを特徴とするからである。たとえばドイツの社会学の原理論によって日本の学生問題を処理しようと思っても、ビールのジョッキで米の桝取りをするようなもので、どうしても手許に狂いが生じがちなものである。そのためにギャップができるのだが、そこで自己本位の人は自己に従い、現実を直視することにつとめるが、正統文化に忠誠を誓う人は他に従い、理論を信奉して日本の悪口をいうということになる。固有の文化が十分に成熟していない社会や中心文化に陸続きで接している半島地域には後者の数がふえるのは避けがたい。また教師、インテリゲンチャ、自国人に外来宗教の布教を目的とする宣教師などは媒体として後者の位置に安住することも可能なのである。

十九世紀中葉以前のシナには日本を研究対象とするシナ人の外国研究者、とくに日本語を学ぼうとした人はほとんどいなかった。その当時のシナ人の日本知識は非常に偏頗《へんぱ》なものだった。しかし日本には夥しい数の外国研究者としての儒者がいたのである。そしてそれと同様の一方通行的な関係が後にはヨーロッパと日本の間で見られて今日に及んでいるのである。それは後述するように相手国と日本の間の文化の流れに伴い、共通語《リンガ・フランカ》がいずれに選ばれたかによって決定される現象なのであり、その両国の外国文化研究者を同一性質のものと視ることには無理がある。しかし周辺文化圏の国が位置づけられたそのような状況の下で、なんらかの意味での創造的行為を営もうとする人々は、その状況が内包する矛盾に苦しみ、いらだたねばならない。文化の輸入だけでは創造行為とはならないからである。先に森鷗外の場合について論じた勉励模倣と勉励創作の問題は、一般的にはこのような状況の中から頭をもたげてきたのであり、中華の国では漢籍を読むのに、

新しき文を見るにもくらからじ読開きぬる大和玉しひ

などと力んでうたう必然性は論理的にも生じない。

またフランス人のシナ学者が漢籍を読むのに esprit gaulois「ゴーロワ魂」や「フランス精神」を持ち出すこともまず考えられない。フランス人のシナ学は、おのずからヨーロッパの学問の一翼を形成しており、そのことは自明の前提だからである。日本人は漢文化の重圧を感じていたからこそ漢意《からごころ》の排除を力説しなければならなかったのであり、大和魂の主張も国体の強調もそのような屈折を経て生じたものなのであった。そしてそれと似たような状況は日本人が西洋文明の重圧を感じた時にもふたたび繰り返されるのである。

とつくにの文《ふみ》の八千巻《やちまき》くりかへし大和心をよみひらかばや

このような和歌に接すると、読者はそれが足利義満の時代の高大夫実無の作、ないしはそれの本歌取と思われるかもしれないが、実は森鷗外の作、鷗外が西洋医学を日本に導入しようとして奮闘していたころ『傍観機関』の「岡目集」に寄せた和歌だった

のである。そして鷗外がその歌とともに、

開けゆくやまと心に桜花おく山外山にほひへだてず

などと日本の学界の成果が内外へ逆にひろまることへの期待を和歌に託しているのを読む時、私たちは自己の人間としての尊厳を思うの情が一国民としては文化上のナショナリズムへ転化する潜勢力を秘めていることに思いをいたさざるを得ないのではなかろうか。それとも大和心や桜花という表現が本居宣長（一七三〇―一八〇一）を私たちの連想裡に呼び出したまでであろうか。

文化上のナショナリズム

本居宣長の儒学攻撃には、「余が（漢国の説を）信ぜざるは、異国の書なるが故にはあらず。その妄作にて、世中の事に合はざるが故なり」（『葛花』）などとあり、宣長が「異国の説を排撃するとき、その根拠を単に学説・理論のもつ国籍にもとめるのではなく、真理性によっている」（田原嗣郎『本居宣長』講談社現代新書）という面もありはするが、時と場所によっては非常に「国籍にかかわっている」（同右）ことは否めない。とくに藤井貞幹が『衝口発』でシナ史中心の見地から皇室及び日本の文化諸相の大陸由来の歴史観を説いたのに論駁した『鉗狂人』（天明五年、一七八五年）などの文章にはショヴィニズムが感じられる。いまその一節を引くと、「これ又ひたすら強いて皇国をいやしめおとすを眼高しと心得たるは、返りて眼も心も卑しくして、漢籍におぼれ惑へる故也。今一層眼を高くして見よ、その非をさとるべし。わが古学の眼を以て見れば外国はすべて天竺も漢国も三韓も其余の国々も、みな少名毘古那神の何事をも始め玉へる物とこそ思はるれ」

歴史を自国本位の立場から見直そうとする主張なのだが、その際自国の固有の文化の現勢では外来の文化に対抗できない。その際に人々はややもすると価値の源泉を自国の過去（時には未来）に求めようとする。そのような心理上の方向転換と魂の故郷を求めての過去遡及は、ヨーロッパでも辺境、小国、新興独立国などでは顕著に見られた現象であり、とくに十九世紀に著しかった。アイルランドなどは魂のよりどころを求めようとしてほとんど死語と化していたゲール語を意識的に復活させたほどである。ナショナリズムには文化上の地方的劣等感を補充しようとする心性が作用していることは多分に事実であり、それだからこそ今日のフランス国内でコルシカやブルターニュの独立運動が、またスペインでバスク地方の独立運動が行なわれたりするのだが、しかし魂の故郷への回帰がすべて偽物の運動であったとはいいきれない。民族音楽、民謡、中世趣味、古代伝説などの個別的なものへの着目はロマン派運動の貴重な副産であった。それがまた各民族の心情を動かして逆にナショナリズムを昂揚させ、時には錯乱させたのである。

ヨーロッパにおけるナショナリズムの昂揚はナポレオン戦争などに結びつく政治的要因が強かったが、日本でも国家意識や民族感情の昂揚は幕末以来の国家存立についての危機意識と結びついてきた。しかし近代日本の起動力となったその種の政治的ナショナリズムが起る以前にも、その種の運動とはまったく無関係に、文化的ナショナリズムが徳川時代の儒学隆盛下の日本で頭をもたげはじめていた。そのような事実はナショナリズムはヨーロッパ起源の現象であって西洋から非西洋へ「輸出」されたものである、という説を否定する。荷田春満《かだのあずままろ》(一六六九―一七三六)は、ヨーロッパ史でいえばモンテスキューなどとほぼ同時代人にあたる人だが、次のように儒学を意識した上で国学の主張を試みている。

ふみ分けよ倭《やまと》にはあらぬ漢鳥のあとを見るのみ人の道かは

「漢鳥」は「からとり」と読むが、「から」は固有名詞の「漢」や「唐」への訓であるだけでなく、ひろく外国一般をさす称であり(朝鮮南部の古国も韓《から》と呼ばれていた)、荷田春満の歌に内在する論理は、後にはシナ以外の「からとり」にたいしても転用されることとなったのである。この種のナショナリズムがショヴィニズムへ転化した例としては、「和魂漢才」という標語とイメージの上でつながっている遣唐使や千百余年前の留学生にたいして次のような評価が下されたことがあげられる。

「阿倍の仲麻呂なんどが、から国にゆきて、その風になびきつつ、てる日の本を忘れて、李隆基の臣となりしたぐひは、かたちこそをのこならめ、心はをうなにもはるかに劣れるぞいまはしき」

これは藤田東湖の評語なのだが、阿倍仲麻呂については『大日本史』の編者も同様趣旨の言葉を述べている。そして付言するならばいまもなお外国へ渡る日本の学者にたいしてこの種の非難が浴びせられることがこの国では皆無というわけではないのである。

中華思想と他華思想

漢意《からごころ》批判

千余年の間隔をおいていたにもかかわらず、平安朝の「和魂漢才」と幕末以降の「和魂洋才」は、「漢」と「洋」の一字を置き換えただけの、すなわち摂取の対象の外来文明を漢文明から西洋文明へ切り換えただけの現象であったかにも見える。もっともこの場合十数世紀の間隔を中に置いた、と見るのは正確ではない。漢文明は平安時代だけでなく室町時代にも江戸時代にも伝わってきたからである。しかも儒学輸入の頂点は江戸時代であったからである。明治維新の前後には「漢」から「洋」への一字違いの方向転換のために価値体系に混乱が生じ、日本は（単なる政治的経済的変革以上の）精神的動顚状況におちいったのである。そしてその際、西洋思想に対してもっとも頑強な抵抗を示したのは（福沢諭吉がもっぱら非難攻撃したように）、儒者だったからである。

しかしその種の物質的精神的混乱にもかかわらず、また当事者自身の変化したという意識にもかかわらず、日本人の外来文明受容の心理の型《パターン》そのものにおいては必ずしもさしたる変化はなかったかにも思える。少年期には漢籍を好み、後に英文学を専攻した夏目漱石は過渡期の人として、また心理家として、イギリス留学中の明治三十四年に次のように書いている。

「維新前の日本人は只管《ひたすら》支那を模倣して喜びたり、維新後の日本人は又専一に西洋を模倣せんとするなり」(『断片』)

そしてまた次のようにも書いている。

「徳川時代に漢文が盛んであつた。然し当時は支那が標準であつた。縦令《よし》傑作があつたといつてもそれも特殊なのは無い。支那人と同じやうなのか、若しくはそれ以下で決してそれ以上に出るといふことは出来なかつた。今(明治三十八年)の文学界も亦こんな(西洋本位の)様がある」(『戦後文界の趨勢』)

夏目漱石は日本人の心性をこのように観察したが、それでは江戸時代の学者たちは当時の日本人の中国崇拝をどのように見ていたのか。少数派の意見はとかく過激に走りがちなものだが、国学者の一人伊勢貞丈(一七一七—一七八四)は、『安斎随筆』で次のような激語を吐いている。彼の修辞には漢学者を「其功能は飯を喰ふ字引に異ならず。国のためには無用の長物」ときめつけた『学問のすゝめ』の福沢諭吉の筆法を予兆させるものがあるが、ここでは文章中の「儒者」を「外国研究者」と置換えて、日本の学者心理の型《パターン》に注目し、またあわせて偏狭な文化的国家主義の論理の型を見てみたい。外国崇拝への反動は、文化的劣等感をおおい隠すためのナショナリスティックな自己主張となるから、本来の中華思想ほど鷹揚なものとはなり得ないのである(シナにおけるナショナリズムの自覚が遅れたのは、逆説的だがその中華思想のためだったのだろう)。辺境に発生する後進国のナショナリズムは susceptible な、傷つきやすいほど鋭敏な反応を呈するものである。貞丈はいう。

「儒者の悪く心得たるは、西土の事のみ知て、我国の事には昧《くら》くして、我国の事を嘲り、笑ひ賤むる事甚し。我国に産生し、我国の米を食ひ、我国の衣を服し、我国の地に居住しながら、西土を貴び、我国を甚だ賤しむるは、不義なる儒者也。聖人の道は、仁義を行ふ教に非ずや、不義なる者を儒と云へるや。

我国を賤むは何ぞ。賤き我国の米を食ひ、我国の衣服を服し、我国に居るや。国恩を受ながら、此国を賤むは、不義に非ずや。又何ぞや聖人の道に我生国を賤しめよと、其事は何の経伝に見たるや。如此の不義なる儒者は常に西土を貴びて中華々々と称し、我国を賤しめて、倭俗々々と言ふ。是不礼也。此国に生れながら、此国の礼義作法故実風俗をも知らざるは、博学多才也とも、此国には無益の人也。此国之地より生ずる稲の飯を食はずして、早く餓死せよかし」

伊勢貞丈の筆は狂おしく踊り、その文章にはマイノリティー・コンプレクスやファナティックな気質も看取される。と同時に議論家である貞丈の筆にかかると、大真面目な儒者の姿が戯画化されて滑稽に見えてくるという事実も否定できない。むきになっている伊勢貞丈その人も、本人の真面目さ加減にもかかわらず、なんとなく滑稽だが、しかしそれらの問題は笑ってしまえばそれですむという問題でもないのである。

これと同一の主題は本居宣長によっても論じられている。宣長の文章はのびやかできめも細やかであり、伊勢貞丈のように気ぜわしくない。宣長が最晩年に『玉勝間』の一の巻にスケッチした儒者の心理は、儒者自身が自分を描いた理想像には見られないような、心理的真実に富んでいる。『源氏物語』を読み、もののあわれを解した宣長は心理家でありモラリストであったといってよく、その宣長の眼は江戸時代にとどまらず東京時代の外国研究者の胸中をも鋭く見透しているような感がある。宣長はいう、

「儒者に皇国の事をとふには、しらずといひて、恥とせず、から国の事をとふに、しらずといふをば、いたく恥と思ひて、しらぬことをもしりがほにいひまぎらはす。こはよろづをからめかさむとするあまりに、其身をも漢人めかして、皇国をばよその国のごともてなさむとするなるべし。されどなほから人にはあらず、御国人なるに、儒者とあらむものの、おのが国の事しらであるべきわざかは、但し皇国の人に対ひては、さあらむも、から人めきてよかめれど、もし漢国人のとひたらむには、我は、そなたの国の事はよくしれれども、わが国のことはしらずと

は、さすがにえいひたらじをや。もしさもいひたらむには、己が国の事をだにえしらぬ儒者の、いかでか人の国の事をはしるべきとて、手をうちて、いたくわらひつべし」

この「儒者の皇国の事をばしらずとてある事」という条は、周辺文化の国の知識人の心的傾向を剔抉してみせた一文というべきだろう。漢籍を読むことによって自分があたかも文化的先進国中華の国の人であるかのごとくに錯覚し、一種の特権意識をもって他の同国人にあいたいしている知識人の心理上の矛盾を宣長はたくみについたのである。そしてそれらの人たちがもっている中国を中心とする一元的な価値判断の基準を否定して宣長は「からごころ」という一節で次のように主張した。

「漢意《からごころ》とは、漢国のふりを好み、かの国をたふとぶのみをいふにあらず。大かた世の人の、萬の事の善悪《よさあしさ》是非を論《あげつら》ひ、物の理《ことわり》をさだめいふたぐひ、すべてみな漢籍《からぶみ》の趣なるをいふ也。さるはからぶみをよみたる人のみ、然るにはあらず。書といふ物一つも見たることなき者までも、同じこと也。そもからぶみをよまぬ人は、さる心にはあるまじきわざなれども、何わざも漢国をよしとして、かれをまねぶ世のならひ、千年にもあまりぬれば、おのづからその意世の中にゆきわたりて、人の心の底にそみつきて、つねの地となれる故に、我はからごころもたらずと思ひ、これはから意にあらず、当然理《しかあるべきことわり》也と思ふことも、なほ漢意をはなれがたきならひぞかし」

本居宣長はこのように日本人の他華思想を批判したが、その鋭い心理観察の文章から浮びあがってくる儒者のイメージには、後代の日本人西洋研究者のイメージと重なるところがありはしないだろうか。十八世紀と二十世紀という二百年の間を中に置いてなおこのような並行比較《パラレル》が成立つとすれば、それは日本人の心中に同一の型の心性が引続いて存在していることを示すものだろう。そのような心性は無論外部の状況によって変わりはしよう。しかし当人の意識に浮んだ「変わった」という自覚の下に実は未変化の（不変化の、とはいわない）心理の型がそのまま残っているのである。宣長が儒者について指摘したような、自己本位でない学問をするという心理上の諸傾向は江戸時代だけでなく東京時代へも引続いたのであり、ここではその点に注目したいのである。

たとえば夏目漱石は明治三十八年八月の談話『戦後文界の趨勢』(『漱石全集』新書判第三十四巻、岩波書店)で、自分自身の標準あるいは趣味を持ち得ずに――これは学生たちに自分自身の見識や趣味ができあがる以前から研究を強いる academic pretensions の弊でもあるのだが――権威を他に求めようとする人々について次のように評している。

「単に西洋の批評家が言つた事をそのままに解釈しなければならぬ、さう解釈したくはないが西洋人が言つたことであるからなどといふのは、西洋に心酔したもので随分馬鹿気た話である。縦令《たとい》西洋の標準がよい、それがよろしいとしても、吾人はこれを経験に訴へねばならぬ。また経験して貫はねばならぬ。さてこの上で吾人の得た標準から判断するのを正当とするのである」

宣長は「から国をむねとする」態度を排撃し、漱石は西洋の標準をむねとする態度を斥けたのである。また漱石の主張の後段にある「吾人はこれを経験に訴へねばならぬ」という主張は、自分自身で確認しようとする追試の態度であり、それは先に引いた鷗外の「夥多の材料を集めて夥多の細則を作り、之を統べて一の汎則と為すに倣《なら》はざるや」という実験の主張に通じるのである。漱石が文科の人として語ったのにたいし、鷗外は理科の人として語ったのであって、その主体性のある発言は、権威や先験的理論の拘束からの脱却という点で、共通しているのである(漱石はこの問題を後に『イズムの功過』という文章でもふれている)。

耶蘇会士リッチの観察

「維新前の日本人は只管《ひたすら》支那を模倣して喜びたり、維新後の日本人は又専一に西洋を模倣せんとするなり」

これが、前にも引いたが、漱石の観察だった。このように長期的展望にたって眺め、対外文明への一国民の心理の型が継続するものであると仮定すると、日本では「和魂漢才」の心理的先蹤があったからこそ「和魂洋才」の公式もたやすく生まれ、それが日本の近代化に際して有利に作用したのであろう、ということが考えられる。それはたとえていえば、第一外国語を習っていた人にとっては第二外国語を習うことがはるかに容易なようなものである。であるとすると「和魂漢才」から「和魂洋才」へと転換する可能性を比較的容易に持ち得た日本人の場合と、幸か不幸か過去において中心文明の位置に位してそこから生ずる自己中心的傾向が強かったために「和魂漢才」に相応するような外来文明摂取の折衷主義的公式を過去において持ったことのなかった中華の国シナの場合とを比較考察することもまた意味があるように思われる。その際は「アジアは一つ」とか「同文同種」などの標語にまどわされることなく、その中にある差異に着目することが必要なのである。いまここで周辺文化の国としての日本と中心文化の国としてのシナの外来文明受容の心理と論理の問題にふれておきたい。

十九世紀以降の西欧世界の挑戦にたいする日本とシナの応答については、その歴史的プロセスが今日もなお引続いている現象であるところから、客観視を困難にする要素がいまなお強い。ところがそのような近代の現象に比較して、十六世紀後半における西洋人宣教師渡来の際の出会いは、十九世紀以降の第二回の場合と比べて、第一回の西洋との出会いとしてすでに完結した過去の事件となっている。とくに日本の場合には第一回と第二回の中間に二世紀余の鎖国時代をさしはさんでいるところから、キリシタンの渡来はエグゾティックな別種の事件であったかにさえ見える。しかし日本とシナとで外来文明や外来者にたいする心理の型《パターン》に古くから相違があり、それが後代へも引継がれてきたとするならば、その違いは千五百年代の後半にも南蛮人にたいして示されたのではなかっただろうか。それが千七百年代以降の（シナ人とは異なる）日本人の紅毛人とその蘭学にたいする求知心となって現われたのではないだろうか。そしてその差異は、当然のことながら、日本側やシナ側の文献を読むよりも意識的に行動した西洋側の文献を読むことによってより判然とするはずである。ヴァリニャーノという一人の総巡察使の指揮の下に宣教師たちはあるいは長崎へ行き、あるいは広州へ赴いたのである。それだからヴァリニャーノのもとに集められた報告は、両国民の対西洋人への反応を共通の尺度で測る上に役立つのである。異民族（元朝）の支配に引続いた明朝の時代は、中華意識のとくに強かった時代とされているが、外来者にたいする両国民の反応の差には、特定の時代の特殊の相を越えた心理的な差異が認められるように思われる。

明末のシナでは鎖国政策が行なわれていたが、それでもマッテオ・リッチ以下のイエズス会士は肇慶《ちようけい》、南昌、南京、北京などに居住することを得た。その際リッチは Ricci としてではなく利瑪竇《りまとう》として、すなわちキリスト教の宣教師としてではなく中国へ聖人の道を学びに来た人として居住を認められたのである。「竇也自最西航海入中華、仰大明天子之文徳古先王之遺教」とはリッチが自分で漢文で書いた『交友論』の序文で、「最西」は the Far West, l'Extrême Occident を意味する。それは宣教師たちが新しい教を説きに来た人として歓迎を受けた日本の場合とまさに逆の立場である。そのことは明朝シナの国家の政策と関係したというよりも中華的と他華的という中日両国の国民の伝統的心理によって決定された外来人の立場の差だったのではないだろうか。同文同種などといわれたが、中国人と日本人はこの種の心理的伝統に関しては対蹠点に立っていた。例を書物にとって考えてみよう。日本人は舶来の書物であれば、漢書も蘭書も洋書もひとしく尊重し、『蘭学事始』に記されたように日本側の発意によって西洋語の書物を独自の力で翻訳している。日本人にとって「原書」は国の外から来たものである（書物だけではない。漢字そのものが国の外から来た「本字」である）。それにたいして中華の国の人にとって文化とは自国の漢字の書物に記されたものである。「原書」は国の外からではなく国の内から、それも過去から伝わったものであらねばならない。その点にふれてマッテオ・リッチは一五九五年十一月四日南昌からローマのイエズス会の総長あてに次のように書いている。

「この私たち西洋人も文化のある国の出身者なの

だという説は、シナ人にとってはもっとも好ましくない説でありました。というのは、文化的教養はあるが、それがシナの書物を介したものではない、ということはシナ人にとっては相矛盾したことのように思われているからです」

このように比較してみると、同じく東アジアの人とはいいながら、尊内卑外の中国人と異なり（シナも民国の時代となれば別であるが）、日本人の心性の一特質は、外国文明への精神的傾斜にあったといえるようである。その角度には、崇拝、欽慕、思慕、憧憬、模倣、応用、批判、反撥、対抗、などさまざまな段階があったが、そしてそれは国民思想全体の動向としてだけでなく、個人個人の心情がそのような段階を上下しているようにも思えるが、この種の傾斜こそアジア大陸の東に位置した島国日本の「土着の思想」なのではないか、とさえ思われるのである。

しかしここに述べたような鳥瞰図は部分的には否定されもするだろう。中国にも仏教輸入の体験があり、仏典漢訳のような大事業があった。日本についても外来文明摂取の時代をとくに取りあげて拡大視することは危険な仮定であるかもしれない。摂取の時代に引続いて自閉現象も見られたし（もっとも徳川時代の鎖国のような政治的自閉はかえって一部に遠物崇拝の他華思想を醸成したのであったが）、反動の思想も生じたからである。中国と異なり日本でいちはやくナショナリズムが徳川時代に擡頭したのは、中華思想の欠如からくる自己自身についての不安を補おうとした精神現象であったのかもしれない。また中根千枝氏がいわれるように（『講座東洋思想』9、東京大学出版会）、日本の上層部による舶来文化の輸入は日本の底辺の思想《アイデオロジー》とは無関係の知的遊戯である場合も多いのだろう。また上層部における外来思想の輸入そのものが、数多い外来語の輸入にとどまって、日本語の基本的な文法自体を少しも変えないように、真に思想上の変化をもたらしていない、とする見方もあるだろう。

しかしいずれにせよ次のことはシナと日本の思想状況の決定的な相違としていえるだろう。すなわち「からごころ」と「やまとだましい」の葛藤のような問題は、江戸時代の日本の学者の間ではおこり得たが、当時の漢民族の間では論理的にもおこり得なかった、ということである。なるほど「滅満興漢」というスローガンが後にはあらわれた。しかし「滅満興漢」の発想は政治的次元にとどまるものであり、清朝シナは漢文化の国であって清文化の国ではなかったから、日本における「漢意《からごころ》」と「真心」の葛藤のような文化的・心理的な次元での問題とはならなかったのである。そしてそのような差異が中心文化の国と周辺文化の国という文化史的位置と関連したものであることは明らかなことであろう。先に引いた本居宣長の『玉勝間』が書かれたのは日本の寛政年間、西暦の千七百九十年代のことで、それは乾隆帝の治政の最晩年にあたるが、当時の清朝シナには、日本の儒者のように外国文明にたいして傾倒する知識人はあり得なかったのである。シナでは「漢《から》国《くに》」の人は自国人であって「外国人《からひと》」とは論理的にもなり得なかったからである。そしてそのことはシナには中体西用論の原型となり得るような心理の型は十八世紀の末にはまだなかったということを意味する。清の宮廷がイギリスからシナへ派遣されたはじめての大使マカートニーを、対等の使としてではなく、朝貢使として遇したのは一七九三年のことだったのである。当時のシナは文化的に自己完結的な世界であった。――それはそれから百年後、日本やシナやロシアなどの非西洋の諸国で、和魂洋才や中体西用論や西欧主義（あるいはそれにたいする反動としてのスラヴ主義）などが唱えられたのにたいして、その十九世紀末という時期にあっては世界の中心文化の位置を占めた西欧においては、その種の非西洋とのかかわりあいの問題がほとんど人々の念頭にのぼらず、ヨーロッパは文化的には自己完結的であったことと軌を一にする現象であったと思われる。

折衷主義の公式

日本は過去において「和魂漢才」のような公式をもっていたから、いちはやく「和魂洋才」を唱道することができたが、それにたいして過去にそれに類した折衷主義的公式をもたず、異民族に征服されたにせよ文化的には中華思想を保持することのできたシナは「中国」であるがゆえに近代においても「漢魂洋才」を口にすることに非常な心理上の抵抗を覚えたにちがいない。制度的にもシナの官僚は科挙の試験を通過してきた儒教のオーソドクシーを奉ずる人々によって構成されていたのである。その際に国家試験制度は文化上の伝統維持に役立ったが、エリートの視野を試験のプログラムに固定する傾向をもっていた。過去における中国や現在のフランスの中華思想はその種の試験制度とも無縁ではないのであろう。

しかしその中華の国においても阿片戦争に敗れ、清仏戦争に敗れ、日清戦争に敗れた後には西洋の技術文明に着目せざるを得なくなった。明治日本の躍進という刺戟もあって日清戦争の翌年一八九六年（光緒二十二年）には危機意識をもって「中体西用論」が唱え出された（体と用の関係は本来宋学では同一実在の存在論的側面と機能的側面をさした用語で、例を水にとれば因果が風と波の関係に、体と用が水と波の関係にあったという。しかしここでは次の文章の前後関係からも明らかなように体と用は形而上の価値と形而下の価値の意味で用いられている）。「中学を主となし、西学を輔となす。中学を体となし、西学を用となす」（孫家鼐『議覆開弁京師大学堂摺』、一八九六年）、「中学を内学となし、西学を外学となす。中学をもって身心を治め、西学をもって世事に応ず」（張之洞『勧学篇』の外篇「会通」、一八九八年）。このように「中学為体、西学為用」は佐久間象山の「東洋道徳西洋芸術」とほとんど同性質の発想から唱えられたのである。しかし清末のシナでは、日本と政治的・社会的条件も異なり、かつ伝統がもつ心理的惰性が日本の場合よりもはるかに大きく強かったから、方向転換は容易に行なわれ得なかった。中華の国の支配者にとっては国家間の平等な関係という観念さえなかったのだから、我と従来の朝貢国との関係を実質的には逆転させなければならぬような事態は、直視できかねるものがあったにちがいない。日本の場合と異なり、中国の場合には外国文明にたいする従来の観念というか心理上の型《パターン》そのものを変化させねばならなかったのである。

それにたいして中国大陸の周辺に位置していた日本ではどのようであったろうか。この島国の社会では、外来文明摂取の長い伝統に育まれた結果、国民の間に自分たちは文明の中心に位置していないという意識が大日本といっていた時代にさえあった。とくに知識人や学生はその意識につきまとわれて今日に及んでいる。日本のインテリゲンチヤであった明治以前の儒者も近代の多くの学者も（それが西欧世界とスラヴ世界との間に介在した intelligentsiya というロシア語の本来の語義であったともいわれるが）、先進文明を自国へ伝える媒体として自己の使命を自覚している場合が多かった。文政十一年、山崎美成《よししげ》は『文教温故』に日本では「昔よりすべて学問といへば、ただ漢学のみにて、博識といはるる人も、只漢籍のすぢのことをよく知れるのみ」と評し、「世人の近きを捨てて遠きをもとめ、目を賤め耳を貴ぶこと、人情の習ひとはいへども、吾邦の史学をば必ず講究すべし」と述べ、しかも「印度の仏説、和蘭の暦法の如きも、敢て廃すべからず」と、ナショナリスティックな反動の行き過ぎを戒めている。しかしなにも徳川時代の漢学者に限らず、東京時代の学者にも、西洋の師説を奉じてそれの解釈や翻訳を使命と心得ている人は多いのである。西洋の一思想家の学説を紹介し、その思想家についての研究書を訳する、という類の行き方である。そしてそのような同一グループの人々だけが集って閉鎖的な集団を形成しがちなものである。それだからたとえばマルクス主義の経済学を奉ずる人々はその派でかたまり、近代経済学を奉ずる人々もその派で集まり、その両者の間で論争が展開されるというようなことはどちらかといえば少なかった。いわゆる「進歩的」な政治観を唱える人々が師弟関係では昔からの親分子分関係をそのまま維持させている、というような実例はしばしば見かけるところだが、新聞や雑誌の書評欄を担当するともっぱら自派の書物や論文だけを取りあげて、あらかじめわかりきっているような批評を下す、などという知的不誠実が横行するのも、そのような縦割り社会の人間関係を反映するものといえるだろう。そのような傾向は西洋にもあるのだが、日本ではいっそう顕著なのである。主人持ちの学者、主人持ちの批評家、そして主人持ちの学生が多いのである。日本人の学者間に論争や独立した思考が少なかったのは、知識人が置かれたそのような文化史的位置とも関係していたにちがいない。そのような人々は師説を宣教するというミッション意識を強くもつが、しかしそのようにして目下の人に向って説教を続けている限り、研究の成果を社会に還元するなどという意識は生じないのである。

日本人の心性に劣等感と共に潜むこのような他華思想は、明治維新の前でも後でも、型そのものとしてはさほど変化しなかったのであろう。むしろ明治初年の行動的な知識人――たとえば福沢諭吉は『学問のすゝめ』の中においてさえ「何ぞ必ずしも和漢洋の書を読むのみを以て学問と云ふの理あらんや」といい、『福沢全集緒言』の中では「いったい学問の趣意はほんを読むばかりではなく、第一がはなし、次にはものごとを見たりきいたり、次には真理を考へ、其次に書を読むと云ふくらゐのことでござります」といっている――の世代が去ったあとでは、学者は書籍主義者という姿で徳川時代の伝統につらなったのである。中国礼讃の漢学者の息子が西洋礼讃の洋学者となった例は多い。その際に本人は親にそむいたと思っていたのであろうが、他華思想の型においては、実は変りはなかったのである。日本の知識人は、かつてシナの中華思想のペースにまきこまれたように近代においてはヨーロッパの中華思想のペースにまきこまれかかったとみるべきなのだろう。内藤虎次郎が「今日（大正十一年）でも真の日本文化が完全に形成せられてゐるや否やは頗る疑問であつて、思想の如きも、支那思想の拘束からは殆ど脱せんとしてゐるけれども、同時にまた西洋の思想の拘束を現に受けつつある」（「日本文化とは何ぞや」）と述べたのは、そのような心理的関係をさしたのにちがいない。谷崎潤一郎も『陰翳礼讃』の中で「全体日本に於ける漢学と洋学とは、両極端のやうであつて実は思ひの外、縁が近い。今日……真に日本的なる和文の文脈こそ廃れてしまつたが、漢文口調は未だに潜勢力を保つてゐる。……それのみならず、明治になつてから、西洋流の物の云ひ方が輸入されたと同時に、漢語や漢字の使用量も徳川時代よりは却つて殖えた。……漢語はいかに日本語に同化されたと云つても元来外国語であるから、西洋の熟語に当て嵌める場合に、純粋の大和言葉よりはエキゾチックな感じを出し易く、何となくハイカラに聞えるせゐであつたに違ひない」という的確な指摘を行なっている。日本人の心理は意外に継続性をもっているのであり、そのような外来文明への憧憬の念は日本の急速な近代化に貢献する知的エネルギーとも化したが、同時に外国の権威への追随というかんばしからぬ傾向をも助長したのであった。

梁啓超と夏目漱石

それではそのような日本とシナとの外来文明受容の差異を両国の知識人はどのような眼で見、どのように説明したことであろうか。梁啓超は清末の有力な思想家で、彼の一九〇二年（光緒二十八年、北清事変解決の翌年）の発言は欧米へも伝わったが、そこには日本へ留学した多くの中国人留学生に見られた日本にたいする愛憎並存《アンビヴァレンス》がすでに認められるようである。留学生たちは明治維新以後の日本の急速な進展に刺戟されたが（「日本維新は中国革命の第一歩」孫文）、同時に日本へ来たのは東文（日本語文章）を通じて西学を学ぶためだ、とも主張できたからである。戊戌《ぼじゅつ》の政変後、日本を見た梁啓超は、シナと日本の外学受容を比較して次のように論じたが、それははたして真にそのように思って書いたのだろうか。また両国の外来文明受容の実相ははたして梁啓超がいうがごとくだろうか。筆者は梁啓超の見方に与しない者だが、一つの見方としてそれをここに掲げたい。

「中国之受外学也、与日本異。日本小国也、且無其所固有之学。故有自他界入之者、則趨如鶩、其変如響。不転瞬而全国亦与之倶化矣！　雖然、充其量不過能似人而已。（実亦不能真似。）終不能於所受者之外、而自有所増益、自有所創造。中国不然、中国大国也、而有数千年相伝固有之学、壁塁厳整、故他界之思想入之不易。雖入矣、而閲数十年百年、常不足以動其毫髪。譬猶潑墨於水、其水而為径策之盂、方策之池也、則墨痕悠忽而偏矣。其在滔滔之江、決

決之海、則寧易得而染之？」（『新編分類飲氷室文集全編巻八』学術類（上）附教育宗教中国学術思想変遷之大勢）

梁啓超の外来文明受容に関する日本とシナの比較論は「仏学漸次発達之歴史」の章に記されているが、日本における仏教受容の歴史が梁啓超の知識の範囲内にあったとは思われないから、実際に念頭にあったのは両国における西洋文明受容の現状であったにちがいない。

梁啓超の発言を全面的に肯定する乃至は肯定したがる人もいるだろう。しかし日本文化が亜流文化であるにせよ、そこに固有のものがないとするのは誤りではないだろうか。日本が文化的にはすべてを外国に負うているという考えは、日本人の中では外国研究者に多かった。かつて漢学者は漢文化がすべてであるかのようにいい、その後西洋学者は西欧文化がすべてであるかのようにいう傾きがあった。ウェイリーは日本の学者が「別に信念があってではなく、むしろ一種の学問的遊戯として、日本文学全体を中国文学に結びつけようとした」ことを指摘したし、ベルツは明治九年十月の日記に「われわれには歴史はありません。われわれの歴史は今からやっと始まるのです」と真顔でいう日本人に多く接した驚きを述べたことがあった。しかしそのような発言は中国人（明治以降は西洋人）にたいするコンプリメントであるか乃至は発言者の錯覚である場合が多かったのである。梁啓超の発言には、急速に発展する日本にたいする嫉妬の情のようなものも認められるのではないだろうか、その漢文特有の譬喩《ひゆ》は巧みであり、その文章のペースは人をひきこむ力をもっている。墨を水にとかした時、小さな池（日本）ならば黒くなりもしようが、大きな海（中国）は染まらない、というたとえは真実をついているともいえる。西洋技術文明の脅威にたいして福建浙江などの海岸地方は敏感に反応したが、四川省の奥地では依然として保守的であった、という清末シナの現象は中国大陸の国土の大きさそのものとも関係した現象だったからである。しかしそこに漢文独特の修辞による誇張やそれに伴う欺瞞があることも見のがせない。その種の思考上の欠陥は日本語に書き下すよりも英訳文で読む時になお一層はっきりと感知される。今日の日本人読者は（そのことが二十世紀後半の日本の文化史的位置を示唆しているが）中国文よりも英訳文を読むことをむしろ得意とされる方が多いであろう。Giles: *Gems of Chinese Literature* からその条を引用するが、ジャイルズ教授はおそらく梁啓超の見解に同調してこの節を The Civilization of Japan と題して訳したのであろうが、日本の評判が国際的に悪く、同情がシナへ集っていた一九三〇年代には、この種の日本を貶しめて中国を称揚する見解は欧米でも広く行なわれていたのである。

The reception of foreign learning by the Chinese people differs from its reception by the Japanese. Japan is a small country, and moreover possesses no learning which is really its own. Therefore, if such learning arrives from without, the Japanese rush to it as though on galloping horses, change as rapidly as echo follows sound, and in the twinkling of an eye the whole nation is transformed. However, a careful estimate of their capacity shows that they are really nothing more than mere imitators; they are in no sense able to add anything of their own or anything they may have themselves initiated. Now China is not like that. China is a huge country with a learning of its own, which has been handed down for several thousand years and which is so well fortified by defences that foreign ideas do not easily find their way in. Even if they do get in, for many——perhaps a hundred years their influence will not succeed in rumpling the hair of one's head. It is like the throwing ink into water. If the water is in a foot-wide bowl or in a ten-foot pool, the ink will very rapidly discolour it all; but if the same ink is thrown into a mighty rushing river or into the wide and deep ocean, can these be easily stained in the same way?

このような連想による観念の結合は、恣意的な判断を含む。観念の結合から譬喩が生まれ、そこに漢文独特の文学的味わいがあるのだが、その妙味に惹かれて、現実を直視して分析することを怠るならば、それはとりもなおさず文章に酔ったことにほかならない。中国人としての自負心を満足させるような文章の運びには尊内卑外の感情の名残りが感じられるからである。

ところで筆者がここに梁啓超の見解を引いたのはそれを夏目漱石の見方と対照させたかったからである。中華思想と他華思想をめぐるこの種の考察では、東アジアの中にある二つの異なる傾向を並列して比較考察することが示唆に富むように思われるのだが、梁啓超が一九〇二年、二十九歳の時に右の文章を書いていたとほぼ同じ時期に、同じ問題についてやはり一人の日本人がロンドンで考え悩んでいたのである。一九〇一年（明治三十四年）、三十三歳の夏目漱石は英京で次のような『断片』を書いている。梁啓超も夏目漱石も、非西洋の人として西洋文明の挑戦《チャレンジ》にひとしく悩み、日本とシナとの応答《リスポンス》をひとしく比較考察していたのである。その際に梁啓超はいかにも中国人風に、夏目漱石はいかにも日本の知識人風に考えた、といえるかもしれない。なおここで注記するとヴィクトリア女王が死去したのはこの年の一月二十二日のことで、二十世紀初頭の大英帝国はその最盛期に位置していたといえる。当時のアジア人にとって「西洋」とはなによりもまずイギリスによって代表されていたが、そのような文明世界の首府にいただけに（そしてそれ以外のヨーロッパ諸国をほとんど知らなかっただけに）、福沢諭吉や森鷗外の場合とちがって、留学生夏目金之助の文明の隔差にたいする悩みは深かったともいえるのである。夏目漱石は次のように自戒の言葉をつらねている。

「人は日本を目して未練なき国民といふ。数百年来の風俗習慣を朝食前に打破して毫も遺憾と思はざるは成程未練なき国民なるべし。去れども善き意味にて未練なきか悪しき意味に於て未練なきかは疑問に属す。西洋人の日本を賞讃するは半ば己れに模倣し己れに師事するが為なり。其支那人を軽蔑するは己れを尊敬せざるが為なり。彼等の賞讃中には吾国民の未練なき点をも含むならん。去れども是を名誉と思ふは誤なり。深思熟慮の末去らねばならぬと覚悟して翻然として過去の醜穢を去る、是よき意味に於ての未練なきなり。目前の目新しき景物に眩せられ一時の好奇心に駆られて百年の習慣を去る。是悪き意味に於ての未練なきなり。沈毅の決断は悔る事なかるべく発作的の移動は又後戻する事あるべし……」

漱石の観察は心理的かつ道義的だが、――そしてそのような真面目な態度が日本の青年子女には好感を与えたのだが――それではなぜ日本人に未練がないのかとか、歴史は当事者の「沈毅なる決断」で思った方向へ動かせるものか、といった歴史的分析が、鷗外などに比べると、不足する点が物足りない。動と反動は歴史の習いであり、時には軽率な好奇心や流行も近代化へ貢献することがあるかもしれないのだが、漱石はそのような時にすぐ倫理的判断を持ち出す儒学教育の癖が抜けなかったのである。

敵情偵察のための研究

内実を伴わぬ中華思想の弊害や排他的な自己中心主義がもたらした惨禍は、阿片戦争以後百年に及んだ中国の歴史や大東亜戦争前後の日本の歴史に如実に示されたが、ここではそれとは裏返しの場合である（そしてそれだけに安直に肯定されがちな）周辺文化の国日本の他華思想についてさらに詳しく検討してみよう。周辺文化圏の知識人が中心文化圏に求心的に志向して、自己や自国を同位相化しようとする衝動は全面的に是認されてしかるべきものなのか。それならば研究者の自主独立の主体性への志向はその際どのように位置づけられるものなのか。もっとも今日的見地に立つならば、このような文化史的立場からする問題の設定は多少論点の中心からずれているのかもしれない。議論は外国研究者は研究対象を熱愛してよいではないか、いや盲目的な溺愛はよくない、という当事者の心情をめぐって行なわれがちなものだからである。西洋への憧憬を弁護する人々は、西洋に心酔しなければ西洋文化は摂取できないではないか、というであろう。筆者はその論には一理も二理もあると考える。教養摂取の次元ではそのような心理状態におちいることは外国文化を摂取する上に（少なくともある程度までは）有効であることは否定できないからである。しかしそれはあくまで教養摂取の次元でのことであって、二十代をすぎた研究者までがそのような心理状態で相手を判断し紹介してよいというのではない。かりにイギリス研究者がチャーチルを、アメリカ研究者がケネディを、ドイツ研究者がヒトラーを、フランス研究者がド・ゴールを、ロシア研究者がレーニンを、中国研究者が毛沢東（これらは各国からいちばん有名な政治家の名を引いたので他意はない）をそれぞれ褒めずにいられないとしたならば、それは異常な事態というべきだろう。しかし日本の研究者には（発展途上国や未開発地域の研究を志す人がつい最近まで少なかったことに示されるように）自分が取りあげた研究地域の思想家、文学者、政治制度、文化が秀れている、ということを自明の前提として紹介につとめている場合が多かったのである。研究者は本来そのような「主人持ち」の学者であってはならず、他人の教説の「出店」であってはならないのだが、人はどうしてもやすきについてしまう。それにその種の心理的伝統は古くからあるので、すでに徳川時代に山崎闇斎は次のような問を発して中国を精神的母国と見なしがちな弟子たちにショック療法を試みていた。

「方今《ほうこん》彼邦（シナ）孔子を以て大将となし、孟子を副将となし、数万騎を率ゐ、来りて我が邦を攻めば、則ち吾が党孔孟の道を学ぶもの、之を如何となす」

この意想外な質問は、漢籍を読むことによって、自分があたかも中国人であるかのごとく思い特権意識を楽しんでいる弟子たちの日本国籍脱出の錯覚を打破するためであったといえるだろう。国家的危機に際して洋学を学びはじめた明治初年の日本知識人には、学問の普遍性の名を借りて研究者の国籍を不問に付するようなゆとりは見られなかった。たとえば森鷗外の『黄禍論梗概《こうかろん》』には孫子の「彼を知り己を知れば危ふからず」という敵情偵察に似た動機が外国研究の出発点に記されているが、鷗外のドイツ研究はそのような点では普仏戦争の敗北後におこったフランスのドイツ研究と似た性格を持っていたといえよう。清末のシナ知識人の間にも孫子の右の訓を外国研究の標句とした人は多かったといわれるが、

『聖武記』の著者魏源を「真に海外の同志と謂ふべし」と呼んだ佐久間象山も孫子の訓から次のような句を敷衍している。

「夷俗を馭《ぎょ》するには、先づ夷情を知るに如《し》くはなし。夷情を知るには、先づ夷語に通ずるに如《し》くはなし」（『省諐録』）

　ところがこのような敵情偵察としての外国研究の意識は、明治維新の後に生まれ、西欧風に整備された新学制に沿って教育された秀才が選ばれて留学し、帰朝して純西洋風の学問の枠組の中で西学輸入を開始するに及んで、稀薄となってしまった。井上哲次郎（一八五五―一九四四）と桑木厳翼《げんよく》（一八七四―一九四六）の二人はその二つの世代の差を象徴的に示した東京帝国大学の哲学教授であった。後者が教壇に立つに及んで、日本における西洋哲学紹介は精密の度を加えたが、代わりに東洋思想への関心は薄れた。そしてやがて「井ノ哲」の名は一種の笑いをもって囁やかれるようになったのである。それを学問的進歩と見た人はアカデミーには多かったのであろう。しかしそれを西洋哲学研究という枠内で生じた一つの自動運動《オートマティズム》と見た人もまたいたにちがいない。井上教授の授業の粗笨《そほん》をもって比較哲学研究そのものの存在理由の否定にはならないと考えた人もいたにちがいない。一般論としていえば非西洋諸国に見られる「西欧派」的傾向には外来の価値を理想化し、土着の価値を卑下するばかりで、二つをどうつきあわせ、さらに二つをどう結ぶかという問題意識が欠如しているからである。普遍主義の旗印を掲げる人も、そのユニヴァーサリズムが発生した地域でしか普遍妥当しない原理であることを認めようとしない点に自己欺瞞が認められる。[1] 井上哲次郎博士自身は『明治哲学界の回顧』で、「唯だ今日は何《ど》うも兎角独逸哲学のみによつて、余りにそれに呑まれ過ごして其の範囲から到底脱却し能はざるやうな状態となつてゐる。言ひ換へてみれば、独逸哲学に拘泥し、又之に心酔することが極端となつたやうな状態である。これは甚だ遺憾なことである」と昭和の哲学界について述べている。

二本足の学者

森鷗外は明治末年の日本の思想界における専門分化の傾向とそれに随伴する学者心理の変貌、及びそれがはらむ危険性とをよく察知した人であった。森鷗外が一幕物『なのりそ』で行なった「和魂洋才」批判には井上哲次郎などに見られた歴史的構造性を解体され、部品として取入れられた哲学や思想の安直さにたいする批判も含まれていたのだろう。しかし鷗外はそれ以上にアカデミズムの自動運動を警戒していたにちがいない。それだから『なのりそ』を発表したと同じ明治四十四年の春に田口卯吉を追悼する文章（『鼎軒先生』、『鷗外全集』第二十三巻）の中で次のように述べている。

「……私は日本の近世の学者を一本足の学者と二本足の学者とに分ける。

新しい日本は東洋の文化と西洋の文化とが落ち合つて渦を巻いてゐる国である。そこで東洋の文化に立脚してゐる学者もある、西洋の文化に立脚してゐる学者もある。どちらも一本足で立つてゐる。一本足で立つてゐても、深く根を卸した大木のやうにその足に十分力が入つてゐて、推されても倒れないやうな人もある。さう云ふ人も、国学者や漢学者のやうな東洋学者であらうが西洋学者であらうが、有用の材であるには相違ない。

併しさう云ふ一本足の学者の意見は偏頗である。偏頗であるから、これを実際に施すとなると差支を生ずる。……現にある許多の学問上の葛藤や衝突は此二要素が争つてゐるのである。

そこで時代は別に二本足の学者を要求する、東西両洋の文化を、一本づゝの足で踏まへて立つてゐる学者を要求する。……さう云ふ人は現代に必要なる調和的要素である。然るにさう云ふ人は最も得難い」

森鷗外はこういって田口卯吉を讃え、田口の跡をつぐべき二本足の学者が現われることへの期待を述べているが、「併し其苗は苗の儘でゐる、存外生長しない。……そして世間では一本足同士が、相変らず葛藤を起こしたり、衝突し合つたりしてゐる」

鷗外のこのような期待は二つの文化が落ちあっている日本の文化史的状況から出た言葉であったが、鷗外自身の和漢洋の教養や体験とも無縁ではない発言であったように思われる。「二本足の学者」という名称は、誰にもまして、鷗外その人にあてはまる呼び名だったからである。しかしより直接的には「彼を知り己を知れば危ふからず」という態度が、その論理的帰結として「二本足の学者」という理想へ転化したのに相違ない。それはある意味では critical languages を学ぶという意識で area studies を行なう姿勢と共通した実践的な態度であったといえるようにも思われる。

それではそのような見地からいわゆる酔洋者批判の問題を見てみよう。研究対象への心酔の効能と危険についてはいま述べた通りだが、それと逆の場合の効能と危険についてはどうであろう。研究対象を批判しつつ学ぶことは、秀れた文化を学ぶことによって教養を身につけようとする背伸びをした学生には難しいことであるかもしれない。そのような心情の持主は批判されるような欠点の多いものを勉学の対象に選びたがらないからである。対象国は「その文物にみずから接し、その精神において得る所がある」（次章でふれる姉崎正治の言葉）国でなければならなかったからである。また意志の薄弱な人は、対象に強いて欠点を見いだしてそれを学問からの逃避の口実にするかもしれない。西洋文化の重圧に苦しむ人々にたいして酔洋者批判の言葉は安直な逃げ口を提供するかもしれないからである。西洋研究の学徒でありながら、西洋の学問や生活になじめずに感情的に反撥するということは（そのような傾向は実は夏目漱石にさえ多少見受けられたところだが）、学者としては敗北を意味しはしないだろうか。しかし教養摂取の段階を過ぎた研究者は、研究対象の欠点を列挙することによって、それから眼をそらすことはできないはずである。対象の短所も、長所に劣らず、研究や調査をしなければならないからである。森鷗外が白人自尊の『人種不平等論』や『黄禍論』を調べたということは西洋研究者としての鷗外の知的成熟の度合を示すものだろう。鷗外は青年時代からしばしば酔洋者批判を行なっているが、それは単にナショナリスティックなだけの感情的な反撥ではなかったのである。第一、森鷗外ほどにヨーロッパの生活にとけこんだ青年は、酔洋者中にもそう多くはなかったにちがいない。森鷗外はヨーロッパで四年間を豊かな生活体験を重ねて過したからこそ、おおらかな自信を持ち得たのだともいえるのである。鷗外が「和魂洋才」のような強がりを唱えずに、「包容と寛恕とのない処に創造はない」と説いたのは、鷗外が晩年に至るまで精神を広く西欧に向って開いていたことの証左だが、それは鷗外が研究対象国と情意投合するという第一の型や、それにたいしてナショナリスティックな反撥を示すという第二の型をはやくから超越して第三の型へ到達していたからだといえるだろう。その点についてては第三部で詳しくふれるが、大正三年森鷗外はヴィルヘルム・フォン・キューゲルゲンの『生ひ立ちの記』の邦訳に序を寄せて次のようにひろやかな希望を述べている。

「吾人は已《すで》に世界の潮流に乗り出してゐる。流さるるがままに流るべきではない。過去は追ふことが出来ない。新しい人が新しい土の上に立つて新しい使命を宣伝すべき時が来た。吾人は何時までも偏狭な、頑陋な、死せるが如き習慣や道徳を墨守して世界の活きた潮流に逆ふことは出来ない。吾人は知らるる以上に知らなくてはならない。……苟《いやしく》も自己を偉大にしようとする限は、他の偉大を容るるに吝《やぶさか》なる筈がない。余は世界のあらゆる国民の優れた点を包容した、一個の新しい国民が出現する日を待つものである」

註

（1）　四海同胞思想や普遍主義もおおむね中心を持つものである。フランスのユニヴェルサリスムは、明治初年の日本の幼年学校でも千九百五十年代のフランス植民地でもフランス本国と同じ地理の授業をするという方針に示されたが、その結果として林檎の樹を見たこともないアフリカの小学生たちにノルマンディーの林檎や県名や県庁所在地を丸暗記させることとなった。フランス式の普遍主義が破綻した極端な一例だが、日本における普遍主義の主張者たちにもそれと似た厳粛主義と、そのリゴリズムに伴う破綻がしばしば見られるようである。

日本への回帰の諸問題

萩原朔太郎の「進歩思潮の反動性」

徳川時代からの文化遺産を経《たていと》とし、西洋文化の影響を緯《よこいと》として織りなされつつある近代日本の文化は複合的な性質を帯びている。そのような錯綜した文化史的状況の下では、歴史の中における自己の位置を測定することは難しい。縦の純粋にナショナルな歴史的発展の座標軸の上にも、横の西洋化の座標軸の上にも、私たちは位置していないからである。私たちのいる位置はその縦と横の二つのベクトルによって決定されるような地点にあるともいえるだろう。そのような状況の下では自分自身の歴史的自己同一性を把握することは難しい。外国産のイズムに傾倒する軽佻浮薄な人々にたいする反撥もあって、萩原朔太郎は次のようにいらだって叫んだ。それは「日本への回帰」と呼ばれる現象であり、青年期には洋食を好んだ人が中年期を過ぎて和食をなつかしむように、一人の個人の生涯においても現われ、また日本国民の精神の歴史においても現われるところの現象なのである。萩原朔太郎は外国のイズムを信奉する人々（西洋文明との出会いに際して見られる第一の型）を否定してナショナリスティックな反撥（第二の型）を示した。

「今になつて、私が漸く始めて知つた一つの事は、私の過去に受けたすべての文学的教育が、根本的に皆ウソであつたといふことである。明治以来の日本の文壇が、私に教へた一切のことは、すべてに於て『西洋に追従せよ』といふことだつた。それは私等の遺伝の中から、すべての古臭い伝統的な観念を叩き出せと命令した。その文学的指令は、時に自然主義の名で呼ばれ、露西亜文学の名で呼ばれ、トルストイズムの名で呼ばれ、時にまた或は、享楽主義、唯美主義、個人主義、悪魔主義、浪漫主義等々の名で呼ばれた。馬鹿正直にも私は、すべてこれ等の指令を忠実に殉奉した。そしてしかも、殉奉することによつて文壇から除外され、日本の文学から縁の遠い世外人にされてしまつた。現実してゐる日本の文学には、どこにもそんな舶来種のイズムは無かつた。

すべては遺伝的な国粋精神で固まつて居た。今になつてから、私は漸くそれを知つた、日本の風土気候に合はないものが、日本に於て生育し得ないといふことを。然らばそもそも、何故に人々はそれを私に教育したのか？　彼等は私を欺いたのだ。或はまた、馬鹿正直にも私が彼等に騙《だま》されたのだ。私はそれが口惜しいのだ」

　これは萩原朔太郎が昭和十年『絶望の逃走』の巻尾言として書いた「遅すぎた悔恨」の一節だが、日本人に見られる外国文明への精神的傾斜と、その幻滅を語ったものといえるだろう。朔太郎は『虚妄の正義』の中の「汝自身を知れ！」では次のように述べている。

「日本の文学者等は、その『精神』を持たずして、その『皮膚』だけを持つてるところの、空虚な瓦斯《ガス》体人物にたとへられる。彼等はいつでも、西洋からの新思潮をその末梢神経の感覚だけで、極めて鋭敏に直覚する。そして外国の文明が、その長い歴史の背景と、社会的事情の切迫と、これに弁証づけられた哲学とから、必然に産卵された多くの時代的芸術を、単に物珍しい人真似の好奇心や、流行のはしりを衒《てら》ふ虚栄心やで、見さかひもなくあれこれと身につけてみる。もとより一時の流行である故に、たちまちにして廃つてしまひ、跡には痕跡すらも無いのである。かくの如くして我々は、過去に長い文壇を通過して来た。浪漫派も、自然派も、象徴派も、未来派も、新構成派も。そして十九世紀も二十世紀も。尚且つ最近のアメリカ的文芸すらも。一切の流行は古くなつた。しかも今日、我々は何一つ西洋から学んで居ない。学んだものは精神でなく、単にその皮膚の表面を通過して、泡沫のやうに消えてしまつた感覚であり、新しさの香気であつたにすぎないのだ。

　自覚せよ！　汝の浮薄な虚栄心から、趣味性によつて先き走らないで、汝の現に生活して居り、現に立脚してゐる大地に立て！　汝自身の日本を知れ！」

　詩人萩原朔太郎の西洋憧憬はこのような激越な形で日本への回帰——より正確には西洋追従への否定——となったが、このような反作用的現象は単に反動的ナショナリズムというレッテルを貼ってしまえば解決する問題ではない。私たちは詩人の直覚にこめられている真実――それが部分的真実でしかすぎないにせよ――を尊重したく思う。私たちは女性の服装がパリのモードに追随していることはよく承知しているが、男性の思想がパリのムードに追随していることはあまり認めたがらなかったのである。知識人や学生が好きなのは思想や論理だけでなく、思想的な雰囲気や論理的ムードであるという外来文化受容上の社会学的法則をもあわせて知っておくべきことだろう。周辺文化圏の国のそのような遠物崇拝の心理的伝統が、日本における「進歩思潮の反動性」（『萩原朔太郎全集』第四巻、新潮社）という逆立ちした現象を生んだのだろう。日本の青年男女が西洋の思想家のあとを追随する現象が、ビートルズへの熱狂に似た要素を含んでいることは否定できないが、そのような外国の権威への追従や外来のイズムへの帰依は、思想界や文壇や軽音楽の世界にだけ見られる現象ではない。音楽関係者は日本人の聴衆が外国人指揮者にたいしては惜しみない喝采をおくるのに反して、日本人指揮者にたいしては――それが卓越した指揮と演奏である場合でも――それほどの拍手喝采はおくらないことを知っている。それは西洋の音楽については外来の指揮者にかなうはずがないという先入主が聴衆から抜けなかったためである。人はけっして耳だけで演奏を聞いているのではない。そしてそれと同じように人はまたけっして目だけで絵を見ているのでもないのである。それだから日本の洋画の世界では、本来は伝統の重圧に対抗しておこるはずの前衛という破壊と創造の運動が、西洋のアヴァン・ギャルドという既製品の直輸入という形式で行なわれる。評論家はパリやニューヨークの最新の動向に通じている人たちの謂であり、雑誌はそれの紹介機関という面をもって機能してきたのだが、日本人の画家たちの間に見られる前衛崇拝は実は西洋の「アヴァン・ギャルド」というレディ・メイドの権威への盲目的追従というおよそ自主性のないきわめて古くさい心性のあらわれである場合が多かったのである。そしてそのようなオーソリティーへの盲従が、政治面では戦前には天皇制絶対主義の姿を取り、戦後にはそれの裏返しとしかいいようのないような共産党の不可謬性への信仰や外国産のテーゼへの隷従となって現われたのであろう。その背景に論壇や一部の学界における権威としてのマルクシズムの横行があったことは否定できない。生活体験の乏しい学生や知識人や大学教授はそのイズムの枠内でしかものを考えようとしなかったのである。

一般に個人主義の伝統の脆弱な社会では、革新の運動は既成の形骸化した権威の打倒を目指して行なわれるが、既成の権威を破壊してみてもそれに代わる新しい権威がまた現われてくるもののようである。権威主義的心情は、統治者にも被統治者にも旧態依然として残っている場合が多く、そのような社会では人々はなんらかの権威を上にいただいてはじめて心の安定を得るからであろう。中華思想の国の中国では孔子に代わる権威は国内に求められる。他華思想の国の日本ではその権威は外国に求められる。日本人の心性の一特質は外国文明への精神的傾斜にあるのであり、その角度には崇拝、思慕、模倣、応用、批判、反撥、対抗などさまざまな段階があるのだが、自分自身そのような段階を上下した萩原朔太郎は晩年には次のように叫んだ。

「すべて西洋から直訳輸入した進歩思想は、日本に於て逆効果の文学となつて実現されてゐる、そしてこの喜劇の生ずる真原因は、現実の日本にない虚妄の物を、単なる観念上の空概念として、もしくはインテリの進歩がつたモダン意識で、空無に移入して来たことにある。……有りもしない外国文化の空観念で、幽霊のやうな詩や小説を作り、進歩思想を気取つてインテリぶつたところで何になる。昔の日本の漢詩人は、支那文化の直訳観念で漢詩を作り、自らそれをインテリの自誇として居た、だが今日文学史上に残つてゐるものはなく、そんな生活実体のない漢詩ではなく、却つて彼等が軽蔑し、卑俗低級視してゐたところの和歌俳句であつた。『汝自身の現実を知れ！』これが今日、我等の文学者にあたへる真の『進歩主義的な警告』である」

これが萩原朔太郎の反時代的考察――反大勢《はんたいせい》的な異議申し立て――であった。その観察には否みがたい心理的真実が写されている。朔太郎の「日本への回帰」はナショナリスティックな反動であったが、西洋文明との出会いの心理における第一の型――西洋起源のイズムを信奉し、その導入宣布をもって自己の使命と心得る人々――にたいする辛辣な批判とはなっていたのである。

それではそのような外国思想一辺倒やそれにたいする反撥としての日本回帰の両極化現象の時代に、その第一の型も第二の型も超越して、第三の型を目指して努力した人たちはいなかったのだろうか。研究対象国と安直に情意投合して自己を一段と高い地位に置き、民衆を「啓発」するといった思い上がり（それは世俗の権力に白い眼を向けるという態度と結びついて無闇と正義面をするものであった。そしてそのような傾向は一部のキリスト教徒にも大学の教授にも朝日新聞をはじめとするジャーナリズムにも見られた）も、土着主義的な反撥――この反撥を示す人の中には自分が相手に劣っていることを知っており、それだけますます威丈高になって相手を攻撃する人々も含まれている――を示すこともなく、日本という現実を踏まえつつ世界を見ようとする性格の強さはこの国民から消え失せてしまったのだろうか。

「日本と親しくなった話」

森鷗外以後の人で「和魂洋才」の問題にふれた学者には西田幾多郎（一八七〇－一九四五）がいる。西田は『日本文化の問題』の中で歴史性を無視した――その傾向は日本の学徒の書籍主義的傾向とも関連があるのだろうが――比較研究を次のように批判している。

「従来我国に於て東西両洋の文化の比較と云ふのは、西洋文化と東洋文化とを並べて、外面的に特徴を比較すると云ふのが多いのではなかつたらうか。西洋にはかういふ説があるが、東洋にもかういふ説がある、或は東洋にはかういふ事があるが、西洋にはかういふ事がないと云ふの類である。……併し純なる学説の如きものであつても、歴史的背景を離れたものではない。之を把握し之を論ずるのは、その歴史的地盤からでなければならない」

そのような歴史的背景を重んじる立場から見ると、

哲学や思想を歴史的構造性から解体して部品として取入れてくることに憂慮を覚えるのは当然のことであったろう。西洋文化への心酔とそれへの反動を目撃してきた西田幾多郎は『知識の客観性』および『日本文化の問題』（引用はいずれも『西田幾多郎全集』第十二巻、岩波書店）の中でそれぞれ次のように警告を発している。

「我国は明治以来孜々《しし》として西洋文化を取り入れた。無造作に和魂漢才などと云ふ人は、それ等のものを唯、道具の如く用ゐ得るものと思うて居るかも知れない、併しそれ等のものはそれぞれの精神を有《も》つたものである。自然科学でも、自然科学は自然科学の精神を有つたものである。我々はそれをそれぞれの精神に於て捉へることによつて自己に消化せなければならない」

「西洋文化を吸収し消化して、日本精神によつて日本独得の文化を創造すると云ふことは、今日何人も云ふところである。そしてそれが学問的でなければならないと云ふことも、恐らく多くの人に異論のないところであらう。併し学者の中にも真に学問的といふことを解してゐない人もある様に思はれる。人は往々精神といふものを使用する人間の如く考へ、知識といふものを道具の如く考へる。和魂漢才といふが如き語も、その様な考を表して居ると思はれる」

西田幾多郎のいう「和魂漢才」は「和魂洋才」の意味で用いられており、魂と才、精神と技術は不可分であるという説を取っている。しかし具体的に考えてみると、非西洋諸国の近代化の過程においては西洋文明のうちの「近代的」な要素——技術、制度など——が最初に伝わってくることはほとんど法則的な現象といえる。それだから「自然科学は自然科学の精神を有つたものである」という西田の指摘はある程度まで事実であるとしても、「我々はそれをそれぞれの精神に於て捉へることによつて自己に消化せなければならない」という命令的な発言は、学生たちにたいする訓戒としては有効であろうが、講演の外の歴史現象としての技術化や技術導入について言う時は、観念的な wishful thinking になってしまうようである。[1]

「和魂洋才」の問題についてより心理的な洞察を示した学者は（西田幾多郎の発言を念頭においていたと思われる）阿部次郎（一八八三―一九五九）であった。『日本文化と外国文化との交渉』（以下引用はいずれも『阿部次郎全集』第十巻、角川書店）の中で阿部次郎は安直な折衷主義にたいして昭和十五年に次のような警告を発している。

「……しかし詳しく見れば、これらの技術と雖も各民族の魂の所産として、結局はこの魂との折衝に導かずにはゐられないのである。西洋文化の精神を除外して西洋文化の技術のみを吸収することは、問題が深入りすればするほど益々不可能であることが明らかになるであらう。ゆゑにわが国において古くから套語のやうに使用されて来た『和魂漢才』や『和魂洋才』などといふ折衷主義は、異系の文化の接触に根本的な調和を齎《もたら》すことが出来ようとは思はれない。『漢才』は『漢魂』に基づき、『洋才』は『洋魂』に基づいてゐるからである。異系文化の接触にあつては、魂と魂との折衝を避けることが出来ない。しかも異系の文化においては、その魂と魂との異質性を根本仮定とする。したがつて文化の交渉にあつては、その相互影響が深ければ深いほど、そこに深刻な抗争の一面が現はれずにはゐられないのである。この抗争の間に自己を保持しつゝ自己を拡大し、こゝに進一歩すべき機会をつかむ能力を持つ民族の魂こそ異邦との交渉によつて自ら肥ることが出来る。漢魂や洋魂を自己の中に包摂してこれを同化するとき、和魂はこれによつて自ら飛躍を遂げ、漢才や洋才を自家薬籠《じかやくろう》中のものとすることに成功する。この過程において一つの大なる波瀾を閲《けみ》し、抗争保守の運動が執拗に擡頭するのは何の不思議もない。問題の深さを正当に把握する者は、自らの魂を震撼せむとする異質の力の衝撃を感ずることなしに、気楽な好奇心に任せて外来文化を歓迎することが出来ないであらう」

阿部次郎は生成発展するものとして「和魂」を把握する。それだから阿部の主張は排他的・復古的なナショナリズムに転化することはない。阿部が「和魂」を取りあげたのはそれだから『外国文化の問題』の中においてである。

「私は、世界的な公心によつて洗練を受けつゝ日本を愛する心を伸ばして行かう、と云ふ。かういふとき私は差しあたつてある一団の人たちと対立の位置に立つことを覚悟しなければならぬ。日本を愛することは将来にわたつて日本を伸ばして行くことである。将来の東洋と世界とに対して立派に我々の使命を果して行けるやうに日本を育て上げて行くことである。日本を愛する心は現在及び現在までの日本が多くの短所を持ち、未完成であり、文化的に解決すべき多くの問題を未来に孕《はら》んでゐることを、愛の眼をもつて看取せずにはゐられない。ゆゑにそれは過去の日本を一つの完成せるものと見なしてこれを保守しもしくは復活することにのみ重点を置かうとする人たちと見解を異にせざるを得ないのである。さうしてこの見解の相違が文化政策の現実問題として『外国文化の問題』を公に取り上げることを私に強ひる」

しかし阿部次郎がこのように世界の中における日本文化の位置の問題に目を向けるようになったのは昭和八年の『日本と親しくなつた話』にも語られているようにヨーロッパ体験を経てから後のことであった。阿部次郎は「知らず識らず日本文化の軽視に——自己の意志に反する外国崇拝に迷ひ込んだ」青年時代の自分の心理を次のように正直に分析している。

「当時の愛国的教育が、その封鎖的な姿において、私たち少年の心を支配し得なかつた理由の根柢には、しかしその道徳的狭隘《きようあい》と虚偽とのほかに、更に歴史的情勢があつた。それは日本の社会そのものがその発展のためにおのれを空しくして西洋の文物を摂取することを必要としつつあつたからである。このことは決して形而下的、自然科学的、技術的な、もしくは法制的、政治的、経済的な方面においてのみではなく、日本の魂そのものもまた欧米の優秀な魂に接触しつつ自己を世界的に拡張する必要に迫られてゐた。したがつてそれはいはゆる倭魂洋才《わこんようさい》の套語《とうご》によつて簡単に解決し去ることが出来るやうな、軽易な問題ではなかつたのである。もしそれが技術と便宜との問題にすぎないならば、素質と志向との両者から云つて、一貫して魂の問題を中心義とする私のやうな者に対して、当時の愛国的教育があれほどな不安と疑惑とを与へずにすんだであらう。まさに魂の問題において、愛国的教育の提供する実質が私たちの渇を満たすに足りなかつたのである。基督教《キリスト》の全人類的徹底、希臘《ギリシア》や文芸復興やゲーテなどの作品に溢れてゐる自由と富贍《ふせん》と精彩と――かういふものに代つて余りあるやうな実質を突き付けて見せること、たゞこのことのみによつて、当時の愛国的教育はその志すところを私たちの魂の中に実現し得たであらう。しかしそれはまるでこの点の顧慮を欠いてゐた。その内空なる呪文はたゞその外硬の姿によつて私たちを威嚇するにすぎなかつた。かくて広くいへば日本の魂そのものの一部分が自己を離れてひたすらに見知らぬ異邦の間に、自己の空腹を満たし自己の発展を幇助《ほうじょ》すべき食糧を捜しに行くといふ、あの不思議な迷路が始まつて来たのである。これは明らかに一つの迷路である。その迷路である所以は心胸を開いて異邦の精神と交渉するといふ点にあるのではない。それが身近にあるものを閑却して顚倒せる遠近法の錯覚を発生せしめること、自己の中に掘り下げて行く刻々の努力に代へるに遠きものに対する憧憬の幻をもつてすること、かくて善にせよ悪にせよ永久に現実の根柢をなすものに対する質実な、困難な、堅忍不抜な接触を忘れさせること――ここにその迷路の恐るべき空虚があるのである。さうして私たちの時代のこの誤謬を今日の共産青年が異れる姿において継承する」

阿部次郎はこのように修身教科書を暗誦するような愛国主義の偏狭を排しつつ、他方ではインターナショナリズムや普遍主義の名による国籍脱出の錯覚を戒めたのである。その種の国籍脱出の思いあがりは文学面にも政治面にもあらわれた。日本の知識人は外国の権威をふりかざすことによって自分は普通の日本人ではないという証しとし、日本の悪や後進性や封建性を小気味よく糾弾できたのである。それは他人を悪者呼ばわりすることによって自己の潔白の証しとするような、創造力を欠いた、ひよわな、しかも独善的な精神のあらわれだったのではないだろうか。阿部次郎はそうした人たちとはニュアンスを異にして、自分が日本人であることをすなおに肯定した。「日本への愛を是認することが出来るやうになつたのは、私にとつては一つの重荷を卸し得たやうな、さわやかな心軽さであつた」。そして「私は私の少年時代を取り巻いてゐた封鎖的愛国主義をはねのけることによつて、始めて心置きなき愛をもつて日本に親しみ得る気分になれたのである」。

阿部次郎は、一度は国外世界へさまよい出て、外国体験を深めることにより、反射的に祖国を見つめ、ふたたび日本人であることの喜びを見いだすことができた。彼のように一面では世界人であることを志向しつつ、しかも他面ではおおらかな気持で日本と和解することのできた人は昭和初年の日本では珍しい場合かもしれない。阿部次郎が東北帝国大学に地位を得て、日本で働く場と生き甲斐とを見いだしていたことも、その種の和解を可能とした心理的要因の一つとなっていたのだろう。

それにたいして日支事変以来、犠牲を強いられることの多かった戦中派の知識人は、戦後、日の丸の旗を見ても、君が代を聞いても、奇妙なちぐはぐな感情に襲われると告白する人もいるように、すなおに母国を愛することができないでいた。日本を脱出することもかなわぬ身の上でありながら、日本への回帰といわれる現象にたいしてはすこぶる警戒的であった。そしてその世代の人々がその種の危惧の念を抱いたのもまた無理からぬことであった。昭和十年代に唱えられた「日本への回帰」は、おおむねポジティヴな内実に富める主張であるよりは、外圧にたいする反撥としての日本の自己主張に近かった。しかも西洋近代の合理主義的文明にたいする反撥は──その反撥は二十世紀の西洋における一つの思想傾向でもあったのだが──非合理主義の強調にもなりやすかった。それにこの種の動と反動の現象については、次のような人性の自然についてもふれておかねばならないだろう。かつての外来文化を摂取しようとした努力は、絶えずゼンマイを巻いてゆくような精進を必要とした。ところが日本への回帰はいわばそのゼンマイが元へ逆戻りするようにすなおで自然であり、そのために「さわやかな心軽さ」が感ぜられた場合もあったのだろう。そして意志的努力の下で圧殺されていた民族感情がのびのびと自由になった時、芸術創造の力もまた豊かなエネルギーを美しく横溢させたのにちがいない。

そのように源泉の感情を尊び、土着の生命力を生かすことがおそらく芸術創造の秘密なのだろうが、しかし過去において文化上のナショナリズムが軍事上のナショナリズムに利用された苦い体験があり、しかもその上戦後の日本では日本人としての自分自身に自信が持てなかったという事情におされて、知識人は日本の過去を呪い、現状を批判し、脱日本の方向へ走ったのである。その間の経緯については別の機会に具体的な例に即してさらに分析を試みようと思うが、ただこれから先はネガティヴな欠如体においてのみ日本を語るだけでは、知識人はもはや意味ある存在とはなり得ないのではないかと思われる。青年が自己嫌悪の情をまじえつつ父親に楯つくのは成長期の自然だが、しかし反抗の姿勢だけを身につけてそのまま老化したのでは、これはやはり滑稽なカリカチュアとなるに相違ないからである。

註

（1）トインビーは、西洋の技術の導入は連鎖的に西洋の精神の導入をもたらすと説き、エジプトが西洋の造船技術を導入するためにアレクサンドリア市に西洋の技術者を呼んだ時の話を伝えている。すなわち西洋の技術者は家族を連れてくる。すると子供が生まれるから西洋の医者を呼ぶ。すると西洋の産婦人科の優越を知ったエジプトの女たちも西洋の医者にかかるようになり、ヴェールに包まれていたエジプト女性の風俗にも変化がおこる……そのような連鎖反応がある程度まで見られることは事実であるが、しかし非西洋の近代化の過程では西洋文明のうちの近代的要素――技術、制度など――がまず伝えられることはほとんど法則的な現象なのである。右のような連鎖反応の例でもって洋魂と洋才は不可分であると説くことは無理であろう。なお、原子爆弾の開発者オッペンハイマーが、西欧型民主主義の社会でなければ原子爆弾の製造はできない、という洋魂洋才不可分説を唱えてサイバネティックスの開発者ウィーナーに笑われたことがある。ウィーナーの自伝参照。

フランス・ルネサンスの場合

共通語《リンガ・フランカ》

丸山真男氏は『日本の思想』（岩波新書）の中で、日本には「思想が対決と蓄積の上に歴史的に構造化されないという『伝統』」がある旨を指摘され、「各時代各集団が、その当時に西洋で有力な地位を占めた国あるいは思想とそれぞれ横につながって、閉鎖的なヨーロッパ像をつくり上げるので、縦の歴史的な思想関連が無視される」とネガティヴな評価をまじえつつ書かれたが、このような思想状況は日本固有の「伝統」というよりも、周辺文化の国々に見られる文化現象の一般的傾向であろうと思われる。たとえばイタリアという国を取りあげてみると、その国がヨーロッパ文化の中心に位し、西洋をリードしていた十四、十五世紀には、古代へのつながりはともかく、そのような横へのつながりは見られるべくもなかった。それどころかフランスやイギリスやドイツが思想的に横にイタリアへつながっていたのである。しかし最近百年のイタリアでは、その学界の眼はあるいはドイツに（哲学）、あるいはフランスに（文学、美術）向けられることが多かった。そしてそのような傾向はヨーロッパの小国や中南米諸国、またヨーロッパへ向って求心的に志向していた頃のアメリカの大学でも見られた現象なのである。それだから筆者が問題としてきた「日本人の外来文化受容の心理の型《パターン》」はより大きな「周辺文化の国民の外来文化受容の心理」の一つの場合と考えることができる。ここではその点について文化交流の主要な媒体である言語の問題にまずふれたい。

　中心文化の国と周辺文化の国の間にある文化的な落差の実体や文化的優越の内容は何なのだろうか。それらは主観的なものだろうか。それとも客観的な指標があるのだろうか。現象的に把握できる目安はあるのだろうか。——その指標として共通語 **lingua franca** があげられるが、それはいいかえると次のようなことになる。同一文化圏の二国の人々にせよ、異なる文化圏の二国の人々にせよ、出会った場合には、どちらかが相手の言葉を使って（あるいは両者とも第三の言葉を使って）話をしなければ意志が通じない。その際にもっとも多く使われる言葉が共通語なのであり、それはまたおおむね中心文化の国の言葉なのである。ちょうど地方の人が東京の人と会った際に標準語で話そうとするのが普通の傾向であるように、周辺文化の地域の人々は中心文化に属する人々と会った際に、後者の言葉によって意志を疎通させようとはかる。それは周辺文化の国の知識人とは（それがすでに述べたようにインテリゲンチャの語源的な意味であったが）、中心文化を intelligere 了解してそれを周辺へ伝える人であり、その営みは中心文化の国の言葉を習得することを前提としてはじめて可能だったからである。そして世界文学史の上で、インテリゲンチヤという言葉が造られたころのロシア小説ほど、フランス語をはじめとする西欧語の挿入の多い文学は珍しいのだが、そのような現象は、十九世紀後半のロシアの対西欧への文化史的・心理的状況を示唆しているといえるだろう。帝政時代のペテルブルクへ行った日本人は、広瀬武夫のような海軍将校も外交官夫人や商社員の夫人も（その中には後の女優東山千栄子もいたのだが）、ロシア語のほかにフランス語を習いはじめたのである。

ところでそのようにして共通語が定まるというのはおのずからなる現象であって、共通語だけを変えさせようと努力しても変わるものではない。ナショナリスティックな反動から他国語である共通語の使用を拒否して自国語の使用を主張しても、周辺文化の国という位置そのものが中心文化や優越文化の位置へと転移するわけではない。なぜなら言葉はその背後にある文化の代表者として尊重され、あるいは無視されるからである。共通語は文化の流れの方向によって決定されるのである。その際に人々は好むと好まざるとにかかわらずその時代において源流と判断される文化の言葉を習おうとつとめるのである。その際に源流文化の言葉を共通語とすることに依怙《いこ》地《じ》に反対してみても、流れそのものが変わるわけではない（そのような拒否が有効となるのは源流文化と思われていたものの実体がもはやそうではなくなっている時だけである）。もしそのような拒否を続けるならば、その社会は中心社会の地位へ上るどころか、周辺文化の地位をも失って、孤立文化の地位へ置きざりにされるだろう。もっともそのような文化上の孤島となることにも意味がないわけではない。刺戟の少ない孤島では文化上の革新はほとんど望むべくもないが、しかしそのような隔絶された状況であるなら、伝統文化の保存にはかえって好都合であるかもしれないからである。それに右に述べてきた中心文化の優越というのは、主として国際社会の生存競争における強者としての優越をさすのであり、そのような意味での上下関係は、文化を測る複数の尺度の中の一つの尺度にしかすぎず、そのような尺度では個々の文化の特殊性や個性は測ることができないからである。それどころかそのような強者の文明との出会いは自分たちの文化の特殊性や個性を破壊することになりかねないからである。しかしそうはいっても現在のように交通通信機関の発達した地球上では鎖国を行なうことはかなり難しくなっており、強者としての優越文明から学ぼうとする衝動を押えることはほとんど不可能に近い。今日のロシアではフルシチョフの夫人が英語教師でありコスイギンの令嬢がアメリカ研究者であることに象徴されるように、フランス語よりも英語の学習が非常に盛んなのである。

もっとも文化の流れは、一つの文化圏の内部であれ複数の文化圏の間であれ、常に一方通行的であるとは限らない。接触がある限り、両者の間には、好むと好まざるとにかかわらず、相互作用が働いている。また近年は文化の交流が人為的に計画されるようにもなってきた。ある特定の文化の絶対的な優越性についての確信がゆらいでくるにつれ、いいかえると文化についての相対的な見方がだんだんと行なわれるようになるにつれ、外交上の儀礼もともなって、文化の交流にも相互性がだんだんと強調されはじめたからである。一方通行から対面通行に向って事態は変わりつつあるが、しかしその際に両面の交通量がひとしいという必然性は別にない。日本は外国書籍については入超であり、留学生については出超である（この二つは日本が文化的には盛んに受容を行なっているという同一のことを意味する）。ただしその際の外国書籍とは洋書であって、もはや漢籍ではないのである。そのような変化はいつどのようにしておこったのだろうか。いまシナと日本の関係を一瞥してみよう。

シナは、漢字文化圏においては、十九世紀の後半にいたるまでは文字通り中国として君臨してきた。日本人とシナ人との間の意志疏通は奈良朝の昔からもっぱら漢文によって行なわれてきた。日本人とシナ人の間だけでなく、漢字文化圏の周辺地帯の国々の間でも、たとえば渤海《ぼっかい》と日本も、朝鮮と日本も、漢文を媒体として外交交渉は行なわれてきたのである。平安時代の菅原道真や江戸時代の新井白石が、学者政治家として外交の衝にあたったのは、そのような日本の文化史的状況とも関係していたことである。しかし千二百年の長きに及んだシナと日本とのそのような関係は十九世紀の末年にいたってついに逆転した。シナ人が日本の書物の翻訳をはじめ、シナから留学生が日本へ来、日本語を習いはじめるようになったからである。実藤恵秀教授の『中国人日本留学史』によれば留学生の数は日本がロシアに勝った直後の一九〇五年の後半期には八千六百余名の多きに達したといわれる。しかしそのことはただちに日本が中心文化の位置へ昇ったことを意味しはしない。清末シナの留学生は、経済的理由や語学習得上の便宜や地理的理由から大挙して日本へ渡ってきたのであり、学習の目的は日本文化そのものよりも西洋文化にあったからである。西洋で学んだ日本人の著わした日本語書物が、新知識をシナへもたらすものとして、さかんに漢訳されたのである。日本の地位の上昇は相対的なものであり、その際に日本語は日本文化よりも西洋文化を伝えるための媒体とみなされていた。しかし近代の日本は伝統文化と西洋文化がまじりあった存在であったから、そのような日本で西洋文化を学んだということは、とりもなおさず近代日本について学んだ、ということでもあったのである。留学生活は全人格的な体験であるから、その際に日常生活裡で受ける有形無形の印象は、当人が留学目標として掲げる専門研究の影響よりもむしろ大きな痕跡をのこすこともあり得るので、たとえば魯迅の場合には、日本で医学を学んだということより日本で生活したということそれ自体の方が、作家としての形成の上には大きな意味を持ったことと思われる。明治維新以後の日本の急速な発展ということ自体が、その明るい面も暗い面もともに魯迅にとっては非常な刺戟となって働いたにちがいない。

フランス的ヨーロッパ

漢字文化圏における漢文の例の次に、共通語の変遷の別の例を西洋諸国の中でもいちばん中華意識の強いフランスの歴史の中から探ってみよう。フランス人が自己の文化についてその偉大さを自覚しはじめた徴候は中国に比べればずっと新しく、十七世紀――後代のフランス人はこの世紀を古典主義の時代と呼ぶ――に続いておこった「古代人と近代人についての論争」Querelle des Anciens et des Modernes に示されている。この論争の発端はラテン・ギリシアの古典にすべての価値の源泉を見いだそうとする見方（ボワローなど）にたいして、近代フランスとフランス語作品の優越を説く（シャルル・ペロー、フォントネル）ことからはじまった。そしてその価値の転換に際しては時代や国籍にこだわらず理性そのものの優位を説くような主張も見られたが、文学に関してはルイ十四世の時代の作品を古典視する見方に落着いたのである（そのような le grand siècle の文学を価値の源泉にすえる見方は今日でも一部では信奉されている）。十八世紀のヨーロッパは、フランスでもイギリスでもドイツでもフランスの古典主義の作品の模倣が行なわれた時代だったが、当時のフランスは、ヨーロッパ内における人口比率からいっても大国で、フランス文化の光は四方に輝いていた。十八世紀はフランスにとっては「光明の世紀」le siècle des lumières だったのであり、その光を浴びたドイツにとっては、闇黒から脱け出る「啓蒙の世紀」Aufklärung の時代だったのである。欧州はフランス的ヨーロッパ Europe française と呼ばれ、ディドローはロシアに、ヴォルテールはプロイセンへ招かれたが、その地で彼らが使ったのはフランス語であり、ヴォルテールを招いたフリードリヒ大王は母国語を蔑視してフランス語を話していた。十九世紀にはいってもその傾向は続き、ナポレオンに追放されてロシアへ亡命したスタール夫人も露都では社交界の花形として登場したのである。プーシキンは一八三一年に執筆した短篇『ロスラーヴレフ』にその時の情景をスタール夫人の『亡命十年』に依拠して描いているが、当時のロシアには次のような女性がいたのであった。

「ポリーナは随分と多読の方だった。父君の書斎の鍵を預っていらしたのである。父君の蔵書は、主に十八世紀の作家の書いたものだった。フランス文学はモンテスキューからはじめてクレビヨンの小説に至るまで、あの方《かた》には馴染の深いものだった。ルソーなどはすっかり諳《そら》んじておいでだった。その書斎にはロシアの本は一冊もなかった」

このようなロシアの貴族やその子女たちがスタール夫人のフランス語の一言一句に耳を傾けていたのである。フランスから外へ行ったフランス人がこのように振舞っただけではなかった。フランスへ来る外国人もおおむねフランス語を用いたのである。それも話すだけでなく、ゴルドーニやカザノーヴァのように回想記をフランス語で書きのこした外国人も出てきたのである。イタリア人とフランス人が会えば（後にはミラノの人アルリーゴ・ベール Arrigo Beyle Milanese と名乗ったスタンダールのような例外も出はしたが）、会話はおおむねフランス語を用いることによって成立った。

ヨーロッパ大陸におけるフランス語のそのような優位も、後には大英帝国の英語によって地球的な規模では後退を余儀なくされるのだが、それでもフランス国内においてはフランス語を当然の共通語とみなす心性はいまなお根深く残っている。日本では外国人が日本語を話せばその外人は奇異と称讃の眼で見られるのに反し、フランスでは外国人がフランス語を話さなければその人は低能視され冷淡に遇せられるのである。アメリカ人の観光客がパリへ来ていらだつ理由の一つはそのためで、フランス人にはそのように中華思想の心理的惰性が根強く残っているのだが、そのような心性をいっそう助長するようにフランスへはフランス礼讃の外国人がいまも大勢やってくるのである。

しかしそのようなフランスの中華思想は、右にふれたように、十七世紀の古典主義以後のものであり、それ以前にはラテン文化やギリシア文化への尊敬があり、十六世紀の前半にはイタリア文化への憧憬もあった。千五百年代にはイタリア人とフランス人とが出会えば、後代とちがって、共通の言語はイタリア語だった。モンテーニュはイタリアへ旅したが、一五八一年五月トスカーナ地方へはいると、「少しここで別の言葉を試してみよう」といって日記の言葉をフランス語からイタリア語へ切り換えている。イタリアとそこにある古代ローマ文化の名残りとがモンテーニュの心を惹いたので、それで彼は日記をイタリア語で書いたのである。そしてモンテーニュよりやや後に生まれたイギリス人シェイクスピアは、イタリアへ行く機会こそ恵まれなかったが、彼の悲劇喜劇の舞台の十幾つかをイタリアの都市に設定したのである。そのような外的指標だけを拾っても当時のヨーロッパ人のイタリア文化への憧憬の激しさは感得されるだろう。そして事実ルネサンス期のイタリアはヨーロッパ文化の中心に位していたのであり、その偉大さを前にして（後代の日本人がフランス文化にあいたいした時のように）自信を喪失し、深刻な劣等感にさいなまれたフランス人もいたのである。千五百年代のフランス人には中華思想などはおよそ縁のないものであった。そしてロートムントの演説にも出ていたようにルネサンス時代にはドイツ人も盛んにイタリアへ留学していたのである。ここでは西洋文化圏内での「出会いの心理」の一例として、そのようなルネサンス時代に生き、イタリアへ留学したフランス人デュ・ベレーの場合を紹介しようと思う。彼の場合は「仏人遊学外国」にあたるが、その際デュ・ベレーは「勉励模倣」と「勉励創作」の関係についてどのように悩み、どのような答を引き出し、どのような創作をしたのか。優越した外国文化に直面した時、日本人は強がりから大和魂を唱えたが、フランス人も強がりからゴーロワ魂を唱えたのではなかったか。

以下に出会いの心理についての古典的な事例としてデュ・ベレーの場合を述べたいと考える。

デュ・ベレーの場合

ジョアシャン・デュ・ベレー Joachim du Bellay（一五二二―一五六〇）の場合は、フランス人が外国文明との出会いに際して、「勉励模倣」と「勉励創作」の問題に悩まされた例として注目に値する。その心理は彼の評論 *la Deffence, et Illustration de la Langue Francoyse*『フランス語の尊重と名誉のために』及び四年間の留学体験（一五五三―五七）をうたった詩集『悔恨集』*les Regrets* などに示されている。『悔恨集』はデュ・ベレーの詩日記ともいうべき内面の詩情をたたえた秀れた作品である。

デュ・ベレーやその友人ロンサールの置かれた立場は、圧倒的な外来文化を摂取しながらも、自国語で創作することに意味を見いだすという己のレゾン・デートルの追求であって、その文化的劣等感に悩みつつも、同時に文化的愛国主義を唱えるあたりは、シナ文化に直面した時にも、欧米文化に対決した時にも日本人にも湧いた心理であり問題であった。デュ・ベレーの『フランス語の尊重と名誉のために』はその点で一つの比較文化論ともなっている。彼はいう。

「……自然が造りだしたすべてのもの、すべての学芸は、世界のいかなる所であろうとも、それ自身は同一のものである。しかし人間はそれぞれ考え方が違うから、それぞれ違った話し方や書き方をする。ところがこの点について、わが国民の中には自分自身はギリシア人でもローマ人でもないくせに、眉をひそめてフランス語で書かれたものはすべて軽蔑して取るに足らぬとする者がいるが、その愚劣な傲岸《ごうがん》不遜《ふそん》はいくら非難しても非難し足らぬものがある。学者の中にはフランス語口語では味わいのある文章も博識の表現も無理であると考える人がいるようだが、そのように考えることは、なにか一つの創造が単に何国語によって書かれたかによって良否を判断されているようなもので、珍説まさに噴飯物というべきである。……」（第一巻第一章）

十六世紀のフランスではイタリア語、ラテン語、ギリシア語は権威のある文化の言葉だったが、フランス語はそうではなかった。現にデュ・ベレーの『フランス語の尊重と名誉のために』はたいへん混乱した拙いフランス語で書かれている。当時のフランス語はデュ・ベレーの言葉を借りれば「貧弱赤裸の言語」であった。デュ・ベレーは第一巻第三章で「なぜフランス語はギリシア語ほど豊かではないのか」と次のように説明している。その論の中でデュ・ベレーが（イタリア人から示唆を受けたのだが）ギリシア・ラテンの古典時代にたいしても相対主義的な見方を導入している点が注目に値する。

「もしまたわが国語がギリシア語やラテン語ほど豊かに富んでいないとしても、それをフランス語の責《せめ》に帰してはならない。フランス語は本来的に貧しく不毛な言葉であるとしてはならない。その責はわれわれの祖先の無知に帰すべきである。われわれの祖先は（ちょうど誰かが古代ローマ人について言及したように）巧言よりも善行を尊び、子孫に教訓を垂れるよりも徳行の実例をのこすことをもって良しとした。……われわれの祖先がこのような貧弱赤裸の言語をのこしたのはそのためである。それだからいま文章を飾るためには、いうならば、他人の筆を借りなければならないのである。しかし考えてみよう。ホメロスやデモステネス、あるいはウェルギリウスやキケロなどが現われてすばらしいギリシア語やラテン語を書いた以前から、その時代よりも以前から、ギリシア語やラテン語が優秀な言葉であったと誰がいえるだろうか？ ……それだから花はほころびそめたがいまだに実を結ばないわが国、いやいまだに花さえよく咲いたことのないこの植物、いわば野生の植物のようなわが国語については、この木に実を結ばせるためには、いま少し努力が必要なのである。なぜそのようにいうかといえば、わが国語の性質そのものに欠陥があるのではなく、……わが国語にたいして深い注意が払われていないからである。罪はこの国語を十分に練磨しなかった人々にある。わが国語は野生植物のように、この索漠とした土地に芽を出したが、水をかけてくれる人も枝を刈込んでくれる人もなく、蔭をこしらえてくれる人も茨から守ってくれる人もないままに、雑草の間で、なかば死にかけていたのである。……」

デュ・ベレーは十六世紀前半のフランス語の状況

について このように述べ、第一巻第八章ではフランス語を豊かにする手段として古典作家を模倣することを提唱する。しかしここではその「模倣」の意味に注意しなければならない。

「……自国語を豊かにしようと願う者は、ギリシア・ラテンの最良の作家を真似て文章を書くべきである。それもいちばん秀れたところを目標として文体を磨かなければならない。芸術というものの大半が模倣に存していることは疑を入れぬ事実である。古代作家が立派な創作を行なったということが称讃に値するように、いまだにその言語が豊かで十分でない者にとっては、真似るということは非常に有用なことである。しかし真似ようとする者は次の点に留意しなければならない。良い作家のすぐれたところを跡づけて辿るということは容易なことではない。それはいわば作家の心を心とすることである。……私がなぜこのようなことを強調するかというと、いかなる言葉を使う人にもいえることと思うが、自分が真似ようとした作家のいちばん隠れた内奥の部分へ参入しないで、うわべの見てくれだけに調子をあわせ、言葉の美しさに惹かれて言葉の遊戯に堕落し、その事物がもつ力を失ってしまうからである。……」

デュ・ベレーの立場は何と批評すればよいのだろうか。彼はギリシア語やラテン語だけしか認めようとしない学者たちの傲岸不遜を非難する。しかし同時に十六世紀のフランス語とその背景にあるフランス文化の貧しさも認めている。そしてギリシア・ラテンの作家たちの心を心とすることによってフランス詩歌を豊かにすることを提唱する。この一見混沌として前後相矛盾するかに見えるデュ・ベレーの『フランス語の尊重と名誉のために』の議論にたいして文学史家ランソンは巧みな説明をほどこしている。

「デュ・ベレーとロンサールは両面作戦に打勝たねばならなかった。片や無知無識の徒にたいし、片や人文主義者にたいしてである。後者にたいしては、二人は『古代作家に匹敵するには母国語で創作するよりほかに手はない』と主張する」

ここでは賛成と反対が微妙な釣合を保っている。

人文の教養のないようなフランス人たちには反対して人文主義に賛成を唱えなければならないが、フランス語作品を無視するような人文主義者には反対してフランス語に賛成を唱えなければならない……そのような二律背反は、結局プレイアッド派詩人の置かれていた位置が、中心文化のイタリアにたいして周辺文化のフランスにあったからと見てよいのだろう。イタリア半島に輝いていた芸術作品に魅せられて、デュ・ベレーたちは自分たちもそれに匹敵するような作品をフランスの地で創りたいと考えていたのだが、その動機はナショナルなものであった、ともいえるのである。周辺文化の国の詩人デュ・ベレーが、外来文化吸収の意義と自己創造の意義、いいかえれば勉励模倣の意義と勉励創作の意義、についてそれぞれ適当な比重をつけることを提言したものであり、その時、外来文化の優越に圧倒されていたフランス人たちは主体性のある創造行為について適当な言葉を見いだせぬままに esprit gaulois「ゴーロワ魂」と叫んでいたのである。

新しい詩歌の時

それでは学者たちが自分自身の思考を捨てて外国典型の模倣に追われていた時、なぜデュ・ベレーやロンサールたちはこのように母国語の尊重を、人文学者たちの軽蔑をおそれずに、主張できたのだろうか。それはかれらが詩人であったからにちがいない。学者は古典語の書物を読み、ラテン語で著作すればそれで事が足りるとしていた(それは儒者の中にいた漢籍しか読まず漢文しか書かなかった人の心理に酷似していないだろうか)。そのような傾向は、学者の見栄とも関係していたのだが、それだけでは説明は足りないだろう。学者の自己表現は感性的な語に頼るよりも抽象化された言葉や観念に頼る傾向が強い。そのような知的な発言や論理的な思考は、借りた言語でもさほど不自由なく行なわれる。それに反して感情表現の方は母国語を用いなければ難しい(頼山陽の漢文でも和習のとくに目立つところは日本人の感情のたかまりを写そうとした箇所である)。それだから詩人たちは母国語の使用を強調したのである。そして母国語ですらすらいうと、ちょうど漢詩をやめて「遂に新しい詩歌の時は来た」という新抒情詩の清新横溢の感にみちるのであった。ロンサールは「ゴーロワ魂」を口にしかねまじい口調で文化的愛国主義を次のように唱えだす。

ギリシア人は自慢たらたらギリシアを自慢するだろう。
エスパニア人はエスパニアを謳《うた》うだろう。
イタリア人は豊饒なイタリアを謳うだろう。
だが俺は、フランス人、美しい町のあるフランスを、
その聖なる名を、俺たちはその高らかな歌い手として
人々の口から口へと言い伝えもさせるだろう。

ロンサールは別の詩句では誠実に自己の弱みも語っているが、彼にアカデミック・プリテンションのなかったことが、詩人の誕生には幸したのである。フランスの最大の抒情詩人は次のように告白する。

俺は最初はラテン語に興味を持った、
だが悲しいかな、運命の苛酷ないたずらで
生まれつき俺はラテン語にたいして才能がなかった。
だから俺はフランス人一点張りで押通した、
母国語で二番か三番か一番でありたい。
その方がローマで面目なくビリとなるよりずっとましだ

ロンサールはこのように書いたが、それは言葉の問題がプレイアッド派の詩人たちの間で非常に意識されていたことの証左であり、ロンサールたちが外国文化の摂取をおろそかにしたということではない。かれらが学んだパリのコクレーの塾での学生生活の勉強はよほど激しく、よほど楽しかったと見えて、異口同音にこれを讃美した証言が数多く残っている。ロンサールはほとんど聾になり、外交官の経歴を中途で断念したのだが、学問にたいする気勢はますます旺《さか》んである。

俺は以前よりももっとおまえを愛する、書物よ、
俺が知識を獲得するその目的のためには、
俺は捨てたぞ　宮廷も　王様も　公爵様も。

友人バイーフは当時の思い出をロンサールに向って語る、

おまえ、おまえと若いころ俺はつきあったが、
俺の心に励ましの拍車《はくしゃ》をかけてくれたな、
ドラーの下で同じパンをわかちながら、
同じ部屋で徹夜した、おまえが宵《よい》のうち本を読む、
すると俺がまだ朝暗いうちから……

ドラーは師である。学生は誰々か。この友達づきあいというのが不思議なもので、次の句など、連中の名前をずらずらと並べただけなのだが、それでも活潑な気分、陽気な仲間の躍動が、読者の身内にも伝わってくる。これらの青年たちがフランス文学史に新しい夜明けをもたらしたプレイアッド派とその周辺の面々なのである。

俺は見るぞ、バイーフ、ドニゾー、それにベロー、
ビュデー、デュパルク、ベレー、ドラー　そして
　あの
連中一団となってジョデルのあとを追っ駈けてい
　くぞ
……

その詩に登場したジャン・アントワーヌ・バイーフは、自分が受けた古典語の教育を次のように回顧する、

成長して言葉を口にするようになると
先生たちの間から秀れた人が慎重に選ばれて
以後　僕にギリシア語とラテン語を教えることに
　なった、
教育に手抜かりはなにひとつない。
ラザールの弟子であるシャルル・エチエンヌが手
　初めに、

癖のないラテン語の発音を教えてくれた。
ギリシア人アンジュ・ヴェルジェースが、優しく
　手を取って、
ギリシア語の書き方を教えてくれた……
ギリシア人の抑揚にあうよう僕の発音を正してく
　れた、
そして僕の手を取ってお手本のギリシア文字をな
　ぞらせてくれた。

彼はまた次のように思い出を語る、

父は僕を優しいトゥサン先生の許に寄寓させたが、
先生はそのお宅で可愛い、陽気な、生まれの良い
　子供たちを、
その耳に朝から晩までギリシア語ラテン語を吹き
　こんで、
　育てていらっしゃった。

この若者たちの楽しき学問、その打込んだ様は、反語的だが、休み時間の寛《くつ》ろぎを伝える詩によっても、逆に読者の眼前に髣髴《ほうふつ》としてくる。ロンサールはうたう、

俺がはしゃぎに外へ出て
野原の上で遊ぶ時間だぞ。
いやはや、まったく誰が賞《ほ》めてくれるもんか
本の上にへばりついて
人生を生きようてな気も起さない奴なんか？

同じようにロンサールの読書にたいする愛着、学友にたいする気持のほども、彼がいったんそれらを離れる時の詩に、真摯《しんし》な情をもってうたわれる。田舎に一時帰るが、「冬になればまた君たちのところへ戻ってくるよ」というのである。

俺はおまえに誓うぞ　北風が吹いて
森の木《こ》の葉を吹き散らしてしまったら、
牧場の緑のしとねを落とさせてしまったら、
俺はすぐ急ぎ足で駈けつけよう
また会うのだ　俺の仲間たちや俺の書物

おまえやこの俺よりもずっと好きな書物だからな。

次の詩はコクレーの塾の話ではないが、当時のロンサールの読書熱を示す記録である。小ロワールのほとりのわが家に戻っていた時の詩作で、コリドンは書生の名、カサンドルはロンサールの若き日の恋人である。

俺は三日で読みたいと思う、ホメロスのイリアスを
だからな、コリドン、俺の扉《と》をしっかり閉《し》めてくれ、
もしなにか俺の邪魔しに来たら、いまのうちに言っておくが、
かんかんに怒って俺はおまえをどやしつけるぞ。
小間使が床《とこ》をあげにくることも、
おまえの仲間、またおまえも来ることはあいならんぞ。
俺は三日間ぶっ通し離れで一人きりでいたいのだ、
その後で一週間ぶっ続けに大馬鹿騒ぎするからな。

だがな　もし誰かカサンドルから使いが来たら、
すぐ扉《と》を開けろ、お待たせするのではないぞ、
すぐ俺の部屋へはいって来い、そして俺に服を着せてくれ。

俺はその方《かた》にだけは是非お目にかかりたい、
そのほかは、どこかの神さまが俺のために天から降りていらっしゃろうとも、
扉《と》を閉《し》めろ、中へ入れるのではないぞ。

ロンサールやデュ・ベレーはこのような語学教育を受け、このような学問的興奮を味わって青春を過したのである。それはいかにも近世ヨーロッパの誕生のういういしさ、清新さ、はなやぎを感じさせるものだった。しかも——そこが肝腎の点なのだが——勉励模倣に浮き身をやつすだけでなく、勉励創作にもいそしんでいたのである。デュ・ベレーはフランス語で書くことの意義を『フランス語の尊重

と名誉のために』の中で主張した。デュ・ベレーはフランス人であるから la défense et illustration de la langue française といったのだが、それは一般的には「母国語の尊重と名誉のために」と解釈されるべき性質の主張である。そしてロンサールはフランス語で見事な詩の数々を書いたのである。そのような精神状況は、外国文学をよく学んだ森鷗外が「日本有美妙 Literatur. 而猶為容他邦之語之念、可怪訝」といい、日本語への翻訳や創作によって近代日本文学をリードしていった時の状況と、多くの類似性をもつものではなかっただろうか。

またルネサンス期のフランス人のイタリア留学の意味についても考えてみよう。デュ・ベレーの『悔恨集』の中にはイタリア留学への期待が次のように歌われている。

俺は哲学で学者になろう、
数学でも医学でもずば抜けてやろう、
法律家にもなろう、そして熱心に
神学の奥義も勉強しよう。
琴を鳴らし、絵筆《えふで》をとり、人生を陽気にしよう
フェンシングも舞踏も――演説もしよう。

一五五三年三十一歳でイタリアへ旅立とうとする好学の青年の心中には、ファウスト博士を想起させる共通したルネサンスの息吹きが感じられる。ファウスト博士は、

はてさて、己は哲学も
法学も医学も
あらずもがなの神学も
熱心に勉強して、底の底まで研究した。

（森鷗外訳）

と過去なのだが、デュ・ベレーはイタリア留学に希望を託して「これら万事を習得するぞ」という心意気だったのである。習おうとしたものは単に学問ばかりではなかった。音楽も絵画も武芸もそしてダンスや演説までが予定表の中に組まれていたのだった。古典学者ドラーの弟子にとっては古代ローマは

もとより興味があったが、彼の留学はそれ以上に日常生活の隅々にいたるまで魅力を持っているかに思われた。そしてここで付言するなら、近代日本の留学生もなかばこれに似た気持で西欧へ向ったのだった。

高度に発達したイタリア文化の風におされて、当時のフランス人は服装もイタリア風の胴衣をぴっちりと着、袖にはぎざぎざの飾りをひろげ、丸襞の襟をつけていた。その襟は真鍮の針金で首の後ろに高く支えられて扇形にひろがっている、という上品華麗な姿である。日々の態度や作法、感情の範は、ウルビーノ宮廷のカスチリオーネが書いた『廷臣の書』に則っている。イタリア語の書物は続々と輸入されてくる。第一、フランス国王の妃カトリーヌ・ド・メディシスがフィレンツェの人で、大勢お伴にイタリア人を連れてきたのだから、明治天皇のお妃が西洋女性であった、と仮定した時ほどの外国勢力の上からの浸透ぶりである。どうして十六世紀の前半にこのようなイタリア熱の高まりがフランスで見られたのか、といえば、まずフランス兵のイタリア出兵によるイタリア発見のためといわなければならない。一四九四年、フランス兵ははじめてアルプスの向側へ降りて行った。このイタリア戦争の時にルイ十二世の配下の兵士がイタリアの地で見いだしたものは、自分たちのちんまりとした村や町にない素晴らしいものばかりであった。高度に発達したイタリアの都市国家のルネサンス文化の前にフランス人は驚愕し、眩惑し、陶酔を覚えたのである。青い明るい空の下で身も心も奪われ、ついにはそのために人生についての見方さえもが新しく目覚めたほどであった。それはいわば幕末や明治初期の日本人が米欧を回覧して感嘆した時のような心境だったのではないだろうか。フランス人たちは、かれらの心を魅了したものは、なんでもかでも祖国へ持ち帰ろうとしはじめた。城館、庭園、絵画、彫刻、服装、宝石、香水、書物、詩人、学者、珍獣、学問、才気——要するにメディチ家の人々やウルビーノ公やフェルラーラ公が所有していたこれらの文化をフランスの宮廷へ持ち帰ろうとした。中にはイギリスへ持ち帰ろうとしたイギリス貴族や、スペインへ運ぼうとしたスペインの将兵もいたにちがいない。こうしてルネサンスのすべてが、フランス人の頭脳の中にも、馬車の中にも、雑然と積みこまれて、滔々とロワールの野辺へセーヌの岸辺へと流れこんできたのだった。

　そのような次第であったからイタリアの都市で学びたい、という憬れは、デュ・ベレーの場合にも非常に強かった。彼はイタリアの地でペトラルカをはじめとするイタリア詩人たちに似せてフランス語で詩を書いたが、『悔恨集』、『田園嬉戯集』などにおさめられた詩のいくつかはイタリア語原詩よりも輪廓が判然としていて知性化しており、ペトラルカのソネットにはない近代性も感じられる。潮の流れの激しい海では肉のしまったうまい魚がとれるものだが、詩や絵画も主題の文学に感心しているのは素人で、玄人は a good texture があるかないかに注目する。服でいえば布地そのものの質に注目する。デュ・ベレーの詩も、文化交流の激しい中で翻訳という訓練がもたらした引き緊ったものを持っている。デュ・ベレーの翻訳乃至は翻案詩が彼の最高傑作であるというペイターなどの説も、日本の新体詩の傑作に鷗外や上田敏や荷風らの訳詩をかぞえる人にとっては納得のゆく見解であろうと思う。デュ・ベレーはそのような外国文化摂取の時期を経た後に、自己の本領を発見して自分自身の詩をうたうようになる。それには痛ましい面がないわけでもない。近代人であるデュ・ベレーはその自己発見の自覚を次のようにうたったのだった。

俺はひもどこうとは思わない　ギリシア古典を、
俺は書き写そうとは思わない　ホラチウスの美辞麗句を、
ましてや俺は真似たくない　ペトラルカの優雅さを、
俺の悔恨をうたうのに真似はすまい　ロンサールの声音《こわね》を。

詩集『悔恨集』はこのようにして成立し、デュ・ベレーはそこに内面の真実を吐露したのである。その詩集については筆者はすでに一小著『ルネサンスの詩』（一九六一年、内田老鶴圃。『平川祐弘著作集』、二〇一七年）でふれたことがあるので、デュ・ベレーら一派とその「出会いの心理」についてはこの程度の考察にとどめるが、しかし自己中心的なフランス文化もかつてはこのような周辺文化特有の心理を味わったことがあるということを知っておくことは無益ではないだろう。そして「翻訳の世紀」あるいは「栄養摂取の世紀」siècle d'innutrition といわれた十六世紀のフランスと、同じような名前で呼ばれうる蘭学者以降の近代日本との間に並行比較《パラレル》を試みることも恣意的な操作ではなくむしろ示唆的な試作であるといえるのではないだろうか。ジョアシャン・デュ・ベレーの『フランス語の尊重と名誉のために』はフランス語で綴られた最初の文学評論なのだが、その内容は明治十五年に出た『新体詩抄』に矢田部良吉が付した序文のことなども連想させるようである。矢田部良吉はこういったのである。

「頃者同志一二名ト相謀リ、我邦人ノ従来平常ノ語ヲ用ヒテ詩歌ヲ作ルコト少ナキヲ嘆ジ、西洋ノ風ニ模倣シテ一種新体ノ詩ヲ作リ出セリ。但シ今成ル所ハ西洋ノ訳ニ係《カカ》ルモノ多シ」

そしてその十数年後に島崎藤村が『藤村詩集』の序によせた時のみずみずしい言葉は、ルネサンス風の若い清新の情調を伝えているようである。

「遂に、新しき詩歌の時は来りぬ。

そはうつくしき曙のごとくなりき。あるものは古《いにしえ》の預言者の如く叫び、あるものは西の詩人のごとくに呼ばはり、いづれも明光と新声と空想とに酔へるがごとくなりき」

日本語で「詩人」は島崎藤村が出るまでは「漢詩人」を意味した。しかしそれ以後「詩人」は「新体詩人」を意味するようになった。poète はプレイアッド派が出るまではラテン語詩人を意味した。しかしそれ以後 poète はフランス語詩人を意味するようになった。――そのような並行現象とそのような心理の移り変わりこそがこの種の比較文化論的考察では大切なのではあるまいか。

西洋文明との出会いの心理

森鷗外の『洋学の盛衰を論ず』

比較文化史的視野にたって

日本列島は、シナ大陸という文明の一大中心地の周辺に位置していたところから、日本国民は、千数百年来、外国文化の摂取に非常な知的エネルギーをついやしてきた。西暦八世紀の奈良朝の昔から日本は国家事業として意識的な文化摂取の試みを、遣唐使、学問生、請益生《しょうやくせい》、留学僧、帰化唐人の随伴によって行ない、高度の成功を収めた。それは当時にあってはそれなりに一つの「近代化」の努力だったのである。無論当時には「近代的」などという言葉はありはしなかった。平安朝の人々は朝貢貿易で舶来した品々を「いまめかし」などと形容して尊んでいたのであろう。この種の外国文化摂取の経験は、杉田玄白などの蘭学者が西洋文化に接した時にも記憶に新たによみがえった過去の民族的体験だったが、それが幕末以降の留学生の派遣や外人教師の雇用の心理上の先蹤《せんしょう》となっていたにちがいない。明治政府は文教予算のきわめて多くを留学生派遣などの西洋文明摂取のために当てているが、とくに明治四年から六年へかけての米欧回覧使節の派遣は、岩倉具視以下の政府首脳のベター・ハーフを含むという、遣唐使節を上廻る規模の文明摂取の試みであった。これらの一行やその後の留学生の中には、西洋の客舎で、往年の遣唐使や還学生の心境に思いをはせた者もいたが、しかし、外国文化受容の伝統は、そうした意識にのぼった面だけではなく、姿を変えた形でも実は継続していたのである。

例を外国文化摂取の媒体である外国語の習得にとってみよう。今日でも日本人が外国語を習う際に（あるいは外国語を教える際に、という方が責任の所在がはっきりするかもしれない）、文章内容の理解に主眼を置き、とくに（大学の教養課程の学期試験や入学試験を監督すればわかることだが）英文和訳を偏重する。その訳読や文法分析に外国人との直接接触を前提としなかった漢文の訓読に似た点のあること、また昭和時代の大学の原書講読や外国の学問的権威への追随に江戸時代の儒者の訓詁註釈《くんこちゅうしゃく》の伝統が尾を曳いていることなどは、今日ではむしろ教育上の欠点として、しばしば指摘されている。日本は鎖国した後もますます盛んに漢籍による学問を続けたが、それが日本のある種の学問の観念性や非実際的傾向を助長して今日に及んだのにちがいない。とはいえ徳川期の日本は、西欧に匹敵するほど読書の習慣が発達した唯一のアジアの国だったのであり、それが明治の国家主義的進展に利したのであった。

ここで注意しておくと、人文の伝統は漢学の中にも国学の中にも深く根ざしていたものであり、森鷗外の場合などは、それが西欧の「ユマニスム」の伝統と見事に結ばれた例であったといえるだろう。鷗外が晩年に一連の史伝の中で徳川期の考証学者たちを取りあげ、史家としての真価を示したのは、鷗外自身の中に伊澤蘭軒や澁江抽斎につらなるものがあったなればこそである。

過去におけるシナ文化摂取の伝統は、十九世紀中葉における「儒学から洋学へ」という日本文化史上での大転換に際し、非常な抵抗を示したが、しかし、同時にその外国文化摂取の先例は、固陋で排他的な儒者にたいし、儒教といえども外来の訓《おしえ》ではないか、と反論する可能性を与えてくれた。幕末期には奇妙な連合だが儒学者を排斥するために国学者と洋学者が手を結んだこともあったのである。これは中華の国シナでは成り立ち得ない論理であった。古来からの日本人の外来文化への憧憬の念は、自主独立の精神の喪失や事大主義の弊害を伴うことももまああったが、西洋文明の受容には有利に働いたのにちがいない。明治日本の建設には（元幕臣系をふくむ）洋行体験者が主流を成し、各界の中枢を占めて活躍するのだが、清朝のシナでは科挙の制が儒教のオーソドクシーを強制し、その試験制度が一九〇四年（明治三十七年、光緒三十年）に廃止されるまで、留学体験者の多くは傍系にとどまらざるを得なかった。

このように巨視的に見てみると、日本は西洋文明の衝撃《インパクト》にたいし見事に応答した非西洋の国家といえるようだが、しかしそれは世界の中における日本の位置がだんだんと自覚され、経済成長による自信回復とあいまって、相対的安定期にはいった今日から回顧していえることである。過去においては侵入してくる西洋文明の優越性におされて日本人はしばしば心理的に動揺し、精神的に混乱をきたした。平安朝後期の日本人が、和魂漢才を主張して主体性の維持につとめたように、幕末期の先覚者は一字を置きかえて和魂洋才を主張したが、しかし（西田幾多郎が『知識の客観性』の中で問うたように）精神と技術はそのような公式通りに区別できるものなのだろうか。またもし精神の面でも西洋が秀れている場合には、日本人は一体どうすればよいのか。どこに立つ瀬があるのか。明治初期には（そしてマッカーサーが「日本人は十二歳だ」といった敗戦後の昭和二十年代にも）日本人の一部には、自分たちは本来的に西洋人には匹敵できないのではないかという、自己の本体のよりどころを求める混血児の心理にも似た不安を覚えた人も多かったのである。明治の初年に福沢諭吉の文明史観は、世界の大勢の中に日本を位置づけ、日本人の進路を明示してくれたがゆえに歓迎されたが、それは、占領下という特殊鎖国状態から脱け出したばかりであった昭和二十年代の後半にトインビーの歴史哲学がもてはやされた状況と相似た面があったように思われる。若い日の幸田露伴の言葉に「文明史は人をして自己《おのれ》の位置《おりどころ》を覚り知らしむるものなり」「文明史の裏面《うら》は直ちに践《ふ》むべき道義《みち》の教訓《おしえ》なり」という句があるが（『文明の庫《くら》』）、明治の日本人は哲学的思弁的世界観よりも、むしろ相対的な文明史的世界観に立脚して行動していたのである。

工業もなく武備も整わぬ日本を発って米欧回覧の旅にのぼった維新前後の人の中には、（今日のアジア・アフリカ諸国の青年がはじめて欧米の大都市を見た時のように）大廈《たいか》高楼を船上から望見しただけでも圧倒され、眼から鱗が落ちたように攘夷の無謀を悟った人が多かった。上海に着いただけではやくも転向した井上聞多のような青年さえいたのである。一世紀前の江戸の面影は、高速道路網をさながら冠《かんむり》のようにいただいている今日の東京には、もはや認めるべくもないが、それに反して渋沢栄一が見た百年前のパリは、下水道もすでに整ってその地下の大暗渠に観光船を浮べているような近代都市であった。相対的な文明の落差は当時にあっては今日よりも一だんと大きかったのであり、この落差の自覚が明治の愛国者たちを発憤興起させる最大の刺戟となったといえるだろう。その際、留学生の派遣や洋行体験者の重用、外人教師の招聘は、日本の後進性を克服するためにもっとも有効な手段として考えられていたのである。

「大学が尚《なお》開成学校時代にその最初の卒業生を選抜して留学生を海外に送り、それが政府の一貫した方針となり、(大東亜)戦争前まで六十年間絶えず続行されたことが日本の新知識の取り入れと科学研究の上に貢献したことは多大なものであつた。顧みれば五ケ条の御誓文の知識を世界に求め大《おお》いに皇基を振起すべしとの聖旨に添ひ奉り、深く嘆称する所である」。これは米欧回覧使節とともに渡米し、そのまま彼地で青年期を留学生として過し、後には文部次官、同大臣も勤めた重臣牧野伸顕の『回顧録』の一節だが、身をもって歴史を体験した人の実感といえるだろう。明治天皇の、

よきを取り悪《あ》しきを捨てて外《と》つ国に劣らぬ国となすよしもがな

はいかにも明治という時代を象徴する御製だが、天皇が留学生の出発に際し拝謁を賜わったことは(後出の森鷗外もその一人だが)、かつての遣唐使たちの拝朝や節刀の儀式と同様、日本が国家として留学生に期待をかけたことを示すものだった。今日留学生や在外研究員が持つ文化的な意味は明治初年に比べて多少変化したとはいえ、依然大きい。文部省が今後も主体的努力をもって(いつまでも敗戦直後のように相手国の奨学金給付に依存するだけでなく)牧野伸顕以来の方針を貫徹し、内外人にたいする留学制度の充実によって日本の学問社会にさらに国際性を与えて欲しいものである。

西洋にたいする愛憎並存

ところで西洋の先進諸国は、文明国と自称していたが（西郷隆盛が倫理的見地からその政治行動の矛盾を指摘したように）、同時に「黒船」によって象徴され、白人諸国の連合艦隊による下関砲撃によって示されたように、帝国主義的勢力であり、潜在的な敵性国家でもあった。日本人の対西洋の感情はその点で二重的であったといえるだろう。一つは文明開化の国への崇拝であり、他の一つは東亜侵略の毛《け》唐《とう》の国への嫌悪である。日本人には長い間「尊王攘夷」と「文明開化」の主張が同一人格の中に併存していたのであり、明治維新は攘夷を唱える政権を倒して開化を唱える政権が天下を取ったわけではなかったのである。東京大学も、その前身である蕃書《ばんしょ》調所《しらべしょ》以来、一面においては日本の西方へ向って開かれた門であったが、一面においてはそうではなかった。安政年間に創立された蕃書調所の名前が示す通り、一八五六年の日本には西洋諸国を野蕃視する見方が残っていたのだが、しかし野蕃国呼ばわりをしてみても、その技術的優勢はもはや無視し得ず、その書物の研究、蕃書の取調べは不可欠となっていたのである。この相反する二つの対西洋の感情は、排外主義的グループと国際主義的グループとにそれぞれ分れて衝突することもあったが、同一個人の中でまじりあって矛盾葛藤を惹きおこす場合もあった。在外の留学生、とくに駐在武官などはこのアンビヴァレントな敵対と讃美の心理を鋭敏に体験する状況の下に置かれたのである。軍人に特有の国家主義的な強がりは、西洋文明を目撃するに及んで崩壊し、自己卑下におちいり、西洋への過大な礼讃に転じ、また時には自信の回復とともに過度の祖国愛に逆転したりもした。それは一個人の心理の中にも大きな振幅をもつカーヴを描いたのだが、国民全体の心理としても非常に波のある動き方を示したのである。一国の内部でも日本の陸軍軍人という集団が描いた対西洋への心理のカーヴと、一般市民の心理のカーヴの間にずれが生じ、摩擦が生じたこともあった（そうした対外国心理の愛憎並存《アンビヴァレンス》はフランス文明を崇敬するとともに蔑視するドイツ知識人、旧宗主国の文明を評価せずにはいられないにもかかわらずナショナリズムを主張する新興国家の指導者、社会主義体制を誇りながらも西欧に憧れる東欧の知識人などにもしばしば見かけられる。劣等感と優越感が交錯するのである)。

およそ外国文化の摂取に際しては、健全な吸収もあれば、反動もある。新しい文化を身につけてきた者にたいする職業上の嫉妬やキャリアーの問題がそれにさらにからみつく。ナショナルな要素の中にはインターナショナルな要素と巧く結びつくものもあれば、それを異和物として排除しようとする向きもある。外来要因との接触によって国民に固有な特性が反動的に硬化するという退行現象さえ時には見かけられる。いわゆる先進国の内発的な近代化の場合にも、親と子の世代の断層は大きくて、とかく問題をはらみがちなものだが、非西洋諸国の近代化の場合には、それが西洋化のニュアンスを帯びる場合が多いだけに、そこにさらに比較文化的 intercultural な問題も生じるのである。土着的なものの反動や、伝統的なものの崩壊に伴う心理的緊張、知的混乱……それらはその二つの異質の文明の出会いの当事者となったエリートたちの心理について考えてみると、トインビーのいわゆる「出会いの心理」psychology of encounter の種々の問題であり、過去百数十年間の日本人の西洋との対決の歴史を振返ってみると、軍人、外交官、国際的政治家、外国研究者など、およそ外国文明の圧力を体験した人々には必ず提起されてきた問題なのであった。西洋人は（少なくとも過去においては）劣勢の東洋の文化的意味を無視できたが、アジア人は対西洋文明との問題を考えずにはいられなかったのである。

この森鷗外を中心とする小論に登場する人々の対西洋の諸態度も、読み返してみると、不気味なほど今日の日本人の心理的反応に似通っている面がある。たしかに世代による差やヴァリエーションもあり、明治の人と大正デモクラシーの時代に育った人と戦中派や戦後派では違いはある。しかし、そうした世代差にもかかわらず、なお反応の過程には法則的とでも呼べるようなカーヴやサイクルや段階が見られるのではあるまいか。この種の問題はきわめて今日的な話題のように響くだろう。それは明治の人の日本語が、日本語の急速な変化のために一見古くなったにもかかわらず、彼らが話したり書いたりした西洋語が今日の西洋語と大差がなく、かえって新鮮な感じがするのと同様で、外国体験という共通の現象が、共通の尺度となって先人を私たちに近づけてくれるからである。例えば、ハリスの『日記』に登場する幕府の小役人とグルーの『滞日十年』に登場する警官の態度とは、八十年の時差にもかかわらず、英文に照らして見ると驚くほど類似している。昭和十年代に日本を対米戦争へ引きずりこもうとして画策する軍部の将校を、「インディアンの酋長が集って白人を殺す相談をしていやがる」と皮肉った自由主義者がいたが、槍と飛行機と用いる武器こそ違え、反米の感情において両者は心理的には共通する型《パターン》に分類することも可能なのである。そして白人と宥和した後は、多少英語ができて白人社会の最新情報を伝え得るインディアンがその社会の知識人の位置を占めるが、後進国では先進国の最新思想の翻訳者が知識人（少なくともその一部）の位置を占める。前の通訳者も後の翻訳者も巨視的には共通する型に分類することが可能なのである。

森鷗外の『洋学の盛衰を論ず』は、西洋文明の摂取を論じて、その心理のひだにまでふれた、その種の問題に関する古典的文献だが、鷗外の発言が今日もなお切実な響きを持っているのは、日本の対西洋への文化的位置が、明治維新以後も敗戦以後も本質的にそれほど変わっていないからである。この百年間に西洋諸国は変化し、日本はさらに変わったが、しかもなお出会いの心理には、いま右に極限状況を引いてみたが、共通の要素が多いことを読者は感ぜずにはいられないだろう。この種の問題に関する鷗外の発言を当時の知的雰囲気の中に還元して微視的に考察したのが以下の一文であり、坪内逍遥、姉崎正治、ベルツらの所論を調べ、その背景を分析して鷗外の見解と対比考察することとした。

『洋学の盛衰を論ず』の問題提起

明治三十五年三月二十四日、九州を去って東京へ帰る際に第十二師団の軍医部長であった森鷗外が、小倉の偕行社で陸軍軍人を前にして行なった講演は『洋学の盛衰を論ず』と題されて岩波版一次全集第十五巻、二次全集第十九巻に収められている。この洋学は広く西洋の学問を意味するので、国史の上でいわれる幕末期の洋学者の限られた意味での洋学ではない。和漢洋といわれ、明治時代にあっては一つの理想として考えられたこともある新時代の日本人の教養や知識、それを構成する三要素の一つとしての洋学である。それはまた、英、独、仏と西洋を細分化して考えだすようになる以前の広い西洋認識とその学問の名称ともいえるだろう。日本人にとっては西洋文明の総体との対比における日本の位置といった問題への認識が、日本の行くべき道程の決定に関係するだけに非常に重要な問題となるのだが、その際に大正や昭和期に見られるような洋学の英、独、仏への細分化や専門化は、必ずしも日本人の大局的な判断を養成する上に利しはしなかった。

森鷗外の講演は、個人としてはいかに西洋の学問を学ぶべきか、いかに外国体験を生かすべきか、また国家としてはいかに西洋文化を摂取すべきかを論じた、今日私たちが読んでもなお感動を禁じ得ない、まことに立派な講演である。聡明でしかも熱意にあふれた鷗外のこの講演にたいする後代の論評としては、昭和にはいってからの『軍医森鷗外』の著者山田弘倫の指摘や、山田軍医中将も引用した馬場久治の「鷗外の烈々たる気魄を知る好文」などの句が僅かにあげられる。戦後になってからは唐木順三氏や加藤周一氏の言及も数えられるが、とくに個別的な研究はいまだ行なわれていないようである。

森鷗外は青年時代には好んで論争をした人だったが、『洋学の盛衰を論ず』が明治の精神史を取扱う上でも興味深いドキュメントである点は、この鷗外四十歳の時の講演にも、論敵や論友として当時の日本の知的精鋭が（その多くは自分たちの知らぬ間に呼び出されていたのだが）一堂に会している点にあるのだろう。早稲田の逍遥坪内雄蔵や、雑誌『太陽』――当時の狭い、多極化する以前の文壇にあっては『太陽』一誌の占めた位置は、今日の数種の総合雑誌をあわせたくらいの勢力であったろう――によって中央の思想界を制している高山樗牛《ちよぎゆう》やその友人姉崎正治、そして日本人ばかりではなく東京帝国大学医学部の外人教授であったエルウィン・ベルツなども顔を出している。国際的な場で見た日本思想史の問題である「洋学の盛衰」を論ずるにふさわしい人物たちであるといえるだろう。時代は日清戦争の勝利と北清事変に際しての活躍により、日本の評価が漸く世界に高まった反面、日本の進出をおそれる「黄禍論《こうかろん》」がカイゼルの口から唱えられ出した直後の一九〇二年のことである。そして日本においては排外的な国家主義が、文化の面においても、顕然化しはじめた時期であった。無論、洋学の盛衰や外国研究の動向は、このナショナリスティック、乃至は土着的な反撥と深く連関して今日に及んでいるわけであり、その心理の分析がいまなお興味を惹く所以《ゆえん》もここにある。森軍医部長は小倉で陸軍軍人を相手に講話をするのだが、その論争の相手は、空間的には九州から拡がって、東京の中央の思想界へ、そして日本から海をこえて在ベルリンの文学士姉崎正治にまで及んでいる。地方都市で行なわれた講話としては珍しいスケールの大きさだが、これもまた提起された問題の幅の広さを示しているかのようである。森鷗外という存在の興味深さは、狭義の文学の枠外にもはみ出している点にあるので、彼が軍人であり自然科学者であったということが、この講演では非常な重さを占めている。これは、日本がその置かれた国際的環境の中で、いかなる文化政策を取るべきかという、広く **Kulturpolitik** に関する論戦なのである。鷗外の講演が一種の比較文明史的なパースペクティヴを持っていることはその冒頭の次のようなダイナミックな歴史把握からもうかがわれよう。なお、鷗外の言葉の使用例は、「開化」が今日の「文明」に、「文明」が今日の「文化」に相当する。

「……世界の歴史は、三千年の久しきに亘り、東西洋の間に一線を劃して、殆ど彼此相聞かず相知らざる状をなさしめ居たり。希臘《ギリシア》・羅馬《ローマ》の開化を継承せる西洋は幾多の興亡を閲《けみ》し来りて、其晩進国たる普魯西《プロシア》、魯西亜《ロシア》の全盛時代に至りぬ。支那・印度の文明を相伝せる東洋は、一面に於ける我国と、他の一面に於ける支那・朝鮮との間に、奇異なる懸隔を生じ、我国は却りて西洋諸国と共に能動の地位に立ち、支那・朝鮮は独り所動の地位に甘んぜざるべからざるに至りぬ。

何を以てか然《しか》る。是れ我国の西洋の学術を輸入したるが為めなり」

迫力のある文体である。この世界史のスケッチには、明治の三十五年間の日本の躍進という歴史の歩みを踏みしめてきた人の自信に似たものが「何を以てか然る」以下の簡潔な断言の中に示されている。国家の興亡盛衰といい、晩進国の進歩といい、歴史の相対性への着目は、黒船以来の日本人の心理に深く刻みこまれてきた不安――西洋には永久にかなわないのではないかという非西欧諸国民の不安――からの脱出の可能性を示唆しているのである。それは福沢諭吉の『福翁自伝』の結びの章「老余の半生」で語られている喜悦の情に似た将来の展望への明るさといえるだろう。また同時に、「我国は却りて西洋諸国と共に能動の地位に立ち、支那・朝鮮は独り所動（受身）の地位に甘んぜざるべからざるに至りぬ」云々の所説は福沢の「脱亜論」とも通じる考え方である。それは停滞を知らぬ日本のポジティヴな進展に携わる一人としての鷗外の肯定的な態度の素直な表明であって、日清戦争以後の日本の帝国主義的勢力への転化云々といった暗い影は認められない。この講演を行なった時の鷗外の念頭には、憂うべき点は他にあったからである。そしてその他の点こそが私たちにとっても注目すべき論点、「洋学の盛衰」の問題なのである。森鷗外は福沢諭吉と同じく蘭学者の系譜に連なる人であるだけに、日本の近代化への原動力を「是れ我国の西洋の学術を輸入したるが為めなり」とほこらかに言いきっている。この結論はいささか単純化が過ぎたきらいもあるが、日本の国力伸張への洋学者の一人としての森鷗外の健康な自負とみなしてよいだろう。

森はその整然とした講演の中で、洋学発展の歴史を三段階にわけて考察する。第一期は兵事、航海術、医方等の実利的な面に着目した佐久間象山のいわゆる「東洋道徳西洋芸術」の時期であり、「和魂洋才」の時期である。鷗外は当時の洋学者の心理を次のように要約する。「彼（西洋）は道徳宗教の観る可き者なしと雖、其機巧の智は、取りて以て玉を攻《おさ》むる他山の石と為す可しと」。「他山の石以て玉を攻む」という句は『詩経』小雅に見られるが、この他山の石は無論粗悪な石ころのつもりであり、ただその石ころも自分の中にある玉を磨くのには役に立つ、という主張なのである。そうした自己中心的な価値観には、平安朝の昔に菅家で和魂漢才といった時にも見られたナショナリスティックな強がりがまじっているわけであり、その問題については、前章ですでにふれた。ここで洋学史の年表から二、三の年代を拾うと、『蘭学事始』に出てくる小塚原の死体解剖は一七七一年に行なわれ、林子平の『海国兵談』は一七八六年の刊行である。先頃しきりに明治百年といわれたが、明治元年にコンパスの軸をあわせて逆に廻すと、この蘭学草創期以来の二百年が私たちの一望の視野の下に一連のものとして映ってくる。軍事や医学のような人の生命の直接にかかわりあう実学的知識は、西洋文化と接触する際に非西洋人がいちはやく関心を示した分野で、トルコやエジプトなどでも似かよった反応が見られたことはトインビーなども指摘するところだが、今日でも開発途上諸国からの留学生の専攻の対象が実用的な課目に集中することは一般的な傾向として知られている。本書でとりあげられる主要人物の一人が軍医の森鷗外であり、他の一人が医学の教授ベルツであることはけっして単なる偶然ではないだろう。

逍遥の「定見を持しての洋行」を駁して

洋学の歴史の第二期は、明治初年の洋学全盛というか欧化熱の時期である。鷗外は当時の人々の心理を次のように要約する。「彼（西洋）の長は精神上にも技術上にも並び存ぜり。我国人は唯だ彼を模倣し彼を崇拝して可なり」。この欧化熱の時期は明治二十年代にはいって儒教的反動の教育勅語等が発布され、日清戦争やその直後の三国干渉による衝撃を受けるまで続いたといってよいだろう。それがその戦後になっていまや「洋学の衰替を證するに似た」兆《きざし》があるという。そしてその第三期にはいった一例として森は坪内逍遥の演説に言及する。文壇で新進気鋭の文学者として注目された島村抱月の出発に際しては、早稲田ばかりでなく、硯友社《けんゆう》も帝大派も合流して送別会が催された。地方にいた鷗外はそのことを新聞雑誌を通して知ったのであろう。鷗外はいう、「昨年早稲田専門学校卒業生島村滝太郎氏の洋行するや、文学博士坪内雄蔵氏送別に臨みて演説して謂へらく。従前の洋行者は定見なくして往き、彼《かれ》の学に心酔せり。今後の洋行者は定見を持して往き、彼に参考の資を求むと。所謂定見にして彼に優るか、又は少くも彼と同等ならば、此現象は舊《きゆう》に比して著き進歩ならん。然れども若し定見の彼に劣る者あらん乎。所謂定見を持しての洋行は、三四十年前の他山石主義と何ぞ択まむ」

森鷗外は『うたかたの記』以下の留学生活に取材した作品や『独逸日記』などからうかがわれるように、輝かしい四年間のヨーロッパ生活を送った人であり、その点は陰鬱なロンドンの夏目漱石の留学と明暗の対《つい》をなしている。鷗外にはドイツ時代の青春の体験が一生涯にわたって刻印されてのこったおもむきがあり、明治日本の知欧派の代表的な一人ということができるだろう。それに反して坪内逍遥は（正宗白鳥の説によるのだが）、おそらく花柳界出身の妻をかばう気持から、生涯外国へ旅に出ようとしなかった。そうした両者が留学や洋学について異なる見解を抱いたのはむしろ当然といえるのだが、森鷗外は公人としての立場から、逍遥の日本人受けのする「定見を持しての洋行」説に断乎として反撥する。

「坪内氏は従前の洋行者は定見なくして往き、彼の学に心酔せり。今後の洋行者は定見を持して往くと曰へり。……予の単に自家の実験を語ることを許されん乎。予の留学生仲間は、洋行中始より自家の見を立てて動かざりし者は、帰郷後の学問上成績小に、洋行中先づ己を虚しくして教を聞き、久しきを経て纔《わずか》に定見を得し者は、帰郷後の成績大なりき。予の如きは固《もと》より言ふに足らずと雖、始て欧洲に入りし時は、宛《あたか》も所謂椋鳥《むくどり》の都に入りし如くなりき。而して今に至るまで毫もこれを悔ゆることなし」

この最後の断案も鷗外自身の体験（文中の「実験」）から発しているだけに非常な強みのある言葉となっている。椋鳥というのは田舎者という意味だが、虚心坦懐に白紙の状態で留学せよ、ということを強調する気持が後々までも強かったからこそ、鷗外は明治末年に雑誌『スバル』に海外通信を載せた時にも『椋鳥通信』の名を冠したのに相違ない。それは鷗外が『妄想』の中でもいう「全く処女のやうな官能を以て、外界のあらゆる出来事に反応し」たその自分の留学時の過去を尊重した発言だったのである。この椋鳥主義について鷗外は明治四十二年の東京での津和野小学校同窓会の席上でも講演しており、それは『混沌』と題されているが、この地方出身者の集りの席上で即興で行なわれた講演には鷗外の考えがそのままに示されている面があって興味ふかいものがある。今日の東京の大学生も、もし二種類に分けるとするならば、東京出身者と地方出身者の二種類が一番はっきりした区別といえるだろう。その地方出身者の中で東京へ来て伸びる者と逆に縮こまる者とがある。鷗外の言葉を借りると、その際に「随分人の大きい小さいが見えるやうに思ひます」。そしてそれと同じ現象は日本内地の人がヨーロッパへ行った時もそのまま見える、というのである。田舎秀才で東京へ来てうだつが上らない者がいるように、日本の大学の新進の教官で欧州へ行っても一向に人格の肥えない者もいる。そういう時に人間の実力の差がはっきりと見えるというのである。ここで鷗外自身の言葉を引くと、

「其頃日本人が欧羅巴《ヨーロッパ》に来る度に様子を観てをりました。どうも欧羅巴に来た時に非常にてきぱき物のわかるらしい人、まごつかない人、さう云ふ人が存外後に大きくならない。そこで私は椋鳥主義と云ふことを考へた。それはどう云ふわけかと云ふと、西洋にひよこりと日本人が出て来て、所謂椋鳥のやうな風をしてゐる。さう云ふ椋鳥が却つて後に成功します。それに私は驚いたのです。小さく物事が極まつて居るのはわるい。譬へて見れば器の中に物が充実してゐる。そこで欧羅巴などへ出て来て新しい印象を受けて、それを貯蓄しようと思つた所で、器に一ぱい物が入つてゐて動きが取れぬ。非常に窮屈である。さう云ふやうに私は感じました」

そして鷗外がその後、与謝野鉄幹が洋行する際の送別会の席上で、やはり同じ趣旨の説を述べたこと

が、佐藤春夫の『青春の自画像』の第十五章「森鷗外と与謝野先生夫妻」の中で語られている。鷗外がいうには、日頃郷里から上京して来る者を観ていると椋鳥や赤毛布がかえって東京化し、やや気の利いたような連中がかえっていつまでも田舎者のままでいる。上田敏のように日本にいながら外国事情に精通しているような人はたとえ洋行しても効果が薄い。しかし、与謝野鉄幹は椋鳥であるから目の前に現われたものをすなおにポカンと口をあけて見て来るがいい、云々という椋鳥主義を鼓吹する趣旨の演説だったという。

椋鳥主義は留学生活を豊かに実り多いものとして過した鷗外の留学観であり、それは後述の「箪笥の抽斗《ひきだし》に記号を附けたやり方ではどうにもならない」とか「定見を持つな」という主張と表裏をなすわけである。しかし鷗外のこの主張は、若者にたいしてはいうことができても、年長者にたいしては一般に無理な注文ではなかろうか。中年になってからはじめて外国へ渡って、しかも魚が水をえたように、活発にヨーロッパ諸国を楽しく見、楽しく暮してまわることのできた外国語、外国文化の研究者があったとするならば、その人の外国知識はすでに日本内地にあって真に血肉化していたといえるだろう。しかし、そうした人はやはりどうしても数は少ないようである。鷗外自身が長男の森於菟《おと》氏が、結婚して子もある三十過ぎの身で留学に出かけた時に、「お前はおれとちがつてぢぢいになつて行くから面白い事もあるまい」（森於菟『父親としての森鷗外』）といって微笑したと伝えられる。また三十六歳の木下杢太郎が留学途上、諏訪丸で、「西洋へ行くなら、わたくしはもつと早く行きたかつたと思ひますね」と洩らした句も、師の鷗外の留学との対比において発された言葉のように思われる。ちなみに鷗外の留学した期間は明治十七年から二十一年まで、彼が満二十二歳から二十六歳にかけてのことであった。いままた鷗外の講演に戻ると、鷗外は逍遥の定見を持しての洋行説を排して次のようにいう。

「是故《このゆえ》に予は毎《ことごと》に謂《おも》へらく。若し洋行の効果の充分ならんことを欲せば、洋行前の心理上能覚受性（APPERCEPTION）を抛《なげう》ち、彼地に至りて新に此性を養成せざる可からず。簞笥を負ひて往き、学問を其抽箱《ひきだし》に蔵せんと欲するは不可なり。彼地に至りて簞笥を造らざる可からずと」

森鷗外の説くところは、感受性それ自体の変化の要であって、既得の価値判断の体系に従って西洋の文物を早急に評価することなく、外国体験によってその価値判断の体系それ自体に変化が起らなければならないとするのである。鷗外がよそで杢太郎に向って説いた脱皮の要 sich häuten とはこのような心理的過程にあてはまるのではあるまいか。日本国内で出来上った日本製の世界観に当てはめて、外国世界の事物を判定する行き方は、官学のいわゆる秀才育ちの知識人や大学人の間に多いが、それこそ逆立ちした観念論というべきだろう。そして世界を見ることによって自己の世界観それ自体に変化が生じなければ、洋行の成績はおそらく小というべきだろう。鷗外もまた「見て感じて考える」の順を説くのであり、しかもその説を裏づけるためにたくみに心理学上の用語 APPERCEPTION（心理上能覚受性、今日では「統覚」と訳されている。本来はライプニッツの造語である）を引いてくる。しかしそうした心理学上の知識よりもはるかに効果的な説明は、その末尾のたくみな比喩だろう。「簞笥を負ひて往き、学問を其抽箱《ひきだし》に蔵せんと欲するは不可なり。彼地に至りて簞笥を造らざる可からずと」

この即物的とでもいえるような、日常卑近の具象的なイメージの引例は、論客としての鷗外の見事な腕前を示すものだが、面白いことはこの種の筆法が鷗外のドイツ文の中にも見られることである。ところでこの比喩の句が今日でも生き生きとして感じられるのは、私たちの周囲にも簞笥を負って留学し、学問知識をそのカード・ボックスに蔵めて帰国する者がいるからではないだろうか。留学生のある種の心的態度をえぐり出してみせたこの言葉には、鷗外の無表情な皮肉とドイツ風の冷いフモールがまじりあっているようである。

「自信力果して実価ありや」

さて右の論で鷗外は己を虚しくすることを説き、偏狭な文化的ナショナリズムにはまりこむな、という警告を発している。なるほど鷗外は日本の学者の一人立ちの方向を認め、学者たちの自己主張の由って来る処は「明治文教の隆盛漸く其度を進めて、学者の自信力の長じたるに在り」と一応はいうが、しかし「今の問題は、此自信力果して実価ありや、堅固なる根柢《こんてい》ありや、又は憍慢自負うぬぼれの致す所なりやを講究するを以て、最も緊要なりとす」

この問題について鷗外は、日本人の自信にはまだ実価がない、という考えなのだが、一般的にいえば鷗外の判断は正しかったようである。その点について当時の他の証言としては例えばケーベル博士の言葉などがあげられよう。この秀れたドイツ人の教育者の『随筆集』(岩波文庫)にはいまもなお傾聴すべき日本の大学教育への訓戒が数多く含まれている。prerequisite(必要前提知識)のない者に似而非《えせ》論文の提出を強いる弊、複数の語学知識のない者が比較言語学を云々することの空しさ、等もそれだが、ケーベル博士が日本の学者や学生について下した判断には正鵠《せいこく》を射たものが多い。そしてその博士が珍しく激した言葉をつらねているのは実にこの種の日本の学者の根柢のない自負に対する非難においてだからである。

鷗外はこうして、留学や洋行の意味、さらには洋学そのものまでをも否定しようとする傾向にたいして、その憍慢自負を戒しめるのだが、しかし彼の説を聞いた人の中には逆に、森林太郎は自分の留学を鼻にかけた鼻持のならぬ奴だ、という反感を抱いた人もあっただろうと思われる。当時にしても今日と同様、洋行帰りの中には留学を笠に着た軽佻浮薄の化身《けしん》とも見ゆる人がいただろうし、阿諛追従《あゆついしょう》の権化《ごんげ》とも見ゆる人がそれと手をつないで騒いだことにちがいない。だから日本内地残留組がそれに対して反撥したとしても無理からぬことであったと思われる節もある。しかし、そうした周囲の敵対心や嫉視や雑音を気にかけて黙することなく、敢然と高い次元から正論を説いた森鷗外に私たちは敬意を表したい。とくにこの演説が陸軍士官の集会の席でなされたことを考える時、昭和の陸軍将校との対比において一種の驚きを禁じ得ない。日本の軍人が持っていた国際的な視野の大きさは、平均的には在外体験の豊かな海軍軍人の方が無論広かったが、その視野の矮小化と軍事的ナショナリズムの伸張との間には密接な関係があるのであり、そうした意味からも日本（及びアジア・アフリカ諸国）のエリートの外国体験の意味の追求は非常に重要な事柄であると考えられる。少なくとも留学体験に恵まれなかった人々にたいする遠慮から黙するべき話題ではないだろう。そう考えてくると、あるいは起るかもしれない周囲の非難や中傷をおそれずにあえてこうした演説を行なった森鷗外の性格の強さと公人としての生真面目さとには感動さえ覚える。それは良心と愛国心とにかけて判断された責任ある発言であり、「（鷗外の）多くの小説よりも、之等の講演中に鷗外の真面目《しんめんもく》、その真精神を知ること屢々《しばしば》である。世の文学者と異なり、鷗外が……文化的に抜群の大才なることを知る」といった評語（馬場久治）の生まれた所以であるにちがいない。

鷗外はこの講演より五年後の明治四十年、上田敏が洋行する際に、精養軒で送別の辞を述べ、「人生は……」という堅いオーソドックスな調子で挨拶をはじめたといわれる。それにたいして夏目漱石は「僕なら今更金をつかって西洋などには行かない」と頓智があり皮肉のある話をしたと木下杢太郎は伝えているが、鷗外と漱石の気質の差が端的に示されているようである。当時の漱石はその同じ年の五月に出版した『文学論』の序文などに見られるようなイギリス嫌いの反動期にあったので、学生に向ってもしばしばその種の言辞を洩らした由である。それは医学専攻の青年鷗外の活力にあふれ充実したドイツ体験と、英文学専攻の中年漱石の悩み多かったイギリス留学とそれぞれ無縁とはいえない感想が送別の辞にあらわれたのにちがいない。と同時に洋学の盛衰を国家的見地からも論じる公人としての側面の強い鷗外と、より個人主義的でかつ好き嫌いの趣味の立場を貫く漱石の差がはしなくも一場の挨拶の一端に対照的に浮びあがったかのように思われる。もちろん漱石には、対西洋文明との関係で日本人を考えた『現代日本の開化』や『私の個人主義』などの注目すべき論があり、一面的に言うことは避けたいが、しかし日常生活裡には西洋人を「毛唐」呼ばわりすることによってある種の心性の日本人の喝采を受けていた面がなかったとはいえない。実はそうした「バタ臭い」ものへの反撥はいまもなお多くの日本人、とくに農民主義的心情の持主の中には陰《いん》にこもっており、時にそれが表面化するようである。それは理性的な政治や軍事や文化に関する判断とは次元を異にする、より深層の心理と生理から発する**xenophobia**（外人嫌い）の反応なのである。たとえば昭和十六年十二月八日の朝、「帝国陸海軍は、今八日未明、西太平洋において米英軍と戦闘状態に入れり」のラジオを聞いた時の北杜夫作『楡家の人びと』の徹吉のように「毛唐め！　毛唐め！」と我知らず叫んだ人は、西洋の学問をした人の中にも多かったはずである。

姉崎正治の「洋行無用論」

つよがりの態度

バジル・ホール・チェンバレンの*Things Japanese*（『日本事物誌』）の改版は、日露戦争が始まった明治三十七年の十一月に出版された書物だが、その序章の中に見える次の条は、姉崎正治の発言を指すものと思われる。「最近ベルリンから帰った日本の一学者はいった、『哲学の研究をしにドイツへ行くのは時間の浪費である。彼地の講義は初歩的で、同じ主題は東京でもっとたくみに教授されている』」

チェンバレンはこの発言にたいして別に批評は下していないが、今日の日本人は二十世紀初頭の学界を回顧して、この言葉にはたして共感するだろうか？　それとも背のびをする明治人の強がりを感じるだろうか？「自信力果して実価ありや」と私たちも森鷗外の憂慮の念をわかちもつのではあるまいか？

森鷗外が講演『洋学の盛衰を論ず』の中で、早稲田の坪内逍遥の説と並べて、深い危惧の念を示した相手は、帝大系のこの姉崎正治の論である。外国へ行こうとしない坪内の「定見を持しての洋行説」は俗耳に入りやすいとしても、斥けるのもまた容易である。しかし姉崎の「洋行無用論」はほかならぬ留学先のドイツから有力な総合雑誌『太陽』へ送られてくるのだから聞き捨てならない。しかも北清事変をきっかけとして中江兆民のいわゆる「恐外病《きょうがい》」から「侮外病《ぶがい》」に向って日本の世論はまさに一の極より他の極へ走り出そうとしているのである。世間は姉崎の「洋行無用論」に拍手を送っているのである。ドイツで医学を学び、ヨーロッパの文明に浸り、その恩恵を深く感じている鷗外がどうして沈黙を守ることができようか。森軍医部長は小倉で次のように講演する。「最近の『太陽』に、在伯林《ベルリン》文学士姉崎正治氏の開書を載せたるを見るに、姉崎氏は自家の洋行の殆ど全く無功なりしを歎じ、独逸の学問宗教の根柢の取るに足らざるを看破したるを以て自家の洋行の唯一の利益となしたり。而して今の文壇の名士は多く此説に賛同せり。是れ洋行無用論たるに近く、又一歩を進めて言へば、洋学無用論たるに近し」

この姉崎の開書とは『太陽』明治三十五年二月の第八巻第二号の「高山樗牛に答ふるの書」であり、これまた明治日本人の西洋との「出会いの心理」を語る一例として、内容の当否はさておき、きわめて興味ふかいドキュメントである。後年の姉崎博士は、人も知る通り、日本の大学人としては稀有の国際性を示した人であり、その後半生は精神の世界主義 cosmopolitisme d'esprit に捧げられたといってよい。ハーヴァード大学やコレージュ・ド・フランスでも講義し、関東大震災の後は東京大学の図書館長として東大図書館を世界各国の援助を仰いで再建した人である。その事業には姉崎の在外の個人的知己を通じての働きかけが大いに効を奏している。また新渡戸博士のあとをついで国際聯盟の学藝協力委員も勤めている。学者としても立派な著作を邦文、欧文で残している。ちなみに昭和三十八年に癌で亡くなった東大図書館長岸本英夫教授は姉崎博士の女婿に当るが、二代にわたって大図書館建設の原動力となったといえるだろう。その岸本夫人、すなわち姉崎博士の御息女が姉崎教授没後の昭和二十六年に養徳社から出版した本に『わが生涯』という姉崎博士の自伝がある。その中に「半世紀前の外国留学」という章があって、ドイツ留学当時の思い出が生き生きと語られているが、留学時代の印象は多感な青年の脳裡に刻まれて、五十年後の死の直前まで鮮明に輝いていたのである。その書物には明治の青年の海のあなたの西洋への切ないまでの憧れが実によく描かれているが、その心情を象徴するものとして姉崎が学生時代に用いた「夢伯林士」というペンネームがあげられよう。姉崎はベルリンを夢にみる帝大生だったのであり、『太陽』の誌上でも姉崎は高山に宛てて留学前を回顧して次のように書いている。

「君よ僕が未だ欧洲を見ず典籍に依りてその文明を遠望せしに当りては、窃《ひそか》にその文明の美を歎仰し、海を航して此国に来らんとする時の最大の希望は、此文物に躬《みずか》ら接し其精神に於て得る所あらん事を期したりき」

官命留学を男子一生の大事件のように考えていたこの姉崎が、ではなぜ留学無用論のような極端な意見をヨーロッパから日本へ書き送ったのだろうか？　なぜ「僕一人につきていへば洋行終る何の為ぞ」といった懐疑の言葉や、「余は悟れり洋行留学は玉手箱なりき」といった否定的な句をあえて『太陽』誌上で吐いたのだろうか？　その件にふれた記述は自伝にはほとんど見られない。晩年の姉崎博士はあるいは若気にまかせて筆をふるった『太陽』への通信を心に恥じていたのかもしれないが、博士の追憶の目は「わが生涯」を回顧するにあたっては、もっぱらヨーロッパ生活の美しい面に注がれていたのである。

一般に留学生活の当初は、言葉の不如意《ふにょい》と環境の激変に伴う新生活への適応難のために、漱石の日記や通信にも見られるような神経衰弱症状をとかく呈しがちなものである。この症状は、会議の代表とか教授とかの肩書のある人で、当然それにふさわしい能力として本来備わるべきであったはずの語学の力が乏しい時に甚しい。そして外国語の力だけでなく、文明の落差や個人としての実力の相違をまざまざと見せつけられた人においては一層それが甚しい。日本の社会は年功序列の傾向が強いために、外国行の人選が個人の能力よりも内部事情で決定されることが多いが、その矛盾が外地でみじめにも露呈されるのである。

明治の留学生の中には義務感の負担に耐えきれず発狂したような例や過労から結核となって死亡した例が想像以上に多い。今日でも留学初期の人々を見ていると、感受性のピントが狂ってしまっているから、本人は知的な判断を下しているつもりでも、はたから見るとほとんど生理的現象とでも呼べそうな類型的な反応を示している場合が頻繁に見受けられる。紋切型の発言がそこで繰り返されるわけだが、しかしこれは外地へ行かずとも強度の外国語訓練を施す場所（例えば貿易研修センター、外務省研修所、東京大学教養学部教養学科など）ではよく見られる知的生理的現象なのである。新しい環境にはいったが、それにふさわしい知的感受性がいまだ養われていないために、古い既得の概念によって新事態を処理しようとする。その応答は前提知識を共有する日本人同士には会得できても外国人には通用しないで喰い違いが生じることがままある。会話におけるルールとテンポが違うために、流れに乗ってゆけない。そのために精神が萎縮するから自由な発想も浮ばない。そこでかつては憧れていた外国にたいして意外にも悪口をつき始めるのである。そしてこの種の適応困難は、日本へ来た外国人の日本研究者にもまたしばしば見られる現象なのである。

前世紀末の外国留学

ところで姉崎博士ともあろう人が青年時代にドイツへ留学して反ドイツ的な文字を書きつらねた、と聞けば驚く人は多いにちがいない。そしてそれは右に述べたような留学初期の神経衰弱的反応ではないか、と一応まず想定してみたくなる。ところが調べてみると留学生姉崎の『太陽』へのこの通信は欧州滞在第二年目の末のものであり、留学当初に見られがちな、過度の外国礼讃の裏返しとなって現われる、ナショナリスティックな日本礼讃の強がりとはどうも違うようである。そこで私たちは森の言い分だけでなく、姉崎の事情も聴取する必要に迫られてくる。普通、その人がどのような学生であったかという学問への態度は教師になってからも実によく現われるものだが、それと同じように、その人が外国でどのような生活を送ったか、どのように学問を吸収したか、ということはその人の洋学論や留学論におのずから反映して現われる。それは当然の帰結ともいえる。それだから姉崎のドイツ通信の内容も、彼の留学生活とその周辺を究明すれば由って来るところが見当がついてくるにちがいない。しかしそう思って調べてゆくと意外なことに、『太陽』誌上の激越な文章や過激な主張から想像される神経衰弱症状とはちがって、姉崎はキールでもベルリンでもむしろゆとりのある実り豊かな学生生活を送っている。そのsich einlebenした、溶けこんだ生活の様子は、自伝に語られている数々の逸話からも察せられるので、むしろ人文系の学生でこれほどまでに外人教授から愛された学徒がいただろうかと思わせるような生活ぶりである。それは姉崎の後半生の国際協調主義への志向を裏づける原体験となったものにちがいない。いまここに「半世紀前の外国留学」を振り返ってみよう。

姉崎が最初についた教授はキール大学のドイセンであった。Paul Deussenは一八四五年に生まれ一九一九年に亡くなった哲学者で、ショーペンハウアーの弟子であり、その全集を編んだ人である（ちなみに姉崎も明治四十五年にショーペンハウアーの翻訳『意志と現識としての世界』を出している）。ドイセンはインド哲学に興味を寄せ、インド古典のドイツへの紹介と翻訳がその最大の業績とされている学者で、そうした人であっただけに東洋から来た姉崎をとくに可愛がったのかとも思われる。ドイセン教授は一週三回の講義の後、かならずバルチック海の海岸地方の森林地帯を散歩するのだが、姉崎は授業ばかりかその一時間半の散歩の間も先生のお伴を命ぜられる。そしてその間に梵語文典の復習や学問上のことやまた世事に関する談話をかわす。そして先生のお宅で昼食もともにし、夕食の後は先生のために姉崎が新聞を朗読する。発音の悪い箇所は先生がその都度直してくれる。所載の記事についてもいろいろと説明をしてくれる。二十七歳の姉崎は先生の三歳の男の子の入浴もさせてやるのだが、ある時お湯から出して拭いてやっていると、そのウォルフガングが親しみの心で“Anesaki, küsse mich”「僕にキスして」と言って頬を出したが、キスはになれない日本人としてどうしてもそれができなかった……　こうして家族の一員のように遇されたばかりではない。姉崎は学問の上でもドイセン教授の手助けをしている。先生は眼が悪かったので、姉崎がインド古典のギーターを朗読して聞かせる。すると先生がそれをドイツ語の韻文詩に訳してゆく。それを姉崎が筆記してゆくのだが、日本人の耳には脚韻がよく摑めない。それで改行するべきところを改行しないで続けて書いたりしてしまって、「君には韻文の感じがないのか」と叱られもした……。

もし姉崎がドイツ文学の専攻者であったならば、またドイセンがゲルマニスティークの教授であったならば、二人の仲はこうも親密にはゆかなかったであろうと察せられる。両者にとり共に他国語であるインド古典を学ぶから、そこに学徒として共通する場が生じ、そこに共通する親しみが湧きえたのであろう。姉崎は義理堅い日本人として終生ドイセンを恩師として敬い、第一次世界大戦に際しては、先に幼児のころ姉崎にキスしてもらおうとしたウォルフガングがいまはフランスの捕虜収容所に入れられていると聞いて面会も試みている。ところでドイセン教授は欧州外の文物にも興味を抱く学者であっただけに視野も広く、カイゼルの政策が大嫌いであった。その点でもこのドイツ人の教授と日本人の学生は意気投合していたので、姉崎はドイセン家の一員として暮すうちに、アンチ・セミチズムをはじめドイツの欠点をよく知り、よく感ずる人となっていった……

留学の二つの意味

留学の第一の意味は、先にすでに述べたように、自国の後進性を回復するために文化的先進国へ学生を派遣して学習し摂取することにあった。ルネサンス期にヨーロッパの各地から留学生がアルプスを越えてイタリアの大学へ集ったのは復興期のイタリアの学芸の魅力に惹かれてのことである。十九世紀にアメリカの大学生が大西洋を渡って旧大陸の大学へ行ったのも、みなその文化摂取の目的のためであった。

しかし留学の第二の意味は（それは比較的新しい

傾向であり、アメリカの一流大学がジュニア・イヤー・アブロードなどの企画で意欲的に進めている外国研究の現地主義とでも呼べる類の留学制度だが）、相手国の文化の水準の如何にかかわらず、学生や研究員を派遣して相手国の実状をあるがままに見聞させ、実地体験を研究に生かそうとする行き方である。第一種の古典的な留学にたいして、第二種の留学は地域研究 area studies の要素を強く持っている。そしてとくに意識されておらず、かならずしも目的に掲げられてはいないけれども、第一種の留学も（学者の留学だけでなく軍人の在外勤務や銀行員の在外勤務なども）、外国生活が全人格的な体験であるがゆえに、おのずから地域研究となっている場合が多いのである。例えばパリに滞在する人は、外交官でも商社駐在員でも画家でも、みなそれなりにフランス研究者 francisant の要素を持っている。好むと好まざるとにかかわらず、そうした興味を抱かずにはいられない環境なのである。それだから地域研究の重要性から考えても、相手国の欠点を並べたてて留学無用論を唱えることは（そうした強がりの主張は外国崇拝の反動現象としてしばしば現われるけれども）、危険な論議といわなければならない。文明の顔すらも実は未開の顔を客観的に見ることによって、より正確に把握されるものであることは、最近の一連の文化人類学者の研究に徴しても明らかなことである。

学者はけっして自分が尊敬し、自分が愛するものだけを研究する者ではないだろう。対象と情意投合することは教養摂取の段階では望ましいかもしれないが、学問の目的は本来客観的に知ることであって、親しむことや反くことは二義的なことのはずである。また主体的な研究の次元は、受容的な教養の次元とは異なるはずであり、研究の見地からいうならば、その対象国は先進文化諸国に限定されるべきでは無論ないはずである。実は日本の一部の学界ではその二つの本来異なる次元がいまもなお混同されており、それが事態をしばしば複雑化しているようである。

一般に日本人は開国以来（あるいは奈良朝以来）この方《かた》、文化的先進国からものを学ぼうとする姿勢を取ってきただけに、学問の対象となる外国は、日本の大学内においてもまた留学地として選定される際にも、進んだ国であらねばならないとする傾向が強かった。姉崎の言葉を借りるならば、「その文物にみずから接し、その精神において得る所がある」国であらねばならなかった。そうした自己向上の意欲はとかく過大な期待を外国に負わせてしまうから、まだ見ぬ前に相手国を理想化し、そのイメージが裏切られるに及んで幻滅を覚える。明治初年の日本人キリスト教改宗者のアメリカ観がまさにそれだった。植村正久も内村鑑三もアメリカに着くと、アメリカが地上の天国ではなく、そこには掏摸《すり》もいることもたちまちにわかってしまったのである。「(アメリカ) ニハ極々《ゴクゴク》悪キ人モ沢山アリ偽善者ハ殊ニ多ク……当地ノ学問モ文明モ此位ナラバ何モ見ニ来ルニハ及バザリシモノヲト思フ事モ屢々有之候」(植村の書簡、明治二十一年四月頃)

外国文化について広くバランスの取れた巨視的な見方を行なわず、微視的な求道者的努力を偏重した余弊だが、姉崎の失望も精神的一辺倒の期待が破れた一例といえるだろう。そうした一般的な不満の上に、姉崎の場合には、彼を刺戟する特殊な事件がほかならぬ留学地キールで起ったのだが、それが世界的に有名になったカイゼル・ヴィルヘルム二世の「黄禍論」演説なのであった。

ヴィルヘルム二世の「黄禍論」をめぐって

森鷗外が留学してから十五年後、新世紀にはいってからのドイツとはどのような国だったのだろうか。鷗外がドイツにいた一八八〇年代はまだヴィルヘルム一世が位にあった。鷗外の『妄想』の言葉を借りるならば「列強の均衡を破つて、独逸といふ野蛮な響の詞にどつしりした重みを持たせたキルヘルム第一世」である。ビスマルクも当時はまだ重用されていた。鷗外の『独逸日記』の明治十八年(一八八五年)四月一日の記事には、「ビスマルク侯の生誕なり。家々宴を張りて相祝す」とある。それは独逸帝国の宰相の満七十歳を祝った宴であった。ヴィルヘルム一世が崩御したのは鷗外の留学の最後の年に当る明治二十一年(一八八八年)のことで、『独逸日記』の同年三月八日には「午後独逸帝病篤《あつ》き報あり。全都騒然たり」。翌九日「独逸帝維廉第一世崩ず」。そしてその三カ月後に一世を継いだのがその孫にあたるヴィルヘルム二世であり、鷗外の言葉をまた借りるなら、悪魔的「dämonisch な威力を下《しも》に加へる」王であった。

このホーエンツォレルンの皇帝をいただいた十九世紀後半のドイツ人の精神的欠陥についてはすでにニーチェが『反時代的考察』や『善悪の彼岸』などで鋭く指摘しているが、一九〇二年の姉崎も、ニーチェの個人的知己であり、ニーチェと同じように自国民にたいして批判的であったドイセンの影響かとも思われるが、いわゆる教養俗物 Bildungsphilister が続出する十九世紀後半のドイツの弊を鋭く見てとっている。それは当時の日本人留学生一般にはいまだ見られなかった種類のソフィスティケイトされた観察であったといえるだろう。姉崎正治は『太陽』に書く。「国家の統一と国運の隆昌とは却て人々を根本的修養に遠からしめ、外面の愛国自負のみ増進したる時なり」

ところで姉崎がベルリンを経て留学の第一の目的地キールに着いたのは一九〇〇年六月初旬の日曜日、五旬節の日であった。そしてちょうどその前後に北清で拳匪《けんぴ》の乱が起り、その月の二十日には北京駐劄《ちゆうさつ》のドイツ公使ケッテレル Ketteler が殺害されたのであった。ドイツ国民は激昂し、清国に向けてドイツの遠征軍が（実際は実戦には間に合わなかったのだが）出発する。それがほかならぬキール軍港から出発したのであり、しかもその出師に際してカイゼル・ヴィルヘルム二世が軍港内の軍艦上で七月六日に行なった演説が、世に Hunnenrede「匈奴演説」として知られる人種的政治論で、七月二十七日の演説の中でも引き続き die gelbe Gefahr「黄禍論」が唱えられたのである。姉崎は黄色人種の一人として、ドイツ皇帝の挑発的な発言に次のように反撥した。

「君よドイツの今の盟主たるプロイセンほどモナルキスチックの国はなかるべし。カイゼルが一度演説して支那をうちこらし、千年の後までも其の痛みを感ぜしめよといへば、万民忽《たちまち》に之に和し、文明の皮を脱して蛮行を演じ、下走卒児童に至るまで支那人黄色人種を悪《にく》み、路行く我等に対してまでも石を投じ罵詈を放つに非ずや」

黄禍論とそれにたいする森鷗外以下の明治日本人の態度、さらには一般的に後進国の近代化とそれに附随して生じる人種間問題については、第二部で詳しく論及するが、姉崎もまた石を投げられた相手だったから大いに憤慨した。しかしこの黄色人よりもさらにドイセン教授が痛憤して、カイゼルにたいする不信や現代ドイツ文化の通弊を、当時入院中であった姉崎を見舞いに来たその枕頭においても、なお指摘してやまない。そのために姉崎の前時代ドイツにたいする崇敬の念に比例して、現代ドイツ反対の心が、このドイツ人教授の感化の下に強まっていった。「十八世紀の燦爛《さんらん》たる仏国の文化がドイツの精神を動かして、十九世紀前半に哲学文学のクラシック時代を現出し、思想文物鬱勃《うつぼつ》として精神界に充溢せし後、今の時は此クラシックに次ぐべき大才なく、補綴修飾《ほてつしゆうしよく》の外《ほか》原造の大頭脳を有せざる時なり」

そして宗教学専攻の姉崎は（ところで姉崎が宗教学に志した動機は、東西両洋の根柢には仏教とキリスト教がそれぞれあると思慮したためで、しかもその東西問題について思慮を促された強力な動機は外的な事件である三国干渉であった。当時の日本の学生たちにとっては日清戦争以上に三国干渉が精神的ショックだったようである）、宗教の社会的影響について、三国干渉の張本人であるカイゼルが七月二十九日の日曜日に軍艦上で行なった説教の態度を次のように評した。

「……見よ今のドイツの執権者が如何に神エホバを己の専有の如く吹聴し、之に反する異教徒を剪滅《せんめつ》すべしとの思想を鼓吹しつつあるかを、支那遠征の時皇帝が艦上に説教したる言をきけ、『イスラエルの民が挙《こぞ》て万軍の主エホバに祈る間イスラエルの兵は勝ちたり、我等ドイツ人にして挙てエホバに祈らば、我が支那遠征軍は勝たん』と、其が新に建てたるドームの正面には、『我等の信は世界を征服したる信なり』と刻し、貨幣には『神我等と共にあり』と刻せるを見よ、何れかエホバはドイツの国民首領神、即他国民異教徒を悪む嫉み怒りの神なりとの思想にあらざる……」

神が自国民の神であるという発想は、ドイツに限らず今日でも欧米諸国の切手や貨幣等の標語や、国家的危機に際しての政治家の演説などに見られる(キリスト教の神は白人か、という問題がそこから出、アンチテーゼとして「黒い回教」などの運動が起るのであろう)。国家主義について姉崎はカイゼル髯に象徴されるドイツの風潮を嗤って『太陽』に書いた。「上一人世界政策を唱ふれば下万民之を歓呼し、上一人髯を上げ又下ぐれば人民挙て之に倣《なら》ふ」。そしてその種の批判の目は全体主義礼讃の同国人にも向けられて、姉崎は「日本の教育家で皮相の観察をなす人々が、忠君愛国の好標本としてドイツを崇拝」する様や、「日本のドイツ崇拝のショヴィニストは此の如き国運を羨望三歎して、ドイツ的国家説を輸入するに汲々たる」様を苦々しく思うようになっていった。進化論を利用して平等説に反対した加藤弘之などが姉崎にその傾向の代表者として思い浮んだのだろうか。姉崎の観察は、ドイツにあるユダヤ人排斥——これはナチス時代に突如として始まったものではない——や人種的偏見をついて的確だが、彼の個人主義的人格主義的主張はまたそのまま当時の日本の武断政治や官尊民卑の風潮への批判や反省に転化する要素を含んでいたようである。

「……国内を横流するアンテセミテスムが如何に人心の偏狭と我利主義とを示しつつあるか、武断政と官尊民卑との悪風が如何に人間の価値を蔑視して、世に偽善の種を蒔きつつあるか、又愛国心の虚栄自負が如何にショヴィニスム的に排斥的に外国を毛嫌しつつあるか、一々実例を以て之を説かば際涯なかるべし。……ショヴィニスムの民は即人として人の価値を知らざる民なり、東洋人はドイツ人にあらざるが故に人にあらず、黄人は白色ならざるが故に排斥すべし、此の如き思想は今のドイツ思想の大風潮なり、君よ余り小事には似たれど一二の例を挙ぐるを許せ、『人類には——有色人種にても亦』(Der Mensch und die gefärbten Rassen auch)と、此語実に一解剖学者——冷静の研究者たるべき——が其書に記せしの言なり……

君よ人間を人間として其価値を見得ざる彼等は、外人を嫉悪《しつお》すると同じく、彼等自身の間にも又人を人として待遇するの方を知らざるなり。……人間が人間として、赤裸々の私人として価値なく、人々自ら其人格に頼む能はざる所には、即人々各附け焼刃にて自己の価を高むるの要あり、ドイツにて称号のやかましきは此が為にあらずや。プロフェッソルもゲハイムラートの称号の為に苦慮し、青年士官たる者も其称号を利用するに勉め、花の如く無邪気に見ゆる少女も称号ある夫を得ん事を畢生《ひっせい》の心願とす……」

今日でもドイツへ留学した人は、ドイツ人が称号を大事にすることに驚くだろう。それは西ドイツでも東ドイツでも共通して見られる現象であるという。ドイツ人の尊大な権威主義に反撥した姉崎の反応はむしろ健康ともいえるので、この種の話柄は今日でも日本人留学生が賛否相分れて議論をたたかわせているる主題であるにちがいない。そしてその幾人かは、知ってか知らずか、そのドイツの風を日本の大学の内部へも持ちこんでいるのにちがいない。

外国体験と自我の発見

外国体験は自我を養い、自我の拡張を伴う。姉崎には留学生活による自我の目覚めといった現象が見られるが、そうした点では森も姉崎も似通った体験を経た人のようにいえるだろう。国家主義的、全体主義的機構の中の一齣として動いてきた明治の秀才たちが、ふとわが身の上を反省するので、森鷗外の『妄想』にはその心理がよく叙されている。「生れてから今日まで、自分は何をしてゐるか。始終何物かに策《むち》うたれ駆られてゐるやうに学問といふことに齷《あく》齪《せく》してゐる。これは自分に或る働きが出来るやうに、自分を為上《しあ》げるのだと思つてゐる。其目的は幾分か達せられるかも知れない。併し自分のしてゐる事は、役者が舞台へ出て或る役を勤めてゐるに過ぎないやうに感ぜられる。その勤めてゐる役の背後《うしろ》に、別に何物かが存在してゐなくてはならないやうに感ぜられる。勉強する子供から、勉強する学校生徒、勉強する官吏、勉強する留学生といふのが、皆その役である」

形而上学的懐疑のめばえだが、『舞姫』の主人公の留学生太田の反省はもっと輪郭がはっきりとしている。

「余は私《ひそか》に思ふやう、我母は余を活きたる辞書となさんとし、我官長は余を活きたる法律となさんとやしけん。辞書たらむは猶ほ堪ふべけれど、法律たらんは忍ぶべからず。……官長はもと心のままに用ゐるべき器械をこそ作らんとしたりけめ。独立の思想を懐きて、人なみならぬ面もちしたる男をいかでか喜ぶべき」

いずれも文学史家や評論家がよく引く有名な言葉である。ところでそれと似た心情を姉崎も高山宛の開書に激した調子で披瀝している。

「……洋行して三年四年を洋食して過ごし、洋服を新調し洋書を行李《こうり》に貯へて、日本に帰り、文明の風を本国に伝来する洋行諸先生の事は知らず、余は悟れり洋行留学は玉手箱なり。又人間なる僕を機械と化するのタリスマンなりき」

たしかに姉崎の場合は留学が反省のきっかけとなっているが、しかしこの種の個人主義的覚醒は、明治三十年代の日本思想界に起りつつあった一般的現象でもあることに注意したい。それは明治になってから生まれた世代の登場に伴う新しい現象であり、それはやがて、漱石の「個人主義」や白樺派の「自我」の強調へと連なるのだが、三十年代にあってとくに著名な思想的転向は、日本主義から個人主義への高山樗牛の場合だろう。そして高山と姉崎とは、周知のように、互いに非常な影響を与えあった仲なので、姉崎の心理の動きと高山の心理の動きとはおそらく無関係ではないのであろう。明治三十四年四月二十四日に高山は大磯からベルリンの姉崎へ宛てた通信にその心境の変化を次のように率直に語っている。

「此頃の僕の精神には、此の一両年の間に醪《ろう》醸し来つたかと思はれる一種の変調が現はれて来た。人は病的と謂ふかも知れぬ、又自分でも境遇、健康等の為に然るのかと思はれるが、併し僕は僕の精神の自然の発展と外《ほか》信じ得られない」

そしてかつての『ヴェルテル』の訳者高山は友に打明けていう。「……要するにロマンチシズムの臭味を帯びて居る一種の個人主義たることは争はれない。僕は曾て日本主義を唱へて殆ど国家至上の主義を賛したこともある。今に於ても是の見地を打破るべき理由は僕には持ち得ぬ、唯是の如き主義に満足の出来ぬ様になつたのは、僕の精神上の事実である。僕は道徳、教育……の説には、殆どすべて満足の出来ぬ様になつた」

　明治の人は、当然のことながら、みな多かれ少なかれ国権主義者だったわけだが、高山も三国干渉のショックを受けた後の明治三十一年四月に書いた『明治思想の変遷』などでは、明治三十年までの精神史的分析の結びに日本主義を据えたのである。しかしその同じ人が、その見地にたいして理窟《レゾン》の上では自分でも反対する理由を見いだせぬままに、魂《アーム》の問題である個人の自我に引きずられて、実用一点張りの教育や道徳に不満を覚えはじめたのであり、この手紙はそのアンビヴァレントな心境の率直な告白なのである。姉崎のドイツ批判にしてもこの世代に属した青年であったからこそ行ない得た種類の批判といえるだろう。森鷗外が留学した実学本位の時代にはいまだにこの種の見解は尖鋭化して表面には浮んでこなかったのだろうと思われる。ちなみに、姉崎正治は夏目漱石と同じ明治三十三年度の留学生であった。国家主義にたいする高山の皮肉は明治三十四年の『道義亡国』という短文に鋭く現われる。彼はいう、「唱歌には公徳唱歌、菓子には教育菓子、遊戯には徳育遊戯、聖代の文物又燦然たりと謂ふべし……」。儒教文明圏の国々では長い儒教教育の余波が新興の国家主義と結びつくと、時には笑止千万な姿を取って近代国家の中でまた現われてくるものらしい。後年の夏目漱石は『私の個人主義』の中で冗談まじりに次のような憂慮の念を洩らしている。

「国家の為に飯を食はせられたり、国家の為に顔を洗はせられたり、又国家の為に便所に行かせられたりしては大変である」

ドイツ嫌い

　自己に目覚め国家主義に反撥した姉崎の心理には情状酌量の余地があるにしても、その洋行否定の行き過ぎは誰の目にも否めないだろう。その異常なまでに激しいドイツ嫌いにたいしては、ほかならぬ友人の高山さえもが心配せずにはいられなかった。病床から高山は一書を姉崎のもとへ送った。

「独逸に対する嫉悪《しつお》の感情も、君にしては無理ならぬ事と思はれるが、独逸語迄も嫌はるるは余り過ぎはせまいか」

高山もたしなめたが、森鷗外としても、姉崎のような極論とそれを支持する中央の思想界の人々に対しては、憂慮の念を禁じ得なかったにちがいない。鷗外はそうした風潮にたいしてすでに明治三十四年八月『二六新報』に『続心頭語』を掲げて、独帝の暴逆をにくんで「其国の思想忌むべく其国の文章焚くべし」とする者の愚を戒めている。森は巧みにつけ加えていう、「天下豈《あに》今の西太后《せいたいこう》の明暗賢愚の故を以て、支那撰述の古書新書を火坑に投ぜんと欲する者あらんや……」

しかし姉崎の文筆は、そうした思慮もなく反省もなく、狂おしくおどる。

「……君よ余は恰《あたか》も写真絵画によりて百花爛熳の美景を見、其山水を慕ひつつ来てみれば、秋霜に木の葉の散りしく時に遇ひしなり」

「……先には洋行なる者を栄とし、留学なる者に依りて欧洲の燦爛たる文化に接せんと楽しみし余は、実に其の望みの愚なりしを悟れり」

「……僕一人につきていへば洋行終る何の為ぞ」

「……余は悟れり洋行留学は玉手箱なりき、……只一事《ひとこと》をいへば今迄玉手箱に空望を置きし愚を悟り得しは僕の大幸なり」

姉崎はこの通信をスイスの四州湖のあたりに遊んで書いたと伝えられるが、ニーチェの風にでも当てられたのだろうか、修辞が激《げき》してレトリックに溺れた気味も見受けられる。そして（と私はひそかに忖《そん》度《たく》するのだが）いったん留学に決定を見ながら病のために渡航を断念せざるを得なくなった友人高山にたいする心づかいが、留学無用論に輪をかける結果となったのではあるまいか。しかし姉崎のドイツ嫌いは相当に根深いもので一九〇二年ロンドンへ留学し、半年後またキールへ暫く戻るのだが、カイゼルがいる限りはふたたびベルリンの地は踏むまいと心に誓ってベルリンは素通りしたという。新開地ベルリンは、ハンザ同盟以来の由緒のある諸都市とは違って、とくに新興ドイツ帝国の諸特徴を不快に備

えた都市であった、ということも注意しておいて良いだろう。高山は明治三十四年四月二十四日の手紙で、

「……君の観察以外、多少は君のアンチ独逸的感情を融和する或物は存しては居はせぬか。素より僕は君の感情を尊敬するものであるが、一時の外感の為に、左なき場合には得らるべき多くの利益を逸し去るは、間々ある習ひと思はれる」

とたしなめ、ミュンヘンやニュルンベルクへの遊学をすすめている。

「……南の方ルドキッヒ一世の美術市や、ヂューレルの生れた町などでも、北方のミリタリズムの影響はあるものか」

高山樗牛は、先輩から聞いていた留学体験や、森鷗外の『うたかたの記』などの小説から想像していた留学生活とあまりにもかけ離れた姉崎の反応に驚いたことにちがいない（なおこの種の否定的な、心理的に抑圧された西欧体験を取扱った最近の作品には遠藤周作氏の『留学』〔昭和四十年、文藝春秋社〕がある。その中の一篇「爾《なんじ》も、また」にはほとんどグロテスクに近い、しかもいかにも実在し得る、日本のある種の外国文学研究者の生態、心理的に偽りと無理のある前提から出発したために当然落ちこまねばならなかった帰結、が見事な筆で描かれている）。

しかし長い目で見れば、苦しかった英国留学が作家夏目漱石を造り出したといわれるように、悩み多かったドイツ留学が後年の国際人姉崎の素地を養ったといえるだろう。日本の外国研究者が（太平洋戦争前の多くのドイツ文学者や戦後の一部の中国研究者のごとく）、その対象国への片思いの情に溺れて一辺倒となるのが通弊であったことに比べれば、姉崎の『太陽』への通信は、憧憬したドイツと現実のドイツの相違に驚愕した心情の率直な告白としてはむしろ貴重な証言といえるのかもしれない。姉崎の後半生の姿は確かに精神の世界主義に捧げられた人のそれだが、しかし、その際にも彼の同情はゲルマン文化よりもむしろラテン文化の方に注がれていたようである。日本の代表的知識人の中には、森鷗外、上田敏、木下杢太郎などをはじめとして近くは片山

敏彦などにいたるまで、ドイツ文化の欠陥をフランス文化との対比において感じる一連の European scholarship の持主がいたが（そしてその知見の幅の広さが、ドイツやフランスにそれぞれ限定された専門家には出し得ない、事物の相対的な、比較的な判断と考察を許す基盤となったことについては後に言及するが）、姉崎もまたその系譜の一人に数えられるだろう。日本は昭和八年に国際聯盟を脱退したが、その後もジュネーヴの国際聯盟の学藝協力委員会には代表を派遣していた。その席上で姉崎博士はフランスを代表するヴァレリーと並んで坐って、その機智に富む話を聞いていたということである。

しらふの人、森鷗外

『太陽』誌上の姉崎の文章は、いわば判断の振子が激しく左右に振れて音を立てているのだが、それにたいして森鷗外の発言は重い振子が正確な論理を刻んでいるような印象を与える。森鷗外は講演の中でいう、「姉崎氏の失望は、その属望《しょくぼう》の過大なりしに因るには非ざる歟《か》。黄禍を懼《おそ》るる独逸帝の言動の、姉崎氏を激するに足りしことは、想像し難からず」

森鷗外の文章は高山や姉崎の文章ほど花やいでおらず、派手でもないが、しかしそれは今日でも強靭な生命を持っている。性格の強い森鷗外には、公平な釣合の取れた見方があって、それがいわばしらふの人の発言となっている。酔った人の言葉はその場では勇ましいが、酔がさめた後ははかない。森軍医部長は姉崎の所論にたいしてこう結論する。

「……若し予の見る所にして大過なくば、近時流布する所の洋行論は、或は個人に切なることあるべしと雖、通論に非ず、或は一派哲学者宗教学者に切なることあるべしと雖、通論に非ず。予は以為《おも》へらく。今の学者の自信即ち近時見る所の洋学衰替の諸兆の原因は、恐らくは一般に通じて堅固なる根柢を有する者に非ずと。独り奈何《いかん》せん、大家の言論は衆聴を聳動し易く、洋学東漸の潮流の或はこれが為めに防遏《あつ》せられんことを」

森鷗外は根拠のない、感情的な文化的攘夷論を論理をつくして戒めるわけだが、その態度には、外圧の脅威を感じてそれに敵対心を覚えながらも、なおかつ洋学研究の必要を説いた幕末の先覚者たちを思わしめるものがある。しかし正論は地味であり、必ずしも世に容れられるものではない。『洋学の盛衰を論ず』の行間には、地方へ追われ、中央の勢力たり得なかった人の無念の心境も多少うかがわれるようである。この森軍医部長の堂々たる立論にしても、それを聞いた小倉師団の将校たちや、それを掲げた『公衆医事』第六巻第四号、第五号の限られた読者以外には、長い間人に知られることもなく棄てられていたのであり、菊判の鷗外全集には収録洩れとなっていたほどである。しかしながら今日、坪内や高山が読者を失ったのに反して、森鷗外が近代日本文化史の上で占める位置はますます高まりつつあり、昭和四十年代初頭、鷗外に関する研究の数は漱石に関する研究の数を抜き出しているようである。そして日本の近代化における洋学や留学の役割を考える時、この鷗外講演の比較文化的な意味内容は、内外の注目を惹くに足るものがあるように思われる。

ベルツと森鷗外

東京大学医学部の建設者

森鷗外の『洋学の盛衰を論ず』の周辺を探ってゆくと、明治の文壇の名士が一堂に呼び出されて議論を戦わせているようでまことに偉観だが、その中で異彩を放つ発言者はドイツ人ベルツであろう。外国体験と並んで文明の媒体の第二の場合である外人教師の意味にふれながら、ベルツと鷗外の関係を見てみよう。

エルウィン・ベルツについては本郷の竜岡門の近くの東京大学構内に胸像があり東大の医学部関係者ならば知っている人も多いにちがいない。一般市民の間でも苛性加里、グリセリン、アルコールを混ぜた霜焼けに効くベルツ水の処方者としてその名は知られていた。また人文系の人々の間にも『ベルツの日記』（岩波文庫）を読んだ人は多いはずである。篤学者の中にはその原本 Erwin Bälz: *Das Leben eines deutschen Arztes im erwachenden Japan* (Stuttgart,

1931ドイツ語教科書版は同学社）やその英訳本に当ってみた人もあるだろう。ベルツは一八四九年にシュワーベンで生まれ、ライプチヒ大学を卒業し、一八七六年に来日、東京大学医学部で生理学、病理学、内科、産婦人科等を担当した。外科を担当したスクリバとともに帝国大学医学部の創設に貢献した人である。その間に日本婦人新井ハナ女と結婚し、学外でも秀れた医師として宮中をはじめ日本の上層部、また在東京の各国外交官等と広く親しい交際があった。日本滞在三十年の知日家としてベルツの日記が貴重な証言であるのはこうした事情に由来する。

森林太郎は東大医学部で最年少の学生としてベルツから指導を受けた。また森がドイツへ留学する時の上申書には追記があって、

追テ本文ノ趣〔森のドイツ留学〕御許可相成候ハバ、幸ニ当七月ハ東京大学医学部教授ドクトル・ベルツ教師帰省候ニ付、右へ同伴被致候得ヘバ好都合ニ候間速ニ御沙汰相成度、此段申進候也。

と出ているという（山田弘倫『軍医森鷗外』七頁参照）。この案は森陸軍二等軍医の出発が翌八月に延びたために実現しなかったが、しかし明治十七年当時の陸軍衛生部が留学についていかに細かい点まで配慮していたかがうかがわれよう。そして森鷗外の『独逸日記』を見ると、ライプチヒにいた明治十七年十二月十五日の記事に、

「ベルツ師我業室を音信《おとず》れぬ。夜ホフマン師ベルツ師とショイベとを招きて、われをもその宴に陪せしめき」

同十七日、

「ベルツ師に招かれて、酒店に晩餐す」

などという交際記録が見られる。ライプチヒ大学はベルツの母校でもあった。なお「業室」というのは鷗外がLaboratorium乃至はそれに類したドイツ語を訳した言葉である。森鷗外は、帰朝後もベルツと交際を重ね、ベルツが琉球出身兵士の人類学的研究のために九州に来た時も、種々の便宜を計り、その談話に耳を傾けたことが『小倉日記』や「ベルツ氏談話中軍事及政治ニ関スル事件大略」に見えている。

明治三十二年七月二十八日の項には、

「午後六時ベルツ氏を停車場に迎へて、常盤橋東の銭屋に投宿せしむ。……」

同二十九日、

「……夜ベルツ氏来り訪ふ。談話中謂ふ。加藤弘之は偏頗なりと雖、定見あり、福沢諭吉はその立言に特操なしと」

一九三〇年版の独文『ベルツの日記』も、またそれとは抄を異にする岩波文庫訳本にも、いずれも抄であるためか、全巻を通して森林太郎の名前は一度も出てこない。しかしベルツが森について下した人物評として次のような逸話が山田弘倫の著書の中に拾われている。右の九州旅行の折にベルツが当時熊本にいた二等軍医の下瀬謙太郎に向っておよそ次のようにいったというのである。

「今一つ予の忘れることのできぬ日本人が一人ある。それは君達の先輩ドクトル森のことだよ。あの頭はやっぱりドイツ型だネ。その物言いから動作までドイツ人そっくりだよ。森という男は実に智慧の満ち満ちた立派な頭をもっている。どうしても只の日本人ではないネ」

この談話からもうかがわれるが、ベルツはドイツ人の優秀性を信じ、慧敏の日本人を見ると、「あれは本当に日本人かね。珍しいこともあるものだ。これがヨーロッパなら、誰でもドイツ人と見るだろうヨ」などというすこぶるドイツ的な感心の仕方を示したのであった。そうしたドイツあるいはヨーロッパ中心的な見方は後に論ずるベルツの「演説」にも露骨に出ているが、前世紀の日本にいたドイツ人教師は、このような日本人に差をつけた見方をして当然と心得ていたから、こうした褒め方もできたので、周囲もそれにたいして強いて反撥を示さなかったのであろう。先日在日の一ドイツ人にこの話を聞かせたところ、「私にはそうした褒め方は絶対にできませんね」となかば照れるがごとくなかば恥じるがごとく答えたが、それが半世紀の間の違いというものであろうか。――もっとも今日でもドイツへ行けば、ベルツと同じような、あるいはそれよりも甚しい、東洋を見くだすのを当然と心得たドイツ人はいくらでもいるのであるが。

ベルツの「勇退」と告別演説

ベルツと鷗外の関係で、もっとも注目に値する両者の間の反応は、ベルツ教授が明治三十四年十一月二十二日に帝国大学在勤二十五年祝賀の席上で、帝国大学にたいする告別の演説を行なったが、その内容を鷗外が『洋学の盛衰を論ず』の中で取りあげ、さらに九年後にもふたたび『妄想』の中で取りあげたということであろう。

ベルツ教授の告別演説は、森鷗外に深い感銘を与えるのだが、それではいかなる事情からベルツがこの演説を行なうにいたったのか、その経緯をまず彼の日記の中から探ってみようと思う。それはドイツ人側から見た「日本における洋学の盛衰」ともいうべきもので、ベルツ自身のキャリアーとも直接関係してくるのだが、そうした個人的なデリケートな面と、一般的な日本における日本人学者の一人立ちとそれに伴う外人教師の地位の後退という問題の面が、交錯して日記の中に現われてくるようである。まず明治三十三年四月十八日の記事を訳すると、

「今日私は重大な行動に出た。申出のあった大学勤続二十五年記念祝賀会を断念して、私は大学における地位を去ると通告したのである。もちろん好きこのんでこのような行動に出たわけではなかった。しかし外人教授にたいする取扱いの仕方が私にはだんだん耐えがたいものとなってきた。すでにかなり前から医学部内に一本立ちへの動向があることは私にはわかっていた。そうした意向は私にはよく納得のゆくことでまた当然のことである。それは必然的な成行きであり、私自身もずっとそれを促してきた。それだから私は、私の契約の更新の申出があった際にもう何度も、日本人教授だけでやってみてはどうか、と学部当局に提案してみた。しかし皆が私に留まるようにいってきかなかったのである。だがそれにもかかわらず彼らはあらゆる機会にわれわれ外人を無視した行動を取ってきた。近頃総合病院と病室の建設計画をもうかなり具体的に取り決めたという話だが、私の意見を徴しはしなかった。これはいくらなんでもひどすぎる。私は総長のところへ行って、辞職して大学と円満に別れたいと申し出た……」

ところが半月後の五月五日の記事には、大学側が折れたらしい、「私は大学とふたたび仲直りした。これからもまた重要事項については必ず私に相談をするという約束だ。それでまた実際すぐ学部の会議に招かれた」

その翌六月に北清事変が起り、ベルツもカイゼルの「復讐《ラツヘ》」の語が何度も飛び出す「狂暴な」「あらゆるドイツ人を赤面させずにはおかぬ」演説に呆れたことが日記に見えている。大学側との関係はベルツが休暇でドイツへ帰ったためにブランクになっているが、翌明治三十四年の九月二十七日には次のような記事が見える。

「私の恩給を申請するために私の履歴書が欲しいと大学当局が言ってきた。これで私は私の生涯の重大な転機にさしかかったわけである」

そしてベルツは自分自身を励ますように書き足した。

「こうして私はようやく自由な身となって、私の気に入った形で、時間に制約されることなく、私の学問的な研究を続けることができる」

そして大学勤続二十五年祝賀会の当日である十一月二十二日の日記には次のように記されている。

「今日、私の同僚と門弟が私の日本滞在二十五年を祝して植物園で盛大な会を催してくれた。木々はちょうど秋の真盛りで燃えるがごとく美しかった。

来賓は文部大臣、大学総長、ドイツ公使館の全員。まず緒方教授が一席話して私に私の横顔入りの金メダルと私の教え子の写真二百葉を収めた四冊の大きなアルバムを渡してくれた。それから高橋教授、菊池文部大臣、それから私が挨拶をした。出席していたドイツ人にいわせると私の演説は傑作だったという。とにかく将来にたいする非常に真面目な忠告をふくむ好意的な演説をしたのだが、私が特に強調した点は、日本人は自分自身で学問を生み出せるように学問の精神を体得しなければならぬ、という趣旨のものだった」

外人教師の後退

およそ洋学の感衰と外人教師の位置の転変は、並行とはいえないにせよ、密接な関係にある。森鷗外は草創期に育てられた人として外人教師の恩恵を深く感じていたから、その地位の後退に憂慮の念を抱いたのである。小倉での『洋学の盛衰を論ず』の講話の中で、鷗外はその点にふれていう。

「外国教師を聘《へい》することは、之に反して公然言論上に排斥せられ、又実際上に其範囲を限画せられたり。今の諸学校の猶新にこれを聘することあるは、殆ど其言語を以てするに止まり語学教師を聘するに止まり、時に或は其機巧を以てし、技師としてこれを聘することありと雖、復た学問の師として聘することを屑《いさぎよし》とせず。以為《おも》へらく。諸学科の師たるに堪へたる者は、我邦人中既に其人に乏しからずと」

明治三十年代は、外人教師に代わって日本人教授が前面に登場してくる時期であり、（姉崎もその選ばれた一人だったが）官費留学生があいついで約束されたポストにつくべく海外から帰朝してきた。それは井上毅文相以来の日本本位の文教政策の推進であり、学問の世界の上でのナショナリズムの主張であったから、それが大学の人事面に反映して外人教師の後退という結果になったのである。ベルツも演説の冒頭でその点にふれている。「これ（二十五年勤続祝賀式）はいわば私と帝国大学との銀婚式であります。しかし大きな違いがある。私は帝国大学とこれからさらに親しく結ばれる代わりに、まもなく永のお別れを告げなければなりません。無論、三行《みくだり》半《はん》（原文日本語）という残酷な形ではなく、このような円満な取決めに基づいてでありますが、しかしそれは同時に医学部にとりましては成人式に相当するわけであります……」

この外人教師による教育とその後退については、後年に夏目漱石が『語学養成法』という注目すべき談話で、昔は「単に英語を何時間教はると云ふよりも、英語で総ての学問を習ふと云つた方が事実に近い位であつた」と回想するように、有利な点と不利な点とをあわせもっていた。日清戦争以前の教育が有利であった点は、英語の読み、書き、話す力が、比較的に自然と出来たからである。不利な点は普通学一般を日本で習うのに、英国の属領ではあるまいし、英語を介して習うこともなかろうという点であった。この後者は表面的には感情的な反撥のように聞えるだろうが、実は従来の外人教師に代えて日本人の教師や学者を養成するためには、諸学科の授業はどうしても日本語に切り換える必要があったという大切な問題を含んでいたのである（そこで夏目漱石は、語学力の低下を防ぐために、外国語を使い外国語教師となる可能性の大きい文学部志望者に限って、高等学校の段階から外国語に重きを置いた特別の教育を一貫して行なうことを提案している。これはソ連などでは行なわれているところだが、今日でも考慮に値する案である）。

夏目漱石の談話は明治四十四年に発表されたもので、彼自身も教師としての体験から、学生の語学の力が減じたことを認めているが、森鷗外はそれより九年前の『洋学の盛衰を論ず』の中ですでに「近年大学を出づる学士の語学の力量を察するに、これを十数年前に比して、劣るとも優らざるに似たり」と警告を発している。

ところで今日、旧植民地をはじめとする後進諸国では、教育用語やさらには国語として英語やフランス語を用いるべきか、現地の言葉を用いるべきかが問題となっている。中南アフリカのように過去に大文明を持たなかった地方においては（文化的ナショナリティーを持ち得ない淋しさを当分の間は免れないが）、英語、フランス語を採用することの方が望ましい点が多いようである。英語系、フランス語系の文明に近接しやすいという点で、土着語を捨てた方が、明らかに有利なのである。しかし過去に文明の歴史を有する国々にあっては自国語の採用が自然の勢である。森鷗外は森有礼などの「英語為邦語之論」を、フリードリヒ大王の母国語軽視とフランス語尊重及びゲーテ、シラー以後のドイツ精神の開花の先例によって否定しているが、鷗外らしい歴史的相対性への着眼であるといえるだろう。しかし母国語尊重と文化的伝統の重視は必ずしも外国語教育そのものの軽視や外人教師の排斥を意味しはしない。排他的なナショナリズムの教育で、はたして国際場裡に活躍できるような人物や学者が養成できるのだろうか。文部大臣西園寺公望が、保守的な教育界にたいして「世界の中の日本」を説いて波紋を投じたのはつい数年前のことである。日露戦争前夜の日本で、鷗外は外人教師後退の風潮の背後にひそむナショナリスティックな強がりを警戒し、ここでもふたたび「自信力果して実価ありや」を問うのだが、鷗外は自分で直接答えることはせず、次のようにベルツの演説を引用したのである。それはベルツの言葉を借りてした鷗外の東京中央の学界批判なのであった。

学問の雰囲気

森鷗外は『洋学の盛衰を論ず』の中でいう、

「以為《おも》へらく。諸学科の師たるに堪えたる者は、我邦人中既に其人に乏しからずと。この意見にして若し信ならば、実に国家の幸なり。然るに昨年東京帝国大学の **BAELZ** 師の雇を解くや、師は演説して曰く。『学問は器械道具の如く一地より他の地に運送す可き者に非ずして、有機体なり、生物なり。此生物の種子をして萌芽し生長せしむるには、一種特異の雰囲気なかる可からず。日本は従来洋学の果実を輸入したり。其の器械道具の如く輸入せらるることを得て、又実用に堪へたるは、果実なるを以てなり。此輸入は教師をして、講堂に於いて講説せしめて足る。然れども学問当体に至りては、西洋人の西洋の雰囲気中に於いて養ひ得たる所にして、西洋の此雰囲気あるは一朝一夕の事に非ず。遠くは希臘《ギリシア》の **ARISTOTELES** に淵源し、近くは英の **DARWIN** に発揮せられ、世々相承けて、纔《わずか》に今日あることを得たり。故に洋人を聘する者は、其勢力をして講堂内に局せしめずして、居常之と交り、又其雇人期限を短縮せずして、之をして生涯安んじて此地に留まらしめざるべからず。日本人は勇退を以て美徳と為し、五十歳にして業を廃すと雖、**BISMARCK, GLADSTONE, THIERS, GORTSCHAKOFF** は皆八十歳にして其業に堪へたり』と。当時此演説は一人の論評に上らずして已《や》みぬ」

森鷗外は小倉にいたが、ベルツの演説を知っていた。それは東京で出ていた *Wahrheit* 誌にのった演説の抜刷をベルツが森に贈ったからである。その小冊子はいまも東大図書館の鷗外文庫に保存されているが、その第一頁にはベルツの **Generalarzt** 陸軍軍医監森林太郎博士への献辞がペンで記されている。

Sr. Excell. Herrn Dr Mori R. Gen. A.
mit bestem Gruss und Dank E. B.

二年前の九州旅行で世話になった森とベルツとは親しく文通も続けていたのだろう。

その抜刷の頁を繰ると、青年時から壮年時にかけての鷗外の読書法はいつでもそうなのだが、固有名詞や重要事項の下に鉛筆でアンダーラインを引いている。そしてその傍線を見ると、鷗外の読書時の心的状態がおのずと察知されてくるのだが、次の傍線の句のごときは鷗外の共感を示す一句といえるだろう。

“Dieser Geist ist nicht leicht zu erlangen, er ist anspruchsvoll, er verlangt meist die ganze Zeit des Menschenlebens.”

「この（西洋の学術探究の）精神は容易に体得されうるものではない。それは要求の多いものであり、しばしば人間の全生涯の時を必要とするのである」

鷗外が『洋学の盛衰を論ず』の中で引用しているベルツの講演というのは、次に掲げるベルツの五つの文章を鷗外が適宜按配したものだが、いずれも鷗外にとっては感銘ふかい箇所だった。鷗外はその文章を短くまとめて使ったのだが、原文を直訳して鷗外の引用した順に従い、掲げよう。

㈠すなわち、わたくしの見るところでは、西洋の学問の成立と本体について日本ではしばしば誤った見方が行なわれているように思われます。日本人は西洋の学問を一つの機械のように考えて……どこかよその場所へたやすく運んで、そこで仕事をさせることができると考えている。これは誤りです。西洋の学問はけっして機械ではありません。そうではなくて一つの有機体です。そしてそれは他のあらゆる有機体と同様、成長する上にある特定の風土、ある特定の雰囲気が必要なのであります。

㈡西洋の各国は皆さま（日本人）に教師を送ってよこしました。これらの教師たちは熱心にこの（学問の）精神をこの地に移植し、この精神を日本国民自身のものたらしめようとしたのであります。しかし日本人はかれらの使命をしばしば誤解いたしました。もともとかれらは学問の樹を育てる人たるべきであり、またそうなろうと思っていたのに反して、日本人はかれらを学問の果実を売る人として取り扱ったのでした。

㈢地球の大気《アトモスフエーレ》が限りなく長い時間の結果であるように、西洋の精神的雰囲気《アトモスフエーレ》も、数多《あまた》の傑出した精神の持主が数千年の長きにわたって努力した結果でありまして……

㈣皆さま（日本人）はやがてごく少数の外人教師しか日本に持たぬことになるでありましょう。私は皆さまに御忠告申しあげ、この外人教師にもっと自由を与え、もっと活動の機会を与え、また皆さまが教師としての仕事の場以外でも外人教師たちと接触を求められることをお勧めいたします。皆さまがそうなさっても後悔なさることはけっしてございますまい。またそうすることによって皆さまはその（学問の）精神についてさらに多くを学ばれるでありましょう。この精神は講堂内では、たといヨーロッパの講堂内でも、学び得られないものであります。ただ研究者自身と交わることによってはじめて学び得られるものであります。

㈤ここ日本では大昔から、人は五十歳くらいになったら実際的活動から身を引くべきだという観念がございます。新しい世代へ席を譲るというこの要求は理論的にはよく納得がゆきますが、しかし十分な根拠があるとは申されません。とくに日本が西洋諸国民と平和的な競争にはいった時からは危険なものとなりました。というのは西洋諸国においては人間は五十歳ではまだ老人ではなく世間もまたそうは見なさないからであります。七十の齢でも、いや八十の齢でも、ビスマルク、グラッドストーン、チエール、ゴルチャコフは世界の強国を巧みにリードいたしました。

（ベルツが引いた政治家たちの生年と没年を参考に掲げておくと、ドイツのビスマルクは一八一五―一八九八、イギリスのグラッドストーンは一八〇九―一八九八、フランスのチエールは一七九七―一八七七、ロシアのゴルチャコフは一七九八―一八八三である）

五十三歳で東京大学を去ることとなったベルツは、「人生の半ばを、いや幼年時代という無意識に過した時期を除けば、人生の半ば以上を、ある特定の地位で、ある特定の仕事のために捧げた」人として、率直に自己の感想を並みいる東京大学や文部省の当局者、卒業生や在学生に披瀝したのだが、それにたいして日本人の出席者からは反響はなくて終った。

一般に、外人教師の日本の大学にたいする率直な批判には、内部的な自己満足を打破する警告として、今日もなお聞くべき言葉が多い。外人教師たちは、かれらの母校をはじめとする国際的な規準に照らして日本の大学の批評を行なうから、時には母校にたいする誇りも手伝って、日本の大学に辛《から》い点をつけることもある。しかし長年にわたって日本の大学に勤務した外国人が、おざなりな型通りの謝辞をもって告別の挨拶とせずに、あえて真実の感想を日本人教授を前にして吐露し、その所感を活字にして公表するのを読む時、私たちは大学人としての彼らの真面目さに感動を覚える。そうした人たちの批判にたいして私たちは応答もせずに黙っていてもよいものなのだろうか。型通りにおざなりな拍手でもって彼らを送り出してしまえば、それで事はすむものなのだろうか。ベルツの演説も、日本人の聴衆にはドイツ語が解ってか解らずしてか、礼儀正しい拍手喝采のうちに終った。しかしそれだけであったなら、あまりにも手応えのなさすぎる淋しいことに相違ない。responsiveness の欠如に憮然たらざるを得まい。一体去り行く外人を拍手によって送ってくれた日本人の微笑は、*Taifun* の著者レンジェルのいうような「魚のような、冷たい、無感動な微笑」にすぎないのだろうか。日本人はそれほどに冷血な、部族的にかたまった、人間性にとぼしい人たちなのだろうか。

業績による継続養成

出席者からは反響がなかったが、かえって九州にいた森鷗外がベルツ演説を取りあげた（後に安倍能《よし》成《しげ》もこの演説を「『ベルツの日記』を読む」〔『安倍能成選集』第三巻所収〕で取りあげている）。鷗外は小倉の講話でベルツの東京大学批判に次のように答えた。

「当時この演説は一人の論評に上らずして已みぬ。……雇教師の五十歳にして解雇せられることの非を鳴せるは、固より必ずしも評せずして可ならん。然れども我の学問の果実を輸入して自ら得たりと為すを箴《いまし》め、学問の生物たり、特異の雰囲気を得て始て生長するを説けるは、最も翫味《がんみ》に堪《た》へたる者の如し」

この日本における学問の雰囲気の醸成という問題は、ベルツの発言によってはじめて喚起された問題ではなく、第一部の冒頭でふれたように、鷗外にはドイツ留学中からすでに意識されていた点であった。明治二十年に鷗外がベルリンで記したEindrücke（『感想』）にそのことはすでに見えている。

大学宜奨励之点、Selbständige Fortbildung der in Europa gebildeten Gelehrten durch eigene "Arbeiten"!
欧洲医学ノ受売ト買出シハ可嫌也

このドイツ文は、日本の大学が宜しく奨励すべき点は、「ヨーロッパにおいて養成された（日本の）学者たちを（今後日本帰国後も）自分たち自身の『業績』によって独立して継続養成させること」欧州医学の受売りと買出しはいとうべきである、という意味であろう。それはそのまま裏返せば『洋学の盛衰を論ず』の「我国知名の学者にして、欧洲に在る日には大業績を挙げしことあるに、帰郷後は身業室に在りながら、一の成す所なきもの少からず」という指摘になる。二十五歳の鷗外はベルリンで『感想』をさらに書き続ける。

Forschung ノ Frucht ヲ教ルノ期ハ去レリ Forschung ヲ教ユベシ

鷗外がこの句を書き、それにアンダーラインを引いたのは、ベルツが学問の樹や果実や田地について演説をする十四年も前のことだが、その時すでにベルツと同じ問題が、ベルツと同じ言葉 Frucht（果実）を使って記されていたのである。「（日本において）学問研究の果実を教える時期は去った。学問研究そのものをこれからは教えるべきだ」

森鷗外は留学帰朝以来、この種の問題に非常な関心を寄せてきた。たとえば（伊達一男氏が雑誌『鷗外』六に発表された新資料によると）明治四十二年『陸軍軍医団雑誌』に森軍医総監は二月八日付のベルリン発稲葉三等軍医正の書信を載せているが、稲葉がその中で、

「過日昨一九〇八年新版ノマイエル百科字典ヲ購ヒ日本ノ条項ヲ閲ミシ候、記シテ曰ク、

Der Japaner übertrifft alle Ostasiaten an geistiger Befähigung u. Strebsamkeit, in schneller Auffassungsgabe u. im Geschick der Nachahmung europäischer Kulturerrungenschaften, ist aber wenig schöpferisch.

ト不堪感慨候」

と書いてよこしたのに対し、

「森云。……日本人ダトテイツマデモ会話辞書ノ所謂模倣ニ長ジ剏造《そうぞう》ニ短ナル人民デ居テハ済ムマイ」

という評語もあわせて印刷に付している。マイエルの会話辞書に、「日本人は東アジアの他のあらゆる国民よりも知的能力に秀れ、勤勉で、ヨーロッパ文化の成果を模倣するのが巧みで理解力もすばやいが、しかし創造力に乏しい」と出ていたことに対する感想（「剏造」は「創造」と同じ）なのである。この勉励模倣と勉励創作の問題は、『洋学の盛衰を論ず』の中ではベルツの指摘に誘発されて出てきたのだが、それは九年後の明治四十四年にも『妄想』でふたたび取りあげられることとなる。そのことは「最も翫味《がんみ》に堪《た》へたる者の如し」その意義はもっともよく味わい検討するに値する、と鷗外が最上級をつけたこのアカデミック・アトモスフェアの醸成の問題が、いかに鷗外の心に深くかかっていたかを示すものだろう。『妄想』の言葉がベルツの発言と深

く関連していることを示すために、いま『妄想』の一節を引いてみよう。この随想で四十九歳の鷗外は二昔前の留学時代を回顧する。その口調は日在《ひあり》の別荘の翁にふさわしい、やわらいだ口語調で、小倉の軍人森林太郎の文語調とは違っているが、内容はまったく同じ問題を取りあげたものである。

「故郷は恋しい。併し自分の研究しなくてはならないことになつてゐる学術を真に研究するにはその学術の新しい田地《でんぢ》を開墾して行くには、まだ種々の要約の闕《か》けてゐる国に帰るのは残惜しい。敢て『まだ』と云ふ。日本に長くゐて日本を底から知り抜いたと云はれてゐる独逸人某は、此要約は今闕《か》けてゐるばかりでなくて、永遠に東洋の天地には生じて来ないと宣告した。東洋には自然科学を育てて行く雰囲気は無いのだと宣告した。果してさうなら、帝国大学も、伝染病研究所も、永遠に欧羅巴《ヨーロッパ》の学術の結論丈を取り続《つ》ぐ場所たるに過ぎない筈である。……併し自分は日本人を、さう絶望しなくてはならない程、無能な種族だとも思はないから、敢て『まだ』と云ふ。自分は日本で結んだ学術の果実を欧羅巴へ輸出する時もいつかは来るだらうと、其時から思つてゐたのである」

「田地」とか「果実」とか「雰囲気」といったことが問題になっていることから考えても、この独逸人某というのはベルツを指していると見て間違いないのだろう。ベルツは事実頑固なヨーロッパ至上主義者でもあったわけだが、しかしそれにしても、学問が栄える上での必要条件という意味の「此要約は今闕けてゐるばかりでなくて、永遠に東洋の天地には生じて来ないと宣告」云々は鷗外がコントラストをつけるためにベルツの説を誇張して紹介したきらいがある。なぜならベルツは先の講演を「東京大学が栄え、学問の一中心となり、そこから実り豊かな学問の光が、日本国中のみならず全世界にまで輝きわたることを祈って」了えているからである。

しかし一般的な風潮として十九世紀ヨーロッパには、西欧こそが人類の頭脳であり、他の諸大陸はそれの従属的な手足だ、とする考え方が強かった。鷗外はその種の根深い思想的系譜の一例を「独逸人某」を利用して紹介し、それから森鷗外自身のそれとは逆の考えを打ち出してみせたのである。鷗外は日本の大学がヨーロッパの学術の結論だけを取りつぐ場所ではなく、自己の立場から学術を産み出す日が来ることへの確信と期待とを述べたわけだが、ただそうした学術的な雰囲気がすでにあるかというと鷗外は『妄想』では「敢て『まだ』と云ふ」そしてそれは『洋学の盛衰を論ず』における「……学問の種子を長ずる雰囲気は、果して既に我国に生じたる乎。答へて曰く『恐らくは未だし』」にそのまま相応ずるのである。

森鷗外が明治四十四年の『妄想』や明治三十五年の『洋学の盛衰を論ず』の中で主張したことは、実はすでに明治二十六年から二十七年にかけてのいわゆる『傍観機関』論争でも行なわれていた。それは鷗外が後年にも繰り返し強調した「学問の推挽」ということで（明治二十年代には語順を逆に「学問の挽推」といっていたようだが）、医学界にある学問権がアルバイトのある学者の手に帰せられるべく、医略家にわたすべからざることを論じたものであった。鷗外は洋学についての講演の中でも繰り返しその点にふれているが、鷗外のいう学問の雰囲気というのは、漠然とした教官控室や教室の空気を指すのではなく（そのような情緒的な雰囲気や、感情的な人的結合を指すのではなく）、より具体性を有する学者や学問の上での倫理の確立を意味しているという点に注意したい。鷗外はいう。「独逸の如きは、学者を軽重するに業績を以てし、大学教授の位置の高低は一にその業績の優劣に従ふ。我国は恐らくは未だ然らず」

ここでもまた「恐らくは未だ然らず」が出てきた。およそ業績主義の徹底がなければ学問の種子は長じない、と鷗外はいうのだが、それは近頃のアメリカの大学風にいいなおすなら "Publish or perish" という学者たちの間での倫理《ルール》の確立への主張なのである（なおこの「業績を出すか、破滅か」の刊行物は背中の硬い学術書でなければいけない由である）。

しかし鷗外のヨーロッパ風な提唱は、彼が「心太《ところてん》」と呼ぶところの年功序列制とたちまち衝突してしまった。鷗外は「地位と境遇とが自分を為事《しごと》場から撥ね出した。自然科学よ、さらばである」と自嘲的な口吻を洩らしている。外来の思想は、直接思想として日本の思想と衝突するよりも、日本の在来の考え方を体現化している日本の制度や慣行と摩擦をおこす場合が多い。日本のエスカレーター・システムにのって位が上って行き、管理職にまわされてしまった森鷗外が、そうした慣行を喜ばずにその風潮を嘆いたのだが、明治初年には混沌としてダイナミックであった日本社会が、国造りが進むに従って、徳川時代からの遺産である序列制度がふたたび定着化し、動脈硬化の症状が見えだしたことを鷗外は感じていたのではあるまいか。彼の発言は、ドイツの学界の風を多少理想化したきらいがないわけでもないのだが、「学問の推挽」の尊ばれなかった当時の日本の学界の弊を指摘して鋭い。鷗外は日の目を見ずに学問に精出している人々に同情してこういっている、「奮闘してゐる友達には気の毒である。依然として雰囲気の無い処で、高圧の下に働く潜水夫のやうに喘ぎ苦んでゐる」

「之《ゆ》くとして不可なることなきを信ず」

和文欧語訳の問題で「外国語を習う」を「外国語を研究する」という風に訳したがる大学生が多い。それは誤訳というべきだが、それでは研究者や教師の側についてはどうだろうか。実は「研究」といった言葉や「紀要」といった刊行物は、今日においても必ずしも内容にたいする厳しい吟味を経ずに世に行なわれているのが実体のようだが、その種の水ましやまやかしを鷗外は敏感に指摘する。

「雰囲気の無い証拠には、まだ Forschung といふ日本語も出来てゐない。そんな概念を明確に言ひ現す必要をば、社会が感じてゐないのである。自慢でもなんでもないが、『業績』とか『学問の推挽』とか云ふやうな造語を、自分が自然科学界に置土産にして来たが、まだ Forschung といふ意味の簡短で明確な日本語は無い。研究なんといふぼんやりした語《ことば》は、実際役に立たない。載籍調べも研究ではないか」

ちなみに Forschung は英語の research、フランス語の recherche に相当する。載籍とは書物のことである。

五十に近い森鷗外は『妄想』の中ではたまに鋭い語気を洩らしはするが、もはや日本の精神的風土にたいして積極的に論争を挑もうとはしない。それに反して同じ主題を扱っても、四十の森林太郎は『洋学の盛衰を論ず』の中で、その題が示すように、熱を帯びた口調で論じている。私たちもそれを読むうちに「アルバイト」という語《ことば》が、その日本語における堕落した「小遣銭稼ぎ」の意味から本来の意味へ復権する日の近づくことを祈らずにはいられない。

「我国人中豈絶《あにたえ》て果実輸入に慊《あきた》らざる者なからんや。具眼者は、多くは早く既に彼の学問の種子を長ずる雰囲気を我国内に生ぜしめんと試みたり。独立の研究を以てして、前人未知の事を発明すること是なり、独逸人の所謂ARBEITを貴むこと是なり。近年帝国大学に大学院の設あり、大学紀要の機関を具ふる等、一として此目的を以てせざるなし。予の如きは、菲才微力《ひさいびりょく》なりと雖、亦最も早くこれを唱道したる随一人にして、ARBEITを翻して業と曰ふは殆ど主として予の創意に出で、我軍医学校は始て其室に名づけて業室と曰ふ……其の志の存ずる所、豈見る可からずや」

後年の森の翁《おきな》は、この種の主張が単なる妄想に終ってしまうのか、それともこうした学問的な行き方が力を得るのか、日本の学術の将来はそれにかかっている、と先のことを考えて独語するのだが、そうしたモノローグの心的態度は老《おい》が迫ってきた人のそれである。『妄想』の冒頭の海辺の景色が、鷗外が当時訳したハンス・ラントの『冬の王』の叙景の雰囲気と似たものであり、一部は意識的に借用したものであることは、その孤独な心境を象徴するものといえるだろう。しかし日露戦争の前夜にあっては軍人森林太郎はそうした諦めをもって呟くことはできない。小倉の偕行社で森軍医部長は差し迫った危機意識をもって「洋学の盛衰」を論ずる。森がそこで自然科学について、この種の学風の有無が西洋と東洋の違いであるとするのは、ベルツの説を踏襲したものだが、

「彼の学風は、希臘《ギリシア》ARISTOTELES以来、自然を重んじ、偏《ひとえ》に精神のみを説くに安んぜず。近世に及びて、所謂自然科学の勃興は、全欧洲学問界の気風

を一変せり……此学風は支那の無き所にして、支那朝鮮は其の心を偏重し博物を卑む学を墨守せるを以ての故に、今の憐む可き所動の地位に立ち、我国は此西洋学を輸入したるを以ての故に、今の賀す可き能動の地位に立てるなり」

私たちが演説の冒頭ですでに見たアジアの停滞状態からの脱出の喜びがここでもまた語られているのだが、この種の比較は北清事変直後の清の破滅的な国際的地位の低下と日本の地位の上昇の著しい対比ゆえにとくに痛感されたことにちがいない。

ところでシナにおける文科尊重の弊は、すでに十六世紀の末に明に渡来したイタリア人のイエズス会士マッテオ・リッチが指摘しているが、清では一九〇四年（光緒三十年）を最後の年として文科本位の国家試験であった科挙の制が廃止される。それは千三百余年の科挙の歴史に終止符を打ち、儒教のオーソドクシーにとどめを刺したのだが、その一九〇四年（明治三十七年）に始まった日露戦争の日本の勝利の結果、清の留学生が「西洋学」を学ぶために東の海を渡って大挙して日本へ来るようになった。文化の流れの方向がついに逆になったのである。やや本題をはずれるが、ここでシナ人によって説かれた「洋学の勧め」ともいうべき湖広総督、張之洞の文章を、比較の一助に引用してみよう。この張之洞の『勧学篇』は十九世紀の末に上諭により清の各省に頒布されたといわれている。

「出洋の一年は西書を読むの五年に勝る。此れ趙営平が百聞一見に如かずという説なり。外国の学堂に入れるの一年は、中国の学堂の三年に勝る。……日本は小国のみ、何ぞ興るの暴かなるや。伊藤、山県、榎本、陸奥の諸人は、みな二十年前出洋の学生なり。その国、西洋の為めに脅かさるるを憤り、その徒百余人をひきい、分れて独、仏、英の諸国に詣り、或は政治工商を学び、或は水陸兵法を学び、学成りて帰り、もって将相となり、政事一変し、東方に雄視す……」

この清国官吏の発言は憂国の至情に出たものだが、森鷗外の洋学のすすめも、またアカデミックな場としての大学の建設の主張も、公人としての関心が強く働いて行なわれた提言であることに注意したい。

鷗外はいう。

「若し我国に学問の種子を下すに宜しき田地ありながら、これを開拓することを怠り、甚だしきに至りては、曾て輸入せし所の学問の旧果実は既に用ゐ尽して、復《ま》た其新果実を輸入することだに為さざらん乎。国家の不利恐らくは太甚《はなはだ》しかるべし」

この「国家の不利」などという発想は、よかれあしかれ、今日よりも明治の大学人の方に強かった意識（それも noblesse oblige の）であったろう。そしてそうした知的責任感というものは、二十世紀の後半にあってはアメリカの大学人の間などにかえって強すぎるくらい強いのではないかと考えられる（それが社会生活がほとんど同じであるアメリカとカナダの知的雰囲気に差をつける要素となっている）。それは必ずしも学問の国家権力への奉仕を意味しない、それは知識人の国家や社会にたいする知的責任といったものの自覚である。過去の日本においては主として儒教倫理によって培われていた知識者の公事への責任感である。

軍人には、その職業の性質上、偏狭なナショナリズムに陥る傾向が強い。その軍人をたしなめるには軍人の言葉を引くのが賢明だろう。山根武亮少将は小倉で森軍医部長を信任し庇護してくれた人だったが、森は講演を結論へ持って行く時に、山根工兵少将の言葉を借りてくる。

「聞説《きくな》らく。元の本師団の参謀長陸軍少将山根武亮閣下は、北清より帰りて、熊本に於いて演説して曰く。『我国は西洋諸国を模倣することに由りて、今の好結果を見たり。今より後も只管《ひたすら》これを模倣して可なり』と。言稍々《やや》奇なりと雖、恐らくは予の意と契合するならん」

そしてそれに引き続く鷗外の結びの言葉には文章に迫力があり、彼の自信があふれるばかりに感じられる（なお「是れ庖丁《ほうてい》〔台所の料理人〕の外国語のみ」という結句は、ドイツ語の Küchenlatein「台所のラテン語」すなわち「拙《つたな》いラテン語」にひかれて鷗外が造った表現なのだろう）。鷗外はいう。

「予は此講話を終るに臨みて、本師団に於ける外国語学習の、今より後益々隆盛に赴かんことを希望す。是れ単に以て交際の具たらしめんと欲するに非ず。予は外国語を以て、併せて外国学を研究する用に供せしめんと欲するなり。或は曰く。『既往の外国語を修めし者は、能く書を読みて、其語を口にすること能はず。今後は唯だ会話せよ。書を読むこと勿《なか》れ』と。予は真に外国語に通ずるものの、会話と読書と、之《ゆ》くとして不可なることなきを信ず。若し会話のみにして足ると曰《い》はば、是れ庖丁の外国語のみ」

文明摂取の諸媒体

『蘭学事始』の先例

外国の文明を意識的に摂取する場合には主要な媒体が三つ数えられる。その第一は、いちばんはじめに論じた外国体験であり、その第二はその次に論じた教師であり、その第三はこの節で問題とする書物である。それも細かく分類すれば一国体験と複数国体験、邦人教師と外人教師、翻訳書と外国書、などに分けることができる。そしてこうした意識的努力のほかにも、生活様式や制度それ自体の近代化の中から、従来の伝統社会とは異なる洋式な雰囲気が醸成されてくる。技術者の層で合理主義的発想が体得され、近代社会の中で一勢力となるような現象がそれである。それらのチャンネルの文明の媒体としての意味を探ることは、いずれも比較文化研究の重要な課題であるに相違ない。この最終節ではまず日本人の外国文明との出会いの心理をその第三の媒体である書物を中心に巨視的に考察し、ついでその書籍的偏向を超越した「複眼の人」としての森鷗外の姿を見、その努力の由って来たるところを探ってみようと思う。

日本人は書物をよく読む国民であり、書籍を尊ぶ国民である。この傾向は西洋文明との接触が行なわれる以前からすでに見られた習性であった。西洋の書物は、十八世紀の後半には、『蘭学事始』に記されているように、日本側の発意によって訳出されたという事実は注目に値する（十七世紀・十八世紀のシナでは西洋書物の翻訳は主としてリッチ以下の西洋人宣教師の手で行なわれた)。その苦心の訳業は『蘭学事始』を読む人々を感動させずにはおかないが、蘭学者の系譜に連なる人、福沢諭吉は「我々は之を読む毎に先人の苦心を察し、其剛勇に驚き、其の誠意誠心に感じ、感極りて泣かざるはなし」と書いている。福沢は箕作秋坪《みつくりしゅうへい》と『蘭学事始』の写本を得て両人対坐、毎度繰返しては之を読み、百年前に先輩が『ターフル・アナトミア』の書に打向い「艫《ろ》舵《かじ》なき船の大海に乗出せしが如く茫洋として寄る可きなく唯あきれにあきれて居たる迄なり」云々以下の一段に至れば「共に感涙に噎《むせ》びて無言に終るの常なりき」。福沢はこの種の努力に日本の近代化の原動力を認めて「既に世に亡き人と思ひし朋友の再生に遭ふたるが如し」と『蘭学事始』をはじめて読んだ時の感想をその再版の序に寄せたが、徳富蘇峰もまた「我が日本国民の祖先に、此の如き純粋、且つ忠実なる好学の大人君子ありしを想ふ毎に、未だ嘗《かつ》て知己を千載に待つの心を生ぜずんばあらず」と読書余録に書いている。徳富も福沢と同様、東洋の一国たる日本の百数十年前の学者社会には「既に西洋文明の胚胎するものあり、今日の進歩偶然に非ず」の感を覚えたのだろう。菊池寛はヒューマンな価値に感じやすい作家だったが『蘭学事始』を劇化した。その逸事は学校教科書に載せられたこともあったが、日本人の外国文化受容の一達成の記録といえるにちがいない。このシャンポリオンによるロゼッタ・ストーンの解読にも似た *Ontleedkundige Tafelen* の解読が日本人の手によって行なわれたという点に、他の非西洋諸国とはやや趣きを異にする日本人の積極的な対西洋文明への応答《リスポンス》ぶりが見られるのではないだろうか。日本人は舶来の書物を尊重し、書物は文明の媒体としても非常に大きな役割りを果したが、その理由としてはやはり大陸から離れた島国という日本の地理的位置があげられるように思われる。自分たちは文明の中心に位置してはいないという意識は、古代から今日に至るまで一貫して日本人の中に流れている。しかも日本人の多くは直接外地を踏み、直接良い外人教師に接する機会に恵まれなかっただけに、それだけますます書物が文明の媒体として大きな意味を持ったのである。貧しい書生が、一冊の書物に大金を投じたり、筆写したというような逸話や美談は数多い。榎本武揚が箱館で「国の為めに」といってオルトランの海上国際法の写本を官軍の黒田清隆に贈った話が、人々を動かしたのも、そのような心理的背景を抜きにしては考えられないことであろう。そしてその書物の翻訳にかこつけて榎本の命を救った福沢は、彼自身洋書を買い、洋書を数多く訳したが、また洋書輸入の便のためにも意を用いているのである。日本で洋書の輸入を取扱うことがもっとも古く、また冊数も多い店である東京日本橋の丸善は、福沢の提案をいれて開かれた（明治二年）店である。

書籍的偏向

日本人がこのように舶来の書物を尊ぶ国民であり、徳川時代を通じて藩校や寺小屋の教育により識字率の上ったことが、「儒学から洋学へ」の方向転換の後も有利に作用して、日本の急速な近代化に貢献したことは近年しばしば説かれるところだが、しかし同時に日本知識人の間には書籍的偏向とでも呼ぶべき危険な傾向が、シナ文化にたいした時にも西洋文明にたいした時にもひとしく見られたことに注意したい。

健全な外国認識は、文明の三つの媒体である外国体験、外国人との接触、外国書読書の三つがあいまって得られるところが多いのだが、大部分の日本人にとっては不幸にも文明の媒体としては第三の読書の機会しか与えられなかった。そして会話の能力と読書の能力の乖離も、このような環境から生じた現象なのである。そのような乖離は、いまや教育手段の発達、とくに国外旅行の機会の飛躍的増加によって、幸いにも解消しつつある（昭和三十五年に日本へ帰って来た小田実氏の『何でも見てやろう』（河出書房新社）以来の旅行記ブームや最近の総合雑誌に数多い現地報告の類は、鎖国されていた占領下日本で横行した書物的観念論や理想化された外国というミラージュにたいする反動現象といえるだろう）。実験で裏打ちされていない書物の先験的な理論の権威は、把握の仕方が抽象化されて実体に密着していないからとかく誤った認識をもたらしがちなものだが、それではひるがえって日本人の書物知識と外国認識との関係は歴史的にはどのようなものであったのだろうか。ここではいまなお尾を曳いている書籍的偏向について、その由って来たるところを巨視的に大観してみよう。

　過去において高度の文明は書物という形で日本へ伝わってきた。書物も漢字も日本の国内でできたものではなかった。応神天皇の御代に『論語』十巻と『千字文』一巻をもたらして来朝した百済《くだら》の王仁《わに》は歴史上の人物というよりは一つの文明史的象徴である。海難の危険を冒して日本へ船載された仏教の経典も、そうした路を経て来たものだけに、より尊ばれたにちがいない。ところで漢籍は、シナ文明との接触の当初には、当然のことながら、返り点なしにシナ音のままで読まれていた。今日流にいうならばオーラル・メソッドに相当するにちがいない音道は、遣唐使の発達とともに盛んとなり、延暦年間（七八二－八〇六）には当時の日本の代表的知識人には漢音習得が必須条件となっていた。大学寮の音博士が試験官となって漢音についての試験を行なうという規定までが作られていたのである。しかし、外国語会話の盛衰は、東京時代の日本でも同じことだが、実際的必要と密接な関係をもっている。平安時代も後期に入り、遣唐使が廃止された後は音道はふるわなくなり、十二世紀の中葉の鳥羽院の時代ともなると、宋人と通事も使わずに応接のできた少納言入道藤原通憲などは、無用の事を習ったもの、と世人から奇異の目で見られたという（森克巳『遣唐使』至文堂、参照）。

　漢字という表意文字の特性とも関係することだが、シナ語について会話と読書との間の溝は徳川時代を通じてさらに深まった。長崎の唐通事の会話が思索なき会話だったとするならば、儒者の思索は対話なき思索だった、ともいえるようである。朱舜水の周辺にいた安積澹泊《あさかたんぱく》や対馬藩儒の雨森芳洲などのようにシナ語の会話をよくした人は例外的存在だったのである。文明の媒体は外国体験でもなく、外人教師でもなく、もっぱら外国書物なのであった。書巻の気を脱しない日本の学問社会の一部に見られる書物主義的偏向は、そうした鎖国世界の中で醸成された心理的伝統なのである。それではそのような島国日本の知的状況の中で、どのような心理的傾向が外国研究に際して見られたのだろうか。

第一の傾向は研究対象への情意投合である。荻生徂徠が日本を「東夷」と呼び、自分を「日本国夷人物茂卿」と署したのは、シナの中華思想に則ったわけだが、シナ本位の見方を日本人である徂徠がそのまま踏襲したのである。そしてそうしたシナ崇拝は徂徠よりも林家の人々にあってはさらに強かったといえるようである。

第二の傾向はその日本脱出の錯覚にたいするナショナリスティックな反撥である。その反動は国学者の間ではヒステリックなまでに顕著だが、次の山鹿素行の文章などは儒者にも見られた転向の場合として興味ふかい。

愚《ぐ》、中華文明の土に生まれて、未だ其美を知らず、専ら外朝の経典を嗜み、嘐々《こうこう》其人物を慕ふ。何ぞ其れ放心なるか、何ぞ其れ喪志なるか。抑《そもそ》も妙奇なるか。将《は》た尚異なるか。夫《そ》れ中国の水土、万邦に卓爾し、而して人物は八紘に精秀す。故に神明の洋々、聖治の緜々《めんめん》、煥乎《かんこ》たる文物、赫乎たる武徳、以て天壌と比すべきなり。

この山鹿素行の文章は『中朝事実』の序文から引いたのだが、その際の「中朝」も「中華」も「中国」も、いずれもシナではなく日本を指した表現なのである。それを頭に入れて右の文章を読み返すと、これはシナの中華思想をそっくりそのまま日本へ移しただけのものであり、倒置された自己中心主義であることがわかるだろう。「もっぱら外朝（シナ）の経典を嗜み、その人物を慕」った自己の過去にたいする反作用ともいえるが、「何ぞそれ放心なるか、何ぞそれ喪志なるか」という言葉は、過去の自分及びシナ崇拝の儒者を叱咤する声である。しかし、その日本礼讃の叫びに、大東亜戦争下の皇道主義者の標語を連想させるような強がりが感じられるのは、劣等感の裏返しの優越感のあらわれではないだろうか。

外国崇拝と自己主張の両極の間の心理的動揺は、

このように徳川時代の儒者の間でも激しかったのだが、西洋文明との出会いにはげしく揺れ動く振子としての姉崎正治の心理についてはすでに見た。儒者たちの外国理想化は、実地見聞を欠いていたために、実験する機会をもたなかった理想論として、観念化、抽象化の度合が一層はげしかった、ともいえるようだが、その心理の振動については、江戸時代にも東京時代にも共通する型《パターン》が見られたのではあるまいか。シナ崇拝の儒学者の息子が明治になって西洋崇拝の洋学者となった例などはかなりの数にのぼるようである。

ところで姉崎正治は「未だ欧洲を見ず典籍に依りてその文明を遠望」した時のイメージと、現地で見聞したドイツの姿との差異に驚愕して、『太陽』への通信をしたためたのだが、その際に姉崎は、対象国との情意投合という第一の型からナショナリスティックな反撥という第二の型へ転向した、といえるだろう。そして後年の姉崎はその第一の型も第二の型も超越した第三の型へ向ったのである。

ここでふたたび第二期の姉崎が唱えた洋行無用論をいま述べた日本人の書籍的偏向の心理から考察してみよう。森鷗外は姉崎の洋行無用論をたしなめて「一歩を進めて言へば、洋学無用論たるに近し」と評している。たしかに留学否定の主張は論理的には洋学否定の主張に通じるだろう。しかし姉崎にしても、また姉崎の『太陽』通信に賛成した東京中央の思想界の人々にしても、けっして洋学そのものまでも否定したのではあるまい。姉崎の留学否定の通信に拍手した人々は、「西洋文化については横文字の書物を読みさえすればよい。なにも外国まで出かける必要はない」という考えで姉崎の所論に喝采したのに相違ない。それはいかにも行動性を欠いた書物主義者らしい自己本位の強がりのように感じられるのだが、外国研究を外国書研究と心得ることは、一種の学問的倒錯症状だったのではあるまいか。「横文字の書物は読めさえすればよい」という主張は、一つの世界を目指して苦悶しつつある今日の地球上においては、もはや有効期限の過ぎた理窟なのではあるまいか。——江戸時代の儒者は漢籍を読むだけでなく漢文も書いたのである。彼らは読み書き話しの能力の中で二つまではとにかく出来たのである。それにたいして今日、西洋語について読書の能力だけしか開発されないとするならば、それは一種の知的怠慢であるにちがいない。

それでは最後に、森鷗外の外国語について、それも第一外国語のドイツ語ではなく、第二外国語のフランス語の習得の有様とその意味を探り、かつその努力の由って来たるところを見てみよう。日本の近代に世界に連なる人文の伝統があるとするならば、森鷗外はその系譜の上での偉大な一人であるにちがいないが、日本人の外国研究者の一典型としての彼の姿はいかなるものであるだろうか。巨視的に見るならば、西洋文芸の紹介者としての鷗外の文化史的位置は、フランスにおいてルネサンス期に古典文芸を紹介したアミオーなどの位置に比較することも可能だろう。森鷗外は彼の生きていた時代にあっては日本ではもとより、世界でも有数の東西両洋の知識の持主であった。知識人の役割と機能についての反省がせまられる今日、明治大正の代表的知識人としての森鷗外の姿を、世界の中の日本という文化史的位置を念頭に置きながら、いま一度回顧してみることも無意味ではないだろう。なぜなら森鷗外がいまなお読まれているのは彼が単に小説を書いたからだけではない。作家としては鷗外よりも秀れた小説家はほかにもいる。鷗外の偉大さはやはり彼が偉大な知識人であったという点に存するからである。

複数の知識

「予は真に外国語に通ずるものの、会話と読書と、之《ゆ》くとして不可なることなきを信ず。若し会話のみにして足ると曰《い》はば、是れ庖丁の外国語のみ」

森軍医部長は外国語習得の意義についてその所信を披瀝して『洋学の盛衰を論ず』の講話を了えたが、こうした発言にみなぎる堂々たる自信は、森鷗外その人が小倉で過した二年九カ月を外国語の習得に用いた事実にも由来しているのだろう。鷗外は小倉では余暇にフランス語の稽古にはげんでいたのである。

複数の言葉を学ぶこと、それはおよそあらゆる比較研究の前提だろう。単数の知識の所有者はややもすると一面的な見方に捉われやすいが、その傾向を批判した言葉に次のような句がある。

「殊に笑止なのは英国に永い人はパリやベルリンを誹謗し、仏国に永い人は英独を、独逸に永い人は英仏を良く言はず、駐在国が駐在者の母国でもあるやうな話振りを聞くことが屢々である」

これは実は小磯国昭が在外勤務の陸軍武官の心理的偏向を嗤った言葉なのだが（『葛山鴻爪』四〇九頁）、外国研究者にもその弊がないとはたして断言できるだろうか。森鷗外が小山内薫に語った言葉には次のようなものがある。「露西亜なら露西亜ばかり、スカンヂナヴィアならスカンヂナヴィアばかりと、特殊な一つの外国語だけに通じてゐて、他の外国語はまるで分らないといふ事は、憫むべき事だ」

ところで前にも述べたように、一般にドイツ語ドイツ文化を学ぶ人は、そこに顕著なフランス文化の痕跡を認めるから、自分自身もさかのぼってさらにフランス語を学びたいという衝動に駆られる人が多い。この複数の前提知識の基盤の上にたって、はじめて（ドイツ批判をもふくむ）大乗的な見方ができるようになる。鷗外は、日本にいた間は実感できなかったフランス文化の相対的な位置の高さをドイツ留学中に感得したからだろうが、ベルリン時代にフランス語を習いかけている。そしてその種のフランス文化への憧れのなせるわざかとも思われるが、小説『舞姫』の主人公太田をドイツ語もフランス語も達者な人として描いている。複数の語学を習うよりもただ一つの言葉（といっても実はすでに日本語の他の一外国語という意味であるが）を究める方がよい、という主張は今日でも蔭では根強いが、そしてその事は英語もよくできないような大学生については確かにいえることだが、森鷗外は世の中にはそれとは別の行き方もあることを小説『二人の友』の中で次のように説いている。ドイツ語だけを熱心に学ぼうとする若い友人について鷗外は書く。

「君は『フランス語も面白いでせうが、僕は二つの語を浅く知るより、一つの語を深く知りたいのです』と云ふ。『亦一説だね』と、私は云ふ。この背面には、さうばかりは行かぬと云ふ意味がある。君はそれを察する」

ところでこれは周知のように森鷗外の九州時代の

生活を描いた作品の一齣なのである。小倉で鷗外はフランス語をフランス人宣教師フランソワ・ベルトランから学んだのだが、それについての証言を二、三選んで拾ってみると、ベルトランが語ったという話に、

「(森さんは) 仏語は大層熱心で、師団長の宴会があっても構わず教会へ来るので、馬丁が心配して軍服を持って馬を引いて迎に来る始末であった。又帰京してからも、年賀状は仏語で寄せられた」(森潤三郎『鷗外森林太郎』)。

四十歳近くになって新しく外国語を学ぼうとする人はそう多くはない。ましてやそれをものにする人は数少ない。しかし鷗外の進歩は目ざましくて、ベルトランは「森閣下は世界の偉人である。余は未だ嘗て斯る頭脳明瞭なる人に面接した事はない……」(山田弘倫『軍医森鷗外』) と感嘆の言葉を洩らしている。また鷗外は最晩年になってからもフランス人とフランス語で筆談はできたと永井荷風は伝えている。そして鷗外は後には娘をフランス系のミッション・スクールに入れて、娘のフランス語のおさらいまで助けたりもしたのである。森鷗外は九州に左遷されたが、その余暇を善用したといえるだろう。当時の生活の詳細は森自身の明治三十二年十二月十九日の手紙に出ている。

「この頃は、午前九時出勤三時退出、直ちに衣服を更へて仏語教師の宅に参り六時に稽古済み、帰りて湯をつかひ、晩食し、直ちに葉巻一本啣《くわ》へて散歩に出で申候、一本がなくなるまで小倉の町を縦横無碍に歩めば、丁度一時間位立ち至極体によろしく候。それにて九時頃に相成候。それより仏語の手帳を浄書し、又梵語を少しやれば……」

そしてそのフランス語について、元第十二師団の参謀長であって明治三十三年五月に佐世保の要塞司令官に補せられた山根武亮少将に次のように書いている。北清の雲行のただならぬ同年六、七月頃の手紙である。

「拝読仕候　清国の事大分おもしろさうに相成り腰の軽く出掛けらるる人の羨むべきを覚え候。クラウゼキッツは休つづけゆゑ小生提議して大庭君を定日に宅へ招き筆記いたさせ候。……フランス語は宣

教師重病のため久しく休み居り残念に候。然し im Nothfalle には話して見らるる位に相成居候がせめてもの事にて是れ亦小倉在勤の賜と存候。田舎風の小家却て可羨之至に候」

森は軍人としていざという場合には自分も聯合軍の連絡を取るくらいの覚悟をしていたのであろう。そうした技術を身につけたことへの喜びが、この自分を理解してくれる上司への手紙の行間に感じられる。

しかしこうした記録を掲げて、「沈黙時代」の森鷗外が九州の日々をなんらの不満もなしに過したようにいうことは、鷗外の姿を聖人化することになってしまうだろう。小倉行の人事が決った明治三十二年六月には、森はその不当を憤って辞職することを考えたほどである。部下もその不当に驚いてストライキをしかねまじい空気であったという。森鷗外は母や弟に説得されてようやく翻意して九州へ赴任したのだが、その時新橋駅に乃木将軍がわざわざ送りに来たのは、そうした事情を薄々知っていた上での心づかいであろうといわれている。彼の左遷の原因については鷗外側の証言のみ多く残り、小池正直側の証言が聞かれないのが残念だが、周囲の嫉妬のためであったといってまずまちがいないようである。森が明治三十二年八月に小倉から本省の医務局衛生課長武谷水城へ宛てて書いた手紙は、上司へのとりなしを武谷に頼んだものだが、その悲観的な憤りの文面を読むと、当時の森鷗外が周囲の中傷をいかに神経質に気にしていたかがよくわかる。鷗外はドイツ語にかまけて専門の官事を抛擲《ほうてき》している、というたぐいの讒言《ざんげん》に悩まされていたので、その手紙には次のように書いている。

「……平生独逸書ヲ愛スルヲサヘ人材ヲ取捨スル標準ヲ誤ル所以《ゆえん》トナシ、シルレルノ書ヲ読マシメテ黜陟《ちゆつちよく》スルナラント云フニ至ル。冤《えん》モ亦甚シト謂フベシ、外国語ハ特ニ大臣ノ奨励セラルル所、若シ軍医ニシテ真ニシルレルノ書ヲ読ムコトヲ得バ是レ衛生部ノ名誉ナラント存ゼラレ候……」

黜陟とは無能者を斥け有能者を重用する意味だが、「森は部下にフリードリヒ・シラーの作品を読ませて人物の評定をする」などと勝手な噂を立てる者がいる、と森鷗外は釈明するのである。しかし鷗外にその種の傾向が全然なかったとはいえないだろう。

さてそうした事情を背景に考え、かつ小倉でのフランス語学習の熱意や東京中央の思想界における文化的ショヴィニズムの擡頭などを思いあわせると、東京転勤に際して行なった森のお別れの講話が『洋学の盛衰を論ず』であったことは、いかにも選ばれるべくして選ばれた主題のように思われる。そしてその講話を了えた翌々日、森鷗外は小倉師団の人々に惜しまれつつ車中の人となったのであった。

学問の伝承

森鷗外は生涯不断に励んだ人だが、その学問の動機は内発的な欲求に基づくものが多く、いわゆる点取り虫ではなかった、ということにも注意しておきたい。森鷗外が受けた教育については『キタ・セクスアリス』の中に種々言及があるが、短文『サフラン』の中では父森静男からオランダ語の手ほどきを受けたことを次のように書いている。

「父は所謂蘭医である。オランダ語を教へて遣らうと云はれるので、早くから少しづつ習つた。文典と云ふものを読む。それに前後編があつて、前編は語を説明し、後編は文を説明してある。それを読んでゐた時字書を貸して貰つた。蘭和対訳の二冊物で、大きい厚い和本である。……」

小倉時代の鷗外は、今度は彼も父親として東京に残してきた長男於菟《おと》に、静男がしたと同じように外国語の手ほどきを授けようとして通信教授を行なっている。ただその際、長男に教える外国語はもはやオランダ語ではなくてドイツ語になっていた。そして鷗外自身はその時小倉でフランス語を熱心に学んでいたことについてはすでに述べた。

父から子へ、子から孫へ、というこの学問の伝承は、近代以前の学問伝承の形式である。鷗外の場合には、それは外国語の手ほどきを受ける、あるいは手ほどきを授ける程度の象徴的なしぐさに終っているが、鷗外の学問への努力は宗教的信念とか超越的な目的のために行なわれたものではなく、現世的な人間の代々の営みであったといえるだろう。明治人として鷗外には国家の為という意識は強かった。立身出世の意欲も強かった。しかし、それ以上に一見ニヒリズムに近いような無償の、しかし人間的な努力がその奥にあったように思える。彼岸《ひがん》教徒としてではなく此岸《しがん》教徒としての努力があったように思える。

鷗外が『伊澤蘭軒』などの史伝の中で、父から子へ、子から孫へ、と叙しているのはけっしてゾラの小説形式の影響によったものではないだろう。鷗外自身が『ルゴン・マカール叢書』に言及しようとも、その相関関係はむしろ弱いものである。鷗外にとって徳川時代の学者、澁江抽斎や伊澤蘭軒がコンジェニアルに感じられたことが、あのような大河史伝の執筆の動機となったのにちがいない。晩年の鷗外の学問的努力はなにか、といえば、それは抽斎や蘭軒のそれに近い、と答えるべきではないのだろうか。

徳川時代の知的伝統が森鷗外の中に生きて伝わったことを如実に感得させるものは、彼の書物の読み方である。その一半は若き日の鷗外の書き込みのあとからも推察されるのだが、その数多い書き込みは彼の勉強努力の痕を示して、それを読む人に鷗外の心理を追体験させるものがある。あるいは墨で、あるいは朱筆で、あるいはペンで、あるいは鉛筆で引かれた線や書きこまれた言葉は、鷗外の書物との対話の名残りである。江戸時代の儒者が漢籍に朱を入れて読書したように、鷗外はレクラム文庫のゲーテに朱を入れて読書したのである。

森鷗外は多くの文芸批評家からとかく官僚的と見なされ、秀才と目され、そのために悪しざまな評価を受けたこともあった。ところが意外なことに、鷗外が最年少の十九歳で東大医学部を卒業した時の成績は、試験前に健康を損ねたということもあって、一向に芳ばしいものではなかった。しかし考えてみると、一般に好成績を狙う人の中には学問上の実質的成果をあげようと志すよりも、外的な認定を重んずる人が多い。いわゆる点の甘い先生の授業に学生が集中するのはそのためである。官僚として上司の命令を奉じて事務を行なう要員にはそうした人たちが適しているのかもしれない。またそうした人たちで学者の道を選ぶ人もいるかもしれない。しかし、そうした人たちは学者として論文を作るとしても、単に称号を取るために書くのだから、いったん社会的地位を獲得すると、とくに終身雇用制のもとでは、学業を怠るようになる。それに学問の発展にとり有害なことに、そうした人の研究は真の意味で新しくない。上司に認められようとするから、手法はおおむね従来のそれに則って、ただそれを別の方面に応用したまでの成果であり、研究のstyleそのものまでをも革新することが少ない。むしろそれを敵視する。師がある主義であるならば、自分もその主義を奉じ、弟子にもそれを強制しようとするタイプである。この傾向は日本社会の縦割り構造の中では不可避的に強くなったといえるだろう。

　ところで森鷗外は、非難する側の人からはよく山県有朋との結びつきを指摘され、官僚的ともいわれたが、しかし鷗外には右に述べたような官僚的学者の弊害はおよそ見られないのである。森が点取り主義を取らなかったことは、その種の弊を戒めた三十代のはじめの『日本医育論』にもすでにあらわれている。

「(大学)卒業生は已に試験を経たり。卒業生に非ざるものは将に試験を受けんとす。此試験に高点を博したるものが必ず後年に望ありといふべきにあらず。其点の低かりしものにも亦或は将来学界の将星たるべきものあらん。余等はかく思ひしが故に、此(点数尊重の風)を見るに及んで慊然《けんぜん》たるものありき」

　人間およそどこかで首席とならなかった人は、試験に落ちたり浪人の体験もなく最高学府を出た人の間では、むしろ珍しいといえるだろう。その上、外国の学界で颯爽と振舞えば、学問のオリンピックに日の丸の旗を掲げたように当人は一生忘れ得ぬ感激を覚える。その得意は、森鷗外も『舞姫』や『独逸日記』に記している。成績がよいのはたしかに結構だ。しかしそれだけではなにか欠けているのではないか。森鷗外が『当流比較言語学』でStreberについて論じた言葉を読めば、鷗外のその種の学生やその種の官吏にたいする嘲りのほども察せられよう。

　「生徒は学科に骨を折つてゐれば、ひとりでに一級の上位に居るやうになる。試験に高点を贏《か》ち得る。併《しか》し一級の上位にゐよう、試験に高点を貫はう、其心掛が主になることがある。さういふ生徒は教師の心を射るやうになる。教師に迎合するやうになる。陞進《しようしん》をしたがる官吏も同じ事である。……官立学校の特待生で幅を利かしてゐる人の中には、沢山さういふのがある。官吏になつてからも、僕は随分 Streber のゐるのを見受けた。上官の御覚めでたい人物にはそれが多い。秘書官的人物の中に沢山さういふのがゐる。

Streber はなまけものやいくぢなしよりはえらい。場合によつては一廉《ひとかど》の用に立つ。併し信任は出来ない。学問芸術で云へば、こんな人物は学問芸術の為めに学問芸術をするのでない。学問芸術を手段にしてゐる。

日本語に Streber に相当する詞が無い。それは日本人が Streber を卑むといふ思想を有してゐないからである」

鷗外の『当流比較言語学』が書かれたのは明治四十二年だが、その七年前の『洋学の盛衰を論ず』の中でもこの Streber のことがやはり問題となっており、ここと同じように横文字のまま引用されている。

しかし、そこではやや異なるニュアンスで引かれている。この非難は実は学者たちによって逆に悪用される危険性を蔵しているので、もしなまけ者やいくじなしが席をぬくぬく温めながら他人を Streber とか ambitieux とか pusher といって中傷するような風潮が生じたならば、それは Streber の存在以上に歎かわしい堕落となるからである。『太陽』誌上で姉崎が独逸の学風の忌むべきを説いて、大学の講説の価値のないこと、業績濫造の弊のあること、などを言ったのにたいし、森は、

「研究の業を重んずる風習は、其暗黒面に於いて、価値少なき業の濫出を致し、彼（ドイツ）に Streber と称する一種の野心家の、無用の報告を競ふことは屢々《しばしば》これ有り。而れども恐らくは以て研究精神当体を累するに足らざるならん」

と述べている。この Streber の問題については（たとえば日夏耿之介氏はもっぱら『当流比較言語学』に説かれた面を強調しているが――そして、それは詩人肌には合う意見だが）、おそらくこの両面をともに見ておく必要があるように思われる。その

両面を公平に見なければ鷗外の主張する「学問の推挽」もまた空しい文字となってしまうからである。

複眼の人、森鷗外

それでは官吏でありながらその余暇にあれだけの知的・芸術的業績を達成した森鷗外を駆った努力ははたして東洋的伝統のみに発した力だったのだろうか。それだけではないだろう。幸田露伴などから見れば、鷗外はいかにもバタ臭い人だった。そしてその西洋臭のゆえに陸軍部内でも毛嫌いされたことがしばしばあった鷗外である。欧風なものは彼の生活習慣の中だけではなく精神の面においてもしみこんで、血となり肉と化していたにちがいない。たとえば、鷗外がドイツ留学中に親しく接したロオトやペッテンコオフェルなどの姿は、彼にとっては軍医や医学者としての典型として映じたことに相違ない。彼らの生き方は鷗外にとっては人間の尊ぶべき生き方の一つの範として終生忘れることのできないものであったろう。

「諸君よ、諦聴《ていちょう》し玉へ。倦《う》まざるの業《ぎょう》と撓《たゆ》まざるの気と高尚なる目的の為めに生ずる感想とは我前途を照せし三星なり。諸君よ縦令《たとい》、今の世の中は渾《すべ》て唯物的《マテリヤリスチシュ》の観をなすにもせよ、恒に首《こうべ》を挙げて此三座の星宿《せいしゅく》の天に麗《かか》れるを仰ぎ視《み》玉へ」

この七十の誕辰を迎えたペッテンコオフェルの言葉は、またなんと美しく詩的な響きを発することだろうか。ペッテンコオフェル師に親炙《しんしゃ》した鷗外の感動は、この訳文に移されて生動し、それを読む私たちをも励ましてくれるが、この訓《おしえ》は鷗外の脳裡には終生こだましていたことにちがいない。鷗外は自分の孫の一人に真章《マクス》という名を与えているが、それはこの Max von Pettenkofer にあやかってつけた名前なのである。

外国人教授に師事して愛された、というだけならば、そうした日本人は数多いであろう。しかし、自然科学の留学生でありながら、西欧の詩歌を愛するというほどの教養人は今日においても多くはないであろう。森鷗外はドイツの抒情詩を愛したが、人生観のうたわれている詩歌もまた好んで読んでいる。小説は読みやすく誰にもはいりやすいジャンルだが、それに反して詩は（詩こそ西欧文芸の大道なのだが）そこにヨーロッパ人の魂が歌われているだけに日本人には近づきにくい。鷗外がそうした西欧の詩歌を近代の日本人としてはじめて身にしみて理解し、味到し、日本語に移したということは、とりもなおさず鷗外が西欧の魂にふれたということである。そしてその魂にふれ、その魂の動きに共感することにより、鷗外の魂もまた変わったと見るべきであろう。しかし、その変化は鷗外にあってはなめらかに行なわれた。儒教的な修養（「修養」は英語に訳すればやはりself-cultureだろう）の努力は断絶することなく西欧的な人格形成の努力と結びつき、自己による自己自身の創造という雄健な生き方が鷗外の生涯を貫徹することとなったと見てよいのではないだろうか。

それでは外から見てより把握しやすい知識という面での東洋と西洋の均斉はどうであったろうか。バランスを取るということは、折衷主義の危険も蔵していないわけではないのだが、森鷗外の精神は、小泉信三がいうように「透徹と均斉の異名である」。森鷗外がその点について一番はっきりとポジティヴな見解を述べているのは『鼎軒先生』という田口卯吉の追悼文においてであろうが、その中で鷗外は日本の近世の学者を一本足の学者と二本足の学者とに分けて、国学、漢学、西洋学の一本足の専門家だけでなく、「時代は別に二本足の学者を要求する、東西両洋の文化を、一本づゝの足で踏まへて立つてゐる学者を要求する」と述べているが、この「二本足の学者」という名称は、先にすでに述べたように、誰にもまして、鷗外その人にあてはまる呼び名だったのではないだろうか。

彼の和漢洋の知識の総合は、過渡期にのみ見られる偉大さ、といった感もするまことにユニークなものだが、その知識は幼年時代には親にいわれるままに勤勉に学んだものだろう。医学の上では科学者としての野心もあったにちがいない。また責任ある知識人として白人自尊の「黄禍論」などを「梗概博士」と嘲けられながらも次々と紹介する態度には、兵家の「彼を知り己を知れば危ふからず」という武士の血を引く人の性格の強さがうかがわれよう。森鷗外の講演『洋学の盛衰を論ず』に、姉崎の発言に見られたような劣等感と優越感のいりまじった判断の迷いが見られないのは、安定した二本足の学者として、事態を直視するその性格の強さに由来する。小倉に左遷された森鷗外はある意味では孤独な人だったにちがいない。しかし学問の力は、その力それ自体の重みによって主張され後世に伝わる場合もある。森鷗外の発言が今日でもなお傾聴に値するのはその為である。私は『洋学の盛衰を論ず』を読むたびごとに、昭和の軍人にたいしてこれを説く人のいなかったことを惜しまずにはいられなかった。

しかし昭和の排外的ナショナリズムはもはや少数者の力ではいかんともしがたい全体の風潮の問題だったのかもしれない（なお日支事変の最中に xenophobia を戒めて、西洋学の意義と明治時代の西学東漸の文化史的意義を説いた人としては西田幾多郎や阿部次郎があげられる。日本文化を、国家単位の旧分類の枠にとらわれず、国際的な視角からとらえたこの発言の意味についてはすでに多少ふれたが、ここでは西田幾多郎の発言の内容に森鷗外の『洋学の盛衰を論ず』の内容と共通する点の多いことだけを指摘しておきたい）。

複眼の人森鷗外は第一次世界大戦の最中にはフランスのドイツ学の有力者 Charles Andler の書物を取り寄せて汎ゲルマン主義の研究に心をかけている。それは昭和にはいり、ナチスが擡頭しだすや、九十翁に近い西園寺公望がフランスからナチスム研究の書物を取り寄せて調べた態度と共通するものがある。そしてそれは単眼のドイツ一辺倒の独文学者が日本でもナチス・ドイツ謳歌を一部で盛んに唱えはじめた頃のことであった。

より私的な活動の面を見ても、森鷗外の生涯は、芸術創作の楽しみをまじえた精進努力 Streben の生涯であった。鷗外がレクラム文庫を読破した態度が儒者が漢籍を読む態度と似ていたことは先に述べたが、書物にふくまれた思想は、読まれることによって、逆に読み手に作用する。『ファウスト』の訳者森林太郎には、やはりファウスト的衝動 Faustischer Drang に駆られた努力が、終生不断に働いたように思われる。旧制高校生の内発的努力を象徴する句は、寮の壁に落書されてあった次のような句であろう。それは人間の自律的な自己による自己自身の創造を讃えた詩句であった。“Wer immer strebend sich bemüht, den können wir erlösen!”（「誰でも、断えず努力してゐる者は、われ等が救ふことが出来る」）。この「われ等」は天使らのことであり、此岸教徒の森鷗外は、救われるとか救われぬとかいうことは気にしなかったようだが、その気魄においてこの『ファウスト』の句にあるような意味での Streben を重ねた人だったろうと考える。

第二部　非西洋の近代化と人種間問題

風にのって花粉が飛び、種が散り、思わぬ土地に異国の花が一輪咲いた。そのような思想や詩歌の伝播のあとをたどるのは心楽しい作業だが、しかしその種の追跡調査はややもすれば個別的な挿話に終りがちである。文明の接触や相互作用が生みだす軋轢の文化史的な意味を広く探ろうとするかぎりは、審美的な領域のみに留まることは許されないのであろう。ちょうど生体にも異物にたいする拒絶反応があるように、文化交流の諸影響にも暗い面がないとはいえない。とくに日露戦争のように非白人の国日本が、西洋文明の所産である近代的な軍備によって、西洋の一大国ロシアと戦ったという状況には、心理的に矛盾が秘められている。それに、文化間の諸問題は文化の担い手である人種間の問題とも無縁ではあり得ない。文化交流から咲きいでた愛すべき花々が、その母胎である国家間や人種間の問題とどのようにかかわっているのか。文化交流の研究者がとかく目を伏せ、避けて通りがちな苛烈な国家間の関係の現実を、日本人と西洋人の双方の視角から観察するようにつとめたのが日露戦争にふれたこの第二部である。人間誰しも薔薇色の面のみを見たいのは人情の自然であろう。しかしそのような性向にひかれているうちに一方的な見方にくみすることがありはしないか。その種の懸念が筆者をしてこの灰色の主題をやはり取りあげさせた。そしてその際、今日的な視点に立って一方的に過去を裁断するという警世的な大学教授やジャーナリストに多い弊を避けるよう、明治日本を内からも見、外からも見るようにつとめた。過去にはそれなりの内在的な論理の発展があった。それに即して理解し、それに即して説明しようとつとめた。読者が先入主にとらわれることなく、虚心に内外人の発言を読まれることを希望する。

森鷗外と黄禍論

——軍人、科学者、外国研究者の知的責任

文化間の問題と人種間の問題

近代化に伴う諸問題の中には、その問題が表面化する時期に早い遅いの差はあるが、先進国にも晩進国にもともに生じる問題がある。経済面、技術面、社会面などで見られる共通したそれらの現象は、いわば時間という縦の軸に沿って生ずる問題といえるだろう。近代化についての比較研究が西欧諸国、北アメリカ、ロシア、日本、そしてやがてはシナなどについて可能なのはそのためである。ところがそれらの問題とは異なって、いわば空間という横の軸に沿って発生する問題がある。非西洋対西洋の諸問題がそれで、それらは非西洋の側にとっては圧倒的な重要性を帯びてくる。内発的で自発的であった西洋先進国の近代化の過程とは異なって、非西洋の西洋接触以後の歴史には、他発的、他動的な要因が強いからである。同じく後進国のカテゴリーの中へ分類されている国々といっても、ラテン・アメリカの白人系の住民の場合とは異なって、アジアやアフリカ諸国の近代の歴史では、対西洋との関係が、外部から強制された重大な問題としてあらわれる。伝統的社会は西洋文明と接触することによって急激に変化するのだが、その出会いから生ずるさまざまな問題は、西洋と非西洋が文明圏を異にするところから、比較文化的 **intercultural** な諸問題であるといえるだろう。そしてその問題の一つとして人種間問題があげられる。これは西洋文明の担い手と他の文明の担い手が人種を異にするところから、西洋と非西洋の出会いの際には人種間関係 **interracial relations** が生じたためである。

　ところでその人種間問題の一つに「黄《こう》禍《か》論《ろん》」**yellow peril** という奇妙な問題がある。これは西洋と東洋の間に生じた誤解の一例だが、文化的伝統を異にする二つの人種の接触に際してはややもすると

誤解が生じやすいものである。誤解の発生は不愉快なことだが、不愉快だからといって目をそらせばそれで問題が消滅するという性質のものではない。森鷗外は知的誠実をもって「黄禍論」に対処した明治日本の代表的知識人だったが、以下の一文では非西洋の近代化と人種間関係という角度から森鷗外における西洋と日本の問題にふれてみようと思う。森鷗外は狭い意味での文士ではなく、文壇史的な文学史では把握できかねる幅の広い人物である。「黄禍論」についていうならば、これは森鷗外とペン・ネームで呼ぶよりも森林太郎と本名で記す方がふさわしいほど、森の中にある外国研究者、軍人、自然科学者、といったさまざまな面が有機的にまじりあって強く出ている論題である。森鷗外は創作家であったが、同時に知識人としても偉大な存在であった。大正・昭和の職業作家の一部が、年代的には鷗外よりも後から来た人たちであるにもかかわらず、読者層から先に見はなされた理由は、かれらが小説家ではあったが、もはや知識人としては明治の森鷗外や夏目漱石のような幅を持ちあわせていない人が多かったからにちがいない。

ところで今日、この種の人種間問題に接する際に、あらゆる人間は平等であるという主張のもとに、西洋による非西洋支配の過去を法律家的に裁断し、弾劾しようとする態度が一部には見られる。とくに新興諸国家の指導者たちの間では、そのような傾向が顕著なように見受けられる。そのような態度や主張は心理上の反作用現象であろうが、政治的権利回復のスローガンとしては、たしかにある意味をもっている。しかしそうはいっても現在の道徳基準に照らして過去の歴史を律するような行き方は、歴史それ自体の性質を理解する上には必ずしも有効であるとは思われない。それだからここでは先験的な原理を大前提に掲げて、それに依拠して歴史を裁断するような硬直化した態度は取らなかった。人種間問題には心理的な要素が多く、この複雑で陰影に富む現象が、既成の特定の史観の適用で解決できようとは思われなかったからである。およそ心理上の問題は、文学上の問題と同様、単純な公理に還元できる性質のものとは考えられない。ゲーテは過去を見る際に一人の秀れた個人の肉眼を借りて歴史を見ることをすすめた。後代のいかなる明晰な歴史学者の論文よりも、その当時の人の目を通しての方が、その過去の時代が判然と見える、とゲーテは述べている（ハインリヒ・マイヤー宛一七九六年四月十八日の手紙）。そのゲーテの風にならって、私も森鷗外という秀れた個人の目を通して非西洋の近代化と人種問題の一端にふれてみようと思う。人種にまつわる幻想や偏見は、なにもマスコミ関係者の意図的な歪曲によって生じるだけではなく、報道関係者の正義感――安直な正義感によっても増幅されることが多いのである。「黄禍論」などという日本人にとって不愉快な問題に森鷗外は知的にどのように対処したか。そして詩人としてはどのような反応を示したか。その間の事情を本章ではとりあげてみよう。

北清事変と人種意識

「北京にある諸国の公使館が拳匪《けんぴ》に囲まれたのを救ひに、ヨオロッパの二三箇国と日本との聯合軍が出掛けて行つて、北京との聯絡が付くとか付かないとか云つて、新聞の号外が一日に幾度も、東京の町を呼び歩いてゐる時の事であつた」

　これは森鷗外の小説『灰燼』の第二回の一節で、鷗外が『灰燼』を書きはじめたのは明治四十四年だったが、作品中の時の設定は明治三十三年ということになっている。そしてその年の夏におこった北清事変の推移は、第三回のはじめにも次のように記されている。

「……此邸でも上下とも話の種は、支那の騒動の事で持ち切つてゐるが、度々新聞の号外は出ても、なんのはかばかしい報道も無い。何につけても列国々と云つて、互に睨み合ひ、遠慮し合つてゐるらしく思はれる。只北京に包囲せられてゐる、我公使館の人達がさぞ困つてゐるだらうと思ひ遣つて、気を揉むばかりである」

　ところがそれが第五回の書出しになると、

「八月になつてから、急劇にはかどつて来た、聯合軍の為事《しごと》が、とうとう十四日から十五日に掛けて成功して、北京の公使館に立て籠つてゐた人々は、危い地位から救ひ出された」。

そして小説中の一人物谷田の主人は、その確報が新聞の号外に載ったのを読んで、喜悦の情をおさえきれず、

「ああ、実に結構な事だ。これでヨオロッパ人共も我軍隊の威力を認めずにはゐられまい」

といっては盃を傾けているのである。北京で包囲されていた日本人や西洋人が無事に救出されたというだけでさえ嬉しいことであるのに、その軍事行動に参加して主役を演じたのが日本の軍隊であったというのだから、日本人が喜んだのも無理はない。鷗外の小説『灰燼』の作中人物の喜びの言葉は一九〇〇年当時の国民感情をすなおに伝えたものといえるだろう。日本人は伝統的な武俠的な感情についても満足を覚えたし、その上幕末以来の国民的な念願であった西洋列強と対等のプレスティージュを獲得できるかに見えたからである。

森鷗外は北清事変がおこったころ、九州の小倉の第十二師団の軍医部長の職にあったが、ドイツ公使ケッテレルが殺されて国際的な紛争となった拳匪の乱にたいして深い関心をはらっていた。その当時の鷗外の心境は書簡や日記からもうかがわれるが、明治三十三年八月七日、東京の母森峰子へ宛てた手紙には次のような興味ふかい話が記されている。

「支那より帰りし軍医の話に外国兵の傷は殆ど皆背部にあり逃げながら打たれしものなりと申候　これ等は新聞などに出しては外国に対し気の毒なること故　人には言はぬが好からんと私申置候　日本兵の丸《タマ》は皆前より後へぬけ居候由に候」

侍の子の気持が、この母親宛の手紙の行間に看てとられるようである。鷗外にはそのような個人的な通信だけでなく、公人としての発言もたびたびあった。たとえば『普通教育の軍人精神に及ぼす影響』では太沽《タークー》における日本の海軍陸戦隊の活躍を次のように評価している。

「我陸戦隊の太沽を抜くや、白石大尉先づ我国旗を掲げんと欲す。同時に英国の士官も亦国旗を掲げんと欲す。爾時《じじ》砲弾側に墜ち英国人踟蹰《ちちゅう》す、白石は急に之に先《さきん》ずと云ふ。此説果して真ならば、白石の如きは常住智あるものと謂ふべし」

日本の将校とイギリスの将校が一番乗りを争った

時に砲弾がそばに落ち、イギリスの士官は一瞬躊躇した。すると間髪を入れず白石大尉が先に日の丸の旗を掲げたというのである。森鷗外はその気転の利いた大胆な行為を「白石の如きは常住智あるものと謂ふべし」と評した。その講評はさりげなく書かれているが、森鷗外の個人的な見解ではなく、クラウゼヴィッツの『戦論』にいわれるところの Geistesgegenwart ——鷗外は『戦論』の中ではそれを「常住心」と訳している——に依拠しての講評なのであった。

北清事変についてはさまざまの評価が西洋側や中国側で下されており、日本でもそれに取材した小説が書かれたりしたが、戦闘経過そのものについての貴重なしかも興味ふかい記録はやはり柴五郎の『北京籠城記』(平凡社東洋文庫)であろう。柴陸軍少佐は北京籠城の際、各国公使館や居留民団に推されて防衛の指揮をとった人だが、観察眼も鋭く、文章も見事で、『佳人之奇遇』の著者柴四朗の弟であることを思わせる。ただしこの非西洋の近代化と人種間問題を論じた拙論の中で問題となるのは戦闘の経過そのものではなくて、北清事変が日本人や西洋人に与えた思想上の影響についてである。白石海軍大尉の勇敢な行動や日本軍の規律正しさは、ヨーロッパ人や中国人に深い印象を与えた。柴少佐の名前はイギリスの新聞に報道され、Major Shiba の名が新聞の見出しを大きくかざったこともあった。日英同盟締結の素地はその時にできあがったといわれるほどで、事変終了後柴少佐は陸軍武官としてイギリスへ派遣されたが、日本政府は彼の名声を外交上の効果に利用したのであったろう。一九〇〇年当時の国際的水準に照らして日本軍の優秀性がこのように現地で比較され確認されたのだが、その比較は日本と中国の間だけではなく、日本と西洋の間でもなされた。ヨーロッパの聯合軍側は日本軍を高く評価したが、西洋人のそのような日本評価とはうらはらに日本側には予想外な西洋発見があった。それというのは明治初年以来日本が常に模範として仰いできたヨーロッパの軍隊が、日本人が理想化していた西洋人についてのイメージを破るような野蛮な行為を次々としでかしたということである。柴五郎の『北京籠城記』にも詳しいが、聯合軍の暴行掠奪には目にあまるものがあり、北京市民は日本軍占領地域へ安全を求めて続々と避難しにきたという。そのような現象を眼のあたりにした日本人の中には、軍事行動に伴う自負の念の高まりとあいまって、西洋人は道徳的に必ずしも尊敬すべきものではなく、むしろ賤しむべきものである、という考えを抱く者があらわれた。中江兆民は『一年有半』に収められた「恐外病と侮外病」という一文でこの問題にふれて次のように書いている。

「但《ただ》近日営を北清の野に連ぬ、聯鑣《れんひょう》して敵に当るに方《あた》り、彼等が大に其弱失の処を見《あら》はして、蛮野の風を発せしを見て、我邦軍人輩、皆始めて彼等の所《いわ》謂《ゆる》文明の往々形質の表に止まりて、理義に至つては我れと相下《くだ》らず、或は大に我れに劣る有るを知れり」

そして中江兆民はこれから先、日本人の恐外病が一転して侮外病となるのではないか、「けだし一の極より他の極に走るは常人の情なり」として、日本人の西洋崇拝の感情が、西洋侮蔑の感情へ転ずることを予測したのである。B・H・チェンバレンの *Things Japanese* の「歴史と神話」の項には次のような言葉が記されているが、それはおそらく右の中江兆民の発言を受けて書かれたものであったろう。

"One incidental result of such close contact with European diplomacy and with European soldiers was to diminish the respect of the Japanese for Europe. They discovered that their revered Western instructor in science and practicial arts was no better morally than themselves,—— less good, indeed; that his unctuous phrase and laboured circumlocutions were a mere veil for vulgar greed. At the same time it began to be suspected that as soldiers, too, the Westerners might be no braver than the Japanese,——less brave perhaps."

日本人はかねがね西洋人を自然科学や応用技術の師として尊敬してきたが、その西洋人は道徳的には日本人より秀れていないのではないか、ひょっとすると劣っているのではないか。西洋人の外交上の美辞麗句は卑俗な貪欲をおおい隠す単なるヴェールにしかすぎないのではないか。そして西洋人は兵士としては日本人ほど勇敢ではないのではないか、ひょっとすると劣っているのではないか。北清事変に際してヨーロッパの外交に直接接し、ヨーロッパの兵士に直接ふれた結果、偶然にも日本人はそのような点に気がつくようになり、日本人の西洋崇拝の念はにわかに衰えだした、とチェンバレンは観測したのである。

日本人は北清事変を通して、このように西洋、中国、日本の現状を比較考察する機会を与えられて、ナショナリスティックな強がりの傾向さえ示したのだが、西洋人の一部の人々にとっては、この事変は人種意識 race-consciousness を呼び醒まされるきっかけとなった。そして日本人がこの事変を通じて抱いた感想とは逆さまに、黄色人種の野蛮、白色人種の優越、という単純な二分法の区別が広く行なわれるようになったのである。ヤスパースは『哲学への道』の中で一九〇〇年当時の思い出を次のように書いている。

「世界が破滅するという可能性が一時ではあったが意識にのぼったことがあった。皇帝ヴィルヘルム二世が日清戦争の際に画家クナックフースに命じてつまらぬ絵を描かせ、その下に『ヨーロッパの諸民よ、団結して諸君の聖なる財《たから》を守れ』と書きこませたのである。私はその絵を実際馬鹿馬鹿しいものに思ったが、その内容が一つの可能性を示しているので、ぎょっとしたのであった。私は空想裡にモンゴル系人種の手中におちいった地球というものを考えてみた。もっともモンゴル系の人々が私たち西洋人より悪人であるとも思えなかったが」

クナックフースが皇帝に代わって描いた絵というのは、当時の全世界のジャーナリズムを賑わせたものだが、仏陀が血と火の上に君臨する偶像として描かれ、その傍にロシアとドイツが歩哨として立ち、その警戒の下に極東へのキリスト教の布教が行なわれている、という図であった。ヴィルヘルム二世がロシア皇帝へ送った手紙によれば「私はこのスケッチをクリスマスの週間にクリスマスツリーの光に照らされて描いた」（一九〇二年九月二日付）由である。

ヴィルヘルム二世の人種主義的政治論

日本人は国外へ出れば、誰でも自分が白人でないことを自覚させられる環境に住むことになるのだが、日本人とは何者か、という問題を森鷗外はドイツ時代にドイツ人の日本研究によって丹念に調べている。そのことは鷗外が留学中にRosenkranzの*Neue Studien*やReinの著書などを次々と読み、それに著しい書き込みを残していることからも察せられる。鷗外は「西洋人が見た日本」という視角とそれに伴う偏見を把握しようと努めたのであり、それがナウマンとの論争へ発展したのであった。その論争は（小堀桂一郎博士の『若き日の森鷗外』東京大学出版会、に詳しいが）今日の言葉でいえば比較文化論的な色彩を帯びた論争であった。それに鷗外は医学者として人類学的な興味からも人種論に関心を寄せていた。たとえば鷗外の蔵書の中には一八八八年にライプチヒで出たフランス人Paul Topinardの*Anthropologie*（独訳本）なども含まれている。その一八八八年（明治二十一年）に鷗外はベルリンの『人類学会論文集』にドイツ語で「日本住家の人種学的衛生学的研究」も発表していた。そのような諸点を見てくると、鷗外の関心が後に人種哲学や黄禍論へ向けられるようになったのはごく自然な発展のように思われる。

鷗外は文学、哲学、医学、軍事などの多面的な西洋研究者としてヨーロッパで流行しつつある人種哲学が、日本人にたいしてどのような意味をもつかについてかねてから注意を払っていたに相違ない。とくに三国干渉以後のヴィルヘルム二世の「黄禍論」発言にたいしては深い関心を寄せていた。しかしその鷗外が日本人にたいして西洋人が黄色人種にたいして抱く人種感情について啓蒙的な発言を行なうようになったのは、北清事変を境としてのことであった。森第十二師団軍医部長は明治三十四年十二月、小倉の偕行社で『北清事件の一面の観察』と題して次のような歴史的視野にたった講演を行なっている。一九〇一年は北清事変の事後処理が一年かかってようやく終った年である。

「……歳は将に暮れんとす。而《しこう》して此歳を送る情は、尋常一般歳晩の感と同じからず。此の送る所の年は、彼北清事件をして結局せしめし年なればなり。世界の歴史は悠遠なりと雖《いえども》、北清事件の如き活劇は、種々の観察点より見るに実に希有に属す。小官は今単に一の観察点よりして、此活劇を見んと欲す。何ぞや。一時代の数種の民族が一斉に軍を起して、一個の目的を立てて驀進《ばくしん》したること即是《すなわちこれ》なり。これを史に徴するに、此の如き現象は、前代には唯だ一の十字軍ありしのみなるが如し。十字軍は、西暦千零九十六年より千二百七十年に至るまで、即ち我源平時代より北条時代に亘りて、凡《およ》そ七たび起りたり。当時の北京は **JERUSALEM** にして、其の救ひ出さんと欲せしところは、列国公使に非ずして耶蘇基督の墳墓なり。其の撃ち破らんと欲せしところは、団匪に非ずして回回《フイフイ》教徒なり。然れども一時代の勢力ある民族が、一斉に軍を起して、一個の目的を立てて驀進せしは全く同じく、且其諸民族が轡《くつわ》を並べて一種の別天地に入りしことも、亦頗《またすこぶ》る其趣を同じうせり。……」

知欧派の知識人森鷗外は北清事変を単に軍事的な側面から見るだけで満足しはしなかった。鷗外はその事変とともに生じた西洋人の意識――十字軍意識を説明しようとする。日本へ帰国してからも西洋事情を新聞雑誌などによって承知していた鷗外は、ヴィルヘルム二世の演説のことなどを念頭においていたに相違ない。ドイツ皇帝は一八九五年、日清戦争終結直後に日本にたいして三国干渉を行なったころから、ロシア皇帝ニコライ二世へあてて、「アジア大陸を開発し、大黄色人種の侵入からヨーロッパを守るのが、ロシアにとっての将来の大きな任務であることは明らかだ」（一八九五年四月二十六日）などとけしかけていたのである。ヴィルヘルム二世の十字軍意識が露骨に示されているのは一八九五年七月十日のニコライ二世あての手紙で（これらの書翰はいずれも一九二〇年ボルシェヴィキ政権によって公表された）、原文（英語）のまま掲げると次のように出ていた。

“...Europe had to be thankful to you that you so quickly had perceived the great future for Russia in the cultivation of Asia and in the Defence of the Cross and the old Christian European culture against the inroads of the Mongols and Buddhism...”

奇妙な英文だが、ドイツ皇帝はロシア皇帝にたいしてアジアへの進出をすすめ次のような世辞を呈していたのである。

「……ロシアにとって大いなる将来がアジアの開拓と、モンゴルや仏教の侵入から十字架や古いキリスト教のヨーロッパ文化を守ることにあることに君がこのようにはやく気がついてくれたことにたいし、ヨーロッパは君に感謝せねばならなかったはずだ……」

そのように歴史を観念によって分類する傾きのあったドイツ皇帝ヴィルヘルム二世は、一九〇〇年六月ドイツ公使ケッテレルが北京で義和団の手にかかって殺害されたと聞くや、キールの軍港に行幸して軍艦の上で激越な演説を行なったのである。それが世に「匈奴演説」Hunnenrede として知られているものであり、当時キールに留学中であった姉崎正治などを大いに怒らせたものであった。ドイツ外務省は皇帝がブレーマーハーフェンで行なった演説には筆を入れて差し障りのない内容に改めたが、土地の新聞が速記したままの内容をすっぱ抜いてしまったので、そのニュースはたちまち日本にも伝わった。当時東京にいたベルツは『日記』に次のように書いている。

「ドイツ皇帝は、清国への派遣軍の出発に際して一場の演説をされたが、その演説がまたあらゆるドイツ人を赤面させずにはおかないものだ。皇帝はこういわれたそうだ、『捕虜は無用だ。助命は不要だ！』と。すなわち暴徒と化した清国兵が、かれらの国土の一角を平和の最中に奪い取った西洋の一強国の公使を殺害したからといって、キリスト教をいたるところで表看板に押し立てているキリスト教徒の君主が、相手の清国の罪のない人たちを――たとえ武器を捨てた場合でもかまわないから殺してしまえ、と命令しているのだ！　こんな文明には、へど、が出る！……政治的見地からいっても（このような演説は）狂気の沙汰だ」

人種哲学の流行

知日派のドイツ人ベルツはヴィルヘルム二世の演説にたいしてそのような反撥を示したが、森鷗外も鋭敏に反応したにちがいない。北清事変終了後から日露戦争勃発前夜にかけて、鷗外はヨーロッパで流行する人種哲学を調べると、明治三十六年六月には『ゴビノオの人種哲学梗概』について講演し、十月にはそれを書物にして春陽堂から刊行した。十一月には早稲田大学の課外講義として『黄禍論梗概』を発表し、翌明治三十七年春にはそれをやはり同じ春陽堂から単行本として世に出した。それが警世の意味での出版であったことは、鷗外が自分で書いた広告の言葉からも察せられる。

「人種哲学は目下独逸の学者社会を傾倒する勢あり、而して其性質は実に白人跋扈《ばっこ》の思想を鼓吹する者なり。試みに思へ、目下白人は何れの方面に向つて其勢を逞うせんと欲する乎、我邦の人士は森氏の梗概を一読せざる可からず」

Rassenphilosophie の流行について鷗外は『人種哲学梗概』の冒頭で次のように述べている。

「凡そ流行といふものは、ひとり髪かたちや衣服の上のみには限りませぬ。学問芸術の上にも、矢張流行といふものがござります。勿論学問や芸術であつて見れば、真に其或る流派、或る傾向が隆盛になつて来るのを、流行とは申ませぬ。ここで流行といふのは、まださうは認められぬところを斥《さ》して申ます。近頃欧羅巴で評判の人種哲学と云ふ者も、其方に属するやうに存ぜられます」

これは鷗外がゴビノーやH・S・チェンバレンの人種哲学を真実の学問と認めず、擬似科学とする見方をあらかじめ示したものといえるだろう。ゴビノーの主著『人種不平等論』がフランスで出たのは一八五五年で、再版が出たのはちょうど鷗外がドイツへ着いた一八八四年であった。フランス本国では歓迎されなかった人種哲学が、一八八〇年以降のドイツでもてはやされるようになった第一の要因は、普仏戦争の勝利による心理的優越感、より正確にいえばドイツ民族が長い間ラテン民族にたいして抱き続けてきた劣等感からの解放があげられる。アーリア人種や北方的人間の優位を説くゴビノーの人種論がフランスで歓迎されるはずはもともとなかったのだが、ホーエンツォレルン治下のドイツ帝国では時宜を得てこころよく響いたのである。普仏戦争でドイツの勝利が確実と見えた一八七〇年十月十二日、宰相ビスマルクは次のような演説によって民族的自負心を煽っていたが、それは当時のプロイセンに広く流布した感情であったにちがいない。

「ラテン民族は使い古されてしまった人種である。たしかにラテン民族は大事業を達成したが、しかし今日その使命は果たされてしまった。ラテン人種はおそらく全面的に滅亡し消滅する運命にある。少なくとも構成された総体として考える時はそうである」

『人種不平等論』がドイツではやるようになった第二の要因は、鷗外も言及しているが、ダーウィンの進化論が適者生存の理をはじめとする一連の生物学的知識を世間にひろめたために、生物学的側面の強い人種論が時代の擬似科学的風潮に乗ってひろまったものと考えられる。キリスト教的宗教的な歴史解釈の後退にともなって、その空白に人種論的な説明がはいりこみ人心をとらえたとも見なせよう。

そしてキリスト教徒の優越感が一部では白人そのものの人種的優越感あるいはアーリア人種の優越感へと転移したのである。ゴビノーがもてはやされた第三の要因は、それが文明史の試みだったからであろう。『人種不平等論』について鷗外は「要旨になつて居るのは開化である」と述べているが、この「開化」は civilisation の意味である。十九世紀末年のヨーロッパはヨーロッパがもはや自分たちだけの世界内には自足せず、地球上の各地へめざましい進出をとげた時期であったから、西洋人はヨーロッパ内に限られた従来の歴史には飽き足りなくなっていたのであり、より広い人類史的な歴史を求める欲求が読者の側から生じていたのである。ゴビノーの書物にも『ヨーロッパ文明史』の著者ギゾーや「文明」と「文化」とを区別したヴィルヘルム・フォン・フンボルトなどの名前がしばしば見えるが、明治初期の日本人が世界史の中で針路を求めて福沢諭吉などの紹介を通して文明史観を歓迎したように、十九世紀のドイツ人は「世界帝国」（Weltreich）への憧れもあって、ゴビノーの著書を歓迎したのであった。

一般に変動期に際しては、人々は巨視的な歴史観に自己の位置と針路とを求める傾向があり、それが第一次世界大戦後のシュペングラーの流行や第二次世界大戦後のトインビーの流行を生んだ心理的基盤と思われるが、特定の文明の担い手は特定の人種である場合が多いから、文明論と人種論はしばしば重なりあうという関係をもつのである。ゴビノーの場合は、人種的偏見の上に構築された歴史哲学という趣きがあったが、ゴビノーの説に従うと、黒人種よりは黄人種が優り（「黄色人種は実際的な人間で、夢を見ることがなく、理論の妙味を解さない。発明することはほとんどないが、役に立つ物を評価し採用する能力はある。かれらの望みはできるだけ安楽に快適に暮すことである。開化する力を備えた民が自分たちの社会の土台として選ぶにふさわしい民衆であり、小市民である。しかしながら社会そのものを創り出す人種ではなく、ましてやその社会に生気と美と活動を与えるものではない」）、白人種は黒人種や黄人種に優る（「白人の黄人や黒人にたいする優越は、肉体美、知力、自制されたエネルギー、意識的行動、堅忍不抜、保存の手段としての秩序への特別な本能、自由への顕著な時には極端な愛着、名誉心などによって明白である」）。それだから人種の間にはハイアラキーがあるとする（「生得の優越に基づいてある種の人種は支配するべく創られているのであり、他の人種は従属するべく創られているのである。世界の悲劇において強者は王侯や支配者の役割を演ずるであろうし、弱者は低い役割に甘んずるであろう。それが正義というものなのである。そして事実、過去の世界で起ったことはその通りのことであったし、今日においてももし人種の間に混血さえ見られなかったならば、その通りのことが見られていたはずである」）。

このような考えがゴビノーの主張の基調をなしているのだが、形而上学的な観念論のために歴史離れをする箇所がままあり、できあがった体系は空中楼閣のそしりを免れなかった。鷗外はこの種の「身勝手の思想」を次のように評した。

「私が思ひますには、初め地球中心的であつた天体論が仆《たお》れて、次いで人類中心的であつた創世記が潰れたやうに、ÀRIA人種中心的の人種論も、まだ出来立ての中に、早くも撼《ゆら》ぎ出しはしますまいかと思ひます」

そして鷗外は『人種哲学梗概』を次のような感想で結んだ。

「私の遠方から覗いて見た所では、今の独逸はGOBINEAU= CHAMBERLAIN の人種本能思想に支配せられて居るかとさへ見えます。……併しそんなに評判せられる程、そんなに流行する程の価値が伯の此論に有りませうか。私は大いに疑ひます。これに反して一寸人の視聴を聳動《しょうどう》する丈《だけ》の性質は、其中に備はつて居ります。先づ議論が偉大に見えるのが其一つでござります。これは実は粗大なのかも知れませぬ。今の西洋の開化の破壊を預言して居るのが其二つでござります。真に偉大な基督教なども、最後の審判が近づいて居るといふ警告は、其最初の流布を助けたでござりませう。それから LAST NOT LEAST に、他を開化する力の有る民、能化の民は、今も昔も唯だÀRIA人種ばかりで、今の開化の破壊せられた後も、矢張ÀRIA人種の下層人民の比較的純粋な血を持つて居るものより外には、次の開化を成就すべきものが無いといふのが其三つでござります。これは国民の自負心ではない、人種の自負心に愬《うった》へて、許多《あまた》の反響を喚び起すに足る事でござりませう。さり乍《なが》ら或る人種が唯一の開化力の己れに在るといふことを説くのを、喜んで聴くに至るのは、或はその唯一だといふことを自ら信ずることの薄くなつた時に在るのではござりますまいか」

森鷗外が最後に注意した人種の自負心にうったえる選民思想は、鷗外の予測をこえるほどの影響を後世にもたらした。アーリア人種優越の確信こそナチス・ドイツの精神的支配を可能ならしめた観念だったのであり、国民に自我拡大の興奮を呼びおこし、自己信頼の強い信念を抱かせた。そしてユダヤ人という敵の確認が行なわれ、強制収容所や奴隷労働を正当化する論理が横行したのであった。

「人類を三種に分類するならば、文化の創造者と文化の維持者と文化の破壊者とに分けられる。そして文化の創造者の代表者としてはおそらくただアーリア人種だけが問題となるにちがいない。人間のあらゆる創造活動の基盤も壁もアーリア人種から発したものであり、その外面の形と色彩だけが各民族の独自の特徴によって条件づけられている。アーリア人種があらゆる人間的進歩の強力な建築用石材とプランとを提供したのである。そしてその施工だけが各人種の特性に応じて行なわれるのである」

　これはヒトラーの『わが闘争』の第十一章「民族と人種」にある言葉だが、Kulturbegründer, Kulturträger, Kulturzerstörer の分類が、ゴビノーの分類に対応するものであることは明瞭だろう。そのような議論も新聞や雑誌がとりあげて観念の遊戯としてもてあそんでいた間はそれほど差し障りはなかったが、それが全体主義的な一国の政策に採用され、リゴリズムをもって強制されるに至ると、その結果はユダヤ人六百万の大量虐殺のような恐ろしい事となったのである。

梗概博士森鷗外

　かつて小泉信三は鷗外の作品の中で『即興詩人』を第一に『澁江抽斎』を第二に、ついで第三に梗概物を評価した。そのような高い評価を梗概物に与えたのは社会思想家であり啓蒙家であった小泉信三の性格に偏したランキングであるかに思える。その感じは実はいまも私を去らないのだが、国や民族の将来を憂うるというエリートとしての矜持というか国士の情のようなものが森鷗外と小泉信三を結びつけ、そのような評価を生んだのであったろう。しかしそのような知己は少なく、『人種哲学梗概』という森鷗外の警世的な発言の意図は人々に必ずしもよく理解されたわけではなかった（もしその理解が広く行なわれていたならば、昭和十年代の日本でナチスの人種哲学批判をこの鷗外の書物を利用して行なうことも可能だったはずである）。それだから鷗外は半年後に『黄禍論梗概』を刊行した時、無用の誤解を避けようとして次のように説明した。

　「人種哲学梗概を評するもの或は謂へらく。此の如き白人自尊の論は、之を読みて興味なしと。是れ予の梗概を作りし本意と正に相反せり。予は読者をして、白人のいかに吾人を軽侮せるかを知らしめんと欲せしなり。夫《そ》れ侮を受けて自ら知らざるもの、争《いか》でか能く侮を禦《ふせ》ぐ策を講ぜん。此書を読まんものも、亦先づこれを思はざるべからず」

当時の日本人には日清戦争直後の三国干渉の記憶が脳裡を去らなかったが、鷗外はたとえ日露戦争に日本が勝利をおさめても、ヨーロッパ諸国が黄禍を未然に圧伏することを名目にふたたび干渉するのではないかと危惧していたのである。

「日露の戦は今正に酣《たけなわ》なり。而して我軍愈《いよいよ》勝たば、黄禍論の勢愈加はるべし。黄禍論の講究は実に目下の急務なり」

そして嫌味がないわけではないが、次のように付言した。

「此書も亦一の梗概なり。予は昨年『人種哲学梗概』を刊して、今年一月一日には梗概博士と嘲られたり。然れども予は信ず。哲学史家の功は哲学家の功と共に承認せらる。而して哲学史の体たる、梗概の範囲を出でずと。予は未来に於いても、此種の梗概を続刊して、世人の嘲を甘んじて受けんことを期す」

戦闘的啓蒙の態度がうかがわれるが、『黄禍論梗概』の冒頭でも鷗外は自分の意図が奈辺にあるかをまず説明する。

「此課外講義の問題は少しく私の職業、私の平素の嗜好に縁遠い問題のやうに、諸君はお感じなさりませう。併し白皙人種が黄色人種に対して、どう云ふ想像を画《え》がいて居るか、どういふ感情を抱いて居るかと云ふことは、私の断えず研究して居ることでござりまして、私は十年前当りから、種々の著述を蒐集致して居ります。……御承知の通り黄禍と云ふ語は白人種と黄色人種との争闘から、新たに生れて来た語でござりまして、白人の側で、黄色人に対して抱いて居る感情を表して居るのでござります。私は此感情は吾人の詳《つまびらか》に研究して置かねばならぬものだと信じて居ります。何故といふに、吾人黄色人は、先頃の北清事件でのやうに、往々白人等と鑣《くつわ》を並べて進んで、却つて他の黄色種族と争ふやうな勢になつて居りますが、又現に英国と同盟して、東洋の平和を維持しようと勉めて居りますが、此同盟国や我邦に対して昔から多くの同情を持つて居る米国は姑《しばら》く置くとして、一般の白人種は我国人と他の黄色人とを一くるめにして、これに対して一種の厭悪若くは猜疑の念をなして居るのでござりますから、吾人は嫌《いや》でも白人と反対に立つ運命を持つて居ることを自覚せねばなりませず、これを自覚すれば、所謂黄禍の研究は即ち敵情の偵察でござりまして、兵家に申させると、彼を知る一端なのでござります。猶進んで申しませうなら、日露の間には恐らくは戦争が避けられぬであらうと、誰も信じて居りまするが、此戦争が我に不利であつたら、彼等白人は黄禍の一部分を未萌に圧伏し得たといふので、凱歌を唱へませうし、若し又我に利があつたら、其時こそは我戦勝の結果を、成るべく縮小しようとして、そこへ究竟の手段として黄禍論を持ち出すのは、智者を待つて知ることではござりますまい」

森鷗外は日本が欧州の文明を尊重し過ぎることも、買被る必要もないと考えていた。先に引いた『北清事件の一面の観察』の中でも「此買被りを打破するは至当なり」と述べている。しかし鷗外はそれ以上に日本の軍人が自己の能力を買い被り、「我勇兵をして驕兵たらしめる」ことを警戒していた。鷗外は、日本人の中のある者が、日本を目して西洋諸国と同列の文明国となったと主張し、自分があたかも西洋人と同一であるかのごとく錯覚することの愚を戒めると同時に、敵情を知らずして自己主張を行なうことの危険も十分に自覚していた。「兵家に申させると」というのが、孫子の訓の「彼を知り己《おのれ》を知れば百戦して危からず。彼を知らずして己を知れば一勝一負す。彼を知らず己を知らざれば戦ふ毎に必ず殆《あやふ》し」を指すことは明らかだが、明治の軍人はともかく昭和の陸軍軍人にはこの根本的な敵情偵察の研究態度が欠けていたように思われる。そしてそれは実は陸軍軍人についてだけではなく、日本人の外国研究者一般についてもいえたことではなかったのだろうか。相手国を知り自国を知り、その相対的な関係について釣合の取れた判断を下すことはけっして容易な仕事ではない。しかしその種のアプローチこそもっとも必要とせられる研究なのである。鷗外の発言は慎重だったが、世にこびて自説を曲げた節は見られない。偽国本主義の強がりもなく、一方に偏した極論も述べず、率直真摯な語気で、科学者として、愛国者として、幕末以来の実学者の系譜に連なる知識人として、鷗外は次のように説き語る。

「さうして見れば、黄禍論を研究するのは、吾人の急務ではござりますまいか。先頃私は或る処で、GOBINEAU 伯の人種哲学といふものの梗概を話しましたが、あれを話したのも、今日黄禍の事をお話し致すのも、全く同じ目的からでござります。然るに世評のいろいろ有る中には、白人自尊の論説は吾人に興味を与へるものではないといふやうな事を申された方々もありました。人種哲学も黄禍論と同様に敵情の偵察でありますから、其積りで聴いて貰はないでは、私は全く誤解されたといふ恨を抱く訳でござります」

『うた日記』の二つの面

黄禍論について冷静な科学者の態度をもって調査し、その結果を有識者に淡々と告げ、その講演筆記を書物の形にまとめると、森第二軍軍医部長は明治三十七年四月、宇品で船に乗り満洲の野へ赴いた。その戦争中の体験は『うた日記』に記され、明治四十年に刊行されることとなるのだが、そこに歌われている詩境には、『乃木将軍』のような当時の日本国民の感情を代表するような作から、これが征露軍中の作品であるかと驚かされるような詩篇にいたるまでの幅の広さと感情の豊かさが看取される。およそ精神の硬直化を知らない、あくまで自由な人としての森鷗外の片鱗は、五月の南山《なんざん》の戦闘の折の詩『扣鈕《ぼたん》』などにもうかがわれるが、それはドイツ抒情詩の淡い感傷性を漂わせるような一篇の佳作である。

扣鈕《ぼたん》

南山の　たたかひの日に
袖口の　こがねのぼたん
ひとつおとしつ
その扣鈕惜し

べるりんの　都大路の
ぱつさあじゆ　電燈あをき

店にて買ひぬ
はたとせまへに

えぽれつと　かがやきし友
こがね髪　ゆらぎし少女《おとめ》
はや老《お》いにけん
死にもやしけん

はたとせの　身のうきしづみ
よろこびも　かなしびも知る
袖のぼたんよ
かたはとなりぬ

ますらをの　玉と砕けし
ももちたり　それも惜しけど
こも惜し扣鈕
身に添ふ扣鈕

鷗外がドイツへ留学したのは明治十七年であったから、明治三十七年から数えて「はたとせ前」にあたる。その間には日清戦争のような事変もあった。鷗外は明治二十年代には軍医学校教授として、また文学者としてはなばなしくデビューしたが、明治三十二年には九州小倉へ左遷されてしまう。そのような「身のうきしづみ」の間にもいつもなつかしく思い出されるのは足掛け五年のドイツ留学時代のことであった。なんでもない扣鈕のような身のまわりの品が、はたの人には解しかねるほどの愛着の情をこめて詩にうたわれたのは、「こがねのぼたん」が幸ふかい青春の日々のシンボルであったからだろう。「ぱつさあじゆ」Passage という店の並んだ通りの名は、ベルリンの都大路にいてもすでにハイカラな響きのあるフランス語系の言葉だったが、そこの「電燈あをき店」の過去の微光が四十二歳の鷗外の記憶の中でなつかしく点滅するのである。連想は次々に浮んで「えぽれつと」Epaulette かがやきし友を喚びおこす。肩章をつけた青年軍医士官森林太郎の分身のような颯爽とした好青年の英姿が目に浮ぶが、ロマン派的な心情を心の奥に秘めた鷗外の回想は情緒纏綿として「こがね髪ゆらぎし少女」へと続くのである。走馬燈のように思い出はかけめぐるのだが、鷗外は第四連で詩を知的にしめくくり、陣中の詩としては不謹慎という誹《そし》りを受けかねまじい次の言葉によって結びとしている。

ますらをの　　玉と砕けし
ももちたり　　それも惜しけど
こも惜し扣鈕
身に添ふ扣鈕

それではヨーロッパの青春をなつかしむ「扣鈕」の詩の感情と、その同じ年の八月十七日に張家園子で作った「黄禍」の詩の中で主張された「白人ばら」の「しろきわざはひ」を非難する感情とは矛盾するものなのだろうか、しないものなのだろうか。「こがね髪ゆらぎし少女」と五月に歌い、「驕奢に酔へる白人」と八月にいうことは、相反することではないのだろうか。しかし考えてみると私たち日本人の中には今日にいたるまで西洋にたいしてアンビヴァレントな感情――愛憎の情が並存しているようである。その二重性の一つは文明開化の国への崇拝の情であり、他の一つは東亜侵略の白禍の国への嫌悪の情であった。日本人には長い間「文明開化」の西洋への憧憬と「尊皇攘夷」の排外感情とが同一人格の中で並存していたのであり、ある時にはその一つが強調され、ある時には他の一つが表面化したのであった。日本人の中にはその矛盾に苦しんだ人もいたし、時流にのって迎合的な発言をしてきた人も多かったのだが、森鷗外には世界の中における日本の歴史的位置へのはっきりした認識があったから、それだけに無用の強がりはいわず、自信喪失の自己卑下もしなかったのであった。性格の強い、悟性の人であった森鷗外には、西欧文明の中のなにをいつくしみ、なにを尊び、またなにを厭い、なにと戦うべきかが、はっきりと区別され、自覚されていたというだろう。それだから個人としての貴重な体験であり、人間的な感情を主体とする『扣鈕』という私的な回想風の詩を作ったことと、より公的な性格を帯び、観念の詩として「黄禍」を論じたこととの間には、鷗外においては矛盾もなく葛藤もなかったように思われる。

黄　禍

勝たば黄禍　負けば野蛮
白人ばらの　えせ批判
褒むとも誰か　よろこばん
誹《そし》るを誰か　うれふべき

黄禍げにも　野蛮げにも
すさまじきかな　よべの夢
黄なる流の　滔滔《とうとう》と
みなぎりわたる　欧羅巴

見よや黄禍　見よや野蛮
誰かささへん　そのあらび
驕奢に酔へる　白人は
蝗《いなむし》襲ふ　たなつもの

黄禍あらず　野蛮あらず
白人ばらよ　なおそれそ
砲火とだえし　霖雨《ながあめ》の
野営のゆめは　あとぞなき

森鷗外が日露戦争の前夜に日本人にとっては感情的に不快な人種哲学や黄禍論を自分から進んで調べ、日本の有識者に向けて啓蒙的な発言を行なったことについてはすでに述べたが、この問題は戦地にあっても森の念頭を去らなかった。当時の日本の指導者は、士族階級出身の人が多かったが、政治家に限らず軍人にいたるまで、知欧派が多かった。そして欧米の世論の動向を絶えず気にかけながら戦争を指導していたのである。

ところで右の詩をまず技巧の面から評すると「野蛮」「えせ批判」「よろこばん」と第一連の先頭の三行の語尾は「ん」の音によって脚韻を踏んでいる。単純な技巧だが、第一連が力強いのはそのためだろう。第二連に「黄なる流」という表現があり、その言葉はたまたま日露戦争直後のドイツで読まれた「人種小説」ein Rassenroman と副題に銘うたれた Alexander Ular の *die Gelbe Flut*『黄なる流』と一致する。それは偶然の一致であったのだろうが、森鷗外の用語や発想に西欧的なものがあったからこそ、このような表現上の暗合もおこったのにちがいない。白人のたとえとされている「たなつもの」とは田から生ずる稲や麦などの産物の謂《いい》だが、それを襲う蝗《いなご》であるところのアジア人は、非人格的な、個性を有さぬ数量的な存在であり、昨今の言葉でいうなら、人海作戦の脅威である。ロシア人は過去の歴史体験から深層心理にモンゴル人やシナ人への恐怖を抱いている国民なのだろうが——そしてそのような心理は千九百六十年代後半の中ソ論争のような際にも新聞論調に露骨に表面化するようだが——日露戦争の前夜にはソロヴィヨーフの次のような詩が読まれていた。

黄色人種がわれ勝《が》ちに、
熱狂的に、闘争の武装をいそぐ。
すでに幾十幾百万の銃剣が
突撃準備を整えて、シナ国境に立ち並ぶ。
抗しがたい悪魔大王サタンの力に服した
人海《じんかい》が渦《うず》をえがきつつ押し寄せてくる、
血に渇えた、貪慾《どんよく》な連中が、数知れず押し寄せてくる。
蝗《いなご》の群だ、残酷《ざんこく》、無慈悲《むじひ》な軍勢《ぐんぜい》だ。

鷗外は「蝗《いなむし》」という表現を西洋側から借りて逆用したのだろうが、それは西洋人にとっては聖書的なイメージを伴うところの夢魔となるのであり、鷗外は第二連と第三連では白人の側が感じる黄禍を「すさまじきかな　よべの夢」として歌ったのである。人々が勅語を一斉に暗誦し、個人を神格化して崇めることにより国家としての統一を保っているような国にたいして、西洋人がアジア的専制の近代的な形態を認めて恐怖を感じるのは当然のことだが、——それは個人の人権や自由を重んじる伝統が肉体化している人々にとってはほとんど生理的な反応だろうが——森鷗外は日本はさらに欧化することはあっても黄禍へ転ずることはないと考えていたから、最後の連では強迫観念の妄想とはちがう佗しい霖雨の野営の自然を歌うことによって詩にしめくくりをつけたのである。そのような情景でこの観念的な詩が終わるのも、いつも目の覚めている人森鷗外の現地での詩作らしい。もっともこの種の知的構成物には詩神の大いなる息が通っておらず、血管が脈打っていない点もあり、芸術的見地からいえばそこがやはり物足りないのだが、しかし鷗外の思想を知る上では『うた日記』の諸作は貴重なのである。鷗外その人の価値も、前にふれたように、狭義の文壇史的な文学そのものの領域を越えたところに存するからである。この詩の詩境は、日露開戦直後の明治三十七年三月、鷗外が『黄禍論梗概』に書き加えた「例言」の決意にそのまま通じるものといえるだろう。その文章にははりがあり、凜然《りんぜん》たる武人の覚悟を伝えるかのような緊張した硬い音を発していた。

「青眼《せいがん》もて白人を視、白眼もて黄人を視る、乃ち新語を造り出して黄禍と云ふ。安《いず》ぞ知《く》らん、北のかた愛琿《あいぐん》に五千の清人を駆りて、黒龍江水に趣きて死せしめ、南のかた旅大《りょだい》を蚕食して、陽に租借と称するは、人道に逆ひ、国際法を破ること、殆ど人の意料の外に出づるを。而して黄禍あるを知らず。予は世界に白禍あるを知る。而を憚《はばか》らざるは読者をして白人の口を藉る所以を知らしめんと欲するのみ。豈《あに》彼の黄禍の論、真に傾聴すべきもの多しと謂はんや」

青眼《せいがん》は、悪意をもって見る白眼にたいする好意をもって見る青眼（『晋書』阮籍伝）と青い眼と日本人がいいならわしている西洋人の眼の二つの意味をかけた語戯だろう。愛琿とは千九百六十年代後半の中ソ論争でもまた蒸し返されたが、ブラゴヴェシチェンスクの清人溺殺をいい、当時は日本の第一高等学校の寮歌にも「アムール川の流血や」と歌われた事件だった。旅大は旅順・大連の略だが、遼東還付の地をロシアが厚顔にも租借と称して奪取したのであるから（明治三十一年）国民の憤激は大きかった。『うた日記』の「黄禍」の詩はこのような歴史的事実を踏まえて書かれていたのである。

『黄禍論梗概』の中で森鷗外はヨーロッパ列強によるシナ版図内の利益圏設定による搾取の政策を

「此支那人の所謂繭糸《けんし》の政」と評した。繭糸の政というのは、人民から租税を取るのに繭の糸をひき出すごとく取りつくさねば止まぬことを意味するので、出典は『史記』であるという。その文字が念頭を去らなかったから、「黄禍」の詩を書いた後、鷗外は返歌のような形で和歌を二首そえた。

黄なる奴繭糸《やつこまゆいと》となれわれ富まん
　いなまば汝《なれ》きなるわざはひ

この第一の歌は白人の側の自己中心的な視点から歌ってみた作で、黄人が白人の奴隷であることを当然とする秩序を前提としている。その秩序を否定するならば黄人は白人に黄禍をなすというのである。その高圧的で無法な態度が、注釈の必要もなく、この歌によって客観的に示されている。それにたいし第二の歌は黄人の側からする反駁をうたっている。

黄なれどもおなじ契《ちぎり》の神の子を
　しへたぐる汝《なれ》しろきわざはひ

鷗外はキリスト教の神の訓を逆手にとって応酬し、白禍を主張したのだが、内村鑑三が論説で怒ったり新渡戸稲造がジュネーヴで講演したりしたように、キリスト教に依拠して人種平等を説きはしなかった。鷗外の詩の背後にひそむ決意は、日本人として自己の力にたのもうとする自助の信念だったからである。

実体認識からの比較考察

人種問題はデリケートな心理的要素をふくみ、それについては偏見も多く、擬似科学が横行した。その種の問題へのアプローチは、国民国家単位の旧分類の学問の枠内では出発点からしてすでに制約があり、またそのような枠内からの観察に基づく推論はとかく一面的な結論を導きやすいものであることもすでに見てきた。西洋の「黄禍論」には東アジアにたいする認識の不正確さから生じた幻影のような側面が強く、身勝手な発想であるともいえた。

しかしひるがえって考えてみると日本側の「白禍論」にも、徳富蘇峰の主張などに代表されるように、強がりがあった。現状にたいする欲求不満があった。そしてそのフラストレーションの強さのために西洋文明と自国文明の関係についての認識を誤ったのである。弱者の虚勢があるいはアジア主義となり、あるいは大東亜戦争下の「狭獈撃滅」となったのである。

ところでそのような昭和十年代まで森鷗外が生きていたとしたならば、鷗外はどのような態度で難局に対処したことであったろうか。先にも述べたが、当時の日本に『ナチス人種哲学梗概』を説く日本人のドイツ研究者が現われなかったことは、日露戦争前夜の鷗外の研究態度との比較の上で、いかにも残念なことに思われる。昭和の偏狭なナショナリズムの大勢はもはや少数者の力ではいかんともしがたいものであったのかもしれないが、一人の森鷗外が現われなかったことはやはり口惜《くちお》しく思われる。それではなぜそのようなナチズム批判が正面に出なかったのであろうか。大学の学問の水準が低かったということもあるだろう。日本の旅行者がアウトバーンなどの産業建設の成果やヒトラー・ユーゲントなどの若々しく潑剌とした姿に眼を奪われて精神の自由が窒息しているドイツの現実から眼を逸らしたということもあるだろう。それに日本では昔から外国研究者は、ドイツ研究者ならばドイツを讃え、フランス文学者ならばフランスに傾倒し、中国研究家は中国を持ちあげるという風に、研究対象国を礼讃する傾向が強かったのである。それは事実研究者が心酔しているという場合もあるのだが、研究対象国を礼讃していればそれぞれの学界で居心地がよいという環境とも関係しているのだろう。それにまた日本における文化人（それはたいてい外国文化研究者であった）の評論の伝統的な型の一つは、自分がたまたま専攻する外国思想や制度を範に掲げて——それらはおおむね当該国の現状とは距離のあるものだが——それを基にして日本の現状を否定的に批判するというタイプであった。「日本にはキリスト教が（あるいは合理主義が、革命の体験が、普遍主義の伝統が、等々）欠落しているから日本は駄目なのだ」式の高踏的な発言は明治年間に盛んであったし、占領下の昭和二十年代にも圧倒的に多かった。しかし森鷗外は「外国ではしかじかであるのに日本はそうではない」という式の外国研究者に見られがちな一辺倒の立場は取らなかった。森鷗外はその種の日本の現状批判がきわめて図式的で安直なものであり、空疎な観念論に堕しやすいことをよく心得ていたのである。日本のような文化輸入国では外来文化輸入の仲介人であるインテリゲンチヤたちが外国の制度や思想を典型と仰いで日本へ売り込むことは知的ブローカーの常であり、そのような仲介者の立場にある人々が外国文化の権威を背景に日本の現行体制を自虐的に批判することは定型化した――今日流行の言葉でいえば形骸化した思考操作、一種のないものねだりでしかないことに鷗外はいちはやく気づいていたのである。

森鷗外が当時の安直な西洋主義者と異なった点は、彼が西洋を深く知っていたがゆえに、そして日本についても自覚的に学んだがゆえに、歴史的相対性へ着目し、日本の進歩発展について現実主義的な改良主義の立場をとった点にあるのだろう。そのように西洋と日本の実体認識から出発し、比較考量する人としての鷗外の所感は、彼がドイツ留学中に記した次のような独文ノートにもすでに示されていたように思われる。

Die Civilization ruht auf die historische Grundlage. Die Realisirung eines durchdachten Ideals gehört zur Unmöglichkeit.

「文明は歴史的基礎の上に立脚している。西洋の出来あがった理想を日本へそのまま持ってきてもその実現は不可能事に属する」

白人の重荷と黄人の重荷
——キプリングと徳富蘇峰

民権と国権

日本の詩歌の中で政治的な事柄をうたって著名な作品は、漢詩には散見するとはいえ、新体詩においてはきわめて稀なように思われる。西洋の詩歌には自由や独立をうたった頌歌《オード》などがあるが、しかしそれとても詩として第一級の作品である場合は多くはないのだろう。もっとも日本人の外国文学研究者は興味の対象を狭く純文学に自己限定する傾向があり、そのためにとかく見落しがちになるのだが、ダンテもロンサールもシェイクスピアも政治人としての素質を非常に強くもっていた。そしてかれらのそのような資質がこれらの詩人の詩的世界の幅を非常に広いものとしていたことは否めない。

自由を求めて彼は進む、そのために
命を惜しまぬ者のみが知る貴重な自由を。

『神曲』煉獄篇第一歌にあるこの詩句は、イタリアでは政治運動が高潮するたびに唱えられて今日に及んでいるのである。

日本にはこのように広く人々が口ずさむような自由礼讃の詩句はなかったが、それでも明治初年の自由民権の時代には次のような新体詩が声高らかにうたわれたことがあった。

天には自由の鬼となり
地には自由の人ならむ
自由よ自由やよ自由
汝と我れがその中は
天地自然の約束ぞ
千代も八千代も末かけて
此世のあらむ限りまで
二人が中の約束を

いかにぞ仇《あだ》に破るべき

これは『自由の歌』といいもと百行に近い詩であって、作者は小室屈山といった。いまではその作者の名は忘れられてしまったが、それでも冒頭の数行は今日にいたるまで記憶されている。それはこの詩が政治運動に興奮した明治十年代の日本人の心情を端的に表現するものであったからだろう。北原白秋は『明治大正詩史概観』でこの詩にふれて、「自由民権に熱狂した当時の全社会思想を歌って、血湧き肉躍るの概があった。成人《おとな》も児童《こども》も叫んで奮《ふる》った。——天には自由の鬼となり、地には自由の人ならむ——こうした擬人法の粗笨《そほん》や蕪雑《ぶざつ》やをも忘れさせる時代の響があったのである」と述べている。ここで擬人法というのは「自由」を愛する女性にたとえそれとの仲を契ったことをさしているのだが、これもリビドーが性でなく政治へ向けられた一例証といえるかもしれない。北原白秋は詩人らしい直観をもって、このような新しい国民歌謡がそのまま軍歌としても盛んに行なわれるようになったことを指摘している。詩にこめられている政治的情念が粗野なものであって、軍歌などのそれと質的に異なるものではなかったことを北原白秋は感得していたのである。

自由民権の政治運動のもつ意味については、第二次世界大戦後の日本の歴史学界では一時非常に高く評価されたことがあったが、最近ではその種の手放しの礼讃にたいして多くの留保がつけられるようになってきた。成瀬正勝教授は『明治の時代』(講談社現代新書)の中でいわゆる士族民権の実体や、民権派もあげて国威発揚に同調したことなどを公平に叙述し指摘している。小室屈山という宇都宮出身の新聞人、『自由の歌』の詩人、自由民権の政治家(小室は名古屋から衆議院議員に立候補し当選している)についても一方的な評価を下すことは許されないのであろう。というのは藩閥政府にたいしては自由民権を主張しつつも、日本人としては政府当事者以上に国権主義者であったという例は、当時の野党側には数多く見られた態度だったからである。そしてそのことは民権というような問題も、理念的にそれだけが抽出して扱われるべき筋合のものではなく、当時の日本が置かれていた国際的環境との関係で考察されるべき問題であることを示唆しているのである。小室屈山は『自由の歌』の他に『外交の歌』も書いているが、それは明治日本人の心情をすなおに歌ったものといえるだろう。明治時代はこのような表裏を備えていた時代だったのであり、歴史家は表のみを見て裏を見ないなどということがあってはならないように思われる。いま『自由の歌』の詩人のいま一つの面である『外交の歌』を読んでみよう。

西に英吉利《イギリス》北に魯西亜《ロシア》
油断な為《な》せそ国の人
外表《うわべ》に結ぶ条約も
心の底は測られず
万国公法ありとても
いざ事あらば腕力の
強弱肉を争ふは
覚悟の前のことなるぞ
嗚呼《ああ》同胞の兄弟《けいてい》よ
御国に生れし甲斐あらば
尽せや励め諸共《もろとも》に
まごころ込めてつくすべし

小室屈山においてはこの二つの主張はけっしてあい矛盾するものではなかったのだろう。小室は国内において自由独立の精神がみなぎっていることこそが帝国主義の時代において国家存立を保ち得る道である、と考えていたにちがいない。『自由の歌』で小室は次のようにうたったが、それは明らかに外国を意識しての発言であったと思われる。

人の自由といふものは
天地自然の道なるぞ
つとめよ励め諸《もろ》ひとよ
卑屈の民《たみ》と云はるるな

小室屈山の主張は独立自尊に立脚したナショナリズムであったといってよく、福沢諭吉などの立場に共通するところをもっていたのである。尊王攘夷以来の国権意識が底辺にあり、その上での自由民権の主張であったということは、このような二つの詩からも看取されるところではないだろうか。

相互作用の一例として

小室屈山のような一個人についても、このように両面をあわせ見ることが必要であるとするならば、明治の時代そのものについてもそれがもつ二面性に着目しなければならないだろう。国内的な自由民権の主張だけが歴史的価値判断の唯一の基準とはなり得ないし、国際的な競争場裡における国権の伸長だけでも歴史を測る唯一の尺度とはなり得ないのである。ちょうど小室屈山という個人について『自由の歌』の作者としては進歩的であり、『外交の歌』の作者としては反動的である、などという分裂した評価を下すことが文学史的見地からは稚戯にひとしいように、明治の日本の動きから自己の史観に好都合な部分だけを摘出してそれを拡大視して進歩的と評する行き方はやはり歴史を歪曲するという謗《そしり》を免かれない作為だろう。明治日本の動き方についても、それを日本というナショナルな単位の枠内だけで見るべきではなく、国際的な関係で見るべき事柄が多いのではないだろうか。明治文学の解明に比較文学的な手法が有効であるように、その政治思想の解明にもインターナショナルな近接は可能なはずである。反動的な思想についても、「反動」のレッテルを貼ることだけで満足せず、どの程度に反動であり、どのような質の反動性であるかを吟味するためには、その思想を十九世紀末年の帝国主義の時代の中に置き国際的環境の中に還元して再考してみる時、はじめて均衡のとれた判断を下すことが可能なのではないかと思われる。

筆者はここでそのようなアプローチの一例として、徳富蘇峰の「黄人の重荷」の主張をとりあげてみた。「黄人の重荷」という表現は日本人にはピンと来ないが、それはキプリングの「白人の重荷」の主張を逆用したものだからである。それは日本人が遅れた黄人の重荷を背負って東亜の盟主となるという、大東亜戦争に通じる明治・大正・昭和前期の日本の主要な政治的イデオロギーの一つとなったものであり、大アジア主義や大東亜共栄圏の構想とも多分に重なる性質のものだったのである。

筆者は、日本であれ他国であれ、特定の一国が他の黄人の重荷を背負うなどという自己主張を行なうことを忌避する者であり、徳富蘇峰のこのような主張に含まれている矛盾については後に言及するつもりだが、しかしだからといって徳富蘇峰のこの種の発言を、前後関係から切り離して摘出し、それだけを論難しようとは思わない。やはり白人側の自己優越の主張である「白人の重荷」の思想との相関関係においてこれを論ずることが適当ではないかと考える。筆者は徳富蘇峰の主張をキプリングの主張との interaction 相互作用の一つとして考察したいと思う。徳富蘇峰やそれに賛成し同調した日本人の間に見られたナショナリスティックな反作用は、国際間の連鎖反応の不幸な一例だが、なぜ蘇峰は「黄人の重荷」のような、「東亜の盟主としての日本」の主張を声高に行なったのか。その主張は明治日本の健康な自己主張や自信回復として認められるべきものなのか。森鷗外が行なったような一見冷静で正確でありながら、しかも内に決意を秘めた黄禍論反駁と比較して、徳富蘇峰や大隈重信の自己主張にはどのような欠点があったのか。またそれにもかかわらずなぜ日本国民の中から徳富蘇峰の白閥打破の主張に従う者が多く出てきたのか。筆者はそのような論点を再検討してみたいと考えてきた。そしてその際に歴史を公式や図式で割り切る行き方を排し、ちょうど裁判官が検察側と弁護側の双方から資料の提出を求め、証人を訊問するように、キプリングには「白人の重荷」の主張を述べさせ、徳富蘇峰には「黄人の重荷」の主張を語らせようと思ったのである。このような歴史にたいする人文主義的なアプローチは、文化史の重んぜられない日本では盛んではないようだが、歴史と文学の交叉する点を求め、詩を通して史を見るという行き方も、研究者に大専攻と小専攻の二つの視角が要求される昨今においては許される方法であろうと思う。

白人の重荷

はじめにヨーロッパ人側の主張する「白人の重

荷」white man's burden が唱えられるに至った歴史的背景を簡単にスケッチしてみよう。白人諸列強による世界分割は、キリスト教にたいする信頼にゆるぎのなかった時代には、宣教の名において正当化することができたが、しかしダーウィン以後の世界では、信仰を失った精神の真空状態の中へ人種論的政治観が急速にはいってきたのである。産業革命以後の十九世紀は西洋と非西洋の文明上の較差がかつてなく大きく開いた時代だったが、そのような時期には植民地支配は白人の先天的優越や文明（即西洋文明）の名において行なわれたのである。そのような時期に生まれたのが英国製の white man's superiority とか white man's burden といった台詞で、この「白人の優越」とか「白人の重荷」といった表現には大英帝国の発展への自信が反映していたのである。そしてそれらの言葉には植民地化を裏づける rationalization 正当化のためのスローガンという面も多分に含まれていた。その種の考え方はカーライルやキングスレーにもあったが、とくにラジャード・キプリングの著作によって広く世界に喧伝された。帝国主義とは他の遅れた人種に文明開化をもたらす高貴な事業であるという主張がそれで、フランスではそれを mission civilisatrice とか œuvre de chrétienté といった標語で呼んでいた。

その種の主張は今日ではさすがに色あせてきたが、十九世紀の末年にあってはそれに類する白人優越の主張は高らかに唱えられていた。そしてその最大の歌い手が大英帝国の詩人キプリングだったのである。いま彼がロンドンの『タイムズ』紙に掲げた一詩を読んでみよう。Rudyard Kipling は徳富蘇峰よりも二つ若く、一八六五年にイギリスのインド支配の根拠地であったボンベイで生まれた。中学校生活はイギリスで送り、十八歳でまたインドへ戻ると、新聞記者として短篇作家としてまた詩人として活躍した。『ジャングル・ブック』などはいまでも世界の少年たちの愛読書となっている。

詩『白人の重荷』が書かれたのは一八九九年、米西戦争が起った次の年のことで、この時からアメリカも帝国主義列強の一つとして国際場裡に登場してくるのである。アメリカはスペインからフィリピンを奪いそれを自分の植民地としたからである。はじめにまず原詩を掲げよう。

THE WHITE MAN'S BURDEN

Take up the White Man's burden—
Send forth the best ye breed—
Go bind your sons to exile
To serve your captives' need;
To wait in heavy harness
On fluttered folk and wild—
Your new-caught, sullen peoples,
Half devil and half child.

Take up the White Man's burden—
In patience to abide
To veil the threat of terror
And check the show of pride;
By open speech and simple,
An hundred times made plain,
To seek another's profit,
And work another's gain.

Take up the White Man's burden—
The savage wars of peace—
Fill full the mouth of Famine
And bid the sickness cease,
And when your goal is nearest
The end for others sought,
Watch Sloth and heathen Folly
Bring all your hope to nought.

Take up the White Man's burden—
No tawdry rule of kings,
But toil of serf and sweeper—
The tale of common things.
The ports ye shall not enter,
The roads ye shall not tread,
Go make them with your living,
And mark them with your dead!

Take up the White Man's burden—
　And reap his old reward:
The blame of those ye better,
　The hate of those ye guard—
The cry of hosts ye humour
　(Ah! Slowly!) toward the light:—
'Why brought ye us from bondage'
　'Our loved Egyptian night?'

Take up the White Man's burden—
　Ye dare not stoop to less—
Nor call too loud on Freedom
　To cloak your weariness;
By all ye cry or whisper,
　By all ye leave or do,
The silent, sullen peoples
　Shall weigh your Gods and you.

Take up the White Man's burden—
　Have done with childish days—
The lightly proffered laurel,
　The easy, ungrudged praise.
Comes now, to search your manhood
　Through all the thankless years,
Cold-edged with dear-bought wisdom,
　The judgment of your peers!

以下に拙訳を掲げる。

白人の重荷

白人の荷を背負え、——
　君たちが育てた最良の息子を送れ
君たちの捕虜の需《もと》めに応ずるために
君たちの息子に義務を課し流浪《るろう》の地へやるの
だ。
重い武装をつけたまま
　動揺した野蛮な民の世話をやくためだ——
君たちが新たに捕《つか》まえた、無愛想《ぶあいそ》な

なかば悪魔で、なかば子供のような連中だ。

白人の荷を背負え、――
忍耐強く待ち構え、
恐怖の威嚇をヴェールでおおい、
得意満面の表情を見せぬよう気をつけろ。
単純明瞭な言葉で
百遍も嚙みくだいてわからせるのだ、
他人の利益を求め、
他人のために働いているのだということを。

白人の荷を背負え、――
平和のための野蛮な戦だ、
餓えた口をいっぱいに満たし
病気の蔓延《まんえん》を防ぐよう心がけろ。
そして他人のために求めてきた
君たちの目的がほぼ達成された暁には
異教徒の愚行か懶惰《らんだ》が
君たちの希望を無にすることのないよう気を
つけろ。

白人の荷を背負え、――
王さまたちの安ピカの統治ではなく、
農奴や掃除人のする辛い仕事だ、
月並な物事の物語だ。
君たちがはいることのないであろう港を、
君たちが踏むことのないであろう道路を、
君たちは生きている仲間とともに行って作り、
その港や道の端《はた》に君たちの死んだ仲間の名を
記すことになるのだ。

白人の荷を負え、――
そして白人の古くからの報酬を受けろ、
君たちが良くしてやっている連中の非難、
君たちが番をしてやっている連中の憎悪、
君たちが（ああ、いかにも遅々《ちち》と）光に向うよ
う
機嫌を取っている連中の大勢の喚き声、
「なぜあなた方はわたしらをわたしらが愛した
エジプトの夜の束縛から解き放したのです

か？」

白人の荷を背負え、――
　君たちは卑小なものに向って身を屈《かが》めてはな
　　らない、
君たちの疲れを隠すために
　あまり大きな声をたてて「自由」を叫んでも
　　ならない、
君たちが叫ぶことや君たちが呟くこと
　君たちが放置することや君たちが行なうこと、
そうしたことによって唖黙《おしだま》った無愛想《ぶあいそ》な連中は
　君たちの神々や君たちの重みを計るのだ。

白人の荷を背負え、――
　子供っぽい日々はもうおしまいにするのだ、
簡単に差し出された月桂樹や、
　安直な、手放しの褒めっぷりはおしまいにす
　　るのだ。
君たちが成熟したか否かをためすために
　長い感謝されない歳月を通して
高くついた叡智で冷たく研《と》ぎすまされた刃《やいば》を
　　もって
　君たちの同類の判決がいま近づいてくるのだ。

この詩は、植民地事業については先進国であるイギリス帝国の詩人として、キプリングが「君たち」アメリカ人に呼びかけたという形式を取っている。フィリピンを植民地として経営するためにはどのような心構えで臨むべきか、というのがこの詩の眼目なのである。それが利害関係を度外視した文明開化の事業であるという白人キプリングの主張は第二連の末尾の、

　他人の利益を求め、
　　他人のために働いているのだ

という句に示されている。植民地経営にはたしかに文明開化の事業という面もあったろう（しかしここで皮肉を一言いわせてもらえば、概してこの種の主張には植民地事業によってあげられる白人の利

益についての言及が見られないということである）。それではそのような利他的な（と錯覚する）事業を遂行する動機はなにであったかといえば、それは使命感によってであった。それはキリスト教化の事業というミッションの意識の場合も、それが世俗化した文明開化の事業というミッションの意識の場合もあったのだろう。それにたいして原住民は「なかば悪魔《デヴィル》で、なかば子供のような、野蛮な民」であった。それだからかれらにたいする際には白人は「恐怖の威嚇」を正面切って行使することはつつしみ、また白人としてのプライド、「得意満面の表情」も見せないように留意しなければならないというのである。そして白人が植民地で実際に行なう事業は冒険小説にあるような「王さまたちの安ピカな統治ではなく」、辛い下積みの仕事なのである。イギリスの映画『戦場にかける橋』の中でイギリスの捕虜の将校が、「鉄道を建設すれば戦後も役に立つ、これは文明の事業なのだ」と主張して日本軍への自分たちの協力を正当化する条があったが、それはまさに

君たちは生きている仲間とともに行って作り、
　その港や道の端《はた》に君たちの死んだ仲間の名を
　　記すことになるのだ。

と同じ系列に属する考え方といえるだろう。おそらくRemember that they died for your tomorrow. の類の銘がその墓地には記されているにちがいない。迷蒙暗愚の土人たちの「エジプトの夜」は聖書から引かれたイメージだが、第六連の末尾に「君たちの神々」と複数で記されているのは、異教徒が自分たちの神々から類推してキリスト教の神も複数であると錯覚することへの暗示であろうか。この詩は用語は聖書的であり、調子は定型の讃美歌調である。歌として力強いのはそのためでもあるだろう。最後の連は植民地開発に新たに乗りだした「君たち」アメリカ人へのイギリス人キプリングの忠告だが、アメリカ人が西部を開拓した程度の事業は「簡単に差し出された月桂樹」だったし、それはまた「子供っぽい日々」だった。しかしそのアメリカもいまや成年に達した。そのアメリカが新たに着手した植民地経

営の事業にたいして、これまで大帝国の建設に高価な犠牲を払い、その労苦によって叡智を身につけたところの「君たちの同類」イギリス人が判断を下そうとしている。――キプリングはそのようにうたって『白人の重荷』の詩の結びとしたのである。

この詩は、盛られた思想そのものは生硬だったが、公的な詩としてアングロ・サクソンの世界でもてはやされたところに一英文学史の狭い領域を脱した、広く歴史的な意味があるように思われる。とくに white man's burden という表現はこの時以後自立して今日にいたるまで独走を続けているといってもよく、「白人の重荷」といえばそれが何を意味するかは英米人には説明抜きで了解される表現となっている。

十九世紀の末のイギリスの桂冠詩人はアルフレッド・オースティンだったが、オースティンは当時からすでに人気がなく、今日ではまったく忘れ去られた詩人となってしまった。そのようなオースティンにたいして当時のイギリス詩壇で「民衆の桂冠詩人」と呼ばれて人気の高かった人がキプリングで、キプリングがそのころ書いた詩の一つ一つは、天才が彼の世代へ伝えるメッセージででもあるかのように愛読されたといわれている。キプリングが占めていたそのような位置を示すものとしては、彼が詩を発表した機関が文芸雑誌でなくてロンドンの『タイムズ』紙であった、ということもあげられると思う。彼は単なる文芸的存在ではなくて社会的存在だったのである。

キプリングが作品中に好んで取りあげた白人という観念は、生物学的な肌の色の区別ではなく、文明社会の道徳的基準をわきまえている人という意味が当然のこととしてこめられていた。キプリングはそれだから肌の色の黒い英雄については、「俺が知っている一番いい奴」についてさえ次のように露骨にうたっている。

An' for all 'is dirty 'ide
'E was white, clear white, inside.

h の音が、この俗語の詩では落ちてしまっているが、それは訳せば次のようになるのだろう。なお hide は skin とはちがって、普通は獣の皮をさす言葉なのである。

奴の皮は汚なかったが、
奴は白かった、内側は綺麗さっぱり、白かった。

キプリングをはじめ、当時のイギリス人の多くは、地球上のあらゆる人間に政治的に平等の権利があるなどとは考えてもいなかった。それどころかイギリス人は文明社会の道徳的規律（それはすなわちヴィクトリア朝イギリスのキリスト教的道徳律であったが）を定冠詞のついた「法」the Law と考え、それをそのような文明社会の道徳的規律を持ちあわせていない人々の間に拡めようと考えていたのである。そしてイギリスは国家としてそのような「法」を維持する世界の警察をもって任じていたのである。そのようなイギリスに、もし外にあって手を握るべき相手があるとするならば、それはアメリカであった。アングロ・サクソンの連帯は後にはチャーチルもマクミランも、それはかりでなくイギリスの労働党の党首も常に心にかけてきた問題だったが、キプリングも（『旅行記』の類ではアメリカ人を野蛮人呼ばわりして快としたこともあったが）、十九世紀末には英米間の紐帯を緊密にすることを重要視していたのである。それだからキプリングは『タイムズ』紙上に公表するに先だって詩『白人の重荷』を当時のアメリカの副大統領であったシオドア・ルーズヴェルトのもとに送っている（cf. Charles Carrington: *Rudyard Kipling, His Life and Work*, London, 1955）。そのルーズヴェルトが一八九九年一月十二日付のキャボット・ロッジあての手紙で、「詩としてはむしろつまらないが、膨張主義的見地からはいいセンスだ」（"...Which is rather poor poetry, but good sense from the expansionist standpoint."）と評しているのは興味ふかい。ルーズヴェルトはこの詩が民衆に政治的にアッピールする力があることを認識していたといえよう。詩『白人の重荷』は二月四日にロンドンの『タイムズ』紙に、翌五日にニューヨークの『サン』紙と『トリビューン』紙に掲載された。そして翌六日にはアメリカの上院はアメリカによるフィリピン統治を決議した。シオドア・ルーズヴェルトは一九〇一年には大統領へ昇格し、一九〇四年には第二期の選挙に臨むこととなるのだが、その選挙の直前の一九〇四年十一月一日にキプリングへ書翰を寄せ、大統領に選出された場合には「白人の重荷」を背負う決意である旨を述べたといわれている。そしてルーズヴェルトは帝国主義的な政策を掲げたがゆえに、米国民の支持を得、ふたたびアメリカ大統領に選ばれたのであった。

The White Man's Burden の詩は日本人にはかなり理解の困難な詩である。アングロ・サクソン人には、詩の構文がたとい論理的に完結していなくとも、生理的にアッピールする点があるから、感激した人も多かったのであろうが、日本人には必ずしもすなおに合点がゆきかねる詩であった。キプリングが呼びかけた英米人の読者とキプリングとの間には、キリスト教的使命感に染まった帝国主義謳歌の感情が共通していたが、日本人にはそのような前提が欠如していたから、日本人読者には詩的感情のすなおな投影も自然な横溢もまたあり得なかったのである。カザミアンの『英文学史』には、「イギリス人の大多数にとって大英帝国の実在が感得せられるようになったのはキプリング以来のことである」とあるが、イギリス人の多くがわかちもっていた帝国主義の感情にキプリングが詩的な形を与えた、といえるだろう。アングロ・サクソン人特有のエネルギッシュな感覚によって詩は高らかにうたわれているが、『白人の重荷』は、芸術作品としてはともかく、一つの時代の一つの代表的な詩とみなしうるようである。

黄人の重荷

徳富蘇峰は、新聞記者として、明治・大正・昭和前期の三代にわたって日本の国民感情をリードし、少なくともその一部を雄弁に代弁した人であった。それだから徳富蘇峰の論旨や立場の是非はともかく、その発言は国内国外へ及ぼした影響という点からも注目に値する。

キプリングが『白人の重荷』の詩を発表したのは一八九九年、明治三十二年のことだったが、それにたいして徳富蘇峰は七年後の明治三十九年一月『国民新聞』紙上に「黄人の重荷」と題する一文を掲げて、次のように大和民族の自己主張を試みた。

「英国の文人キップリング氏は、白人の重荷を歌へり。是れ白晳《せき》人種が他の人種を、統御するの責任あり、且つ権威あることを、自覚したる告白なり。然《しかれど》も若《も》し白人に重荷ありとせば、黄人にも亦た重荷あらざる可らず。吾人は我が大和民族に向て、此の重荷の自覚を促がさずんばあらず」

『蘇峰文選』などに集められた徳富蘇峰の新聞記事がもつ魅力は、英語のよく読めた蘇峰が英語系の新聞の論説によく通じ、その種の発想法を生かして日本や東洋の問題を論じているところにあった。その点で蘇峰は国際的論説記者の資格を備えていたといってよいだろう。その種のセンスが対抗意識をもって働いたからこそ、イギリスやアメリカの帝国主義的主張が、蘇峰の内にあってはたちまちに日本の帝国主義的発展の主張となってあらわれ、キプリングの「白人の重荷」の使命感が、蘇峰の論説にあっては「黄人の重荷」の論に転化したのにちがいない。日露戦争の勝利に酔った日本人の一人として蘇峰は次のように筆を進めた。

「我が大和民族は、自から僭して、黄人種の首長たるものにあらず。我が大和民族の眼中には、人類ありて、人種なし。白と云ひ黄といふが如き、皮相的の差別は、殆んど歯牙にだも掛けざる也。然も自から求めざるも、世界の二大人種の一なる、黄色人種は、何れも我が大和民族を仰がざるものなし。単に支那、朝鮮、暹羅《シャム》等の黄色人種のみならず、印度、波斯《ペルシャ》、亜拉比亜《アラビア》、埃及《エジプト》、土耳其《トルコ》等、凡そ白晳人種の仲間以外に属し、若しくは属するものと認定せられたる各人種は、何れも大和民族を以て、其の希望を繋ぐ標的となしつつあるが如し。吾人は日露戦争が、世界の表面に散在する白晳人種以外の人種に、絶大なる感化を与へたることを、無視する能はず」

日露戦争による黄色人種の国日本の勝利は白人不敗の神話を打破った。それだけにその精神的影響は非西洋の諸国においては顕著なものがあったが、蘇峰はその反応を敏感に把握していたのである。そしてキプリングの white man's burden の主張は、蘇峰にあっては鸚鵡《おうむ》返しのようにyellow man's burdenの主張へと転化したのである。「黄人の重荷を自覚すると同時に、此の重荷に処する責任の、更らに重大なるを感ぜずんばあらず」

しかし徳富蘇峰は、キプリングが白人についてうたったように、頭から黄人の優越を主張することはできなかった。なぜならキプリングの場合には、白人が他人種 the lesser breed（先の詩にあるような表現を借りれば the benighted heathen）の重荷を背負って、他人種のために文明開化の任に当るという主張だったが、蘇峰の場合には黄人のうちの日本人が他の遅れた黄人の重荷を背負うという主張だったからである。蘇峰の言葉を借りれば、「若し其の所を得ざる同胞が、道頭に彷徨するに際しては、彼等をして其所を得せしむるは、其の先進者の責任にあらずや。吾人が支那、朝鮮に於ける、実に此の如し」

蘇峰の「黄人の重荷」の内容はそのようなものであったから、キプリングが詩でうたったように白人種の優越という単純なテーマを豪放にうたいきるというわけにはいかなかった。蘇峰の論説に「然《しかれど》も」という留保のための接続詞がいくたびも出てくるのもそのような前後関係のためであり、蘇峰は一面では黄色人種の指導者としての責務を説きつつ、他面では白人をみだりに刺戟することの愚を戒めているのである。

「吾人は決して我が大和民族が、黄人同盟の覇主となりて、白皙人種に対抗せんとするものにあらず。……人種的自覚の第一歩は、動《やや》もすれば外人排斥の狂熱を、特発するもの也。而して其の結果は、人種的平衡を保持するにあらずして、却て人種的憎悪、軋轢を挑発するが如き虞《おそれ》なしとせず。故に若し一歩を誤れば、世界に於ける黄人種の同盟を構作し、余儀なく其の首長に擁せられ、世界を挙げて、源平の戦場となすが如き、危険も絶対的に是れなしとせず。是れ吾人が今日に於て、最も戒慎す可き一事なり」

日露戦争当時はこのような慎重な発言もまじえていた蘇峰が、三十余年後には自ら戒慎することを忘れて日本を大東亜戦争へと駆り立てるオピニオン・リーダーとなったことは不幸なことだったが、しかし日露戦争当時の蘇峰の発言には、白人勢力との将来の衝突の可能性を秘めた論議もすでにふくまれていたのである。日本が日本海海戦で圧倒的な勝利をおさめた直後の明治三十八年六月に蘇峰は「日本国民の志望」という論説を『国民新聞』に掲げたが、そこには次のような white man's superiority にたいする挑戦が見られた。

「日本人の野心は、亜細亜人をして、亜細亜を処理せしめよと云ふに在り。而して之も追究すれば、黄色人を率ゐて、白皙《せき》人に対抗し、亜細亜よりして、白的勢力を駆逐するにありとは。排日論者、黄禍論者、白皙《せき》独尊論者、天は白皙人の為めに、地球を造り、動植物を造り、有色人種を造りたりと迷信し、四海兄弟も、人道の普及も、唯だ白皙人種の範囲に止まる者と独断する徒輩の、颺言《ようげん》し、思考し、且つ恐怖する所なるが如し。単に斯《か》く語るのみならず、真に斯く信じ、日本の勃興を以て、白皙人種の深憂大患となすが如き者、亦た甚だ寡《すくな》しとせず」

アジア人をしてアジア人を処理せしめよ、という徳富の主張は論理的必然として白人の世界支配の現状の否定につらなる。それは白人の帝国主義的勢力の後退を求めたものである。——西洋側が当時の日本の主張をそのように解釈し、日本帝国の擡頭を(それまで日本にたいして友好的であったアメリカの世論をふくめて)危険視しはじめたのは当然の反応であったろう。この種の趨勢にたいしてドイツのヴィルヘルム二世は「白人は団結して有色人に対抗せよ」“White man together against coloured man.”などと主張したのである。キプリングなどに見られたこの白人の重荷の主張が徳富蘇峰らにあっては黄人の重荷の主張を生んだが、蘇峰の白人嫌いは大正時代にはいると一だんと顕著になってきた。大正二年に書かれた『時務一家言』の五六には次のような発言が見られる。

「文士キップリングは、自ら称して白皙人種の負担と云へり。負担とは、白人が有色人種を支配するの骨折を云ふ也。有色人種より云へば、余計なる御世話なれども、白皙人種よりすれば、其の支配さへも、有色人種に向つて、恩に被《き》する也。

白人が有色人種を支配するは、白人の義務を行ふ所以《ゆえん》乎、将《は》た其の優勝者たる権利による乎。其の観察は何れとしても、白皙人種が、世界を我物顔に振舞ふは、明白なる事実也。我が大和民族の如きも、此の事実の中心に投ぜられて、屡々《しばしば》之れが為めに浅からぬ迷惑を感じつつある也。現に加州《カリフォルニア》に於ける日本人迫害の如きも、白閥跋扈《ばっこ》の実物教育にあらずや」

このような文章には徳富蘇峰にあっては固定観念と化してしまったところの白人嫌いが看取されるが、この種の主張はさまざまの人々によって繰り返し繰り返し唱えられ、ついに日本人を駆って大東亜戦争へおもむかしめた心理的要因の一つとなったのである。

しかしこの徳富蘇峰の主張には論理に矛盾が認められはしないだろうか。蘇峰は「白人の重荷」の主張は有色人種の側からいえば余計なお世話であるとして反撥しているが、それでいながら日本人の「黄人の重荷」という東亜の盟主日本の主張が他の黄色人種の側からいえば余計なお世話であろう、ということに思いをいたしていないのである。しかしそのような徳富蘇峰のいかにも日本の男らしい手前勝手な理窟が、自己主張のみ強い粗雑な頭脳の青年将校や革新派にはかえってアッピールしたのであろう。日本人の多くも、西洋文明への憧憬を感じると同時に、蘇峰のような白閥打破の主張に惹かれたのである。――それに「先進者の任務」としてアジア諸国の解放を唱えることは若い日本人たちの正義感になんとこころよく響いたことだろう。アジアの諸国民をしてその所を得せしむるという蘇峰の明治三十九年の発言はそのまま八紘一宇の思想へつらなるものではなかっただろうか。

徳富蘇峰の鼓吹したような説は、西洋列強の実力を知る慎重な重臣や自由主義者たちはともかくとして、大勢の日本人にアッピールした。日本人の多くは先進国の特権ということを暗黙裡に承認しつつ、自分もその仲間入りをしたいと願い、しかも他面、白人支配の世界の現状を打破したいとも感じていたのである。そのような感情は西洋文明への憧憬を感ずる人々の中にも秘められていたのである。そして大東亜戦争はそのような反白人の感情の爆発でもあったという点に、人種戦争としての側面が見られたのである。もっとも戦時下の日本では米英人を鬼畜と呼び、新聞によってはお先棒をかついで、米英に獣偏をつけて�米狭としたのだから、敵側を人種としても認めていなかったといえるかもしれないが、しかし戦時下であったとはいえ、日本人の中にはこのような獣偏の造語を悪趣味と感じる人もいた。時勢に過度に同調する人々にたいしては、日本人の多くは不信の念を抱いているのである。ただそうした大多数の人々は（今日でもそうだが）積極的に口を開かないでいるまでのことである。

戦後の日本では戦争で負けた体験から、日本の文化的落差ということを痛感したために、人々は戦前のように安直に反西洋の主張には同調しなくなった。わずかに戦後のアジア・アフリカ会議などの雰囲気に、昭和十八年に東京で開かれた大東亜会議の雰囲気に似通ったものが認められたという。奇妙なことだが、徳富蘇峰らの主張は、部分的には反米や反帝国主義のスローガンの下にアジア人の連帯性を説く左翼の知識人によって引き継がれたといえるかもしれないのである。

「解放軍」批判

キプリングの詩にアングロ・サクソン人の自己主張を読み、続いて徳富蘇峰の黄色人種の人間復権の叫びに接すると、後者の主張にたいしてもその情状を酌もうとする人も出てくることだろう。第二次世界大戦の体験を経た人でさえ一方的に日本側の非のみを追及した敗戦直後の論壇の風潮にたいしては疑問を覚える向きは多いにちがいない。しかし公式的な歴史観に反撥するからといって、それだからただちに「大東亜戦争肯定論」へ転化してよいという筋合のものではないだろう。

戦争前の日本では、日本が東洋の盟主となり黄人の重荷を背負うという主張にたいしては、積極的に口を開いて反撥を試みた人は少なかった。少なかったけれども皆無ではなかった。河合栄治郎は昭和八年十一月号の『文藝春秋』に「五・一五事件の批判」を執筆し（『河合栄治郎全集』第十一巻六一頁）、五・一五事件の首謀者たちが唱えた思想内容の批判を行なっている。河合栄治郎は、日本人が黄人の重荷を背負い、白色人種ことにアングロ・サクソン人種の圧迫から、アジア民族を解放しようとする青年将校たちの間に強かった大アジア主義にふれて次のように率直に述べている。

「亜細亜諸国は独立を回復することを熱望することは確かである。然し日本の力を借りることには賛成しまい。何故なれば英米の宣伝により日本を誤解している点もあろうが、日本の過去の外交史が彼等に疑惑を抱かしめるからである。英米を排して日本を代わりに引き込むならば、彼等は寧ろ英米の方を選ぶだろう。何故なれば日本の内部に於て同胞に対してさえ充分の自由を与えていないのに、その日本から外国は充分なる自由を与えられることを期待しえないからであり、又英米にはたとえ不徹底なりとも自由主義的思想が浸潤している。異民族を統御するに就いて彼等は日本人よりも妙諦を解しているからである。亜細亜の諸国に於ける日本の信用をば、吾々は決して過超評価してはならない。若し大亜細亜主義が何等の領土的野心を持たないで、唯亜細亜に於て日本が外国と平等の通商貿易をなすことを目的とするならば、寧ろ大亜細亜主義などを唱えるよりも、直截に通商の自由を標榜した方が却って実行の可能性も多いと思う」

そして河合栄治郎は大アジア主義に酔う人々の自己欺瞞の心理をついて次のように付言している。

「大亜細亜主義が日本の利益を図る掩蔽《えんぺい》の口実ならば別であるが」

河合栄治郎の批判は、日本を過大評価せず、大胆にその所信を述べた点、まことに見事といわなければならない。アジア人に疑惑を抱かせる日本の過去の外交史というのは一九一五年の二十一カ条の要求などを指すのだろうか。国内において軍人による政治的暗殺が行なわれ、しかもその犯人を死刑に処することもできないでいるような国がどうして諸外国の信用をかち得ることができよう、というのが河合教授の執筆時の気持であったのだろう。そして事実、大東亜戦争による日本のアジア「解放」は、多くの南方諸国民には、白人勢力の駆逐として当初は歓迎されたが、じきに白人に代わる日本人の支配として嫌われたのである。日本軍もまた多くの「解放軍」

と同様、占領軍でしかなかったのである。それも異民族を統御するについてその妙諦をよく解していない軍隊なのであった。

しかしそれは、多くの「解放軍」がわかちもつ通弊なのであったろう。たとえば東ヨーロッパの諸国民にしても、ナチス・ドイツの支配を駆逐する武力としてはソ連軍を歓迎したに相違ないが、その「解放軍」がスターリン主義者を通じて間接に支配したことに対する反感は根深いものがあるにちがいない。先の表現を転用すれば、内部において同胞に対してさえ充分の自由を与えていないのに、そのソ連から外国は充分なる自由を与えられることを期待しえないからである。ところで筆者はこの問題についても一つの詩を通じて観察を行ないたいと思う。東ドイツの劇作家ブレヒトは、一九五六年に亡くなったが(その年はハンガリー事変の年にあたる)、死ぬ直前にポーランドの詩人 Adam Wazyk の詩のドイツ語訳を手がけていたといわれる。その中には次のような詩があった。

かれらはやって来た、駆けながら、叫びながら、
「社会主義の旗の下へ
切られた指はもはや痛みはしない!」
かれらは指を切った、
するとそれはひどく痛んだ、
そしてみな疑いはじめた。

このような詩を訳したということは最晩年のブレヒトのどのような感慨を示すものだろうか。筆者はこの詩が一九五八年七月末の『マンチェスター・ガーディアン』紙の社説欄に A Heretic After All?「結局のところブレヒトは異端者か?」と題されて掲げられたのを読んだが、その時から長い年月が過ぎた。ブレヒトのこの訳詩はその後ドイツ民主共和国から出た全集に収められたであろうか?

開かれたナショナリズム

人種間関係や国際関係の諸問題を詩を通して見るということには、取扱い方の如何によっては偏向を

生む可能性も秘められている。しかし文学作品を単に純文学という視点や一国文学史の枠内だけで見るのではなく、政治と交錯する部分や歴史と重なる部分において見るのもまた一つのアプローチであるかと思う。とくに日本のようないわゆる縦割りの社会では学問の世界においても文学は文学、政治は政治と分けられて、その間に壁ができていることが多いが、たまにはその壁を横に割ってみるのも意味がないことではないだろう。文壇や思想界という小世界では知識人や学生はとかく自家中毒症状を呈しがちなものである。密室の中で鏡に映った自分の姿を見て、同志がいると錯覚することは、一種のナルシシズムでしかない（とくに学生層を読者とする雑誌やジャーナルの類にその種の自家中毒症状が顕著であるように思われる）。文学や思想の再生のためにも大人の大世界との接触は必要不可欠なことではないのだろうか。そしてまた詩に史を求めることにより、イデオロギーの暴走によって人間不在となっていた歴史に人間性をふたたび与えることも可能となるのかもしれない。――筆者はそのようなことを考えて、彼に例を取り、此に例を取り、公式による独断を排して物の表裏を見るようにつとめてきた。ちょうど練達の外交官が、相手の考えや感じ方を相手の立場に身を置いて感じ取ろうとするように、できれば詩を通してその心理のひだにふれてみたかったのである。そしてそのような操作を重ねて行くうちに、世界の中の日本を強いて矮小化することも、また強いて尊大化することも無くなるのではないか、とも考えたのである。それではその際にどのような態度で事に処すればよいのだろうか。答は人によりさまざまあるのであろうが、詩にはじまり詩によって説いてきた小論である。結びにも一詩を借りて筆者の結言に代えたい。仙台の第二高等学校の教師であった土井晩翠は、芸術作品としてはおよそ拙なる作だが、次のような詩を書いている。筆者はそこに示された興隆期の日本に育ったナショナリストの広く世界に向って開かれた態度を興味ふかいものに感じたのである。土井晩翠は今日はもはやあまり読まれなくなった詩人で、次に引く言葉も、詩というよりは旧制高等学校の寮歌に近いような台詞なのだが、実はそれがかえって時代精神の証言としては意味をもっているように思われる。土井晩翠は第一次世界大戦がはじまった大正三年の十一月、「金華山より太平洋を望みて」次のようにうたった。

「列強の中《うち》、一流」の虚名に迷ふこと勿《なか》れ。
野人自尊の醜きを自《みずか》らさらすこと勿れ。
爾《なんじ》の眼《まみ》を光明に開き世界に知を探せ、
黴《かび》と銹《さび》とを心より剣より拭《ぬぐ》へ、陋習《ろうしゅう》の
朽ちしを棄てよ、新たなる酒は新たの器に注げ。

このおおらかな主張には、大正デモクラシーを特徴づける世界に向って広く開かれた精神の息吹きが感得されるのではないだろうか。そしてそのような主張は、実は明治元年の五箇条の誓文の精神を、そのまま詩に生かしたものだったのである。

「智識ヲ世界ニ求メ大ニ皇基ヲ振起スベシ」

「旧来ノ陋習ヲ破リ天地ノ公道ニ基クベシ」

その明治元年からは本稿執筆まで百年（平凡社版までは百四十年）、土井晩翠の詩が書かれてからも五十年（同九十年）が過ぎた。そしてその五十年の間には大アジア主義者たちが、一見理想主義的であったが、野人自尊の醜を歴史にさらした。五・一五事件の革新将校たちは、心情は理想主義的であり当時の新聞にはその動機を讃えて迎合するものも多かったが、野人自尊の醜をやはり歴史にさらした。私たちは、今日においても限られた体験や乏しい読書知識を金科玉条視して直接行動へ走る人々を戒めなければならない。短絡反応をおこして直接行動にエネルギーを浪費するよりも先に、私たちは外国語の習得と外国体験とによって直接世界に知を求めなければならない。戦前の日本のように自国を尊大化したことも、戦後の日本のように自国を矮小化したことも、判断の振子が激しく右にゆれ左にゆれたという点ではともにバランスを失していたのである。戦前のように日本を理想化したことも、戦後のように他国を理想化したことも、判断の均衡を失したという点では同一の現象だったのである。インターナショナリズムと一口にいうが、自国を拒否して外国に従属することと、自国を愛して世界に知を求めることと同じではない。そして後者のように広く世界に向って開かれたナショナリストのそのような他の偉大を容れるにやぶさかでない態度をもって臨む時、私たちは日本人として土井晩翠とともにふたたびいいうると思うのである。

　　此邦《このくに》永く愛すべく此民《このたみ》永く頼むべし。

と。

黄禍と白禍
――アナトール・フランスの見方をめぐって

Les hommes imaginent des races au gré de leur orgueil, de leur haine ou de leur avidité.

柳田国男の愛読書

昭和二十二年の一月、雑誌『展望』の編集部から、「先生が外国の本で一ばん影響を受けられたのは」という質問を受けた柳田国男は次のように答えた。

「アナトール・フランスですね。非常に影響を受けてるんです。フランスに行ってる時分にも、フランス語の稽古にだいぶ読みました。小説や作品で繰返して読んだ本といえば、アナトール・フランスぐらいです。ものによると三べんも四へんも読みました。たとえば『白き石の上にて』などというのは、英訳で読み、フランス語で読み、日本訳で読みました」

柳田国男が『白き石の上にて』*Sur la Pierre Blanche* にこのような深い興味を示した主な理由は、この作品の中で「黄禍」と「白禍」の問題が取扱われているからだった。この小説には、日露戦争における黄色人種の国日本の勝利の世界史的な意義が説かれていたのである。『展望』誌上に「文学・学問・政治」と題されて載ったこの柳田国男と中野重治氏の対談は筑摩叢書の『柳田国男対談集』に再録されている。また柳田以下の日本知識人のアナトール・フランスの発言にたいする反応については、すでに生松敬三氏（『思想史の道標』、勁草書房、昭和四十年）などの言及があるが、ここでは「黄禍論」にたいする西欧側の種々の態度の一つとして、アナトール・フランスの見方をやや詳しく分析してみようと思う。反逆精神 esprit de contradiction に富むアナトール・フランスの見解は、西洋人の「黄禍論」観としては大《たい》勢《せい》に抗する少数派の見解に属するのだが、それだけに黄色人種の一員であった柳田国男以下の日本人たちには訴えるところが多かった。小説家や思想家としてのアナトール・フランスにたいする評価は今日のフランスでは下落の一途をたどり、日本でも若い世代はこの第一次大戦前の作家には一向に興味を示さなくなったが、「黄禍」と「白禍」についての彼の発言は、人種間問題が二十世紀の後半にあっては前半以上に重要性をましたところから、なお注目をひく内容を持っているといえるようである。

黄禍論の歴史的背景

人種問題として世間の注目を浴びているものには第一にユダヤ人問題、第二に黒人問題、第三に白色人種と黄色人種の間の問題があげられる。ナチス・ドイツによるユダヤ人の虐殺やアメリカ合衆国や南アフリカにおける黒人問題はいずれも非常に深刻な問題だが、日本人が関係する人種問題としては白色人種と黄色人種の間の諸問題が考えられる。その問題はははじめには白人諸勢力によるアジア支配の際におこり、ついで非西洋の捲き返しともいうべきアジアの独立確保と近代化の動きに際して生じたが、「黄禍論」はその後者に属する。

「黄禍論」がはじめて唱えられたのは一八九五年四月日本が日清戦争で勝利をおさめ、それにたいして露・独・仏が三国干渉を行なった時、その三国干渉を正当化するイデオロギーとしてドイツの皇帝ヴィルヘルム二世が唱え出した人種主義的政治論だったことはすでに述べた。そして一九〇四－〇五年の日露戦争による黄色人種の国日本の白色人種の国ロシアにたいする勝利は、欧米の一部の人には「黄禍」として把握され、アメリカにおいてはその刺戟もあって排日移民の運動がおこり、それは太平洋戦争への心理的遠因の一つともなったのである。

アナトール・フランスの『白き石の上にて』はこのような歴史的状況の中で（旅順陥落と奉天会戦の間にあたる）一九〇五年二月に発行された。この書物は一九二七年のカルマン・レヴィ版の『アナトール・フランス全集』の註によると一九〇三年に完成されたとあり、フランス側のアナトール・フランス研究書や白水社版の訳者の権守教授のあとがきにもその旨が記されているが、しかし「黄禍論」が取扱われている第四章では日露戦争が話題となっているので、少なくともその箇所は一九〇四年（明治三十七年）に執筆されたものと思われる。現にアナトール・フランスは一九〇四年の十一月二十五日にフランス社会党大会の席上で彼の社会主義にたいする信条告白として有名な演説（*Vers les Temps Meilleurs* に所収）を行なっているが、その中で日露戦争の意味と黄禍論にたいする見解を述べている。そして演説のその部分は小説『白き石の上にて』の中へそっくりそのまま挿入され、作中人物の一人ニコル・ランジェリエの口から語られることになるのである。ニコル・ランジェリエは「パリの旧家で代々印刷業を営み古典学者を出しているランジェリエ家の嫡流」となっているから、パリの本屋の倅《せがれ》として生まれたアナトール・フランスその人の（やや美化された）分身であると考えてよいのだろう。いまその議論の内容を見てみることとする。

アナトール・フランスは最初に、西洋と東洋の接触を巨視的に展望してみせる。それは後にイギリスの外交官で歴史家であったG・B・サンソムが『西欧世界と日本』の中で詳しく描いた東西文化の相互作用の歴史を予兆するスケッチなのだが、アナトール・フランスは西のローマ帝国と東の漢の絹貿易の時代、マッテオ・リッチなどのイエズス会士が喜望峰をまわって広東から北京へはいった明末清初の時代、そして十九世紀の帝国主義諸勢力によるシナ分割の時代へと大観し、白人の黄人にたいする態度やヨーロッパ列強の清国にたいする政策について次のように彼一流の皮肉をまじえて話しだした。それは阿片戦争（一八四〇―一八四二年）、英仏連合軍の北京占領（一八六〇年）、清仏戦争（一八八四―一八八五年）、北清事変（一九〇〇―一九〇一年）などの歴史をふまえての発言だったが、アナトール・フランスの立場は反教会、反帝国主義であり、歴代フランス内閣の植民地獲得の政策に反対するものだった。ちなみに当時のフランスの野党勢力は、フランスの遠征軍が北ヴェトナムの諒山――アメリカのエスカレーションで北爆の対象となったランソンである――で清国軍隊に敗れた時（一八八五年）、ジュール・フェリーの内閣を倒すくらいの力はもっていたのである。アナトール・フランスはいう。

「キリスト教諸国家は、シナで秩序が乱れた時、この大帝国に向けて、あるいは各国連合し、あるいは各国独自に、兵隊を派遣し、強奪、強姦、掠奪、殺害、放火によって秩序を回復し、短い間隔をおいては、小銃や大砲によって、この国へ平和的に浸透するのが習慣となった。武装していないシナ人は自衛をしない。また自衛をするとしても防ぎ様が下手である。そのシナ人たちをヨーロッパ人はいとも気軽に虐殺する。シナ人は礼儀正しく格式ばっているが、ヨーロッパ人にたいして好感を寄せていない、というので非難されている。ヨーロッパ人がシナ人にたいして抱くこの苦情は、デュシャユー氏が自分のゴリラにたいして抱いた苦情にすこぶる似通った点がある」

アナトール・フランスは平和や秩序の美名の下にシナを半植民地化するキリスト教諸国家をこのように非難するのだが、そこに引かれているフランス系アメリカ人で著名なアフリカ探検家であるデュシャユー氏とそのゴリラの話は、猿が黄色人種のたとえとなっているだけに、有色人種の読者の耳にはデリカシーを欠いた比較のようにひびく。ゴリラとシナ人を並べて比べたこのようなたとえは、今日では公の席では口にすることは憚られるに相違ない。しかし作家アナトール・フランスは巧みに次のように物語る。

「デュシャユー氏は、森の中で小銃をぶっ放して子猿を抱いていた母猿を撃ち殺した。母猿は死んでも依然子猿をしっかりと自分の腕の中に抱きしめている。デュシャユー氏は子猿を無理矢理に母猿から引き離して檻に入れると、ヨーロッパで売りに出すためにアフリカ三界から曳っぱってきた。ところがこの子猿がデュシャユー氏の苦情の種となった。子猿は全然なつかない。餌を食べようともせずに餓死しようとする。デュシャユー氏がこぼしていった、『こうした性悪な奴は手に負えんわい』。ところでわれわれ西洋人がシナ人にたいしてこぼしている苦情も、デュシャユー氏が猿に向っていっている文句と似たりよったりの理窟である」

猿と人間のあいだ

ドイツが膠州湾《こうしゅう》を、ロシアが旅順・大連を、イギリスが威海衛や九竜半島を租借したのは一八九八年、フランスが広州湾を租借したのは一八九九年のことだった。アナトール・フランスは西洋列強の行動を「領土の保全を保証する条約によってシナの地方を分割した」といい、日本が三国干渉によって還付を余儀なくされた遼東半島の旅順港をロシアが明治三十一年には厚顔にも清から租借して要塞化し、さらに朝鮮をうかがったために日露戦争が勃発したことを、「ロシアという巨大な熊が、のらりくらりとその鼻面を日本という蜂の巣の前につきつけたために、黄色い蜂が翼も針も武装して飛びあがり、熊を痛い目にあわせたのだ」とも述べている。アナトール・フランスはそこで日露戦争が世界史上の決定的な一大事件であることを次のように分析する。

ロシアの高官で日露戦争を「植民地獲得の戦争だ」といったものがいるが、およそ植民地戦争ではヨーロッパ人の方が相手よりも優勢なのが根本原理である。ヨーロッパ人が大砲で攻撃し、アジア人やアフリカ人が槍や鉈《なた》などの原始的な武器で防ぐのが定めであって、弾薬庫に陶器製の砲弾を並べておくようなシナ人ならば植民地戦争の規則にかなっているといえる。ところが「日本人はそれとは別の道を取った。日本人はフランスでボナル将軍が教える原理に従って戦争を遂行している。日本人はその敵よりも知識も知恵もはるかに秀れている。ヨーロッパ人よりも見事に戦うことによって、日本人は従来の慣習に敬意を表さず、いわば国際法にそむいて行動している」

ボナル将軍は当時のフランスの陸軍大学校校長で『近代戦の精神』という著書をあらわした人である。ここでアナトール・フランスがいう「国際法にそむいた行動」の意味は、日本人が白人の軍隊を破ることそれ自体が従来の慣習を尊重していないということであり、国際間の通念にそむいている、すなわち国際法を破っている、ということで、今日連想されるような国際法を無視して捕虜を虐待したといったたぐいの国際法違反を意味しているのではない。右の言葉は白人本位の「法」(当時のイギリスの国民詩人キプリングなどが高唱した大文字の the Law)がいかに手前勝手な法であるかを示すために、アナトール・フランスが発した皮肉なのである。

黄禍論には開発途上国の近代化に伴うチープ・レイバーやダンピングによる先進諸国の市場攪乱の不安、いわゆる経済的黄禍を警戒しての発言は、フランスの保護貿易論者を中心として欧州ではさかんだった。アナトール・フランスは、ヨーロッパの経済市場の利益という見地から考えても日本が負けるのが当然であるという経済学者エドモン・テリーの説も紹介している。ちなみに *l'Economiste Européen* の主筆であったテリーは *le Péril Jaune*(『黄禍論』)という経済的黄禍の危険を説いた著書を一九〇一年に刊行している。それはシナが日本を模範として産業化に成功した場合には、この両国はヨーロッパにとっては致命的な競争相手になるだろう、という結論だった。しかしアナトール・フランスは北米の産業化に伴う「アメリカ禍」もアジアの産業化に伴う「黄禍」も歴史的必然であるとして、主観的立場から その良否を論ずることの愚をいましめている。アメリカや日本やシナが新しく競争者として登場し、廉価品を市場に送りこむことによってヨーロッパの経済を攪乱することは、アメリカや日本やシナの責任ではない。アナトール・フランスはいう、「われわれ西洋人が日本人に資本主義制度と戦争を教えたのである。日本人がわれわれ西洋人と同じようになったから、日本人はわれわれ西洋人に脅威を与えるのである」

ところで西洋にはこの過程が理解できず、日本が商品を生産して輸出すればそれをもっぱら物真似として非難攻撃した人が圧倒的に多かった(日本の新幹線は一九六四年から世界一を誇っているが、一九五七年に公開されたイギリス映画『戦場にかける橋』では日本人はイギリス人捕虜の知恵を借りないと鉄道の橋一本架けられない人種として描かれていたのである。そのシナリオ製作には日本人も協力したといわれるが、その人は西洋人の日本人物真似説をそのままうのみにしていたのであろう)。

十九世紀末の世界ではダーウィンの進化論が通俗

化された一結果として、人類学的研究に裏打ちされたと称する（主として白人優位の）人種的偏見も生じた時代だった。ゴビノーの『人種不平等論』が書かれてから四十年近くたって世紀末のドイツで非常にもてはやされるようになったのはそのような風潮に乗ったものであり、ゴビノーの思想の宣布には音楽家のワーグナーも一役買っていた。そしてヴィルヘルム二世や後にはヒトラーもゴビノーの『人種不平等論』から影響を受けるのである。

ダーウィニズムは、一方ではそのような深刻な結果を伴う人種主義を拡める素地をつくったが、それは同時に作家たちには諧謔を弄させる恰好の話題を提供することともなった。アナトール・フランスはこの演説の中でも手に骸骨の標本を持った生理学者シャルル・リシェー博士を登場させる。Richet 教授は、突顎《とつがく》人種である日本人は短頭顱《ろ》人であるロシア人に対抗できるはずはない旨を説き、日本人に向って「御親切にも」次のように呼びかけを行なうのである。

「諸君は諸君が猿類と人類の中間的生物であるということに十分に留意してもらいたい。諸君日本人がロシア人、すなわちフィノ・レット・ウグロスラヴ族を打擲《ちょうちゃく》することがあれば、それはとりもなおさず猿が諸君日本人を打擲するのと同じような事態であるとわきまえてもらいたい」

この説は、日本人を人類と猿類の中間的存在と見なしているわけだが、このリシェー教授は一九一三年にはノーベル賞を授与されたほどの生物学者でもあった。

黄禍即白禍

日本人を承服させることのできない学者先生のこのような逆立ちした擬似科学をこうして皮肉ってみせた後、アナトール・フランスは真面目な語調に戻って西洋植民地主義の悪を指摘する。「現在ロシアが日本近辺の海域や満州の谷で償いを払っているものは、全ヨーロッパの植民地政策である。単にロシア人の犯罪の償いを払っているのではなく、軍事的・商業的キリスト教世界全体の罪ほろぼしをしているのである」

ここに「軍事的・商業的キリスト教世界全体」toute la chrétienté militaire et commerciale という表現が出てきたが、フランスにおける植民地主義の主張は、キリスト教の弘布や文明開化の事業という大義名分を掲げていただけに、ドレフュス事件以後は社会主義に与《くみ》し、反教会主義の立場にたったアナトール・フランスにはますます強く反撥するところがあったのだろう。ここで付言しておくと、フランスの植民地政策は国家の威信 prestige の事業として行なわれた面が強く、清国政府にたいしてカトリック教会の活動の保証は求めたが通商条約には重きを置かなかったこともあり（一八四四年、道光二十四年の外交協定）、マルクシズム的に独占資本による市場確保のための帝国主義的発展という解釈だけでは説明がつきかねる性質のものであった由である。国家の威信の政策は政治家や軍人の個人的野心と強く関係しているだけに、文学者アナトール・フランスによる心理的な解釈の方がこの場合には妥当する面が多かったのではないかと思われる。ドレフュス事件以後積極的に反政府的な立場にたったアナトール・フランスは、それが被圧迫者の心理や立場に同情と共感を寄せるが、それが次のような非西洋の視角からものを見ることを可能としたのにちがいなく、その論はヴァレリーが日清戦争に触発されて書いた『鴨緑江《ヤルー》』などという知性に関する抽象論よりも、はるかに具体性に富んでおり、かつヨーロッパ主義（ヴァレリーの場合は地中海主義を出ないのだが）の立場を離れているだけにより注目に値する。半世紀後の千九百六十年代でもヨーロッパの多くの作家、評論家は、かれら自身を形成してくれた西欧文化の伝統の外へ一向に乗り出せないでいるのだが、そうした時にアナトール・フランスはいちはやく事態を裏返してみせたのである。かれは「黄禍」についても次のような観察を行なった。

「日本軍が鴨緑江を渡り、満州で着実にロシア軍を撃破し、日本海軍が鮮やかにヨーロッパの一海軍を破ると、たちまちにヨーロッパを脅やかす危険をかぎつけて、『黄禍』がヨーロッパで唱え出された。そのような危険があるとすれば、誰がそれを創り出したのか？　アジア人はすでに何年も前から白禍のあることを承知してきた。北京における虐殺、ブラゴヴェシチェンスクにおける溺殺、シナの解体、これがシナ人にとって不安の種とならなかったろうか？　日本人は旅順港の要塞化を見て不安を感じなかっただろうか？　われわれ西洋人が白禍を創ったのである。その白禍が黄禍を創り出したのである」

ブラゴヴェシチェンスクは漢名を愛琿といい、その地における数千名の清人虐殺は、当時の日本の第一高等学校の寮歌にも「アムール川の流血や氷りて恨結びけむ、二十世紀の東洋は怪雲空にはびこりつ」と歌われ、石光真清の自伝的小説『曠野の花』などにも記録されており、千九百六十年代の中ソ論争の際にもむし返された事件である。また右の文末の黄禍は白禍によって連鎖的に創られたという説は、黒人問題というのは実は白人問題なのだ、白人の偏見や無理解こそが問題なのだ、という今日の黒人側の主張と論理とを思わせるものがある。ヨーロッパの経済学者が声を大にして叫んだ経済上の黄禍、東洋の安価な労働力による安価な商品のヨーロッパ市場への侵入についても、アナトール・フランスは大乗的な立場にたって、「アジアの頭上に差し迫っている白禍の大きさに比べれば、ヨーロッパにとっての黄禍の恐ろしさなどは取るにも足らないものではないだろうか」とこともなげにいってみせる。アナトール・フランスは西洋の視角から歴史を見る態度を斥けて、東洋の視角から問題を再検討してみせるのだが、北清事変についても次のように事態を裏返してみせた。

「シナ人がパリやベルリンやペテルブルクに仏教の伝道師を派遣してヨーロッパの情勢に混乱を惹き起したのではあるまい。シナの遠征軍がキブロン湾に上陸して治外法権、すなわちヨーロッパ人とシナ人の間で係争中の事件をシナの大官が裁判する権利をフランス共和国政府に強要したのでもあるまい。東郷提督が装甲艦十二隻を率いてブレスト泊地を砲撃し、フランスにおける日本の通商の利をはかったのでもあるまい。フランスの国粋主義者のエリートがオッシュ街やマルソー街の清国や日本の公使館を包囲して、その結果大山元帥が極東の連合軍を率いてマドレーヌ街に入り、排外主義的暴徒の懲罰を強要したわけでもあるまい。より秀れた文明の名においてヴェルサイユ宮殿に火を放ったのでも、アジアの列強の軍隊がルーヴルの絵画やエリゼー宮の食器類を東京や北京へ持ち帰ってしまったわけでもあるまい」

この最後の皮肉な一節は、北清事変よりはむしろ一八六〇年の英仏連合軍の北京占領と円明園の破壊を示唆しているものと思われる。

アナトール・フランスの政治的事柄に関する判断は、必ずしも確かなものとはいえないが、注目すべき発言は日露戦争の見通しについてであろう。沙河の会戦で日本陸軍はロシア軍を撃破しはしたが、旅順はまだ陥落していなかった明治三十七年の十一月二十五日にアナトール・フランスは次のように演説している。彼は勝敗の帰趨を予見することの難しさを説き、ロシア側の弱みとしては政府の愚昧と無能をあげ、日本側の弱みとしてはその財力の乏しさをあげている。「日本は、ロシアとは異なって、困難で負担の多い外債に頼らなければならない」。しかも「英米両国が日本を援助しているのはロシアを弱体化させるためであって、日本がおそるべき強国になることを許すためではない」。そして日本の勝利が、勝利そのものが、日本と英米の関係を悪化させるであろうと観測している。それは情緒的な日本人の判断とは異なる鋭い適切なソフィスティケイトされた洞察であったといえるだろう。彼はまた長期的な見通しとしては次のような予見も行なっている。

「日本は（ロシアに勝つことによって）黄人を白人にとって、敬すべきもの（respectable）とするだろうが、それは人類の大義に多大な貢献をなすこととなるだろう」

日本は自分でも知らないうちに、あるいはもしかするとその望みに反して、全黄色人種の解放に貢献するであろう、とアナトール・フランスは観測していたのである。

ヴォルテールの徒

明治百年を迎えようとする数年前から日本では一部の知識人によって「大東亜戦争肯定論」が唱え出された。その人たちの主張に従うと、大東亜戦争の結果東南アジアの諸国は植民地状態を脱出して独立をかち得たから、日本の戦争は義戦であった、という肯定論であるらしい。しかし東南アジアの諸国の独立は日本軍による英米蘭仏の勢力の駆逐と日本の敗戦という一種の力の真空状態から生じた結果なのであり、戦争中の日本の指導者が考えていたような形でのアジアの独立ではなかった。結果は予想をこえたところに生じたのである（そのような因果関係であっても結果論的に大東亜戦争が肯定されるものであるとするならば、東南アジアの諸民族にナショナリズムの意識を呼びおこし、それが独立運動の遠因となったという意味では、欧米列強のアジア支配も肯定されてしかるべきだろう。白人たちの支配がなかったならば東南アジアにはナショナリズムの目覚めさえもなかったのかもしれないのだから！）。

ところでアナトール・フランスが日露戦争に認めた世界史的意義も、当事者である日本の為政者の意図をこえた予期せざる結果が生じたところにあった。白人不敗の神話が破れたことにより、アジアやアフリカの人々は自信を回復するのだが、その精神的覚醒は（中国での場合のように）あるいは日本の近視眼的な為政者の望みに反するような形でのナショナリズムの運動へ転化するものであるかもしれなかった。しかしアナトール・フランスは当局者の予想をこえたそのような歴史の意想外の発展が終局的には人類の進歩に貢献すると信じていたのである。それは無証明の前提を頭から認めてしまったという点でアナトール・フランスとしてはいささかナイーヴな確信でもあった。それだから彼の演説の結論は、次のような予定調和論的な楽観論のニュアンスを帯びた理想主義的なものとなっている。アナトール・フランスは、あらゆる人種、あらゆる肌の色の人間が、強く自由で豊かであることが人類全体の利益となることを唱えて、次のように高らかに説いたのであった。

「地球を価値あらしめるためには、まず人間を価値あらしめなければならない。大地や坑山や水や地球のあらゆる物質やあらゆる力を開発するためには、人間が、あらゆる人間が、人類が、すべての人類が必要なのである。地球の完全な開発のためには、白人、黄人、黒人の連合した労働が必要なのである。人類の一部を攻撃し、縮小し、減少することは、とりも直さずわれわれがわれわれ自身の不為《ふため》を働くということにほかならない。あらゆる人種の民族が、あらゆる肌の色の民族が、皆力強く、自由で、豊かであることが、とりも直さずわれわれの利益となるのである」

この種の発言は、日本でも武者小路実篤氏などによって繰り返されており、(1)人権宣言などには採択され承認されるけれども、今日の問題は、そのような原理の承認や表面的な同意にもかかわらず、現実には人種間問題は解決の目処《めど》も立たぬままに激化している、という点にある。かくあらねばならぬというルソー流の理想を高く掲げるだけでは、必ずしも問題の解決にはなっていないからである。

ところで右のような理念も、進歩への確信も、また人類の一部に仕えるのではなく、全人類に仕える、そのためには祖国の悪もあえて糾弾するという態度も、アナトール・フランスが十八世紀の哲学者に連なる人、とくにヴォルテリアン、ヴォルテールの徒であることを思わせる。アナトール・フランスよりも一世紀半前に、シナとの関係でヴォルテールは『哲学辞典』（一七六四年）の中で次のようにいったことがあった。

「なぜわれわれ西洋人はかれら東洋人の中へ行きたがるのであろうか？　なぜ日本人は一人もヨーロッパへ来ようとしないのであろうか？　西洋人はメアコ（京都）へ行き、蝦夷の地へ渡り、カリフォルニアへ行き、できることなら月世界へも旅行しようとしている……ヨーロッパ人は喜望峰航路を開拓するやいなや、東洋の諸国民を征服し、かれらを改宗させた、と法王庁は自慢している。アジア貿易はもはや手に剣を持たずにはおこなわれなくなった。そして西洋諸国は次々と、商人、兵士、そして宣教師を東洋へ送り出したのである」

ヴォルテールによるヨーロッパの宗教的商業的帝国主義の東洋進出の客観的叙述は、先のアナトール・フランスによる軍事的商業的キリスト教世界のシナ進出の客観的描写の原型だったのではないだろうか。ヴォルテールは相対主義的立場にたち、清の雍正帝《ようせい》の言葉を引いてヨーロッパ人に次のように寛容の訓を説いていた。

「われわれの混濁した脳裡に雍正帝がイエズス会士などの宣教師を清国から追放した時に述べたあの記憶すべき言葉を刻みこもうではないか。どうかその言葉をわれわれ西洋の僧院の門に書きこんでおきたいものである。雍正帝はこう述べた、『もしかりにわたしたち中国人が交易するという名目で皆さん方の西洋の国へ行き、皆さん方の国民に、皆さんの信じている宗教は価値のない宗教で、皆さんはどうしてもわたくしたちの宗教を信じなければなりません、と言ったとしたならば、皆さんはそれにたいして何と言われることでしょうか』」

ヴォルテールは、イエズス会士のパールナンやブヴェーが北京から報告してきた清の五代皇帝の雍正帝のこの言葉を『ルイ十四世の世紀』にも記しているが、このような文章を読むと、アナトール・フランスの論はヴォルテールの論の二十世紀版であることが察せられる。そしてそのような精神の系譜を考えると、「黄禍論」や「白禍論」のような一見いかにも非文学的な話題も、思想史をも包含したという意味での広義の文学史の中では重要な論題であることが合点されてくるのである。

また、より今日的にこの問題を考えると、サルトルが『シチュアシオン五』で示した反新植民地主義の立場も、大きな目で見れば、ヴォルテールやアナトール・フランスの伝統に連なるものといえるだろう。サルトルは一九五四年アンリ・カルチエ＝ブレッソンの写真集『一つの中国からもう一つの中国へ』に序文をよせて次のように書いている。

「外国についての絵画的なイメージがなぜ生じるかというと、そのもとには敵を理解することを拒否する態度、戦争がある。われわれ西洋人がアジアについて得た知識はまず、いらだちを覚えた宣教師や兵士たちによってもたらされた。後になると商人とか観光客といった旅行者がアジアへ行ったが、かれらは要するに兵士で熱のさめた連中と同じことである。掠奪はいまでは〝ショッピング〟という形を取り、強姦はいまではそれ専用の店で金と引換えに行なわれる。しかし基本的態度に変化はない。なるほど、いまは昔ほど原住民を虐殺しないが、西洋人は原住民をまとめて軽蔑している。これは虐殺の文明化された姿であるといえる」

文体はサルトル調だが、主張はヴォルテール以来の月並なもので、内容はそれほど目新しいものではないことがわかるだろう。

レーニンの『旅順陥落』

目を北へ転じてロシアを見てみよう。一九〇五年一月、レーニンは、

「旅順は降伏した。この事件は、現代史上のもっとも大きな事件の一つである。きのう電報で文明世界のすみずみにまで伝えられたこの数語は、圧倒的な印象、巨大で恐ろしい破局、言葉ではつたえがたい不幸の印象を呼びおこした」

という引用文に始まる『旅順陥落』という一文を書いている（『レーニン全集』第八巻、大月書店、昭和三十九年版参照）。レーニンは旅順の陥落の歴史的意味を次のように説明した。

「日本にとって戦争の主要目的は達成された。すすんだ進歩的なアジアが、おくれた反動的なヨーロッパに、取り返しのつかない打撃を加えた。十年前、ロシアを先頭とする反動的ヨーロッパは、若い日本が清国を壊滅させたことに不安を抱き、日本から勝利の最良の果実を奪い取るために結束した。ヨーロッパは、旧世界の既得の諸特権、アジアの諸民族を搾取するという長い月日によって神聖化された古来の権利を守り通した」

レーニンは三国干渉と遼東還付にこのように言及し、一八九八年（明治三十一年）来の旅順の要塞化とその陥落について次のように述べている。

「ロシアは六年のあいだ旅順を領有し、幾十億という金を費して、戦略的鉄道を建設し、港を築き、新しい都市をつくり、要塞を強化した。旅順の要塞はヨーロッパの多くの新聞が、難攻不落とほめたたえたものである。軍事評論家は一つの旅順は六つのセヴァストーポリにひとしいと主張した。英仏の連合軍でさえセヴァストーポリの占領に一年間かかったが、日本は、弱小でいままで軽蔑されていた日本は、八カ月でこの要塞を占領したのである。この軍

事的打撃は取り返しのつかないものである。日本が旅順を奪回したことは、反動的ヨーロッパ全体に加えられた痛打である」

レーニンのこの主張は、アナトール・フランスの「現在ロシアが日本近辺の海域や満州の谷で償いを払っているものは、全ヨーロッパの植民地政策である」を想起させはしないだろうか。そしてレーニンとアナトール・フランスというまったく異質の二人の見解が暗合を見たのは、実はいわれのないことではなかったのである。アナトール・フランスの発言はフランス社会党大会の席上で行なわれたものであったし、レーニンの発言は、日露戦争についてのロシアの「社会主義者《エス》・革命家党《エル》」の公式機関紙『レヴォリュツィオンナヤ・ロシヤ』(『革命ロシア』)の主張を排して、フランスの社会主義者ジュール・ゲード Jules Guesde らの日露戦争評価を支持したものだったからである。レーニンはいう。

「自覚したプロレタリアートは、専制を壊滅させた日本のブルジョワジーがはたしているこの革命的任務に目をふさぐことはできない。プロレタリアートはあらゆるブルジョワジーとブルジョワ制度のあらゆる現われとにたいして敵意をもつが、しかしこのように敵意をもつからといって、プロレタリアートは、ブルジョワジーの中にある歴史的に見て進歩的な代表者と歴史的に見て反動的な代表者とを区別しなければならぬという義務をまぬがれはしない。それだから終始一貫して革命的な国際的社会民主主義の代表者であるフランスのジュール・ゲードやイギリスのハインドマンが、ロシアの専制政治を破壊しつつある日本にたいして率直に同情と共感を表明したということはきわめて当然なことである。ところがロシアでは『レヴォリュツィオンナヤ・ロシヤ』紙がゲードらを叱りつけて、社会主義者が支持できるのは労働者の日本、人民の日本だけであって、ブルジョワジーの日本ではない、と声明した。……ゲードはなにも日本のブルジョワジーと日本の帝国主義を擁護したのではない。かれは、二つのブルジョワ国家の衝突に際してその一国が演ずる進歩的な役割を正当に評価したのである」

ゲードを支持したレーニンの見解が、アナトール・フランスの見方と重なったのは、このような前後関係から見ると、いかにも自然の理であったことが察せられる。ゲードはアナトール・フランスより一つ年上で一八四四年に生まれ、マルクスと協力して階級闘争の綱領を練ったこともあり、『エガリテ』紙の編集長、代議士、第一次世界大戦中には大臣として戦争に協力した。ゲードははなばなしい左翼の論客として大いに活躍したと伝えられている。一般にアナトール・フランスが政治にたいして下した判断は、主題に偏した取るに足らぬものが多いのだが、その彼の判断がここではそのような政治的雰囲気の中で奇《く》しくも国際政治のヴェテラン、レーニンの見解と重なったのである。——そしてここに付言するならアナトール・フランスやレーニンの説を知る人には、一九四五年八月九日のロシアの対日宣戦直後のスターリン演説が奇妙に響いたのは、およそ人間が理を求める限り、当然のことであったといえるだろう。ソヴィエト・ロシアの対日参戦や満州占領を日露戦争の敗北と屈辱にたいする復讐として国民感情に訴えた時、スターリンは（あるいはその秘書は）レーニンの『旅順陥落』の短文のことなどはおそらく念頭になかったのにちがいない。それに政権の外にあったレーニンが『旅順陥落』で試みたのが国際的な客観的分析であったのに反し、首相スターリン元帥が訴えたのは「大祖国戦争」の国民的感情にたいしてであり、後者は科学的分析や歴史的評価というよりは国内向けの情緒的なアッピールだったのであろう（日露戦争の国際的反響について、H・G・ウェルズの「ヨーロッパ人傲慢時代の終焉」という見方とともにアナトール・フランスとレーニンの見解に言及した随筆に林達夫氏の『共産主義的人間』昭和二十六年、がある）。

中華思想

わたくしたちは、黄禍と白禍の問題で、フランスの思想界にある（そして残念ながら全体主義国家では一向に認められていない）自己自身の悪をも指摘し得る能力にふれてきた。ヴォルテールやアナトール・フランスはシナの実体について詳しい認識のある人ではなかったが、それでもフランス人の立場を離れてものを考えることを試みた人たちであった。しかしそのような思想上の伝統は、フランスにおいても、少数派のものであるということは、わたくしたちが心得ておくべきことだろう。第二次世界大戦後の植民地独立に際して、フランスはイギリスほどエレガントに振舞うことはできず、無益の血を流さねばならなかった。アルジェリア事変に結着をつけたものはサルトルたちの言論思想の活動によるというよりも、独裁的なド・ゴールの個人的力量に負うところがはるかに多かったのである。

ところで政治的洞察力が鋭く、稀に見る実行力の所有者でもあったド・ゴールはフランス乃至はヨーロッパ至上主義の主張を隠そうとはしていない。「大西洋からウラルまで」は大ヨーロッパ主義の宣言であり、「ヨーロッパの娘、アメリカ」という把握も西欧文化の優越を強調する標語である。そしてド・ゴールは一九五八年八月二十四日にはアフリカのブラザヴィルで一種の人種論的政治論とも取れるような演説を行なった。かれはフランス＝アフリカ共同体 Communauté franco-africaine の形成を現地の人に訴えて次のように説いたのである。

「フランス＝アフリカ共同体を形成することは、われわれフランス人アフリカ人が政治的強国となるためにも、共に経済的に発展するためにも、文化的に発展するためにも、また必要の際に、われわれが自衛するためにも、不可欠であると思われる。今日の世界に大きな危険が潜在し、その危険がわれわれの頭上にあり、とくにアフリカの上にあることを知らない人は誰もいない。とくにアジアには膨大な人間の量《マス》が、自国内だけでは生活手段が十分でないために、外に向って進出しようとしている。無論この進出は、人がいつでもそうするように、イデオロギーの仮面をつけて行なわれる。しかしそのイデオロギーの背後には、常に利害関係という帝国主義があり、それが外国領土の中に政治的橋頭堡を確保しようと試みているのである。

そのことは明瞭である」

ド・ゴールのこの種の巨視的展望は、広い意味での人種論的政治論であるともいえるだろう。中華人民共和国の「六億の蟻」(ギラン)にたいしては個人主義の伝統を尊ぶ人々はみな心底で一抹の不安と一種の嫌悪を感じている（そして中華人民共和国の紅衛兵騒動などに際してその種のおそれを感じることそれ自体は、健康な反応であり、人権意識の自覚のあらわれであるといえるだろう）。ところで西側の人々がひろくわかちもっているこの種の不安は時に顕在化し、時に特定の政策を支持する理由に利用されやすい。その種の不安が顕在化して傾向的に使用される危険がないとは今日でもいえないことである。『ニューヨーク・タイムズ』紙のレストン記者が一九六七年十月の中旬ラスク国務長官と「黄禍論」についてわたりあい、そのことが世界の多くの新聞に報道され、Yellow Peril についてアメリカの「国中の朝食のテーブルで大討論」（ロストウ国務次官補）がかわされたというのも、そのような漠然とした不安感と関係することである。しかしここではヴェトナム戦争の西洋世界への反響という今日の問題にはいらずに、それよりも十数年前に戦われたいま一つのヴェトナム戦争――インドシナ戦争と呼ばれたヴェトナム人の対仏独立戦争の際のフランス国内での反響を一つの先例として考察しておきたい。

黄禍論という主張は、裏返して考えてみると、植民地支配をも肯定するほどの白人文明優越の思想であり、それは過度のヨーロッパの文化的中華思想から生まれ出た説でもあった。黄禍論は、欧米が黄色人種によって蹂躙されるという危機の際よりも、白人による世界支配が崩壊するという危機に際して表面に出てきた論議であった。以下に述べる見聞も、そのような白人の自己中心的な発想と無縁ではない雰囲気でおこった現象なのである。その初春にヴェトナム北部のディエンビエンフーが陥落し、その十一月にアルジェリアで武装蜂起が始まった一九五四年に筆者はフランスへ留学していたのだが、そのころソルボンヌの入口でしばしば手渡されたビラには、「文明開化の使命」Mission Civilisatrice、「キリスト教化の事業」Œuvre de Chrétienté と印刷されてあった。植民地開拓や植民地確保の事業は文明開化の仕事であり、キリスト教化の事業である、というのである。それだからその光輝ある事業を継続せよ、植民地は放棄するな、というふくみである。その種の使命感は政治的には非西洋の独立への動きを圧迫する政策の精神的支柱となったことは右に見た通りだが、しかしその文化面でのあらわれは必ずしもすべてが悪いものとはいえなかった。その成果は「宗教的文化的帝国主義」などのレッテルを貼ってカテゴリカルに弾劾することのできる性質のものではないように思われる。例えばそのすぐれた面においては、日本におけるミッション系の女子教育をはじめとし、立派な文化事業、社会事業となっている。多くの西洋人は宣教師として教師としてまた社会事業家として五大陸へ渡り、働いたのである。中国の近代化にしてもそれが宣教師の教育活動とまったく無縁なものではなかったことは孫文の履歴一つを見てもわかることだろう。

フランスは、イギリスなどとともに、対外文化活動に関しては国策としても長い伝統をもっているが、その事業にたいするフランス人の心理を象徴的に示すものは、その事務を行なう官庁の名前であろう。**le ministère du rayonnement de la culture française**「フランス文化の光を四方に照り輝かせる省」というのがそれで、ド・ゴールが大統領となった直後に新設され、アンドレ・マルローがその初代の大臣となったのだが、そして後にはさすがにその名は改められたが、それでもその種の自国文化の尊重と対外普及の努力とは尊敬に値するものがあり、日本も見習うべき点が多々あるように思われる。

しかしその際に注意しなければならないことは、その種の文化的使命感がすでに見たような十字軍意識と結びついたり、聖戦の思想に転化したりする危険性をも蔵しているということである。そのことは「八紘一宇」という日本の光を四方に照り輝かせるという思想が（思想と呼ばれるほど具体的内容を持っていたかどうかも疑問なのだが）過去において乱用されたことからも察しがつくだろう。自国文化にたいする盲目的な信頼は惰性的に作用すると、その結果独尊外卑に堕することは中華思想の伝統の強い国々ではしばしば見られる現象なのである。他の文化の存在を軽視してフランス風ヨーロッパの至上を説くことは十八世紀のリヴァロルの時代にはできもしたことだろう。しかしその種の主張は今日の世界では、フランコフィル（フランス礼讃者）はともかくとして、一般には反感を買うのではないかとあやぶまれる。「自由ケベック万歳」の叫び声には唱和できかねる人はフランスびいきの中にも多いのではないかと思われる（そのフランスの文化政策の上での一方通行的な性格が象徴的に示されている事実としては、千九百六十年代、有力諸国の駐日大使館の文化担当官が日本語を話すようになったなかで、フランス大使館の文化参事官だけが日本語を話せないということもあげられよう。なおその能力の欠如は文化参事官個人の問題ではなく、その職にたいするフランス側の考え方の問題なのである）。

世界の中の日本

しかしこの種の問題でわたくしたちが留意すべき点は、相手側の態度如何を論ずることよりも、むしろ自国側の対応の仕方についてであるだろう。日本人は外国にあるこの種の自己中心的な文明の主張にたいして過去においてどのように反応してきたか。いまその対外国文明の態度について巨視的に一瞥してみよう。

徳川時代の日本の代表的な知識人であった儒者は、清朝シナについての現地体験を欠いていただけに、聖人の国としての中国を理想化することが著しかった。それだけに国学者のそれにたいする反撥もまた激しかったのである。伊勢貞丈は『安斎随筆』で、「儒者の悪く心得たるは、西土の事のみ知て、我国の事には昧《くら》くして、我国の事を嘲り、笑ひ賤むる事甚し。（中略）如此の不義なる儒者は常に西土を貴びて中華々々と称し、我国を賤しめて、倭俗々々と言ふ、是不礼也」と大いに憤慨しているが、その種の指摘は本居宣長の『玉勝間』などにはさらに見事に記されている。中華の国のエゴセントリックな思考の求心力に引きずられて、日本の儒者たちはそのペースにまきこまれてしまい、荻生徂徠のような思想家までが東の野蛮人、東夷、と名乗ってはばからなかったのである。

ところでこのような自分が文明の中心には位置していないという意識は維新以後も引き続いたから、日本人の他華思想はパターンそのものにおいては変化しなかった。明治以降の日本の知識人は、今度はシナの代わりにヨーロッパの中華思想にまきこまれる危険性にさらされていたのである。原敬の滞仏中の日記に出てくる次のような話は、フランス文明に心酔した日本青年の一例といえるだろう。一八八六年四月、フランスはマダガスカル島を勢力範囲におさめたが、その島へ赴任する総督ルミール・ド・ヴィレの送別会がパリのオテル・コンティナンタルで催された時、日本公使館の宇川盛三郎書記生は、「日本は仏国人によりて独立を説明《とき》かされたり、若し日本にして他国に征服せられざるを得ざる場合には仏国に征服せらるるを望む」と演説してしまった。この発言は「外交官の資格に於て許さざる」フランコフィリー（フランス礼讃）の、それも極端を行く例だが、おそらく宇川はパリで生活し、フランスの新聞もよく読み、フランス人の感受性をも身につけたがために、かえって判断の釣合を失ってしまったものと思われる。

しかしこの種の西洋本位の文明開化思想に惹かれて均衡を失してしまった人は、実務に携る外交官よりもより非現実的な日本の知識人の間でより多く見られた。しかもそれは外国研究の遅れのために生じたアンバランスであるよりは外国研究の専門化が進んだために生じたアンバランスである場合もあった。専門化ということは外国文化の局部だけを拡大して観察する操作であるかのように考えられている場合が多かったから、その進歩発展とともに観察用の特殊なレンズの度は強くなったが、一たんそのレンズをはずして全貌を見ようとすると全貌はぼやけて、遠近のパースペクティヴがうまくつかめなくなってしまったのである。それだから日本の国文や国史の研究に跼蹐《きょくせき》していた人たちの間でもまた西洋研究の学者の間でも、外来文化と自国文化との関係についてバランスのとれた認識があったとは必ずしもいえなかった。森鷗外は明治末年に、日本の思想界にある西洋一辺倒の傾向とそれにたいする反動としての東洋一辺倒の主張の危険を予感して、「時代は二本足の学者を要求する」が「然るにさう云ふ人は最も得難い」（『鼎軒先生』）と嘆いている。そうした諸事情も手伝って、日本の人文や社会の学問分野では西洋本位の発想にひきずられ、その権威を信奉し、西洋の学説の祖述に終始する人たちが秀才たちの間でも多かったといううらみがあった。そのような日本のインテリゲンチヤの心理的傾向について和辻哲郎は『改造』昭和二十七年七月増刊号に次のように書いている。

「明治の末期には日本のものは我々青年は重んじないことになっていた。……その時分の若いものは大てい西洋のものはいいけれど日本のものはよくないというような気持になっておりましたが、そういう青年に対して、日本というものを偉いもんだぞと教えてくれたのが日本人じゃない、僕にとってはアナトール・フランスです。……その時にぼくはオヤと思った。日露戦争なんて軍人が勝手にやった仕事だから下らないことだと思っていたがこういう風に世界史的にみて、一つの流れを喰いとめたということは偉いことだと思って考え直すようになったんです」

和辻哲郎に『白き石の上にて』の読書をすすめたのは柳田国男だった――柳田がこの書物を口にする時の調子は、聞く人に自分も「いつか読めるようになったらきっと読もう」と決意させるものを持っていた由（柳田の四女太田千津氏の『思い出すまま』による）である――が、和辻のこのような率直で誠実な回想を聞くと、たとえアナトール・フランスの文体の通俗性や政治的発言の気まぐれさにさほどの価値を認めようとはしない人々も、柳田や和辻などのすぐれた日本人に世界の中の日本にたいする目を開かせたという副次的な意味はこれを認めないわけにはいかない、と思われる。

もっともアナトール・フランスの影響は多少効きすぎたのかもしれない。和辻哲郎は終生アングロ・サクソン系統の文化に親しみを感じなかった人のようだが、反米的な色彩の強い『アメリカの国民性』（昭和十八年十二月）や、世界史的に規定されている日本の特殊な地位についてはその文章と同じ見方に立つ『文化的創造に携わる者の立場』（昭和十二年夏）などの文章には『白き石の上にて』に触発された見方がすこぶる顕著に出ているからである。白人のアナトール・フランスがある種のゆとりとへだたりをもって下した判断が、和辻においては悲壮感を伴う歴史的考察となっているのだが、日支事変が勃発した直後、和辻は『思想』に次のように書いた。

「日本は近代の世界文明の中にあってきわめて特殊な地位に立っている国である。……世界史上にこれまで高貴な文化を築いたものは、西アジア・ヨーロッパ文化圏のほかにインド文化圏、シナ文化圏を数えることができるが、近代以後にあっては、ヨーロッパの文明のみが支配的に働き、あたかもこれが人類文化の代表者であるかのごとき観を呈した。従ってこの文明を担う白人は自らを神の選民であるかのごとくに思い込み、あらゆる有色人を白人の産業のための手段に化し去ろうとした。もし十九世紀の末に日本人が登場して来なかったならば、古代における自由民と奴隷とのごとき関係が白人と有色人との間に設定せられたかも知れぬ。しかるに日本人は、永い間インド及びシナの文化の中で育って来た黄色人であるにかかわらず、わずかに半世紀の間に近代ヨーロッパの文明に追いつき、産業や軍事においてはヨーロッパの一流文明国に比して劣らざる能力を有することを示した。……この現象が、ヨーロッパの文明のみを人類の文化の代表と考え白人を神の選民とする近代ヨーロッパ人の確信に、不安な動揺と脅威とを与えたのである。だから二十世紀が『黄禍』という標語とともに幕を開いたのは偶然でない。近代文明の点においてはなおきわめて幼稚であった四十年前の日本の勃興が、直ちにジンギスカンのヨーロッパ席捲を連想せしめたごときも、日本人の能力がいかにヨーロッパ人にとって予想外であったかを示しているのである」

和辻哲郎のこの見方は、アナトール・フランスに教えられ、かつ和辻自身の見方となったものだが、そのような歴史哲学的発言は、岩波書店発行の『思想』などには適当する見解であったかもしれないが、現実の政治的事件の一つ一つを正当化する論拠としてはあまりにも抽象度が高すぎた。和辻の論文を読み続けると、自国が他国を支配する時は「解放」といい、自国が他国を搾取する時は「提携」と呼ぶ心理的傾向は、なにも左翼スターリン主義者だけに限定されるものではないことが知られるのである。反帝国主義者の和辻は主張する。

「たとえば英国の産業は日本の産業に対して公平な競争を拒んでいる。その理由は日本の労働者の生活程度が低いからである。彼らによれば労働者の低き生活程度、従って低き文明にもとづく日本人の産業が、高き生活程度、従って高き文明にもとづく英国人の産業を脅かすことは、まさしく文明にとっての危険である」

和辻はこのように欧米の側からする経済上の黄禍論を紹介した後、最近の日支事変に言及しつつ次のように述べたが、和辻のこの種の主張に東洋の盟主を自負する国の手前勝手な正義感が見られはしないだろうか。

「もし近代文明の方向が護り通さるべきであるならば、危険なる日本は抑圧せられねばならぬ。この点において白人の国々はすでに連係して日本に対抗して来たのである。世界大戦後の平和会議において日本の提案した人種平等案は、世界史上画期的な意義を有するにかかわらず、できるだけ小さく取り扱われた。そうしてその後まもなく、ワシントンの軍縮会議は、世界平和の美名の下に、シナを媒介に用いつつ日本を抑圧することに成功した。日シ間の離間はこの時以来拍車をかけられたのである。英人がインドの資源を開発し、米人がアメリカの資源を開発することは、すべて文明の進歩を意味したが、日シ提携の下に日本がシナの資源を開発することだけは、あくまでも妨害さるべきことなのである。シナにおける抗日の激成は日本を抑圧する最も有効な手段として、シナ側の以夷制夷と相表裏しつつ、きわめて巧みに推し進められた」

この種の発言のために和辻は戦後の日本で非難を浴びたのだが、和辻は昭和二十年代、三十年代を通じて「我々は九十年前にペリーが江戸を大砲で威嚇しつつ和親条約の締結を迫ったことを忘れてはならぬ」という見解は終始一貫して主張したという。

以上はアナトール・フランスの『白き石の上にて』の意想外な影響の一余波だが、なおここでこの問題についてのより大きな枠組にふれておくと、この「黄禍論」はもとドイツに起り、英米ではキプリングの「白人の重荷」White Man's Burden の思想や感情と結びつき、また日本側からは森鷗外の正確な反撃や徳富蘇峰のナショナリスティックな駁論などがすでに明治三十年代から出、大隈重信なども一役買っていた。アナトール・フランスの黄禍即白禍説も明治四十四年三月の雑誌『学鐙』に籔川生によっていちはやく紹介されていた。この種の人種間問題は二十世紀の後半には前半にもまして切実さの度合を加えてきたが、この種の政治や思想や心理や文学がからみあった問題は、もはや一つの国民国家を単位とする学問上の旧分類の枠内では処理しきれないもののように思われる。この章では「白禍と黄禍」の一連の問題の中でアナトール・フランスの見方に限って述べたが、人種間関係、とくに「黄禍論」の場合は、国際関係論をもふくむより多角的なアプローチが必要とされるにちがいない。「黄禍論」の発生は普仏戦争でプロイセンがフランスに勝った際の心理現象とも無縁ではないとされているが、ドイツ人の中にはその戦争の勝因をゲルマン民族の優秀性に帰する人がいた。そのような発想はナチス・ドイツの選民思想に連なるものをすでに持っていたのだが、そのようなゲルマン民族の人種的優越を説く人にたいして、アナトール・フランスはモラリストとして次のように応じている。終りに『白き石の上にて』に出てくるその彼の句を訳してアナトール・フランスの良識に敬意を表したいと思う。

「人間は自分たちの自負心や憎悪や貪欲さ加減に応じて手前勝手に人種のイメージをつくる」

註

(1) なお日本でアナトール・フランスの結論と同じような趣旨の発言を行なっている人は、『野島先生の夢』(大正六年)の著者の武者小路実篤である。第一次世界大戦が勃発するとアナトール・フランスはドイツ撃滅のために自分も一兵士として出征したいと陸軍省に申しでて却下されたりするのだが、そのころの日本では大正デモクラシーの高揚期に次のような発言が許されるゆとりが生じていた。

「富国強兵、それだけに日本の未来をたくさうと思ふものは、国を亡《ほろ》ぼすものだぞ。又黄色人種だと云ふ自覚をつよくしてひがみが強くなりすぎると反つて国を亡ぼすぞ。我等はむしろ人種にとつて害のない益《やく》にたつ民族であることを示さねばならない。黄色人種は決して恐るべき人種ではない。人間の生命を尊敬しない人種ぢやない。平和の民だ。そして文明の民だ。人類にとつてなくて叶はない民だ。おゝ、人類にとつて人類にとつて有益無害の国民だ。文明な国民だ。真面目に真剣に人類の文明の為に働いてゐる人間だ。働かうとしてゐる人間だ。この人間の地球の一部分に存在してゐることは人類にとつてよろこびだ。同時に各国にとつてよろこびだ。このことを世界に事実によつて知らさなければ日本は亡びるぞ。平和の戦ひ、殊に精神的の戦ひにかて。世界の平和を少しも乱さない精神的の仕事でかて。黄色人種の存在が白色人種にとつても人類にとつても実に必要な、大切なものだと云ふことを示さねばならぬぞ」

日本海海戦

——ファレールの比較文化論的考察

第三者の目を通して

明治日本の歴史的な意味を探る際に、ファレールというフランス人作家の意見を徴することにはどのような意味とどのような利点があるのだろうか。日本の歴史の一齣を世界史の動きの中でとらえようとする時、このフランスの小説家の作品は有効な鏡となり得るのだろうか。それとも日本の近代史を見る上での偏見の眼鏡となるのだろうか。日本人は長い間日本のことは日本人にしかわかるはずがないと一面ではいいながら、他面では日本人には西洋のことがわかると思ってあやしまなかった。しかし日本人に西洋のことがある程度わかるのなら、どうしてその逆が成り立たないことがあるのだろうか。とくに「西欧世界と日本」というような両者に跨る関係については、日本人は必ずしも学問的に有利な立場にたたされているわけではない。その問題にたいする解答は、国籍の如何を問わず、秀れた個人によって与えられるものなのだろう。ファレールというフランス人作家の作品が明治日本を再検討する上で、比較的に公平な鏡となり得る可能性についてはまず次のような点を指摘しておきたい。

過去一世紀の間に世界はずいぶん変わったが、しかしその変化の質と量は国々によってけっして同じではなかった。主観的には多くの国の人々が自分の国は非常に変わったと思っているが、しかしその変化の速度や質には各国によってかなりの差異が認められる。いま日本とフランスについてその首府の外観という物質的な面を問題にしてみよう。明治維新前の江戸の面影は今日の東京には、お濠端などを除けば、もはや認められるべくもないが、それに反して福沢諭吉や栗本鋤雲《じょうん》が見たナポレオン三世治政下のパリは、オスマンの都市計画に基づく、すでに今日の面目を備えたパリであった。凱旋門も立ち、オペラ座のこけら落しも間近に迫った、番地も、下水道も整った近代都市であった。当時の日本では牛肉を食べることが「文明開化開店」ともてはやされはじめたが、フランス人の食生活の方は百四十年前も今日もほとんど同じままである。渋沢栄一は一八六七年仏蘭西《フランス》郵船のアルヘー号に乗って、「肉汁よりして魚肉の炙烹せし各種の料理と山海の菓物及びカステーラの類或は糖もて製せし冰漿グラスオクリームを食せしむ」という豪華なフル・コースの食事に驚嘆したが、それは筆者が一九五四年同じく仏蘭西郵船の客船に乗って、その豊富なメニューに驚嘆した際とほとんど同じ献立であった。デザートにはやはり glace アイス・クリームが出たのである。昭和二十年代の末のナイフとフォークの使い方も知らない給費留学生であった筆者には、渋沢栄一がフランス船に乗って受けた「微密丁寧、人生を養ふ厚き、感ずるに堪たり」という第一印象をそのまま追体験する思いがしたのである。

それでは明治維新後のフランスは文学の面ではどのような国であったのだろうか。ジュール・ヴェルヌは今日の日本では次々と新訳が出て青少年の間で愛読されているが、その Jules Verne（一八二―一九〇五）が当時のフランスでは最大の人気作家の一人であった。彼の書いたフランス語は、当時のほかの作家についても同じことがいえるが、今日の標準的なフランス語とほぼ同じであるといってよい。ところがそれに反して明治十一年に川島忠之助が訳したヴェルヌの『八十日間世界一周』の訳文は、当時としては非常に清新な日本語であったろうが、今日の青少年が読むにはあまりに古風の感を免れない。作中の主人公を描写した、

「沈毅自重復タ氏ノ如キ者ハアラジ平生言語ヲ慎テ更ニ談話ヲ好マザルハ以テ愈々秘蘊ノ人ナルヲ覚ユ」

という川島訳から受ける印象と、

「かれほど話をしたがらない者は、まずあるまい。なるべく口をきかずにすませようとしているので、その寡黙《かもく》が、いっそうかれを不可解な人物にさせているようだ」

という近年の江口清氏の訳から受ける印象との間

には、大きなへだたりが感じられる。しかし川島訳の日本語が古びたからといって一八七二年に書かれたヴェルヌのフランス語が今日のフランスで古びたわけではない。その間の事情は当時のフランス文壇で活動していた芸術家たちに目を転ずればさらにはっきりするだろう。百四十年前のフランスではフローベールやボードレールが文章を書いていたが、『ボヴァリー夫人』や『悪の華』が刊行されたのは一八五七年、日本暦の安政四年のことである。そしてそのような作品が当時はもとより今日においても世界の近代文学なのである。

そのような物質面・文化面の指摘から次のようなことがいえるのではないだろうか。過去一世紀半の間に非西洋の一国であった日本は西洋文化の影響下に著しい変貌をとげ、そのために日本語そのものが非常に変わってしまった。単に字面だけでなく、その背後にあった感じ方や考え方もかなり変わってしまった。それだから日本人、とくに戦後に育った世代には、過去を把握することが非常に困難となってきた。自分たちがどのような伝統の中で培われてきたのか今日の若い世代には不可解になってきた。ところがそれに反して西洋の青年は自分たちがどのような伝統に連なっているのかという自覚がはるかにはっきりとしている。西洋語は、西洋人の生活そのものがそれほど変わっていないから、日本語ほど激しく変わっていないためである。そのような違いから（とくに日本人のフランス文学研究者には）次のような奇妙な現象さえ生じた。ピエール・ロティが日本について書いた作品を読むと、作中の明治の日本人よりも、その明治人とは同時代人であったロティの方が自分たちにはよくわかる、という印象である。そしてロティその人がそのような将来を予感していたかのように次のように書いている。

「この驚くほど速く変わってゆく国では、何年かが過ぎ去ってみると、私がここに書き記しておいた日本の発展の一段階の記録が、多分将来の日本人自身をも面白がらせその興味をひくものとなるだろう」

日本の場合と比べて、言葉にも心的態度にも変化の少ない西洋人の記録が、第三者の観察した日本歴史の一齣として、将来にわたって長く客観的な価値をもち得るであろうことをロティは予感していたのである。そして実際その予感は部分的には真実となった。たとえば明治天皇の皇后美子《はるこ》を描写した『秋の日本』のロティの記録ほど率直な描写は日本人の手になるものにはないといわれているからである。

そしてそれと似たような体験は、国史畑でも英語のよくできる——それが近代史専攻の必要不可欠の **prerequisite** と信じるが——近代史の専門家は感じたことがあると思う。たとえば英文でハリスの『日記』**Cosenza:** ***The Journal of Townsend Harris,*** **Tuttle** を読む時、日本人はほとんど今日の感覚で、より正確にいえば今日の人がソーローやホイットマンの英文を読むような感覚で、明治維新前夜の日本に接することができる。その際タイム・マシーンによって一足飛びに百年前の時代に戻り、幕末期の人々を今日的な目で見ているような感覚をおぼえるのではないだろうか。その時私たちは幕末の変動期を、国史の教科書類から受ける印象とは異なって、生きたものとして見るよろこびを覚える。そこには人間通である第三者の鋭い観察眼に映じた日本史の一齣が記されているからである。

ファレールの文学作品には外交官であったハリスの『日記』のような記録的な価値は薄いけれども、その反面そこにはアメリカの外交官がいわぬようなより広い比較文化史的な展望があり、文明についての考察がある。フランス文学という言語的に比較的に安定した基盤の上にたって、日本の近代化の問題にふれるというアプローチの方法論的な意義は、右に述べたような指摘ですでに了承されるところではないだろうか。心理的洞察が鋭く、人間や歴史を見る目の肥えたフランス人作家の発言は、あるいは日本の歴史学者などが主張してきた明治日本のイメージと乖離するところがあるかもしれない。フランス人作家の描いた日本は戦時中の軍国主義史観の明治日本とも無論異なるが、しかし戦後流行した史観によって描かれた明治日本のイメージとも異なるものであるかもしれない。ちょうど一人の個人について、本人は自分のことは自分がいちばんよく知っていると思いこんでいるが、その主観的評価が必ずしも正しくない場合があるように、一国家についても他人の評価の方が公平な場合もあるのかもしれない。外国人の小説家の作品を通じて明治の日本を論ずるなどというアプローチは国史の専門家には邪道に思えるかもしれないが、国際関係論の研究ではイメージの研究は実は非常に大切なことなのである。

日本のようないわゆる縦割り社会の中では学会も学者のつながりもややもすれば縦割りとなりやすい。そしてそのことは人間関係についてだけでなく、特定の史観の惰性的な踏襲傾向にも反映しているようである。しかし特定の師説や史観を自動的に奉じて、その線に沿った史実だけを拾うという行き方は、知的誠実に相反することではないだろうか。一つの品を見るのにも慎重な人は縦からも見、横からも見る。以下の一文は日本海海戦を戦う日本国民をフランス海軍将校ファレールの目を通して見たものである。

フランス人の日本知識

普通のフランス人が日本について抱いているイメージとか知識とかはきわめて程度の低いものである。千九百六十年代まではフランスの学校では歴史の時間に日本がとりあげられることがなかったから、日本についての知識は地理の時間に教わった「日本は四つの島、本土、蝦夷《エゾ》、九州、四国から成る」という程度を越えることは少なかった。しかし職業によっては日本に詳しい人の出る分野もあり得たので、その一つが海軍軍人、他の一つが外交官であった。小説や随筆の中に日本を取りあげたフランス人作家としては、ロティ、ファレール、クローデルが著名だが、前二者はフランス海軍の将校であり、クローデルはフランスの駐日大使だったのである。

しかしこれらの作家の日本についてのイメージは、その来日の時期によってははなはだ異なるものがあった。ロティが見た日本は、日清戦争以前の小国日本であり、『お菊さん』は明治十年代の末の長崎を舞台とした作で一八八七年の刊行である。また『秋の日本』は一八八九年、明治二十二年の作で、鹿鳴館時代の日本を描いた随筆である（芥川龍之介はそれを種に使って『舞踏会』という短篇を書いているが、そのような再構成の材料となり得たところにロティの作品にふくまれている客観的な観察記録としての価値が認められよう）。

ロティに遅れること二十六年、一八七六年にリヨンで生まれたクロード・ファレール Claude Farrère が見た日本も、エグゾティシズムの興趣になお富める東方の国だったが、しかしそれはもはやロティが見たようなひよわな国ではなかった。ファレールはロティがたどった航跡をそのまま進んだような人で第二のロティと目された人だが、しかしファレールがブレストの海軍兵学校にはいったのは日清戦争が始まった一八九四年であったし、彼が知った日本は、日露戦争を闘う日本だったのである。——そのような世代のずれがロティの亜流と目されたファレールの小説を本稿でとりあげるような比較文化論的考察にたえうるものともしたのである。その小説は *la Bataille* といい、その題名は『此一戦』とも『日本海海戦』とも訳されてよいものである（昭和五年の改造社の世界大衆文学全集第五十七巻の内には高橋邦太郎氏による三分の一ほどの抄訳が『ラ・バタイユ』という題でおさめられている）。ファレールはロティと同様、海軍軍人という職業を生かして旅の印象をたくみに小説にまとめた作家だったが、その数多い作品の中でももっとも迫力に富む小説がこの日本海海戦前夜の日本に取材した一篇だったとされている。もっともその小説も今日ではほとんど読まれない。ファレールは生前はかなり評判の高かった人だが、その名は今日は文学史から消え失せてしまったからである。

ファレールが一時は非常な盛名を博したということは、彼が一九三五年にアカデミー・フランセーズの会員に選ばれたことからも察せられる。その年にはクローデルも立候補したが、クローデルの方は落選しているのである。それではなぜロティ（彼は一八九一年にはもはやアカデミー会員に選ばれている）やファレールのような小説家が二十世紀の初頭にあれほど評判となり、今日その評判が落ちてしまったのか、その理由も多少考えてみたい。十九世紀の末年はヨーロッパ列強の勢力がアジア、アフリカ、大洋州へとひろがった時期で、ヨーロッパ人の興味がヨーロッパ以外の世界へも向けられはじめた時だった。イギリスではキプリングがインドを舞台に次々と短篇を書いて人気を博していたし、旅行記を書くために西洋人は各地へ旅立ったのである。その中には南アフリカへ渡ったチャーチルや日本へ来たラフカディオ・ハーンのような人もいた。ロティが東洋へ来たのも第一回は一八八五年の清仏戦争に軍艦トリオンファントに乗組んで台湾海峡で作戦に従事するためだったし、第二回は一九〇〇年、北清事変の連合軍の一員として来日したのである。そのような帝国主義的進出の時代には、ヨーロッパ人の間に一種の知的視野の拡大が見られ、それに伴って異国趣味がはやりだしたのも当然の現象であったろう。当時は旅行の印象をもとにした地理的小説 **roman géographique** とでもいうようなジャンルが急速にのびたのである。そしてファレールはロティ以上に非西洋の諸国民の特徴を類型として把握することが上手な、旅巧者《たびこうじゃ》の作家だったのである。

そのことを文学史的見地から分類してみると次のことがいえるだろう。文学作品の一ジャンルとして国民性の比較を主題とする系列があるが、各国の人々が一堂に会する時、国民性の比較ということは必ず話題に上るもので、国際的な港町であるとか、国際会議の場であるとか、共同管理の地域とか連合軍による占領とか、国際的な競技の場とかでは、個人個人のパーソナリティよりも各国人としてのナショナリティの方に重きが置かれるのである。そして事実そのような分類の方が実際的にも便利なのであり、かつそのような主題をめぐって文学も生まれるのである。十八世紀に国際港としての性格がいちばん強かったヴェネチアを舞台としてゴルドーニは『抜目のないやもめ』(一七四七年、邦訳は岩波文庫)という喜劇を書いて各国人の性格比較を行なっているが、それがこの種の系列の古典ともいうべき作品であろう。近年はモーロワとかダニノスとかシークフリードなどが諸国民の心性の比較を試みている。日本人は外人を見るとみなアメリカ人と思う向きが多いほどうぶで、国際場裡では場慣れしていない国民だから、笠《りゅう》信太郎に多少試みがあるが、この種のジャンルにはいまだに秀れた作品は出ていない。

ファレールの『日本海海戦』の特色の一つは、いま述べたような国民性比較の文学であるところにも求められる。舞台は日本のヴェネチアなどとも呼ばれた長崎で登場人物は次のように多彩であった。すなわち半ば西欧化した日本人である侯爵依坂《よりさか》海軍大尉とその夫人光子、維新前からの攘夷思想をそのまま胸に秘めている子爵平田海軍大尉、フランス人画家ジャン・フランソワ・フェルズ、イギリス海軍派遣の観戦武官ファーガン大尉、アメリカの億万長者で離婚しているホックレー夫人、イタリアの色男フェデリーコ・アルゲーロ公、そして（筆者には判断する力がないのだが『エンサイクロペディア・ブリタニカ』の旧版などによると、非西洋文明圏の人物を描いた中でもとくに成功したといわれる）清朝の大官チェウ・ペ・イの六国籍にわたっている。そして作中の時は一九〇五年、明治三十八年の四月二十一日から五月二十九日にかけてのことである。日本海海戦前夜の長崎は、諏訪神社の境内には桜の花が散り、松、杉、楠などの濃淡さまざまの緑が、湿った綿雲でおおわれた空の下でひときわ鮮やかに見えるが、その平和な市街でくりひろげられるこの小説は、やがておこるであろう日本海海戦を背景としているために一種の緊張感をみなぎらせている。そのような小説作法には、今日から振返っていえることかもしれないが、映画的なものが感じられる。そして事実ファレールの『日本海海戦』は早川雪洲（一九二三年、無声映画）やフランス地中海艦隊の協力を得たシャルル・ボワイエ（一九三四年）によって映画化され、特に後者は英語版 *the Battle* ともども非常な成功をおさめたのである。西洋人は映画 *la Bataille* を見ることによって軍国主義日本の秘密を見てとろうとしたともいわれている。

西欧化日本

作中の人物の分析にはいろう。人物は類型化されて描かれていると述べたが、半ばヨーロッパ化した日本人――それが日本の近代化論ともなっているこの小説の主人公である――はファレールの目には次のように映じた。

「フランスの海軍兵学校出身である依坂侯爵は、マカロフやウィトヘフトの艦隊を撃破して、これからロジェストヴェンスキーの艦隊と一戦をまじえようとする非常に近代的な日本艦隊の海軍大尉である。彼は昨日までの師であり今日は敵であるところの西洋海軍の将校に似ようと努めてきたために、フランス人の画家ジャン・フランソワ・フェルズの目には、依坂侯爵の隣に坐っているイギリスの海軍大尉ファーガンとほとんど同じに見えた」

依坂大尉は虚構の人物だが、フランスに学んだ一連の日本の海軍軍人たち、小松宮依仁親王（明治二十三年ブレスト海軍兵学校卒）をはじめ村上格一、伊東義五郎などの人々を想起すればよいのだろう。そして作中のヒロインともいうべき依坂侯爵夫人も、夫とともにフランスへ渡りそこで磨きあげられた非常に西欧化した日本女性なのである。次のような情景がファレールによって目ざとく把握されたのは、彼が実際に西欧化した日本人夫妻の家庭へ招かれたのでない限り、書くことのできない観察ではないだろうか。

「依坂大尉は上品に笑うと妻光子の手に接吻した。しかしフランス人フェルズはそのしぐさに不器用な硬さがあるのに気がついた。依坂侯爵は毎日妻の手に接吻しているのではないにちがいない。多分客人の鋭い視線がそれを見破ったことに気がついたからだろう。依坂侯爵はいきなり強い声で話し始めた」

微妙な観察である。日本人には家庭用の顔と西洋人用の顔があるが、両者の巧妙な使い分けにもかかわらず、フェルズ（彼は作者ファレールの分身であるといってよい）はその外面《そとづら》の下にあるものをすばやく見てとったのである。依坂侯爵は来客の西洋人に煙草をすすめた成行きで、「依坂侯爵夫人にも近づいてトルコ製煙草の箱を彼女にも差し出した。彼女は一瞬躊躇したかに見えたが、すぐいそいで煙草を取ると自分で火を点けた。侯爵は自分が妻のために火を点けてやるということを考えてもいなかったようだった」

依坂光子は西洋に四年間滞在した経験があるとはいえ、明治三十八年の日本女性としてやはり煙草を吸うことは躊躇したのだろう。しかしここで遠慮していたのでは外人の手前かえって具合が悪い。それで夫が事の成行き上すすめたトルコ煙草を手にとった。しかしこの日本人の夫は妻が煙草を吸う時に火を点けてやるなどということまではさすがに「考えてもいなかった」のである。

日露戦争当時の日本が国際社会で評判の良かったことは、第二次世界大戦当時の日本の評判の悪さと対照されて、戦後の日本ではしばしば自己批判の話題にのぼったが、しかしそれは単なる道義上の問題だけではなかったのだろう。日露戦争を指導した日本の上層部は、四十年後の日本の指導層よりもはるかに国際体験に恵まれた比較的に均質なエリートによって構成されていた。そして国際世論の動向が日露戦争の成行きに影響するところが大きいことを知っていたから、そのような顧慮からも日本人は西洋人にたいして非常に気をつかったのである。長崎に家を借り洋間に豪華な家具を取り揃えた依坂侯爵夫妻が、イギリスの観戦武官やフランス人の画家を自宅に招いてティー・パーティーを開いたのも、またフェルズの求めに応じて肖像画を描かせたのも、そのような配慮のあらわれだったのである。招かれたフェルズは異国趣味というか伝統文化に関心をよせる人として日本のお茶を期待したが、出されたのは長崎名物のカステラと紅茶であった。そしてその席で、ふだんは妻の手に接吻していないとフェルズに見破られた依坂侯爵は、いきなり次のように強調しはじめたのだが、それは当時の日本知識人がわかちもっていた歴史観――文明史観とでも呼びうるような見方であった。依坂は照れ隠しがなくもないのだが、次のように日本における女性の地位について語りだしたのである。

「日本の生活はこの四十年間に非常に変わったのです。フェルズさん、私の祖父の時代の大名の妻の生活がどのようなものであったか御想像がつきますか？　不幸な奥方は封建時代の城の奥でまるで捕われ人のように暮していたのです。捕われ人――それもさらに悪いことに自分自身の使用人たちの召使のような地位にいたのでした」

それが依坂侯爵が描いてみせた徳川時代の日本の姿の一端だった。それではそれにたいして依坂は明治三十八年の開化した日本をどのように理解しているのだろうか。彼の師にたいする敬意と儀礼的な自己卑下の下には、矜持と自信のほどもうかがわれるのだが、その依坂大尉の発言を聞いてみよう。その種の論は明治日本人の意見としては『時事新報』などの説に近いものだった。

「それにいま私たちが毎日その恩恵に浴しているこの進歩はすべてみな皆さんのお蔭なのです。私たちはそのことをけっして忘れないでしょう。皆さんが教育者としての役割りをはたす際に皆さんがどれほど辛抱強く善意をもって事に当られたかということも私たちは忘れないつもりです。生徒はたしかに遅れた生徒で、その知能は慣習に支配された過去数世紀の生活のために麻痺していたかもしれません。しかしあなた方の教育は成果を生みました。もしかすると文明開化された新しい日本が西洋の師にたいして名誉をほどこす日が来るやもしれません」

rendre l'honneur à son maître 師にたいして名誉をほどこすというのはフェンシングなどの試合で師その人を破ることをいうのである。明治三十八年の四月も末つ方、佐世保軍港に近い長崎でロジェストヴェンスキーの艦隊の東航を待ちながら、依坂大尉はその自信のほどをそのようにもらすと、西洋人よりも頭を一だんと深くさげて礼をし、発言を次のように結んだのであった。

「ロシア人というのはアジア人です。私たち日本人はやがてヨーロッパ人になるのだといってもよいでしょう。ですから日本の勝利は日本人の勝利であるとともに皆さん方西洋人の勝利であるともいえるわけです。なぜならこれはヨーロッパのアジアにたいする勝利の一つなのですから、私たちが皆さんにたいして抱いている感謝と敬意の念をお受けください」

このような論理は、一元的な文明史観の当然の帰結であったかもしれないが、今日の日本人の耳には異様にひびくことかと思う。怒りだすような気の短い人も慨嘆するようなふりをする人もいるだろう。しかしこのような論理は、日露戦争の日本側の勝利が欧米列強によって黄禍として把握され第二の三国干渉がおこることをおそれた日本要路者のアポロギア、自己弁明の論理でもあったのである。しかしそのような見解にたいして開戦当時の東京にいたフランスの学者クーシューはたちまち反撥して、一九〇四年二月九日の日記に次のように書いている。

『時事』はイギリスびいきの新聞で、大人気もなくイギリス人のロシアにたいする偏見をそのままのせている。日本は『文明のために』戦うであろう、というのである。同紙によると『もし天祐によって日本がこの恐るべき闘いに勝利をおさめるならば、日本は文明の光を極東へもたらすという重大な使命を果しうるばかりでなく、世界の尊敬をかち得、人類の進歩の歴史の上での輝かしい一章に値するであろう』というのである。これくらい利害関係をいっさい度外視した議論ができるとはたいしたものだ。『時事』はさらに公然と次のような結論を下している。『極東にトラファルガルやワーテルローのような舞台を求めることにより、日本は東洋のイギリスとなることも可能であろう』。恐れいった大言壮語だ。日本人はトラファルガルが欲しいというのだ」

クーシューは自分でもその序文に書いているが、フランス人としてその同情は当然ロシアの側へ傾いていた。それに歴史的に名高いトラファルガルもワーテルローもフランス人にとってはいずれも苦々しい惨敗の地なのである。「日本人はトラファルガルが欲しいというのだ」と日記に書いた時、クーシューは吐き出すような語調で書いたのである。だがそれから一年三カ月経った後には、トラファルガルの海戦をも抜くような日本海海戦がいまや実際に戦われようとしている。――ところで話を進める前にクーシューを刺戟した明治三十七年二月七日の『時事新報』の社説の抜萃をここに紹介しておこう。そこには朝鮮をめぐる日露両国の利害関係についての言及も実際は記されているのだが、その先に次のような史観が述べられていたのである。

「……且つ我直接の大目的は右の如く自国の危難を避けて其利益を進むるに外ならずと雖も、幸に天祐を得て目的を達するに至らんか、其結果は独り我国が光明の前途を得るのみに非ず、列国も亦その余慶に頼り東洋に文明の事業を経営するに復た側面より暴力を以て妨碍せらるるの憂なきに至るを以て、東洋文明の進歩の速度は決して今日の比に非ざる可し。即ち我国今回の行動は東洋の天地に文明の光輝を発揚するの天職を全うするものにして、愈々成功の暁には、列国の敬重今に倍するものあるは勿論、世界の文明史に特筆大書して万世に伝称せらる可し」

そしてその後にクーシューを刺戟した、

「極東の海陸にトラファルガーとウォータールーとを現出し、我国をして真に東洋の英国たらしむるの基を開かんこと、我輩の焦慮して待つ所なり」

という一節が出てくるのである。このような見方は三田系の『時事新報』だけでなく、早稲田系の人々にもひろくわかちもたれていた見解であって、たとえば明治四十三年に刊行された大隈重信の『開国五十年史』の冒頭にも、「欧洲諸国民と共に同一の要素によりて成立す」る日本国民のアジアにおける平和事業発達の任務と、ロシアをさすにちがいない「半野蛮なる侵掠的の人民」からアジアを守ることの要が説かれている。時流に投じた史観が自明の真理として自動的に踏襲され、猛威をふるうことは昔も今も変わりないが、小説中の依坂大尉もそのような文明史観をあたかも自説のように開陳したのであり、それはけっしてファレールが創作したフィクションではなかったのである。

清朝シナの大官

それでは日本――国家生存のために西洋の武器を借り、西洋の制度を導入して決戦に臨む日本と比較される国はどこであろうか。それは中国――旧態依然たる中国である。ファレールはその中国を清朝の大官チェウ・ペ・イによって代表させているが、チェウは日露戦争の動向を視察するという任務を帯びて清国政府から長崎へ派遣されてきた要人なのである。彼は前にはヨーロッパへ視察旅行に行ったこともあり、フェルズとはローマで知りあった間柄であったが、しかしチェウは一向に西欧化しておらず、フランス語もできるのだがアクセントのない話し方をし、フランス語も書くのだが毛筆で巻紙にフランス文を書くような人物であって、中国古来の儀礼を墨守している。長崎の家でも彼の召使は中国風に頭を下げ、拳で頭を叩いて挨拶するという習慣を変えていない。少なくともこの小説では中国は不変なのである。礼儀作法や阿片の喫《の》み方についての詳しい描写は作者ファレールが実際に体験したところであり、それだけに当時のフランス人読者には興味ふかい条であったろう。しかもそこには単なる異国趣味以上の人間性観察も秘められている。チェウ大《たい》人《じん》が引用する『大学』や『孟子』の言葉はフランス人読者に訴える内容をもっているからである。作者ファレールがそういう人であったからだろうが、作中のフランス人フェルズは趣味を尊ぶ人であり、伝統的文化への関心は深い。フランスはヨーロッパでもいちばん中華思想の根強い国であるだけに、中国 la Nation Centrale（ファレールの訳語）の文化に共感を寄せる要素を内在的にももっていたのであろう。それに一般論になるが、フランス文学も中国文学もともに人間性観察の格言や省察というジャンルにおいて秀れているのである。『論語』以下の経書がそれに属するこのジャンルは、フランス文学では maximes とか réflexions と呼ばれ、十七世紀のモラリスト以来サロンを中心にして発達してきた。ただし、両者の間には違いもある。それは『論語』や『孟子』がいわば女性不在の作品であるのにたいして、フランスでは格言や省察が女性中心のサロンから生まれたという点である。もっとも長崎のチェウ大人の客間も、女性こそいないけれども、そこで交される会話は聞きようによってはサロン文学の趣きを備えているといえるだろう。儒教道徳の正しさを信じて疑わない中国の大官チェウ・ペ・イは、聖人の教を基準として西欧化する日本を批判する。「吾未聞枉己、而正人者也、泥辱己、以正天下者乎」。孟子のこの言葉は小説の巻頭にも漢文のまま引かれているが、中国人チェウの目には依坂侯爵は洋化することによって「己を枉《ま》げる者」と映じ、洋化する依坂侯爵夫人は「己を辱しめる者」と映った。それだからそのような人々によって国が正されるはずはない、とチェウは考えたのである。チェウはフェルズとの会話で、

「心正しうして而して后に身脩《おさ》まる。身脩まりて而して后に家斉ふ。家斉うて而して后に国治まる。

国治まりて而して后に天下平かなり」という『大学』の句も引いているが、それも右の『孟子』の句と同じ意味合いで引かれているのであり、中国人チェウにいわせれば、西欧的な風俗になじむことはそれ自体すでに「心正しからざること」なのであったろう。そして事実、依坂夫人は（象徴として描かれているのだから実際には夫人の娘や孫娘の世代のことを考えればよいのだが）後には西洋人の男に誘惑されるようになる……。

億万長者のアメリカ女

だがなんといっても西欧化する日本を旧来の儒教道徳を引合いに出して批判することは迫力のないことであろう。今日の日本人にたいして迫力を欠いているだけではない、当時の目覚めつつある中国の青年たちにとっても孔子は魅力の薄れた存在だった。それだから日露戦争の前後から大挙して日本へ渡って来た中国の留学生たちは、留学生の指導にあたった嘉納治五郎がかれらを湯島の聖堂へ連れて行き、孔子の廟に礼拝させた時、うんざりしてしまったのである（しかしそうはいっても中国人留学生たちの祖国改革へのエートスは本人たちは意識していなかったかもしれないが、儒教倫理の伝統によって培われていたものであった）。

ファレールはそこで日本と中国の近代化の比較を第三者であるところのアメリカ女性の口を借りて試みる。長崎の港には当時の世界では第一といわれた豪華なヨット——ヨットといっても英国の女王が乗るような遠洋航海用の小客船《ヨット》のことである——が来て錨をおろしているという設定になっている。イゾルダ号はデラックスなヨットで、アメリカ人の金ピカ趣味には「野蛮で攻撃的なところ」さえあった。持主は三十歳の億万長者ホックレー夫人で、離婚しているが自分の女に自信のあるアメリカ美人である。彼女はペットを飼うのにも犬とか猫とかの月並な動物では我慢がならず山猫を飼育しているが、フェルズがヨットに戻って来て彼女の手に接吻しようと身をかがめた時も、彼女の手は依然として山猫の粗い毛を撫でつづけていた。ホックレー夫人はフェルズが彼女に無断でチェウ大人の家で阿片を喫《の》んで一夜を過してきたことにお冠なので、二人はそういうリエゾンで結ばれている仲なのであった。ここで二人の間で交された会話を訳してみよう。

夫人「あなたが以前お知りあいになって、またここでお会いになったとおっしゃるそのシナ人、その清朝の大官という人はまったくの野蛮人でしょう？　それともなんというか、原始人か遅れた人ですか？」

フェルズ「まったくの野蛮人ですよ。（皮肉の微笑を口の端に浮べて）だからあなたとそのシナ人との間には共通する意見はなにひとつないでしょう」

夫人「本当でしょうか？　だってそのシナの大官はずいぶん旅行はしたのでしょう？」

フェルズ「していますよ」

夫人「旅行をしていま日本にいるのでしょう？　その日本はいま古くからの野蛮状態から脱け出ようとしている。それなのにそのシナ人は遅れたままの状態でいられるのでしょうか？　たとえばおききしますが長崎の彼のいる家には電話はありますか？」

フェルズ「ありません」

夫人「まあ、わかりませんわ。そんな人と話をして一体なにがあなたには面白いのでしょう」

フェルズ「興がのったあまり時間の経つのも忘れてしまったくらいです」

（秘書のアメリカ女がそばから鋭く口をさしはさむ）「フランス人も近代の進歩ということをよくわきまえていない人たちですからね」

夫人（その言葉に満足気に相槌を打って）「フランス人は近代の進歩ということを知らないのです。知らないばかりか軽蔑さえしているのです」

このような国民性比較は、フランスで『アメリカの挑戦』がベストセラーとして読まれている六十年後の今日（千九百六十年代）から振返って見ると、あまりに図式的に過ぎる感があるが、ホックレー夫人とその秘書のアメリカ女にとっては機械文明だけが文明なのである。単純明快に過ぎるそのような見方がフランス人フェルズの口もとに皮肉な微笑を浮ばせることとなるのだが、ここでその先で交されるホックレー夫人とフェルズの依坂侯爵夫人についての会話も、コントラストをつける意味で、引いてみたい。

夫人「あなたが肖像を描いているとお言いの日本の侯爵夫人、その方は古いお家柄ですか？　元大名家《ダイミヨー》というのは封建領主のことですね？」

フェルズ「そうです」

夫人「封建領主！　すばらしいわ。でもあなたが肖像をお描きになるのだから、またシナの大官と同様、その日本の侯爵夫人もまったくの野蛮人なのでしょうね？」

フェルズ（微笑して）「いえ、必ずしもそうではありません」

夫人「それではその方は電話をお持ちですか？」

フェルズ「私は気がつきませんでしたが、持っていると誓ってもよろしいです」

（秘書のアメリカ女が口をはさむ）「ずいぶん大勢の日本人が電話を持っておりますよ」

夫人「本当にその依坂侯爵夫人という方は近代的な人ですか？」

フェルズ「ずいぶん近代的な方です」

夫人「でも窓もない襖で四方を囲まれたような小さな部屋で畳の上にひざまずいてあなたに御挨拶するのでしょう？」

フェルズ「いえ、ルイ十五世風のサロンの中央で、肘掛椅子《ベルジエール》に腰掛けたまま私を迎えました。まわりにはエラールのグランド・ピアノとポンパドゥール風の金色の枠にはまった鏡が置いてありました」

夫人「あら」

フェルズ「それに侯爵夫人の仕立屋《オート・クチユール》もあなたと同じパリの仕立屋と思える節もあります」

夫人「あなた私をおからかいになるおつもり？」

フェルズ「いえ、別に」

夫人「侯爵夫人は着物に帯を締めているのではないのですか？」

フェルズ「優雅なティーガウンを召していました」

夫人「それは驚きました。それで依坂夫人はあなたになんといったのです」

フェルズ「あなたが外人客を御自宅に招いた時におっしゃるのと同じようなことです」

夫人「依坂夫人はフランス語が話せるのです

か？」

フェルズ「あなたと同じようにお上手です」

フェルズは「あなた以上にお上手です」といいたい気持をギャラントリーで制してそう答えたが、茶会服をまとった依坂光子はフランス語が流暢なだけでなく、後にホックレー夫人と会った時には、このアメリカ女性にたいしてできるだけの敬意を表するために、もっぱら英語を使って応待するほどの、社交にも語学にも堪能な日本婦人なのであった。

ところでこれらの会話に戯画化して示されたのは（今日ならばさしずめ冷蔵庫とかクーラーとか中央煖房とかが話題にのぼるところであろうが）、西洋機械文明の利器の象徴としての電話の有無である。ソフィスティケイションが行なわれる以前のアメリカの女性にとっては、電話を引くということが野蛮状態から脱却中の日本の証左なのであり、電話も引かないということが中国の未開の証左なのである。その点ホックレー夫人はすこぶる単純なので、彼女にとって機械文明以外の趣味の世界はまず存在しないといってよい。彼女には高価な蘭は尊ぶべき花なのだが、フランス人のフェルズはその蘭の花を見てアメリカ女とは別様の反応を呈する。フェルズは前日に散歩した諏訪神社の境内でも思い出したのであろうか、次のような感想を洩らした。

「いまごろ長崎の市中は桜の花が満開ですよ。自然のままの生き生きした桜の一枝の方がこのような人工的でどぎつい蘭の花よりもよほど好ましいとはお考えになりませんか？」

ホックレー夫人はその言葉を聞いて、「またなんという安っぽい考え」と呆れてしまうのだが、日本人の読者の中には一種の微笑をもってフェルズの意見を首肯する人もいるにちがいない。画家フェルズという作中人物は作者ファレールの分身であることをもっとも感じさせるフランス人だが、作者ファレールは風流や俳諧にたいしても感受性の開かれていた人だったのだろう。ロティは「描写するよりも喚起する」と評された、絵画の上の印象主義者たちとほぼ同時代に属した作家だったが（たとえば『お菊さん』の冒頭の長崎入港の条はそれなりの魅力をそなえた一節である）、ファレールも四月の長崎をインプレショニストの水彩画のタッチで描いている。「桜の薄紅の雲がひときわ繊細に輝いていた。そして市街を見下す墓地が、雨に洗われてその小さな墓石をさらにくっきりと見せていた」

この墓地は浦上の外人墓地をさすのだろうか、それとも稲佐の国際墓地だろうか。そこには日本の民謡を思わせるようなセンティメンタリズムもしのびこんでいる。

「雨に濡れた春、それは前の晩、恋のはじめての小さな痛手に泣いた十六歳の娘の顔のようだった」

ファレールが桜の花の雲といった時の nuage という言葉づかいは日本語の表現をそのままフランス語へ移したものなのだろう。絵画における印象主義、詩における象徴主義や超現実主義の時代には、浮世絵や俳諧がフランス人の感受性に訴えた時代だった(フランス俳諧という短詩運動は先に引いたクーシューが俳句を仏訳したことから始まった運動であったし、フランス短歌という運動にはファレールも一役買っていた)。その時代は音楽界でいえばドビュッシーやラヴェルの時代で、さすがにそれは明治の日本とは縁がないように思えたが、だが長崎の邸で依坂侯爵夫人がイギリス海軍のファーガン大尉に歌って聞かせたのは、ピエール・ルイスの一詩に作曲したクロード・ドビュッシーの歌曲なのであった……。

日本人の二つの顔

各国の人々が入れかわり立ちかわり現われる長崎のこの国際的な社交風景、そこに示された国民性の類型化とその比較論——それらはただそれだけをとりあげてみても興味ふかい事柄であるに相違ない。しかしそのおだやかな情景は、来たるべき此の一戦 **la Bataille** を目前に控えているからこそ、嵐の前の静けさに似て、一種独特の緊張感をたたえていたのである。ある朝、長崎の英字新聞は報じた。

「一九〇五年四月二十二日、

今月八日ロシア艦船四十四隻シンガポール南方を通過せることを確認す。右艦船はロジェストヴェンスキー中将指揮の艦隊にして、ネボガトフ少将指揮の艦隊の所在は現在なほ不明なり。ロジェストヴェンスキー中将指揮の艦隊はフランス領インドシナ海岸へ向へるものと信ぜらる。東郷提督の命令は依然秘密なり」

この報道に接すると筆者の眼には、煙を吐いて進む艨艟《もうどう》の姿が、まるで映画の画面にでも映るかのように黒々と浮ぶ。小説の雰囲気もここで一転するかのようである。その記事に驚いて、英字新聞を手にしたままフェルズは、その足で急いで依坂邸を訪ねるのだが、不意の来客に光子夫人は当惑した様子で、「当初は笑うことしかできなかった。日本式に笑うのだが、それは不意を打たれて、まだ西洋式の声の準備が整わない時に笑う笑い声であった」

フランス人作家の心理観察は例によって鋭いが、その場では次のような会話が展開される。微笑している依坂夫人に向ってフェルズが日本艦隊出航の件を知らないのかと問うと、彼女は落着いて答えた。

「私も英字新聞を読みました。日本艦隊の出動はいますぐではないでしょうが、もうじきでしょう」

そのはっきりした言葉と微笑とに驚いて、フェルズは思わず問い返した。

「御主人は今回の出航には乗艦なさらないのですか？」

光子は細い目を見開いて答えた。

「いいえ、乗艦しますとも。士官は全員乗艦するにきまっております」

平然と答える日本婦人にたいしてフェルズはさらに質問を重ねた。

「あなたは戦闘がないとお考えなのですか？」

指先でそっと髪をおさえつつ光子が答えた。

「海戦、それも大海戦があることをわたくし祈っております」

日本海海戦を前にしてフェルズと依坂大尉夫人の間に交されたこの会話は、当時佐世保や長崎に来ていた日本軍人の妻たちの気持――少なくとも外部に示す時にはそういったにちがいない気持――をそのままに伝えたものだろう。当時は聯合艦隊参謀秋山真之なども夫人を九州へ呼んでいたといわれるが、明治三十八年の春、燃えつきる生の最後の日々という感慨をこめて、かれらは僅かの日々を送っていたのではなかっただろうか。いや、そのような感慨すらも心の奥底に秘めて軍人たちは自らの勤務を果し訓練に励み、そして妻たちもふだんと変わらぬ顔をして留守宅を守っていたのであろう。私たち日本人にはそのように微笑する光子の気持がわかるのだが、フェルズはその大和撫子《なでしこ》の心根《こころね》を解しかねたのであった。五月二日、依坂大尉、平田大尉そして英国海軍の観戦武官ファーガン大尉は長崎を発って汽車で佐世保の軍港へ向う。その別れの席で、外人たちから「時勢より四十年遅れている」と評されていた薩摩出身の平田大尉が日本語でぼそっといった。

「俺達の肌の色は黄色く、彼らのは白い。金の方が銀よりも価値がある」

平田大尉は維新前からの攘夷思想をかたくなに守り続けている偏屈な日本人なのである。この保守的な排外主義者と欧化主義者の依坂大尉――彼もひとしく愛国者である――の間の友情にはだんだんと亀裂が生じてゆくのだが、その二人の間で交される激しい議論のやりとりをいま聞いてみよう。平田にはバタ臭い依坂が、もはや日本人ではなくなってしまったような依坂が、不愉快でたまらない。

「以前の君は俺と同じように外人を憎んでいた。だがいま君は外人を愛している。君はだんだんと彼らの風俗を真似、その趣味にならい、その思想を君自身のものとし、その言葉をまるで母国語のように話し、しかも絶えず同盟国人と称するあのイギリスのスパイとつきあっている。君のしていることは結構なことだ。だがしかし君と俺との間にはもはや埋めることのできない感情の裂目が生じてしまった」

このような平田子爵のほとんど生理的ともいえる感情的反撥にたいして依坂侯爵は、安政年間に米艦へ密航した吉田松陰の系列に連なる長州藩の人として、西洋文明摂取の論理と心理とを次のように披瀝する。

「私はまずヨーロッパ人の頭脳をわがものとしなければならないと感じたのだ。たとえそれが他の点でいかほど高価につこうとも、とにかく西洋から学ばなければならぬと感じたのだ。苦心し、苦労し、苦悩して打込んだのだ。なぜならそのことなしには日本の国の独立も、日本民族の興隆もあり得なかったからだ。大名の家に生まれ、その家で訓を受けた私だが、西洋の魂をよりよく真似るために、その家で習った訓を忘れようとつとめて、恥しさのために顔を赤らめたことが幾度あったことか。しかしそのたびに私は思ったのだ。患者を治療するためには病人を泥の湯の中へ漬ける医師さえもいる。そのような湯に漬かってこそはじめて病人は健康体を回復するのだ、と」

依坂にいわせれば、日本海海戦に臨むいまこそ、日本がその泥の湯から外へ出る時なのである。依坂大尉は平田大尉――大言壮語することはあっても参謀としては無能な平田大尉に向って次のように問いつめた。

「この対馬での海戦が敗北に終る方がよいとは日本人誰しも思うまい。敗北を喫しても構わないから日本人は昔ながらの攘夷を唱える日本人である方がよいとは誰しも思うまい」

しかし平田大尉は皮相的に西洋化してゆく日本の将来を衷心から憂える。

「しかしもし負けたならばどうする。西洋を真似てきた日本人はそれこそ猿呼ばわりされるのが落ちだぞ。……またこの戦いに勝ち、平和条約が締結されたとしても、その後の日本は一体どうなる。君のような人たちはヨーロッパ式の頭脳や思想、ヨーロッパ式の風俗や趣味を東京へ持ち帰るだろう。日本の国民は君たちの輝かしい先例に動かされて、君たちのような趣味、風俗、思想をますます真似るようになるだろう……」

ファレールの『日本海海戦』は日露戦争終結後四年の一九〇九年に刊行された小説だが、日本側で書かれた水野広徳の『此一戦』と違って、そこにはこのような日本の近代化の問題や、今日の論壇のいわゆる「宿命としての西洋化」の問題がいちはやく取りあげられていたのである。そしてファレールの小説はいまから百年近く前に書かれたものだが、西洋文明と非西洋との関係を論じる時は、問題の枠組はおのずから近代化論の形式を取っていったのである。それはきわめて自然発生的なアプローチであったと思う。

しかし『日本海海戦』は小説であるから作中の比較文化論は学術的な体裁は整えていない。問題は提起されたにとどまって、解答や将来への展望は必ずしも具体的な形をとっておらず、そこではすべてが示唆的に言及されているにすぎない。たとえば産業化の功罪は風景描写の中にも象徴的に語られているが、論としてまとまっているわけではない。長崎の港内の出島や大波止などの町並の続く東側と比較して、西側をファレールは次のように描写する。

「フェルズは入江の西側を見た。西側にはほとんど家が見えず、山々の緑の衣がそこではそのままその緑の裾を海にひたしていた。西側の山々はごつごつして刻み目が深く、東側の山々よりもはるかに日本風で、昔の墨絵の画家が和紙の巻物に描いた風景画のそれも極上のものを思わせた。しかしその西側の丘の間に谷間が一つあった。それは黒い、無気味な谷間で、そこからは昼となく夜となく工場の濃い煙がたちのぼり、ハンマーの音が喧《やかま》しく響いていた。それは長崎造船所であった。その工場はいま日本を守るために全力をあげて武器を造り艦船を造っている。フェルズは桜の咲いた遠くの山を眺め、また山麓のこの造船所を眺めた。『多分これのお蔭であれも救われるだろう。だがそれにしてもなんという損害であることか！』」

画家フェルズの目には三菱の長崎造船所とその煤煙――そしてその造船所に象徴されるような近代の技術文明――が大和の国の美しい自然や醇朴《じゅんぼく》な風俗を破壊する害悪として映じたのである。フェルズはその点ではラフカディオ・ハーンと同様古き良き日本をいつくしむ心情の持主だったのである。しかし造船所は活動を停止しない。三菱の長崎造船所はそれから三十七年後には世界最大の戦艦武蔵を建造した工廠《こうしょう》である。そしてそのような工廠があったがために長崎には原子爆弾が炸裂したのかもしれない（あるいは昭和二十年八月九日小倉市の上空がたまたま雲でおおわれていたためかもしれない）。しかし長崎市の復興そのものもその造船産業に負うているのである。今日では市民の三割近くが三菱によって生計をたてており、巨大なタンカーを造るハンマーの音は昼夜を分かたず入江の上に響きわたっている……。

そのような産業化の功罪については後から結果論

的にはいろいろと論ずることもできるだろう。しかし明治時代の日本では問題が「あれかこれか」の二者択一の形で突きつけられていた以上、要路の人には曖昧な回答を出すことは許されなかった。そして多くの日本人にとっては国家存立こそが先決問題であると考えられていた。そのためには西洋の技術文明を導入しなければならない。手前の造船所とその背後の桜の咲いた向うの山とを見くらべつつ、「多分これのお蔭であれも救われるだろう」とフェルズは呟いたが、国家の独立が産業化によって達成されてこそ桜の花も美しいのである。「あれかこれか」の質問にたいして「これ」すなわち殖産興業を選んだということは、当時の日本人にとってはほとんど自明の選択だったのだろう。「明治日本がとるべき目標については異論は少なかった。議論が分れたとするならば、それはその目標を達成する手段をめぐってであった」という解釈はおそらく真実をついたものと思われる。

明治史の追体験

ファレールの作品は小説論として論ずるならば、小説のフィナーレとなっている「皇国ノ興廃此ノ一戦ニ在リ、各員一層奮励努力セヨ」という三笠艦にZ旗を掲げて戦う海戦描写の章にもふれなければならないだろう。その章は作者自身が海軍軍人であるだけに見るべき叙述もあるのだが、比較文化論的考察の本稿では略することとしたい。その章にはロマネスクに過ぎるのだが、依坂夫人がファーガン大尉に身をまかせたのは、ファーガンから依坂大尉が戦術を聞きだす為であったことも語られている。そしてその間の事情を遅まきに知った平田大尉が依坂大尉を罵倒した非を悔いて切腹して死ぬ場面も描かれている。――ただこの二つの挿話は作り事であることがあまりに見えすいていたために、『日本海海戦』という小説全体が拵え物であるかのような印象をフランス人読者に与えてしまった。ファレールはその種の誤解を遺憾に思ったのであろう、三年後の一九一二年版の序文にはその二つの挿話が虚構であることをはっきり認め、他方、残りの部分はすべて真実に立脚したものであることを強調した。

『日本海海戦』はいわゆる小説とはいいがたい。そこにはフィクションはほとんどなく、空想はほとんどまじえられていないからである」

ところでその虚構か真実かということで、筆者には個人的な体験とでもいえるような強い記憶があるので、その私的な印象をこの論の結びに記して結言に代えたい。筆者は終戦を中学二年の夏に迎えたのだが、その世代に属する者の常として、戦後は軍人を嫌い、明治時代を暗い時代に思っていた。敗戦という事実と敗戦後の宣伝と教育のせいであったろう、封建的な遺習であるような田舎の宿屋の女郎の話などにはひどく反撥を覚えるタイプの一人であった。その筆者が昭和二十九年、二十三歳の年の大晦日にパリのメゾン・デュ・ジャポンでファレールの『日本海海戦』を読んだのである。最後に近い章にフェルズがホックレー夫人と口論の挙句イゾルダ号から飛び出して、人力車で一人茂木《もぎ》へ行く条があった。アメリカ女の圧迫感から逃れ出た初老のフェルズは茂木の田舎宿で、「風呂からあがり、洗いたての好ましい匂のするゆかたを着せられた時、自分の両肩のまわりに、質素で健康で礼儀正しい古い日本の心づかいと優しいいたわりとを感じてほっとした」のであった。そのような日本の生活の隈々には何百年という文化の洗練が感じられ、それにフェルズは感動したのである。そしてそれはフェルズがその田舎の宿で日本の娘と一夜を明かした時にも感じたところのいたわりであった。フェルズは翌朝、別れしなのぎこちなさをまぎらすために娘に向って、「自分はこれから戦争へ行くのだが、おまえも一緒に行くか」と冗談口を叩いた。するとそれにたいして宿屋の十六、七の娘、いわば prostituée ともいうべき娘が、きっとして次のように答えたというのである。

「はい、戦争へ行きたいです。行って死にたいです。そして七度生まれかわって七度祖国のために命を捧げたいです」

娘の口からその言葉を実際耳にした時のフランス人の驚きはいかばかりであったろう。ファレールはフランス人読者がこの条を読んで、娼婦が何を口走るか、と笑うことをおそれたのであろう、「この言葉は字義通りの直訳である」とくに註に記した。

筆者は戦争を憎み、軍人を嫌い、封建的な日本に反撥していた一人であったが、この条まで読んできた時、その言葉——フランス語で記されたその言葉——に明治の貧しい境涯の女の健気な答えを聞く思いがして、異様な感動を覚えた。フランス人の読者がこの条を読んで、モーパッサンの短篇でも読んだ時のように、鼻先でふんと笑うであろうことを思い、それだけに一層哀れを覚えた。そのちぐはぐな気持はそれより少し前にフランス人の教授の家に招かれ、神風特別攻撃隊の話が出た時、教授が、「きっとどこかの無人島へ行って着陸しているのだろう」といい、その席にいあわせたフランス人たちがどっと笑い、自分には笑えなかった時に覚えたのと似た感情であった。奇異なことであった。戦争中に国民学校で繰返し聞かされ、戦後十年間忘れていた湊川の楠木正成の七生《しちしよう》報国という言葉をいまこのようにしてパリの学生寮でフランス作家の筆を介してふたたび聞こうとは。

そのような感動はあるいは海外ではじめての冬を過す孤独な青年の感傷であったかもしれない。事実、学生寮はクリスマス休みにはいると、僅かの日本人（当時は文理系の給費留学生の数は年に六名から十名にすぎなかった）とフランス語系の植民地乃至は元植民地出身の人を除いて、他の国々の人々はおおむね帰郷していなくなってしまったのである。しかしその寒々とした寮の中で筆者はその時まで想像したこともなかった依坂大尉に代表される明治日本人の西洋留学の心理を考えてみた。彼らは必ずしも私たちのように好きこのんでフランス文化を学びにパリへ来たのではなく、不快ではあったが祖国の自存自衛のために西洋へ渡り、恥をしのんでフランス語を学びフランスの生活に溶けこんでさまざまの事柄を学んだのであった。その際に明治の先人が克服しなければならなかった心理的抵抗は後代の自分たちに比べていかばかり大きかったことであろう。そして小説中であるとはいえ、依坂夫妻はまたなんと見事に西欧文化をわがものとして身につけていることであろう。パリへ着き立ての筆者は、友人が一向にできず、フランス人の生活の中へ一向に溶けこめないでいる自分自身を恥じた。そして西洋文化をその総体において学ぼうとする以上、単に書物を読むばかりでなく、会話もできなければならない、ダンスもできなければならない、と痛切に感じたのである。そしてそのように感じるとともに鹿鳴館の舞踏会でダンスをした明治の元老たちの心境は、世論が非難したような軽佻浮薄なものではなく、むしろ泣き笑いに近いものではなかったか、とも思ったのである(ロティはダンスの相手の日本の令嬢の体の不自然な硬さにそのことを感じとっている。体操のようなダンスなのである)。

そしてまた考えてみると、冬休みもパリの学生寮に残っている植民地乃至は元植民地出身の人々の間には、文学などを専門に学ぶ人は一人もおらず、みな医学や技術を学ぶ人たちである。彼らにとってはいまが「明治時代」なのであろう。筆者らが文学や歴史などの人文科学を学ぶことができるのは明治の先人たちの国造りの努力の積み重ねがあったからこそ許されているゆとりではないのか。多くの依坂がいたからこそ私たちは今日の私たちであり得るのだ。そのことを忘れて過去の日本にたいしてただ自己嫌悪だけを覚えるということは、明治の初年の日本人が徳川時代の文化遺産にたいする自覚がないままに過去の日本に嫌悪を覚えたのと同然の愚しいことではないのか……そのようなことを思いめぐらすにつれて、外国留学という共通の体験が共通の尺度となって、先人の面影が私にはだんだんはっきりとしてくるのであった。——そしてフランス人の生活には次第になじみ、やがて挨拶がわりに外国のお嬢さんの頬にキスするのにもなれた私が、身近にほかの日本人がいる前ではそのような挨拶をするのを気恥しく思った時、そのような微妙な瞬間にファレールの鋭敏な観察眼がいまさらのように私には想起されたのであった。およそ文学において尊重するべきはそのような細部の感覚的な事実に含まれた真実なのであろう。そしてそのような見て感じられた細部の集積が、不毛な歴史法則や公式では律することのできない歴史の重みの実感となって読者の胸中へ永く留まるのであろう。

一族再会

いま振り返って考えてみると、敗戦後の日本で筆者らがフランス文化に憧れフランス文学を学びはじめた動機には、当時の日本人が日本にたいして覚えていた自己嫌悪が含まれていた。日本人であることをやめたく思い、日本という原罪にも似た国籍を脱出したいと願った心理が、西洋文学に向う衝動の背後にあった。しかしまた考えてみると、当時の風潮であった日本の悪を糾弾することによって自己自身の正当性を証明し得たとするような態度には、他人を戦犯者呼ばわりすることによって自己の潔白の証しとするような心情がひそんでいたようにも思える。自分は普通の日本人ではないという証しを求めてある人々は外国文化の権威を笠に着、またある人々は日本の歴史に日本の悪の源泉を追求することによって自己を日本人一般から区別した。なぜなら日本の悪を糾弾することによって知識人は自分を他の日本人よりも一段と高い席に置くことができたからである。「日本は駄目だ。日本は悪い」。そしてそのような日本の負けに乗じた自虐的な教説をまともに受取った戦後教育の直情径行の優等生たちがついに角材をもって騒ぎ出した時、体制内左翼の大学教授たちは自分たちが吹きこんだ異常な危機感によって反逆をおこした学生たちによって逆に悩まされはじめたのである。

しかし他の国々との比較において考える時、強制収容所もテロリズムもなしに近代化に成功した明治の日本ははたして一部の人たちが口癖のようにいうほど悪い国なのであろうか。クーシューは日露開戦後一カ月の間に見られた自分の心理の推移にふれて次のように書いている。

「私はフランス人であったから、その同情は当然ロシアの側へ傾いていた。しかし（戦時下の東京にいた）私は次第次第に日本に魅せられていったのである。しまいには私は日本が勝たなければならぬ、是非勝ってもらいたい、と思うようにさえなった」

第三国人であるクーシューになぜそのような心境の変化が見られたのだろうか。クーシューは日記に次のような類の挿話をいくつか記しているが、それらはラフカディオ・ハーンが書いたような挿話（たとえば殺人犯人と被害者の子供との対面を描いた

At a Railway Station）ほどの文芸性は備えていないにせよ、それでも日本人の心を示す逸話とみなせるだろう。

「一昨日絞首刑に処せられた死刑囚は服役中に稼いだ金を二円もっていた。看守がその金でもって最後にうまいものでも食べたらどうかとすすめたところ死刑囚は愛国心からその二円を彼を絞首刑に処する国家へ遺した由である」

クーシューはそのような小事実 petit fait を皮肉をこめて書きとめているが、その死刑囚には自分を絞首刑にする敵対者としての国家の意識などはあまりなく、むしろ自分も日本国民の一人というような考えが死の直前に表面に出たのではないだろうか。クーシューは皮肉をこめて書いたつもりだったが、しかしそのような小事実の集積がいつの間にかクーシューの心を動かしていたのである。そしてファレールもおそらくそのようにして日本に魅せられた一人だったのであろう。ファレールは晩年にいたるまで日本の肩をもってくれた人である。そして日本を嫌い、明治日本の近代化を疑惑の眼で見ていた私たち自身が、ファレールの作品を読むことによりいつしか祖国と和解するようになっていったのである。それは親に逆らって家を飛び出した息子が、世間の波にもまれているうちに反抗期の敵対心がだんだんに薄れ、赤の他人が親の悪口でもいおうものなら、家庭内にいた時には想像もつかぬことだが、親の弁護をし、赤の他人がその子の前で父親の思いがけない美点をほめて聞かせようものなら、かつて家庭内にいた時はことごとくたてついていた息子のくせに、父親のことを誇らしく思い出したりする様にも似ている。そして父親が、もし父親としてベストをつくして生きたのならば、その努力が理解されてくるにつれ、息子は悪態をつくのをやめるようになるかもしれない。そして一人前になった息子が手土産をもって両親の家へ戻ってくる時、一族再会はめでたく行なわれることだろう。

しかしそのような心境の変化は、故郷を遠くにあって思う人の祖国美化の幻想にすぎないのかもしれない。それに一族再会を喜ぶ気持にはナルシシズムの心理も含まれているのかもしれない。明治の日本について考えてみても、日露戦争を戦うために造られたような明治国家はその後は動脈硬化症状を呈したし、日本の海軍だけに限って考えてみても、依坂大尉の系譜に連なるといえる加藤友三郎、山梨勝之進、堀悌吉《ていきち》、山本五十六などの国際協調主義のラインは、より急進主義的な「若い者」――A級戦犯の一人が刑死の直前に教誨師に語った感想にある「国が変わって、若い者が血気にはやって、とうとうこんなことになったと思うのです」の「若い者」――によってやがて打ち破られてしまったからである。しかしそのようにして血気にはやって始められた第二次世界大戦そのものも、依坂大尉の系譜に連なる海軍部内の国際派、鈴木貫太郎や米内《よない》光政の努力によってついに和平へと導かれたのである。

戦後の占領軍総司令部の追放令は軍人という職業をカテゴリーとして公職から追放した。図式でもって歴史を割切る人々はその追放令の尻馬に乗って軍人という職業を一律に貶しめもしたし、この後、貶しめもするだろう。しかしそのような粗雑な裁断は、それが型にはまって自動的に踏襲される傾向にあるにせよ、文学を学ぶ者には許されがたい公式乱用の行為のように思われる。八月十五日の終戦によって命ながらえた一人である筆者は、それから十年たった大晦日にファレールの『日本海海戦』を夜を徹して読み、そのような反時代的な感慨にふけったのであった。――本稿はその当時の感想を改めて整理しなおしたものである。

戦時下の日本
――クーシューが見た明治三十七年の東京

クーシューという人

Dans le soir brûlant
Nous cherchons une auberge:
O ces capucines!

この三行詩はフランス俳諧 haïkaï français のはしりで、五七五に訳してみると次のようになる。

夕焼けて宿かるころや金蘭花

ルノワールの油絵でも連想させるような、印象派風の光と色と雰囲気の俳句だが、作者はポール＝ルイ・クーシュー Paul-Louis Couchoud といった。彼は多芸多才の人であったらしい。*Sages et Poètes d'Asie* という本を出しているが、アナトール・フランスが『アジアの賢人と詩人』というその書物の一九二〇年版に寄せた序文に従うと、高等師範学校《エコール・ノルマル》の出身で、哲学の高等教員資格試験に通り、一九〇二年にはスピノザについての研究書も刊行している由である。パスカル研究の専門家の間では『パンセ』の自筆原稿を調べた学者として知られているが、彼はまた医学博士号ももっており、新種のバクテリア菌を発見したこともあるという。しかしクーシューが筆者らの興味を惹く点は、彼がヨーロッパ文明以外の文明をも真面目にとりあげて学問的に研究しようとしはじめたところにあった。クーシューはカーン奨学金を獲得すると日露戦争直前に日本へ来、戦時下の東京で生活することになったからである。その間のアジア研究や日本体験を一冊の書物にまとめたのが『アジアの賢人と詩人』であり、その中で彼は俳句のフランス語訳を試みたのである。帰仏後もクーシューはフランス俳諧の詩作を続け、haïkaï は第一次世界大戦後のフランスでは *NRF* が特集号を

出したこともあって、ちょっとした流行になったほどであった。筆者が

　　夕焼けて宿かるころや金蘭花

と訳した句の原《もと》の三行詩は彼の詩集 *Au Fil de l'Eau*『水の流れに沿って』におさめられているのだが、詩心のある読者はそれが芭蕉の大和行脚の句である、

　　草臥れて宿かるころや藤の花

を換骨奪胎した作であることに気づかれたことであろう。芭蕉の句はクーシューの詩と違って風景描写ではなく、藤の花は主体のもの憂い気分をあらわすものとなっているが、クーシューはこの芭蕉の句を Sages et Poètes d'Asie の中ですでに、

　　J'arrive fatigué
　　A la recherche d'une auberge:
　　Ah! ces fleurs de glycines!

と訳していたのである。

　クーシューが筆者の興味を惹いたのは、そのようなフランス俳諧の開拓者としてだったが、しかしそれについてはすでに論文が若い比較文学の学徒の手により発表されたので[1]、筆者はそれについてはこれ以上ふれない。しかし俳諧の妙味をこのように感得したほどの感受性と知性をあわせ備えたフランスの青年学者が日露戦争下の東京で暮してどのような印象を受けたのか、ということが今度は筆者の関心を惹いたのである。『アジアの賢人と詩人』の中にはクーシューの一九〇四年二月六日から四月九日までの日記がおさめられているが、それはベルツ博士の日記などと同様、第三者の目を通して見た明治日本の記録として貴重なものがあるのではないかと感じられた。

　パリの西郊、サン・クルーの丘に面したセーヌ川のほとりに「カーンの庭園」と呼ばれる名所がある。

そこにはイギリス風庭園とかさまざまの国の庭園が集められているのだが、有名なのは日本庭園で、五月のつつじの季節には春の日に照らされてパリの男女がその庭に遊ぶのであった。筆者が一九五五年五月にその庭を訪れた時は日本の亭も畳の家も荒れていたが、カーンはその家を建て庭を築くために日本からわざわざ人を呼んだ由で、二人の大工と園丁がエルネスト・シモン号に乗って山田三良《さぶろう》や田付七太と同席してフランスへ向ったのは一八九八年のことであった。(2)このカーンという富豪は奇特な趣味の持主で、各国の学者に世界一周の奨学金なども出したのである。それもフランス人にたいしてだけでなく、各国の学者にたいして授けたので、日本人でも姉崎正治博士が一九〇八年に、また昭和にはいってからは市河三喜博士もカーン資金を受けて世界を周遊している。ジュール・ヴェルヌが『八十日間世界一周』という小説を出したのは一八七二年のことだったが、十九世紀の後半はヨーロッパ人の興味がヨーロッパ以外の世界へも向けられはじめた時であり、ヴェルヌの小説が評判になるような時代的風潮が背景にあったからこそ、カーンのような奇特な人物も出たのであろう。ちなみにパリ大学に一九一〇年に比較文学講座が開かれ、バルダンスペルジェがその初代講師になったのは、このアルベール・カーンがその費用のいっさいを負担すると総長ルイ・リヤールに申し出たからである。(3)バルダンスペルジェ教授自身が後にはこの財団の理事となり、後藤末雄博士もその援助の下にフランスへ留学されたのである。

パリの高等師範学校の出身で哲学のアグレジェという秀才クーシューもこのカーンの奨学金を受けて日本へ来た。留学の表向きの目的は「首下り病」の研究で、三浦謹之助の指導を受けたとも伝えられるが、それは公称で実際は広く日本の文化の諸面に興味を寄せたのであろう。クーシューについては遍歴時代の体験を深めるために極東の国へ来た若い教養人 un honnête homme という印象を筆者は彼の著書から受ける。一般に留学や旅行については顕然化している目的だけでなく隠然化している意味についても注意を払わなければならないが、クーシューが専門の研究にだけ没頭せず、俳諧や儒教や日露戦争を戦う日本へ関心を示してくれたことが、今日の私たちには意味を持ってくる。――しかしそうはいってもクーシューは当初から日本にたいして深い関心や愛着を覚えていたわけではなかった。彼は『アジアの賢人と詩人』の序文に次のように正直に書いている。

「私はフランス人であったから、その同情は当然ロシアの側へ傾いていた」

フランスとロシアは一八九一年以来露仏同盟によって結ばれていた間柄である。一八九五年には日本にたいして遼東半島の還付を強要した三国干渉の構成国だった間柄である。クーシューの同情が日露戦争勃発の当初、ロシアの側へ傾いていたのは自然なことであったろう。しかしだからといってクーシューの日本にたいする見方はロティに代表されるような一世代前のフランス人の見方と同じではなかった。ロティが見た日本は日清戦争前の小国日本だった。しかし日露戦争を戦おうとする強国日本へ来たクーシューの目には、ロティの日本にたいする好奇心は「ふざけた軽蔑のまじったもの」として映じたのである。日本はもはや桜や娘《ムスメ》や浮世絵だけの国ではなくなっていたからである。日本は非西洋の自力による西洋化という二十世紀の課題を世界史の中へ提出しつつある国だったからである。クーシューの言葉を引けば「日本はその国がもっとも強調するところの固有の文明を西洋の侵入者から西洋の武器でもって守ろう」としている国であった。そして南アメリカやアフリカの原住民たちと違って、西洋人が来た時の日本人は「教育をはじめたばかりの野蛮人ではなく、すでに教養人であって、外国人教師がもたらす新奇な事物にたちまち通じる国民」だったのである。クーシューは「ヨーロッパでも鉄道はなにもシャルルマーニュ大帝の時代にさかのぼるものではなくルイ・フィリップの時代にはじまったものであり、代議政体がヨーロッパの諸国で正常に運用されはじめたのは日本とほぼ同じころであり、ヨーロッパといっても地方によっては議会制はまだ完全に行きわたっているとはいえないのである。電気についていえばそれが開発されたのは一八七〇年以後のことで、日本はその点でヨーロッパに立遅れているわけではないのである」と指摘してい るが、そのような条を読むと、筆者には岩倉使節団の公的な報告記録者であった久米邦武が明治六年に記した『米欧回覧実記』の一節が想起される。久米邦武はヨーロッパの近代化も実は比較的最近のことであって、「今ノ欧洲ト四十年前ノ欧洲トハ其観ノ大ニ異ナルコトモ、亦想像スベシ」として次のように指摘していたからである。すなわち一八三〇年ごろのヨーロッパは「陸ニ走ル汽車モナク、海ヲ駛スル汽船モナク、電線ノ信ヲ伝フルコトモナク……兵ハ銅砲燧銃ヲトリテ、数十歩ノ間ニ戦」っていたというのである。

「戦時下の日本」

『アジアの賢人と詩人』の中に収められたクーシューの日記は「戦時下の日本」と題されている。著者の序言によると、当時執筆したまま加筆することなく発表されたものであるという。日記は一九〇四年二月六日にはじまり、初版本では三月八日まで、後の版では四月九日までが採録されている。しかしその興味ふかい部分はやはり日露開戦後一カ月間の記録の方である。

クーシューは政治に強い関心を抱いていた青年なのであろう、明治三十六年の十二月十日に議会が解散され、政治の実権が元老たちの手に委ねられたことを幕府の再来として観察しているが、G・B・サンソムも『西欧世界と日本』の中で日清戦争について次のように述べている。

「一般的に日本の立法府の議員については『戦時中は沈黙する』といえよう。それで内閣と議院の間の言葉の上での決闘は、一八九四年（明治二十七年）に戦争が勃発すると一時中絶されることとなった。反対党は、軍事費の支出に賛成投票する時とその愛国の熱情を述べる時にだけ発言して、戦争反対の声はまったくあがらず、意見不一致といえそうな発言が、もしかりに一つでもあったとするならば、それは政府があまりにも早く講和を結ぶのではないか、という危惧の念だけであった。自由主義者のこの好戦的な態度は、軍国主義者の好戦的な態度とともに多少研究に値しよう。なぜなら、この態度の起源はずっとさかのぼって辿ることができるからであり、それは、古い伝統が近代国家においてもつ影響力についての興味ふかい一例を示している」

サンソムは日本史をさかのぼって征韓論の是非をめぐる明治六年の閣内の論争に言及しているが、しかし逆に日本史をくだって考えると、日露戦争にも意見不一致があったとするならば、それはクーシューが二月六日の日記に書いているように、議会が政府の弱腰を非難するという好戦的な態度においてであった（そしてそのように議会側が無責任に過熱化する現象は、昭和十七年の帝国議会で東郷茂徳外相が講和の可能性について言及した時、それを速記録から削除させるという態度によって繰り返されている。連戦連勝の日本の外務大臣が講和を云々するとはなんという非国民的態度であるか、というのである）。それは少数者の協議の席では慎重でありながら、公開の席では過熱化するという日本的伝統に沿った行動様式であったのかもしれないが、クーシューは「この国民には負けたという教育が欠けている」“ce peuple manque de l'éducation de la défaite.”と観測している。外国人に武力的に征服され悲惨な戦闘を体験したことのないこの島国の国民は国際的感覚を欠いている、とクーシューは見たのである。

「日本人はたとえ自分たちが望んでいるすべての利益を外交的手段によって現在手に入れたとしても落胆するであろう。日本人は西洋の強国と一戦を交じえて西洋を罵倒したいのである」

クーシューは日本の新聞が無責任な煽動を行なうとして腹を立てるのだが、井上光貞教授なども高校用参考書『日本史』（学生社）で日本のジャーナリズムの通弊である俗耳に入りやすい議論をぶつ傾向について、

「新聞もまた、だいたい主戦論を主張し、多くの演説会を開いたりして国民を煽動した。こうして対外強硬論がひろく国内にゆきわたると、国民のなかには、政府の態度を消極的とし、その軟弱外交を非難する声もおこった」

と述べている。東京帝国大学の戸水寛人《とみずひろんど》教授ら七博士の強硬論のことなどもいまさらのように想起されるのである。クーシューはそのような世論の過熱

化の一因を政府側の説明不足にも求めているが、明治時代の政府は今日の政府以上に秘密主義であり説明も不足していたのであろう。クーシューは通訳に依頼して訳させたのであろうが、開戦当初の日本の新聞の論調を丹念に報じており、一九〇四年二月九日の日記には『朝日新聞』の論説を掲げているが、これは調べてみると二月七日の『時事新報』の社説を要約したものであるらしい。いまその関係部分を掲げると、

「露は世界の大国なり、我は東洋の孤島なり、其地積を比すれば我は僅に露の十分の一にも足らず、其人口を論ずれば露は優に我に倍す。此を以て彼に当る、殆ど無謀に類するものあり。我敢て殊更に事を好み、危険を冒すものに非ざれども、露国の挙動不当にして、我これと決戦するの止むを得ざるの事情ある、其概略を述べんに朝鮮は我国防上に至大の関係あると同時に不足食料の供給、過剰人口の移殖に欠く可からざるの要地にして、従来我国人の経営に係る事業既に少なからず、将来の発達は更に大に望を属す可きものあり、若しも他国にして此国の領土に一指を染めんとするものあらんか、我は死力を尽して争はざるを得ず……。

先づ満洲を化して純然たる露領と為し、然る後に之を基礎として北清及び朝鮮を侵略するの目的なることは照々として掩ふ可からず。彼をして其欲する所を恣《ほしいまま》にせしめんか結局我国が貿易市場の大半を閉鎖せられて商工業上の利益を蹂躙せらるるは勿論、人口移殖食料供給の要地を失ふと同時に我西陲《せいすい》の対岸には軍港堡塁《ほうるい》を築かれて日夜その圧迫を受くるに至るべきは鏡に掛けて見るが如し。事苟も是に至れば我五千万の同胞は子々孫々幾世を経て如何に繁殖するも蕞爾《さいじ》たる孤島に麕集《きんしゅう》し、口あれども食ふに物なく体あれども居るに所なく最早《もは》や国ありて国なきに等し」

クーシューはこの社説を評して誇張も甚しいといい、日本人で外国に住んでいるのは十三万にしかすぎず、その半分はハワイに居住している、日本国民は世界でもいちばん移民しない国民だ、と述べている。人口増による圧力と Lebensraum の発想は後には大東亜戦争を正当化するイデオロギーとしても用

いられており、この種の論の是非についてはなお論議の余地があると思うが、クーシューをとくに立腹させたのは『時事新報』の社説の次のような条であった。前章でもふれたが、二月九日の日記のその箇所をまた引いてみよう。

『時事』はイギリスびいきの新聞で、大人気もなくイギリス人のロシアにたいする偏見をそのままのせている。日本は『文明のために』戦うであろう、というのである。同紙によると『もし天祐によって日本がこの恐るべき闘いに勝利をおさめるならば、日本は文明の光を極東へもたらすという重大な使命を果しうるばかりでなく、世界の尊敬をかち得、人類の進歩の歴史の上での輝かしい一章に値するであろう』というのである。これくらい利害関係をいっさい度外視した議論ができるとはたいしたものだ」

クーシューはこのような論理に当初は反撥しているが、後に同様趣旨の文明史観を内村鑑三が英文で主張した時には一種の安堵の情をもってこれを歓迎している。日本が欧化せずに黄禍に転じたならばどうなるのか、という不安がクーシューの脳裡をよぎったからである。

それではその日本海軍はロシア海軍とどのように戦ったのだろうか。二月五日、韓国仁川にはワリヤーグ（六千五百トン、六インチ砲八門、速力二十三ノット）とコレーツが在泊していた。瓜生外吉第二艦隊司令官麾下《きか》の第四戦隊はワリヤーグに対抗するためとくに装甲巡洋艦浅間を加えてこれが撃滅に向い、瓜生司令官は露国先任艦長に、九日正午までに仁川港を出港すること、もし出港せざる場合には港内で砲撃する、と通告した。九日の〇時十分、ロシア艦隊は檣上《しょうじょう》高く戦闘旗を掲げ、八尾島に向って南下してきたが、瓜生枝隊《したい》は浅間を先頭に迎撃の態勢をとり、距離七千メートルとなるや浅間がまずワリヤーグを砲撃した。ワリヤーグは著しく左舷に傾き、火炎に包まれて仁川港へ遁走、コレーツもこれに従った。そして四時半ごろワリヤーグ、コレーツ及び港内碇泊中の露国汽船ズンガリー号はともに自爆したのであった。

クーシューはその報せを聞いて、「日本側は自分たちの軍艦の（損害の）数は、名誉にならないと思って隠している」と非難している。そして二月二十一日の日記にも、「仁川で日本の魚雷艇が一隻沈んだ由だが、どの新聞にも出なかった。煙突が水面に出ていたが、日本側で夜の間に煙突を鋸で挽いてしまったそうだ」と書いている。戦時中にありがちな虚報の一例だが、日本艦隊側は実際に損害を蒙っていなかったのである。なお付言すると千九百六十年代のロシア共和国文部省付属国立教育図書出版所発行の歴史教科書には、巡洋艦ワリヤーグのロシア海軍軍人の勇敢さと頑強さが特記されている。このワリヤーグを讃えることは、日露戦争百年後の今も変らない。

クーシューはまた二月九日の日記に「在京のヨーロッパ人たちは、宣戦布告もなく中立国の海域で行なわれたこの攻撃に憤慨している」とも書いている。日露の国交中絶は二月五日であったが、宣戦の詔勅が渙発《かんぱつ》されたのは二月十日であったので、ロシアびいきのクーシューらは腹を立てたのである。二月十日の日記には退役した日本陸軍の将官に会いに行った記事が次のように出ている。

『艦上で死ななかったロシア将校についてあなたはなんとお考えになりますか?』とその将官は彼の方から話しだした。『そして捕虜となりたくないために領事館へ泣きこみにいった下士官たちのことをなんとお考えになりますか? 日本人ならあのような真似はしなかったでしょう。数カ月前高井丸が沈んだ時、船長は自分の体をメイン・マストに縛りつけて船もろとも沈みました。それは、あなた、商船の話ですよ。黄海海戦の後でシナの提督は艦上で自殺しました。この戦いで日本の軍艦が不幸にも撃沈されたなら、日本の将兵は一兵といえども命だけは助かりたいなどとは思わないでしょう』。私はなぜロシアの水兵が自殺しなければならないのかわからなかったので驚いて尋ねた。『仁川でロシアの艦長は義務を果したのです。なぜ自殺しなければならないのですか?』将軍はそのような区別には頓着しなかった。私は武士道の切腹の掟が将軍の脳裡にあるのだと直覚した。その掟では責任ということが問題となるのではない。命令を受け、それを実行できなかった時、腹を切らなければならないのである。私は尋ねた。『宣戦布告もせずにロシアを攻撃するのは武士の精神に反してはいないでしょうか？』『なぜ反していますか？』と将軍が答えた。私はその時歌舞伎などで不意打ちが自殺と同じようにもてはやされていることを思い出した。殺すにせよ、死ぬにせよ、日本人にとって言葉はあまり意味をもたないのである。西洋人と日本人との間には道徳について非常に懸隔があることがこの戦争という事態によってはっきりしてくるだろう。西洋人と日本人では、なにが高貴でなにが卑劣であるか、同じ尺度をもっているわけではないのである」

日本人は第二次世界大戦が終るまで「生きて虜囚の辱しめを受くるなかれ」という訓を奉じてきた国民であった。昭和二十年まで小学校の修身教科書には沈み行く船と運命をともにした商船の船長の話はのっていたのである。北洋艦隊の司令官丁汝昌も毒を仰いで自殺したからこそ日本人から讃えられたのである。そのような考え方がフランス人のクーシューには理解されず、クーシューはそこに西洋人と日本人の死生観の差異を直覚し、生き方や死に方のルールの違いを予感したのであった。それは文化人類学者がいうところの crosscultural frustration の問題にふれたものといえるだろう。この日本人の自決の掟についてクーシューは三月六日の日記では次のように冷やかしている。

「ロシアの最後の領事が二月二十八日に朝鮮を去った。『彼の立場にあるなら』と一新聞は書いている、『彼の立場にあるなら、日本の外交官は日の丸の旗の下で自決したにちがいない』。日本人気質丸出しの大嘘だ。満州の営口にいた日本領事もロシア領事と同じようにして任地を立ち去ったのだ」

pure nipponade というのは「いかにも日本人らしい言い分だ」という意味あいだが、戦争とか紛争のような非常事態に際会すると、この日本人気質がたちどころに表面にあらわれるのである。

二月八日の仁川沖の海戦や二月九日の旅順港外の駆逐隊奇襲は、昭和十六年十二月八日のハワイ奇襲攻撃の先例となったともいえるが（ハワイ攻撃が不意打ちとなったのは山本五十六の意図ではなくワシントンの日本大使館の暗号解読とタイプした人の不手際による通告遅延の結果といわれるが）、外国世論の非難にたいして、『朝日新聞』は明治三十七年二月十四日の社説で「誣妄《ふもう》も甚し」と次のように反論している。「軍事行動開始の予告をなすことも無くして直《ただち》に旅順の艦隊を襲撃したりといふに付《つい》ても、吾人はツアルの言の事実に違ふを見る。露国が交渉断絶戦争開始の責を日本に帰せんとするはさる事ながら、今に至つて猶此言を為すは卑怯にあらずんば即ち未練なり、……理非曲直は環視の列国善く之を知るが如し。而して露国皇帝の最も尊信する上帝も亦之を照覧し給はん」。奇襲か奇襲でないか、treacherous か infamous か、ということは交戦国がそれぞれ国内世論の盛上りを狙って行なう宣伝という面が強い(4)のであろうが、日露戦争当時にあっては国際世論の動向は日本の命運を左右する重要な要素であったから、『朝日新聞』も国際法解釈にふれた社説を掲げたのであろう、次のような論を掲げて正当化を試みたのである。「……栗野公使が本月五日を以て露国外相に致したる国交断絶の公文の末尾には『帝国政府は右の一途（談判の断絶をいふ）を採用すると同時に、自ら其侵迫を受けたる地位を鞏固《きょうこ》にし、且つ之を防衛する為め、並に帝国の既得権及正当利益を擁護するため、最良と思惟する独立の行動を取るの権利を保留す』と明言したるにあらずや」。すなわち国交断絶のこの通告は当然軍事行動の予告を意味している、というのである。

ローゼン公使の離日

日露戦争当時の日本は、国際世論の動向に気を配っていたからとはいえ、なお武士道の面影を存した国でもあった。ロシアの駐日公使ローゼン男爵の離日はクーシューの二月十一日の日記に次のように記されている。

「ロシア公使ローゼン男爵の離日。男爵は日本で自国の緒戦の敗北を聞き知った。皆が彼に同情している。日本の皇室も各省も代表を派遣し、皇族方で参列している人もいた。朝鮮と清を除いて各国の公使も姿を見せた。日本の皇后陛下はローゼン男爵夫人に金銀細工の漆器というすばらしい贈物をおくられたという。日本の各新聞も男爵にたいして同情の声をよせている」

ここで二月九日の『朝日新聞』の「送ローゼン公使序」という論説を引用すると、

「東京駐劄露国公使ローゼン男《だん》、将に其国旗を撤し、其随員を率ゐて還らんとす。男の日本に於ける、実に一熟友たり。男既に日本を愛す。日本人亦男を愛す。男の再び此地に来りて露国を代表せんとするや、吾人は実に日露の国交の男に依りて円満ならんことを期し、紙上に喜びを表したることあり」

ローゼン男爵ははじめ一八七七年から一八八三年まで、ついで一八九七年から日露開戦にいたるまでロシアの外交代表として東京に勤務した人である(当時日露間に大使の交換はなく、公使の交換のみが行なわれていた)。『朝日新聞』の論説は続く。

「……しかも今日の事は男《だん》の力の能《よ》く防止するを得る所にあらず。日本国民を挙《こぞ》つて尽《ことごと》く露国の昨年以来の侵略的行動に反抗すればなり。此反抗は露帝といへども之を奈何《いかん》ともす可からず。況《いわ》んや男の個人的友情の力をや。男に対する日本国民の友情は毫《ごう》も往日と異なるなしといへども、侵略的行動に対する反抗力は此がために少しも退滅せざるものなり。こは言ふまでもなく男の善く了解する所ならん。日本国民は往日の如く男を愛す。露帝を愛す。宗教の異、人種の別、皆吾人の眼中に絶無なり。男亦然らざるを得ず、帝亦然らざるを得ず。只夫《そ》れ吾人日本国民は絶対的に侵略的行動を悪《にく》む。道理の上に於て之を悪む。……若夫《もしそれ》今日に於て猶吾人をして切言の必要を感ぜしむるもの有りとせば、そは互に敵となりても猶相愛するの道義の存在すること即ち是なり。曾て内乱の時に於て歌ひたるものあり、曰く、『打つものも打たるるものもあはれなり、同じ御国の民とおもへば』日本国民の道義心は此三十一字中に在り。今や列国相分れて相争はざるを得ざる時代なりといへども、道義の上に於ては則ち四海一家なり、三十一字の主旨は、之を世界人類に用ふるを得。基督教の教義既に然り。文明の本旨既に然り。国として相戦ふの已むを得ざるに際会しても、人として相愛するの心に変易ある可きにあらざること、吾人の篤信して疑はざる所なり。日本国民中に於て或は万一にも此信念を有せざる者あらば、吾人は則ち相戒めんと欲す。独り日本国民中に於て相戒めんと欲するのみならず、更に露国民と相戒めんと欲す。男にして若し之に首肯せば、吾人は之を用《も》つて贐《はなむけ》と為さんと欲す。国としての交際断絶すといへども、人としての交情存在す。此に於て此言あり、此贐あり。併せて男の行程の安全ならんことを祝す」

　このような日本の新聞の論調を耳にした時、クーシューは日記に、"En cette heure fugitive on a l'impression émouvante d'une guerre sans haine."「このたちまちに過ぎゆく時に、憎悪なき戦いという感動的な印象を受ける」と書いたのである。『朝日新聞』の二月十三日の漢詩の欄には次のような五言絶句がのっていた。「老髯男《ろうぜんだん》」は Baron de Rosen をかけたのである。

老髯男

贈《ラレ》レ物《ヲ》又送《ラレ》レ別《ヲ》、
欲《シテ》レ去《ント》愁相《ヒ》含《ム》。
凶報乗《テ》レ船《ニ》聴《ク》、
可《シ》レ憐《ム》老髯男。

　ここで想起されるのは、大東亜戦争勃発後にも日本の自由主義者たちが抑留中のアメリカの駐日大使グルーの家族にたいして同じような配慮を示したということで、グルーの『滞日十年』の一九四一年十二月三十一日の条には次のような記事が見られる。

「日本の友人が一人会いにきた。彼は日米間に戦争が勃発したことを非常に悲しく思ったので、いままで来る気がしなかったといった。彼は日本人の友人たちから極めて友誼にみちた挨拶を伝え、その二人からの手紙をあずかってきた。……二通の手紙は次の通りである」

　いまその手紙の一通を原文のまま示しておこう。

Tokyo, December 17, 1941

Dear Mr. and Mrs. Grew:

No one could have foreseen this tragic end of our long-standing friendly relations, although so many unfortunate events occurred in recent years. I well remember that you always tell me that to promote the friendship of our two countries is your lifework. I know also how hard you worked to prevent the breaking up of the talk in Washington even till the very last moment. It is a very sad thing that even your unfatigued efforts could not save the peace. But you can rest assured that we will never forget your friendship to our country and to us. Before ending my letter I must add one thing. Whenever I told the progress of our talk in Washington to my wife at her sick bedside during the last summer, she always tried to strain her weakening nerves not to have escaped any words from her ears. She is happy not to have witnessed in her lifetime this tragic end of our good relations.

Please accept my gratitude for your personal friendship and kindness to my family, and I beg to remain,

Yours most sincerely,

グルー大使夫人が日本側の好意に打たれて泣きくずれた話は関係者には知られているが、そのような蔭の努力を聞き、『滞日十年』を通読してそこに記された日本の自由主義者たちの数々の苦心を具体的に知ると、グルーがその書に次のような序文を、一九四四年一月という戦争がまだラバウル近辺で戦われていた時期に、書いた心事もおのずから了解される。グルーはいっている、

「私は、戦争を欲せず、米英その他の連合国を攻撃することの愚しさを知り、軍国主義的急進主義者たちが向う見ずな侵略へ日本を引きこもうとするのを阻もうとした多くの人々が現に日本国内にいるのだということも読者に知らせたいのである」

そしてこれらの日本の自由主義者たちをグルーは高く評価する。

「(かれらは) 勇ましくも自分たちがもつもののすべてを捧げて、暗殺とまではゆかずとも——事実暗殺されてしまった人々も何人かいるのだが——投獄の危険を冒して時流に抗し、軍部の狂的な誇大妄想や拡張欲の滔々《とうとう》たる潮流をせきとめようとして努力

したのである」

そのように国内的に意志統一もなく、「若い者」の無名無形の力にひきずられて日支事変から大東亜戦争へ突入した日本は、日露戦争を戦った時のようにはっきりとした統一的な国家主体の意志というものを持たなかったのである。それだから昭和十六年の日本はグルー大使らに公然と挨拶をおくることはできず、わずかに加瀬俊一氏などがひそかにアメリカ大使館を訪れ、羊の肉やオレンジを届けていたのである。講和への展望もなしに戦われる「総力戦」というものは非情な悲惨なものである。

ニコライ主教と内村鑑三

アメリカの美術史家バーナード・ベレンソンは第二次世界大戦中もフィレンツェに踏みとどまった。彼はルネサンス期のイタリア美術を戦火から守るのが自分の勤めであると考え、イタリア人たちもまたこのユダヤ系アメリカ人がフィレンツェに居残ることを許したのである。それは美の宗教に仕える祭司にふさわしい態度だったが、日露戦争下の東京ではロシア正教の主教ニコライが敵国日本の首府に残留することとなった。それは主に仕える祭司にふさわしい行為であったといえるだろう。クーシューは日記に次のように書いている（二月十一日）。

「ローゼン公使とともにロシア人は大部分帰国する。駅頭でローゼン男《だん》と東京のロシア正教のニコライ主教との間に悲痛な別離の景が見られた。公使は主教を連れて帰国しようとしたが、主教はそれを肯《がえん》じなかった。『私の生涯の事業はこの地です』。ニコライ主教は金色の円屋根の聖堂に、ほとんど彼一人の力で改宗させた二万五千の日本人キリスト者とともに残るだろう」

そのことは二月十五日の『朝日新聞』にも「ニコライ主教の進退」として次のように報ぜられた。

「ニコライ主教は万延元年以来本邦に四十五年間も在留せる事なれば、日露国際上如何なる事局を来すとも日本を去るに忍びず、断然帰国せざる旨ローゼン公使に通告したり。露公使は止むなく其保護を仏国公使に託し、我が政府も亦責任を負ふて宣教師たるニコライ主教を保護す可き旨の正式の承諾を仏国公使に与へたり」

フランス公使はHarmandであった。明治三十七年三月六日の『週刊平民新聞』の英文社説欄にも「戦争と宗教家」と題してニコライ主教の勇気ある決意に敬意を表している。日露戦争がはじまるまでハリストス正教会は「露教」と呼ばれ、ニコライ主教は露探呼ばわりされたこともあったが、戦時下の日本に踏みとどまったということが日本人のニコライへの尊敬の念を逆に高めたのであった。クーシューは二月十四日日曜日、お茶の水のロシア正教の寺院――それは今日ニコライ堂と呼ばれている――へ行き、その時の印象を次のように記している。

「私はロシア正教の礼拝へ行った。ロシア教会は断然群を抜いて大きい東京最大のキリスト教寺院である。……東京はパリとまったく違うが、その位置はほぼサクレ・クール寺院が占める位置に近い。一人の男の不断の努力と日本人の寛容がこのような寺院の建築を許したのだ。

車夫に向って私は『ニコライ』といえばそれで通じるのだ。ロシア教会もロシア正教も東京ではニコライというのである。二十三年の間ニコライ主教はロシアの援助はいっさいなしで、各地に教会を建て、信徒や聖職者を養成してきた。ニコライは独力でカトリックの宣教師たち全員がなしとげた以上に多くの日本人をキリスト教へ改宗させたのである。しかも彼の場合には長崎のカトリック信者のように古くからの核を持っているというわけではなかった。しかも彼は日本人が昔からロシア人にたいしていだいている反感と敵意という劣悪な条件の中で改宗をさせてきたのである」

そしてクーシューは二月十二日にニコライが日本人信者の主なる者を集めて述べたという次のような言葉を伝えている。

「私は皆さんと別れる決心がつきませんでした。皆さん方がそうしてくれとおっしゃらない限り私は日本を去らないつもりです。私はツァーの臣民であり、私は個人としては私の皇帝のために祈るでしょう。それと同様に皆さんは日本人として祖国日本のために祈ってください。……エルサレムのために涙を流した主はわれわれに愛国心と忠誠を教えています。正義の神は私どものいずれに大義があるかを見定めて、勝利に値する側に勝利をお授けになるでしょう」

クーシューはその会堂に集った日本人の信者たちはいま何を考えているのだろうと想像した。そして日本のキリスト教徒は初期キリスト教徒の熱烈な息吹きを感じさせるような人々で、人々を虐殺した後で「テデウム」などの感謝の歌をうたうような習慣はまだ身につけていない、と西洋人のキリスト教徒を皮肉るようなことも書き添えた。

それではそのような時期に日本人のキリスト教徒はどのように振舞ったのであろうか。クーシューは、ニコライ堂で祈る日本人信徒については「精神上の主と法律上の主が敵対関係におちいってしまった人々」と見ているが、一般の日本人キリスト教徒にはその種の相剋は感じられなかったのであろう。日本国民の大部分は日露戦争を正義の戦さと感じていたし、またそのように感じるだけの数々の理由も三国干渉以来蓄積されてきていたからである。例外は内村鑑三――その内村も日清戦争に際しては日本の正義を大いに喧伝した人であった――などの少数者で、内村鑑三の名前は、東郷平八郎や乃木希典《まれすけ》の名前ものせていないような日本史の教科書にも、日露戦争に際して非戦論を唱えた人として記されているので、その内村の主張をクーシューがどのように読んだかを調べてみよう。

非戦論の関係で内村鑑三の名前がクローズ・アップされたのは第二次世界大戦後の反作用的現象であり、内村は当時にあっては自分のことを "I am only a worm in this country." 「私はこの国では一匹の虫けらにすぎない」といって *The Kobe Chronicle* の紙上で自嘲していた。(5) しかし内村の一九〇四年二月十四日の **Thoughts on the War** と題されたその英語論説に注目した西洋人もいたのである。内村は「喧嘩両成敗」という日本語表現を英訳したにちがいない **strife means blame on both sides** という主張もしているが、内村の記事を読んだクーシューは二月十四日の日記に次のように書いている。

「内村氏は自称キリスト教国が非キリスト教国に対する時、キリスト教国間で相対するのと同じように振舞わないことを非難している。ロシアが外交交渉中高慢な態度を見せたのはそのような誤れるプライドのせいだといっている。……戦争そのものについてはロシア人や日本人の誤れる愛国心のせいだとし、内村氏はさらに次のようにも述べている。『ロシアや日本の盲目的愛国主義者だけに責任があるのであろうか？　絶対にそうではない。他人が戦争をすればそれで得をすると思っているイギリス、アメリカ、ドイツ、フランスの盲目的愛国主義者が、日露両国民が死闘をしているのを見て喜んでいるのである。かれらのいう日本への同情とかロシアへの同情とかいうものは実はかれらの利己主義の産物でしかない。それはかれらの宗教に消すべからざる恥辱の刻印を残すものである。自分たちの商品のために市場が開かれることを願い、諸国民をけしかけて武器をもって立たせるというようなキリスト教徒の愛国者をわれわれは大いに軽蔑するべきではないのか？』」

そしてクーシューは内村鑑三の文明史観ともいえる見方を次のように引いている。

「内村氏は日露間に戦争が起ったことを嘆いてフランスの諺“Grattez le Russe, vous trouverez le Tartare.”『ロシア人は表の皮を一枚はぐと野蛮人《タルタール》の下地があらわれる』を好意的に解釈して次のように引いている。『ロシア人というのは半分東洋人なのではないのか？　日本人というのは半分西洋人なのではないのか？　日露両国民のアジアにおける使命はたがいに相矛盾するというよりむしろたがいに相補足する性質のものではないのか？　協力すべき両者がたがいに相戦うという道理があるのか？　兄弟や友人の間ではほど誤解の多い仲はない。日露戦争はその新しい一例である。願わくはこの誤解がいちはやく解消するように』」(6)

クーシューはこの新聞記事を読んで、

「この国にはロシアと和解する萌芽が数多く残っている」

という感想を洩らしている。内村鑑三という人物はクーシューの注目を惹いていたのであろう。内村が明治三十七年三月三日 *The Kobe Chronicle* 紙に Foreign Policy of Japan Historically Considered「歴史的に考察したる日本の外交政策」という一文を発表した時、クーシューは「戦争というのは歴史について哲学する結構な機会を提供するものだ」といって内村鑑三の説を次のように紹介している。内村鑑三の日露戦争観については高等学校の日本史教科書に記されているステレオタイプされた見方以外はあまり知られていないから、クーシューの三月七日の日記のその箇所を訳して紹介しておこう。

「内村鑑三氏にいわせると日本の政策は哲学的には次のようであらねばならぬという。『一言でいえば日本の政策はハンガリー人がとった政策であるべきでトルコ人がとった政策であってはならない……われわれ日本人はモンゴル系であり、アルタイ系種族の分枝である。われわれは自分たちがモンゴル系起源であることを恥じる必要はない。いかなる人種上のつながりも一個人一国民を人生の最高の理想から遠ざけることはできないということをわれわれは知っているからである。諸国民の運命を決定するものは文化であって遺伝ではないからである』。内村氏はキリスト教徒で気丈な精神の持主である。かれは自分が中央アジアの出であって、天照大神の子孫ではないこと、そして他の国民が須佐之男命の排泄物から出たのではないことを自認している」

天照大神とか須佐之男命の名前をクーシューが知っていたのはB・H・チェンバレンの『古事記』の英訳を読んでいたからであろうか。右の文章の中で内村が文化 culture と英語で書いた言葉をクーシューは（フランス人はしばしばそのように訳すのだが）定冠詞の la civilisation というフランス語に置き換えている。そしてそのように訳したことも自然なようにその後に一元的な（すなわち定冠詞の西洋文明本位の）文明史観が内村鑑三によって展開されるのである。いまクーシューが引用した条の内村の英文を訳してみよう。

「東洋の指導者である日本は世界を東洋化しようと試みてはならない。トルコ人がそれを試みた。そして初期の成功にもかかわらずトルコ人は今日東洋の病人になってしまった。ハンガリー人は起源的には東洋人で、トルコ人とは姻戚関係にあるが、トルコ人とは別様の行動をした。それだからハンガリー人は今日でも栄え、ますます成長している。ヤーノシ・フンヤーディは西欧文明を守るために自分の兄弟にあたるトルコ人と戦った。彼はこのようにしてヨーロッパとハンガリーを救ったのである。ハンガリー人は自分たちの人種を裏切ったが自分たちが採用した文明にたいしては忠実だったのである。ハンガリー人の場合は父母のもとを離れて進歩の王国へはいるという場合の一例である……西洋人の中に黄禍論を唱える者がいるのは日本がかつてトルコが演じた役割りをさらに大きなスケールで演じはしないかという危惧の念に基づいている。そのような西洋人の目の前には日本人によって武装された何百万というシナ人が浮びあがり、かれらはそれにおびえてそれに武力で対抗しようとする。そのような心配も理由のないことではないのであり、そのような事態が発生すればいかなるヨーロッパの国民もこれにたいして対抗することはできないのである。村田銃で武装した兵士を率いたジンギス・カンはあらゆる敵に打ち克つであろう……」

クーシューはこの内村の論を読んで「体がぞっとふるえた」と書いている。(7) しかし内村は語をついで次のように述べたので、クーシューはほっと安堵の息をついた。

「しかしここにこそ日本の責任と高貴なる自制の要とがある。日本は東洋の慎重な擁護者として野蛮なる勢力が東洋に容喙《ようかい》することを許してはならない。日本は西洋文明の導入者として、人類の生命である文明から背をそむけてはならない。また日本はその被保護者が文明から背をそむけることを許してはならない。……日本に勝利の栄光が輝こうとも、その栄光は日本が西洋から受容した文明に負うているのだということを一瞬たりとも忘れてはならない。日本は地理的には東洋だが、現在日本は西洋と結ばれているのであり、国家は精神から成るものであって肉体から成るものではないと知るべきである」

クーシューは内村のこの英語論文を読んで次のように評した。

「三週間前に内村氏は戦争に敵対し、ロシア人の中にひとしくモンゴルとして同胞を認めた。今日内村氏はそれとは別の区別を行なっている。しかし彼の高潔な精神主義に変わりはない」

クーシューは esprit fort の持主である内村の西欧派的な態度をそのように評したのである。

クーシューは日本の社会主義者にたいしても注意を払っていた。三月五日の日記には日本の社会主義者の現状について Cl.-E. Maitre が Ecole d'Extrême-Orient の紀要に載せた記事の要約が載っており、社会主義運動の後援者として島田三郎、高橋五郎等のキリスト教徒、空想的社会主義者として矢野文雄、「Blanqui にあたるのであろうか」として大井憲太郎、有力な指導者として片山潜などの名があげられている。ルイ＝オーギュスト・ブランキはフランスの社会主義者でパリ・コミューンに参加した革命家だが、大井憲太郎が明治十八年に朝鮮政府の改革を助けて起した大阪事件が（実際は国権拡張主義の行動なのだが）ブランキの革命行動に比較されたのであろう。当時の『週刊平民新聞』には第一面の下に英文欄があったからクーシューはその欄はよく読んでいたらしく、二月二十八日の「我等の日露戦争にたいする態度」という論説をフランス語訳して日記に記録している。日露戦争当時の日本は、与謝野晶子が商人意識を基にして歌った『君死にたまふことなかれ』を発表することができたほど、言論統制のゆるやかな国であったから、社会主義者たちも相当自由に戦争反対の意見を述べることができたのである。とくに英文では大胆な発言もできたのである。ここではその英語（米語）原文を掲げよう。

Our Attitude toward the War. We socialists stood firmly against the popular clamor for war and did our best to make our views known to the public by tongue and pen. Our atitude toward the war is not changed even a bit today when the whole people are congratulating themselves our naval victories. The enthusiasm of the people is increasing day by day and they are ready to provide the government the necessary money...There is no one throughout the country who stops even for a moment to think about the disastrous results which are sure to follow the war. Even working-men themselves do not realize that war is a most deplorable thing for them, and are only dreaming that their condition may be bettered some way by this unfortunate emergency...

この英文論説には孤立感が色濃くただよっている。国民はあげて緒戦の勝利に熱狂し、社会主義者がよってたつべき地盤であるはずの労働者たちが戦争に興奮している。平和主義者は時流に反して叫ぶが誰も耳を傾けてくれない。その焦燥感は三月六日の『週刊平民新聞』に次のような日本の新聞批判となって現われる。「朝野酔へり、都鄙《とひ》狂せり、酔ふて其業を忘れ、狂して其務を抛ち、徒《いたず》らに万歳を叫んで奔り、大勝利を叫んで踊る」

クーシューも三月八日の日記に、

「恋愛が一人の人間の心を占めるように戦争が一国民の心を占める」

La guerre prend un peuple comme l'amour prend un homme.

というモラリスト的な観察をしているが、それが日露戦争当時の日本の国民感情であったのだろう。そしてその感情が過熱化して講和時には日比谷焼き打ち事件となっていったのである。大新聞の社説の無責任な感傷論が国民感情を煽っていたのである。

日本の庶民の心

クーシューの「戦時下の日本」という日記の興味ふかい一面は、彼が当時の日本の国民感情を伝えるような挿話をいくつか記していることにも求められよう。デリカシーをもって俳句をフランス語に訳したクーシューは、繊細な感覚によって日本の庶民の心をつかもうとしている。小学生たちの提灯行列は版画に刷られた明治時代の一風俗を見るような感じさえするのだが、『時事新報』によって組織されたその行列の様子が二月十日の日記には次のように描かれている。

「数百名の小学生が新しくできた日比谷公園に集まった。小学生たちは白や赤の紙製の提灯と日の丸の旗を持っている。お巡りさんが小学生たちにきちんと並んで行くよう丁寧に指図している。お巡りさんたちも白赤に染めぬいた巡査用の提灯をさげているが、この（東京という）街燈のない村では、お巡りさんがガス燈の役割をはたしている。小学生たちは整然と並んで宮城の外の門の前へ向った。女の小学生たちも何人か後から、ちょっと緊張して硬くなった表情で、高い下駄をはいてついていった。閉まっている門の前で小学生たちは何度も万歳を叫んだ。そしてそれと同じことを海軍省の柵の前でも行なった。それから何度も挨拶して散会したが、野原の中で提灯が別れ別れに散っていった。まるで蛍のようだった」

いかにもフランス俳諧の詩人が見て感じた夜景という印象がするではないか。提灯行列については二月九日の『時事新報』に「戦争祝賀の準備を為す可し」という社説が載っており、それが翌十日の夕方に実行に移されたのであろう。「普通の方法にて祝意を表するを以て満足する能《あた》はず、大に国民が聯合して盛に祝意を示すの工風肝要なりとして其方法を考ふるに、西洋諸国に行はるる炬火行列の例に倣ひ、市民のカンテラ又は提灯行列を催すが如き最も妙なる可し」という提案が上からなされていたのである。

その当時の一般市民の動向はどのようであったのだろう。二月十二日の『時事新報』には「昨日の紀元節」と題された次のような記事が載っている。

「……更に市内を見渡せば赤帽黄帽を被りし兵士の家族の者らしきと連立ちて芝上野浅草と徘徊し、果《はて》は写真店に入りて紀念《かたみ》の影《かげ》を写せるなるべし、何処の店先きにも脱ぎ捨てたる靴は大概軍人用なるが多かりき。不景気を喞《かこ》ち居たる車夫は俄《にわ》かに号外売りとなりて居酒屋に大勝利を祝し、江戸向きの料理家は受負師相場師の客七分と見受けられぬ。上野公園界隈は夜毎に提灯運動のあるやうに云ひ触らして日没を待ち、浅草公園は遊山の都人一変して九分は田舎の人となり、花屋敷は大入を占め、飲食店は何れも千客万来の繁昌に不景気の声何時しか消て一般に春めき渡れり」

クーシューもその前日神田のあたりを散歩して、「兵隊さんの髭の手入れは半額でやらせていただきます」という貼紙や、「出征兵士の留守宅でのお産は無料奉仕いたします」という産婆の話などを見聞きして日記に書きこんでいる。とくにクーシューの微笑を誘ったのは刑期を了えて監獄を出た囚人たちの次のような話であった。

「かれらは兵士として国家に仕えることができないなら、せめて警察の下っ端なりへ入れてもらえないか、と嘆願書を出したという。日本は幸《さち》ふかい国だ。一旦緩急あれば泥棒たちが巡査になろうと自分から申出るのだ」

クーシューのこの感嘆には皮肉とも羨望ともつかないものがまじっているのである。

このフランス青年は紀元節の日には能を見に行った。そして人々がいかにも静かであり、戦争のことなどまるで眼中にないかのような様子をしていることに深い印象を覚えた。出し物は『隅田川』で、笹を手にして物狂いのていで登場するのは人買いにさらわれた子供梅若丸をたずねて東へ下った母である。母は渡し守の男から梅若丸の死を聞いて嘆き、墓前で念仏の声を聞く。子の幽霊が見えるが、

シテ　あれはわが子か、

子方　母にてましますかと、

地謡　互に手に手を取り交はせば、また消え消えとなり行けば、いよいよ思ひは真澄鏡《ますかがみ》、面影も幻も、見えつ隠れつする程に、しののめの空もほのぼのと、明けゆけば跡絶えて、わが子と見えしは塚の上の、草茫々として、ただしるしばかりの浅《あさ》茅《じ》が原と、なるこそあはれなりけれ、なるこそあはれなりけれ。

クーシューは呪縛にかけられた人のように茫然と坐っていた。気がついてみると周囲の人々は涙を流さんばかりに感動している。なんという芸術の力であろう。そして日本人の心はまたなんと自由なのであろう。この観能の人々を見て、その人々の兄弟や息子たちがいま日本海や満州の野で戦っていると誰が思えるだろうか。——クーシューは紀元節の日の日記にそう書き記したが、そのような感想に接すると、このフランスの青年学者が能の魅力に惹かれ、能の世界にはいり得た人であったということもまた逆に了解されるのである。加藤周一氏は『羊の歌』(岩波新書)の中で昭和十六年十二月八日に新橋演

舞場で文楽の引越興行を見て、古靭太夫の義太夫と三味線の世界のなかへひきこまれていった思い出を語っているが、そのような自己充足性と自己目的性において少しもゆずらぬ肉体と化した文化——そのような文化に比べると、それ以外の、非常事態には一時停止のきくような学問や文化はいかにも浅薄で皮相なものに見えてくる。日常の生活の中に溶けこんでいる日本人の美意識こそが貴重なものであることをクーシューは感動をもって感じたのであろう。彼の二月十七日の日記には、雪が降り積った愛宕山に朝日が赤々と照り染める光景が描かれているが、

「雪の下で桃の一枝に花が咲いていた。鶯が飛びしなに翼の端《はし》で雪を散らしたが、一片の花びらのようだった」

などという描写にはいかにも俳諧味を解した人の目ざとい感じ方があらわれているように思われる。

本国では引込思案の人も外地では物見高く歩くものだが、求知心のさかんなクーシューは戦時下の東京で芝居小屋を覗き、寄席へ行き、日本人が「ドミトリ・ドンスコイ」というロシア艦の名前を「芥取《ごみ》り権助」と置き換えて笑うのを聞いている。戦艦「日進」と「春日」が欧州から回航されてきて日本艦隊に編入され、回航員のイギリスやイタリアの水兵のために日比谷公園で慰労会が催され、常陸山や梅ヶ谷が相撲を取ってみせたが、クーシューもそれを見物に行っている。

「パリでならこういう時には娘たちが水兵たちの頬に接吻するのだが、この国では接吻する習慣がないのだ。しかし日本人はいま危機に際して外国人の愛情に餓えている。私の友人も私もイギリス人かイタリア人に取り違えられて『万歳』『万歳』の歓呼を浴びた。『違う違う』といっても『万歳』『万歳』と叫ぶのだ」

日露戦争下の日本では、拳匪《けんぴ》の乱の際にシナで示されたような黄色人種の白色人種にたいする排外主義の動きはまったく見られなかったが、在京の西洋人は自分たちのその種の不吉な予想が誤っていたことを知って、安堵の息をついたのであった。たしかに日本は清末のシナとは違って欧化してゆく国であったが、しかしそうはいってもクーシューの目か

ら見れば、この国民には個人主義の伝統は薄弱であり、人権の思想が根をおろしているわけでもなかった。その点では中国も日本も儒教的伝統に育くまれた農耕文化の国民としていまだに共通した性格がぬけないのだろう。二月十五日の日記にクーシューは次のように書いている。

「道端で若い男が娘と話していて少し大きな声で笑った。すると巡査が背中を叩いて『そう大声を出して笑うんじゃない』といった。個人的な楽しみはいけないことらしい。国家的な喜びだけが許されるものらしい。散歩してみたところでは、いちばん貧しい民衆が日本人のなかでいちばん愛国的のようである」

そして自分が次第次第に日本に魅せられて、日本の勝利を祈るようになった心理の推移を記した後三月九日の日記には、開戦後一カ月の間に見られた日本人の心理の動きをしめくくるように次のようなうがった観察を書いている。

「この一カ月間に私が見聞したことは、戦争勃発時の奇妙な印象を私に与えた。恋愛が一人の人間の心を占めるように戦争が一国民の心を占めるのである。これにたいしては打つ手はほとんどなにもないといってよい。いくつかの拘束の手綱が放たれてしまった以上は、もはやなにもしない方がよいのだ。恋に落ちた男や、戦争に飛びこんだ国民は恐るべき快楽を味わうから、ほかのいっさいは目にはいらなくなってしまう。このような人たちにとっては重い犠牲も軽く、怪我も死傷も物の数ではない。かれらの情念の激しさに比べれば生命そのものが取るに足らないからだ。……この国民は暗黒の神の手に委ねられた国民である。破壊という神の手に委ねられた国民である。この戦争についてなにかを理解しようとするならば、戦争をしている人々の論理とか理窟とかに耳を傾けてはならない。かれらは複雑な利害関係や打算で動いていると自分では思いこんでいるが、実は単純な感情で動いている。自分たちが口で唱えている理窟よりずっと単純な感情で動いている。それらすべての根源には生《なま》な本能が働いているのだ。それは憎悪ではなく、傲慢である。この戦争の第一原因はなにかと問われるならば、私は la gloire『栄光』という古い、高らかなひびきを発する言葉のためだ、といいたい。一国民が戦争という殺戮《さつりく》行為に飛びかかるのは、結局その国民が自分自身をどのように評価しているかという観念のためだ。日露戦争に際して大部分の日本人はロシアを負かすために戦っているのだと思っているが、実は日本人はロシアが日本を正当に評価することを求めて戦っているのである。そのことを知っている人は僅かしかいないのだが(8)」

これがクーシューの日記であった。第三国人の記録は非常時の日本に側面から光を投じてくれるものとして興味ふかいが、――第二次世界大戦下の日本についてもずっと東京に踏みとどまったフランス人ロベール・ギランに記録があるが――それはごくすなおな観察で、イデオロギーによって染色されることもなく、特定の史観によって無理強いされた痕もない。もっとも、健気に戦う小国の首府に滞在すれば、ヴェトナム戦争中にハノイを訪れた外国人がとかくそうであるように、そちらの肩をもつのが人情の自然であるかもしれない。ベルツの『日記』、ラフカディオ・ハーンの観察、B・H・チェンバレンの『日本事物誌』、ファレールの小説『日本海海戦』、クーシューの『戦時下の日本』、それらは日本国民にたいする好意的な見方の上に成りたつ文章なのかもしれない。しかしそれにしても異国の過去の人であるクーシューたちの気持の方が、観念的な歴史法則とか歴史の方向性とかに依拠する戦後の一部の日本人歴史学者による歴史書よりも私に直接に訴えてくる。私にすなおにわかるような気がする。自国の過去をかたくなに拒む気のない私は、外国人のそのような理解を嬉しく思うのだが、それと同時にそのような矛盾した状況の中にいて一日本人として妙に淋しい気持に襲われるのであった。

註

(1) 中根美都子「俳句とハイカイ――比較詩法の試み」富士川英郎編『東洋の詩西洋の詩』(朝日出版)所収。なお、金子(旧姓中根)美都子氏ほかの手で『アジアの賢人と詩人』はポール＝ルイ・クーシュー『明治日本の詩と戦争』と題されて、みすず書房から邦訳が一九九九年に出た。

（2）山田三良『回顧録』三六頁。

（3）ここでパリ大学に、比較文学講座に先立ち、日本文明史の講座が開かれた時の新聞記事（明治三十七年二月九日『朝日新聞』）を引用しよう。日本文化をヨーロッパに知らせることが日本の国際的地位の上昇に結びつくことを関係者はよく心得ていたのである。

「三井家巴里大学に寄附　今度仏国巴里大学文科大学に於て東洋殊に日本文明史の講座を開始するに付男爵三井八郎右衛門氏は今回金七万五千法《フラン》を同大学に寄附し左の書翰を巴里大学副総長リヤール氏に贈れり。『拙者に於て資金を補助致し候間右の教授を純然たる講座に編入し之を確立永久のものとせられ候様希望の至に御座候抑々《そもそも》此種の講座は学者社会に右の問題の正確なる観念を与へ弊邦の為に好結果を得ると同時に貴国も之に由て弊邦を熟知するの便を得られ共に好都合かと存候　……右の金額は貴大学文学部講師ミシェル・ルヴォン氏に於て拙者の提供承諾相成候に付承知致し次第貴官に御交附可致《いたすべく》筈に致置候　敬具』」

Michel Revon は後に *Anthologie Japonaise* を編んだ人で、クローデルはその書物によって日本の文学に親しむようになった。

（4）F. D. Roosevelt が一九四一年十二月八日にアメリカ議会で行なった Yesterday, December 7, 1941 —— a date which will live in infamy に始まる演説は、米国が総力をあげて第二次世界大戦に参加するようアッピールする意図を秘めていたものである。それだから短い演説の中に the unprovoked and dastardly attack by Japan などの表現が反覆されているのである。廣田弘毅はアメリカ側にこの種の反応を惹き起した山本五十六の不意打ちを不快とし、昭和十八年五月の山本元帥の国葬式典にも欠席したという。

（5）『内村鑑三全集』十五、英文上、三二五頁。それに *The Kobe Chronicle*, Nov. 18, 1904. とあるのは Feb. 14, の誤り。一九八二年版『内村鑑三全集』十二、岩波書店、三七―三九頁では二月十四日に訂正されている。

（6）内村鑑三の英文記事ではその終りの節は There is nothing sadder in life's experience than misunderstanding between friends and brothers; となっており、クーシューの仏訳 Rien n'est plus fréquent... は誤訳に近い。『週刊平民新聞』の英文記事も自由に仏訳されている。

（7）"J'ai tremblé." そのような発言にはもちろんサロン的会話の語調も含まれているのであるが。

（8）クーシューはアジアの国である日本が西洋本位の国際社会での復権、すなわち西洋強国の estime を求めて日露戦争を戦っているのだ、という心理的観察を行なったのだが、この観察は反植民地主義の独立戦争の心理的動機を説明するものともいえるだろう。そしてそのような反抗の心理を見抜いていたからこそド・ゴール大統領はアルジェリア人にたいして paix des braves「勇者の平和」という申出を行ない、アルジェリア人の心をつかんだのである。ド・ゴールから「勇者」と呼びかけられることにより、アルジェリア人はフランス人と同じ人間的地位を回復した、といえるからである。

平和を唱える人と平和を結ぶ人
――トルストイ、晶子、蘇峰

トルストイの非戦論

日本がロシアと千島・樺太《カラフト》交換条約を結んだのは明治八年（一八七五年）のことだが、日本の北辺に位置するこの国は私たちにとってつねに気にかかる存在であった。とくに明治二十八年の三国干渉以来、ロシアは日本の仮想敵国となったから、その翌年明治日本の指導的なジャーナリストの一人であった徳富蘇峰は自分の目でロシアの実情を見ておきたいと思い、欧米漫遊の途にのぼると、ロシアの奥地にまではいりこんだ。

「ヴォルガ河を下《くだ》る。岸上の樺樹琥珀《こはく》色をなし、白堊《はくあ》の円蓋、金尖《きんせん》十字の高塔、板屋破壁の中に聳ゆ。黄昏《たそがれ》、牛羊点々林中を下りて河に飲む」

これはニージニー・ノヴゴロードから書き送ったロシア通信の一節だが、漢文と英文で鍛えられた蘇峰の筆はロシアの風物を絵のように捉えている。蘇峰の『トルストイ翁を訪ふ』は文豪と過した一日の感動に筆が躍るような名文で、三十三歳の蘇峰がトルストイと英語で臆せずに議論した様がまことに鮮明に叙されている。まずトルストイの顔については、レーピンの肖像画などでも知られているが、

「面貌《めんぼう》は長崎爪の如く、両顴骨《かんこつ》、飽く迄高張し、口は大《だい》に、目は窪《くぼ》く、色は赭《しゃ》に、髯は多く、恰《あたか》も画ける天狗面《てんぐめん》に似たり。その天狗と異なるは、唯だ鼻の奇峰的に突起せずして、高岡《こうこう》的に蟠屈《ばんくつ》するの一事ぞかし」

食卓でトルストイの息子夫婦やフランス人の女家庭教師は肉を食べ、葡萄酒を飲むのだが、もう洋食には飽きあきしていた蘇峰はむしろ喜んで菜食党の仲間入りをした。

「第一は菜の汁にして、木茸《きのこ》にて味附あり、恰も精進料理に椎茸を用ふるの類也。第二は麵包《パン》を揚げたるものに、木茸の汁をかけたるもの也。之《こ》れに副

ふるに馬鈴薯のアンを入れたる饅頭を以てす。第三は玉菜を揚げたるもの也。第四は菓子也」

ところで兵役を拒むことを人生の要務の一と主張するトルストイの脇には、軍帽を著け、軍服を着、長剣を帯びたトルストイの次男も年少士官として同席していた。トルストイは蘇峰に向って、キリスト教と愛国心は両立しないといい、人道と愛国心も両立しないと説き、なぜ日本がヨーロッパの真似をして軍備を増強し、兵を増すのか、と嘆いた。蘇峰はトルストイのその平和論にたいして、「余は翁を欺くに忍びず」と次のように反論した。

「余は日本国民也、而して日本国民として立ち、日本を通じて世界に向って寄与することをあらんとする也。余は愛国心と人道と両立することを信ずるもの也。余は日本が世界を侵掠するを欲するものにあらず、然も世界に於ける一の国家として、相当の位地を保たんことを欲するもの也」

そのような明治日本人の臆するところのない自己主張――なにしろ蘇峰は頼山陽の『蒙古来』や『鞭声粛々』を吟じてトルストイの娘を笑いころげさせている――がかえってトルストイ翁の興味を惹いたらしい。トルストイはその夜モスクワにいる夫人に蘇峰らのことを日本の貴族で、「十分に教養があり、特色をもち、聡明で、自由思想の人たちです。おまえが会えないのは残念です」と手紙を書きおくった。

ところでトルストイの非戦論は、トルストイの側近であったビリューコフが書いた『大トルストイ』(原久一郎訳、勁草書房)などには詳しいが、今日のソ連では一向に有名でないという。昭和四十一年の末、駒場の近代日本文学館で「トルストイ展」が開かれた時、いま北大でロシア語を教えておられる小平武氏や沓掛《くつかけ》良彦氏をわずらわして私は来日のソ連学者にインタビューをしたが、「トルストイは兵役を拒めといっていますが貴君の考え如何」と質問したところ、二人並んで出てきた相手はすこぶる公式的に、「個人個人が武器を捨てても意味がない。全面軍縮が先決だ」との返事だった。それはまあその説の通りなのだろうが、であるとすると『トルストイと日本』(末包丈夫訳、朝日新聞社)の著者、ア・イ・シフマン博士のように、トルストイの非戦論が日本に影響を与えたという点を誇らかに強調することは一種の奇妙な矛盾ではないだろうか。トルストイの非戦論の効用をソ連については認めず日本についてのみ強調するのだとすると、これは一方的な軍縮を相手国におしつけるようなことになる。

　日本では一部の歴史教科書にも言及のあるトルストイの非戦論は一九〇四年（明治三十七年）六月、*Bethink Thyself*（『よく考えてみよ』）という題の英文でロンドンの『タイムズ』紙に発表され、八月七日付の『週刊平民新聞』に『トルストイ翁の日露戦争論』として幸徳秋水、堺枯川の共訳で紹介された。翻訳は巧みなもので *Bethink Thyself* は『爾曹悔改《なんじらくいあらた》めよ』となっている。トルストイの念頭にあった聖書的な発想が「爾曹悔改めよ」には出ているからだ。現に「爾曹悔改めて福音を信ぜよ」というマルコ伝一章十五節の言葉はトルストイ自身によっても引用されている。このトルストイの論文は彼の人格の力がにじみだしているだけにいま読みかえしても私たちに迫るものがあり、『平民新聞』八月十四日号の『トルストイ翁の非戦論を評す』という論説の言葉を借りるなら、その真価は、

「露国一億三千万人、日本四千五百万人の、曾て言ふこと能はざる所を直言し、決して写す能はざる所を直写して寸毫の忌憚する所なきに在り」

　それでは日本の社会主義者たちはトルストイの非戦論を全面的に肯定しているのかといえば、けっしてそうではない。当時の社会主義者たちは――「社会帝国主義」や「社会主義のジンギス・カン」が云々される今日から振返るとまたなんとナイーヴであり得たのか、未来の楽園をまたなんと安直に夢みていたのかとほほえましくなるのだが――資本主義制度を顚覆しさえすれば戦争は絶滅できるという、今日ならばさしずめ学生新聞の論説程度のことを頭から信じて疑わず、次のように力説していた。

「故に将来国際間の戦争を滅絶して其惨害を避けんと欲せば、現時の資本家制度を顚覆して、社会主義的制度を以て之に代へざる可らず。トルストイ翁は、戦争の原因を以て個人の堕落に帰す。故に悔改めよと教へて之を救はんと欲す。吾人社会主義者は、戦争の原因を以て経済的競争に帰す。故に経済的競

争を廃して之を防遏《ぼうあつ》せんと欲す。是に吾人が全然翁に服するを得ざる所以なり」

トルストイの非戦論は『平民新聞』のようなサーキュレーションの範囲の狭い週刊紙（多くて八千部）によって報道されただけでなく、日露戦争勃発直後、当時の日本の指導的な雑誌『太陽』にも紹介されていた。明治三十七年四月の『太陽』第十巻第五号に内田魯庵はトルストイの説を次のように紹介している。

『起《た》てよ兄弟！　汝等の幼時より愛国なる悪魔の魂を以て汝等を悩まし、正義と真理とに逆らひて唯だ汝等の財産と汝等の自由と汝等の人間の品位とを奪ふに適する戦争を鼓吹する悪凶の声聞く勿《なか》れ……渠《かれ》等の言を決して信ずる勿れ、唯だ汝等は獣類にも奴隷にもあらずして汝自身の行動に任じ、殺人者たるに適せざる自由の人なる事を汝等に告ぐる良心に於て信ぜよ』と。

以上トルストイの非戦説は斯《かく》の如く猛烈にして其沈痛激越なる論調はあたかも壮士剣を弾じて慷慨《こうがい》するが如し。蓋《けだ》し戦士の非戦論、言々句々鏗鏘《こうそう》として声あり」

内田魯庵は「止むを得ずして戈《ほこ》を取りたる我が国」と「平和を宣言しつつ戦を挑みたる露国」では事情は異なるであろうが、と付言しつつもその紹介の文章を次のような言葉で結んでいた。

「然れどもトルストイの非戦説及び非愛国説は単に危激なる言とのみ聞くべからず。軍国の人亦一考究を費すべき問題なり」

「君死にたまふことなかれ」

トルストイは日本暦でいえば文政十一年（一八二八年）に生まれた人で、『戦争と平和』が完成したのが明治二年（一八六九年）、『アンナ・カレーニナ』を書きおえたのが明治十年（一八七七年）、最後の長篇『復活』を書いたのは、徳富蘇峰が面会した後の明治三十二年（一八九九年）であったから、明治三十七年には文学者としても思想家としても世界的なプレスティージュを博していた。トルストイの邦訳は森鷗外の『瑞西《スイス》館』（明治二十五年）などをはじめいくつかすでに出ていたし、伊藤博文はロシアへ使いした帰りの船上で『復活』の英訳を明治三十五年に読んでいたという。そのような「日本におけるトルストイ」についての研究は木村毅博士が詳しいが（『トルストイ展』カタログによる）木村氏の指摘で人々を驚かせたのはトルストイの非戦論と与謝野晶子の『君死にたまふことなかれ』の関係についてであった。木村氏によれば明治三十七年九月の『明星』に出て一世をさわがせた晶子の詩は、「前記の秋水・枯川の『トルストイの日露戦争評』に散らばる文句を拾いあつめ、それに自分の実弟が旅順攻城戦に出征したのを心配する姉としての実感をこめた作である」という。すなわち、

君死にたまふことなかれ。
旅順の城はほろぶとも
ほろびずとても何事ぞ

はトルストイの「我が生活の事業は（戦争開始前から継続して行なわれてきたもので）、旅順口に対する清人、日本人若《も》しくば露国人の権利の承認と何の交渉あらざる也」（第九章）の反響であり、

すめらみことは、戦ひに
おほみづからは出《い》でまさね、
かたみに人の血を流し、
獣《けもの》の道に死ねよとは
死ぬるを人のほまれとは、

の一節は――木村氏にそういわれて読み返してみるとたしかに日本人ばなれしたどぎつさが感じられるのだが――トルストイの以下の言葉のなまな反映なのである。トルストイはツァーを難詰していった、

「戦争の主なる責任者たる露国皇帝は……勅旨を発して予備兵を召集し、以て屠殺を準備せしむ……野獣の如く、否《いな》野獣よりも一層悪しく」人々の命を奪う。「汝、心なき露国皇帝……汝自ら彼の砲弾銃弾の下に立てよ」（第十二章）

そのような世界的文豪の言葉――その言葉は単にロシア人にたいしてだけでなく日本人にたいしても向けられていた――が与謝野晶子の脳裡に強烈に灼

きつけられていたから、晶子もまたその叫びに大胆に和することができたのであろう。

トルストイの『日露戦争論』が明治三十七年八月七日の『平民新聞』に掲載され、『明星』九月号に晶子の詩が載ると、『太陽』の十月号には大町桂月の批評が出た。桂月は「暖簾《のれん》のかげに伏して泣くあえかにわかき新妻《にいづま》」をうたった最後の連については「こはなほ実況にして、可憐也」と評したが、「獣の道に死ねよ」云々の条については「草莽《そうもう》の一女子、『義勇公に奉ずべし』とのたまへる教育勅語、さては宣戦詔勅を非議す。大胆なるわざ也……」と自己の感想を率直に述べた。晶子は『明星』十一月号に『ひらきぶみ』を発表して桂月の咎めだてを見当ちがいであると反論した。

「……この御評一も二もなく服しかね候。……平民新聞とやらの人達の御議論などひと言ききて身ぶるひ致し候。さればとて少女申す者誰も戦争《いくさ》ぎらひに候。……又なにごとにも忠君愛国などの文字や、畏おほき教育御勅語などを引きて論ずることの流行は、この方却て危険と申すものに候はずや」

与謝野晶子はお上《かみ》の権威を笠に着て自由な言論を圧迫するような風潮にたいしこのように反駁するとともに、詩精神のあり方を次のような具体例をかかげて説明――説明というよりも大町桂月にたいする反撃に出た。

「桂月様は弟御様おありなさらぬかも存ぜず候へど、弟御様は無くとも、新橋渋谷などの汽車の出で候ところに、軍隊の立ち候日、一時間お立ちなされ候はば、見送の親兄弟や友達親類が、行く子の手を握り候て、口々に『無事で帰れ、気を附けよ』と申し、大ごゑに『萬歳』とも申し候こと、御眼と御耳とに必ずとまり給ふべく候。渋谷のステーションにては、巡査も神主様も村長様も宅の光《ひかる》までも斯く申し候。かく申し候は悪ろく候や。私思ひ候に、『無事で帰れ、気を附けよ、萬歳』と申し候は、やがて私のつたなき歌の『君死に給ふこと勿れ』と申すことにて候はずや。彼れもまことの声、これもまことの声、私はまことの心をまことの声に出だし候とより外に、歌のよみかた心得ず候」

与謝野晶子は大町桂月がとくに非難した思想上の

問題点については反論せず、詩人としての自負の念から「歌のよみかた」という点で、文壇の大先輩の大町桂月――「桂月様をおぢい様、私を曾孫と致し候へば、御立派な新体詩のお出来なされ候桂月様は博士、やう〳〵この頃君に教へて頂きて新体詩まがひを試み候私は幼稚園の生徒にて候」――へこのような皮肉まじりの反撃を加えたのである。対決はあるいはこれで終ったのかもしれなかったが、この論争は剣南子という人物が『読売』紙上で二回にわたって『情理の弁』を掲げて晶子の肩をもったために桂月も激しく応酬せざるを得なくなった。『太陽』明治三十八年新年号の「文芸時評」に桂月は晶子の詩を「天皇親《みず》からは、危き戦場には、臨み給はずして、宮中に安坐して居り給ひながら、死ぬるが名誉なりとおだてて、人の子を駆りて、人の血を流さしめ、獣の道に陥らしめ給ふ。残虐無慈悲なる御心根哉」と直訳的にいいなおしてみせた。桂月のこのパラフレイズを佐藤春夫は『晶子曼陀羅』（この晶子伝のこの事件についての引用や出典には不正確な点が多い）の中で「俗訳」と評しているが、しかし桂月の解釈は意外に正確にトルストイ流の皇帝観を晶子の詩のなかに読みとって非難していた、といえるのではないだろうか。桂月は『君死にたまふことなかれ』の詩を「日本国民として、許すべからざる悪口也、毒舌也、不敬也、危険也」と大仰に攻撃し、晶子を目して「乱臣なり、賊子なり、国家の刑罰を加ふべき罪人なり」と激越な（それだけまた子供じみた）非難を浴びせかけた。もっとも、皮肉な見方をすれば、体制側の批評家が多くの紙数を費して自由派の女詩人のことを「だだっ子の悪口なり」とか「貴婦人としてはあられもなき裏店《うらだな》の山神的の毒舌なり」と難詰してくれたからこそ、『君死にたまふことなかれ』は一代の名詩のようにもてはやされるようになったのかもしれない。第二次大戦後の日本の高等学校の歴史教科書にも晶子の詩はしばしば引用されており、戦後日本の性急な平和主義の強調が、反作用として明治時代のイメージを暗く描こうとした関係もあろうが、その詩が「当時の軍国主義者に大きな衝撃をあたえた」などという生硬な説明もつけられている（井上光貞著『日本史』学生社刊)。しかし晶子の詩が読者に与える「衝撃」などとりたてて問題とするに足らぬほど、当時の日本国民の戦意は昂揚していた、というのが歴史の実相に近かったのではあるまいか。

与謝野晶子の町人意識

旅順の城はほろぶとも
ほろびずとても何事ぞ

与謝野晶子はそのように歌いきったが、そして戦後日本の一部の歴史教科書には彼女の主張が当然自明のことのように記されていたが、そのような文面に接した時、私たちの胸中には一抹の不安がうかぶのではないだろうか。はたして旅順の開城がならずとも日本は今日の日本であり得たのだろうか。上田敏は常識の豊かな、いわゆるそつのない人であったから、トルストイの非戦論にくみせず、自分は好戦論者ではなく不好戦論者だが「社会主義一派の非戦主義は余り感服しないです」(『上田敏全集』補巻五六頁)という歯切れの悪い、ニュアンスに富んだいい方をした。しかし日露戦争のような歴史上の事件にたいしては、今日の私たちといえども、その歴史的意義を全面的に否定できない、というのが大部分の人の正直な感情であろう。すくなくとも「何事ぞ」などと他人事のようにいえた義理ではない、というのが明治三十七年当時の日本人の大半の感じであったろう。そのような国民感情が背景にあったからこそ大町桂月は与謝野晶子を公然と非難したのだし、ほかの人々は女の発言と思って大目に見ていたのだと思う。ところで旅順陥落の意味についてはほかならぬレーニンが、

「日本にとって戦争の主要な目的は達成された。すすんだ進歩的なアジアが、おくれた反動的なヨーロッパに、取り返しのつかない打撃を加えた」(『レーニン全集』第八巻、大月書店)

とポジティヴに評価していた。もっともレーニンの「旅順陥落」についての見解を否定する人はトルストイ流の非戦論者にも社会主義者にもありうるわけで、現に暴力絶対否定の安部磯雄などがいたのだが、それとは逆の意味で、すなわち帝政ロシアの

ツァーリズムの外交政策を肯定するという意味で、日本側の勝利を遺憾に思い、それをネガティヴに評価しているような人もいるのである。たとえばE・M・ジューコフ監修、江口朴郎・野原四郎邦訳監修の『極東国際政治史』二巻（邦訳、昭和三十二年）などには、邦訳監修者が指摘するように、ロシア人の行なってきたことはすべて正当であって、対日交渉においてもまたもっとも平和的であった、などという盲目的愛国主義の傾向が見られるのだが、その種の記述に接すると、やはりあまりいい気持はしない。

しかし与謝野晶子の詩を論ずる際には――その詩があまりにしばしば歴史教科書に引用されているのに筆者が次のようにいうのはいかにも矛盾するようだが――歴史についての判断はほとんど問題とならないのであろう。『君死にたまふことなかれ』は晶子自身が『ひらきぶみ』で釈明したように、その眼目はなんといっても出陣の別れに人々が万歳と叫ぶのと同じ心を弟への手紙の片端に書きつけたほどのことだったからである。晶子の詩にはトルストイの影響もありはしたであろうが、『君死にたまふことなかれ』はまずなによりも与謝野晶子という大器の豊かな人間性からほとばしりでた心の声であった。それだからこそこの弟思いの詩はいまなお読む人の魂にふれるのである。

ああおとうとよ、君を泣く、
君死にたまふことなかれ、
末に生れし君なれば
親のなさけはまさりしも、

ところで与謝野晶子の伝記に通じている人ならば、晶子が兄の帝大工学部教授秀太郎とは非常に不仲で、その代わり堺の駿河屋をついだ弟の籌三郎（三代目宗七）とは非常に親しかったこと、そしてその弟へ寄せる愛情が自分が飛び出てきてしまった親の家へ寄せる愛情と重なりあっていること、にも気がつくはずである。晶子には自分は親を捨て家を捨てた不孝者であるという意識が強く心底にしみついていたから、その埋めあわせ compensation を末の弟に期待していたのであり、そのような感情が『君死にたまふことなかれ』を貫流しているのである。いまこの詩を構成する語彙に着目してみよう。「末に生れし君」、「親のなさけはまさりしも」、「親は刃《やいば》をにぎらせて」、「旧家をほこるあるじにて」、「親の名を継ぐ君なれば」、「あきびとの家のおきてになかりけり」、「すぎにし秋を父ぎみに　おくれたまへる母ぎみは」、「わが子を召され、家を守《も》り」、「母のしら髪《が》はまさりぬる」。四十行の詩にしてはまたなんという「親」と「家」の頻出《ひんしゅつ》であろうか。それは親を捨てて家を捨て、あいすまないことをしたという晶子の罪の意識と、どうか自分がしたくともできないことを家を継ぐ弟に代わってして欲しいという依頼の気持——それだけに弟に旅順で戦死してもらっては困る、「君死にたまふことなかれ」という気持——のほとばしりでもあった。それだから、

この世ひとりの君ならで
ああまた誰をたのむべき

という言葉は、「あえかにわかき新妻」の心中を察しての詩句であると同時に、晶子自身が駿河屋の大黒柱ともいうべき三代目宗七をあてにした、すがるような感情の切ない表現でもあったにちがいない。弟が死んだら老いた母親はどうなるのか、堺の町の由緒ある鳳家はいったいどうなるのか、という不安——ほとんど女性本能に近い家を思う気持がそこに働いていたのである。そして女としての本能に近い叫びであるところにこの詩の迫力もまた認められるのである。それは個人主義の自我主張という面——それが従来与謝野晶子にたいして下されてきた文学史的評価であった——とも通じるものをもっていたのだろうが、しかし対社会や対国家の関係で考えると、市民意識——自分も社会の構成員の一人であるという自覚——が生じる以前の商人意識でうたわれたという面が濃厚だったのである。この場合、商人意識は商家意識といいかえればさらにはっきりするのかもしれないが、いわゆる士農工商の商に相当する商家意識が堰《せき》を切ったように溢れ出て、新体の詩形式の中にみなぎったのである。晶子は士族の倫

理 noblesse oblige とは異質の商家の倫理を掲げて居直った。

親は刃《やいば》をにぎらせて
人を殺せとをしへしや、

商家の倫理を強調した晶子は、当然のことながら、堺の生家を誇りに思っていた。かつてはその因襲を激しく憎んだこともあった駿河屋のイメージは、晶子が遠く東京へ出奔したことによって逆に彼女の心中では美化されはじめたのである。それどころか自分が親を捨てて出奔したゆえに、そのうしろめたさのゆえにこそ弟の籌三郎には家業を継いで駿河屋を守ってもらいたい、という気持になっていたのである。

堺の町のあきびとの
旧家をほこるあるじにて
親の名を継ぐ君なれば
君死にたまふことなかれ。

そのような家を守るというような観念は古いではないか、という主張も今日ではありうるだろうが、その時与謝野晶子はそのような矛盾を意に介さず、その時その時の自己の気持に忠実にうたったのである。彼女は鉄幹の前妻滝野をおしのけて妻の座にすわりこみ、恋の勝利の讃歌をほこらかにうたった（「しら鳥の裔《すえ》とおもへる少女子《おとめご》と獅子の息子とねよげにぞ寝る」）世の掟を破った新しい女であったが、自分の弟に向っては古くからの商家の掟を説いていたのである。

旅順の城はほろぶとも
ほろびずとても何事ぞ
君は知らじな、あきびとの
家のおきてになかりけり。

この詩の基調が市民意識以前の商人意識で書かれているとと私がいったのは、そのような感覚をさすのである。国事や公事は徳川時代の商人にとってはどうでもよいことであった。どこの藩が潰れようと潰れまいと、徳川幕府が潰れようと薩摩藩が勝とうと、自分に直接かかわる利害関係を除外するなら、政事や軍事は商人には関係のないお上《かみ》のことであった。商家の智恵はそのような動乱の際には渦中にまきこまれるような下手はせず家を守ってゆくことであった。そのような代々伝わってきた商家の道徳の意識が深層にあったからこそ、晶子は、

旅順の城はほろぶとも
ほろびずとても何事ぞ

といえたのであった。そのように考えてくるとこの詩は、政府《おかみ》のすることにけちはつけるが市民としての責任は取らないという徳川時代以来の日本人の「文句いい」の町人意識、その一例証のように取れないこともないと思われるのである。

ただここではっきりいえることは、明治時代の日本は徳川時代の日本とちがってこのような詩を書いて公表することのできる自由があったということであろう。トルストイは世界的文豪というプレスティージュがあったから自分の所信を思いのままにロンドンの『タイムズ』紙に発表することができたが、これは帝政ロシアではまったく例外的に、ひとりトルストイのみに許された自由であった。与謝野晶子は大胆で率直であったからこそ、そしてまた暗黙の前提として日本人の良識を信頼することができたからこそ、この詩を『明星』に掲げることができたのであった。現代の全体主義国家、ヒトラー統治下のドイツやスターリン統治下のロシアなどではこの種の言論が許される余地は皆無だったのであり、この種の反政府的な言論活動の自由が終始一貫保証されてきた国といえばイギリス、アメリカ、スイス、など地球上でごく僅かしか数えることはできないのである。そのような比較枠を用いて考えてみると与謝野晶子の『君死にたまふことなかれ』の詩は、明治の時代というものがもったおおらかさを感じさせてくれるのである。そういえば有名な内村鑑三の非戦論にしてからが、日本という文明国には戦時に際して一人くらい非戦論を唱える男がいてもいいはず

だ、という内村の屈折した心理に基づいて主張されていたのである。

内村鑑三の「帝国万歳」

与謝野晶子の弟鳳籌三郎は第三軍に属する第四師団の八聯隊の一兵士として旅順攻撃に参加したのだが、海上から旅順を攻撃した日本海軍の士官には意外にもトルストイをロシア語で愛読していた人がいた。後に閉塞隊の指揮官として戦死し、軍神として名を残した広瀬武夫がその人で、広瀬が抱いていたトルストイ流の考え方については島田謹二教授の『ロシヤにおける広瀬武夫』（増訂改版、朝日新聞社）に詳しい分析がある。プリンストン大学のジャンセン教授は広瀬少佐の国境を越えた平和主義について「これは少なくとも、アムステルダムでの有名な片山潜とプレハーノフの握手の話ほどにも注目すべきことと思われる」と述べている（ジャンセン編『日本における近代化の問題』岩波書店）。日露戦争に触発されて表面化した平和思想の諸相を扱う際に広瀬という人の生き方は欠くべからざるものだが、事の詳細は島田教授の著書につきているので、ここではふれない。ただ広瀬武夫らが戦艦「朝日」や「三笠」に乗組んで一九〇四年二月九日、旅順港にロシアの東洋艦隊を強襲した時に、かねて非戦論で知られていた内村鑑三がどのような反応を示したかを言及するにとどめよう。

内村鑑三の非戦の思想は、発表当時はともかく、昭和二十年の日本帝国の敗戦以後は、先の与謝野晶子の『君死にたまふことなかれ』とともに大きくクローズ・アップされ、平和主義という面のみが説かれてきた。しかし内村鑑三は多義的な、相互に矛盾するような複数の価値を内に蔵していた人で、彼においてはアンビヴァレントな、逆の二方向にむかって走る二つの感情が共存していた。

明治三十七年二月十一日、日本海軍が旅順港を襲撃して戦果をあげたとの報道に接した時（二月八日夜水雷艇の襲撃、二月九日昼聯合艦隊主力による強襲）、愛国者内村鑑三は隣近所に聞えるほどの大声で日本帝国万歳を三唱したのである。それは内村自身も後から気恥しく思ったほどの大きな声であった。

開戦直後の紀元節の日、内村鑑三は内心の真実の感情を打明けるために日本語でなく英語――内村にとっては英語で自己表現する方が気楽だった場合が多い。それに気恥しいことは英語でいうという傾向は大かれ少なかれ日本の大学生などにも見られるところだった――でもって親しい友人山県五十雄に宛てて次のような手紙を書いている。内村は東京の角《つの》筈《はず》に住んでいたし、山県も同じ東京の本郷に住んでいた。

My Dear Iso-San,

Did this naval victory at Port Arthur upset your newly acquired peace-principle? I hope not. To my farstreched imagination this victory leads to many long years of land-warfare, draining the national resources to the utmost. However, my old patriotism took mastery over me today as I read of the magnificent victory over the Russian navy, and I gave three loud “Teikoku manzai” to be heard throughout all my neighborhood. An inconsistent man, I am !…

「親愛なる五十さん、

　このたびの旅順港における海軍の勝利は、君が最近いだかれた平和主義をくつがえしましたか。君は大丈夫だろうと思います。この勝利は多年にわたる陸戦を招き、国家の資源を枯渇させてしまうだろうと、小生は想像し予見しているのです。とはいえ、小生の昔ながらの愛国心は、今日わが海軍のロシア海軍にたいする大勝利の報に接するや、小生を完全に支配してしまいました。そして小生は、隣り近所全体に聞えるほどの大きな声で、『帝国万歳』を三唱したのです。私はまたなんと矛盾した人間なのでしょう！（以下略）」

　この手紙を引用しつつ村上一郎氏は次のように述べておられる（『解釈と鑑賞』昭和四十四年十一月号、至文堂）。

「『なんと矛盾した人間なのでしょう！』という言葉には、むろん自嘲がこもっている。親しい相手への自己内面の告白のおもむきもある。しかし『万歳』を唱えた自分を、全否定している様子は薄い。苦笑しながら、自分のなかの『大衆』が率直に顔を出したことを認めている。そこに何ともいえない明治人らしさがある」

内村はこの手紙を書く一週間前には山県五十雄に、男子の出生を祝うとともに、

"Just think, such a boy, brought up with all the affections of his parents to his 21st year, and then be shot by a Russian bullet for no other reason than that his country's 'interest' must be maintained."

「考えてもごらんなさい、このような男の子が両親の愛情にはぐくまれて二十一歳まで育ち、そこで自国の利益を守らねばならぬというだけの理由でロシア兵の銃弾に倒れなければならない、とするならば」

と主張していたのだから、隣り近所に響きわたるような大声で万歳——英文によると内村は「バンザイ」ではなく「マンザイ」と発音していたらしい——を三唱した自分自身の consistency のなさを恥かしく思ったのも無理はない。しかしそのような自分自身を率直に友人に伝えているところに村上氏がいわれるように「何ともいえない明治人らしさがある」。

ここで想い起されるのはそれより三十七年後の大東亜戦争勃発当時の日本人の反応のことである。高村光太郎の「詔勅をきいて身ぶるひした。昨日は遠い昔となり、遠い昔が今となつた。天皇あやふし。たゞこの一語が私の一切を決定した」という告白（『典型』所収「真珠湾の日」）は正直だが、あの開戦の直後、武田泰淳氏もパール・ハーバーを襲撃した少年飛行兵たちに感激して躍るような文章を草したし、岩田豊雄は『海軍』を『朝日新聞』に連載して人々の心を感奮させたのであった。——ただ戦後の知識人には内村のような明治人とちがうところがあった。また戦後の戦犯追及の雰囲気には率直に語ることを許さないなにかがあった。内村は自己の内にある矛盾を正直に口に出したが、戦後の日本人は（高村光太郎のような愚直で真面目な人を除いては）人間の内面にひそむちぐはぐな感情を感じていながら、それについてははっきりと語らず、自己保

身的な警戒本能から時流に乗った公式史観に従って進歩的な面《つら》をする「安全な思想家」が多かったということであろう。そのような保身のための教条的な進歩主義というのが行なわれる点にこそ敗戦国や被占領国や東欧圏諸国のみじめさというものがあるのではないだろうか。

ここで脇道にそれるが、ナショナリズムと呼ばれる奇妙な感情複合体の実例にふれておきたい。シンガポールに住む一華僑で、『毛沢東語録』を暗誦する中華人民共和国を教育勅語（勅語という形式そのものがシナ起源の由である）を暗誦した戦前の日本帝国になぞらえて批判している人が、中華人民共和国が独力で原子爆弾の実験に成功したと聞いた時は、漢民族としての誇りに思わず雀躍《こおど》りしたという。人間には他人の間で自己を認めさせたい、自己の能力を直接的にせよ間接的にせよ証拠だてくれるような自民族の能力をほこらしげに語りたい、という意識がひそんでいる。その種の同族としての連帯感があるために、同胞が国際場裡で凱歌を奏すると、人は思わず感激に胸を張り、体内の血脈に熱い血が湧きあがるような昂揚感を覚えるのであろう。その瞬間に「昨日は遠い昔となり、遠い昔が今となる」血のよみがえりが感じられ、血のつながりが実感されるのであろう。――ただその種の愛国感情を排他的な衝動に転化させることなく、いかにして人類愛の次元にまで高めるかがこれからの私たちに課せられた務めなのだが、内村鑑三には愛国心とともにその種の国際平和への志向もまた認められるのである。内村が *The Kobe Chronicle* 紙に英文で発表した少数意見にたいして注目していた一フランス人が日露戦争下の東京にいたについてはすでに前の章で述べた。

オピニオン・リーダーの責任

与謝野晶子や内村鑑三の非戦論だけを拡大視すると、日本政府が好戦的であったかのような感じが反作用的に生ずるが、事実に即していうならば、「明治維新以降太平洋戦争にいたるまで、野党・政府反対派が対外強硬論・積極的対外進出論をとなえ、政府・与党が慎重論・列国協調論を説くのが、日本の外交論議に関する一般的なパターン」（鳥海靖『大世界史二十三、祖父と父の日本』一一〇頁、文藝春秋社）であった。日露戦争前夜の日本では元老伊藤博文をはじめ体制側はすこぶる慎重であったが、『朝日新聞』、『毎日新聞』をはじめ多くの新聞が開戦論を唱え、政府の弱腰を責めて、しきりに国民を煽りたてた。日露戦争前後の日本政府や官僚は国民の世論の動向などにはそれほど気にかけずに行動できたのだが、当時のオピニオン・リーダーたちの行動のパターン――それは将来も繰り返されるであろう型にちがいないから――にいま少し注目しておきたい。

明治三十七年二月開戦前の日本の世論の大勢はすこぶる好戦的なものであったが、明治三十八年九月の平和条約締結後の世論もやはり依然として好戦的なものであった、という感を、（当時の『朝日新聞』などを通読する限り）免れることはできない。政府側は秘密主義で沈黙を守り通したが、ジャーナリズムがもっぱら国民の士気を鼓舞してくれたのである。開戦論を主張して国民を煽った人の中には帝大七博士といわれる人々がいて、主張には各人多少のニュアンスの差はあったが、一小党をなして政府に働きかけた。明治三十六年六月十日、富井政章、金井延、寺尾亨、中村進午、高橋作衛、戸水寛人、小野塚喜平次の七教授は日露開戦に関する建議書を政府に提出してセンセーションを捲きおこした。

「夫レ露国ハ今日我ト拮抗シ得ベキ成算アルニアラズ。然ルニ其ノ為ス所ヲ見レバ、或ハ条約ヲ無視シ、或ハ馬賊ヲ煽動シ、或ハ兵ヲ朝鮮ニ入レ、或ハ租借地ヲ半島ノ要地ニ求メ、傍ラニ与国ナキガ如シ。今日既ニ然リ、他日彼レ其強力ヲ極東ニ集メ、自ラ成算アルヲ知ラバ、其ノ為ス所知ルベキノミ……朝鮮空シケレバ、日本ノ防禦ハ得テ望ムベカラズ。我邦上下人士ガ、今日ニ於テ自ラ其ノ地位ヲ自覚セザルベカラザル所以洵《マコト》ニ茲《ココ》ニ存ス」

堂々たる学者の文章であり、その当時における正論ではあったが、かれらが桂首相のもとにあらわれて政府の弱腰を痛論し、戦略戦術からみてもいま起ちあがらなければ戦機を逸します、などと軍事専門家のようなことをいった時、いつもはにこにこしていてニコポンというあだ名のついていた桂太郎は苦

笑して、

「忘れてもらってはこまります。私も軍人なのです」

といったという。参謀総長の大山巌もかれらがあらわれた後で、

「きょうは馬鹿五人がきた」

と自宅の応接室から出てきて、ぼんやりした顔でつぶやいた。ところでこの建議書の内容について、河合栄治郎は七博士の一人の金井延の女婿にあたる人だが、『明治思想史の一断面』(『河合栄治郎全集』第八巻、社会思想社)の中で金井の論を、

「今日(昭和十六年)之を読むに、憂国の至情楮表に躍るを感ずることは出来るが、七博士の中に唯一の経済学者としては、其の経済論は稍々《やや》粗雑であったと思う。譬《たと》え当時の一般の水準の低さを計算の中に含めても、之は七博士の声名を低めることにはなっても高めることにはならなかったのではないかと思う」

と忌憚ない批評を行なっている。

明治三十八年二月二十日、戸水寛人博士は『世界の大勢と日露戦争の結末』を書いて、バイカル湖以東を日本に割譲せしめよと提唱し、バイカル博士の異名を受けるようになったが、この博士たちの講和条約反対論が戦勝気分に酔う日本国民に大いにアッピールしたために、戦争終結を意図する桂首相や小村全権の立場はいちじるしく苦しいものとなった。なにしろしまいには金井、寺尾、戸水、岡田、中村、建部の六博士は上奏文を宮内省に捧呈し、講和条件の不当なることを記して、陛下が御批准なされざることを請願までしたからである。このように東京大学教授の権威を笠に着て講和問題について理想主義的な発言をした点では——主張する内容は幸いちょうど裏返しとなって平和論になっていたが——第二次世界大戦後の南原繁元東大総長以下の単独講和反対の運動とパターンとしては多分に似ているものであったろう。現実認識に乏しい博士たちの独善的な理想論にたいして桂首相も、後年の吉田茂首相と同様、「曲学阿世」と心中では苦々しく思っていたに相違ない。

明治三十八年の夏、奉天にいた森第二軍軍医部長

は次のような歌を詠んだ（『うた日記』所収）。

　平和あらん平和あらじのあらそひに耳をそむけてただ雲をみる

そのころ内地では、『朝日新聞』をはじめ多くの新聞は連日「屈辱的講和」反対の論説や投書を掲げた（「実にヒドイぢやないか、平和条件は初め聞いた時には真逆《まさか》と思つて馬鹿にしてゐたが、矢張り本当だ。昨年以来コンナ大騒ぎをやつて、二十億の金を遣ひ、十万の死傷を出した結果が此の通りだ。馬鹿〱しい。国民は吾当局者に向つて損害賠償を要求して可なりだ。弁済力がなければオコイ＝お鯉＝桂首相の愛妾＝でも差し押へてやれ」鳥海、前掲書より再引用）。九月五日の午後一時には治安当局の禁止命令をおしきって日比谷公園で「屈辱的講和反対」を主張する「国民」大会がひらかれ、大会後、街頭にくりだした一隊は、二重橋前で気勢をあげ、銀座を練り歩き、内務大臣官邸をとりかこみ、邸内の執事宅に火をはなち、各所で警察署や交番を焼打ちしては抜剣した警官隊と衝突した。政府は軍隊を出動させて鎮圧にあたり、九月六日にはついに戒厳令がしかれた。――そしてその九月六日の午前五時、アメリカ時間の一九〇五年九月五日午後三時、「露探」と「国民」に呼ばれた小村寿太郎はポーツマスで講和条約に調印したのであった。

論壇で平和を唱える人と現実に平和を結ぶ人との間にこのような乖離現象がいつまでも続くことは――それがインタープロフェッショナルな横の交際の少ない日本の縦社会構造の反映という面が強いだけに――必ずしも望ましいことではないのだが、日露戦争の終結に際して国家第一、新聞第二と考え、自らその不利を覚悟しつつ桂内閣の政策を支持し平和条約の早期締結に賛意を表した新聞がそれでもあった。それは徳富蘇峰の『国民新聞』で、当局者と意見を同じくして天下の世論なるものに反抗した徳富の態度には――今日ならばさしずめ体制側の代弁者として若い人の不評を買うところであろうが――明治人らしい気骨が感じられる。明治三十八年九月五日、一スーの償金もなく、満州や沿海州の割譲もないまま条約が結ばれることに屈辱を感じた群集は、日比谷の国民大会から繰りだすとたちまちモブと化して銀座の国民新聞社を焼打ちするべく押しかけた。襲撃を予想していた徳富蘇峰は社員とともにかねて好物の天ぷらで腹ごしらえをしておいて、防戦にこれつとめたが、窓ガラスは砕かれ、輪転機も一部破壊され、二三の社員はついに抜刀して血路を開いたのであった。その時の有様は『蘇峰自伝』にも記されているが、時流に抗することの楽しさと難しさとを蘇峰は次のように述べている。

「唯だ快心の一事は、此《かく》の如く焼打ちに遭ひつゝも、その翌日はともかくも新聞を出すことが出来たことであつた。しかして暴徒云々の広告を、各新聞に依頼して出したが、何れも暴徒の語に辟易《へきえき》して、これを肯《がえ》んじなかつた。しかし吾社の新聞には、暴徒襲来などと掲げて、あくまで当時の輿論《よろん》に挑戦した」「予は飽迄《あくまで》ポーツマス条約の止むべからざるを信じた為に、如何なる危険に瀕するも、極めて快活に、且つ愉快なる態度を以つてこれに接した」

『近世日本国民史』の著者が傑出した歴史家であることを認める人は内外にまだしも多いであろうが、ジャーナリストとしての徳富蘇峰は、日露戦争以後はいわゆる白閥打破の首唱者となり、アジア解放と称する大東亜思想のイデオローグとなった関係もあって、戦後の日本ではすこぶる冷淡な評価を受けたまま今日に及んでいる。それは当然の酬いでもあるのだが、しかし生前の徳富蘇峰について再考してみると、評判のいちばん悪かったポーツマス平和条約締結時の彼こそオピニオン・リーダーとしては実はいちばん立派な態度だったのではないかとさえも思われる。——人の生涯で光輝を放つ時期は誰しも長いとは限らない。まして後世の大小の研究家たちが過去を振返る時、過ぎた世の偉人たちのなにが光り、なにが輝くものなのか。天定りて後人に勝つというが、晶子についても蘇峰についても、またもろもろの平和論者についても、あい対立する意見や複数の評価は今後もまだまだ出るのではないか、と思われる。

第三部　西欧化日本と和魂の行方

三国干渉から日露戦争にいたるまでの日本は、「臥薪嘗胆《がしんしょうたん》」の標語の下にまとまっていた。しかし先輩たちがロシアという一大脅威を倒して、幕末以来の国民の悲願であった日本国の独立自存の一大事業を達成した時、国民は外から与えられた目標を失い、若い世代の間にはナショナリズムという窮屈な擬似宗教にたいする反動が生じた。乃木希典《まれすけ》院長の訓にはことごとく楯突くが、ロダンの一言一句には感動する学習院の白樺派、日露戦争そのものにすでに批判的であった社会主義者や無政府主義者、立身出世の社会階梯を自分から踏みはずした自然主義者、高等遊民としての教養主義者——明治日本の国家主義の束縛からはみでたそのような新世代の運動が次々と表面化する時、一部保守勢力による大和魂の強調にもかかわらず、和魂の行方はだんだんとつかめなくなっていった（ところでナショナリズムからはみでた人たちは、ではそれだけでインターナショナリズムにつらなったといえるのだろうか？　それとも親方日の丸の大船に乗った上での甘えだったのだろうか？　志賀直哉の作品『大津順吉』の主人公は父親に反撥し、英文学科に籍を置いた西欧志向の青年だが、西洋人に「何を研究していますか」と聞かれると英語が下手なのが恥かしくて「日本文学」と明らかな嘘と知りつつ答えてしまう）。そのような二代目の青年たちの東洋にも西洋にも足がつかなくなってしまった精神史的状況の下で、森鷗外はどのように考えていたのだろうか。大正の新事態にどのように対応し、どのような処方箋を書いていたのだろうか。また日本人として死という問題を、また生という問題を、どのように考えていたのだろうか。今日においても依然として完結していない種々の論点について、筆者は鷗外とその周辺を微視的に個別的に調査しつつ分析を試みた。

「普請中」の国日本
――森鷗外の短篇とレンジェルの人種劇『颱風』をめぐって

日本による外来諸文明の受容同化は皮相的なものである、という見解は、自称評論家たちの皮相的な知識の中にのみ存在する見解である。

バジル・ホール・チェンバレン『日本事物誌』

近代化の心理

昔、西洋へ留学していた頃ドイツの女性としたしくした。その女がたまたま巡業して日本へやって来たので、いまは参事官となっている渡辺は彼女と普請中の精養軒で夕食をともにする。――これが森鷗外の短篇『普請中』という小説の筋である。渡辺の心はもう冷えきっているのだが、女は追憶の中にある渡辺との恋をなつかしんでいる。その二人の会話のやり取りは、西洋の芝居の一齣でも読むような、ロマネスクな興味を覚えさせる。それに読者は、このような女性の登場する短篇は鷗外その人の過去や現在とどのような関係にあるのだろう、という興味にも誘われる。鷗外自身が作中の「ゲルトネルプラッツの芝居」を次号の『三田文学』で「チェントラアルテアアテルの記憶誤であつた。ヨオロッパの記念も段々薄らいで行く」などという思わせぶりな訂正を加えているものだから、『普請中』のドイツ女は『舞姫』のエリスの後身なのか、渡辺参事官は立身出世した太田豊太郎の姿なのか、といった類の推測が文学史家の間ではしばしば話題にのぼったのである。そのことの是非については後で多少ふれるが、『普請中』が四十八歳の森鷗外の心情をうかがわせる短篇の一つであることにちがいはない。そしてその鷗外の心情には、今日流にいいかえると「非西洋の近代化の心理」という問題が秘められている。「普請中」の日本とは、とりもなおさず近代化の途上の国である。それだからこの作品は一つの比較文化論の試みとしても読めるにちがいない。それでは鷗外はなぜこのような短篇を書いたのか。なにに触発されて筆を執ったのか。

筆者はこの『普請中』を作品それ自体に限定して、あるいは『鷗外全集』に限定して、取り扱うことはしなかった。そうではなく一友人と鷗外の蔵書の書込みを調査中にたまたま見つけたレンジェルの戯曲『颱風《タイフン》』を介して『普請中』の著者鷗外へ近づくこととした。それはこの迂回したアプローチの方が明治末年の森鷗外の心情をより客観的に示し得るであろう、と感ぜられたからである。それに『颱風』という人種演劇への寄り道もまたそれなりに面白いと思われたからである。

筆者は複数の文明の間や複数の人種の間の問題に興味を寄せる者だが、その種の問題は、地球上の各部分の相互の関係が緊密化するにつれて、ますます重要性をましてくる。森鷗外が一九一〇年に提起した問題が一九七〇年代になっても（いや二〇〇〇年代になっても）一向に新鮮さを失わず、むしろ一つの争点として注目を浴びている理由は、背後にそのような歴史的な事情があるからだろう。比較文学研究はその種の問題の解明にも役立ち得る学問となるかどうか。実証操作を土台とし、心理的推論と解釈を加えつつ、筆者はこの問題へ近づこうと思う。

森鷗外とレンジェル

森鷗外は大正三年四月、雑誌『蕃紅花』に『毫《ごう》光《こう》』という短篇の訳を掲げている。作者はMelchior Lengyelという人で、正しくはメルヒオール・レンジェルと発音するらしい。それは六頁ほどの小品で、イスパハンの駱駝牽きの少年と彼と相愛の娘と、その娘の婿になる賢者と盗人との話である。『千一夜物語』の雰囲気を備えた好ましい短篇なので、思い出される読者もおられるにちがいない。

森鷗外がこの『毫光』を訳したのは、その短篇が偶然目にとまったということであったのかもしれない。その作品の反自然主義的な趣きが気に入って、女性が編輯する雑誌ということも考慮にいれた上で訳したのであったのかもしれない。しかし鷗外が明治四十二、三年からこのレンジェルという作家にたいしては特殊な関心を寄せてきた、とはいえるようである。それというのはレンジェルが一九〇九年（明治四十二年）に『颱風《タイフン》』という芝居を書き、その中でベルリンへ来た日本人留学生とドイツ女性との恋愛沙汰を扱って、世界的成功といわれるほどの大あたりをあてたからで、そのニュースが当時のドイツの新聞種になっていたからだろう、鷗外は明治四十三年には早速一本を買い求めて読んでいたのである。鷗外がその芝居を読んだということは明治四十四年に書かれた『妄想』の中での *Taifun* への言及からも察せられるのだが、テーマがテーマであっただけに森鷗外の関心を強く惹くものがあったのだろう。

ヨーロッパを舞台にしてその地での日本人の恋愛や体験を小説や芝居にした作品は、無論西洋人よりも日本人の手になったものの方がはるかに多い。そしてそうした作品の一つの特色は、そこで対西洋文化との関係で日本文化論が展開されているところにあるのだろう。そのようなセッティングの中では日本人は好むと好まざるとにかかわらず比較文化的な見地に立って論ぜざるを得なくなるからである。その中には横光利一の『旅愁』（一九三七年）があった。芹沢光治良氏の『パリに死す』は戦時中に書かれた。戦後にも中村光夫氏の『パリ繁昌記』（一九六一年）、遠藤周作氏の『留学』（一九六五年）などが評判となった。

しかしその種の系譜の作品の中でもっともはやい時期に書かれ、かつもっとも古典的な位置を占めている作品は、森鷗外の手になる『舞姫』（明治二十三年、一八九〇年）、『うたかたの記』『文《ふみ》づかひ』という三つの短篇小説だろう。しかも、その短篇小説で扱われている恋愛は、外地における同国の日本人男女の恋愛ではなくて、レンジェルの『颱風』の場合と同様、日本人の留学生と西洋の女性との関係なのである。森鷗外は『舞姫』の作者としてもレンジェルの演劇に興味を覚えずにはいられない立場にあった。それだけではない。『舞姫』のエリスにはモデルがあり、鷗外にはドイツ女性 Elis との間に実際に愛情の体験があったから、レンジェルの

『颱風』は他人事としては読めなかったはずである。森鷗外はその時もう五十に近い年となっていたが、『颱風』を読みながら二十余年前のベルリン時代の自分のこと、エリスのこと、またほかの日本人留学生のことなどをまざまざと思い出したにちがいない。それに『颱風』には鷗外がかねがね深く心にかけていた日本における西洋文明の受容の問題や黄禍《こうか》論の問題も、ヨーロッパ人らしい偏見をもって、論ぜられているのである。そうしたことやこうしたことが鷗外の心理に働いて「伯林《ベルリン》で興行になった*Taifun*といふ脚本は大変なものである」という『椋鳥《むくどり》通信』明治四十三年三月の項の鷗外としては珍しく大仰な言葉が口をついて出たのだろう。レンジェルが戯曲『颱風』の中で提起した問題は、日本人と西洋女性の間の愛情や人間性についての個人的な次元の問題としても、また日本の西欧化や黄禍論などという国家間や人種間の次元の問題としても、「大変なもの」という印象を森鷗外に与えたのである。その時以来鷗外は自分より十八歳も年下のレンジェルという作家に注目するようになったのだろう。そして、そのことが遠因となって大正三年にはレンジェルの短篇を一つ訳すことになったのにちがいない。——もっとも短篇の『毫光』は、現実離れした夢に遊ぶようなお伽話で、『颱風』とはまったく趣きを異にした小品なのであるが。

人種演劇『颱風』

それではレンジェルの『颱風』という芝居はどのような芝居なのだろうか。まず第一に作者は何者なのだろうか。彼の名前を知っている人はドイツ文学研究者の中でもほとんどいないだろう。彼の名前はたいていのドイツ文学史にも、たいていの人名辞典にも載っていない。邦訳作品も国会図書館編の『翻訳文学目録』(風間書房)によると(そこにはレンゲールと記されているが)鷗外訳の『毫光』が一つ載っているきりである。一九二七年のマイヤーの辞典によると、**Melchior Lengyel** は一八八〇年生まれのハンガリーの劇作家で、当時はオーストリア・ハンガリー二重帝国の時代だったから著述はドイツ語でしたのだろう、*die dankbare Nachwelt*（一九〇七年）や *das Königtum des Sancho Pansa*（一九一九年）の喜劇に多少見るべきものがあるという。しかしマイヤーの辞典もいうようにメルヒオール・レンジェルの名前を世界的にしたのは一九〇九年（明治四十二年）の戯曲『颱風』だったのである。

　この戯曲《ドラマ》 *Taifun* すなわち『颱風』は、フランクフルト・アム・マインの Literarische Anstalt Rütten u. Loening という書店から出版された。この「リュッテン・ウント・レーニング」という書店は、アジア関係の書物をよく出した書肆で、Berta Franzos が訳し、ホーフマンスタールが序文を寄せたラフカディオ・ハーンの独訳六巻本や、Alexander Ular という人の *Die Gelbe Flut* という小説も出している。この『黄なる流れ』という小説には「人種小説」ein Rassenroman などという広告がついているが、それだけでもヴィルヘルム二世統治下の「黄禍論」が横行した当時の雰囲気が看取される。そして後述するようにレンジェルの『颱風』もそうした雰囲気と無縁ではないところに生まれでた作品なのである。もし強いてこの作品に広告用の副題をつけるなら、『颱風』は「人種演劇」ein Rassentheater ということになるだろう。

　それではレンジェルの『颱風』はどのような戯曲であろうか。主人公は Dr. Nitobe Tokeramo（ニトベ・トケラモ博士）という日本人である。日本人はほかにも脇役として十人出てくるのだが、その姓名を見ると、いずれも名前が先で姓が後に記されているから、主人公は日本流にはトケラモが姓でニトベが名という奇妙なことになる。新渡戸稲造博士が英文で『武士道』を発表したのは、これより九年前の一九〇〇年のことであったから、そこから名前を拾ったのであろうか。ほかにも在欧の日本人留学生の名前として小林家康、オマイ惺窩《せいか》、キタマル季吟《きぎん》、ハトリ南郭《なんかく》、ヤモシ闇斎《あんさい》、アママリ羅山《らざん》などの、日本人から見るとあたかも頭と胴とをすげ変えたような奇妙な名前が並んでいる。レンジェルが江戸時代思想史に関する横文字の論文でも読んで適当に組合わせて案出した名前だったのであろう。

　レンジェルが日本と日本人とについて直接原典に触れてはなにも知らない人だったということは、このような粗雑な名前の表記や、作中の日本語（？）会話からも察せられるのだが、当時ベルリンにいた寺田寅彦から夏目漱石へあてた手紙には次のような一節がある。明治四十三年四月、『朝日新聞』に発表された在欧通信である。

「此処のベルリイナア座で『タイフン』といふ芝居をやつてゐます。作者は匈牙利《ハンガリー》人で日本の留学生のことを仕組んだものださうです。大変人気が好い相であります。主人公の日本人の名がドクトル・タケラモ・ニトベと云ふのださうで、此のタケラモだけでも行つて見る気がなくなります。人の話によると中々能《よ》く日本人の特性を穿《うが》つてゐて、寧《むし》ろ日本人の美点を表現して居る相ですが、タケラモに恐れてまだ見ません」

「寧ろ日本人の美点を表現して居る」といった人は日本人留学生だったのだろうか。それともドイツ人だったのだろうか。日本人であったとしたならばお目出たい人だったのだろう。

寺田寅彦は夏目漱石あての通信には『颱風』のことをニュースとして書いたものの、主人公の名前の表記に、真実の日本人を描いた芝居ではないということを察して、見に行く気になれなくなってしまったのである。「タケラモ（これは寺田寅彦の誤記で正しくはトケラモ）に恐れてまだ見ません」

寺田寅彦はそう書いて躊躇してしまったのだが、しかし当時のヨーロッパ人が日本人についてどのようなイメージを抱いていたのか、ということを調べる段になると、その芝居を見たり、その脚本を読んだりすることは、意味がないどころか、非常に意味があるように思える。『颱風』は西洋各国の首府で次々に上演され、世界的成功 Welterfolg を博した。そしてその成功を支えたものは、実は作品それ自体がもつところのそれほど高いとはいいかねる芸術的価値よりも、ロシアに勝った日本という国にたいする観客側の興味の高まりにあったのである。そしてそれが観客に受けたということは、『颱風』という戯曲には当時の西洋人が潜在的に抱いていた日本人像が描かれていたのだ、ということにもなるだろう。世界政治の中へ新しく登場してきた日本という国はいかなる国か、という問いと、それにたいする一つの答えが、日本にたいしてきわめて批判的な答えが、この戯曲の中には盛られていたのである。――それではこのレンジェルの回答は日本人を納得させるような答えだったのだろうか。森鷗外は彼の回答にどのように応答したのだろうか。以下、その作品の内容を検討してみることとする。

「黄色い男の裏地」

『颱風』の梗概はおよそ次の通りである。

主要人物は（片仮名で書くと感じが出ないけれども中年の日本人留学生である）トケラモ博士と、その女となっているエレーヌ・ラローシュの二人で、この後者は、（タイプからいえば日本人好みではないと筆者には思われるのだが）ブロンドで痩せぎすでヒステリカルな女である。エレーヌは個性的な西洋女性で、劇中人物としてはもっとも成功しており、その言動は生動しているといってよい。その女にシャルル・ルナール・ベインスキーという名前からいうと作者と同じく東欧系の文士がほれこんでおり、その三人の三角関係が作品を起動させ展開させる主要な要素となっている。

作者の指定に従うと場所は「今日のパリ」であり、エレーヌ・ラローシュはフランス女なのだが、しかし実際の雰囲気はパリよりもベルリンに近い。レンジェルが日本人の留学生たちと知りあったのはおそらくベルリンでのことだったのだろう。そして、お粗末な話だが、レンジェルは舞台をパリに指定しておきながら、途中第三幕で誤って作中人物に「ベルリンの者」といわせてしまっている。校正者もこの迂闊な誤りに気がつかなかったのであろうか。

レンジェルが場所をベルリンからパリへ移した理由は、ドイツで上演する際に日本人の男がドイツの女を情婦にしているというのでは、ドイツ人観客に不快の念を与えはしまいかと懸念したためだろう。そして面白いことに、一九一一年十月十日からパリで上演した際には、フランス人の感情を考慮した上での変更だろうが、今度は場所を逆にパリからベルリンへと戻している。トケラモ博士の情婦もフランス女のエレーヌ・ラローシュからドイツ女のヘレーネ・ケルナーに変えている。ヨーロッパ人は自国の女が黄色人種にもてあそばれることにたいしては不快の念を催すが、隣国の女ならば笑って見ていたものらしい。それも普仏戦争以後のドイツとフランスの両国民の間の敵対感情から考えれば、納得できないことでもないだろう。

さて幕があがると、日本人トケラモ博士の立派な下宿の広間へ、下男の制止も聞かばこそ、女がずかずかはいりこんで、

「あいつ（Tierという乱暴な言葉を使っている）、あいつはいつでも馬鹿に長く風呂につかっている」

といいながらその辺を勝手に探して煙草をふかしはじめる。作者のレンジェルは、日本をよく知っているとはいえない人だが、それでも在独の日本人留学生とはかなり深い交際のあった人なのだろう。日本人のある種の性癖はなかなか心得ているので、芝居の冒頭に日本人の風呂好きを利用したのもその知識の応用の一つなのである。ところがこの芝居がフランスで上演になった時には、舞台の上に入浴の場面があったわけではないのだが、入浴とか風呂とかいったことに言及すること自体がフランス演劇の伝統的な品位《デサンス》を傷つけると考えたのであろう。その台詞はフランス人の翻案者によって削られ、興もまたそがれてしまっている。

エレーヌは男が出てくるまでの間、一緒に連れてきた自分の女友達に向ってトケラモにたいする憤懣の念をぶちまける。なぜこの西洋美人がこのように日本人にたいして腹を立てているのか、トケラモにいじめられでもしたのか、というとそうではない。どうやらその逆であるらしい。喧嘩をしようにも喧嘩もできないほど落着いていつも微笑を浮べているトケラモ・ニトベという日本人が彼女にはやりきれなくなってきたのである。エレーヌは女友達に向ってヒステリカルに、

「あんないつも冷静で、いつも微笑している男は大嫌いよ」

とか、

「喧嘩したり、衝突したり、弥次ったりできないような相手は嫌いよ。ふん、そんな男になんの価値があるの」

と自分で自分の男の悪口をまくしたてる。それで

はなぜそのような日本の男の情婦などになっているのか、というと「お金よ」。それもはじめのうちは黄色い肌が刺戟的で、ピカントな魅力があった。それに、と女は西洋人の観客の好奇心をそそるように性に関する暗示をいう、“Nie in meinem Leben habe ich so'n zähes Verhältnis gehabt.” そして日本の男の肉体の次に日本の男の心理についてもエレーヌはちょいとうまい台詞をいう。

「わたしはあの男の裏地が見たいの。あの男は外側は黄色いでしょ。それでは内側から見たら一体どんななのかしら?」

この戯曲の作中の時は一九〇八年で、発表された年は一九〇九年である。その明治四十二年は日露戦争が終って四年後のことで、森鷗外も、「(日本と) ロシアとの戦争の後に、欧羅巴《ヨーロッパ》の当り狂言になつてゐた *Taifun*」と『妄想』に書いたが、エレーヌの「あの男の裏地が見たいの」という気持は、当時この芝居を見にヨーロッパの各首府の劇場へ集まった多くの観客たちの気持と通じるところがあったのだろう。西洋人たちは、ロシアに勝った、そしてもしかすると将来は西洋への脅威となるかもしれない、日本の国民の心が知りたい、内面の心理を把握したい、という好奇心にかられていたのである。

そこで作者レンジェルは、これからの四幕を通じてその問題に答えよう、とするのだが、はたしてその解答に成功したといえるかどうか。森鷗外が「欧羅巴の当り狂言になつてゐた *Taifun*」と書いたのは、狂言という語に譏誚《きしよう》の意をこめたものだろう。作中に描かれた日本人像は、レンジェルという度のきつい眼鏡を通して歪められたイメージである。それは私たちが抱く明治の留学生のイメージと同じではない。——といっても今日の日本人が抱く明治の留学生のイメージというのも、人によってそれぞれ非常に異なるのであるが。

人間性の問題

中村光夫氏がかつて話題にされた「近代の借着」とは精神の面における西洋からの借用にふれた言葉だが、レンジェルの『颱風』では、日本人のトケラモは風呂からあがって、物質の面における西洋から

の借着「洋服」を着て現われる。そしてト書によれば、

「多くの日本人と同様、西洋服の姿が多少ぎこちなく見える」。

そしてちょうどその外見に象徴されるように、一見西洋化したかに見える日本人の心理も、本心と借着の間にくいちがいがあって、どことなくぎこちない。体には西洋の服装をまとっているように、心には西洋化したようなマスクをつけている。表情にも対西洋人用の表情と対日本人用の表情があって二重人格的である。作者レンジェルはその仮面をはぎ取って日本人の素顔を観客に見せようとするのだが、芝居の興味はそのマスクの一皮一皮が意想外な方法ではがされてゆくところにある、といってよいだろう。――もっとも、そのようにして表《おもて》に現われてきた日本人の本心というものは、レンジェルという一西洋人が日本人の本心と思ったものにしかすぎない。いやレンジェル自身が自作の真実をどれほど信じていたかも疑わしい。彼は、おそらく意識的に、日本人の像を当時の西洋人の偏見に歪められた日本人観に迎合するように調整していたにちがいない。しかしいずれにしても当時の西欧世界では日本人の心とは何か、ということがしきりと話題にのぼっていたのである。ラフカディオ・ハーンの『心』（英文の題名も *Kokoro* 一八九六年刊）もそのような欧米人の側からの増大する疑問に答えようとした著作だったが、そのドイツ訳は『颱風』とほぼ同じ時期の一九〇五年に、フランクフルトの同じ書肆から出版されたのであった。


作者レンジェルは日本人とヨーロッパ人との間にコントラストをつけて芝居を面白くするために、エレーヌに日本人トケラモのほかに西洋人を一人配してある。それが当時二十九歳の青年作家であったレンジェルの分身と考えられるベインスキーという名の文士なのである。ベインスキーは多くの点でトケラモときわめて対照的な存在である。彼は日本人の官費留学生のように金まわりはよくない。女を金で囲えるような身分ではない。しかし彼は純情で、エレーヌという悪女に夢中になっている。それだけにこの青年は傷つきやすい。興奮もする、腹も立てる。

たとえば、これは腹を立てる方が人間としては自然なのだが、エレーヌの口から彼女が日本の男と肉体的に関係している、と聞かされた時には、ベインスキーはかっとして頭に来た。頭に来たどころか「屋根の上まで昇った」。

そしてその後で、ほとんど突飛に近いような場面が、エレーヌによって考え出される。もし彼女がトケラモに向って、

「わたしは白人の男とも肉体的に関係しているのよ」

といったならば、この冷静な日本人は一体どのような反応を呈するだろうか、という仮定なのである。このエレーヌの悪魔的な発想に彼女の女友達は驚いて、「わたしは静かな男の人の方が信頼ができていいわ」とおびえたようにエレーヌを宥《なだ》めにかかる。しかしこのエレーヌの一見自暴自棄に似た発想が秘めている問題は、実はこの作品の中心テーマの一つである日本人の人間性とはいかなるものか、という問題に通じているのである。良くいえば冷静な、悪くいえば冷血な、日本人の自己抑制が、エレーヌという女の挑発によっていつ破綻を来たすか、いつ人間的な血の熱さがほとばしり出るか、――エレーヌがいいだした極端な状況は、その種の試験としての意味をもっているのである。

（ところで、このように相手の感情を傷つけておいて「あなたそれでもまだ私を愛していらっしゃる？」と問うことは、アメリカ人マレーシガルの芝居で日本でもフランキー堺が演じた『ラブ』などとも共通するモティーフが含まれているように思われるが、どうであろうか。レンジェルはそれを二人の男女の問題としてではなく、日本人の国民性を測定するために持ち出したのである）

ところでこのように論じてくると、当事者である私たち日本人の間には、日本人も恋をするし涙も流す以上、日本人も西洋人と同じではないか、と反論する人も出てくるだろう。たしかに人間性には共通する部分が多い。しかしここではその中の違った部分が問題になっているのである。それに、かりに人間性が根源的には同じであるとしても、それが表面化する際の反応や反応の速度は国民によって異なる。

いまここでその違う点について身近な例を一つあげてみよう。

昭和三十九年の東京オリンピック大会の閉会式は感激的な情景であった。夕方、代々木の競技場へはいってきた各国の選手が突然列を乱してたがいにまじりあい、あるいは手を取り、あるいは肩を組んで、グラウンドを嬉々として走りだした。それはスポンテイニアスな、忘れることのできない感動的な光景だった。しかしその時に日本のチームだけが、隊伍をくずさず、さながら軍隊のように整然と並んだままはいってきた。テレビで見ていた人の中にはその際の日本チームの秩序正しさをもって良しとした人もいるだろう。しかしその時に、日本人は熱狂することを知らない、人間的な温かみに欠ける人たちだ、という印象を受けた外国人も多かったのである。ラテン系統の新聞記者の間では東京オリンピック大会は、そうした日本人の行儀のよい冷たさのゆえに、評判は良くなかった。

戯曲『颱風』の中でエレーヌやベインスキーが日本人にたいして腹を立てるのも、まさにこのような礼儀正しい冷たさにたいしてなのである。部族的にかたまって、外人をよそ者扱いにし、熱狂することを知らない日本人たち、――勉学に打ち込んでいるトケラモに向ってエレーヌが、「あんたなんかには女でありさえすれば、これでも、あれでも、全然同じなんでしょ」といって当り散らすのも、日本人トケラモが自分と同じような人間感情を持っていないことにたいするいらだちなのである。黙々と義務を遂行してゆくトケラモに向ってベインスキーが議論を吹っかけて、反論を得られずに、「欧米人なら怒って議論するところを、日本人は押し黙ってしまう、まるで魚みたいに」といって怒るのも、日本人トケラモが自分と同じようなヒューマン・フィーリングを持っていないことにたいするいらだちなのである。

そして実はこれと同じような感情をいま日本の大学へ来ている多くの外人教師も、日本の教会へ来ている多くの宣教師も、程度に多少の違いこそあれ、感じているのではないだろうか。なぜかよくわからないが日本人たちは外人を避けているようで、そこに人間的な交流が感じられない。自分はあくまで「外人」であり「よそ者」扱いを受けている。日本人の「部落」の中へはいりこめない。それだから日本人たちと議論の花を咲かせることは難しい。賛成なのか反対なのかはっきりと意見を述べてくれないで、ただ微笑している。——その応対responsivenessの欠如には非人間的な感じがする、というのである。それでエレーヌは腹立ちまぎれに叫んだのだった。

「喧嘩したり、衝突したり、弥次ったりできないような相手は嫌いよ。ふん、そんな男になんの価値があるの」

エレーヌが怒ったのは、日本人が無作法だったり、感情的だったり、喧嘩好きだったりであったためではない。それとは逆に、日本人が外面は丁寧で、感情を殺し、魚のように冷静であるから、腹を立てたのだった。

ルールのちがい

日本人の中にも、エレーヌと同じように、自国人の表面的な無反応にたいして、腹を立てる人はいるだろう。とくに西洋で長く暮して帰りたての人は、日本人のresponsivenessの欠如を「豆腐にかすがい」「のれんに腕押し」と感じることだろう。日本人は反対の場合にはかならずしもはっきりと反対の意見を表明しない。ただ黙っている場合が多い。上に立つ人は黙っている相手の反対の気持を察してやらなければならない。日本人にとって民主主義とは強引な多数決原理の尊重ではなく円満な全会一致の尊重を意味する。投票は多くの場合、儀礼的な行為であり、「根まわし」と呼ばれる事前工作が長老者支配を可能にする。個性的な存在は排斥され、島国の閉鎖社会では奈良朝の昔から「和を以て尊し」とされている。

レンジェルは薄い障子で隔てられて生活している日本人は、常にスパイに監視されているようなものだから、それで薄笑いを浮べ、自分の気持を隠して暮しているのだ、と作中人物にいわせている。しかし日本は狭い社会である。反対意見を述べれば角が立つ。自分から立候補すれば、出る杭《くい》は打たれるだろう。そのような雰囲気の中での日本人の微笑は、E・H・ノーマンが『日本アジア協会紀要』で論じたように、狭い国土に多数の人々が生活する際の潤滑油のようなものなのだろう。西洋でも日本と似たところが多少あるイタリアでも、人々はやはり意味もなく微笑を浮べることがあるのである。

人間のつきあいについて考えてみても、異なったさまざまの人々が集まって社交を楽しむという雰囲気は、横の関係が軸となって展開されるものである。その集いはたがいに相手の話を聞き、それを楽しもう、そしてたがいになにかしら得るところがあろう、という期待から成り立っている。そしてその座を取り持つのは優れた女性の役目だろう。そのサロンでは話題の球を一人が打てば相手はそれを打ち返さなければならない。それは試合にたとえればピンポンのようなもので、こちらが球を打っているのに相手が打ち返してくれないのなら、試合は成り立たず、索然として興は湧かないだろう。こちらの発言に応じて相手が意想外な答を返してこそ、予想外な進展が期待されるのである。学問の進歩もそのような百花斉放の討議を通じて可能となる。学会がsocietyと呼ばれているのも、本来はそのような目的での人々の集いであるからだろう。

ところがエレーヌやベインスキーが怒ったように、日本人は会話の球を打ち返してくれない。悪口を放っているのにそれにも答えてくれない。そしてそれは実は必ずしも悪意の依怙地《いこじ》な沈黙ではなくて、日本人が会話の球を打ち返す術をよくわきまえていないからなのである。試合にたとえれば日本人はピンポンを知らなくてゴルフを楽しむ人種であるともいえるだろうか。それも長者が一人でゴルフの球を打つのである。ほかの人々は飛び去った球を追い、拾って微笑しながら長者の足許に届ける。その際にピンポンと勘ちがいして、飛んできた相手の球をはっしと打ち返したならば、それはたいへんなことになるだろう、必ず誰かがそれによって傷つけられることだろう……。ところで球を追い、拾うだけではキャディたちにとっては遊びはつまらないだろうが、縦の関係が軸となって展開される会話も、多分にそのような退屈な性質のものである。しかし、そのようにしてつきあっていれば、そのうちにお伴の一人が長者に代わってクラブを握れるようになるかもしれない……。

Streber たち

外国人にたいしてはこのように黙って微笑している日本人の「本心」を示すために、レンジェルはそこで舞台の上に日本人だけの内輪の会合の場面を設定する。日本人同士の会話ならば日本人の気持が率直に示されるにちがいないからである。レンジェルのト書の一つにも、「日本人はかれら同士が内輪で集まっている時には、いかにも気楽にはしゃいでいる。むしろ子供っぽいくらいである」とある。ところがそのイングループを離れてよその人たちと話し始める段になると妙に白々しい。レンジェルの右のト書の先を引くと、「そのはしゃいでいる日本人同士の中へ西洋人が一人でもはいってくると、皆の態度ががらりと変わる」。

まるで小学生たちが遊んでいたところへ突然先生がはいって来た時のような変化なのだが、そのようにして示された対外人用の礼儀正しさは、むしろ誠実さの欠如として印象される。――日本人たちは蔭で共同謀議を企んでいるのではないか、と西洋人の一部の者は思いこむようになる。一体なぜ日本人はヨーロッパへ来て黙々と勉強をするのか。日本人はロシアにも勝った。かれらはもう欧州から学ぶべきことは十分に学んだはずだ。それなのに一体なにを調査し、なにを探っているのか。この次は西洋を席捲しようとしてその下準備に来ているのではないのか。レンジェルの戯曲にはそのような「黄禍論」が暗示されている。そして主人公トケラモの「国家的使命」の具体的内容は最後まで伏せられたままである。しかし彼は重要人物であり、日本帝から特命を帯びてヨーロッパに来て、日夜なにごとかの取調べに従事しているのである。

その日本人たちが今日は珍しく皆くつろいでトケラモの家に集まって来た。今日は明治四十一年の五月五日、端午の節句の日なのである。ここで子供たちの祭りの日が集会のきっかけとして選ばれているから、私たちはやや異な印象を受けるのだが、この種の集会が紀元節であるとか天長節の日にでも催されたのであったならば、私たちにはより自然な感じがしただろう。そしてその席でトケラモは日本人留学生の中では地位の高い重要使命を帯びた人として若い留学生たちにたいし訓辞を垂れる。新来の留学生の中には（かつての森林太郎もドイツ留学に先立って明治天皇の御前でそのような栄誉にあずかったことがあったが）天皇陛下から拝謁をたまわってロナリ・イノセ青年もまじっていた。その十八歳の使命感を胸に刻んでヨーロッパに着いたばかりのヒロナリ青年に向ってトケラモが、

「よいか、熱心に教会へ通うのだぞ」

と諭《さと》す。この言葉にヒロナリ青年は驚くのだが、西洋人の観客もまた驚いたことにちがいない。日本から着きたてのヒロナリはキリスト教を異国の邪教と思っている。西洋人の観客は、日本におけるキリスト教迫害の歴史のことなどが念頭にあるから、トケラモがいつの間にキリスト教の感化を受けたのか、と訝《いぶか》しく思ったにちがいない。ところがトケラモ博士は語をついで次のように説明する。

「よいか、熱心に教会へ通うのだぞ。教会へ行けば牧師の説教を聞くことができる。牧師は発音もよろしい。話の筋も理路整然としている。それだから外国語は教会で一番よく習える」

これはいわれてみればいかにもその通りのすこぶる実利的な考え方だが、そうした考え方が日本人の間になかったとはいえないだろう。たとえば内村鑑三なども、その自伝的回想によれば、はじめは外国語習得の目的で教会へ出入りしていたという。西洋人の観客はトケラモの口からこの日本人のプラクティカルな語学習得の方法を聞かされて驚いたことにちがいない。

それではなぜ日本人はそのようにして孜々《しし》として西洋の文明を学ぶのだろうか。その動機は一体なになのか。その設問にたいして西洋人の観客の間でも意見は二つに分かれるのだろうが、舞台の上でも二人の西洋人によって相反する二つの見解が示される。その一つは日本びいきのデュポン教授の説であり、教授は、

「それは至極簡単明瞭です。文化への愛です」

といって割り切ってしまう。しかしお人好しのデュポン教授のこの Liebe zur Kultur という説にたいしてベインスキーはやっきになって反論する。女のことで日本人にたいしては恨みのある彼は一種の trouble-fête となり、この祭りの日にデュポン博士に連れられてこの日本人の集会の席に現われたものの、日本人に向ってあしざまに罵詈雑言《ばりぞうごん》を放つ。

「抜目のない成上りの若僧め。要領ばかりよくて、柔軟に振舞いやがる」

ベインスキーが叫んだ "geschickte junge Streber" の Streber を筆者はいま「成上り者」と訳してみたが、鷗外が明治四十二年に書いた『当流比較言語学』に従えば、「日本語に Streber に相当する詞が無い」そして「それは日本人が Streber を卑むといふ思想を有してゐないからである」。

成功や立身のためには人間的品位を捨てても平気でいられる努力家のことをベインスキーは Streber といって卑しんだのだが、この西洋人の対日本人への感情と森鷗外の同国人への感情には共通する要素が認められる。ベインスキー（レンジェル）も鷗外も西欧的な個人主義の価値を認める点では一致していたのである。

黄禍という颱風

レンジェルの芝居は「中々能く日本人の特性を穿つてゐて、寧ろ日本人の美点を表現して居る相です」という寺田寅彦の夏目漱石あての通信は、もしかすると盲目的な勤勉を目して美点とするような儒教倫理に染まった日本のナショナリストの観察を伝えたものであったのかもしれない。しかしベインスキーにとっていらだたしいことに、彼が日本人を Streber と罵っても、日本人側はもっぱら勤勉努力を尊んで Streber という語にふくまれている譏誚《きしょう》の意味を一向に理解しようとはしないのである。――そこでベインスキーは日本人の国民感情を刺戟するために次のような挑発的な言辞を弄する。

「東洋に尊敬に値する国民がいるとするならば、いいですか、それはシナです。シナは頑固にその途方もない偉大な独自性の殻の中にしっかりと閉じこもっている。その旧習墨守の態度ひとつを見ても、シナ人がヨーロッパ人を唾棄していることがはっきりとわかる。シナ人はあなた方日本人とはちがう。シナ人はあなた方のように猫のような狡賢さでもって欧米人に寄りすがろうとはしはしない」

ベインスキーがこのようにシナを持ちあげて日本を貶《おとし》めるのは、直接的には無論日本人留学生たちにたいするいやがらせから出ているのだが、しかしその由って来たるところは意想外に根が深いのである。日本の文明がオリジナルなシナ文明の派生的な産物にしかすぎないとする考え方は、日本の儒者のシナ崇拝とシナ人の中華思想を真に受けた西洋の東洋学者の間では古くからあった考えで、その種の発想は一五五二年にザビエルが「日本を改宗させるためには日本人が尊敬するシナを改宗させるのが先決だ」と考えた時からすでに存在したといってよい。

そして、森鷗外の記憶には鮮明に残っていたのだが、「支那人を揚げ日本人を抑へること至らざる所なし」という論は、鷗外が明治三十七年にその梗概を単行本にして刊行したサムソンヒンメルスチルナの *Die Gelbe Gefahr als Moralproblem*（1902）にもあった。森鷗外はその書に盛られた日本を攻撃の主目標とする「黄禍論」に反駁を加えたこともあった（明治三十六年）だけに、『颱風』の中に暗々裏に匂わせてあるこの種の人種論的政治論にたいしてはきわめて敏感であった。鷗外は『黄禍論梗概』の中では次のように書いていたのである。

「黄禍は戦争と言ふ意味を含んで居るものでござりますから、戦争の土台になる人種間の憎悪と云ふものを、先づ一顧する必要が生じます。論者（サムソンヒンメルスチルナ）の考へでは、黄色人が白人を悪《にく》むと云ふことは、日本と支那と、何方《いずかた》にも殆ど平等にある感情だと見て居ります。それを支那人は公然表に出して居る。日本人は横着な政略で隠して居る」

サムソンヒンメルスチルナのこの指摘は同書の二六頁にあるのだが、鷗外はこの一節に目を留めたと見えて、**Dieser Hass der gelben Rasse gegen „Weissen Teufel“ ist in Japan nicht geringer als in China.** などの言葉にアンダーラインを引いていた。鷗外は西洋側の「黄禍論」の主目標がシナから日本へ移るのではないか、ということを非常に懸念していたのであった。

黄禍論は、周知のように、日清戦争の直後にドイツのヴィルヘルム二世を中心として唱え出された政治論で、三国干渉を正当化するイデオロギーとしても働いた論だが、日本が西洋の技術を採用して強力な軍事国家として武装し、他のアジア人を率いて将来ヨーロッパに侵入してくるのではないか、というかつてのフン族の侵入や蒙古人の襲来の悪夢のよみがえりにも似た発想であった。『颱風』の中で日本人留学生が勤勉に学び秘密の取調べに従事しているのは、文化への愛などというためではなく、その種の国家的目的の遂行のためなのだ、ということが舞台では幾度か暗示されている。「日本人は何百人も何千人も西洋へやって来る。そして西洋へ腰を落着けてゆっくりと注意ぶかく観察しながら何年も過してゆく。こうした日本人たちをいつまでも異国のエグゾティックな客人と思っているのは、どうもおかしなことですぞ」。鷗外は『椋鳥通信』の末尾でそのことにふれて、「大風といふのは……陰には黄禍の形容といふ意味をも持たせてあるらしい。民政党新聞の言草が好い。曰はく、多分此脚本は独逸帝のお気に入つて宮廷劇場で興行せられるだらうと」。独逸帝とは黄禍論の主唱者であるヴィルヘルム二世のことだが、民政党新聞とは何を指すのだろうか。『椋鳥通信』の材料は *Vossische Zeitung* から拾われていたともいわれるが、森鷗外はその劇評欄で『颱風』にはじめて注目したのであったろうか。

文明の果実の輸入

「文化への愛とは別な、なにか遠大な目的のためにこうした仮面をつけた日本人はヨーロッパに滞留しているのだ」

ベインスキーは興奮してそう叫んだ。しかし周囲の日本人の冷静さに変わりはない。トケラモが近づいて来てにこやかに、

「紅茶にラム酒でもおいれしましょうか」

と飲物をすすめる。ベインスキーは目をむいてどなった。

「ラム酒に紅茶をいれないのをくれ」

ベインスキーの酔態に恐縮したデュポン教授は彼を引き摺るようにして外へ連れ出して帰る。するとそこで身内の者だけとなった日本人の態度がまたがらりと変わった。ベインスキーの侮辱に黙って耐えていた日本人たちは自分たちだけのイングループの中では誇らしげに叫びはじめたのである。

「われわれ日本人は西洋の何千年来の古い文化を十五年間で我物とした。西洋の学者が三十年をかけた仕事の成果をわれわれは五日間の読書で自己のものとした」

「ヨーロッパ人は考えればよいのだ。ヨーロッパ人は働けばよいのだ。かれらがついになんらかのすばらしいものを創り出した時、われわれはそれを学び取ってしまえばよいのだ」

「ヨーロッパが今日の水準に到達するまでには幾世代もの人々が死んだ。幾人もの人々が殉教者となって倒れた。その西欧の文化の中で価値あるものをわれわれは十五年間で自己のものとした」

日本人は口々にそう叫んで、ベインスキーの酔態を笑い、皮肉たっぷりに「健全なるヨーロッパ精神とその世界観の勝利」の名において一同乾杯するのであった。

ところで右のような日本人の発言に示された文化についての考え方には、ベルツ教授が明治三十四年に東京大学を去る際に行なった警告に該当するような内容が典型的に現われているのではないだろうか。ヨーロッパが今日の状態に達するまでの途上には「幾多の高貴なる人々の多くの汗と、多くの血が流れ、また火刑台の火が燃えたのであります」というのがベルツの言葉だった。そして文明の成果を果実のように考えて、果実を輸入することが学問であると錯覚することの愚を戒しめたのもすでに第一部の後半で見たようにベルツだった。その講演で彼はいった。

「わたくしの見るところでは、西洋の学問の成立と本体について日本ではしばしば誤った見方が行なわれているように思われます。日本人は西洋の学問を一つの機械のように考えて……どこかよその場所へたやすく運んで、そこで仕事をさせることができると考えている。これは誤りです。西洋の学問はけっして機械ではありません。そうではなくて一つの有機体です。そしてそれは他のあらゆる有機体と同様、成長する上にある特定の風土、ある特定の雰囲気が必要なのであります」

ところで先の劇中の日本人の諸発言には、西洋で出来上った機械を買えばよい、という考え方が示されている。機械そのものを買うのでなくとも設計図を買って日本で作ればよい、という考え方が示されている。それにたいしてベルツは、文明とは自分自身で設計をする能力のことであり、機械を作製する工作機械を自分で作り出す能力のことである、と説いたのである。「学者とは学問の樹を育てる人のことであり、学問の果実を売買する人のことではありません」

森鷗外はドイツ留学中から、日本における学問の創造ということについては深く思いをめぐらしていた。鷗外が学問の果実だけを輸入するような留学帰国者を高く評価しなかったということは『妄想』の中にある次のような口の利き方からも察せられよう。

「これまでの洋行帰りは、希望に輝《かがや》く顔をして、行李《こうり》の中から道具を出して、何か新しい手品を取り立てて御覧に入れることになつてゐた」

そのように学問の輸入と学問の創造の問題を常日頃考えていたからこそ、鷗外は『颱風』を読んでベルツの演説を思い出したのにちがいない。『妄想』の中で鷗外は次のように書いた。「(日本を良く知っているドイツ人が)東洋には自然科学を育てて行く雰囲気は無いのだと宣告した。果してさうなら、帝国大学も、伝染病研究所も、永遠に欧羅巴《ヨーロッパ》の学術の結論丈を取り続《つ》ぐ場所たるに過ぎない筈である。かう云ふ判断は、ロシアとの戦争の後に、欧羅巴の当り狂言になつてゐた***Taifun***なんぞにも現れてゐる」

明治三十四年のベルツの演説の内容は、鷗外がここで述べたほど日本の学術の将来にたいして悲観的ではなかったのだが、鷗外はコントラストをつけるためにその説を誇張してレンジェルの説と同じように並べたのであろう。鷗外がコントラストをつけたのは、「併《しか》し自分は日本人を、さう絶望しなくてはならない程、無能な種族だとも思はない」という彼自身の説をその後に示すための修辞上の工夫だったと思われる。

国民性の類型化

いま国民性の特色を示すためのコントラストによる誇張という手法が話題にのぼったが、国際間の横の接触が盛んとなるにつれて、各国民の国民性を描きわけようとする試みが、演劇作品にも随筆作品にも見られるようになった。

ヨハン・シュトラウスの『こうもり』（一八七四年）にも端役だが日本人は登場する。『ミカド』（一八八五年）や『蝶々夫人』（一九〇四年）ではプリマ・ドンナの位置さえしめる。そしてすでにふれたように日本人が欧米人やシナ人とまじって主役として登場する小説には、レンジェルの『颱風』と同じ一九〇九年に刊行された Claude Farrère の *la Bataille* があった。日露戦争のショックを受けて書かれた、という意味では『颱風』にもファレールの『日本海海戦』にも共通した要素が認められるのである。

『颱風』の中では日露戦争の名残りはヒロナリが物語る次のような挿話によって伝えられる。このような挿話の挿入も日本人の国民性（？）を示すためのレンジェルの小細工なのだが、ヒロナリ少年はいう。日露戦争へ出征することとなった一兵士がいた。彼は赤紙を手にして入営したものの妻への恋慕の情をたちきることができない。悩んだ彼は深夜ひそかに兵営を脱け出して家へ戻ると、眠っている妻に口づけし、短剣で妻を刺し殺してまた兵営へ帰った。そして心おきなく戦場へ向い、満州の曠野で勇戦奮闘、ついに名誉ある戦死をとげた……ここで日本人観客ならば、妻を殺害した男が警察や憲兵の手で逮捕されることもなしに戦場へ行く、というのはおかしいではないか、という疑問も覚えるだろう。このような話は歌舞伎の主題にはふさわしいかもしれないが、明治時代にはそぐわない。ましてその挿話を物語ったヒロナリが「実はそれは私の兄のことなのです」と言うのを聞くと、明治の留学生の身内におこった事件としては無理なフィクションだ、というのが私たちの反応であるだろう。しかし外国人の観客には、日本人が感じるこのようなアナクロニズムを感じとることができない。そして舞台の上の日本人の間では引き続いて、戦地から負傷して帰って来た男に、その男が人非人であったにもかかわらず、貧乏な子供が体の温《ぬく》もりで氷を融かして鯉を捕まえて食べさせてやった、などという話が会話の種となっている。『本朝廿四孝』にあるような話は、徳川時代の日本においても、必ずしも真《ま》に受けられてはいなかったのだろうが、外国人にはこれが日本人の倫理的心情なのだ、として印象づけられたことにちがいない。

端午の節句の会合も散って、日本人もエレーヌも帰ってしまった後、第一幕は電燈を点け眼鏡をかけてふたたび机に向ったトケラモの姿を照らし出したところで幕となる。国家の命令に従ってひたすら仕事に励む日本人の姿がこのようにして幕切れに示されたのだが、この眼鏡をかけた黄人という姿こそ戦前の外国世界で日本人を他のアジア人と区別するためにカリカチュアなどの中でもしばしば用いられたところの日本人の外的特徴なのであった。それもまた国民性の類型化の一つだったといえるだろう。なおここでつけ加えると、第二次大戦後四半世紀の間の日本人外国旅行者の外的特徴は、写真機をぶらさげた黄人という姿なのだそうである。これが日本人を識別する上で一番確実な目安なのだそうである。

du gelbes Aas!

森鷗外の『独逸日記』明治二十年五月二十九日の項には次のような記述が見える。

始て大和会に臨む。大和会は在独逸日本人を以て組織す。小松原英太郎等幹事たり。毎月最尾の日曜日に之を開く。麦酒を喫し、新聞を読みて逍遥するのみ。福島大尉頃《このご》ろ此《ここ》に至る。亦臨む。福島は公使館附の士官にして、在独逸留学生取締の命を帯ぶ。余も亦取り締まらるる一人なり。

明治二十年は森鷗外のドイツ滞在第四年目の年である。ヨーロッパの風になじんできた鷗外は、他の日本人との間にだんだんと違和感を覚えはじめた。森鷗外は大和会という無目的の集会にたいする不満を後にはドイツ語演説によって明らかにしているが

（明治二十年十一月二十六日）、その発言がドイツ語で行なわれたということは鷗外の考え方が極度にドイツ的になっていたということを意味する。同一内容の趣旨をもし日本語で発表していたならば、やはり差し障りがあったにちがいない。森鷗外は大和会にはじめて出席した時にも、「麦酒を喫し、新聞を読みて逍遥するのみ」と記して散漫な会合による時間の空費を嘆じたのだが、その集会が在独日本人留学生取締りの意味をあわせ持っていたことを「余も亦取り締まらるる一人なり」と皮肉をこめて記したのである。この明治二十年は鷗外がエリスとしたしくなった年でもあったのだろう。

ところで『颷風』の主人公のトケラモも、西洋へ来て一年半の間、使命感に燃えてひたすら研究調査に従事してきた。俊敏な外交官でもある彼は在留日本人の間では外国語にもっとも熟達した人であり、西洋人をあしらう術も堂に入っているといっていい。しかしその間にトケラモは、鷗外がそうであったように、西洋の風に染まって、人間の本質的な部分である価値観においても少しずつ変化をきたしはじめていたのである。エレーヌにたいする愛情の目覚めもその一つなのだが、そのような気持の上の変化は第一幕が終わる前にそれとなく暗示されていた。そして第二幕はそのエレーヌの件に関して留学生仲間の長老である小林がトケラモの家に忠告しにやってくる情景によって始まる。小説『舞姫』に強いてなぞらえれば小林家康は相沢謙吉に、トケラモ・ニトベは太田豊太郎ということになる。ただ相沢と太田、あるいは賀古鶴所と森林太郎の間柄が真に親友の仲であったのにたいして、小林とトケラモの間柄は、作者レンジェルのト書によれば mit etwas gemachter Freundlichkeit「多少拵《こしら》えものの仲の良さである」。小林の「友情」は実はトケラモにとってだんだんと有難迷惑なものとなりつつあった。小林家康はトケラモにとって、先の大和会の福島安正大尉に相当するようなお目付役に変わりつつあったのである。

年配の小林は、昔風の親が子のためを思い（あるいは子のためを思うと称して）、息子が女と深い仲にならぬうちに縁を切ることをすすめるように、トケラモにいまのうちにエレーヌと手を切れと勧告する。外国語を習得するための一手段として、あるいは独身の男の生活上の一手段として西洋女と同棲することは差しつかえないが、情にほだされるような深い仲となることは感心できない、というのが小林老人の意見だったのであろう。

そこでトケラモは親に意見された息子のように女を捨てる決心をする。この際に相手が明治時代の日本の日陰の女性であったならば、おとなしく身を引いたことであったろう。しかしエレーヌは気の強い西洋女性である。彼女とトケラモの間には激しい言葉の応酬が交される。そしてその挙句、トケラモはエレーヌに泣きつかれて感動し、ついにその本心を女に打ち明けてしまう。

「実はおまえは私にとってすべてなのだ。いやすべて以上なのだ。どうか私を愛してくれ」

この告白によってそこで目出たく和解が成りたったか、というとそうではない。男が自分にほれこんでいるということを知ったエレーヌは、その瞬間から優者の立場に立った。彼女はトケラモが自分にたいして抱く愛情をトケラモの弱みとして把握したのである。彼女の身内にいままで蓄積されてきた屈辱感が堰を切ったように激しい罵声となってほとばしり出た。

「なにをいっているのよ。おまえは私を犬みたいに追い出そうとしたくせに」

「…………」

「私は別におまえが好きなんじゃない。お芝居をしていたんだ。おまえを見ていると胸がむかむかしてくる。おまえは汚いからね。黄色だからね。いいかい、おわかりかい。それが私の本心だよ」

「…………」

「おまえの馬鹿、おまえ、黄色い馬鹿」

du gelbes Aas という罵りの言葉を浴びせられて、さすがに冷静のトケラモも我を忘れて女の首を絞めてしまった（押し殺された甲高い叫び。ぜいぜいという声。そして沈黙）。

身代わりの倫理

ところでここでこの殺人の事後処理のやり方が観客に示されるのだが、それがすこぶる日本的なのである。トケラモは電話してまず日本人たちに集まってもらい、そこでこれから警察へ自首する旨を述べる。ところが皆が口々に彼を引き留めて放さない。重要任務を帯びているトケラモはお国にとってかけがえのない人なのだから誰かが身代わりになって自首しよう、というのである。そして戦場における決死隊の志願もさながらに我も我もと申し出てくる。老人の吉川は、「余命のいくばくもない私が替玉となろう」というし、法律を勉強しているオマイは専門家としての立場から、「犯行は若者がしたというのでなければ筋が通りますまい。それに法廷でうまく受け答えをするためには法律知識が必要とされます。私が身代わりとなります」という。しかし結局最年少のヒロナリの熱心な希望がいれられて、彼が犯人として自首することとなった。トケラモがそれを引き留めようとすると、吉川が驚いたような怒ったような口調でいう。

「トケラモ君、私には君の気持が理解できない。この少年がこのように健気であることを私たちはむしろ喜ぶべきではないのだろうか。私たちはみなこのような少年がいることを喜ばしくも思い、また誇らかにも思うのだ。（ヒロナリに向い）愛すべき子よ、おまえにこの任務を授ける。わかったな」

歌舞伎的な心情と論理がヨーロッパの舞台で示されたわけだが、西洋人にとってはこの仁義はマフィアの仁義のように不気味に思われたことであったろう。

第三幕で舞台は一転して法廷の場面となる。ヒロナリ・イノセ、年齢十八歳、は一九〇八年七月十二日、トケラモ博士の住居においてエレーヌ・ラローシュを故意かつ計画的に殺害した廉《かど》で起訴されている。

裁判長（被告ヒロナリに向い）「女をどのようにして絞殺したか？　柔術か？」

「ジュウジュツ」という言葉がここでは異国趣味を添えるために用いられているのだが、しかしそのような単語よりも東西のちがいは次のような二つの対照的な態度によって示される。証人たちは「良心に誓い、虚偽の申立てをしない」と宣誓して法廷に立つのだが、日本人にとってそうした宣誓は単なる形式的な言葉でしかない。証人台に立った日本人に向って法廷の神聖であるとか真実の申立てなどといってきかせても、日本人証人は、

「私は同国人の不利となるようなことは申しません」

といって押し黙ってしまう。そして被告人のヒロナリは次々と自分に不利となる自白を重ねて官選弁護人を絶望させる。ヒロナリにたいして有利な証言をしてくれたのは日本人びいきのデュポン教授なのだが、裁判長が彼とエレーヌとの関係を訊問すると、デュポン教授は宣誓をした手前、ためらいながらも、かつて彼女と肉体的に関係したことがあった旨を述べてしまう。傍聴席から女の甲高い声が聞えたが、それは夫の不貞を聞かされてショックを受けたデュポン教授夫人だった……。

裁判は日本人側の思惑通りにヒロナリ有罪の方向に進んでゆく。その時突然意外なことがおこった。人間的な感情を抑えきれなくなったトケラモが青ざめた顔でいきなり立ちあがって、

「私が犯人だ。私が殺したのだ」

と叫んだのである。日本人側はみなはっとして息をのんだ。ところが裁判所側はトケラモの発言を信じようとはしない。トケラモがヒロナリの身代わりになろうとしているのだ、例によって例のごとく日本人がお互いにかばいあっているのだ、と認定され、トケラモの申立ては黙殺されてしまう。そしてヒロナリ青年が下手人として判決を受け、刑に処せられるのである。

結びの第四幕は短い幕である。日本帝から命じられた取調べの任務を果したトケラモは、疲労と悔恨のために力つきて死んでゆく。死に際《ぎわ》にトケラモは感じやすい抒情的な神経の持主となっており、ベインスキーからも **"Jetzt ist er erst ein Fühlender geworden."** 「いま彼はようやく情の人となった」などといわれている。二人はともに五カ月前に死んだエレーヌのことを思って泣いているのである。

トケラモは舞台の上で死ぬのだが、彼の死を惜しみ、彼を死に追いやった背後の力に怒ったのはベインスキーで、彼は集まった日本人に向って怒りをぶちまけた。

「おまえら日本人がやらかしたことだ。トケラモは死んだ、恐ろしいことだ」

するど日本人の長老格の男が薄笑いを浮べて次のようにいうのだが、その言葉がこの芝居の最後の句となっている。

「なにが恐ろしいのですか。死は恐ろしくはない。人は生まれた以上、死ななければなりません。それが定めです。人生が大事なのです、義務が大事なのです……」

ド・マクスが演じたパリのトケラモ

「これは白色人種と黄色人種の間で交された最初の決闘のイメージともいうべき作品である」

これが『颱風』をパリのサラ・ベルナール劇場で上演するためにフランス人観客用に翻案した Serge Basset の言葉だった。一九一一年のフランスの演劇界では十七世紀の古典劇が批評の基準としてまだ強力な発言権を持っていたらしい。『マタン』紙の Georges de Porto-Riche は『颱風』のパリ上演の成功を予言して次のようにいっている。「この作品は悲劇としての深刻なシチュエーションを内包している。要するに愛情と義務との相剋である。『颱風』は人間性に富んだ作品であり、ある意味ではコルネーユ風なドラマである」

人種間問題の意味についてより敏感であった批評家は『フィガロ』紙の Robert de Flers だった。ロベール・ド・フレールはピエール・ロティの『お菊さん』の日本が、この二十年間に変化してきたことについて次のように書いている。

「桜の花、月夜の眺め、川端の家、色とりどりの着物を着た芸者、その気取ったしぐさ、ほっそりとしたお菊さん——それがいままでフランス文学に描かれたり、時には空想されたりしてきた日本の姿だった。このような多少子供っぽい版画や魅惑的な日本のおろかしい事々（japoniaiseries）はそろそろ流行遅れとなりだしたのではないだろうか。

とにかくレンジェル氏が描いた日本人たちは古い浮世絵から想像されるようなすばらしいが幼稚な人形たちとは似ても似つかぬものである。それとは別の日本、多分より真実の日本、いずれにせよ、より近代的な日本が存在する。その日本では愛国心と国家的自負が大いに宣揚されている。西洋文明にのっとって自らを新たに造りあげた日本はヨーロッパからその秘密とその武器とを借りようとつとめているが、それは将来日本がヨーロッパに対抗して立とうとしているからである。前の『お菊さん』が桃色禍だったとすれば、今度の『颱風』は黄色禍である。

パリでもベルリンでもロンドンでも、また他のいずこの大都会でも、背の低い日本人とすれちがうことがしばしばある。かれらは細い眼をし感情を表に現わさず、ずるそうな微笑を浮べている。かれらは黙々としており、物音をたてることがない。しかしかれらは注意ぶかく観察し、勉学に励み、大学や実験室に通っている。そのある者は技師であり、ある者は弁護士であり、ある者は士官であり、――そしてある者はスパイである。レンジェル氏が舞台の上に登場させたのはこのような日本人たちなのである」

西洋人と日本人の間の心理的葛藤をモーパッサンの小説 *l'Ame Etrangère* を例に引いて、異人種間の心理上の相互理解は不可能と説いた評論家もいた。作者レンジェル自身は、*l'Illustration Théâtrale* 誌一九一一年十一月四日号によれば、トケラモという役の内面的構成について次のように語ったという。

「主人公は近代の日本の外交官です。その様子は、外も内も奇妙なのです。日本人の性格は実際ヨーロッパ人の性格と非常に違ったところがある。冷静で驚くほど自己抑制ができ、いつも謙遜でいつも微笑しています。しかし役者はどうもそれが本当の性格ではないという感じを出さなければなりません。そうした仮面の下で、そうした微笑の下で、人間が、人間性が悩んでいるのです。とくにトケラモの場合は、ヨーロッパという環境とヨーロッパ女性との愛情の経験のために、奇妙な変化が生じたのでした。そしてトケラモはすでに半分ヨーロッパ人なのです。そしてこの変わり方を示すのが役者にとってもっとも難しい点だと思います」

帝劇で上演された『颱風』

以上がレンジェルの『颱風』という戯曲だった。

ところでこの『颱風』についてはさらに珍奇な演劇史上の挿話がある。この芝居は大正四年十月二十六日から三十一日までの一週間、東京の帝劇で上演されたのである。『帝劇の五十年』にはトケラモを沢村宗十郎が演じたように記されているが、それは誤りであったらしく、『演芸画報』大正四年十二月号によると配役は次の通りであった。

新渡部時郎　沢村宗之助
吉川男爵　沢村春五郎
小林平三　南部邦彦
ヘレエン　ミセス・ヒューズ
ベインスキイ　ミスタア・ヒューズ
猪之瀬広成　沢村長十郎
予審判事ベノア　ミスタア・ダン

この上演についての日本側の反応としては右の『演芸画報』にのった演劇学者島村民蔵の批評と伊丹灘六の印象を引くことができる。島村の指摘はさすがに鋭いものがあり、おそらくローレンス・アーヴィングのロンドン上演用の改作された英語台本に目を通していたのであろう。次のような適切な紹介を書いている。

「墺太利《オーストリア》の狂言作者が在留日本人の風俗習慣を見聞して書いたといふ『タイフーン』は、兎に角、作者が西洋人で、作の主人公が日本人である戯曲の裡《うち》では出色のものである。勿論イプセンやハウプトマンを見る眼で見ては、下らない一場のお茶番のやうな芝居に過ぎないが、脚色が比較的散漫でなく、人物の心理的経過にも相当に注意が払つてあり、殊に全体の構図上の技巧や、日本の国民性を取扱ふ上に、ある程度までコツを得てゐるところがこの作の特長である」

ただし作者については、

「わたしはレンギエルといふ男に就いては全く知識はない。独墺の現代文士録などを引繰返へして見たが、一向彼の名は見当らない。坪内士行君の見聞談によると、アーヴヰング一座の初興行の時などに見物に来て、女優の楽屋へ這入つてはからかつてゐた、いやな、下品な男ださうである。……ロンドンで大評判をとつたのは一九一三年のことである。アーヴヰングの『タイフーン』は原作の『タイフーン』よりずつと面白いといはれて居る」。

この記事から察すると一九一三年（大正二年）に坪内士行氏はロンドンで『颱風』の初興行に立会ってその時の模様をいろいろ島村民蔵へ手紙で伝えたものらしい（坪内士行氏の帰朝は大正五年）。そればかりでない。野溝七生子氏の御教示によると、坪内士行氏はロンドンでヒロナリの役で出演しておられた由で、氏がシェイクスピア役者で有名なローレンス・アーヴィング演ずるところのトケラモの相手を勤めていたのであった。

英語版『颱風』に加えられた工夫には島村によると次のようなしぐさもあった。「ミカドと一言いふが早いか、主客一斉に、壁上の尊影に対《むか》つて、『へーツ』とばかりに最敬礼をする、といふ、日本を小馬鹿にした科介《しぐさ》がある（この科介は後になつても度々繰返へされる）」。これは帝劇の公演の際には「正面の壁に白い髭を生やした軍人の肖像」（『演芸画報』）をかけてすませたらしい。また英語版では場所はパリとなっており、第四幕は、七月十四日のパリ祭の日が選ばれていた。島村民蔵はそれを評して、

「窓の外は（国民祭の）炬火《きよか》の光が空を焦すやうな裡《うち》に、陽気なる軍楽の響や歓呼の声が頻りなく聞えた。この幕の内外の対照には、作者は一寸冴えた手腕を見せてゐる」

と書いているが、これは作者ではなくて翻案者の手腕だろう。この内外のコントラストというのは窓外から聞こえてくる陽気なパリ祭の音楽と室内の陰鬱な懊悩の終幕の情景をいうので、島村は後者を次のように要約している。

「（吉川と小林は）主人から事業の完成を聞かされて非常に喜んで帰る。その後へベインスキイが、へレーンの殺された後で彼女の宿から発見した、トケラモの送つた手紙の束を持つて這入つて来る。彼の態度は前とは全く変つてゐて、君も僕もへレーンを愛する情には変りはない、だから彼女《かれ》が死んだ後は、君に対して敵意を差挿むどころか、反つて君の心中を偲んで同情に堪へないと、トケラモを慰めて、女

のためには、白色人種も黄色人種もない。といふ豁《かつ》達《たつ》な世界主義的《コスモポリタン》な心意気を見せる。この話の裡でトケラモのヘレーンに対する疑ひは全く解け去つたと同時に、ヘレーンが深く〳〵許してゐた意中の人は、実はベインスキイでないで自分であつたことが解つて、トケラモは自分の短慮一徹であつたことに対する後悔と、我が手に掛けたフランスの少女に対する愛慕の情とに駆られて、泣いて快悩する」

このような幕切れは日本人の島村民蔵には印象的であったのだろう。右の要約は英語台本を読んで記したものと思われるが、しかしその読書から抱いていた期待は、帝劇の舞台の上で日本人俳優と西洋人俳優とが共演するのを見るに及んで、無残にも破れてしまった。「……十月の下旬に、帝国劇場で宗之助一派の旧派俳優と東京アマチューア倶楽部の連中とが合同して上場したものを観て、わたしは自分の期待が大分裏切られてゐたのを発見して、非常に不愉快な感じを抱いて帰つて来た」。その責はレンジェルの日本人批評よりも曖昧な演出者側の解釈にあったらしい。島村は書いている。

「何のためにわざ〳〵手数を掛けてあんな詰らないものにしたのか、帝劇の当事者の気が知れない。日本人の姓名などを原作通りにしないのも面白くない。どうせ外国人が想像七分で書いた芝居である。嘘らしいところは嘘らしく、間違ひらしいところは間違ひらしく、外国人の見た通りに演じたらそれでよろしいではないか。生中《なまなか》事実の詮索立をしたり、写実に素の儘《まま》で行かうとすれば、折角お芝居になつてゐる全体の結構とそぐはないものになる。外国人の観察に誤謬があるとか陳腐だとかいつて一々これを現代の日本の青年に承知の出来る程度に訂正する位ゐなら、一層はじめから『タイフーン』を演《や》らない方がよい」

この島村民蔵の原作に忠実であれという批評は一見識ある発言だったが、しかし日本で日本人の俳優に外国人作者が頭で考えた通りの日本人らしく演技させて、それで日本人観客に見てもらえというのも難しい注文にちがいない。それだから帝劇の舞台の上には外国人の想像した日本人とも正真の日本人ともつかない曖昧な日本人があらわれてしまったのである。「春五郎の吉川男爵に至つては何であぁ苦心して日本語のせりふを不明瞭に云ふのだか解らない」。日本人の俳優は西洋人にたいしては英語を使ったものらしく、宗之助の語学力についてはは島村は「但し英語のせりふは手に入つたものである」と認めている。とはいっても「容貌は貴族的でなく万事ギコチナイ演技が、外国人と並ぶだけに一層目立つて不愉快であつた」。島村にいわせると日本のプロフェッショナルな俳優がアマチュア・クラブのヒューズ夫人の技芸に比べて見劣りがしたというのである。そのような酷評には日本人の西洋人にたいする劣等感や自己嫌悪が示されているのではないかとも思われるのだが、島村の結びの言葉はとにかく次のような絶望であった。「……しかも日本の首都で改悪に改悪を重ねてこれが演じられたことは滑稽すぎて悲哀を感じる」

しかしこの芝居で日本人を見せつけられて奇妙な印象を受けた人は島村民蔵だけではなかった。伊丹灘六はその同じ『演芸画報』に次のような会話にはじまる舞台を見たままの印象を書いている。


「昨夜《ゆうべ》、帝劇の『颱風』を見て来た」

「さうか。面白かつたか？」

「うん。まあ面白かつたのだらう」

「曖昧な男だなあ。一体、どんな筋なんだい」


そこで粗筋が語られる。それはすでに紹介済なので略するが、二人の対話形式の舞台スケッチは次のような短評を洩らして結びとなっている。


「……ベインスキイは、（新渡部）時郎を殺したのは君等二人だ、と叫ぶ。吉川は時郎の最後の立派なものを讃へて、国家に対する職責を果したのだ、とうそぶく。そしてこれで幕が閉まるのだ」

「それでしまいか」

「うん。さうだ」

「なんだかつまらない芝居だな。おれにはその芝居に含まれた思想がよく呑込めない」

「おれもさうだ」


大正四年十月は日本がドイツに宣戦を布告してから一年以上経った時だった。それなのに日本の首府ではもとドイツ語で書かれた辛辣な日本人批判の演劇を、それが西洋で評判になった作という理由だけで、自分自身の解釈もないままに上演していたのである。そして劇評家までがレンジェルの執筆意図を解せぬままにナイーヴに書いていたのである。

「此の芝居で見ると、忠君愛国つて妙なものだな」
「ふん、全《まつ》たくさうだね」

刺戟伝播

芝居としての『颱風』の出来映えはともかくとして、そこに盛られている日本人批判は、私たち当事者にとっては（腹を立てる人もいるかもしれないが）興味ふかく感じられる。ここでは作中に描かれた日本人像が真実か否かだけが問題となっているのではない。レンジェルが示した偏見や歪曲も、欧米人の対日本人観の一つの典型として興味ふかく感じられるのである。それに、第二次世界大戦後の日本知識人の対日本人観にも（その観点は多分に外国経由の見方をそのまま受け取ったものであったから）レンジェル的な見方があったことは否めないだろう。そしてそこには当っている節も、また当っていない節もあったのである。

レンジェルは日本の西欧化は本物か偽物かということを問題とした。それは中村光夫氏などが取りあげた日本の近代は西洋の近代の借着にすぎないのかという問題にそのまま相通じる。そしてその際に（これはいわゆる戦中派知識人にしばしば見られた態度なのだが）日本の西洋化を擬似西洋化と考えて絶望したがる日本人も多かった。また中には、自分は西洋文化を学んだ日本人であるからほかの日本人とは違う、という特権を利用して、自分自身は除外して日本の後進性を他人事のように論難する文化人もいた。——しかし明治時代の日本人が示したあの西学東漸《とうぜん》の努力ははたして冷笑にしか値しない、空しい努力だけであったのか。また民族の努力を測る物差しは、はたして西欧化という西洋本位の一元的な物差しだけであってよいものか。

レンジェルの『颱風』が筆者の興味を惹いたのは、前述したように、森鷗外との関連においてなのだが、鷗外は右のような疑問にたいしてそれとなく答えるところがあった。鷗外が日本における西洋文明の受容に関する諸問題について深い関心を示した人であり、それについての考えをあるいは演説(『洋学の盛衰を論ず』『人種哲学梗概』『黄禍論梗概』)に、あるいは随筆(『妄想』『夜なかに思つた事』)に、あるいは種々の小説や演劇形式(『なのりそ』)を借りてまで述べたことはよく知られている。森鷗外が『椋鳥通信』の中で『飈風』に言及したのは、鷗外が十数年来留意していた人種間問題がそこで話題となっていたからである。

しかし明治四十三年三月の『椋鳥通信』の紹介記事よりもはるかに重要なレンジェルと鷗外の関係は、『飈風』に触発されて、それにたいする一つの応答《リスポンス》として鷗外が短篇『普請中』を書き、同年六月の『三田文学』誌上に発表したということだろう。鷗外がドイツ留学中ベルリンでエリスという少女を愛したこと、エリスが帰国した鷗外を追って東京の築地の精養軒まで来たことなどは小金井喜美子の『鷗外の思ひ出』などによってすでに広く知られている。鷗外は一九一〇年の春に *Taifun* を読んで二十余年前の自分の留学生活、自分とエリスとのこと、またほかの日本人留学生たちのことをまざまざと思い出したにちがいない。自分たち自身のことが問題にされている、という感じを受けたことと思う。その感覚が痛切であっただけに、鷗外は自分がエリスにたいしてとった処置にたいする釈明を書きたい気持にもなったのだろう。レンジェルの戯曲を読みながら鷗外はベルリンの雰囲気に引きこまれてドイツ語で会話でもしたい気持になったのではないかと思われる。筆を取って鷗外は早速『普請中』を書いたが、その中で渡辺参事官がドイツの女に向って、

「ここは日本だ」

とすげなくいうのは西洋社会と日本社会のちがいの認識に発した言葉なのであり、あわせて自分の冷たい態度のアポロギアともしたのである。渡辺は、後ろめたさはあるけれども、止むを得なかったのだ、という「後めたい、それを押し殺して強気に出る人物として描かれてゐる」(寺田透『鷗外の私小説』)。「が、鷗外の否定的方向における理念的な存在であるには変りないのだ」(同右)。森鷗外のような人でも二十代にベルリンにいた頃は西洋の女性に頻にキスをされたならば嬉しかったにちがいない。作中の

トケラモと同じように鷗外も半ばヨーロッパ人と化していたのだろう。鷗外自身の中にも西欧化した生活感情とそれに逆う感情が当時から渦を巻いていたのである。そして『普請中』の中では故意にその後者を強く前へ出している。

「ここは日本だ」

と渡辺が繰り返すのは作者鷗外の自意識の生《なま》な投影であるといってよいだろう。

ところでこの渡辺参事官とドイツ女との会話は、いかにも中年の森鷗外が創作したらしい会話運びで、会話をリードするのは日本人の渡辺ということになっている。鷗外が実際に四十歳前後のエリスと会ったのであるなら、鷗外がこれほど尊大な口をきけたかどうか。このような会話の場面を創作して自負心を満足させていた鷗外はやはり人生の伴侶については運命に恵まれなかった人、というべきではないのだろうか。この短篇が発表された直後に阿部次郎が書いた批評にも「『舞姫』の作者が此『普請中』の作者となつたかと思ふと、人生は淋しいものだと思ふ」というのがあった。『普請中』の二人の会話は、作者の冷厳な意志によって阻まれて、レンジェルの作中人物の会話のような熱っぽさをまったく持たぬままに終わってしまうのである。

『颱風』の直接的な影響というものは、字面に関する限りは、別にないのだが、しかし鷗外がレンジェルの戯曲を読んで複雑な感興を覚え、自分も自分なりにドイツ女との会話の場面を書いて自分の見方をそこに示しておこう、という気をおこしたのだという推定は許されるだろう。このような影響とはいわずに刺戟伝播と呼ばれる心理現象は、多くの場合後から実証することは難しいのだが、文学の創作の上には影響以上に重要な心理の波動なのである。影響の効果が模倣的であるとするならば刺戟伝播の効果はむしろ創造的といえる場合が多いのではないかとも思われる。そしてこの刺戟伝播がしばしばおこる心理現象であることは人間誰しも自分の心理上の体験に徴して合点のゆくことであるにちがいない。なおここで付け加えておくと、森鷗外は書物を読んで興を覚えると、すぐに自分でもそれと似たことを試みるという勤勉な生徒の名残りのような癖があった。リルケの『白』を訳したのは明治四十二年だが、その時もそれを模した『電車の窓』を書いている。それは日本化して日常化して味が薄くなってしまった半創作なのだが、鷗外の心的傾向を示す例にはなるだろう。それでそのような鷗外の癖を意識して注意して読み比べてみると、単なる字面の上での対応にしかすぎないのだが、『飇風』の主要人物であった日本人留学生官吏トケラモと西洋女性とその情人ベインスキーの三人が、『普請中』では日本人元留学生の官吏渡辺と西洋女性とその情人コジンスキーに転位しているように思われてくる。ベインスキーという東欧系の名前に誘発されて鷗外はコジンスキーというやはり東欧（ポーランド）系の名前をつけたのではないだろうか。

しかしそのような外面上の類似は、作中人物の間に直接的な影響関係が認められない以上はそれほど意味のある事柄ではないだろう。『飇風』に刺戟されて鷗外の意識下にあった思念が『普請中』という小説形式の中に固定されて表面化したというのなら、レンジェルの戯曲は触媒の作用しか勤めなかったということになる。

国造りへの参画者

『普請中』という作品は、一、ロマネスクな短篇小説という作品それ自体の価値において、二、作者森鷗外の心情を解明する手がかりとして、三、日本の西欧化に伴う問題にふれた論として、それぞれ話題にのせることが可能だろう。第一の芸術作品としての『普請中』を論ずることはここでは略するが、第二の個人としての森鷗外の心情と、第三のいわば公人としての森鷗外の見解は、たがいにからみあった問題といえるだろう。いま筆者は、刺戟伝播を受けて鷗外はアポロギア、自己弁明として『普請中』を書いて心の重荷をおろした、そしてその際に『飇風』は『普請中』執筆の触媒として作用した、と述べた。しかしおそらくより重要な点は、鷗外が日本社会の西洋化に伴う諸問題をレンジェルの戯曲に刺戟されて考えた、あるいは平常考えていたところをこの機会に外へ示した、という事実にあるのだろう。『妄想』の中で *Taifun* がベルツの説とともに引かれていたのは、すでに見た通り、日本における学問の輸入と学問の創造という問題との関連においてであった。それではレンジェルの批判にたいして鷗外は日本の西欧化について『普請中』の中でどのように答えているのか。

日本という近代国家の「普請《ビルディング》」については、内部から国造りに参画した知識人と、外部から批判した人とがあった。その両者はたがいに悪口をいいあうことが多かった仲なのだが、筆者はその一方のカテゴリーに与《くみ》して他方を貶めようとは思わない。少なくとも筆者は軍医総監森林太郎を褒めて（あるいは貶めて）独立自尊の福沢諭吉や内村鑑三を貶めよう（あるいは褒めよう）とは思わない。

ところでそのインサイダーの中にもアウトサイダーの中にも、西洋の近代社会を理想的な標準と考えて、それを尺度に「追いつけ、追いこせ」と唱えた啓蒙主義者や近代主義者もいた。和洋折衷を説いた人もいた。中には先祖返りをして白木造りの普請に美を見いだした人もいた。日本の近代化への努力と知識人の関係は、そのようにさまざまな場合があるのだが、森鷗外は国造りに参画し、内部で智恵を働かせた人である。しかも珍しいことに、彼は文学者としても抜群の働きをしている。そしてその際の鷗外にはインズやアウツを超越した一段と高い視点から事態を観察している趣きがあった。他の多くのインサイダーとは異なって、鷗外は自分が参与した建設の成果を夜郎自大的に誇ることはしていない。日露戦争に勝ったことによって国家目標を喪失した明治末年の日本にあって鷗外は「遠い、遠い西洋」との落差と相違とを強く意識していた。それが、『普請中』の中では「某大教正の書いた神代文字といふものである。日本は芸術の国ではない」という指摘や「日本はまだそんなに進んでゐないからなあ」という言葉となって表われたのである。この種の感想は、いま一歩を進めれば、『かのやうに』の中で論ぜられた明治末期の日本における歴史と神話の未分化の問題にも突き当ることだろう。そして、前にもふれた通り、「ここは日本だ」という西洋との違いが『普請中』の中ではルフランのように繰り返されるのである。ドイツから来た女は、ドイツ時代の渡辺の愛が忘れられず、彼との再会にあわい期待を寄せていたのだが、渡辺参事官ははっきりとした声で女の旦那「コジンスキーの健康を祝して」乾杯する。

"Kosinski soll leben!"

このようにして期待を斥けられた女は、ヴェールに深く面《おもて》を包んで一輛の寂しい車で駈けて去った。この短篇の終末の寂しさは、三好行雄氏も指摘する通り(『近代文学注釈大系、森鷗外』有精堂)、作者鷗外自身の寂しさなのである。それは個人の問題としては思い通りの愛を得られなかったがゆえの寂しさなのだが、社会の問題としては、鷗外が共鳴した西洋の近代社会では認められている諸価値が「普請中」の日本社会ではいまだに認められていないことゆえの寂しさなのだろう。

『普請中』はこのように近代化論との関係でもしばしば問題とされた短篇だったが、近年は外国人の日本研究家も注目しはじめたようである。アイヴァン・モリス教授は *Modern Japanese Stories*, edited by Ivan Morris, Tokyo, Tuttle, 1962 の巻頭に、『普請中』の英訳を "Under Reconstruction" という題名で掲げているが、その解説には次のような言葉が見える。

「この物語は著者が四十八歳であった一九一〇年にはじめて発表された。物語の背景は日本が対ロシアとの戦争で勝利をおさめた数年後の東京であり、日本自身が『普請中』であった時のことである。精養軒ホテルはいまでも東京の上野で繁昌しているが、この精養軒は日本という国の急速な西洋化への努力の成果を縮図的に示している。そうして出来上ったものはしばしば不細工なものであり、西洋を知悉《ちしつ》している者にとっては、とかく滑稽なものとなりがちであった。森鷗外は彼自身ヨーロッパをよく知っていた人であったから、この物語に見られるように、彼の祖国日本の擬似西洋化を、このような透徹した目をもって描くことができたのである」

この解説は、そこに日本の評論家の意見が参照されているにせよ、本質的に西洋主義の見地から出た感想といえるだろう。日本の西洋化の努力にはたしかに不器用な面も滑稽な面もあった。clumsy な面も ludicrous な面もあった。西洋化というよりは擬似西洋化 pseudo-Westernization と呼ぶべき現象であったかもしれなかった。しかし森鷗外がそのような「普請中」の日本を、自分はその祖国の近代化への努力とは無縁な人のように、ただ客観的な目で見ていただけであったのか、というとそこには問題があるだろう。明治の官僚組織の内側にいた（そして今日流行の用語を使えば体制の内部にいた）森鷗外の発言は、アウトサイダーにありがちな一面的な批評とは異なって、より複雑なニュアンスを帯びている。同じく明治の知識人とはいいながら、国造りに協力しその普請に参画した鷗外の発言には、中江兆民や内村鑑三やそのエピゴーネンなどの時評とは異なった、一種の練れた思考の重みがある。鷗外が今日でも、文学青年や思想青年や宗教青年以外にも、大人の読者を持っているのは、その種の知的成熟が彼の著作に感じられるからだろう。そして日本の近代化と知識人の問題を考える時に、鷗外の発言が委曲を尽くして興味ふかく、明瞭透徹した文章がいまもなお新鮮に感じられるのは、彼が占めていたそのような公人としての位置とも関連しているのではないだろうか。鷗外が体制の内部にいたということは（性急な評家はそのことだけをとりあげて否定的な評価を下したものであったが）、ここではむしろポジティヴな要素となって働いたと見るべきだろう。丸山真男氏は『日本の思想』（岩波新書、五四頁）の中で、日本の近代文学のある種の狭小さの理由の一つとして、「文学者が官僚制の階梯からの脱落者または直接的環境（家と郷土）からの遁走者であるか、さもなくば、政治運動への挫折感を補完するために文学に入ったものが少くない」と指摘され、例外として森鷗外の名をあげておられる。大人の読者の中には、反俗の文士よりも「俗のために制馭せられさへしなければ、俗に随ふのは、悪い所ではない。却《かえ》つて結構です」といえるだけの強靱な人格の持主であった鷗外に惹かれる人も多いのではないだろうか。鷗外の著作には、文学青年のみならず政治学者や比較思想史家の考究の対象となるものが深く蔵されている。西欧世界と日本の関係を意識するという意味での culture-conscious の人にとっては、森鷗外の存在は夏目漱石などの存在とともに、これを考慮の外へ置くことはできない存在のように思われる。

「冷然たる矜持」

三島由紀夫氏は評論『鷗外の短篇小説』の中で『普請中』について卓抜な一エッセイを書いている。三島氏はいう。

「この短篇の『日本はまだ普請中だ』といふ主題ほど、古びないものはあるまい。今日(三島氏のこの評論は『文藝』森鷗外読本、昭和三十一年、に発表された)このごろも、都心でビルの新築工事のために、さなきだにせまい道路がせばめられてゐるのを見るたびに、私はこの短篇が今日なほ生きてゐると思ふ。日本は今日なほ普請中なのである。すると今日もどこかで、渡辺参事官がつまらなさうな顔をしながら、留学の昔の女と、夕食を共にしてゐるやうな空想が起る。

渡辺参事官は当時の知的エリットであり、私的優越から来る鳥瞰的な目で日本を眺めてゐる人の孤独を抱き、『日本はまだ普請中だ』といふ冷厳な判断の中に生きてゐる。明治の知識人の絶望がすでに色濃くあらはれてゐるが、今とちがふところは、これほど深い諦観にひたりながらも、彼がなほその普請に参画してゐることである。……半ば絶望しながら建設に携はつてゐた知識人の像は、今日のやうな、絶望しつつ建設とは無縁に生きてゐる知識人の像とちがつて、はるかに小説的鑑賞に堪へるものである。さう考へてゆくと、鷗外の文学作品に対する郷愁のやうなものは、おそらく大半そこにかかつてゐるのではないかといふ疑惑も起きる。鷗外の冷然たる矜持は私を魅してやまないが、その矜持も、普請中の知識人の持つてゐた矜持である。……」

森鷗外は、昭和期の安直な知識人たちのように絶望などという言葉を軽々しく口にする人ではなかった。「今日のやうな、絶望しつつ建設とは無縁に生きてゐる知識人」という三島氏の言葉には、国の普請にも大学の普請にも内側から参与せず、さりとて外側にあって独立自尊の精神ももたず、愚痴にも似た批判の言葉だけを洩らしていた「知識人」にたいする皮肉がこめられているようである。そして三島氏の論が書かれてから四十年が経った今日、人々は戦後に流行した西洋の近代社会という理想を掲げて日本社会の前近代性を貶しめるという類の比較論にはだんだんと耳を傾けなくなってしまった。それはその種の優劣論にはポジティヴな建設的な内容がほとんど盛られていなかったからであろう。森鷗外にしても、もし価値判断の基準を西洋において日本の西洋化の拙なさを冷笑しているだけの人であったならば、今日もなお読者を惹きつけ得たかどうか。そのような部外者的な高踏的な批評であったならば、森鷗外の著作が今日もこれほど重厚な迫力をもって迫り得たかどうか。鷗外は事態を冷静に客観視したという点では傍観者という呼び名にふさわしかったかもしれないが、それは彼が強い性格と広くて正確な知識と秀れた眼を持っていたからできたのである。鷗外は無責任な弥次馬的な傍観者ではなかった。鷗外は「冷然たる矜持」をもって、日本の普請に参画していたのである。当然のことだが、国家にしても大学にしても研究室にしても、自然的に存在するのではない。それは人工的な意識的な構築物である。それを創り、それを組織し、それを運営する人がいるからこそ実質的に機能するのである。その種の共同体は知的精鋭の主体的な参加によってはじめて効果的に活動するのである。

しかしそれがどのような日本の普請であったかが問題なのだ、と人は反問するであろう。そして近代の洋風な日本の建設については、外国人からもまた日本人からもレンジェル風な批判が次々と出されたのである。鷗外は西洋を知っている人としてその批判の一部を受け入れる。しかし鷗外は日本の建設に参画する人として不当な批判には反撥する。鷗外にはその種の批判の当不当を見わけるだけの知識と体験がよく備わっていた。彼が西洋一辺倒の近代主義にも、また反動的な国家主義にもおちいることがなかったのはそのバランスの感覚のためであるといえるだろう。鷗外のその種の立場については、すでに第一部でふれたが、それは「和魂洋才」でもなく「洋魂洋才」でもなかったということはいっておきたい。その立場は鷗外自身の表現を借りるなら「二本足の人」の立場だった。——そしてそのような釣合のとれた二本足の人の中には、西洋人の日本学者バジル・ホール・チェンバレンなどもいた、といってもよいだろうと思う。チェンバレンはコスモポリタンの世界的の精神をもった人であり、極めて謹慎な研究家であったが、日本の擬似西洋化を嗤《わら》う人々にたいして *Things Japanese* by Basil Hall Chamberlain, 1905 の Europeanisation の項で次のように答えたのである。

"The superficiality attributed to her〔Japanese〕assimilation of imported civilisations exists only in the superficial knowledge of the would-be critics."

「普請中」の国日本についてのレンジェルと鷗外の作品を論じたこの一文の冒頭と末尾に筆者がチェンバレンの言葉を引いたのはほかでもない。この種の intercultural な二つの世界に跨《またが》る問題について、その心理は日本人にはわかるが外国人にはわかるはずがない、という説が日本の一部知識人の間で流されているからである（そのようにいうならばイタリアにたいして文化的劣等感を抱いたロンサールのことも、フランスにたいして文化的憧憬を寄せた啓蒙期のドイツ人のことも、西欧主義とスラヴ主義の間を往復したロシアのインテリゲンチヤのことも、日本人には論ずる資格がまったくなくなってしまうではないか）。たしかに日本における西洋文明の受容については、一本足の西洋中心的な外国人の言説には（そしてそれに対応する一本足の外国崇拝的な日本人の言説にも）多くの誤りがあった。しかし過去においてそのような事情があっただけに筆者は思うのである。東から西へ渡った森鷗外のような日本人と、西から東へ来たチェンバレン以下の第一級の西洋人の日本学者とは、それぞれ二本足の学者として共通の体験をわかちあうがゆえに、かれらの見解が一致するところにこそ、普請中の日本の未来への希望と可能性が秘められているのではあるまいか、と。

森鷗外の『花子』
――見返りの心理

ロダンの「ハナコ」

パリ七区にあるロダン美術館はその界隈にある一番美しい館であろう。広々とした庭園も郊外を思わせて好ましく、ロダンの彫刻のいくつかは屋外の自然の中にあって木の葉がくれに生動している。この建物はHôtel Bironとも呼ばれているが、ロダンが生きていた間は美術館ではなく、フランス政府の持物で、ロダンはそこにアトリエを借りて仕事をしていた。(1) 彼はその大きな建物の一階の美しい部屋を二つ使って彫刻をしていたのだが、ムードンに本宅を持っているロダンにこのオテル・ビロンの部屋を借りることをすすめたのは当時彼の秘書を勤めていたリルケであったという。

建物は一七三一年にPeyrencという富豪が作らせ、一七五三年にいまも建物に名前を残している公爵ビロン元帥の持物となり、大革命後さまざまな人の手を経た後、一八二〇年から一九〇一年まではSacré-Cœur聖心派の修道院となっていた。それが二十世紀初頭の政教分離の政策で尼さんたちは立ち退かされたのである。そのあとへ芸術家たちがはいりこみ、ロダンもアトリエを借り、彼が一九一七年に死んだ後、国立のロダン美術館となったのであった。

日本人でこの美術館を訪れる人は数多いが、急ぎ足の観光客もこの異国の彫刻家の館の中で意外にも日本の姿を認めて、二箇所で思わず足を止める。その第一はヴァン・ゴッホの『タンギー親爺』の図の前で、背景に六枚の浮世絵が油絵具で複写されているからである。その第二は日本の女の顔の彫刻の前で、その下にはTête d'Hanako『花子の頭』と記されている。それは青銅の高さ三十一センチ、幅二十センチ、奥行二十四センチほどの像だが、郊外のムードンのロダン美術館まで足をのばすと、そこにもMasque d'Hanako『花子のマスク』というテラコッタの、前者の半分くらいの寸法の作品が飾られてある。ゴッホの『タンギー親爺』の肖像画の背景に花魁《おいらん》や富士山や雪景色の道中の浮世絵が描かれているのは、フランス印象派に与えた写楽、北斎、広重などの影響のことを即座に想起させるが、このロダンが彫った日本の女の頭――一見してそれほど上品とも美人とも思われないこの「花子」とは何者なのだろうか？　日本から来た観光客や留学生は、一種怪訝の面持で、思いがけぬ同国人女性の像の前に足を止めるのである。(2)

遠く来てロダンの作に残りたるこの日本《ひのもと》の若き
人誰れ

しかし、この花子については、上野の国立西洋美術館にも青銅の像が二つある。必ずしもいつも展示されてはいないようだが、一つは『花子の頭』、一つは『花子のマスク』で、名前は同じだがパリにあるのとは異なる作品である。後者は同館の開館記念目録によれば一九〇六年制作の由で、説明には後述する高村光太郎の回想から引かれたのであろう、「花子は欧米を巡業した日本舞踊団の女優で、ロダンはこの一座をマルセーユで見て興味を覚え、パリ興行以後はたびたび彼女をアトリエに招いて、数多くのデッサンと彫刻を作っている」と出ている。西洋美術館の館員にもこの「花子」について詳しい人はいないらしく、昭和四十一年のロダン展の時にもとくに細かい説明の言葉は見られなかった。

森鷗外の「花子」

このいまだによく知られていない花子について、彼女がはじめてロダンのアトリエへ行った時の情景をいちはやく短篇に書いた人がいた。それはほかならぬ森鷗外で、作品は『花子』と題されて明治四十三年七月の『三田文学』に掲載され、いまは岩波書店の一次『鷗外全集』の第二巻、二次『鷗外全集』の第三巻、筑摩書房の『現代日本文学全集』第七巻そのほかに収められている。読者がこの研究を読むに先立ってその短篇を読まれることを希望するが、筋はおよそ次の通りである。

オテル・ビロンのロダンのアトリエへ興行師に連れられた女優花子が通訳を勤める留学生の久保田医学士と一緒にはいってくる。久保田らはロダンに挨拶するのだが、彼が握手した手はあの『接吻』や『考える人』などを彫った手であった。ロダンが二三の会話のあと花子にモデルになることを頼むと、彼女はきさくに、さっぱりと引き受ける。そしてロダンが着物を脱いだ花子のデッサンを取っている間、久保田は書籍室で一人ロダンの蔵書に目を通すこととなる。その時、久保田はボードレールの『おもちゃの形而上学』を読むのだが、それがロダンの芸術思想を示唆する一つの伏線ともなっている。やがてロダンに呼ばれて久保田が見てみると二枚のエスキスができており、その時ロダンは久保田に花子という日本女性の「強さの美」を説いてくれる。そして短篇は、久保田にとっても日本の読者にとっても意想外なロダンの日本女性の美を讃える言葉によって終わるのである。

『花子』は小説形式で書かれているけれども、登場人物の出入りという点から考えると、久保田が書籍室で一人きりになる途中の場をはさんで、一幕三場の芝居のようにもできている。しかしこの作品には事件らしい事件が欠けているから、ドラマティックな面白味はおよそない。筋の発展の妙味はほとんどないのである。ただ会話や地の文章に鋭い観察と芸術論とでもいえるようなものがあって、それが作品の興味を支えている。とくに最後のロダンの花子を褒める言葉が効果的に使われていて、この短篇の主眼はロダンの『マドモアセユ《ママ》は実に美しい体を持つてゐます』云々の句を浮彫りにすることにあるのか、と思われるほどである。

この作品は、一読すると、ロダンという名士を訪問した記録のような趣きがあるので、久保田医学士に相当するような人が実在して、その人が鷗外に話を伝えたのではないか、と推測した人もいた。(3) とくに明治四十三年六月にパリで病死した大久保栄は医学生でありながら文芸にも興味をもち、鷗外が深く愛した青年であったから、作中の久保田は大久保なのではあるまいか、と名前の類似も手伝って推測が行なわれたのである。

しかし短篇『花子』は読み返してみると、いかにも理知的な文章で書かれていて、議論が勝った鷗外の一幕物の芝居などを思いおこさせる。人物そのものはさほど生動しておらず、作者の頭で拵えた知的構成物という感じがいかにも強いのである。学者肌の作者がその教養で書いているという感じがするのである。

ところで考えてみると、このように当時まだ現存の西洋の芸術界の大立者を短篇の主人公に選んだということは、半世紀後の一九六〇年代の時点に引き移してみれば、カラヤンを小説の主人公にしたとか、ピカソ——ピカソではもう古すぎるのかもしれない。ロダンは鷗外に比べて二十歳の年長者でしかなかったのだから——を短篇に取りあげた、というくらいの目新しさが明治の末年の日本ではあったことだろうと思う。それはきわめて大胆な試みだった。なぜなら鷗外のように日露戦争以後文壇の指導的な立場に立った人としては、ロダンについて単にゴシップを書くだけではすまされなかったからである。白樺派の擡頭にともなって日本にロダン熱が澎湃《ほうはい》として湧きおこってきた明治末年の日本である。鷗外がロダンについて書くとなれば、ロダンの芸術の本質にもふれなければならない。そして花子という日本女性がロダンによってモデルに選ばれた以上、その場合に潜む特別の意味にも言及しなければならない。ここでは珍しく西と東の間に文化の対面通行が行なわれたのである。そのように考えてくると、花子を介してのオーギュスト・ロダンと森鷗外の組合せは、西洋と東洋が直接ふれ、おたがいが共通の尺度で測定され得る場合として、興味ふかい出会いのように思われてくる。『花子』以前に日本の作家が西洋の芸術家を小説中に扱ったことはなかった。ましてや西洋の芸術家の中における東洋の意味を探ったことはなかった。それでは鷗外はどのような材料をもとにしてこの短篇を構成したのか。どのような創作心理で作中人物に会話させたのか。どのような執筆衝動にかられて筆をとったのか。

高村光太郎の証言

そのような実在した花子への関心と鷗外の短篇の

材源への詮索の興味とに誘われて、筆者は探偵に似た目つきで——ある種の文学研究は探偵小説に近いという評がヴァレリーにもあるが——調査をはじめたのである。筆者はまず森鷗外研究書誌に目を通してみた。そして女優花子についても鷗外の『花子』についても特に詳しい研究が日本人の手によってなされていないことを知った。日本側の文献には、いわゆる評論とか解説は数多くあっても、森鷗外の『花子』という作品それ自体の成立過程に言及した文献はほとんどないのである。(4) 森鷗外の知識は、彼が生きていた時代の日本の知的水準に比べてあまりにも秀れていたものであったから、多くの日本人はこの短篇が「なぜ」「どのようにして」書かれたかを問うことを忘れてしまい、いわば神話的存在の鷗外の筆端からおのずから成った作品でもあるかのように錯覚して、成立過程を通じてのダイナミックな把握を行なおうとせず、出来上った作品をスタティックに眺めて各自がそれぞれ勝手な物差しをあてて論評をしてきた感がある。その多くは作品を外から撫でた印象批評の域を出ていない。

しかしロダンに傾倒し、かつ森鷗外に師事した高村光太郎は、余人とは異なり、鷗外に向って『花子』の成立について質問し、それについて一文を昭和十五年に書きとめておいてくれた。昭和十五年は一八四〇年に生まれたロダンの生誕百年にあたる年で、その機会に高村は原稿執筆を依頼されたのであろう。しかし「鷗外先生の『花子』」(5) というこの回想は、『花子』が出てから三十年も後のことであり、記憶ちがいも散見する。いまその興味ふかい箇所を引用する。

「雑誌『スバル』（これは『三田文学』の誤り）に『花子』が出た時、『よく花子のことをご存じですね』と言つたら、『うん』といつて先生は微笑せられた。……鷗外先生の『花子』はまことに簡にして要を得た小説であつて、ロダンの風貌性格習性がいきいきと描かれて居る。巧にロダンの言説まで取り入れられ、又久保田医学士といふ人物の行動をかりて、ダンテからボオドレエルに至るロダンの思想上の経歴まで暗示されてゐる。……その最後の花子の肉体についてロダンが語つてゐる数行は、グゼルも筆録した事のあるロダンの談話を要約したものである」

ここで高村光太郎がいう「ダンテからボオドレエルに至るロダンの思想上の経歴」とは、久保田医学士が彫刻家の書籍室で見かけた『神曲』やボードレール全集が、ロダンの愛読書であり、彫刻制作のインスピレーションの源となっていたことをいうのである。高村の言葉を借りれば、「この小説にあるダンテとボオドレエルとはロダンの彫刻の言はばライトモチフとなつたもので」ある。その系譜は、いま少し詳しく分析すれば、ダンテから直接ロダンへ働きかけた場合、ダンテから『悪の華』の詩人を介してロダンへ働きかけた場合、ダンテからミケランジェロを介してロダンへ働きかけた場合、などに分けることもできるかもしれない。たとえばいま上野の西洋美術館の庭にある『地獄の門』は、直接的には『神曲』に材を取った作品だが、芸術的構想としてはローマのシスティーナ礼拝堂にミケランジェロが描いた『最後の審判』に想を得ている。そしてミケランジェロの『最後の審判』はそれ自体が『神曲』の影響下に創作された作品であるから、ロダンはその線でも間接的にダンテの系譜に連なっているといえるだろう。このダンテ、ミケランジェロ、ボードレール、ロダンという系譜には欧州文芸の大きな道が一本通じていると思われるが、『花子』の著者森鷗外もドイツ留学中に『神曲』を読みかけて「幽味にして恍惚」と感動し、また『即興詩人』の翻訳を通じて『神曲』の魅力を広く日本へ伝えた第一の人であったから、鷗外にはロダンの思想的位置は容易につかめたことと思われる。ところで高村光太郎が右に引いた文章の中で「又久保田医学士といふ人物の行動をかりて」（傍点筆者）と書いたのは、短篇の中で久保田は説明者の役割を果たしているのであって実在の人物ではない、ということを察していたからであろう。とくに高村が後になって『ロダンの言葉』を翻訳し、鷗外がグゼルの筆録を短篇の結びにそのまま利用したのを知った時は、『花子』が鷗外の知的教養の所産であることを強く感じたにちがいない。

高村光太郎の「小さい花子《プチトアナコ》」

　ところで高村光太郎には花子についていま一つ記事がある。それは鷗外の短篇の『花子』ではなくて実際の花子（本名太田ひさ）についての記事である。高村は神代種亮《こうじろたねすけ》から、花子が岐阜の「新駒」という妹の家にいてロダンの彫刻を持っている、と聞いて、昭和二年彼女に会いに行き、いろいろと話を聞いたのであった。それは高村の『オオギュスト　ロダン』(6)というロダン伝の最後の章「小さい花子《プチトアナコ》」を形づくっているのだが、花子と会って話を聞き、感動した人の実感が文字にそのまま移されている。いまここにその大部分を引用する。

　私は以前ロダンの花子のデッサンを見て感動した。両手で前を押へて遠慮がちに立つてゐる其のからだは、僅か二三の線で描かれてゐるが私を打つた。花子の首の鋳金がフランスの画商の開いた展覧会に出てゐた時、此の極東の女性を如何に彼が注意深く、心を空しくして、尋常科の生徒のやうに、正直一図に作つてゐるかを見て感心した。花子はロダンの気に入りであつた。ロダンの愛が作に出てゐる。花子は私にとつてもなつかしい人のやうな気がした。

　今年（昭和二年）の二月初旬、もう日本に帰つてゐた花子を岐阜に訪ねた。花子は日本舞踊団を作つて欧米を二十年も歩いてゐた女優であり、今は岐阜の華街に近い、妹さんのお店、妓楼「新駒」の御隠居さんであつた。雪を踏んで遠く尋ねて来た私を「花子」は喜び迎へてくれた。「小さい花子《プチトアナコ》」で通つてゐた程あつて、彼女は成程小柄な、きりりとした、眼の綺麗な、口のしまつた、色の白い、人をそらさぬ「をばさん」であつた。ぎんとひびく声が流暢につづいて耳に快い。

　「明治あれは三十九年でしたか、マルセイユの博覧会の興行の時ですね。その時、初めてロダンさんにお目にかかつたのです。幕がしまると、支配人が私を呼んで、お前さんに会ひたいといふ方がある。大変名高い方で、後々の為になる方だから是非おめにかかれ、と言ふのです。おまけに舞台姿のままでといふのでせう、私も弱つたけれど、まあお目にかかりました。其頃はロダンさんだかなんだか、そんな事は知らないでせう、いい加減迷惑だつたのですけれど。さうすると懐から紙と鉛筆を出して私の姿を、ちよいちよいちよいとお描きになるのです。その早いこと、早い事。それから名刺を下すつて、巴里に来たら是非寄つてくれ、と仰有《おつしや》るのです。その内私は忘れちまひましたが、巴里の小屋で打つてゐると、自働《ママ》車でお迎が来たのです。それから、だんだんお馴染になりました」

「花子」はお茶を入れかへて又私にすすめた。

花子をひどく贔屓《ひいき》にしてゐる人が二人居た。一人は露西亜《ロシア》の或る伯爵夫人でモスコオに居住する人。一人が即ちロダン。毎年夏期三個月は休みなので、此のどちらかの家で日を過した。半分づつ両方で過した事もある。ロダンは団子のやうな粘土をいくつも作つて置いて花子の首を会ふたびに新しく作つた。

「そのうちに私の死の首といふのをお作りになりました。舞台でやる通り、かうやつて眼を寄せて顔をしかめた所でせう、毎日毎日其のモデルをするので本当に困つてしまひました。何処へ行つても、此頃眼が変ですね、と言はれる程でした。ロダンさんは折角よく出来た眼の玉へ棒をぎゆつとさして、くるくると廻して壊してしまつて、『又明日《ドマン》』と仰有るのです。私も時々怒つて、『疲れた《ファチゲ》』といつて止《よ》しました。とうとう仕舞に出来上つたら、それはそれは喜んで、室を暗くして蠟燭を沢山おつけになつて、そのまんなかに首を置いて、奥さんもお呼びになつて、お祝をなさいました」

此があのベエトオブエンに似てゐるといふ『花子』の大きい首である。

「ロダンさんは私を腰巾着にして何処へ行くにも連れていつて下すつた。宴会へでも何でも。本当に可愛がつて下すつた。私、裸になるのが厭だから色々断つたのですが、断りきれないで、お腰を取らずにといふ条件でモデルになつたのですが、後で奥さんが私を呼んで、よくモデルになつて下すつた、けれどロダンが花子はどうしても本当の裸にならないといつてこぼしてゐる、と仰有るのでせう。ですからね」

花子は笑つた。私も笑つた。

「ロダンさんは時々何処を見るか分らない様な眼をしていらつしやる。話をしても分らないのだらうと思つて、今言つた事分つて、と言つてきくと、合点合点なさるのです。料理屋で食事をしていらつしやる時でも何でも、何か思出すと、鉛筆を出して、カフスの上へちよこちよことお書きになる。さうしては家へお帰りになつてから紙にお写しになる。其紙を又毎朝、男の方がきまつて取りにいらつしやるのです」

恐らく『カテドラル』の原稿となつたのであらう。

「ロダンさんは動物がお好で、ムウドンには大きな犬が二匹、馬が一匹居ました。馬に私はお茶の角砂糖を取つて置いてよく遣りに行くと喜んだものです。ムウドンで私は離れの二階に夜寝るものですから、ロダンさんは其犬を一匹毎晩私の処へ連れて来て下さるのです。明日の朝までよく番をおし、と言つて帰つてゆかれる。犬は私の寝台の下にいつでもちやんと臥てゐます。窓の外に無花果《イチジク》の樹があつて、無花果といへば、その樹に好い実がなるのです。其を誰にも取らせないで私に下さるのです。そんなに可愛がつて下すつた。その樹の葉が風で窓のガラスに当ると、その犬がそうつと這つて窓の処まで行つてじつと耳を澄ませてゐるのです。本当に利口な犬でした」

花子の思出話は無限に続くのである。

「戦争の時独逸から巴里へ逃げて来ますと、ロダンさんは男衆を自動車で停車場まで迎に出して下すつた。いよいよ玉が飛んで来るのでロンドンへ逃げようと相談なされて、私もロンドンまでお伴しました。其時奥さんが金貨を両方の掌《てのひら》に一ぱい盛つて来られて、黙つて、片方のをロダンさんに、片方のを私に下すつた。ほんとにいい奥さんでした。ロダンさんは随分日本のものがお好でした。いろんなものを持つておいででした。日本の方《かた》で男衆になつてる方も居た様です。日本の方がよく錦絵など売りにいらしつた。ロダンさんはすぐ騙されるのですもの。笑絵などをお買ひになつて、それを」

花子は話頭を転ずる。

「ロダンさんはそれは怖がり屋で、すぐ大きな眼をしてびつくりなさるのです。歯がお痛みになるといふから巴里の私の知つてるアメリカの歯医者さんへ連れて行つてあげましたら、ぴかぴか光る器械を見ただけですつかり脅えてしまつて、片手で私の手をしつかりつかまへて我慢しておいでなのです。明日になると歯はもうすつかり治つた、と仰有つて其ぎりになつてしまひました」

花子はロンドンで日本料理店を開いてゐた。花子がロダンと最後の別をしたのは、彼が伊太利へ行くといつてロンドンを立つ時、ロンドンの停車場で別れた時であるといふ。ロダンの死後、花子はムウドンの墓に詣でた。門番はすぐ入れてくれた。主無き昔ながらの家が立つてゐる。墓に額《ぬか》づいて庭に行くと、鎖につながれた犬がもう花子を見つけて大騒ぎした。廏にゆくと馬がまだ居た。

「私は涙がこぼれました」と花子は言つた。縁近く飼はれてゐるセキセイインコがけたたましく鳴きつづけた。

私は再会を約して、其夜岐阜を立つた。親しくロダンに会つた思ひがして、身内の燃え立つのを感じた。

これは生き身のロダンを伝える、そしてまた花子をも伝える、すばらしいルポルタージュではないだろうか。多くの人々のロダン伝よりもさらに鮮やかにロダンという人間が生動して感じられる節がある。高村光太郎は正直な人であったから、聞いたところを多少伏せることはあっても曲筆するようなことはしなかったであろう。そしてそのことを裏書きするかのように、花子はロダンについて別の機会に別の人にもほぼ同じ内容を物語っているのである。

『朝日新聞』の「花子」

鷗外の作中の花子は「度々同じ事を話すので、次第に修行が積んで、（その身上話は）routine のある小説家の書く文章のやうになつてゐる」とある。これは鷗外が想像して書いた一節だが、偶然にも晩年の花子は、人に乞われるままに幾度かロダンについて同じ事を話したので、話にみがきがかかっていたようである。

昭和十五年は初夏にパリが陥落した年だったが、パリでは秋にロダン生誕百年祭を行なった。その機会に『朝日新聞』は記者を岐阜へ派遣して花子からロダンの思い出話を取材したのであった。その記事は昭和十五年十二月七日の新聞に「巨匠ロダンと〝小さな花子〟作品を守るモデルの思ひ出話」として掲載されており、内容豊かな花子の話は出色の記事となっている。数え年七十三歳の彼女は新聞記者に二つの彫刻を見せながら「芸者屋にこんなものがあるのはをかしいネ」とも「判らない人には汚いものですヨ」とも述懐したという。その彼女の話しぶりはいかにも率直で飾り気がなく「ロダンさん」の思い出を大切にしている人の言葉という印象を受ける。一般に学者や知識人のロダン論は、アプローチが知的であるために、とかくロダンを理想化したり抽象化したりするきらいがあるのだが、花子の場合は自己の体験を通じて語っているから、その思い出話は生な感じがするのである。強い実感があって、より直覚的な、より動物的なロダン理解があったように思える（そして事実、高村光太郎にも語ったように、花子はロダンの家で犬や馬とも仲好しだった）。花子は片言のフランス語を媒介とするよりも先に直観的にロダンの気持を察し、ロダンもまたそのような petite Hanako を愛していたのだろう。以下その新聞記事を引用する。

「……ロダンさんが六十代の頃のことです。私がマルセーユの博覧会で芝居の興行をしてゐる時見に来て、舞台姿を描かせて呉れと申し込まれました。私が斬られて桜の木の所へ倒れた時の顔が好いと云ふのです……私共一座がパリ興行のため着くと直ぐロダンさんから手紙が来て〝日曜に食事に来て呉れ〟とのこと、私が異人さんの家へ行くのなんかいやだと云つたが、マネジャーが偉い老人だから是非行けと勧めるので出かけました。行つたら直ぐに彫らせてくれとのことだつたのです……」

この「異人さん」という言葉にも、その家へ行きたがらない心理にも、明治の女、それも高等教育を受けたのではない女の反応が感じられる。花子が出ていた一座のマネージャーはロイ・フラー（Loie Fuller）というアメリカの女流舞踊家で、その人の『回想録』によるとロダンの家で最初花子はなにも話さずフラー女史がもっぱら喋ったということである。(7) 花子の思い出話に戻ると、

「……ロダンさんが仕事をしなさるのは朝から晩まで一日中コツコツアトリエにある作品を手がけるのです、四十分仕事をしては一寸休み又続けるといふ風ですが私が明日旅に発つといふ前日等は一時間に時間も延長されます。併《しか》し興味が乗らないと仕事をしません。お茶を飲んだ後等、大きな何処を見てゐるのか判らない目をあいてボヤーンとしてゐる。〝何を考えてゐるのです？〟ときいたら〝何も考えてゐないよ〟と云つた工合、お茶と散歩が好きで巡査の代りに飼つてゐた大きな犬と私をつれて散歩をし珍しい木や花があると写生をする、何しろ黙つてゐる人でした、ただモデルに立ちながら動くと怒りましたよ……例の『死の首』は目がうまく出来ないと云つて随分目だけに長くかかり、出来上つた時は喜んで奥さんと二人で私の顔を両方からベタ〳〵なめ廻すので困りました、ロダンさんの鬚は何しろ鬱陶しいものさ」

花子たちはパリを根拠地にヨーロッパ各地へ巡業に行っていた。遠くヘルシンキへ行って大成功を収めたこともある由で、(8) それはフィンランドにとっての宿敵ロシアを日本が打ち破った直後のための好意ある反応であったのだろう。花子の思い出話からも察せられるように花子は何度もロダンのモデルとなっており、そのつきあいは明治三十九年から第一次世界大戦勃発後の十年間近くに及んでいる。その間に花子もフランス語を覚え、「何を考えてゐるのです？」"Qu'est-ce que vous pensez?" などのフランス語会話は結構上手になっていたのにちがいない。彼女は学問はなかったが、人間としてはなかなかよくできた女だったのではないだろうか。とにかく彼女がロダンから可愛がられていたことは間違いない。『死の首』は花子が舞台の上でより目をして絶命す

る。その表情をロダンが彫った作で、花子はより目をしてモデルを勤めていた、といわれている。その作品が完成し、感謝の意味で頬に接吻されたのを、

「出来上つた時は喜んで奥さんと二人で私の顔を両方からベタ〳〵なめ廻すので困りました、ロダンさんの鬚は何しろ鬱陶しいものさ」

と回顧しているのは、キスにとまどった感じが実によく出ている。花子の談話は細かい日常生活を通してこの大彫刻家を的確に伝えているが、それは学者などの描くロダン像と違って自意識が過剰でない人の伝えるロダン像であり、グゼルやクラデルのような教養人が集めた『ロダンの言葉』とは次元を異にするが、しかしやはり貴重な証言といえるだろう。花子は『朝日新聞』の記者に次のように語り続けているが、それは高村光太郎にも語ったパリの花子の知っているアメリカの歯科医へロダンを連れて行った時のことだったのだろう。

「……気の小さかつたことと云つたら歯医者へ行くのにも一人では恐いからと私を伴れて行き、療治椅子に坐つても私の手を握つてゐます、まるで子供さ、そして痛《いた》がること、〝じつかりなさい〟と云ふと「うんうん《ウイウイ》」と云ひますが直ぐに又痛がります、散歩の時木の葉を手の上でボンと鳴らすと驚いてと び上るのです、……訪《たず》ねて来る人も殆どなし、毎朝新しいカフスをして、何かあるとそれを鉛筆で書込み寝る前に釘にかけておきます、一週間位経つとそれをパリから人が集めに来るのです、何だか判らなかつたのですが、これが有名な〝ロダンの言葉〟になつたのかも知れませんネ」

高村光太郎も翻訳し、その一部は日本の高等学校の国語教科書にも採用されたことがあった『ロダンの言葉』の中には、グゼルやクラデルやコキヨが筆録したものと、そのほかにロダンの手記とがあるが、後者は花子が目撃したようにワイシャツの袖口にロダンが思いついた語句を書きとどめたものをまとめた語録だったのである。

高村光太郎の「小さな花子《プチトアナコ》」にも出ていたが、花子はまた自分が裸のモデルになった時のことを次のように『朝日』の記者に語っている。

「……たつた一度ロダンさんと奥さん二人を相手

に私が喧嘩をしたのは、裸のモデルになれと云はれた時です。私が余り頑張るので、しまひには奥さんが手を合せて頼むやら、ロダンさんが煙草をつけてくれるやら散々機嫌をとられました……」

ロダンが花子の御機嫌をとりに煙草の火をつけてやったという具体的な詳細な追憶は、この言葉の真実性を裏書きするものだろう。ロダンと花子との関係もこのように聞いてくると実に鮮やかに推察される。高村光太郎は花子を岐阜に訪れて「親しくロダンに会つた思ひがして、身内の燃え立つのを感じた」と書いたが、『朝日新聞』の学芸部の記者も花子の話に釣りこまれて聞いていたにちがいない。そして高村の記述よりもこの『朝日新聞』の記事の方が、花子の肉声をより直接的に伝えているように感じられる。おそらく談話速記に余計な筆を加えずそのまま掲載したのではないだろうか。花子を訪ねて岐阜へ行った日本人には、そのほかにも猪熊弦一郎氏などかなりいるので、彼女についての日本側証言は今後もさらに出てくるかもしれない。

キーン教授の「花子」

花子についての最近の注目すべき研究はアメリカのコロンビア大学の Donald Keene 教授の文章だろう。その一部は「鷗外の『花子』をめぐって」と題されて直接日本語で雑誌『聲』一九五九年夏号（丸善）に発表され、さらに詳しい一文は英語で *Hanako* と題されて *New Japan* Vol.14／1962（毎日新聞社）に発表された。キーン教授は女優花子については、欧米側の新聞記事と、花子たちの一座の興行主のような存在であったロイ・フラーというアメリカ人の女流舞踊家の『回想録』と、ロダンの秘書をしていたルネ・シェルイ氏の談話から新しい資料を示し、鷗外の短篇『花子』については、「西洋人が東洋人を見て、魂まで読めて美術にそれを伝えたこと」「鷗外がその面会の瞬間――東洋が神秘でなくなった瞬間――の偉大さに気がついたこと」の意味を重大視している。はじめに資料的に興味ふかい女優花子についての記事を三、四紹介させていただく。

花子は明治三十四年に海外公演の踊り子募集に応じて国を飛び出したのだが、芸事はそれまでにいろいろと仕込まれていたようだが、[9] 女優として一座の主役に抜擢されたのはフラー女史に見こまれたからだそうである。[10] 花子という名前もフラー女史が選び、芝居の脚本も日本演劇を知らない彼女が書いた由で、キーン氏の Hanako にはその芝居を見たロダンの秘書シェルイ氏の次のような感想が引かれている。

"René Chéruy once told Loie Fuller how much he had been impressed by one of Hanako's death scenes — 'kneeling before a mirror and applying her make-up while chattering rapidly, until her jealous lover stepped from behind and strangled her with a scarf. I remarked to Loie that I really had no need to know the Japanese language to comprehend and enjoy the gist of the short play. It is then that Loie Fuller told me that all that scene of acting had been taught by *her*, Loie, to the diminutive Hanako.'"

そのフラー女史自身が、自分が演技をつけた花子の演技に逆に魅了されるようになった。彼女は花子の死の場面を次のように書いている。演技のリズムが文章のリズムにのって伝わってくるように感じられるので、英語のまま引用させていただく。

"With little movements like those of a frightened child, with sighs, with cries as of a wounded bird, she rolled herself into a ball, seeing to reduce her thin body to a mere nothing so that it was lost in the folds of her heavy embroidered Japanese robe. Her face became immovable, as if petrified, but her eyes continued to reveal intense animation ...Finally with great wide-open eyes she surveyed death, which had just overtaken her. It was thrilling."

花子の眼は印象的だったのであろう。それがロダンに『死の首』を彫らせる動機ともなったのだが、ドイツやオーストリアでもそれが話題となっていたのにちがいなく、森鷗外も『俳優渡英の議に就て』[11]の中で「花子でさへ表情が猛烈で宜《よろし》いと言はれてゐる」と西洋の評判を伝えている。アメリカでは忌憚《きたん》ない悪評（「花子の竹馬の下手な踊りや不恰好なおどけを見ると、彼女と他の三人の役者は檻の中の老衰はしているが、まだずるい猿を思い出させる」）と、奇妙な褒め方（「花子の背中にも表情がある」“Even her back is eloquent.”―― Edwin Markham）とが交錯している。

この『死の首』については、花子がロダンの前でポーズした時の有様を秘書の一人クラデル女史は次のように伝えている。「花子は普通の人のようにポーズしなかった。その顔はいつも冷い、恐ろしい激怒に歪められていた。虎に似ていて、その表情はわれわれ西洋人に全然合わない。日本人が死に臨んで発揮する意志の力で、何時間経っても花子は同じ表情を保っていた」。花子は『朝日新聞』の記者に「ただモデルに立ちながら動くと（ロダンは）怒りましたよ」と語ったが、フランスのモデル女に比べればはるかに辛抱強かったであろうことは私たちに推測がつく。クラデル女史は出来上ったマスクについては次のようにいっている。(12)「そのマスクが死に似ているとはいえません。それとは逆に、いかにも生きていてほとんど超自然的でした。それはまるで死刑を宣告された人の顔のようで、死が近づいてくることの恐怖のあまり全身の血が心臓に集まったという感じでした」。しかしその一見不可解な表情の下にクラデル女史は「恋も苦痛も知った可愛相な人間を認めた」という。これはロダンが花子の人となりや魂をよく見抜いたからこそそうした面ができたのであろう。

キーン教授のエッセイはまことに丹念な調査に基づいて書かれているが、花子の家族が空襲下にロダンの彫刻を持って逃げまわった、という話はそれ以前の火事の際の思い違いであろう。花子は二点の彫刻を昭和十六年に東京の医師赤塚秀雄氏にすでに譲渡していたからである。そのことは昭和二十五年四月にその件が「解けぬ謎の失跡、ロダンの名作〝花子の首〟」として新聞種になった時に明らかにされた。また第一次世界大戦の最中イギリスへ逃げた時にロダンが金貨を自分の妻と花子へ分けて渡したというのも間違いであろう。「其時奥さんが金貨を両方の掌《てのひら》に一ぱい盛つて来られて、黙つて、片方のをロダンさんに、片方のを私に下すつた。ほんとにいい奥さんでした」という高村に語った花子の回想にはあたたかい人間感情があふれている。シャンパーニュ出身の仕立女工でロダンに五十三年間連れ添ったマリー・ローズ・ブーレーも二十四歳年下の花子を愛したのであろうと思われる。花子は昭和二十年四月二日、ロダンが亡くなったと同じ七十七歳で、耳にできた丹毒がもとで死んだ。[13]

事実と虚構

女優花子については以上のように日本側からも欧米側からも興味ある証言が出てきた。それではそこに示された事実と鷗外の短篇の記述とはどこがどのように違うか、キーン教授が『花子』の英訳をルネ・シェルイ氏に送ったところ、もとロダンの秘書をしていたこの老人は返事に次のようなことも書いてよこしたという。[14]「鷗外の小説には『ロダンは久保田の前に烟草《タバコ》の箱を開けて出しながら……』とありますが、あり得ないことです。ロダンの邸宅には烟草が全然なく、来客が烟草を吸ったら大変怒ったでしょう。又、日本人の来客がロダンを待ちながらボードレールや神曲を読んだとは鷗外のフィクションです。ロダンの蔵書はムードンにあり、オテル・ビロンには本はありませんでした」

烟草とか葉巻とかはもともと創作力の豊かでない鷗外の月並みな小細工であったろう。『神曲』やボードレールがロダンの思想的系譜を暗示するための伏線であることについてはすでに述べた。花子の年齢については一九〇七年のニューヨークの新聞に二十六歳と出た由[15]だが、明治四十三年（一九一〇年）に鷗外は「十七歳の娘盛なのに、小間使としても少し受け取りにくい姿である。一言で評すれば、子守あがり位にしか、値踏が出来兼ねるのである」と書いた。彼女は明治元年愛知県中島郡祖父江町の農家に八人兄弟の長女として生まれた[16]というから、ロダンに会った時はもう四十歳に近かったはずである。西洋美術館にある『花子』の顔もけっして十代の人の顔とは見えないだろう。そしてはじめて会った場所も「この小説のやうにロダンのアトリエに於いてではなく、遠くマルセイユの博覧会の余興場の楽屋に於いてであつた[17]」。

鷗外の『花子』が事実と著しく乖離しているのは

「小説では、花子は勇敢に気前よく裸になつてゐるが、実はなかなか全裸にならなかつた」という点で、花子自身がお腰を取るのをいやがったことを高村光太郎にも『朝日』の記者にも話している。花子は周囲の日本人の誤解をおそれていたのでその経緯を二人に説明したのであろう。ロダン夫人の懇願でやっと思いきって承諾した、と述べている。そして高村光太郎はその時のことを芸術家らしい鋭い観察眼で書いている。(18)

「多分はじめて着物をぬいだ時の写生であらうと思はれる素描が残つてゐる。着物がまだ脚の方にからまつてゐる裸の花子が両手で前を隠してゐるところを例の略筆で速写したもので、この欧洲人とは習慣の違つてゐる日本人の妙な羞《はず》かしがり方に目を見はつたロダンの感動がそのまま素描に出てゐる」

ヨーロッパの女と違った習慣というのは、西洋の女性ならばまず手を組むようにして両の乳房を隠すからであろう。鷗外が想像力をまじえてこの条《くだり》を別様に書いてしまった心理についてはまた後でふれるが、要するに女優花子と鷗外の『花子』との関係はきわめて薄いものであり、実在の花子と作中の花子とは違っている点があり、女優花子について調べることは、鷗外の小説を解明する上には必ずしも役立つものではない、と感じられるほどである。森鷗外はロダンが彫った花子の像は実物はもとよりおそらく複製も見ていなかったのではあるまいか。

森鷗外と太田花子

しかし日本の鷗外文学の解説者の中には、根拠もなく、鷗外が花子に会って彼女から材料を得たのであろう、とした人がいた。無責任な推定というべきである。日本側で女優花子について調べた人としては『異国遍路旅芸人始末書』(修道社、昭和三十四年)の著者宮岡謙二氏がいるが、氏の調査によると鷗外が短篇を書いた明治四十三年、花子は引き続いて欧州におり、フィレンツェで日本の芝居を演じていたとのことである。当時の『フーズ・フー』に載っていた日本の芸能人は団十郎、川上音二郎、貞奴、左団次、その後は菊五郎を抜かしてこの花子であったと宮岡氏は驚きをこめて書いている。その花子が日本では全然無名の人であったことは森鷗外の「(花子は) 日本の女優だと云つて、或時忽然ヨオロッパの都会に現れた。そんな女優が日本にゐたかどうだか、日本人には知つたものはない。久保田も勿論知らないのである」という記述からも察せられる。それでは花子が「或時忽然ヨオロッパの都会に現れた」ことを鷗外がどのようにして知ったのかといえば、それは取り寄せていたドイツの新聞雑誌 (*Gartenlaube* などか?) の類に写真や記事が載っていたからであろう。森鷗外の『俳優渡英の議に就て』(『歌舞伎』百十号、明治四十二年九月) はその間の消息を暗示しているように思われるが、鷗外は筆記者伊原青青園に向って次のように語っている。

「西洋では貞奴を日本のえらい役者と思つてゐるのだからね。貞奴より劣つた花子といふやうなものや、此の間、ミュンヘンで死んだ日本の女優が相応に歓迎されてゐる。……又批評の書物で見ると、貞奴が非常に賞讃されるのみならず、花子でさへ表情が猛烈で宜《よろし》いと言はれてゐる」

キーン教授の調べによれば(19)「花子の最大の成功は彼女の第一回のアメリカ巡業の後、ヨーロッパでおこった。ベルリンとウィーンで花子はセンセイションを捲きおこした。一九〇八年四月二日のウィーン特電は『花子はウィーンで大成功をおさめた。……花子はローナッハーの Variété に出ているが、彼女が受けた歓迎や各新聞の一致した好評から察すると今度の成功はベルリンでの成功を凌ぐものがあるらしい。ベルリンでは彼女は一月の間芸術界文芸界の話題をさらったのだから、ベルリン以上の成功となればこれはなかなかたいしたものである』……長い間日本のドゥーゼと欧州で呼ばれていた花子が、今度は本物のエレオノーラ・ドゥーゼの前で演じてみせた」

一九〇八年は明治四十一年である。花子の写真が出たドイツの新聞雑誌がその頃の鷗外の目にふれたことは間違いないだろう。鷗外が短篇の中で「ロダンは、此間から花子といふ日本の女が variété《ワリエテエ》 に出てゐるといふことを聞いて」と書いたのも、もしかするとこの Ronacher's Variété の語が頭に残っていたからかもしれない。

西洋の雑誌に花子の写真を見かけた人の中には志賀直哉もいたので、明治四十三年の『白樺』第一巻第五号に彼はこう書いている。

「……何かの雑誌で『欧洲の舞台に於ける最も小さい女優』と云ふ題で、セイの低い容貌の悪い日本の女が扇と日傘を持ち、高い一本歯の足駄《あしだ》を穿いておどつて居る写真を見たが、それが花子で其後も度々見た」

この雑誌が何であったのか、それが判ると興味ぶかいのだが、見当がつかない。ただドイツ語系統のものであったろうということは「中には十数人の独逸の崇拝者を後ろに並べて写した写真などもあつた」という語から察せられる。鷗外が「おさんどん」などの語を用い、作中の久保田に「日本の女としてロダンに紹介するには、も少し立派な女が欲しかつた」といわせたのは、やはり写真から受けた花子の印象が悪かったからであろうが、その際に鷗外は誤って「十七歳」という年齢を与えてしまったのである。花子はその後も引き続き西洋にいたのだが、島崎藤村はパリで偶然に彼女に会っている。大正三年は第一次世界大戦が勃発した一九一四年に当るが、その十月二十三日の『仏蘭西《フランス》だより』の中で藤村は「(ドイツで)活動写真の撮影に頼まれて長尺のフィルムを半ば写した頃遽《にわ》かに斯の騒ぎに遭遇したといふ女優花子一座、及びその作者にも逢ひました」と書いている。そのフィルムももし見つかれば花子がはたして真にサラ・ベルナールやドゥーゼ級の大女優であったか否かを証するドキュメントとなるだろう。「斯の騒ぎ」(第一次世界大戦勃発)にあってパリへ逃げて来、ロダンの世話になった件についてはすでに花子の口から話を聞いた。

花子はいつ日本へ帰って来たのか。キーン教授は一九二三年と書いているが、筆者は一九二二年(大正十一年)かその前年ではないかと思う。それというのは帰国した花子を鷗外に会わせようとした人がいたからだが、その資料は、鷗外がついに花子に会わなかった、という証拠にもなっている。神代種亮が亡くなってその蔵書が売りに出た時、森亮教授は神代氏旧蔵の書物を一冊買い求められた。するとその書物の頁と頁の間から太田花子から神代種亮に宛てた手紙の一片が出て来、そこに神代氏が朱筆で次のように書き加えてあったのである。[20]

「花子がロダンの『ハナコ』を齎《もたら》して帰郷したといふ報が新聞に出たので森先生の『花子』を送り且つ上京の機もあらばロダンの花子を中心に森先生と小集を催し度いと言つてやつた其返事の一片が此れである　高村光太郎君と語つた事もある　然るに今や鷗外先生亡し　矣」

その手紙の断片には「太田ひさ」ではなく「太田花子」と署名されている。世間に「花子」の芸名で知られていた彼女は、芸能人によくあるように、その名前でサインしていた。手紙の断片には年はないが「四月十日」とある。森鷗外は大正十一年（一九二二年）七月九日に亡くなり、この花子の手紙は神代種亮の説明から推してそれ以前に書かれたものと察せられるから、彼女の帰国は一九二二年か二一年だったのではあるまいか、と考えられるのである。神代がなぜ花子を知っていたのかは不明だが、明治四十三年の『花子』執筆時に神代が鷗外に材料を提供したとは考えがたい。鷗外は直接にも間接にも日本人から話を聞いたのではなく、すべて書籍的知識によって『花子』を構成したものと思われる。

書籍的知識

森鷗外が『花子』を書いた動機の一つは、当時の鷗外の周辺の青年たちの間に澎湃として湧きあがったロダン熱に刺戟されたためであったろう。このロダン崇拝は後述するようにドイツでもイギリスでも盛んとなった国際的な風潮だったが、日本ではロダンの下に学びロダンにも認められた荻原碌山《ろくざん》（守衛《もりえ》）の帰国や白樺派の泰西美術紹介の運動によって日露戦争以後急激に顕著になった現象だった。そのような状況の下で鷗外がロダンについて書くとするならば、やはり書物を通して得た知識を生かすのが鷗外としては一番適した行き方だったのだろう。『花子』はその意味では鷗外によるロダン紹介の短篇であり、啓蒙家鷗外の業績の一つといえる。そして啓蒙家らしく書物を通じて得た西洋知識を巧みに自家薬籠中のものとして、上手に整理して読者に提示したのである。発表時にも「一種の論文と見ても好い」などという感想（中村星湖）が出た。

しかし短篇を一つの有機体としてまとめるためには、単なる書籍的知識だけでなく、本来的に備わった芸術や美にたいする見識と鑑識とがなければならない。森鷗外はドイツ留学時代から美術や審美学に強い興味を寄せていた。留学の地にドレスデンやミュンヘンなどの芸術に由緒の深い都市が選ばれていたことや、友人に原田直次郎などがいたことも、西洋美術を味解する上にあずかって力あったに相違ない。しかしここでは鷗外が過去に養ったその種の能力一般についてはふれないで、直接『花子』と関係する諸要素を解明するにとどめることとする。

短篇『花子』の中では西洋人作家の名前は横文字のまま出ているからその材源は比較的容易につきとめることができる。**Baudelaire, Dante, Zola** がそれであり、(21) 名はあがっていないけれども明らかに利用されたものとしては **Gsell** グゼルの『ロダンの言葉』があり、さらに一般的な背景としてはリルケの『オーギュスト・ロダン』もはいっていたのではないか、と考えられる。ほかにはっきりした書名はわからないが女優花子のことを報じたドイツ語系の新聞雑誌が材源の一つであろうという推定についてはすでに記した。右にあげた諸作家の中で、その読書知識が『花子』の中に直接現われてくるものは、重要さの順からいえば、ボードレール、グゼル、ゾラであり、リルケやダンテの読書知識は間接的に背景の一般知識となっている。以下、個別的に調べてみる。

ボードレールについては、作中で久保田が書籍室で待たされている間に「別に読まうといふ気もなしに、最初のページを開けて見ると、おもちやの形而上学といふ論文がある。何を書いてゐるかと思つて、ふいと読み出した」。

オテル・ビロンにロダンは蔵書を置いていなかったというからこれは勿論フィクションである。森鷗外自身が『おもちゃの形而上学』を読んで面白いと思ったからこの場で使ってみたまでの話で、鷗外はその筋を次のように書いている。

「ボオドレエルが小さいとき、なんとかいふお嬢さんの所へ連れて行かれた。そのお嬢さんが部屋に一ぱいおもちやを持つてゐて、どれでも一つやらうと云つたといふ記念から書き出してある。

子供がおもちやを持つて遊んで、暫くするときつとそれを壊して見ようとする。その物の背後に何物があるかと思ふ。おもちやが動くおもちやだと、それを動かす衝動の元を尋ねて見たくなるのである。子供は Physique より Métaphysique に之《ゆ》くのである。理学より形而上学に之くのである」

そしてその話は間を置いてロダンと久保田の次のような会話へと引き続く。

「ボオドレエルの何を読みましたか」

「おもちやの形而上学です」

「人の体も形が形として面白いのではありません。霊の鏡です。形の上に透き徹つて見える内の焔が面白いのです」

このようにしてボードレールの話はロダンの創作哲学の傍証のように使われている。それはロダンではなくて森鷗外が結びつけたのだが、そのつながり具合ははたして自然といえるだろうか。以下原文にあたって調べてみよう。『おもちゃの形而上学』は Baudelaire: *Curiosités Esthétiques* におさめられた Morale du Joujou である。この題は訳し難くて高村光太郎は『玩具談義』と訳しているが『おもちゃの教訓』というほどの意味であろう。森鷗外は原題を直訳せずに「子供は Physique より Métaphysique に之くのである。理学より形而上学に之くのである」という内容から取ったので、その『おもちゃの形而上学』という題には「おもちゃ」という児童の世界の言葉と「形而上学」という大人のそれも学者の世界の術語という取合せの妙味も感じられる。

ところで短篇『花子』は一読するとフランス語の引用が多いので、鷗外はフランス語でボードレールを読んだかのような印象を読者は受けるが、事実はそうではないようである。フランス語の原文には Métaphysique という語は名詞としては用いられておらず「それが形而上学への最初の志向である」という箇所は c'est une première tendance métaphysique となっていて、形容詞として使われている。ところで東大図書館の鷗外文庫を調べると鷗外は Max Bruns が訳したボードレールのドイツ語作品集を持っており、（*Charles Baudelaires Werke in deutscher Ausgabe*/Minden in Westf. im Verlage von J. C. C. Bruns.）Moral des Spielzeugs はその第三巻目の一－一六頁にのっていた。この巻頭の位置は「最初のページを開けて見ると、おもちゃの形而上学といふ論文がある」という『花子』の中の言葉を想起させる。そしてそのドイツ語訳文では右の箇所の「形而上学」は名詞に訳されている。es ist eine erste Tendenz zur Metaphysik.『花子』の中の「子供は Physique より Métaphysique に之くのである。理学より形而上学に之くのである」という言葉も「おもちゃの形而上学」という訳名も、鷗外がドイツ語訳ボードレールを読んだから生まれた、といえるだろう。

森鷗外は小倉時代にフランス語を学び、時にはフランス語でも読書していたが、しかし彼のフランス文学紹介や翻訳は大部分がドイツ語訳を経て来たものだった。鷗外は『キタ・セクスアリス』の中でギリシア・ラテンにまでさかのぼって語源を調べたという学生時代の習慣について述べているが、そのような労を惜しまなかった鷗外であったから、ドイツ語で読書してその単語だけをフランス語に移して示すことを時にはしたにちがいない。それは比較的容易な操作であったし、鷗外には自分の外国語知識をひけらかす虚栄心もないわけではなかったから、実際の知識はドイツ語の文章で仕入れておきながら日本語の作品の中ではフランス語に置き換えて示したのである（そのような操作から生じた失敗は réalistique というフランス語を勝手に造ってしまって（『藤鞆絵』）「あっても好ささうな語だと思った」と後から言訳をしたことだろう。その時の鷗外の心理には realistisch というドイツ語が先にあったのにちがいない）。『花子』の中でもフランス語の引用は「マドモアセユ」という不正確な表記の語をはじめ、固有名詞をふくめれば、三十に近い。しかしその中で一つ鷗外が迂濶にもドイツ語のままで書き残した語があるのは『花子』の材源がドイツ語文章であった、という有力な証拠とみなせるだろう。それは Kambodscha《カンボジャ》という語で鷗外はフランス語に置き換えるのを忘れてしまったのである。それともそれは鷗外の手許にあった独仏辞書には Cambodge という固有名詞が載っていなかったための失策であったのかもしれない。

次にそこに引かれているボードレールの内容について考えてみよう。高村光太郎の「ダンテとボオドレエルとはロダンの彫刻の言はばライトモチフとなつた」という説は確かにその通りだろう。しかし高村光太郎がいう「絶望的な女体」のボードレールとは『悪の華』の詩人のことではなかっただろうか。鷗外がこの短篇に morale du joujou の挿話をいれたのはそこに示されたボードレールの考察の面白さに釣られたまでの話であって、この挿話とロダンの思想とはそれほど縁が深いわけではない。『おもちゃの形而上学』は、意地悪な、ほとんど猫のような目つきで子供の心理を観察している近代のモラリストの文章である。それを「形の上に透き徹つて見える内の焰が面白いのです」という内部生命を尊ぶロダンの持論になんの過渡もなしに結びつけたのは、鷗外が要領よくまとめてしまっただけだという感を覚える。

グゼルについてはどうであろう。短篇の出だしのオテル・ビロンの説明もあるいはグゼルの言葉に依ったのかもしれないが、しかしより本質的な借用は右に引いた「人の体も形が形として面白いのではありません。霊の鏡です。形の上に透き徹つて見える内の焰が面白いのです」という決め手の句が、グゼルが集めたロダンの言葉から来ていることであろう。その原のフランス文は次の通りである。

"Le corps humain, c'est surtout le miroir de l'âme et de là vient sa plus grande beauté.

Ce que nous adorons dans le corps humain, c'est encore plus que sa forme si belle, la flamme intérieure qui semble l'illuminer par transparence."

鷗外の翻訳はここでは直訳体ではなく、適当に按配されているが、短篇『花子』の結びに置いた句はすこぶる原文に近い。ロダンは暫くして又云った。

「マドモアセユは実に美しい体を持つてゐます。脂肪は少しもない。筋肉は一つ〳〵浮いてゐる。Foxterriers《フオツクステリエ》の筋肉のやうです。腱《けん》がしつかりしてゐて太いので、関節の大《おおき》さが手足の大さと同じになつてゐます。足一本でいつまでも立つてゐて、も一つの足を直角に伸ばしてゐられる位、丈夫なのです。丁度地に根を深く卸《おろ》してゐる木のやうなのですね。肩と腰の潤《ひろ》い地中海の type《チイプ》 とも違ふ。腰ばかり潤くて、肩の狭い北ヨオロッパのチイプとも違ふ。強さの美ですね」

原文は次の通りである。

“Dans ce type (septentrional), le bassin est fortement développé et les épaules sont plus étroites...tandis que, dans le type antique et méditerranéen, le thorax se redresse au contraire...

J'ai fait des études d'après l'actrice japonaise Hanako. Elle n'a point du tout de graisse. Ses muscles sont découpés et saillants comme ceux des petits chiens qu'on nomme fox-terriers: ses tendons sont si forts, que les articulations auxquelles ils s'attachent ont une grosseur égale à celle des membres eux-mêmes. Elle est tellement robuste qu'elle peut rester aussi longtemps qu'elle le veut sur une seule jambe en levant l'autre devant elle à l'angle droit. Elle paraît ainsi enracinée dans le sol comme un arbre. Elle a donc une anatomie tout autre que celle des Européennes, mais cependant fort belle aussi dans sa puissance singulière.”

順序は多少変えてあるけれども、逐語訳に近い内容である。鷗外の修辞上の工夫は「強さの美ですね」という印象的な結び方に示されている。鷗外が『花子』を書こうとした動機は、鷗外にも意外であったロダンのこのような花子評価に接したことにあったのではないだろうか。

右の文章ほど具体的でないが同様趣旨の言葉は短篇のはじめの方にも地の文章として引かれている。

「いつか Kambodscha《カンボジヤ》 の酋長が巴里に滞在してゐた頃、それが連れて来てゐた踊子を見て、繊《ほそ》く長い手足の、しなやかな運動に、人を迷はせるやうな、一種の趣のあるのを感じたことがある。その時急いで取つた dessins《デッサン》 が今も残つてゐるのである。さういふ風に、どの人種にも美しい処がある。それを見附ける人の目次第で美しい処があると信じてゐるロダンは……」

これは

“J'ai dessiné avec un plaisir infini les petites danseuses

Cambodgiennes qui vinrent naguère à Paris avec leur souverain. Les gestes menus de leurs membres graciles étaient d'une séduction étrange et merveilleuse."

という句に

"En somme, la Beauté est partout. Ce n'est point elle qui manque à nos yeux, mais les yeux qui manquent à l'apercevoir."

という句を「さういふ風に」を入れてつないだのである。

このグゼル編の『ロダンの言葉』は日本では広く読まれた書物なので、高村光太郎はじめ数種の訳がある。フランス文の抜萃はフランス語中級の教科書ともなっている（駿河台出版社、一九六五年）。それでは鷗外はこの『ロダンの言葉』を通読したかというとそうではない。『花子』が書かれたのは明治四十三年（一九一〇年）だが、Auguste Rodin: *l'Art, entretiens réunis par Paul Gsell* が Bernard Grasset から出版されたのは、その翌年の一九一一年だったからである。しかし『ロダンの言葉』はそれ以前にも部分訳がドイツの新聞雑誌に掲載されていたのであろう。[22] ただグゼルが筆録したロダンの言葉がどのような経路をへて鷗外の目にふれたかははっきりしていない。なお鷗外が引用した言葉は原書では第六章にあたる la Beauté de la Femme（「女の美しさ」）の章に収められている。

ゾラの *Lourdes* からの引用は、ロダンとは本質的な関係はない。人は誰でも執筆時には最近の読書から影響をうけやすいものだが、鷗外の場合もそれで、おそらく前年に読んだと思われるこの小説の記憶につられて、花子の話上手をルルドで足の創《きず》の直った霊験を語る小娘にたとえたのである。しかし実際には花子ははじめてロダンの家へ呼ばれた時は、

「食事中、会話は云うまでもなく皆無でした。花子もその男性も、フランス語も英語も一つも分らなかったから、フラー女史だけが時々物を云いました。彼女は二人の日本人を連れてロダンのムードンのアトリエを訪れていたのです」（シェルイ氏のキーン教授宛手紙『聲』に掲載）。

ゾラの『ルルド』も鷗外文庫には独訳本があるか[23]ら鷗外はドイツ語で読んだのであろう。それを明治

四十二年に読んだのであろう、という推定は、『ルルド』が同年に書かれた鷗外の小説『金毘羅』に再三引用されているからである。ちなみにルルドという町はフランスのピレネー山中にある聖地で、十九世紀にベルナデットという娘が奇蹟を見、いまでも全欧からカトリック信者が特別仕立の列車で巡礼に行くほど霊験あらたかとされている土地である。人間は病気のこととなると迷信にもすがりたくなるもので、鷗外博士も子供が生死の境をさまようた時には金毘羅のことなどを思ったわけだが、その『金毘羅』という作品にゾラの『ルルド』がしばしば言及されているのである。(24)

『神曲』の引用はここでは名前だけである。久保田が『神曲』を「聖書かと思つて開けてみると」とあるのは、本の装釘が似ていた、というだけのことかもしれないが、もしかするとその類似に、ロダンにとっては『神曲』こそが聖書であった、という意味を鷗外がもたせてあるのかもしれない。

リルケの『オーギュスト・ロダン』は鷗外のリルケ好みから考えて、『花子』執筆の参考としたという公算は大きい。鷗外は一九〇七年に出たその本を持っていたのだが、現在実物は、鷗外文庫の蔵書目録には名が出ているにもかかわらず、不埒《ふらち》な利用者のために行方不明となっている。鷗外のロダンについてのイメージはこの書物の記述にも負うているところが大であろうが、しかしその直接の痕跡を『花子』の中から拾うことは難しいように思われる。

以上が『花子』の成立に関係した鷗外の書籍的知識についての分析である。

分析の意味

カロッサの『美しき惑いの年』の冒頭に次のような問がある。林檎の樹がすべて枯れてしまい、地上に残されたのはわずか林檎の種一粒となってしまった時、人はその種をどうするだろうか。種を分析して、顕微鏡で調べ、後世へ林檎の種の正確な記述を伝えようとするだろうか。それともたとい望みは薄くとも種を大地にうずめて林檎の樹が新しく芽生えることに希望をつなぐだろうか。――カロッサのこの問は作者が自分の過ぎ去った青春を描く時にどのような態度を取るべきか、という設問へつながってゆくのだが、それと同じ問はわれわれが他者の文学作品に対する時にも発せられるにちがいない。文学作品はなによりもまず人の心に種をまいてそこからなにかが芽生えるところに意味があるのだろう。分析はその種が幾粒も手にはいってから後のことにすればよいのだろう。言い換えると、豊かな自己形成の教養時代を経た後にはじめて分析や比較の研究時代へはいるのがものの順序ではないのだろうか。しかしこの両者は人間生成の自然な順序の上では時間的にずれがあろうとも、二律背反のことではないだろう。それだからカロッサも前の句の直後に書いている。「芸術家たちは、幸いにも、私たちに教えてくれた、精神の世界ではこの二つの行き方は結合可能であると」

しかしこの二つの行き方を区別せず、文学を鑑賞や教養の糧としか考えない人の中には、ここで試みられたような分析を屍体解剖のように感じる人もいるにちがいない。作品の骨格が、レントゲン光線にでもあてられたように、黒々と見えてきて、芸術作品がもつ人体の曲線や肉づきにも似たものが消え失せてしまった、と嘆かわしく思う向きもあるだろう。森鷗外の創作が半創作にしかすぎず、そのからくりや、からくりの限界までが見えてきて味気なく思った人もいるにちがいない。

しかしこのような分析や調査にもそれなりの意味はある。それは裁判にたとえると証拠調べの操作に相当するのだろう。そして文学史上の正しい裁定はこのような操作を抜きにしては行なわれがたいのではあるまいか。この種の分析は恣意的な文芸評論の濫用をチェックしてくれる。たとえば前章の分析に目を通した後には次のような『花子』評は、明らかに実体にそぐわないものとして、違和感なしには読めなくなるだろう。「(『花子』の) この簡浄は古代支那の美と力とを領略した人のたやすく行なひうる殊色である。このスティルは鷗外文中でも卓《すぐ》れてゐる」。この独特の漢字使用で綴られた『花子』評は日夏耿之介《こうのすけ》の言葉だが、『花子』の成立がグゼルやボードレールなしには考えられない以上、ここでは「古代支那の美と力」よりも「近代西欧の美と力」

を強調する方が素直ではないだろうか。たとえそれが文体の問題に限定されるとしても、『花子』の場合にとくに「古代支那の美と力」を云々する必然性はないように思われる。

『花子』の仏訳

次に別の角度から『花子』の価値を検討してみよう。短篇『花子』のフランス語訳は、もしそれがロダンの生前に出ていたとしたならば、ロダンからはどのような評価を受けただろうか、という仮定である。ロダンは自分が日本の一文豪の手によって書かれたことを知って喜んでいた、と伝えられている。(25)その仏訳があれば読みたい、ともいった由である。パリのオテル・ビロンに彫刻家を訪ねて、ロダンを題材にした森鷗外作『花子』についてロダンに語った人は与謝野鉄幹・晶子夫妻で、七十一歳のロダンはこの二人に花子の彫像を取り出して見せ、また荻原守衛の夭折を聞いてそれを惜しんだという。(26)それは明治四十五年の五月のことで鷗外の『花子』が『三田文学』に出てから二年近くが経っていた。

そのような事情もあったので『花子』の仏訳が生前ロダンの眼にふれたなら、という仮定の場合をいま問題とするのだが、その際のロダンの反応はどのようなものであっただろうか。まず第一に自分のことが日本のような遠い国でも話題になったことを嬉しいと感じたにちがいない。日本という国は『白樺』のロダン記念号発行の時に書きおくったようにロダンには一種の共感の湧く国だった。その時ロダンは有島生馬《いくま》宛にこう書いた（訳は四二三頁を参照）。

A Monsieur Arishima

En cordialité de France au Japon. Comme au Japon qui a su trouver l'âme des plus petites choses, et des plus grandes: la mer, les nuages, l'arbre, l'insecte, etc. J'ai suivi cette Ecole.

Aug. Rodin.

この手紙の中の海や雲や木や虫とは、ロダンが日本の俳句や知歌については知らなかったと思われる以上、浮世絵その他の工芸品の類を通して伝わった日本人の特性であろうと思われる。自然を愛するロダンの芸術観には、日本人の芸術感覚に似通う点が多かったので、結びの“J'ai suivi cette Ecole.”「日本の藝術は又吾が踏む道なり」という大文字の Ecole で終わる句には単なる儀礼の文辞以上のものが含まれていたのだろう。それだから、ロダンは自分がそのような日本で短篇の主人公として扱われたことを嬉しく思ったにちがいない。

しかしその作品の内容についてはどうだったろうか。ロダンはこの短篇は自分の言説がそっくりそのまま採られているだけのことではないか、という不満を覚えたのではないだろうか。『花子』はロダンの言葉を骨格として構成された半創作にしかすぎないとロダンは感じたことであろう。しかしロダンには、この具体的な要領のよい作品構成の方が、自分の真情を正確に伝えるものとして、リルケの『ロダン』などの抽象的な言辞よりも気に入るところがあるいはあったかもしれない。筆者は『花子』のフランス語訳を東京日仏会館発行の『日仏文化』二十二号誌上に発表したので、いずれフランス語読者の反響が多少聞けるのではないか、と期待している。『花子』は国内的には芥川龍之介や（『鷗外研究』第五巻九頁の菅忠雄によれば「大正六年に芥川さんが『涓滴《けんてき》』を被下れ、目次にマークをつけて、その中の傑作を示してくだされた。先づ『花子』次に『普請中』『里芋の芽と不動の目』の順であった」）、三島由紀夫をはじめ高く評価する人がいるが、国際的にはどの程度の評価に値することであろうか。もっともそれは訳文の巧拙とも関係することではあるのだが。

鷗外の影

『花子』は書籍的知識で組立てられた作品であるにしても、肉づけは鷗外の手になるものである。作者鷗外の影が落ちている箇所もあるにちがいない。たとえば短篇の冒頭に描かれたロダンの創作態度は、（リルケの『ロダン』から示唆を受けたかと思われるが）同時に複数の仕事を手がけていた鷗外その人の仕事への態度を伝えるものではないだろうか。

「幾つかの台の上に、幾つかの礬土《ばんど》の塊がある。……日光の下に種々の植物が華さくやうに、同時に幾つかの為事《しごと》を始めて、かはるがはる気の向いたのに手を著ける習慣になつてゐるので、幾つかの作品が後れたり先だつたりして、此人の手の下に、自然のやうに生長して行くのである」

　人間の能力をより完全に生かすためには、複数の仕事に従事している方が、無理がなくて自由に自然に自分を生かすことができる場合もある。複数の仕事を机の上においておけば、それぞれの価値を比較考量する気持がおのずと働くから、自己を強いて局限したような小さな専門にはまりこむ危険を回避し得る。しかしそのことのためには作者にある種の能力が備わっていることが前提となるが、それについて鷗外が書いた次の一節は、鷗外自身の意志の力を指したのではないかとも思われる。「此人は恐るべき意志の集中力を有してゐる。為事に掛かつた刹那に、もう数時間前から為事をし続けてゐるやうな態度になることが出来るのである」

　しかし鷗外の好みがさらにはっきりと投影されているのは、次の一節である。短篇『花子』で花子が生き生きとしている箇所はごく少ないのだが、次の受け答えの場面はその一つである。

「久保田は花子にかう云つた。『少し先生が相談があると云ふのだがね。先生が世界に又とない彫物師《ほりものし》で、人の体を彫る人だといふことは、お前も知つてゐるだらう。そこで相談があるのだ。一寸裸になつて見せては貰はれまいかと云つてゐるのだ。どうだらう。お前も見る通り、先生はこんなお爺いさんだ。もう今に七十に間もないお方だ。それにお前の見る通りの真面目なお方だ。どうだらう』

　かう云つて、久保田はぢつと花子の顔を見てゐる。はにかむか、気取るか、苦情を言ふかと思ふのである。

『わたしなりますわ』きさくに、さつぱりと答へた。

『承諾しました』と、久保田がロダンに告げた」

　この条が虚構であって事実とは違うことはすでに高村光太郎も指摘した通りだが、しかしそれだけにこの条には森鷗外の声が生《なま》に表面に出ているように思われる。森鷗外は短篇の中でも「健康で余り安逸を貪つたことの無い花子の、些《いささか》の脂肪をも貯へてゐない、薄い皮膚の底に、適度の労働によつて好く発育した、緊張力のある筋肉が、額《ひたい》と腮《あご》の詰《つ》まつた、短い顔、あらはに見えてゐる頸《くび》、手袋をしない手と腕に躍動してゐるのが、ロダンには気に入つたのである」と書いている。これは短篇の末尾に引いたロダンの言葉を鷗外が敷衍《ふえん》したのだろうが、そこには医学者森林太郎の観察も加わっているように感じられるがどうであろうか。鷗外はそのような日本女性の肉体的特徴を良しとしていたのだが、精神的特質にもまた良しとして認めるところがあったにちがいない。これは鷗外は知らなかったことだが、ロダンの秘書の一人であったクラデル女史は、花子がポーズした有様を、前にも引いたが次のように語ったという[27]。

「花子は普通の人のようにポーズしなかった。その顔はいつも冷い、恐ろしい激怒に歪められていた。虎に似ていて、その表情はわれわれ西洋人に全然合わない。日本人が死に臨んで発揮する意志の力で、何時間経っても花子は同じ表情を保っていた」

この辛抱強さこそ、日本の武士と対をなす古風な一種の美徳をたたえた日本女性の姿ではなかっただろうか。そして、森鷗外は、斎藤茂吉が随筆[28]でもとりあげたように平塚らいてうや与謝野晶子に敬意を払う反面、安井息軒の夫人佐代子や澁江抽斎の妻五百などの古風な、しかし秀れた日本女性を敬愛の情をこめて作品中に描いている。鷗外は『花子』を書いた時、西洋の grande dame の尺度とは違う別種の婦徳を作中の花子に認めたかったのだろう。それだから理想化が働いて、花子は「きさくに、さつぱりと」裸体になることを承諾した、ということになったのにちがいない。その鷗外の創作心理には、風呂から懐剣を口にくわえて裸体のまま躍り出て賊を追い払った澁江五百にたいする鷗外の愛着に似たものがあったように思われる。

明治末年のロダン崇拝

次に「日本におけるロダン」という広い枠の中で

森鷗外の『花子』について考えてみよう。

東京上野にある国立西洋美術館の特色は、印象派の絵画とロダンの作品を多く蔵している点にある。彫刻五十三点、デッサン、エッチング等二十八点という数は、ロダンのコレクションとしては世界の第三に位するといわれている。このような美術館が東京にあるのは、その作品の蒐集につとめた松方幸次郎やその美術顧問たちという少数の個人の好みの結果ともみなせるが、しかしそれ以上に、明治末年以来の日本人のロダン傾倒、ロダン崇拝という時代の風潮を反映したものであるだろう。その時代の心理やあこがれがコレクターやその周辺の人々を動かしてあのようなコレクションができた、と見るのがむしろ正しいにちがいない。

ロダンの影響は日本においては日露戦争以後から大正期を通じて非常に強かったといえるが、注目すべきことはその影響の多方面におよんだ広さである。ロダンの影響は無論彫刻界にもあった。しかしより広く中産階級以上の青年子女一般の上に及んだ、といえるのではないだろうか。その際ロダンは、そのやや前にトルストイが占めたと同じような位置に上っていたのである。トルストイが人道主義の求道者として日本青年に尊敬されたとしたならば、ロダンは自我解放の戦士のように歓迎されたのであった。平塚らいてうは『青鞜』創刊号の有名な宣言「元始女性は太陽であつた」に次のような酔うような言葉を書きつらねたが、それは魂の高鳴りを伝えてさながら一篇の散文詩のようである。

「私は曾て『白樺』のロダン号を見て多くの暗示を受けたものだ、物知らずの私にはロダンの名さへ初耳であつた。そしてそこに自分の多くを見出した時、共鳴するものあるをいたく感じた時、私はいかに歓喜に堪へなかつたか。

以来、戸を閉じたる密室に独座の夜々、小さき燈火が白く、次第に音高く、嵐のやうに、しかもいよいよ単調に、瞬もなく燃える時、私の五羽の白鳩が、優しい赤い眼も、黒い眼も同じ薄絹の膜に蔽はれて寄木《やどりき》の上にぷつと膨れて安らかに眠る時、私は大海の底に独り醒めてゆく、私の筋は緊張し、渾身に血潮は漲《みなぎ》る。其時、『フランスに我がロダンあり』と云ふ思ひが何処からともなく私の心に浮ぶ。そして私はいつか彼と共に『自然』の音楽を――かの失はれたる高調の『自然』の音楽を奏でてゐるのであつた」

そのような精神史的影響には――影響という現象にはいつでもそのような要素が含まれているのだが――誤解もあれば偶像崇拝に似たものも、またなによりもロダンの名を借りての日本人による自己自身の発見があった。平塚女史の場合には、自分の中にすでに内在していた要素に言葉を与えてくれたのが「影響」の実体であったろう。ロダン自身は女性関係ではとかく問題をおこした人であったし、花子をヌードにしたことについても純粋に芸術的動機に発したものではなく、'faunesque' curiosity of the aging sculptor であろうとする説[29]も出されているくらいである。一八六四年以来連れ添ってきたローズをまだ正式に妻に入籍もしていなかった（二人が正式に夫婦になったのは二人が死ぬ一九一七年になってからのことである）。ロダンは自分が日本のブルーストッキングの運動の精神的支柱になっていると知ったなら、おそらく狼狽したにちがいない。

しかし文化の波動とはそのように多面的な思いがけぬ形で伝わるのが実相のようである。日本におけるロダンの影響は、他のいかなるフランス作家よりも広く、かつ深いものがあったといえるので、彼の影響に比べれば、人がよくいうゾラの影響などははるかに小さなものでしかなかっただろう。彫刻家ロダンの影響は彫刻というジャンルにおいてだけでなく、自我解放の運動の上にも、思想史の上にも、人間形成の上にも、詩や演劇評論の上にも明確な刻印を残しているからである。

狭く彫刻史上の影響関係に限ってみれば、荻原守衛[30]のようなすばらしい才能の開花の場合もあった。ロダンは与謝野夫妻に向って「彼（荻原）は善く自分の制作を見て自分の芸術の精神を領解した。仏蘭西人よりも善く領解した。そして自分の芸術を模倣せずに彼自らの芸術を発見した。彼の死は彼の不幸のみではない」と語ったという。しかし日本の彫刻界でのその後のロダンの影響は、ここで彼が言外に欠点としてあげたロダン芸術の模倣として現われたのではなかっただろうか。それは一つのアカデミズムとなり、内容の充実の感じられない形ばかりの理想主義となったのである。その際にはロダンの影響は悪い影響であった、というべきかもしれない。

文学の上では『白樺』一派のロダン心酔はあまりにも有名である。[31] そのロダン記念号（明治四十三年十一月号）にはロダンの手紙が訳文とともに掲載された（原文は四一七頁を参照）。

有島君

佛国より日本へ交誼を致す。最微なる或は最大なる実在、例へば太洋、雲嶽、草木、昆蟲の精霊を窺視し得たる日本の藝術は又吾が踏む道なり。

そして『白樺』同人もその挨拶に答えて「すべての国民の魂を知る人」ロダンに一大敬意を表した。その交歓は日本で新しくおこったインターナショナリズムを志向した一つの文化運動であった、ともいえるだろう。それは一つの尊い芽生えだったが、しかし日本では深くは根をおろさなかった。当事者に根づかせようとする努力と知力が欠けていたのである。なぜなら西洋への憧憬や日本脱出の夢としてのインターナショナリズムは日本という現実を踏まえた上での国際主義とは異なる、主観的な夢のようなものだったからである。

森鷗外の『花子』はその『白樺』のロダン記念号より四カ月前に発表されたのだが——そしてその時間的関係にも、敏感に青年たちの動向を察知してそれをリードした「豊熟時代」の鷗外の若々しい反応が感じられるのだが——それにたいして『白樺』同人の一人であった志賀直哉は『白樺』第一巻第五号に『花子』の書評を次のように書いた。「ロダンのライフの一頁を読むやうな意味でかなり面白かつた」。そして志賀は西洋の雑誌で見た花子という「セイの低い容貌の悪い日本の女」について「芸は兎も角からだにいい所が有らうなどとは一寸考へられない女である」と書いている。これは鷗外の作品中の久保田の印象「日本の女としてロダンに紹介するには、も少し立派な女が欲しかつた」に通じる日本人が一同胞に感じた一種の劣等感である。それで、「……読むで行く内にロダンがどういふかが心配だつたが結局大変讃められた。ワケを聞けば尤と思ふやうな讃め方である。かういふ意味からも面白く読むだ。ロダンが口癖のやうに云ふ詞《ことば》をかけられて答へると同時に久保田がこれから生涯勉強しやうと神明に誓つたやうな心持がしたといふ条では青年らしい心が現はれると共に大きいロダンといふ人間が浮び出すやうに思はれた」。

よくいえば理想主義者らしい共感、悪くいえばお坊っちゃんらしい幼稚さがこの感想文にはすなおに出ていると思われる。日本の青年がロダンの一言一句に緊張した時代、それは高村光太郎が、

日露戦争の勝敗よりも
ロヂンとかいふ人の事が知りたかつた。

と詩集『典型』で回想したような時代でもあった。ここで「ロヂン」と書いたのは高村が Camille Mauclair の *Auguste Rodin* を英訳で読んで感激したからである。高村光太郎の場合には、彫刻制作の面に限らず、生き方の上にメートル・オーギュスト・ロダンの精神が刻印をとどめている、という感が深い。芸術観だけではなく人生観の形成に圧倒的な印象を残している。ロダンは、ガットソン・ボーグラムなどとともに、高村には終生忘れがたい人だったのだろう。そしてその種の全人格的な影響やそれに伴う刺戟伝播の諸現象は、個々の作品の剽窃や転用などの皮相的な模倣の場合よりも、はるかに意味深い影響の場合であるのだが、それでいて後からその痕跡をたどることは、その影響が受容され消化され血となり肉となってしまっただけに、かえって難しいのである。

——このようなロダン崇拝の風潮の中では中村吉右衛門の舞台芸術をロダンの彫刻に比較して演劇評論を行なう人もあらわれた。明治四十四年八月の小宮豊隆の劇評は演劇評論に時代を画したものといわれているが、それもロダン熱の一副産物であった、といえるだろう。ロダンはまた審美主義的な青年詩人たちの感覚にも訴えた。『花子』が書かれ、『白

樺』のロダン記念号が出た明治四十三年、西暦一九一〇年を回顧して木下杢太郎は『食後の唄』の自序に次のような性の目覚めを感性的な語で記した。

「千九百十年は我々の最も得意の時代であつた。『パンの会』は毎週開かれた。我々はRODINの胴像の首の唇に寄せた皺の粘《ねばこ》さが何《ど》う云ふ情《なさけ》を蔵《か》くしてゐるかがわかるほどになつた」

リルケのロダン崇拝

そしてその一九一〇年は、目を国外へ転ずると、またリルケの『マルテの手記』の出た年でもあった。日本ではその二年ほど前から木下杢太郎がリヒャルト・ムウテルの『十九世紀仏国絵画史』を東京帝国大学図書館で夢中になって読んでいたが、杢太郎は後にその書物を全訳して出版している。そしてその頃パリではリルケがそのリヒャルト・ムウテルから委嘱された『芸術』叢書のために、『ロダン』を書いていた。この『芸術』《Die Kunst》という美術史の叢書は、杢太郎のリヒャルト・ムウテル『十九世紀仏国絵画史』の初版訳本の序によれば、一九一四年の「戦争前はG. Brandesの文学、R. Straussの音楽に関する叢書と共に丸善の二階を賑かした」そうである。そしてRilke: *Auguste Rodin*について森鷗外は明治四十二年の『現代思想』と題した『太陽』記者との対話で次のような読後感を述べている。

「(リルケは)フランスではロダンの為事場に入り浸りになつてゐて、ロダンの評を書いたのですが、ロダンを評したのだか、自家の主観を吐露したのだか分からないやうな、頗《すこぶ》る抒情的な本になつてしまつたのです。兎に角おそろしい傾倒のしやうなのです。全く惚れ込んでゐるのです」

リルケの『ロダン』は第一部が一九〇三年に、第二部が一九〇七年に出たのだが、この時期になると欧州の青年にも日本の青年にもロダン崇拝の傾向がひとしく見られたのである。森鷗外はリルケについて「倅《せがれ》に持つても好いやうな男」(『現代思想』)といい、木下杢太郎については自分の娘の婿にもらってもいいような男と思っていたといわれるが、そのような、鷗外より一まわり若い世代では知的・芸術的運動がいまや驚くべき同時性をもって西でも東でも展開されてきたのである。日本ではトルストイ崇拝の次にロダン崇拝がおこったが、リルケもトルストイに会いに行った（一八九九年、一九〇〇年）次にロダンに会いに行ったのである。リルケの『ロダン』の第二部には次のような条がある。

"Avez-vous bien travaillé?" ——ist die Frage, mit der er jeden begrüsst, der ihm lieb ist; denn wenn die bejaht werden kann, so ist weiter nichts mehr zu fragen, und man kann beruhigt sein: wer arbeitet, ist glücklich.

「よく仕事をしましたか」——これがロダンが好きな人に向って挨拶がわりにする問です。というのはもしこの問に「はい」と答えることができたなら、その人に向ってはもうそれ以上問うことはないのです。仕事をしている人は幸福な人ですから、その人についてはもう心配はないのです。

『ロダン講演』のリルケのこの言葉は、リルケ自身の切実な体験から出ているのだろう。パリに着いてまだ日も浅い一九〇二年九月十一日にリルケはロダンにたいして次のような感謝の手紙を書き送ったが、それは文中の言葉からも察せられるように前日ムードンの庭でロダンに会い彼の言葉を聞いたその歓喜と興奮とを伝えるための手紙だった。

Mon cher Maître,

...Ce n'est pas seulement pour faire une étude que je suis venu chez vous,——c'était pour vous demander: comment faut-il vivre? Et vous m'avez répondu: en travaillant.

いまその冒頭を訳する。

「先生

……私が先生のお宅へ参りましたのは、ただ研究をしようというためだけではありませんでした。——それはいかにして生きるべきか、を先生に問うためでありました。そして先生は私にお答えになりました、『仕事をしながら生きるのさ』と」

このロダンの返事がリルケに深く印象されて先に引いたリルケの『ロダン講演』の言葉となったのだろう。ところで森鷗外も『花子』の中で、リルケの書物から仕入れた知識だったのだろうか、ロダンのこの口癖を次のように使っている。

「Avez-vous bien travaillé?」

学生ははつと思つた。ロダンといふ人が口癖のやうに云ふ詞《ことば》だと、兼ねて噂に聞いてゐた、その簡単な詞が今自分に対して発せられたのである。

志賀直哉が書評で「ロダンが口癖のやうに云ふ詞をかけられて答へると同時に久保田がこれから生涯勉強しやうと神明に誓つたやうな心持がしたといふ条では青年らしい心が現はれると共に大きいロダンといふ人間が浮び出すやうに思はれた」と書いたのも、この詞をさしているのである。そこには良かれ悪しかれ後進国の青年の心理的特性の一つである理想主義的心情が現われている。リルケにしても『白樺』一派の青年にしてもまた作中の久保田医学士にしても、ロダンの中にすぐれた彫刻家を認めるだけではなく、人生観追求の上の師を仰ぎ見ていたのである。西洋でも日本でも精神の師として、maître à penser としてロダンに傾倒する人々が出てきていたのである。ヴォルプスヴェーデの一群の芸術家や『スバル』『白樺』の青年たちははからずも時を同じうして同種のロダン崇拝を行なっていたのである。リルケの「人生いかに生きるべきか」をロダンに問う気持と、高村の求道の気持などには共通する要素が認められるのではあるまいか。――そしてそのような外国の芸術家に師を求める心は時代の風潮であったのかもしれない。フランス側にもトルストイやベートーヴェンやミケランジェロらに傾倒したロマン・ロランなどが現われたのはちょうどその時期だったからである。

日本の知識層の一部は明治の末年からこの種の国際主義的な運動と関係を持つようになったのだが、当時日本の青年に国外世界の情報を一番豊かに提供してくれた人は、小泉信三が『鷗外全集月報』

でもふれているように、『椋鳥通信』の執筆者森鷗外であった。そこにはロダンのことも何回か報ぜられている。英国におけるロダン賛否の論争について、バーナード・ショウがロダンぎらいの批評家たちを家に呼び、「これはロダンのデッサンですがいかがですか」と意見を求め、一同に思いきり悪口をいわせておいて「失礼しました。いまのはミケランジェロのデッサンでした」といって批評家連を赤面させた、などという通信も鷗外は書いている。

そのように見てくると、『花子』も『椋鳥通信』の記事と同様、欧州の新聞雑誌から材料を拾ったものであり、『椋鳥通信』が啓蒙家鷗外の西洋文化紹介の仕事であったと同様、『花子』も小説形式をとったロダン紹介の文章であるように見えるのだが、しかしそれだけが短篇『花子』の本質なのであろうか。

ロダンによる東洋人の魂の発見

キーン教授の『花子』評価はやや趣きを異にするようである。キーン教授は一九五九年夏の『聲』に次のように書いている。

「ともかく、ロダンと花子との面会は世界文化史上の一つの目印であろう。西洋人が東洋人を見て、魂まで読めて美術にそれを伝えたことは始めてであろう。鷗外が西洋人のロダンの魂が読めたのも始めてであろう。『花子』と云う小説を読み直すと、まだ佳作であるかどうかは云えない。むづかしすぎるのかも知れない。が、鷗外がその面会の瞬間――東洋が神秘でなくなった瞬間――の偉大さに気がついたのはわれわれの敬意に値する」

西洋人にとって東洋人が神秘で不可知的であったのは、西洋人が東洋人の魂を読もうと努力しなかったからである。芸術家が自己の芸術の訓練を通して、その感性の働きによってあらゆる国民の魂を知り得るようになったことは確かに尊くまた嬉しいことである。ロダンは貞奴についてもすでに次のような注目すべき発言を行なっている。すでにロダンはクラデルの家で日本の芸術を理解しない人々をたしなめるように次のようにいっていたのである。

――あなた方はあの日本の女を見ましたか。

（――「あれは芸術というよりも、むしろ写真ですわ」）

――お待ちなさい。間違えてはいけません。私はあなたの言う意味は解ります。けれども、日本人の美しい魚、美しい花は、あれも生きた写真です。お気をつけなさい。あなた方はあの芸術を会得しない人たちの誤謬に陥ります。よく御覧なさい。もう一度サダヤッコを御覧なさい。あ、いやいや、あなた方と私の間に、そんな距離があつてはなりません。ひど過ぎます。

（高村光太郎の訳による）

これはクラデルの筆録だが、ロダンはひとり、ただひとり東洋人の美に気づき、その美の発見のために西洋人一般から離れはじめてしまったのである。彼はまたその手記に次のような興味ふかい観察を書いているが、それはこの芸術家の眼が鋭く常識を破って進んだことを示している。

「カンボジャの舞踊の中に古代美を見たように、マルセイユ滞在の少し後、私はシャルトルでこの大きな天使の姿の中にカンボジャ風の美を見た。実際それは舞踊のある姿とあまり違ってもいないのである。あらゆる時代のあらゆる人間の美しい表現の間における相似性は、芸術家にとって、自然の統一に対する深い信念を肯定させまた感激させる。……『極西』と『極東』とは、芸術家が人間の本質的なものを以て人間を表現したその最高の製作において、此所《ここ》で互いに接近しなければならなかった」

ロダンは動勢 mouvement に興味を寄せた彫刻家だったからこのように舞踊には非常な関心を持っていた。アメリカの女流舞踊家ロイ・フラーとしたしくなったのもそれが機縁だった。ロダンは一八九二年にフォリー・ベルジェールでデビューしたフラーが照明効果を巧みに生かして踊ったのを見て「ロイ・フラーは未来芸術への道を開いた」[32]と激賞したといわれる。彼女もまたロダンが東洋の舞踊に惹かれていたことを心得ていたから、花子を彼に紹介する労を惜しまなかったのである。はじめはその踊子としての花子が、後には人間としての表情や魂までもが、ロダンに訴える所があったのであろう。花子がロダンのモデルの一人として重要な人物であったということはロダンの秘書たちも認めているようである。

このようにして行なわれたロダンによる東洋人の肉体や魂の秘密の発見は偉大な発見であった。それは芸術というものが持つ力への信頼を新たにしてくれる。ロダンと日本という場合には他の多くの外国人と日本という場合とは異なって、東西両方向に向ってコミュニケーションが成立していたのである。そこには東と西との間にある種の対話が、芸術という普遍的な言語を介して、行なわれていたのである。

見返りの心理

一体、自国の文化に劣等感をもつ日本人は同国人が外地で名声を博すると奇妙な反応を呈するものである。小山内薫は西欧文化崇拝の青年で、新劇運動のパイオニアであったから、モスクワの芸術座の人々が貞奴や花子のことをなにげなく話題にした時に、一種のアレルギー反応を呈した。大正二年（一九一三年）小山内は次のようなモスクワ通信を書いている。

「色々日本の話が出てゐる内に、ムウラトワ夫人はふと Sada Yacco の事を言ひ出しました。……スタニスラウスキイ氏は二人の話を側で聴いてゐましたが、やがて『僕はまだ Sada Yacco を見ないのだが、実際はどうなのだ』と聞くのです。私は頂度ムウラトワ夫人の何処かへ立つて行つてゐないのを幸に、“Sie ist kein Künstler!”と稍《やや》激越な調子で、言ひました。……氏は更に問を進めて Hanako の事を聞くのです。私はもうゐても立つてもゐられません。私は日本中の恥を一人で背負つて立つたやうな気がしました。私は真赤になりました」(33)

スタニスラフスキーは、小山内も書いているように、お世辞もなにもなしに飽くまで真面目に聞いているのだが、小山内はそのたびに冷汗をかいたり顔を赤らめたりしている。スタニスラフスキーが小山内のその表情の変化に気がついたかどうかは知る由もないが、気がついたとしてもなぜ小山内が恥かしさに真赤になっているのか、その心理はなかなか解《げ》せなかったことと思う。しかし私たちには、同国人を代表する芸術家がこの程度であってはたまらない、恥かしい、という小山内の気持はわかるし、志賀直哉がはらはらしながら鷗外の短篇を読んでいった時の気持もわかる。小山内も志賀も明治末年の二代目の世代特有の西欧志向のインターナショナリズムを奉じていたから、土くさい日本の女が西洋の晴れの舞台へあつかましくも登場していることが我慢ならなかったのである。それだけに日本人には貧相に見えた花子の体にロダンが「強さの美」を見いだしたのを読んだ時、いままでインフェリオリティー・コンプレックスを抱いていた志賀直哉は驚き、かつほっとした。それは作中人物久保田の感情の動きと同じだった。そしてそれはある程度までは森鷗外の「子守あがり位にしか、値踏みが出来兼ねる」と感じていた花子への低い評価とそれだけに意想外なロダンの花子への高い評価に接した時の驚きに相応じたものであったにちがいない。しかし「洋行帰りの保守主義者」鷗外には日本女性の良さへの認識もすでに多少はあったのかも知れない。ひそかに感じていたことがはからずもロダンによって確認されたという喜びがあったのかもしれない。

いずれにせよ、ロダンが、芸術家の修練された眼の働きによって、花子について常識破りの観察を行なっている、という驚きが、鷗外の執筆を促した強い動機となったのだろう。グゼルの筆録したロダンの言葉が短篇の結びに浮彫りにされて使われているのはそのためであるにちがいない。しかしそれにしてもそれに着目したことは「東洋が神秘でなくなった瞬間の偉大さに気がついた」(キーン教授)というほど大仰なものだったろうか。鷗外はかねがね西洋人が日本について書いたものにはよく注意していたから、西洋の一部の秀れた学者にとっては東洋はもはや神秘ではなくなっていたことはすでに承知していたはずである。ナウマン論争にしても黄禍論の問題にしても、日本における西洋文明受容の問題にしても、日本人の主張と西洋人の主張の両者を見、両者を比較考量して実際的な提案を行なってきた鷗外であった。そのような intercultural あるいは interracial な問題については、鷗外は一つの眼で日本を見、いま一つの眼で外国人が見た日本を見ていたのである。『花子』の場合も西洋人ロダンの眼を通して Hanako を見直しているのだが、この短篇の面白さは西洋にふれることによって日本を振り返るという屈折した「見返りの心理」にあるのではないだろうか。筆者がその点を強調するのは、そのような屈折の有るか無しかが、対ロダン（あるいは広く対西洋文化）の関係で、森鷗外と白樺派同人の態度を区別する目安ともなっているからである。鷗外の眼は複眼であったから遠近の区別がはっきりついていた。鷗外の眼の前には比較文化史的なパースペクティヴがおのずと開かれていた。それに対して単眼の西洋一辺倒の人々は、一時は西洋の文明にたいしてより多くの熱狂を示したかもしれないが、彼と我との間のバランスがとれていなかった。望遠鏡で西洋の一点を凝視しているような恰好であったから、その一点と自分の立っている場所との関係がよくつかめていなかったのである。そのような人々のロダン崇拝が、大東亜戦争の宣戦布告と同時に「天皇危ふし」の叫びによって置き換えられたのは、（ここではその心理について詳述しないが）内心の動きとしてはきわめて自然な推移であったと筆者には思われる。

『花子』と『寶物拝觀』

見慣れている人の顔でも、鏡に写った横顔を見ると、左右が違うから奇妙な感覚を覚える。自分自身の顔でも鏡を二枚使って鏡中の鏡に映った自分を覗くと、それが世間の人がふだん見つけている自分の顔のはずだが、やはり奇妙な感じを免れない。外国人の目を通して見る日本も、最初は不思議な色眼鏡を通して見たような感じがして、多くの人はナイーヴな驚きを示すものである。

ところで外国人の眼を通して日本を振り返って見るという操作は、古く江戸時代から渡辺崋山や杉田成卿《せいけい》も行なっていたことである。そして東京時代にはいってからは、森鷗外に限らず、正宗白鳥や永井荷風、木下杢太郎なども行なってきた。白鳥の Arthur Waley 経由の『源氏物語』評や、荷風の Goncourt 経由の『江戸芸術論』などは有名だが、しかしそのような角度から見るためには、西洋人のうちでどれが本物でどれが偽物であるかを見分けるだけの見識があらかじめこちらになければできないことである。さもなければ外国の権威によって日本を見るという倒錯現象や自国の世評を気にするという自意識過剰症状におちいってしまうだろう。

森鷗外はそのような操作にはよく慣れた人であったから、『花子』には鷗外自身のういういしい驚きの情は示されていない。エグゾティックな感じがしないのである。しかしそうはいっても鷗外の短篇の特色は、稲垣達郎氏もいうように、ロダンを主人公のように書きながら、ロダンを通して花子を取りあげているところにあるのだろう。

ところでそれと同じようなテーマで、その種の視線の屈折の微妙さを意識して、ナイーヴに驚く自己自身を作中におりまぜながら書かれた作品に木下杢太郎の『寶物拝観』(34)という短篇がある。杢太郎は自分の感覚におこった変化をこう書いている。

「わたくしは一月以来から時々此外国人を訪ねて、会話をして居ると、多少彼等の立場に同化して、一種奇妙な心持になつた。即ち自分の本国を第三者の目で見るといふ態度である。殊にかう親しみの薄い京都といふ土地に居ると、そこの風土やそこの歴史や、そこの芸術的雰囲気などといふものが、凡て一塊りとなつて、希臘《ギリシア》とか、羅馬《ローマ》とか乃至《ないし》印度とか支那とかいふ国のやうに、自分の直接の利害を離れた。興味ある研究的対象としてわたくしの頭の中に入つてくるかの感じがした」

「わたくし」は杢太郎自身であり、彼は学生通訳としてユダヤ系ドイツ人の美術史家夫妻について京都の一侯爵家を訪うたのであった。『寶物拝觀』にはその時の雰囲気が生き生きと描かれており、「わたくし」に欧州人の心持の一部が理解せられるようになるにつれ、住み慣れた自分の国が珍しくも、また鮮やかにも思われてきた過程も伝えられている。

ところで『花子』と『寶物拝觀』の二つを読み比べてみると、筆者は芸術的感受性の鋭さという点では木下杢太郎の方が鷗外よりも秀れていた、という感を禁じ得ない。『花子』における鷗外の芸術把握は直観を通じてではなくもっぱら知性を通じて行なわれたものである。そこに『花子』という作品の冷ややかさと限界がある。雰囲気がわかないのである。それは『花子』が真の意味での創作ではなかったためでもあるだろう。鷗外も厨川《くりやがわ》白村あての手紙で『花子』の英訳提案を辞退しているというから、自作の限界を自覚していたのだろう。『花子』を鷗外の代表作の一つに推す人もいるようだが、筆者にはどうしてもそうとは思えない。その感想はこのようにいろいろと調査をする前もその後も変わりないのである。筆者は『花子』よりもむしろ素人の筆になるような『寳物拜觀』の方を佳作と思うのだが、それに同調する人はいるだろうか。そのような『花子』と『寳物拜觀』の比較はもはや本論の埒外にあるのだが。

註

（1）Hôtel Biron の歴史については Marcel Aubert et Cécile Goldscheider: *le Musée Rodin*, H. Laurens, éd., 1956 による。

（2）吉城愈子『歌集花時計』積文堂、昭和四十年、一四六頁。

（3）ドナルド・キーン「鷗外の『花子』をめぐって」『聲』一九五九年夏号。

（4）稲垣達郎氏が多少ふれている。『近代文学鑑賞講座　森鷗外』角川書店。

（5）『高村光太郎全集』筑摩書房、昭和三十二年、第八巻。

（6）『高村光太郎全集』第七巻。

（7）キーン、同右。

（8）キーン、同右。

（9）『週刊読売』昭和四十一年九月九日号に「お花さんも舞踊、三味線、琴となんでも身につけ、後、京都で八雲琴の師匠もした」とある。一般に日本の週刊誌の記事は信頼度の高いものではないがこの記事は花子の遺族の太田英雄夫妻から取材しているので引用させていただく。なおこの時期に読売新聞社の後援でロダン展が開かれた。

（10）以下、キーン。

（11）『鷗外全集』（二次）第二十四巻、岩波書店。

（12）D. Keene: *Hanako* に英語で引用されている Judith Clavel（Clavel は Cladel の誤りだろう）の文を筆者が訳した。その前後の引用はキーン教授による日本語訳を利用した。

（13）前掲『週刊読売』。

（14）（15）キーン「鷗外の『花子』をめぐって」。

（16）前掲『週刊読売』。

（17）（18）「鷗外先生の『花子』」、『高村光太郎全集』

第八巻。

（19） D. Keene: *Hanako* から筆者が日本語に訳した。

（20） この花子の手紙の断片は森亮教授が筆者に恵与されたので、いま筆者の手許にある。

（21） 森鷗外は誤って Beaudelaire と書いている。ダンテの『神曲』Divina Commedia も誤って Divina Comedia と書いている。

（22） その後判明したドイツ語出典については、平川祐弘「ロダンと花子」、『ＮＨＫ日曜美術館　第２集』鈴木泰二編、学習研究社、昭和五十二年を参照。

（23） Zola, Emile: *Lourdes.* Roman. 4Aufl Stutt. & Leip. Dtsch. Verl. Anstalt, 1897.

（24） 平川祐弘「森鷗外の『金毘羅』とゾラの『ルルド』」、亀井俊介編『比較文学』、研究社、昭和四十六年、所収を参考。

（25） 菊判『鷗外全集』第五巻、編纂者（与謝野寛）の辞。

（26） 与謝野寛「東洋美術界の大損失」。

（27） キーン、同右。

（28） 斎藤茂吉『森鷗外先生』中の「鷗外物の『女』小感」。

（29） Keene: *Hanako.*

（30） 『彫刻家荻原碌山』、信濃教育会、昭和三十一年刊。

（31） 「白樺派と美術界」については『明治大正文学研究』第五号に隈元謙次郎氏の要約がある。ほかに武者小路実篤氏の回想などもある。

（32） *Rodin inconnu,* Ministère d'Etat Affaires Culturelles, 1962, Paris, p. 49.

（33） 『小山内薫全集』第六巻、五二四頁。

（34） 『木下杢太郎全集』第五巻、岩波書店。

『生ひ立ちの記』序」について
——大正期の鷗外における日本と西洋

先祖返り

森鷗外の体内にひそむ日本的伝統の一例と、森鷗外の血肉と化した西欧体験の一例をまず掲げよう。鷗外の妹小金井喜美子の『鷗外の思ひ出』には、次兄の森篤次郎が川田佐久馬（鳥取藩士、子爵、一八二八―一八九七）の養子になりかけて破談になった時のいきさつが次のように記されている（「衛生学」の章。なおこの件については小金井喜美子の『鷗外の系族』にも詳しく述べられている）。文中の「お兄様」とは長兄の森鷗外のことである。

次兄は十一二歳の頃、漢学を習ひに、因州の儒者佐善元立《さぜんもとたつ》といふ人の所へ通つて居りました。出来がよいと直に特別扱にされます。或日塾の祝日に本邸から藩主代理として来られた川田佐久馬氏が、次兄の態度が気に入つたとて話を進め、佐善氏の仲介で川田氏の養子にきまりました。川田氏は元老院議官で西氏ともお役向の知合です。ところが川田氏があまり次兄を愛されるので、あちらの親戚から故障が出て、譲与の契約の削減の事を仲介者の佐善氏から申されました。その態度に憤慨されたお兄様は、「譲与の額の多寡は問題ではない。男が一旦明言した事を傍の者の為に左右せられるのは、弟の将来の為に頼もしくない」と、直に川田氏を尋ねて破談を申されたのです。その話を父から聞かれた西氏は、

「なぜ早く聞かせなかった。何とか穏かな方法もあったらうに、何しろ林はまだ若いから」といはれました。

ほんとに兄は若かったのです。

これは明治十年か十一年、鷗外が数え年で十六か十七におこった事件で、「何しろ林太郎はまだ若」

かったのである。この破談のために篤次郎は人柄も変わるほどのショックを受けたと喜美子は伝えている。

この事件は、「武士の一言金鉄の如し」とか「武士に二言なし」という士族階級の倫理を掲げた森鷗外の意地を示した振舞だったが、その際に示された鷗外の倫理感情は、鷗外が意識してかせずしてか、後年の一作品の中に反響しているようである。その作品とは大正二年四月に発表された『佐橋甚五郎』で、主人公の甚五郎は鷺を撃って賭に勝ち、小姓の蜂谷から大小を貰おうとした。それを蜂谷が由緒のある品だからといって断わろうとした時、甚五郎はきつい調子で次のように言ったのである。

「武士は誓言《せいごん》をしたからは、一命をも棄てる。よしや由緒があらうとも、おぬしの身に着けてゐる物の中で、わしが望むのは大小ばかりぢや。是非くれい」

佐橋甚五郎という「意地強きすね者」（鷗外執筆の自著の広告文の句）は、森鷗外という意地強き人の興味を惹いたが、歴史物に筆を染めはじめた五十過ぎの鷗外の血管には、青年時代に袴をつけ威儀を正して元老院議官川田氏を訪れた時の血がふたたび脈打っていた、といえないだろうか。乃木大将の自刃をきっかけに表面へほとばしり出た鷗外の感情は、かつての日本の武士階級の間でつちかわれてきた倫理感情なのであり、森鷗外という武士の子の根源的なエートスの発現だったのである。それは一種のatavisme先祖返りだったとみなせるにちがいない。鷗外がそのような衝動にかられて書いた『興津弥五右衛門の遺書』、『阿部一族』、『佐橋甚五郎』の三篇を後にあわせて単行本とした時、それに『意地』という題をつけたのは、その意味で象徴的といえるだろう。

意地は好ましい場合には打算や功利を離れた、人間の尊厳へ連なる感情ともなるが、悪い場合には若気の過ちから意地を張って世をすねることになってしまう。鷗外は佐橋甚五郎の行動を別に是認して書いているわけではない。それは切腹という行為について『興津弥五右衛門』と『阿部一族』の場合とで明暗二つの相を客観的な筆致で描いた態度にも共通するものがある。しかし大正初年の鷗外は、そのような人物や性格を書きたいという気持が内から湧くのを感じていたのである。この先祖返りは文学に現われた伝統的な日本の血脈といえるだろう。

「意地」という言葉には西洋語へ移しがたい語感が含まれている。研究社の『新和英大辞典』は「意地」を「根性」の意味で取り、nature; temper; disposition としているが、この訳語では納得はゆくまい。ただ「意地がある」には have a strong (= an iron) will; have backbone と出ている。終戦後の日本で評論家が「日本人にはバックボーンがない」などといったのは、日本人に意気地がなくなったからだろうか。『新和英大辞典』には次のような例文も引用されている。「あんな奴には意地にも負けられない」My self- respect will not allow me to be beaten by such a man as he.「意地」の内容は前後関係によっては右の self-respect に近いのであろう。

西洋語には適当な語がないと述べたが、ヨーロッパでも騎士道の名残りのある『ル・シッド』や『シラノ・ド・ベルジュラック』などの芝居にはフランスの男の意地が感じられる。そしてさらに卑近な例を引けば、アメリカ映画にも意地を感じさせる善玉や悪玉が多い。西部劇が世界中にファンをもっているのはその主人公たちの意地の魅力も大いに手伝っているのであろう。もっともそれは日本の講談にも出てくる「片意地、強情」の場合が多いので、それはしばしば obstinate, stubborn, perverse そして headstrong なのである。これは日本の多くの軍人にも、またアメリカの軍人にも冠することのできる形容詞であるかもしれない。

「意地」にはそのように東西に共通する人間感情である部分もあるが、ただ一つ明らかに異なる点は、武士道にひそんでいるそのような倫理感情が日本人においてはしばしば切腹という行為を取らせたということだろう。鷗外は、切腹を野蛮視する西洋人の見解を「尤もだと承服することは出来ない」(『妄想』)と述べている。そして私たち日本人は切腹がもつ意味の深さを実は私たちが生きてきた時代にも体験していたのである。中野正剛《せいごう》の切腹は東条内閣にたいする一打撃だった。鈴木貫太郎内閣の陸相の阿南惟幾《あなみこれちか》の切腹は（映画『日本のいちばん長い日』ではドラマタイズされて歪められた点も多かったが）、終戦を実現させた尊い行為であった。鈴木内閣の書記官長であった迫水《さこみず》久常氏は『機関銃下の首相官邸』で阿南陸相について、「私は時に多摩墓地に大将の墓参をするたびに、大将の生死を超えた勇気を謝し、小さな墓石に抱きついてお礼を申しあげたい衝動にかられるのである」と述べている。

　今日、日本人自身が過去のものと思い、中には封建的と貶める人さえあったこのような感情や行為は、昭和時代にまで生きているのである。森鷗外が一連の歴史物に描いた事柄は、過ぎ去った歴史の上のことではなくて、現在の行為として、鷗外の死後も、日本人の体内に生き続けていたのである。その種の行為にたいして私たちが覚える感動は、やはりきわめて日本的な感動なのであろうと思う。

ドクトル・クラウス

「九月十三日。晴。轜車《じしや》に扈随《こずい》して宮城より青山に至る。……途上乃木希典夫妻の死を説くものあり。予半信半疑す」

「九月十八日。午後乃木大将希典の葬を送りて青山斎場に至る。興津弥五右衛門を艸《そう》して中央公論に寄す」。

　これが鷗外の大正元年の日記の一節だった。鷗外の心情の奥深くに秘められていた感情は、このように乃木大将の自刃をきっかけとしてにわかに表面へ奔出したのだったが、それでは次に、それ以前に鷗外の感情の上層を占め意識の表面に出ていたものは何であったかを問題としてみよう。それまでに鷗外の意識の主流を占めていたものは、徳川時代から伝わってきた伝統的な倫理感情であるよりは、西欧から伝わってきた新しい感情である場合の方が多かったように思われる。明治という時代は日本が国をあげて西洋文明の吸収につとめた時代だったが、森鷗外はその時期のもっとも有力な文化的指導者であった。鷗外は周囲の人からはバタ臭くていやらしいと思われたほど西欧的な教養が血となり肉となっていた人である。その教養は単に洋書を通じて学んだだけのものではなく、青年時代の四年余に及ぶ留学体験によって自己のものとなっていた。そのドイツ体験が鷗外にどのような影響を及ぼしたかということを具体的に把握することは難しいが、それでもその痕跡をたどることのできる場合がある。いまその一例を——小さな一例に過ぎないが——鷗外の観劇体験から引いてみよう。

鷗外の『独逸日記』には約三十回に近い観劇の記録が載っているが、実際に劇場へ行った回数はそれを上廻るものであったろう。見た芝居には『ファウスト』、『ハムレット』などの有名作品から多くの無名作品にわたっている。今日は忘れ去られた演劇の中にはラロンジュの『ドクトル・クラウス』があったが、鷗外が日記に記した観劇の感想の中ではこれについてがもっとも詳しい。いま一八八七年（明治二十年）四月二日の項を引用する。

横山又二郎と劇を輦下《れんか》戯園に観る。男児のみにては余りに興なければとて、ファンニイ Fanny Grosshauser と云ふ少女を伴ふことゝなれり。劇はラロンジュ L'Arronge のクラウス学士 Dr. Kraus なり。主人公医を業とす。一夜婦と少女とを携へて筵《えん》に赴く。興酣《たけなわ》なるとき僕来りて病家の請を告ぐ。乃ち之に赴かんと欲す。婦留むれども聴かず。女の曰く。児盟《ちか》ひて医の妻と為らずと。主人公の曰く。請ふ爺《や》の語を聴け。爺が新婚の初なりき。妻と夜会に赴きしに、席間一貧家の病の劇なるを告ぐるあり。爺新婦の意に悖《もと》らんことを恐れ、敢て直に之に応ぜず。席散ずる後先づ婦を家に導き、衣を更めずして病家に至れば、破壁暗燈一童の死したる姉の側に蹲《うずくま》るを見る。床に臨みて審《つぶさ》に之を診す。爺が夜会服の領《えり》に挿みたる白薔薇花忽《たちま》ち床の下に落つ。童拾ひて唇に当て、憐むべき姉 Arme Schwester! と呼ぶ。其状猶《なお》目前に在り。爺が汝儕《なんじら》の言に随はざるも亦故なきに非ずと。言ひ畢《おわ》りて私《ひそか》に涙を拭ふ。女も亦垂泣す。曰く。児盟ひて医の妻と為らんと。主人公笑ひて女の頭を撫で、癡児《ちじ》なる哉 Du, ein Naerrchen! と云ひ、将に席を退かんとするとき幕閉づ。此段最も人を感ず。喝采鳴りも止まざりき。

これが遍歴時代の鷗外の演劇体験の一つだった。津和野藩の典医の家に生まれ、軍医としてミュンヘンに留学していた彼は、輦下戯園Residenztheaterで横山又次郎とドイツ少女と連れだってこの芝居を見、深い感銘を受けた。そのことはこの『独逸日記』の文章からも察せられる。そしてその時受けた感銘は、それより十三年後の明治三十三年に森鷗外が第十二師団軍医部長として行なった深刻な訓戒の中にも響いているように思われる。鷗外は十二月二日小倉で軍医一同を会同せしめ隊付軍医宿直の件について次のように議したのであった（第十二師団軍医部会議講演）。隊付軍医が院外や勤務時間外に患者を診療することは規定にない。しかしもし急病人が出た場合に法規を楯にその乞に応じなくともよいものか。森軍医部長は軍医たちにたいして次のように戒飭《かいちょく》した。いま句読点をふって引用する。

「……諸軍医ハ或ハ本職ガ此ノ如ク法規上ノ分疏ヲ聞キテ足レリトセズ、進ミテ道徳上ニ立チ入リテ云々スルヲ怪訝スルナラン。然レドモ本職ハ此事ハ我分内ノ事ニシテ決シテ黙止スベキモノニアラザルヲ信ズ。……当直者ニ就テ言ヘバ（院外の請があれば）何時診療ヲ求メラルルモ間違ナク之ニ応ズベキナリ、而シテ此信ハ法律上ニ罪科ヲ構成セズ、規約上ニ違反ヲ認メラレズト謂《い》フニ非ズ、道徳上遺憾ナク、良心上慙悔《ざんかい》ナキ様其任ヲ尽スヲ謂フナリ。曩《さき》ニ内務書中不時診断ノ規定アリシ頃、軍医ハ毎ニ謂フ、夜半軍隊ノ請ニ応ジテ遠路ヲ行キ其所謂患者ヲ診スレバ過飲嘔吐ノミ、其ノ亡状憎ム可シト。東京陸軍病院ニ当直セル医官ノ雪夜麻布兵舎ヨリ帰リテ此言ヲナセシハ猶吾耳ニ在リ。然レドモ軍医ニシテ信ヲ重ンズルトキハ、此ノ如キ事ニ遭フト雖《いえども》、毫モ悔恨スベキニ非ズ。請ハレテ之ニ赴ケバ、吾信全キコトヲ得タルモノナリ。彼ノ請フベカラズシテ請フハ曲彼ニ在リ、何ゾ顧ミルニ足ランヤ」

ここに説かれた医師の倫理は、おそらく西洋で得た観劇体験によって裏打ちされたヒューマンな感情のあらわれであったのだろう。フーフェラントの

『医戒《いかい》』も念頭にあったのかもしれない。しかしそれだからといってそのすべてを目して西洋的なるものの影響といいきることはできないであろう。なぜなら医師の倫理は東アジアの儒教社会では「医ハ仁術ナリ」という語によっても説かれていたからである。そのような儒教風の理想主義の気風は、実は今日の日本よりも明治時代の日本でより強かったのではないかと思われる節も多い。医師が単に法律上の義務だけでなく道徳上の義務までも果そうとする気構えは、今日のアメリカなどよりはむしろ儒教社会での方が強かったのではないかと思われる節さえもある。近代化の結果として医師の技術的向上や組織の整備は進んだが、個人個人の医師の道徳が発達するというようなことはあり得ることではなかったからである。であるとすると鷗外がミュンヘンの劇場で受けた感動は、人種や文明の如何を問わず人間性に訴える感動であったとみるべきだろう。そこに説かれている倫理は、とくに西洋的とも東洋的とも呼ぶことのできない普遍的な性質のものだった、といわなければならないのである。

しかしそれにもかかわらずラロンジュの社会劇には西洋的な人間的な雰囲気が漂っている。そしてそれは実は医師の倫理の問題ゆえではなく、そこに登場する女性たちがつける感情のニュアンスのゆえだったのである。『ドクトル・クラウス』という芝居で積極的に自己主張を行なうのは（そこに西洋社会が実写されているのだが）まず女性たちである。宴がたけなわの時、急病人の請を聞いて病家へ急ごうとするクラウス医師を引き留めるのは妻であり、「お医者さんのところへなんか絶対にお嫁に行かないわ」とすねるのは娘である。そしてその時クラウス医師が娘に打明ける悲話も、彼が結婚当初に新婦の意に悖《もと》ることをおそれたからこそ起った悲話だったのである。——このように女性は自己中心的な愚かしい、御しがたい存在なのである。しかし女子と小人とは養い難し、といい切ってしまえば、それは儒教社会の雰囲気に転化してしまうだろう。そしてそのように断言してしまえば男と女の間にもはや人間としての対等な会話は成りたたず、演劇も成立しなくなる。しかし男女の社交を背景として発展してきた西洋の演劇で、女性たちが単に愚かしい存在として だけ扱われるはずがない。現にこの芝居の見所は、鷗外が日記に記しているように、クラウス医師が昔の悲話を語り了えてひそかに涙を拭った時、娘もまた涙して、「わたし必ずお医者さんのお嫁さんになりますわ」といい、クラウスが笑って娘の頭を撫で、「おまえ、お馬鹿さん」という段である。そこには家人の父親の職業にたいする理解とヒューマンな感動の横溢がある。鷗外の日記をまた引くと、

……言ひ畢りて私に涙を拭ふ。女も亦垂泣す。曰く。児盟ひて医の妻と為らんと。主人公笑ひて女の頭を撫で、癡児なる哉 Du, ein Naerrchen! と云ひ、将に席を退かんとするとき幕閉づ。此段最も人を感ず。喝采鳴りも止まざりき。

この記事には医学を学ぶ二十五歳の日本青年の感動が溢れるばかりに感じられる。鷗外はそのような家庭を求め、そのような女性を妻にあらまほしくも思ったのであろう。なお、Adolph L'Arronge（一八三八—一九〇八）のこの五幕物は Doktor Kraus でなく、正しくは Doktor Klaus と綴る。話題となった場面は第三幕の幕切れの情景で、

Emma. (ebenfalls aufstehend). Papa!
Klaus. Nun?
Emma. Papa, jetzt bin ich entschieden einig mit mir: ich heirate nur einen Arzt.
Klaus (lächelnd). Ach, du bist ein Närrchen.

となっている。『独逸日記』の凝縮された要約文がこの原文よりもはるかに感動的であるのは、そこに観劇した鷗外の実感が伝わっているからであろう。

以上、森鷗外の血脈に流れる日本的なものと、西洋で自覚したものとを、それぞれ一例ずつ拾ったが、大正期にはいった森鷗外は、乃木大将の殉死をきっかけとして、決定的に日本へ回帰したのだろうか。医学のような自然科学の分野については「今の世に唯一個の医学あり」（『所謂和漢方医』）と普遍主義的な立場を取った鷗外は、精神上の事柄につい

ては先祖返りの衝動に従い、個別主義的な、ナショナルな伝統に復帰したのだろうか。一連の史伝の執筆は先祖返りの衝動のあらわれとは思うが、鷗外の立場はけっして偏狭な国家主義への回帰ではなかった。大正三年の森鷗外の立場を示すものに『生ひ立ちの記』序」があげられる。その文章を基に五十二歳当時の森鷗外の考え方を明らかにしてみたい。

キューゲルゲンの自伝

序文であるとか推薦の辞であるとかは、依頼されて執筆する文章であるから、必ずしも筆がすらすらとのびるものではない。森鷗外のような人の場合でも「辭題《じだい》跋序」(『鷗外全集』第二十四巻）に集められた文章は生彩に富むとはいいがたい。工夫をこらした文章も智恵を働かした表現も見られるが、官職にあった人だけに義理や縁故で筆を執った序文も多かったのであろう。しかしその中にも立派な文章がある。鷗外その人の人となりや考え方をいまに伝えるような文章がある。私はその一つとして「『生ひ立ちの記』序」をあげたい。鷗外が大正三年興風書院発行の伊原元治、大沢章、田中耕太郎、植野勲の共訳になるキューゲルゲンの自伝の邦訳に寄せたその序文は、情のこもった、秀れた、鷗外の選集にいれたいような文章である。とくにその終りの三節は私にはさながら西欧の抒情詩を読むがごとくに感ぜられる。このキューゲルゲンの『生ひ立ちの記』の序によって当時の鷗外の思想の一端をかいま見てみよう。そしてそれを基にして大正期にはいった鷗外が西洋文明と日本との関係についてどのような考えを抱いていたのかを問題としてみよう。鷗外の日本への回帰は反西洋という形で行なわれたのではなかったというのが私の結論だが、空理空論を慎み、まず事実問題から出発してその間の事情を説明しようと思う。

森鷗外は Wilhelm von Kügelgen: *Jugenderinnerungen eines alten Mannes* を持っていた。その本はいまも東大図書館に鷗外文庫の一冊として蔵められているが、一九一〇年に Wilhelm Langewiesche = Brandt から出た本で、八万五千部と出ているから、当時のドイツとしては非常によく読まれた書物であった。鷗外も

邦訳の序文に、

「少くも教養ある独逸人の家庭でキュウゲルゲンの作つた『一老人の少時の回想《ユウゲンド・エルインネルンゲン・アイネス・アルテン・マンネス》』と云ふ書を知らぬものはあるまい。此書は独逸国民の胸に深く其の尊さと美しさとを印象してゐる。此書は同種類の書の中で第一に指を屈すべきものたるを失はない」

と非常に高く評価している。今日キューゲルゲンの自伝はそれほど記憶されていないので、鷗外には珍しく過褒《かほう》の辞であるように思われるのだが、鷗外は次の二つの点からこの書物を推したのであった。

第一はこの書が自叙伝中の最も模範となすに足るものとしてであり、鷗外はヒルティ、グレゴリーなどの諸家の評を引いた後、自分自身の感想を次のように述べている。

「余をして言はしむれば、読者は此書の中で幾多の沈思すべき問題に逢着するであらう。そして到る処に教訓と暗示とを見出すであらう。勿論文学者でもなく宗教家でもなく哲学者でもない人の筆から、巧妙な文章や深遠な哲理が写し出されようと望むのは、無理な注文である。併し此書には如何なる文学書にも如何なる説教にも如何なる講演にも望み難い一つのものが蔵せられてゐる。それは著者が『真』そのものを語つてゐるからである。著者はこゝに赤裸々の人間となつて、少しも矯飾することなく自己を告白してゐる。吾人はこゝに活きた人を見る。ホイットマンの云ふが如く、これは書にあらずして人その物である。吾人は書に触れずして直ちに人に触れることが出来る。こゝには活きた人が現れて自己の過去を語つてゐる。そして後人に向つて『どうぞ己を踏台にして、一層高い処に進んでくれ』と叫んでゐる。吾人は活ける人の活ける記録を見て、言ひ知らぬ哀愁に打たれて端なく自己の過去を追憶するのである」

このような鷗外の発言は、自己を大切にすることを主張した白樺派の青年たちにも、また大正教養主義の中核をやがて形成するであろう若き学士たちにも、どれほどか清新な魅力をもって訴えたことであったろう。最近の日本でも人間性回復の主張とともに自伝文学の復権が行なわれるであろうことが予想されるが、自己の形成や自我の確立なしには、自己の変革などあり得るべくもないことが近頃少しずつ自覚されてきたのである。

「自己に忠ならんとする以上は、何人《なんぴと》も先づ自己を忠実に表現することを学ばなくてはならぬ。偉大なるものはここに、小なるものの中に早く胚胎してゐるのである」

しかし鷗外は内面の世界や身辺の雑記のみを重んじた人ではない。鷗外はキューゲルゲンの自伝の他の面、すなわち政治史としての、社会史としての、また文芸史としての面にもひとしく注目したのであった。キューゲルゲンの自伝に語られているような具体性に富んだ歴史は、観念や図式によって歴史を裁断しようとしがちな性急な社会科学者にはなじみの薄いところであろうが、鷗外は自分自身ドイツに長く生活し、各地を旅し、さまざまの書物を読みこなした人であったから、一八〇二年にペテルブルクに生まれ一八六七年にドイツで死んだこの個人の体験を通して語られる十九世紀前半のドイツの歴史に深い共感を覚えたのであった。鷗外は言う。

「これは一編の文明史である。……正史に見ることの出来ぬ幾多の趣味深き而《しか》も意義ある事件が走馬燈の如くに展開するのを、吾人は此書に於いて見る。ナポレオンもゐる。ギョオテもゐる。ジャン・ポオルもゐる。キョルネルもゐる。露帝歴山《アレクサンドル》もゐれば、普王維廉《キルヘルム》もゐる。政治上に於て最も意義深き十九世紀初半の半面は、一幅の活画となつてここに現前する。戦争、平和の両面から見た当時の状態は、幼い著者の眼目に映じ心頭に印せられたまま活きたものゝやうに躍出して来る」

ちょうど今日の日本でも秀れた西洋史家はシュテファン・ツヴァイクの『昨日の世界』によって二十世紀前半のヨーロッパ歴史を説いたりもするが、それと同じように鷗外はキューゲルゲンの回想を通して十九世紀前半のヨーロッパ歴史に目を通したのであった。私たちが学校で習うような骸骨だけの歴史に肉づけをしてくれるのはこのような書物なのである。観念や概念操作による歴史把握の図式や公式の角《かど》を取り、実体にふさわしい丸みをつけてくれるのがこのような実記なのである。鷗外のキューゲルゲン評を読むと、鷗外の歴史作品執筆の際の眼のつけどころのようなものが感じられるように思われるのだが、大正三年の鷗外は『大塩平八郎』を書き、やがて『澁江抽斎』以下の史伝に移ろうとしていたのであった。

鷗外の係戀《あこがれ》

キューゲルゲンの自伝の邦訳は岩波文庫におさめられたこともあって第二次世界大戦の前までは日本でもかなり広く読まれたという。ただしこの初訳の出来映えについては疑点があって、第一高等学校の岩元禎教授などは（田中耕太郎氏らはその教え子で教室で岩元教授からこのテクストについて習ったのであったが）毎頁に誤訳があると酷評された由を仄《そく》聞《ぶん》した。翻訳は訳者たちが高等学校生徒のころに一応しおえていたものと見えて、鷗外の明治四十四年六月三十日の日記に、「第一高等学校の田中耕太郎、植野勲、大沢章、川村貞四郎、伊原元治 Kuegelgen の書を訳して閲を乞ふ」と出ている。「Kuegelgen 自叙伝序を校す」というのが出てくるのは大正三年二月六日で、その間に二年半の歳月が流れているから、訳者たちはその間に推敲を重ねたのだろうか。なお田中氏自身の追想に次のような記述がある、「私は大学生の頃数人の級友とともに、岩元先生がドイツ語の教科書につかわれた、キューゲルゲン著『一老人の幼時の追憶』という、ドイツでは古典になっている書物を翻訳して出版したことがあった。これは感謝の意味で先生にささげられた。私達はおそるおそる贈呈に出かけた。幸に先生一流にバカとどなりつけられはしなかったが、噛んで吐き出すように、「君これには誤訳が二百あるぞ」と宣言された。何が根拠で二百といわれたのか今日まで謎である。とにかく私達が自分の感情の満足のために、先生の本意にそわないことをしていたことはたしかである。私達は早速全巻を再検討した。見付けた誤訳や不適訳はその数倍に及んでいたのである」（『文藝春秋』昭和四十五年九月号）

しかしいずれにしてもできあがった訳文の出来映えは上等とはいいかねるものがあるようで、鷗外の序文は丹念な親身な文章だが、訳文や訳者について

(たとえば辰野隆、鈴木信太郎訳『シラノ・ド・ベルジュラック』の序の場合などとちがって）言及がないのはあるいはそのためかもしれない。しかし原文についてはこう述べている、

「著者の文は簡潔にして感興に富み、清新にして趣味に饒《ゆたか》な独逸語である。他にかかる筆致を有する者を求めたなら、恐らくはジャン・ポオル、ゴットフリイド・ケルレル、ヰルヘルム・ラアベ等に撞着するのみであらう。美しい、敬虔な家庭を著者の父母の修養が表現した。懐しく親しげなことは、譬《たと》へば若草の萌える牧場や樅の葉の芽ぐむ春の森にも似て、而も一種厳粛な処のある気象を、著者の内心に燃えてゐる活潑々地な宗教的芸術的感が養成した。著者の母の教育に関する意見などは一切の若き母に読ませたいものである」

若き母という言葉が出てきたが、そのように書いた当時の鷗外の家庭は、鷗外が満五十二歳、妻茂子が三十四歳、二人の間には十一歳の茉莉、四歳の杏《あん》奴《ぬ》、二歳の類がいた。鷗外の母峰子も存命していた。そのような家庭で若き妻茂子のことを思い、西欧の秀れた家庭のことを思い、鷗外はこれからの日本でもそうありたいと願うような理想の家庭のことを夢みていたのだろう。鷗外は一般に日本の家庭は、教養という面で、キューゲルゲンの家庭に遠く及ばないと淋しく感じていたのである。それだから鷗外は書いた。

「余は此書に深い同情を有する。……当時に於ける独逸の一家庭を通して独逸の一般の家庭生活がどんなものかと云ふことも、略《ほぼ》推知することが出来る。此意味に於て此書は我国に於いても教養ある家庭に新しい知己を得ずには已《や》まぬ筈である。

一個陋巷《ろうこう》の織匠に施金を与へんが為めに、数十里を旅行した人に比しては、毎日只この大なる世界に起る出来事を聞くのみに止まる人々の性命は、如何にも貧弱なものではないか。ギョオテの偉大に関してすら争論することを敢てした両親のゐる家庭に比しては、我々の家庭は如何にも教養が足りないではないか」

鷗外はドイツ語でキューゲルゲンの自伝に描かれたドイツの家庭生活を読むうちに、自分の留学時代

の日々を思い出したのであろう。教養ある妻が夫とゲーテについて議論をしている……鷗外はそのような家庭をドイツ時代にかいま見たのに相違ない。そしてそのような女性を好ましく思い、そのような家庭をあらまほしく思ったのだろう。鷗外はかつてクラウゼヴィッツの『戦論』――それが陸軍から刊行された書物であったにもかかわらず――の序に次のように書いたことがあった。

「戦論はクラウゼキッツの未亡人マリイ Marie の手に依りて世に公にせられたり。マリイはブリュウル伯の女にして、学識あり。自ら彤管《とうかん》を揮て此書に叙して曰く。妾は幸に王家の恩蔭を辱うし、小公子の保姆《ほぼ》たり。他日公子人と成りて此書を読み給ふに至らば、妾の願足りなんと。所謂公子は後のフリイドリヒ第四世なり」

鷗外が『戦論』のような軍人向の書物の序にマリー・フォン・クラウゼヴィッツについてわざわざこのような事情を記したのは、鷗外がそのような学識があり内助の功のある女性を非常に高く尊重したからにちがいない。そのような形で夫に仕え、公に仕える女性に鷗外は好意を寄せたのである。鷗外はキューゲルゲンの自伝に描かれた教養がありしかも慎しみの深い母の姿を羨しく思いつつ読んだのであったろう。キューゲルゲンの自伝の「母」の章に従うと、彼の母は「良き妻であり母であること以外の一切の栄誉を求めようとはしなかった」とあるが、ただに外貌の美しかったばかりか、挙措にわざとらしいところがなく、判断は的確で、注意ぶかい教育を受けたお蔭で多面的な教養があり、社交の席に出ても光ったばかりでなく、彼女の家を訪れる秀れた男たちから面白い話を引き出し、また会話を活気づける才を有していたという。芸術的天分にも恵まれてデッサンをよくしたが、彼女はそれを他人に見せず自分の子供の部屋を彼女の絵で飾っていた。ハープもピアノもよく演奏したが、彼女がそれを弾いたのはただ自分の主人と子供たちの前だけであった……。

大正初期の日本にはいわゆる良妻賢母型の女性は多かったのであろう。しかしそれはキューゲルゲンが描き、鷗外が望んでいたような意味での良妻賢母

――鷗外の周辺にその実例を求めれば鷗外の妹の小金井喜美子がそれにあたろうが――ではなかった。鷗外が自分の娘をミッション・スクールへ通わせるようになったのはそのような願いを補完させようとしてのことであったのかもしれない。鷗外は人生の伴侶として自分の望んでいたような型の女性にめぐりあうことのできなかった過渡期に生きた男性のように思われるのだが、そのためかどうか、『生ひ立ちの記』の序文に鷗外は次のような私的な感情の吐露とも思えるような告白を挿しはさんだ。

「吾人は活ける人の活ける記録を見て、言ひ知らぬ哀愁に打たれて端なく自己の過去を追憶するのである。失楽園は美しい夢となつて已《すで》に吾人の背後に在る。そこで失はれたるものを再び得る道は只二つしかない。回想と係戀《あこがれ》とが即ちこれである。吾人を未だ失はざりし前のエデンに再生させてくれるのは、偽らざる回想に如《し》くものはない。吾人は此書を其園に入る鍵とすることが出来る」

　エデンなどという言葉は、ほかの作家が使えばきざに響くだろうが、鷗外の文章の中では「エデン」も「失楽園」もごく自然に読める。それにこの言葉はもしかするとキューゲルゲンの自伝第二章の次の一節の余韻なのかもしれない。キューゲルゲンは幼年時代に居を移したドレスデンの町について次のように叙していたのである。

Noch steht mir das alles in so zauberischem Lichte vor der Seele, als wäre es ein rechtes Paradies gewesen, und das war es auch. Es war der schönste Garten Eden, in welchem ich den Morgentraum der ersten Kindheit träumte.

いまでもわたしにはすべてが魔法の光を浴びたように魂の前に浮んで見える。まるであの町が真の楽園ででもあったかのようだ。そして事実その通りだったのだ。あの町はこよなく美しいエデンの園《その》であった。あの園の中で私は幼年時代の朝の夢をゆめみていたのだ。

ドレスデンは鷗外曾遊の地であり、小説『文づかひ』の背景となった都府である。その地の思い出をキューゲルゲンがこのようにして語る時、五十を過ぎた鷗外の心もなつかしさにやわらいだのであろう。鷗外の序の文章の後段が一篇の抒情詩のように読めるのも、そのためではないだろうか。鷗外はドレスデンの王宮の人々を思い、その当時青年士官として訪れた上流階級の家庭を思ったのであろう。

「吾人は活ける人の活ける記録を見て、言ひ知らぬ哀愁に打たれて端なく自己の過去を追憶するのである」

このような文章に接すると、私には次のような推論が浮ぶのである。留学時代からロマンティッシュな感慨——たとえば先に記した『ドクトル・クラウス』の観劇の体験など——をこめてかいまみていた美しい、敬虔な家庭への回想と係戀《あこがれ》が、鷗外にあっては屈折を経て、後年に安井息軒夫人佐代子や澁江抽斎夫人五百を書かせる一つの動機となったのではないだろうか。ヨーロッパの教養ある女性やその女性が主婦であるような家庭——そうしたものへのあこがれとそうした価値基準から測ってもなお尊ぶに値するような日本の女性。そのような視角の中に浮びあがったのが、澁江五百らの姿だったのではないだろうか。木下杢太郎が『森鷗外の文学』(『木下杢太郎全集』第七巻)で、「南山で落した袖のぼたんを惜しむ武人の心は、この女主人公(澁江五百)を慈しみ彫刻する仏師の精神に参通してゐる」と書いたが、この場合、森鷗外の文学に現われた日本とはいったん西を経た眼に映じた東であった、といえるのではないだろうか。鷗外はそのような女性尊重の男性であったからこそ与謝野晶子を推挽し、鉄幹ではなく彼女を慶応義塾の教授に推薦したりもしたのだろう、また平塚らいてうをいちはやく認めたりもしたのだろう。私は今日の世の子女が高等学校教科書を通して『舞姫』を習い、そこに人生のある真実が語られていると半面では感じつつ、しかも、対女性の関係で鷗外を論難する傾きのあまりに強いことを酷に感ずるのである。そのような一面的な修身教科書的評価の態度は、ドイツの女学生が対女性の関係でゲーテを嫌いシラーを好むのと大同小異であろうと思うのである。

包容と寛恕

鷗外はキューゲルゲンの自伝をこのように評し、そこから教養ある家庭を夢みて美しい係戀《あこがれ》を描いた。そして過去追懐の西洋の書物から発して日本の過去を探り、また未来への希望をつないだ。それはもはや単に『生ひ立ちの記』の世界にとどまる発言ではなく、この訳書を読むであろう日本の若い世代への期待の表明なのであった。鷗外は序文を草した時、まだ東大法学部に在籍していた田中耕太郎など四人の若い共訳者のことを念頭に思い浮べていたのだろう。鷗外は次のように書いた。

「吾人は已に世界の潮流に乗り出してゐる。流さるるがままに流るべきではない。過去は追ふことが出来ない。新しい人が新しい土の上に立つて新しい使命を宣伝すべき時が来た。吾人は何時までも偏狭な、頑陋な、死せるが如き習慣や道徳を墨守して世界の活きた潮流に逆ふことは出来ない。吾人は知るる以上に知らなくてはならない」

既知の領域を越えてさらに進むことを鷗外はこのように高らかに唱え、青年たちを励ましていたのである。明治から大正へと年号が改まって一年半が過ぎた大正三年一月、鷗外は慶応から明治へと年号が改まった維新の昔を回顧しつつ書いた。

「既往の第一躍進はちよん髷がした。未来の第二躍進は今の青年に待つあるのである。今の青年はちよん髷よりは確かに豪い。彼等は現代より観れば、教養の足らぬ人達である。それを盲目に崇拝すれば、終に退歩を免れぬ」

明治維新からほぼ半世紀が過ぎた時、鷗外は山県有朋をもふくむ元老の世代の若き日の活動を「ちょん髷」による躍進と呼んだ。「ちょん髷」という呼び方そのものにすでに旧弊というニュアンスがこめられていると思うが、鷗外は教養という面では大正期の青年の方を明治維新の志士たちよりも高く評価して激励の辞をまじえたのである。もっともこのような評価は、明治維新から一世紀半が過ぎた今日から振り返ると、人間のもつ全体的な迫力という点では維新の志士たちの方が大正の青年たちよりもはるかに上だという逆の印象を禁じ得ないのだが、しかしいずれにせよ維新の志士たちを固定した模範にしたててかれらの思想をそのまま今日通用させることはできない。とくにいまの青年に向って説く時それはできない。青年たちは前の世代を否定しようとする努力を通して自己形成を行なう傾きが強いからである。かれらは自分自身を恥かしく思うように日本というものに反撥する。そのような大正初年の青年たちの心理を心得ていたからだろうか、鷗外は日本が西洋文明を摂取して新しい創造の資となすことへの期待を次のように述べた。

「新なる道徳、新なる政治、新なる宗教、新なる文学に醒覚せんとし、自ら奮つて之を創造せんと欲するものは、先づ自己を深刻にすべきである。自己の内容を一層豊富にすべきである。包容と寛恕とのない処に創造はない。吾人は勢ひ古い道徳を去つて、新しい潑溂たる道徳に就かなくてはならない。此意味に於て今の急務は愈《いよいよ》多く西洋文明の果実を取つて偉大なる精神的刷新に資するに在る。その急務たるや、実に明治初年の昔に倍蓰《ばいし》してゐる。苟《いやしく》も自己を偉大にしようとする限は、他の偉大を容《い》るるに吝《やぶさか》なる筈がない。余は世界のあらゆる国民の優れたる点を包容した、一個の新しい国民が出現する日を待つものである」

鷗外はこの文章の中で「新しい」という形容詞を何度も用いたが、それはけっして西洋それ自体において年代的に新しい up-to-date のものを良しとしたのではなかったことに注意したい。鷗外のいう「新しさ」の意味は、西洋文明との接触によって自己の内から新たに潑溂と湧きいでるものの謂《いい》である。それだから西洋文明総体との出会いが日本人には意味をもつのであり、その西洋文明の伝統を代表するような作品であれば、それが十九世紀の前半に活動したキューゲルゲンの自伝であろうと、今日の日本の読者に推薦されると鷗外は判断したのである。

以上のような事柄を踏まえつつ最後に「近代と反近代」というテーマに関係する鷗外の文学史的乃《ない》至《し》は文化史的評価の問題にふれたい。唐木順三氏は『森鷗外』（現代教養文庫、六九頁）で乃木大将夫妻の殉死に際会して「日本と西洋の問題……に悩んだ両股の学者（鷗外）は、一挙に一方の足に力をこめた。一本足になった」と断定的に書いておられる。たしかに鷗外の重心はその時以後西洋から日本へ移ったとはいえるだろう。しかし人間の意識というか自我というかはスペクトルのように幅のあるものであり、光輝を放つ部分に移動が見られたとしても、それまでの自己を全的に否定するような変化は大人にはなかなか生じるものではない。思想方向は文学史家や評論家がいうほどすっきりと図式的に転換するものではない。鷗外はもともと西洋の近代を絶対価値として理想化したことはなかった人だが、そのことは鷗外が排他的な日本主義者であるということを意味しはしなかった。そのことはすでに明治末年に書かれた『妄想』にも記されていた。大正三年の鷗外は、過去の日本の中にいつくしむべきものを多く認め愛着をこめてそれを文章にしたためてはいたが、それはけっして過去の日本の全面的肯定でもなければ西洋文化の全面的否定でもなかったのである（大正三年すなわち一九一四年の一月は第一次世界大戦が勃発する前であったから、それだけに鷗外の西洋文化への評価には楽観的なものがあったのかもしれないとさえ思われる）。大正期にはいった鷗外は、徳川時代の遺産の中に自分の血につながる歴史を求めたが、それは彼が外部の世界に向って目を閉じたことを意味するものではなかった。力の入れ方に変わりはあったかもしれないが、鷗外が二本足の学者であることに変わりはなかったのである。鷗外は洋書を読むことを死ぬ年まで廃したわけではなかった。いや大正十一年、鷗外が亡くなった後も、注文済であった西洋の書物は次々と主なき森家へ届いたことであろう。いまは鷗外文庫におさめられているそのような書物――その中にはドイツ語訳のケインズ、近代経済学者のケインズの著書まであった――を手にするごとに私は鷗外が半世紀前に述べた言葉のいまなお真実であることを信ずるのである。

「苟《いやし》くも自己を偉大にしようとする限は、他の偉大を容《い》るるに吝《やぶさか》なる筈がない」

ロシア革命と森鷗外
――「『天の鍵』序」について

体制内の智恵者

森鷗外がロシア革命とそれが惹き起したさまざまな波及効果につとに着目していたことは、唐木順三氏や生松敬三氏らがすでに指摘しているところだが、鷗外の見解は直接的には賀古鶴所宛の書簡に、間接的には『古い手帳から』その他の作品に示されている。ロシア革命の余波を日本がどのように受けとめ、どのように対処するべきか、という問題は、最晩年の鷗外にとっては最大の関心事であったにちがいない。すでに幸徳事件との関連で一連の作品を発表して、思想上のリベラリズムを明治末年に説いていた鷗外は、大正六年のロシア革命の勃発や大正七年の夏の米騒動や労働争議の多発化に注目していたのであろうが、大正七年十一月十五日に出張先の奈良正倉院から親友の賀古鶴所に宛てて次のような洞察にみちた手紙を書きおくった。一九一八年十一月十一日は第一次世界大戦の休戦条約が署名された日である。

「拝啓奈良ニ来テヨリ久々御無音《ぶいん》仕候。一昨十一日正倉院ヨリ退出シ少シ市中ヲ歩キシガ、其時ハ休戦訂約ノ時ニテ、帰寓晩餐ノ時ガ砲声絶タル時ナリシコト後ニ至リテ相判リ候。独帝亡命モ事実ナルベク候。……ソレハソレトシテ今ヤ帝王ノ存立セルハ日本ト英吉利《イギリス》トノミト相成候。於是乎政党内閣（議院政治 Parlamentarismus）ハ必然ノ結果トシテ生ジ来ルベク、普通撰挙（allgemeines Wahlrecht）モ或ハ避クベカラザルニ至ルベキカト忖度仕候。勿論米大統領ガ勝戦ノ勢ヲ借リテ民政主義 Demokratie ヲ世界ニ弘通セシメントスルハ此方向ノ有力ナル後援トナリ可申候。此状況ヲ考フレバ平和会議ノ利害クラキハ小事タルカノ感有之候。幸カ不幸カ我々ハ実ニ非常ナル時ニ遭逢シタル者ト奉存候。……」

帝政ドイツの崩壊をはじめとする世界の激動期に

際会して、鷗外は日本でも政党内閣制の出現は必然の勢であり、普通選挙——普通選挙法は実際には大正十四年に公布される——も不可避であることを予測していたのである。翌大正八年になると鷗外は労働問題を中心にいろいろと日本が取るべき具体策についての研究を進めていたらしい。十二月二十四日の手紙には次のように出てくる。

「御話申上候社会政策猶細密ニ申上度近日又々参上仕度存居候。名ヲツクレバ『国体ニ順応シタル集産主義』(Collectivismus ナリ、即チ共産主義 Communismus ノ反対ナリ) トデモ謂フベキカ、又『国家社会主義』(国家ガ生産ノ調節ヲスルユヱニ) ト云フモノニ近ケレド、世間ニ唱ヘ居ルハ同盟罷工《ひこう》ヤ群衆ノ示威運動ニテ成功セントスルモノユヱ全ク別ニ有之候。猶研究中ニ御坐候」

大正九年の正月、鷗外の関心はもっぱら社会政策に向けられていたようである。一月三日の手紙にいう、

「只今『太陽』ノ新年号ガ与謝野晶子ノ社会策ヲ出シテ居ルコトヲ知リマシタ。要点ハ

『五十年前ニ武士ガ自ラ武士階級ヲ棄テタヤウニ資本家ハ自ラ資本家階級ヲ棄テルガヨイ。ソシテ将来ハ工業ヲ労働者ノ自治ニ任セルガヨイ』

ト云フニアル。労働者ニ自治ノ能力ガナイニハ気ガ付カナイト見エル。シカシ圏点ノ部分ハ法学博士ヤ大政治家ノマダ云ハナカツタ文句ダトオモヒマス。

『東亜之光』ニヨレバ一木喜徳郎ハ

『専制デナイ少数者ニ治メサセ、治メカタハ道徳ニ本ヅク』

ト云ツテ居マス。憲法ヲソツクリシテ置イテ、ドウシテ道徳家ノ政治家ヲ議会ニ出シ、内閣ニ入レルカ。其方法手段ガ見セテ貰ヒタイ。

同誌ニ井上哲次郎ハ

『精神的貴族ニ政治ヲサセタイ』

ト云フ。矢張其方法手段ガ無イ。

学者ノ気ノ付カヌトコロニ女ハ直覚的ニ気ガ付イタ。シカシ女ダケニ労働者ノ自治ナドト出来ヌコトヲ言フ。資本ト器械(工場)ヲ労働者ニマカセタラ直ニ工業ハ『ゼロ』ニナルダラウト思ヒマス」

森鷗外がここでふれた『太陽』大正九年一月号の

与謝野晶子の記事は「正月の初夢を説く積りで、かう云ふ空想を書きました」と本人が断わっている「無階級の社会へ」という大胆な論文で、その要点として指摘された条は次の通りである。

「……人間は覚悟一つで如何なる歴史的惰性をも一変し得る者です。自由意志の偉大は突如としてその奇蹟を示します。経済上の階級を絶滅することも決して不可能なことではありません。日本人は五十年以前に武士と云ふ政治上の頑固な特権階級をさへ一朝にして容易に絶滅した絶好の実証を持つて居ます。それは殆ど何等の抵抗も無しに春の雪の融けるが如くに崩壊して、民衆の中に同化し去つたのでした。日本人は欧米の資本家のやうに深刻な利己執着を持たず、大勢の我に非なることに気が付けば、潔く自己を投げ出して団体の諧調の中に置くことを拒む者ではありません。生活意志の比較的淡白なのは欠点でもありますが、階級闘争を速かに絶滅させるためには、この国民性が非常に都合好く役立つであらうと思ひます」

与謝野晶子は日本人に強い平等主義的感情と、それに付随する全体の中に個を消滅させようとする感情 self-effacement（その一変形が散華の思想である）に則して発言しているのだが、しかしそのような自己放棄や自己否定だけでは組織体を機能的に管理運営することはできない。とはいっても一木喜徳郎や井上哲次郎の倫理的訓話よりは晶子の着眼の方が面白い、と鷗外はいったのである。鷗外は即物的な発想の人であるから、理想的なプランを掲げて、その実現の手段に言及しないような訓話だけで満足できるような人ではない。問題解決のための具体的な方策を求める人である。それだから大正九年一月四日に首相原敬が「所見を発表し国民並に労働者に戒告」した時にも、敏感にこれに反応して批評した。一月五日の賀古宛の手紙にいう。

「御書状拝見イタシ候　○要スルニ世間ハマダノンキナルガ如ク被存候。多少血ヲ流ス位ノ事ガアツテ始テマジメニナルカト被存候　○先ヅ諸方面ノ実況、当事者（政府側、資本家側、労働者側）ノ意向機会アル毎ニ御タヅネ被下度候　○原首相ノ訓示的発表ヲ見ルニ

政府
資本家　ノ協調
労働者

ニテ解決スルト云フコト。資本家ハ工場閉鎖ヲシテハナラズ、労働者ハ同盟罷工ヲシテハナラヌ、各之ヲセズニ遣ルノガ義務ダト云フ。

先ヅ以上ノ外無之ヤウニ候。ドチラモ義務ニ服シテ権利ヲ主張セズニ居レバ天下泰平ナルベク候。シカシ

同盟罷工ハ大事

ニテ革命ノ端緒タルオソレアリ、之ニ反シテ

工場閉鎖ハ小事

ニテ工場デ一番旨イ汁ヲ吸ヒ居ル資本家ガ、之ヲ閉鎖シテ労働者ヲヘコマスルコトハ不可能ニ可有之候。アレデハ無意味ナル声言ニテ、解決ニハナラズト被存候。○労働時間問題ハ、一同マジメニ働クコトニナルト、十時間ヨリ八時間ノ効果ノ方ガ大ナルコト心理学上実験ニテ証セラレ居ルラシク候。ナマケルノガ常ニナツテ居ル現状ユヱ、勉強家ハ十時間モ十二時間モ平気デ働キ居ルコトト被存候。コレモマダ一同目ガサメヌノデ済ンデ居ルニハアラズヤトモ被存候。○安伴君ニ持ツテ行クマデニハマダマダ錬ラネバナラヌコトト相考候」

この「安伴君」が、第二次山県内閣の書記官長で、後に第二次桂内閣の法制局長官や満鉄総裁を務め、山県老公の側近であった安広伴一郎であるところから、唐木順三氏は次のように推測した。すなわち明治三十九年以来、山県公を中心にして森鷗外や賀古鶴所も出席していた歌会常磐会は、その本来の目的をはずれて社会政策を談ずる会合となり、森鷗外は山県有朋を中心とする勢力によって、一種の国家社会主義革命を意図していたのではないか、というのである（唐木順三著『森鷗外』社会思想社刊）。この革命という推測は根拠が確実でないようだが、鷗外が山県公の諮問に答えようとして、種々調査立案していたことは賀古宛の一連の手紙に徴して明らかであろう。一月七日の手紙には新たに設立されようとしていた国際労働機関――一九六九年にノーベル平和賞を授与されたＩＬＯである――について言及があり、一月十日の手紙には元学習院院長であっ

た山口鋭之助が説いた労働者にも企業の株を持たせるという、今日のいわゆる「参加」participation の理論への言及も見られる。そして一月十二日には森戸助教授事件について次のようにふれている。

「今日ハ森戸辰男ノ事件ガ新聞ニ出候。森戸ハロシア人侯爵クラポトキン Krapotkin ノ思想ヲ研究シテ発表シタノガ悪イト云フノダ。此人ハシベリヤヲ視察シタトキヨリ『動物ハ互ニ助ケアフ性質（mutual aid）ヲ有ス』と云フ説ヲ唱ヘ、ダアキン Darwin ノ生存競争ノ向フヲ張リ居ル相当ノ学者ダ。ロシヤヲ逐ハレテロンドン在住ダ。ソレガ無政府共産主義ノ宣伝者ニ加ハツタ。ソシテ曰ク。

『アル国ニ米ガ何程カアルトスル。ソシテ人ガ何人カ居ルトスル。スルト誰デモ其米ヲ取ツテ食ツテ差支ナイ。力一パイ働イテ居ル上ハ米ヲ取ツテ食ツテ好イ。代ヲ払フニハ及バヌ（共産主義）。ソレニ代ヲ払ハネバナラヌコトニナツテ居ルノハ現在ノ秩序ノオカゲデ、此秩序（官民トカ貧富トカ）ハ破壊スルヲ要スル（無政府主義）』

森戸ハコレニ賛成シタノカ、ドウカ知ラナイ。賛成シタトスルト悪ク云ハレテモシカタガナイ。シカシ互助論ハ部分的ニ一顧スル価ガアル」

鷗外はそのように思想内容を一応問題としたが、首相の原敬は知識人の反体制運動参加に手を焼いて、一月九日の日記に次のように記した。

「平沼検事総長、司法省刑事局長同伴来訪、大学にて発行する経済学研究と題する雑誌にて助教授森戸某が無政府共産主義（クロポトキン主義）を明らさまに宣伝するの論文を掲げたるは朝憲紊乱《びんらん》に当る、雑誌は文部、内務相談にて悉く回収せし由なるも捨置き難しとて其指揮を求むるに付、余は起訴する事不得已ならんと云ひたるに、平沼等は尚ほ司法次官等にも相談すべく、又文部大臣にも余より相談せられたる上にて措置を取るも可なりと云ふに付、追て相談する事となせり、近来大学教授等非常識にも過激危険の論をなして声名をてらふの風あるは如何にも国家の為めに好ましからざる事に付、厳重の措置を取る事可なりと思ふ」

そして山県有朋なども、岡義武教授の『山県有朋』（岩波新書）に引かれているように、

「彼の帝国大学などの学者連は甚だ非常識にして、其言ふ所は今日の過激思想に暗合し、労働問題に八時間制を云々して、日本に於ても之を適用せざる可らざるが如く論ず」

と憂慮していたのであった。森鷗外、原敬、山県有朋の三人は、考え方には多少の違いが認められるが、一九二〇年一月、共通の問題に注目していたのである。

森鷗外が社会政策や労働問題に関心を示した手紙は、大正九年一月十六日付、一月十九日付、二月十三日付、二月十六日付、二月十七日付、二月二十二日付、四月二十八日付、など数も多いが『鷗外全集』第三十三巻の書簡の部を通読した人には既知のことであるから、これ以上の引用は差控えたい。ただ右に引いた賀古鶴所宛の手紙の、断片に近いような文面を読むだけでも、森鷗外という体制内の智恵者が国外国内の労働運動や社会問題にたいして明敏に反応していた、ということが知られよう。鷗外は無論単なる国粋保存という意味でのナショナリストではなかったが、さればとて外国の新思想の導入鼓吹を使命と心得る知的ブローカーという意味でのインターナショナリストでもなく、日本の諸特性を考えた上で、外来思想に批判的に相対し、それを摂取紹介していたのである。そのような鷗外の自主性の強いインテリジェントな態度は姉崎正治を批判した次のような文面からも推測される（大正九年四月二十八日賀古宛）。

「姉崎博士ガ中外時報トカ云フモノニ出シタル論文ハマルデクラポトキン其儘ナリ。頑固者流ニモ困レドモ、此様ニカブレテモ困ルト考候。シカシ俗人ガ見テハワカラヌ故、問題ハ起ラズト存候」

このような発言は、いかにも鷗外らしい見解を示すものだが、鷗外はすでに十年前の明治四十三年十二月、『食堂』という小説形式を借りてクロポトキンや無政府主義についての批判的紹介を、幸徳事件の判決が下される直前に、行なっていたのである。『食堂』の末尾には当局が取るべき策が暗示されているのだが、そのような献策を読むと、徳川時代に将軍の命を受けた新井白石などが種々取調べの後、上策中策下策などの処置を献議したこと――たとえばシドッティ取調べの際に——などが筆者には連想されてくる。日本は代議政体についての歴史は比較的浅いけれども、官僚行政については徳川時代以来多くの体験を重ねてきた国柄である。そのような伝統があるゆえだろうか、今日においても、学半ばにして反体制の運動に身を投ずる人々よりも、学を修めて体制内にはいる人々の方にはるかに多くの、柔軟な思考力を身につけた智恵者がいるように思われてならない。——それが長い目で見て日本にとって幸福なことであるのか不幸なことであるのか、判断に難しいところであろうが。

外国偉人崇拝の系譜

ロシア革命といえば指導者レーニンが連想されるが、彼の姿はどのように日本人の目に映じたことだろうか。そもそもレーニンの存在に日本人はいつごろから気がついていたのだろうか。日本陸軍の諜報将校明石元二郎大佐は、レーニンの存在にすでに日露戦争の当時に着目していたといわれている。明石大佐が日露戦争当時ヨーロッパの各地でロシアの革命運動家と接触して帝政ロシアの崩壊工作に関係していたことは、映画『日本海大海戦』などでドラマタイズされたが、明石の遺稿『落花流水』にレーニンの名は、革命運動に関係のある四十二名の重要人物の一人として「礼仁」と表記されていたという。江口朴郎教授はそのことを「不幸にして、レーニンと日本との関係は、民主主義とは無縁のところから始まった」と書いているが（世界の名著『レーニン』中央公論社、解説）、日本で海外の国際関係の実情に詳しいのは、大学教授よりも軍人や外交官や商社員に多かったのだから「不幸にして」という詠歎の辞はセンチメンタルな套語にしかすぎないのであろう。大正知識人のレーニンへの関心は、江口教授も認めているように、「心情的な認識にしかすぎなかった」。

その心情的な認識を代表するものは芥川龍之介が大正十五年に書いた一連のレーニン讃歌であろう。レーニンは二年前に死んでいたから、それだけにレーニンの姿は（たとえば文化大革命以後の毛沢東の場合とちがって）外国人によって、理想化されるのに都合のよい状況にあったのである。

レニン第一

君は僕等東洋人の一人だ。
君は僕等日本人の一人だ。
君は源の頼朝の息子だ。
君は——君は僕の中にもゐるのだ。

レーニンを東洋人と見なして日本人である自分との連帯感を強調するという発想は、岡倉天心の「アジアは一つ」という主張と同様、言葉の上での操作にしかすぎない。西洋という言葉がその背後にギリシア・ローマ文化の伝統とキリスト教の伝統をもった一つの文化的実体であるのに対して、東洋という言葉は非西洋という規定から生じた空概念にしかすぎないからである。西洋人は東西の冷戦というようにロシアを東洋と見なしているが、日本人の目には（中国人の目には無論のこと）ロシア人は西洋人なのである。芥川龍之介がレーニンに向って「君は源の頼朝の息子だ」などとなぜ呼びかけたのか、これも筆者には解せない。独裁者としてのレーニンの地位が貴族社会を打倒した征夷大将軍のそれを連想させたからであろうか。いずれにしても大した詩ではないようである。

レニン第二

君は恐らくは知らずにゐるだらう、
君がミイラになつたことを？
しかし君は知つてゐるだらう、
誰も超人は君のやうにミイラにならなければならぬことを？
（僕等の仲間の天才さへエヂプトの王の
屍骸のやうに美しいミイラに変つてゐる）

君は恐らくあきらめたであらう、
兎に角あらゆるミイラの中でも正直なミイラにな
つたことを？

レニン第三

誰よりも十戒を守つた君は
誰よりも十戒を破つた君だ

誰よりも民衆を愛した君は
誰よりも民衆を軽蔑した君だ

誰よりも理想に燃え上つた君は
誰よりも現実を知つてゐた君だ

君は僕等の東洋が生んだ
草花の匂のする電気機関車だ

この最後の「レニン第三」は日本人がレーニンの偉大さを感得していた証拠として引用されることがあるらしいが（「とくに二、三の芸術家のばあいには、直観的であるだけに、〔レーニンの魅力への礼讃が〕素直に表現されていた」江口朴郎、前掲書解説）、はたしてそういえるであろうか。「レニン第三」はアフォリズム好みの芥川が、才気によってパラドックスを弄し、対句を楽しんでみせた、そして最後の行にちょいと洒落た「草花の匂のする電気機関車」という当時としてはハイカラな表現を使ってみせただけの小細工ではなかったろうか。この一連のレーニン讃歌は詩的感興によって創られた詩ではなく、底の浅い知的遊戯にしかすぎないと思う。芥川龍之介がレーニンの思想によって動かされたのではなく、日本の社会に漠然と漂うレーニンの人気におされて書いたものである以上、知的な衣裳としての浅薄さを免れなかったのは当然であろう。世間の動向や流行を気にかけるひよわな知性としての芥川がこれらの詩には感ぜられるのである。かりにこれらの詩がロシア語に訳されたとするならば（それは次の高村光太郎の文章についても同じだが）、ロシア人は苦笑するのではないかと筆者は思うのである。もっとも一九七〇年のソ連邦においてレーニンを引用することはもっとも体制的なポーズであるという見方もあるから、そのような路線に追随する人は芥川のレーニン讃歌にもレーニンの電化計画の偉大を認めて感謝の拍手を送ることであろうが。

芥川龍之介に比べると、高村光太郎ははるかに詩魂に恵まれた人だったが、反面はるかにナイーヴな人でもあった。芥川が一連のレーニン讃歌を書いた大正十五年に、高村光太郎は『楽聖をおもふ』（『高村光太郎全集』第七巻）という一文で、次のようにレーニンの人柄にふれている。

「レニンがあんなに暴烈な仕事をしながら多くの自国民の愛敬の的となつたのはその誠実の故であつた。人の飢うる時は一緒に飢ゑてゐたあの無私の徳であつた。如何なる事情の変化は起らうとも人の魂は亡くならない。いくら亡くさうとしても、自然に反する理論はつづかない。理論で亡くし得る芸術はよい芸術ではないのである。芸術の不死とは結局人間精神の不死と同義語である」

この文章も、先の芥川の詩と同様、レーニンについて語るというよりは、高村が自分自身を語ったと見るべきであろう。高村光太郎の立場は白樺派の人たちの立場に近い理想主義であって、『唯物論と経験批判論』の著者とは本来的に相容れるはずのものではないのだが、しかしそのような哲学的な次元でレーニンが話題になっていたのではないのである。高村のレーニン讃称は、右の引用の後半などに特徴的に示されているように、ロダン崇拝やトルストイ礼讃と同じ用語による同じ人格崇拝の次元のものである（この文章もベートーヴェン百年忌に楽聖礼讃を行なったついでのものである）。日本人の外国偉人崇拝の系譜は、大正期や明治末年にはトルストイやロダンなどの文豪や芸術家が maître à penser「師」として選ばれるようになったが、明治初年や幕末にまでさかのぼるとビスマルク崇拝やナポレオン崇拝（頼山陽や小関三英にまでさかのぼれば「佛郎王」とか「那勃烈翁」とか書くべきなのであるが）が盛んだったのだから、その偉人崇拝の系譜の上にふたたび外人政治家が登場したとしても不思議はないのである。そのような偉人崇拝は過去の遺産のように思う向きもあるだろうが、事実その通りなのであり、前近代的な要素を多く含んだロシア――帝政ロシアのツァーリズムの名残りの多い国――でスターリン崇拝はやはり生まれたのである。支配者である個人を神のように尊崇する民衆の心理を基盤としてこそ、西欧史家のいわゆるアジア的専制は可能なのだが、もしそのような後進国での社会主義体制にスターリン主義やネオ・スターリン主義の弊害が不可避的に同伴するものであるとするならば、それはまたなんとも陰鬱なことではないだろうか。それにそのような前近代的な現象は私たちの身辺にも起らないとはいえないのである。柳田謙十郎氏などが「スターリンの発言は絶対に間違いない」などと権威の前に跪《き》拝《はい》していたのは、そして周囲の同志たちがグロテスクにもそれに同調していたのは、一九五〇年代の日本でのことだったのである。

詩集『天の鍵』序

以上述べてきたことは、一部の人々には既知の事柄であろうが、筆者は最近ロシア革命にたいする一日本人の反応と、その反応を踏まえた上での森鷗外のロシア革命にたいする反応に気づいたのでそれにふれたい。レーニンにたいする芥川龍之介や高村光太郎の反応が一次元のものであるとするならば、森鷗外の以下の反応は、別人の反応を介して屈折しているという意味では、二次元のものとなっている。それだから単純な直線的な一次方程式をもってしては鷗外の問題は解くことができない。高次の問題にはその問題にふさわしい高次の方程式を応用する必要があるからである。しかしここではそのように抽象的に方法論を論ずることは避けて、具体的に問題に接するために、深尾贇之亟《いんのじょう》の詩集『天の鍵』をひもといてみよう。森鷗外がこの詩集に興味ふかい序文を大正十年（一九二一年）に書いているからである。

おゝ、見てくれ、
ニイチェが後《うしろ》へ来る！
あの遥かに蟻群のやうに蠢《うごめ》くのが

あれが人間どもだ！

このような深尾の詩句を読む時、読者はニーチェの超人思想にかぶれてHerdenmensch「群盲」や「畜群」を侮蔑する一青年詩人を想像することだろう。そして、

おゝ、ショウペンハワー！
錆付いてゐたおれの胸の戸を
小さな銀の鍵で開けてくれたのはおまへだ。

などという詩句もニーチェ――ショーペンハウアーとさかのぼる哲学者の系譜を思わせるだろう。事実、大正期の日本では、萩原朔太郎の場合などに顕著に見られたように、生田長江によって大正五年以来、一年にほぼ一冊の割合で訳されたニーチェが一部の青年たちに深い影響を与えつつあったのである。しかし注意されねばならないことは、外国の思想は一つの首尾一貫した体系としてセットになってはいってくるのではない、ということであろう。さまざまの思想が部分的に分解されて雑然とはいってくるのが実状なのである。受容する側もさまざまの思想をつまみぐいにしているのが明治・大正の日本なのであり、戦前・戦後の昭和の日本なのである。そのような折衷主義的な現象は永久に終らないのであろうが、戦後日本で行なわれたつまみぐいの最たるものの一例は、西欧型の言論の自由とソ連型の社会主義が両立し得るかのような幻想が丸山真男氏などの論壇の有力者によって説かれたことであろう。一九五〇年代の日本においてさえ、そのような幻想が多義的な「民主主義」という用語の欺瞞的な使用操作によって生じたのであるから、一九一〇年代の日本で、外国のさまざまの思想のつまみぐいが行なわれて、日本の国内で（本来は共存不能のはずなのに）勝手にモザイク状にセットされたとしても驚くにはあたらないことである。ニーチェと叫び、ショーペンハウアーといった深尾青年は、同時に白樺派流の人道主義に共鳴し、高村光太郎流の芸術讃歌や生命讃歌をうたい、しかもその上、ロシア革命に感激して『血から芽生えた樹』と題する次のよう

な口語詩を書いていたのであった。そこにはレーニンという名前こそ記されていないが、その詩は日本人のレーニン讃歌の中へ加えてもよいのであろう。いや芥川の詩よりもはるかに秀れている。いまその一部を抄して掲げよう。

血から芽生えた樹

おゝ、死よ、
お前は大きな仕事をした。
お前が手にかけた女性は「スラヴ」だ、
お前が手にかけた男性は「無政府共産」だ。
お前は不思議な殺戮《さつりく》に与つた、
見よ、
流れた血の上に浮きあがつた草を見よ、
血からのびあがつた花の上の耀《かがや》きを見よ、
この輝きの下に生るる民衆は幸福だ、
この輝きから一つの新しい世界が芽生える、
この世界の宗教にはたつた一人の長老が居る、
長老は神に近い人格者だ。
彼は神さまと語ることが出来るけれど、
彼は民衆に対して一語も語らない、だが、
彼の姿のあらはるるところ直ちに彼の帰依者が
見出された。
おゝ、血から湧きあがった耀きの国よ、
それは私の待ちまうけた神の国だ。
……
おゝ、血から芽生えた樹の領域よ、
おゝ、神の国が地に建てられる時が来た。

千年王国の待望といおうか遠国《おんごく》崇拝といおうか、この詩にはナイーヴな、子供に近いような喜びの気持がうたわれている。そのような区別が行なわれてよいものかどうか疑問にも思われるのだが、「血」は死や殺害の血ではなく生や息吹の血なのである。「長老は神に近い人格者だ」というのはレーニンを指しているのであろうが、この「人格者」というレーニン礼讃のしかたには、やはり非常に日本的な反応が見られるように思う。大正七年十月、『朝日新聞』記者の大庭《おおば》柯公《かこう》はレーニンを評して「此《この》率直にして自己を封ずるに薄きは民衆中に自らを置く人物として肝要な資格」と述べたというが（『柯公全集』第五巻、大正十四年刊）、中華人民共和国成立直後の日本でも「人格者」という毛沢東礼讃のしかたがあった。この「人格者」という言葉には、英語の personality などにはない倫理的な意味が含まれている。そのニュアンスは儒教倫理的といおうか、より身近な事柄に則していえば戦前の修身教科書的なものである。この深尾の詩もまた先の高村光太郎の文章の場合などと同じく作者自身の理想とするイメージを詩中に投影させた作だったのである。ところでレーニンを讃えた大庭柯公は後にほかならぬソ連邦を旅行の途中、秘密警察によって消されてしまったが、深尾の詩の「長老」も不吉なスターリンのイメージを先取りしたのではないかと思われるほど血に濡れている。「彼は民衆に対して一語も語らない」。そしてスターリン主義の罪悪を知っている今日の人々は複雑な気持で、単純に書かれた次の三行を読むのである。

流れた血の上に浮きあがつた草を見よ、
血からのびあがつた花の上の耀《かがや》きを見よ、
この輝きの下に生るる民衆は幸福だ、

この民衆ははたして幸福なのだろうか。もしかりに幸福だとするなら、幸福であっていいのだろうか。神の国が地に建てられる時がはたして来たといえるのだろうか。

ここで作者深尾贇之亟の経歴にふれよう。彼の略歴は夫人深尾須磨子が詩集にそえた『『天の鍵』を世に出すに就いて』『最終の旅』などの文章や深尾自身の『私の自叙伝』という詩などからもうかがわれるが、明治十九年に岐阜県に生まれ、事情があって母一人子一人の家庭で育ち、六高、三高を経て、京都大学工学部に学び、在学中の明治四十五年に須磨子と結婚し、鉄道省に勤め、大正九年数え年三十五歳で亡くなった。詩集『天の鍵』は彼の死後、妻の須磨子が自分の詩とあわせて一本に編み、大正十年にアルス社から刊行したものである。その詩は必ずしも秀れたものとはいえないが、森鷗外の序文を説明する上で参考になるので、ロシア革命に触発されて書かれた『血から芽生えた樹』の一部を引用したのである。序文はもともと作品を解説するためのものであろうが、時には作品が序文を解説する場合もないわけではないのである。森鷗外はおそらく与謝野晶子を介して依頼を受けたのであろう（与謝野晶子は『天の鍵』のために跋を書いている）、次のような序を草したが、それを読むと死ぬ一年前の鷗外の考えの一端がうかがわれるようである。

「天のかぎを読めば、わたくしには病後に白粥を啜つてゐるものがコニャックやヰスキイに唇《くちびる》を潤すやうな気がする。識らぬ味ではない。しかしわたくしは老いてこれを飲みほす力を失つた。啻《ただ》に飲みほされぬのみではない。動《やや》もすれば些《いささか》のアンチパチイさへ起つて来ようとする。これは作者の恥ではない。却てその誉だと云つても好いかも知れない。

何故と云ふに、わたくしのアンチパチイは感情にねざしたものではなく、理性にいざなはれたものだからである。ちやうどルソオが自然に反れと云つた時、ヲルテエルがそんなら四つばひにはふかと云つたやうなものである。昔の人は黄金時代を過去に求めた。其性命は回顧の間に見出された。今の人は楽土を未来に求める。其性命は予言の中に見出される。しかし自然に近かつた過去の生活も、ダアヰンの目で観れば、残酷なる自然淘汰の境界である。若し因襲の繋縛《けいばく》を解いた未来の生活がはかない夢幻であつたらどうする。かう云ふ思慮分別がわたくしのアンチパチイをさそひ出すに過ぎない。原来詩は理性を以て読み、思慮分別を以て論ずべきものではない。此アンチパチイをわたくしに起させたのは、たしかに天のかぎの作者の力である。わたくしは此力を尊重する。大正十年六月　森林太郎」

先の深尾の詩とこの森鷗外の序の関係について、今日どのような評価が下されることであろうか。昭和二十年代の日本ならば、ロシア革命の意味を理解できなかった体制側のイデオローグ森鷗外の限界などが云々されたことであったろう。しかしハンガリー事変やチェコ事変の後（昭和二十年代でも知識人は、実はモスクワ裁判のことなど知っていたのではあるが）、人々は、進歩主義的史観の枠組を脱することのできない人々でさえ、『天の鍵』の作者のように臆面もなく社会主義革命を讃美することはできなくなっている。鷗外は詩にあらわれているような思慮分別の無さに反感を覚えたのだろうが、若い人々の鷗外にたいする反感は、まさにその鷗外の分別くささにたいしてであるのかもしれない。とはいっても今日の人々は深尾を進歩的、鷗外を保守的と断定的に言い切ることはできないでいる。鷗外は冴えない表情で私たちに問いかける。

「もし因襲の繋縛を解いた未来の生活がはかない夢幻であつたらどうする」

そのような質問をする鷗外はひどく退嬰《たいえい》的に見えるが、鷗外はけっしてその生命を過去に求めて足れりとする人ではなかった。「識らぬ味ではない」という言葉は鷗外の社会主義や無政府主義研究を暗示している。それだけではない。鷗外がここに提示している問題は、学生運動が反文明の形態をとりつつある昨今、意想外な新鮮さをもって私たちの身辺に迫ってくる。歴史を通して繰返しあらわれる現状打破の主張や「自然に返れ」という無証明の性善説に基づくアナーキーな礼讃を、鷗外はルソー対ヴォルテールという古典的な事例によってたしなめている。鷗外という人は、どうやら「恩情」のある物わかりのよい先生とちがって、青年に酒をすすめず、酔いざましの水を無表情に差し出す人であるらしい。人間ははたして無政府共産という状態で幸福となり得るものなのか。ルソーは『人間不平等起源論』の第一部の終わりで「自然人」を次のように要約して説いた。

「森の中を迷い歩き、生活技術もなく、ことばもなく、住居もなく、戦争も同盟もなく、同胞を少しも必要としないが、また彼らに危害を加えることも少しも望まず、おそらくは同胞のだれかを個人的に覚えていることすらけっしてなく、……わずかな情念に従うだけで、自分だけでことが足り、この状態に固有の感情と知識の光しかもっていなかった」

そのように未開人を讃美した書物をルソーがヴォルテールに送った時、ジュネーヴの近くに亡命していたヴォルテールは、一七五五年八月三十日、次のような返事をルソーに送った。

「あなたの御本を読みますと、四つ脚で歩きたくなりますが、なにしろ四つ脚で歩く習慣を失ってからかれこれもう六十年以上も経っておりますので、残念ながらその習慣を回復することは私にはできそうにもありません。四つんばいのような自然な恰好は、あなたや私などとちがい、四つんばいするのにふさわしい方々におまかせしたいと思います。私はまたカナダの未開人に会うために船に乗って行くこともできそうにありません。第一に私の持病をなおすにはヨーロッパの医者が必要でありますし、第二にカナダにも戦争が拡がっており、ヨーロッパ人が示したさまざまな例のお蔭で、未開人たちも私たちと同じくらい意地悪になってきました。私はまあせいぜい孤独な中で平和な未開人として暮したいと思っております。シャピュイさんのお話ですと、あなたは御健康がすぐれない由、どうか生まれ故郷の空気を吸い、自由を享受し、私と一緒に牝牛の乳を飲み、草を食《は》んで、御静養におつとめになりますようくれぐれもおすすめいたします……」

ヴォルテールはこのようにルソーの反社会的な発想を皮肉ったのであったが、文明によって疎外されたと感じていたルソーは、ミザントロピーの被害妄想も手伝って、このような反論では承服しなかった。鷗外と無政府共産を礼讃する人々との関係はいま述べたヴォルテールとルソーの関係に似ているが、昨今の思想状況もこの問題とは無縁ではないようである。あまりにも安価な革命待望や安直な反体制論議が横行し、将来への見取図もなしにやんちゃな破壊が叫ばれる時、――そして皮肉なことに鷗外の末子で **enfant gâté** の森類氏は『鷗外の子供たち』の結びに「昔は革命ほど恐ろしいものがなかったが、今では革命大賛成、無血でも流血でも、早く起こりさえすれば今よりよくなると思うのであった」と書いている――人々の心の中で静かな声がそっと囁くからである。

「もし未来の楽園というのがはかない夢幻であったらどうする」

正宗白鳥の『迷妄』

――『神曲』と『妄想』との関連で

西洋宗教との出会い

亡くなった前代の作家のごく短い文章を、後代の学徒がその文章に数倍する紙数を費やして論ずるということには、ヘレニズムの時代にも似た衰退現象が秘められているのかもしれない。しかしそのような後からの探索も、一短文のミクロコスモスの中に、大きな宇宙を示すことができたならば、正当化されることもあるだろう。そしてそのミクロコスモスが、もしも当該作家が意識した宇宙よりも大きなものとして示されるならば、作者対研究者の関係は、主客の位置を転倒して、病人対医者の関係に近いものとなってゆくかもしれない。作家が無意識裡に口走った言葉が、いかなる内奥の心理の反映であり、いかなる文学的効果をもつものであるかは、練達の精神科医に似た批評家の方が、作家自身よりも、的確に指摘できることであるのかもしれない。とくに作家自身が自分にもよくわからぬ謎を胸に秘め、『迷妄』と題して不可解な文章を書いている時、読者はその背後にひそむなにかを探りたい誘惑にかられる。多くの批評家や研究者が、なかば探偵に似た目つきで、正宗白鳥の謎を追い、『迷妄』を問題としているのは、そのような関係からにちがいない。筆者は『迷妄』を独立した一個の芸術作品としてはそれほど価値のある文章とは思わない者だが、正宗白鳥の魂の問題を探る一つの手がかりとして興味を覚え、それに比較文学的アプローチをこころみた。西欧化してゆく日本の一人の魂の西洋宗教との出会いの場として、『迷妄』を、『神曲』や鷗外の『妄想』との関連を見ながら、分析することとした。

はじめに、短いものであるから、『迷妄』の全文を掲載させていただく。

「ククツクク」

ある夜蟇蛙が古池で啼きだした。それを春のおとづれとして聞いてゐたが、四五日してその声がしなくなつた。池のほとりへ寄つて見ると、無数の黒点を含んだ蛇のやうな物が幾条となくぬたくつてゐた。

　これが蛙の卵かと、庵主は無気味な思ひをしながら、棒の先で引き上げて、春の日に曝らして見た。黒い粒は寒天見たいな膜で包まれてゐるのであつた。黒粒の一つ〳〵が発育しておたまじやくしとなつて、やがて蛙の体《たい》を備へて陸上へ匐《はい》上るのであらうが、して見ると、この古池からは、自然のまゝに放任して置いたならば、幾万の蛙が飛出すことであらう？「生めよ、殖えよ、地に盈《み》てよ」と、異郷の神の祝した言葉が思出された。

　庭の中も垣根の外も、この人里離れた茅屋《あばらや》の前後左右が蛙の住所《すみか》となるのを恐れた彼れは、卵のうちに撲殺しようと企てゐたが、自から手を下すには及ばなかつた。何処からか時々やつて来る野良猫が、池の縁から手を伸ばし、あるひは池の中の岩から岩へ飛渡つて、蛙の卵を掻寄せては喰ひ尽くした。……殖やしては滅され、他を亡しては生きて行くやうに地上の生物を造つた異郷の神の心の中を、庵主は察しかねた。

　多分異つた蛙であらうが、たゞ見たゞけでは何の甲乙を判じがたい蟇蛙が、またも何処かの土の中から冬の眠りを醒まして古池を訪れて、「ククツクク」と、陰鬱な音を立てた。捜して見ると水際の小笹《おざさ》の蔭には、雌《めす》と雄《おす》とがゐるのであつた。

　幽鬱と孤独に安んじてゐるらしい面付《つらつき》をしてゐる蛙も、春の一時《とき》は色恋を楽むのだなと、庵主は可笑《おか》しく思つたが、可笑く思つたあとは心淋しかつた。

　昼は庭園にも温い光が漲つて、硬い樹木にも硬い土塊にも生命《いのち》の芽を萌《めぐ》ませようとしてゐる。夜は月も星も、生物の心を柔げて寛かに息吐かせるやうに光つてゐる。春の夜の新月は不思議に色つぽい。……庵主はある日ある夜さう思つて、庭を眺め古池を眺め、空を見上げ、蛙の音を聞いて、孤独の時を過した。が、これは、彼れも春の風に唆かされたための一時の迷妄に過ぎなかつた。

静座し横臥し、あるひは池辺に佇《たたず》みあるひは園内を歩行し、時として東西の古書を繙《ひもと》き、現代の雑書に目を注いで時間を過ごしてゐる彼れの心に映つてゐる常住の世界は、静明平和なものではなかつた。「欲得安身処、寒山可長保、微風吹幽松、近聴声愈好、下有斑白人、喃喃読黄老、十年帰不得、忘却来時道」といふやうな悟道の境に達せんとして達し得られないばかりでなく、さういふ詩歌も痴人の妄語のやうに思はれた。

五官の感覚はあたりまへに働いてゐながら、それ等から受入れる者に安んじてゐられない気持が絶えずしてゐた。

書中の人物であれ、現在生きてゐる人間であれ、屢々《しばしば》、何等の尊敬も親愛もあるひは憎悪の思ひをも寄せるに足らない一つの亡霊として魍魎《もうりょう》として、彼れの目前に浮動するのであつた。

考へ深さうな目をした魍魎の一つが、彼れに向つて云ふ。

「お前だち凡人は五官を具へてゐるだけではないか。古来の傑れた宗教家や詩人や、美術家や音楽家や、あるひは科学者であつても、傑れた人は、みな第六官といふ者を持つてゐたのだ。その並みの人間の持つてゐない感覚の働きで、宇宙の秘密をも人間の魂の底をも見徹したのだ。たとへばお前の書棚にある××の詩や△△の小説には、この感覚によつて体験した深刻な事相が強烈に写されてゐるではないか。お前はそれを読んでゐながら何とも感じないのか」

「第六官を天才の特徴として教へてゐる批評家のあることは僕だつて知つてゐる。視覚を具へてゐる者には盲人の知らない者が知られてゐるのと同じやうに、仮りに第六官を具へてる者があるとしたなら、その人には通常人の感じないことが感じられてゐるのだらう。さういふ人があるのなら、僕は羨ましいと思ふ。分らないものを知りたいつていふ慾は僕も持つてゐるのだから。……しかし、五官を備へてゐても、分らないことだらけの人間が、もう一つ異つた感覚を持つて見たつて、全能の神にはなれまい。痴者脅《こけおどか》しくらゐが出来るくらゐなものだらう。第六官どころか、第七官をも第八官をも備へた人間がこれから現はれたとしても、僕はさして尊崇する気にもなれないのだ。……野の草の如く、蛙や蚯蚓《みみず》の如く、やがて滅びる身体に備はつた感覚は、傑れてゐればゐるほど僕はみじめに思ふ」

「すぐれた聖人や天才は、火にも水にも死にも魔王にも亡されない心の確信を持つてゐるではないか。かう見えても人間といふ生物には磨けば無限に光を放つ魂が宿つてゐるから不思議ではないか。お前は自分でそれを軽んじてゐるのだ……」

魍魎はこの庵主に向つて、多くを説くも甲斐のないことゝ思つたやうに、俄《にわ》かに姿を消した。庵主はその魍魎が誇るに足る魂を持つてゐるのを不思議に感じた。蛙の卵である小《ささ》やかな黒粒のうちにも魂があるのか知らんと、池のほとりに曝されてゐる白い膜を見詰めた。

池の中には、幾年もの朽葉《くちば》が幾年もの塵とゝもに淀んでゐて、物の影を映し得られなくなつてゐる。そして古池らしい臭気があたりに漂つてゐる。かういふところには、蛙の子とか、ある種の虫けらが孵化し繁殖するのに相応しいのであらう。

奇怪な形をした魍魎の一つが、彼れの前に現はれた。葉は黒みて、枝は節だらけで、棘《とげ》をもつた樹木の魍魎であつた。その幹が人らしい口を開けて云ふ。

「おれは何百年も昔に、神経過敏な気六ケ敷い詩人のためにこんなみじめな姿にされてしまつたのだ。おれは自殺をした報いで、理性のない樹木に化したのださうだ。それで、身体と魂とが永遠に別々になつて、おれたちの頭の上に巣をくんだ汚い怪物のために五臓六腑を喰はれてゐなければならない。自分で勝手に生命を絶つたものは、未来永劫、その魂を元の体内へ戻させることは出来ないといふ掟《おきて》なのださうだ。おれは痛い思ひを我慢しながら何百年の間考へて来たが、こんな不条理な馬鹿げたことがあるものぢやない。おれの仲間には反逆を企てたゝめに囚へられて、牢獄の中で自殺した者もあれば、女に苦められたり金に窮したりして詮方なしに自殺した者もあるのだが、おれのはさうぢやない。おれよりも何百年か後に生れて、生よりも死がまさつてゐると信じて若い盛りに自殺したマインレンデル見たいに、死の目の中に真の平和の影を認めたからそれに誘はれていゝ気持で自殺したのだ。おれは魂をも身体をも一しよくたに滅するつもりだつたのだ。……それに、あの詩人は不条理惨酷を宇宙の原則としてゐるやうな神エホバの手先に使はれて、おれだちをこんなみじめな有様にして、文字で描いて歌で唄つて世界に云拡めてゐる。……お前はおれの気持に同感しさうな顔してゐるから、内所で話すのだが、あの詩人をはじめ、世界各国代々の同類の人々がいろ〳〵な言葉で唄つたり説いたりしてゐることを迂潤《うかつ》に信ずるな。お前の書棚にある名高い人々の書残した文殻に迷はされるな。その時々の気まぐれなわざくれに過ぎないと思つて読んでゐろ。……おれは飲食《のみく》ひして空気を吸つて生きてゐた時には思ひも及ばなかつたことを今は知つてゐる、感じてゐるのだ。母親の胎内を出てから二三十年地上に足を据ゑてゐた間に思つてゐたことは間違ひだらけだつたのだ。一度魂を植ゑつけられて人といふものになつたが最後、たとへ死んでも肉体を殺しても平和は得られないのだ。……全智全能の神が退屈醒ましか気まぐれからか、種々雑多な生物《いきもの》をつくつて地上に置いて、霊魂といふものまでも植ゑつけて、死後までも永遠に嬲《なぶ》り物にしてゐるのを、お前も今に痛感するやうになるだらう」

「自分で自分の魂を滅さうとしても滅されないとすると、平和を得る道は何処にもないのだらうか。神に盲従してお慈悲を願ふのが一番賢い方法なのだらうか」

庵主はさう訊ねたが、さして熱心を籠めはしなかつた。怪物に頭を突つかれて苦渋な相を現はしてゐる魍魎は、

「お前も永い間の人間の気休めにかぶれて神の慈悲があると思つてゐるのか。二度目の死をさへ与へないで、おれだちを苦めてゐる神に慈悲があると思つてゐるのか」と、唸《うめ》くやうに云つたがふと口を閉ぢるとゝもに姿をも消した。

庵主はその魍魎の形や言葉を思浮べながら幽鬱

に沈んだ。書棚から、かの詩人の書を取出してところ〳〵開いて見た。恐ろしい夢や美しい夢が、生々とした文字によつて今描かれた清新な絵のやうに描かれてあつた。美しい夢が色が淡くて、恐ろしい夢は強烈な油絵で塗られてゐるやうに色が濃かつた。悪臭《おしゆう》はげしき濁水の獄裡に、異様の獣に嚙まれながら裂かれながら、顚転してゐる貪食の徒や、降りかゝる火の粉を手で払ひながら、焦土の上に坐して、陰気な目を垂れて頸に懸けた財《ざい》嚢《のう》を見てゐる財慾の亡者は、遠い昔の人ではなくつて、庵主自身の身内の者や知人の誰れ彼れであるやうに思はれた。……と、見ると魍魎は庵主自身の相をしてそこに現はれた。

「お前は自分が有つてゐる筈の魂の亡ぶるのを望んでゐるのか、恐れてゐるのか」

魍魎の声が鋭かつたので、庵主は驚いて左右を顧みた。ふと気がつくと、かういふ問に対してどちらを選んで答へるべきか、彼れには聢《しつか》りした用意さへ出来てゐなかつた。

「目を開けて見ろ」と云はれたので、云はれなくてもすでに開いてゐる目を、も一度開けたつもりで見詰めた。白檀《びやくだん》の木の葉には冴えた日が映つて微風に揺いでゐた。

「耳を開けて聞け」と云はれたので、新たに耳を澄ました。小鳥が囀《さえず》つてゐた。槌の音や鑿《のみ》の音が聞えて来た。

「大地の底に封じられてゐる悪魔の呻き声や、天の星の合奏は聞えやしまい。お前の耳にはあたり前の人間の耳に聞えるだけの声しか聞えないのだ。それでいゝのだ。それで諦めろ。……一人々々が自分相応の地獄と天堂との幻影《まぼろし》を見て生きてゐるのだから、お前もお前自身の幻影をつくつて、悲しんだり喜んだりの日を送るの外はないのだ。かの詩人はあゝいふ気高い美しい天堂の夢に浸つて恍惚としてゐたのだが、お前だちは、今の世相応に埃くさい人道の、俗分りのいゝ唄を唄つて踊つて手軽に天堂にゐるつもりでゐようとも、うまい物あさりや金取りに齷齪《あくせく》して、地獄をこの世に現してゐようともそれが自分々々の魂や身体にこびりついてゐる本来の慾望なら仕方がないぢやないか。慾望も魂も亡びる時が来れば亡びるので、お前がそれを望まうとも、嫌はうとも、人力で如何ともしがたいのではないか」

「そんなことはお前に教へられるに及ばないよ」

庵主は嘲る如くさう云つて、彼れの相《そう》に似通つた魍魎が春の光の中に融け去るのを見た。

「ククツクク」と、蟇蛙は小笹の中から顔を出して、庵主に向つて目を据ゑた。物云ひたげな面付であつた。奇怪な形こそして居れ、人に危害を加へさうではなかつた此奴が恐るゝに足らないとすると、今庵主の目の届くかぎりの周囲には、彼れの心を脅かす何物もなさゝうであつたが、離れてゐる人里から来る幽《かす》かな響は、この日は平生とちがつた響きをもつて彼れの神経を慄《おのの》かした。

彼れの相に似た魍魎は再び現はれた。が、それは炎のやうな、赤い色をしてゐた。

「お前は里の物音を聞いて震へてゐるが、何事が起つたか、お前に分つてゐるのか」

「おれはそれを強ひて知りたいとは思つてゐない。殺合ひがはじまつてゐようと、地震がしてゐようと、おれにはあんまり関はりのないことなのだ。おれが心一つ凝らしてゐることは、里の出来事とはまるで関はりのないことなのだからな。おれには書物も、お前のやうな影法師も、鼻で息をしてゐる人間も、みんな同じ様に扱つてやつてるつもりだ」

「さう云つてゐられる間はよからうが、お前が即刻に右か左かを極めなきやならない時が来たのだ……お前も持つてる筈の魂の亡びるのを望むかも望まないか」

彼れの相に似た魍魎の言葉は激しかつた。庵主は「さあ返事をしろ」と喉を締められてゐるやうな気がした。返事を迫つてゐる魍魎自身も喉を締められてゐるやうな苦しげな相をした。

が、どう攻められても、庵主には返事のしやうがなかつた。血走つた彼れの目に映つたのは人里の方から燃え上る天をも焦しさうな火焰であつた。魍魎が里から身に帯びて来た炎は俄かに勢ひを増してこの茅屋《あばらや》に燃えついた。白檀その他の庭の樹木にも燃えついた。魍魎と相の相似た庵主も火焰に包まれた。そして、人里から聞える悲鳴に和して悲鳴を上げた。
　蟇蛙は不思議さうに火焔を見詰めてゐたが、やがて「ククツクク」と幽鬱な声を洩らしながら、古池のほとりを離れて悠然として何処へか向つた。

『迷妄』は大正十一年五月に発表された短篇で、新潮社版『正宗白鳥全集』第三巻に収められている。右に掲げたとおり、わずか十五枚ほどの随筆風の小品だが、ダンテの『神曲』の死生観に触発された感想としても、また森鷗外の『妄想』に刺戟されて書かれた正宗白鳥の死をめぐる想念の表現としても、きわめて興味ふかい一文で、正宗白鳥の魂の問題への関心を如実に示した作品といえるだろう。それは早稲田大学系統の作家を自然主義作家の名によって一括するような、派閥的な文壇史的文学史の分類[1]の枠組ではもはや処理しきれない問題で、正宗白鳥のユニークな価値はむしろ彼が身辺直写という意味での自然主義作家ではなくなったところにあるのではないか、とさえ思われる。『迷妄』は官立大学の哲学教授が書くような論文形式こそは取っていないが、死を考え、死を論じて哲学的な趣も備えており、大正文学としては珍しい、形而上学的な作品ということができる。スケプティカルな正宗白鳥にはショーペンハウアーに似た面影がある、という評語は、作家としての資質からも、対宗教へのかかわりあいの上からも、的はずれとはいえないだろう。

　生の恐怖を感じ来世に不安を抱き、自分の存在の不思議にをのゝく私は、武士道には関係がなかつた。むしろ祖母から注ぎ込まれた迷妄とも云ふべき地獄極楽の教への方が、日常の私の関心事になつてゐた。

正宗白鳥は随筆『内村鑑三』の中でこのように自己の心理分析を行なっているが、感受性の強い子供が祖母の話や草双紙などの地獄図絵から受けたイメージの上に青年期に自ら進んで受け容れたキリスト教の死生観が重なって、それがキリスト教を棄てた後も、なお消しがたいほどの厚い層となって心底に沈澱して残ったのである。早稲田の学生時代の正宗忠夫は、学校の講義よりも内村鑑三の講演からより多くを学んだ、というような熱心な信者だった。教会の雰囲気に惹かれてキリスト教に近づいた、というような感傷的なクリスチャンではなく、病弱であった正宗の信仰には深刻な内実があった。「慈愛の神や救世主に信頼し……神経過敏な瘠《やせ》つぽちの私は、最後の審判の光景など思ひ浮べてゐたのである。知人の誰れも彼れもが地獄の中へ投げられることを夢見てゐたのである」(2)

そのような体験を経た人であったから、正宗は、キリスト教を棄てた後も、もはやキリスト教にたいして無関心ではあり得ず、キリスト教にたいして死ぬまで愛憎並存の態度を示したのである。このようなアンビヴァレントな態度は「神が死んだ」十九世紀の後半以降の西ヨーロッパ世界の懐疑論者や棄教者の間でもしばしば見られた現象のようだが、そのニヒリズムの暗い影は日本人正宗白鳥の魂をもかすめたといえるようである。『迷妄』の作者にたいして「実存的傾向」の人という評価を与える平野謙氏(3)などの批評家がいるのは(その際「実存的」という語が何を意味するのかが問題になるのだが)そうした正宗白鳥の精神状況を評家が感得したからであろう。

正宗白鳥は明治十二年に生まれたが、ナショナリズムという擬似宗教に没頭することもできず、既成の仏教にもたよれず、キリスト教という異郷の宗教にも素直に従うことができず、しかも来世のことを思いめぐらさずにはいられなかった人だけに、此岸の生活だけでは満足できなかった。現世の科学や社会の進歩に希望を託して魂の問題を看過することもできなかった。そこでいろいろと迷いが生じて思い悩んだのだが、『迷妄』はそのような、ああでもない、こうでもないと思いわずらう魂の率直な自問自答であり、近代日本の一知識人の西洋宗教との出会いから生じた特異な心象風景であるといえるだろう。

正宗白鳥の内部には、他者には(そしておそらくは白鳥自身にも)つかみがたい暗い部分が深淵のようにひそんでおり、しかもその深淵を突き放して観察している(自分自身にたいしても傍観者といえるような）眼が備わっている。それだからその眼が謎を解こうとして自己の内外を見つめ続ける限り、彼の精神活動は（そして執筆活動も）停止しない。それだから正宗白鳥は、同一主題について、二十代で語り、五十代でまた語り、八十代でなお語ってやまないのである（そして後述するように、ダンテの『神曲』に相対する時も、森鷗外の『妄想』を語る時も、芥川龍之介の『孤独地獄』を批評する時も、実は同一主題について論じているのである）。ぐるぐるぐるぐると同一地点の上を円を描きながら、あるいは高くあるいは低く、飛び続けているような感じを受けるのはそのためだが、しかしそのたびごとに筆に実感がこめられているから、マンネリズムを感じさせはしないのである。

ところで正宗白鳥の生の不安と呼びならわされている問題を解き明かすためには、直接その秘密に迫って、あれこれと推論するのも一つの方法であるにちがいない。正宗白鳥は生前ジャーナリスティックな才能も働かして活動した人だったが、彼の死後はジャーナリズムが彼の死をめぐっていろいろと謎解きを試みたようである。正宗白鳥の対宗教の態度については、フロイト流の心理分析を試みるならば興味ふかい結果が出てくるにちがいない。また正宗白鳥の超越者にたいする感覚を比較文化的に文化人類学の手法を用いて究明したならば、これまた興味ふかい結果が出てくることだろう。さまざまなアプローチが可能であろうと思われるが、ただその中で謎解きに類した論議については筆者は多少の疑問を持っている。その種の論議はややもすると仮説としてのおもしろさは持ち得ても、なおなにか不確かな、安心しきれないものを持っているからである。そこで筆者は、迂遠な道と見えるかもしれないが、『迷妄』という作品を他の文学作品との関係において把握するということを試みた。読書人正宗白鳥には、彼が受容したか反撥したかはともかくとして、内外の書物の影響が顕著に見られる。その書物のうちの幾冊かは強烈な印象を与えたという点では、正宗解釈の鍵とも呼べるような作品だが、その一冊にダンテの『神曲』があげられる。筆者は正宗白鳥の『迷妄』をダンテの『神曲』との関係と森鷗外の『妄想』との関係から説明し、あわせて芥川龍之介の作品との連関について多少言及することとした。

なお『迷妄』についての従来の研究としては、後藤亮氏が『正宗白鳥　文学と生涯』（昭和四十一年、思潮社）の第二十七章「寒山詩」をその説明にあててており、大岩鉱氏は『正宗白鳥』（昭和三十九年、河出書房新社）で『迷妄』と『妄想』の関係について言及している。正宗白鳥没後に出た『群像』の昭和三十八年一月号の「座談会正宗白鳥」は追悼号の中でも興味ふかい記事だが（出席者、中村光夫・寺田透・平野謙）、その中で寺田透氏と平野謙氏は次のように発言している。

寺田　……ぼくが考えるのに、（森鷗外も正宗白鳥も）両方とも悟性の人なんだ。迷いの表現でも『妄想』の鷗外風になるというところがもともとあったんじゃないかな。

平野　『泉のほとり』という随筆集の中に『迷妄』というわけのわからぬものがある。それは鷗外でいえば『妄想』にあたるものです。大きなものではないけれど、庵主という名前で『妄想』の翁に通じる主人公を中心にして、動物が出てきたり変な神様が出てきたりして、エッセイともファンタジーともつかないものです。……それを読むと、寺田さんのいわゆる同じ悟性の人といっても、鷗外の『妄想』とはずいぶんちがうものだということがよくわかる。鷗外は非常に明哲です。白鳥にはもっと不条理なものを重んずるところがある。

この「わけのわからぬ」とされている『迷妄』が比較文学的アプローチによって多少なりとも正体を示すかどうか。比較するということは、他者との関係を明らかにすることであり、相対的な価値を知ることである。それはややもすると現象的な（時とすると文学からはほど遠い統計的な）把握になりがちで、ものそれ自体の本質を解き明かさないおそれが多分にある。そのような操作を通して研究対象の本体がかいま見られるかどうか、疑問に思える節もあるのだが、しかし、文学や思想の研究には公式はなく、さまざまな手法が許されるはずである。方法の価値はその適用上の効果によって云々されるべき筋のものであり、アプリオリに判断されるべき筋のものではないだろう。比較文学的手法が『迷妄』の場合に活用され得るものかどうか。また『迷妄』という一短篇の解明作業を通して正宗白鳥の解明ともなり得ているかどうか。以下はその研究の試みである。

ダンテの『神曲』との関係について

正宗白鳥は内村鑑三の影響下にダンテの『神曲』を読みだして、生涯 Cary の英訳本 *The Divine Comedy* を愛読した人だが、正宗白鳥を『神曲』の世界に導いた人である内村鑑三の『月曜講演』の二の「ダンテとゲーテ」（明治三十一年一月二十八日、二月四日発表、岩波版『内村鑑三全集』第十九巻所収）には、次のような印象的な一節がある。

> 余輩始めて『神曲《ディヴィナコメディヤ》』を読むや、終夜安眠する能はざりし事屡々なりき。其は読んで愉快の情に堪へざりしが故に非ず、戦慄して恐怖の念に堪へざるが故なりき。自殺して死せる者、末の日に復活し、既に其の身体は形《かたち》を成したれども、其の霊魂は未だ空に懸《かか》る己が体に宿らずとて苦痛悲惨の様名状すべからざるを写し、又宛《さなが》ら群蛙《ぐんあ》の泥中より頭を持上げたる如く、夥多《あまた》の霊魂、沸騰せる瀝青《チャン》の中より頭を延べて「ダンテよ、ダンテよ」と叫喚する一条の如きに至つては、恐懼《きようく》坐《そぞ》ろに我を襲ひ、覚えず身を慄して四辺を顧み、我も亦其の恐ろしき叫喚の声を聞くものに非ざるかを疑はしむ。

正宗白鳥は満十八歳の年にこの講演を聞いて非常な感銘を受けたものとみえ、その時の思い出を幾度も繰り返して『ダンテについて』『内村鑑三』『私の文学修業』その他の随筆の中で書いている。ところで右の講演で内村が言及した、彼が戦慄して恐怖したという自殺者の有様は、『神曲』地獄篇第十三歌に記されているので（それが『迷妄』のイメージを触発することともなるので）、以下に拙訳（昭和四十一年、河出書房新社）を引用しつつ説明を加えることとする。

地獄篇の第十三歌では九つある地獄の圏谷《たに》の中の第七の圏谷の第二の円の情景が詩に歌われている。より正確にいうと、第十三歌の前半では自分自身の肉体に暴力を加えた自殺者が、後半では自分自身の財産に暴力を加えた資産蕩尽者が処罰されている。ダンテとその案内者のウェルギリウスは、他人に暴力を加えた者が罰せられている煮えたぎる血の河を半人半馬のネッソスの背にまたがって対岸の森の中へはいってくる。ところでその森は対照《コントラスト》という詩的技巧によって次のように描かれている。

緑の葉はなく、黒ずんだ葉が繁り、
すこやかにのびた枝はなく、節くれてひね曲り、
果実はみのらず、毒をふくんだ棘《とげ》が生えていた。

そしてこの凄惨な毒々しい樹々の枝には

翼は幅広く、人頭人面《じんとうじんめん》、
脚には爪が鋭く、太い腹は羽毛《はね》でおおわれ、
奇怪な樹の上にとまって嘆声を発する

ハルピュイアイという醜悪な鳥身女面《ちょうしんじょめん》の怪鳥が巣くっている。その場の第一の印象は聴覚を通してまずダンテに伝えられる。

いたる所から痛ましい嘆きの声が聞えてきたが、
声の主は誰ひとり見えなかった、
私はひどくとまどって立ち止まった。

ダンテは枝の茂みに隠れた者が声を発していると思ったのだが、それは錯覚であった。師のウェルギリウスはダンテのその錯覚を正すために、木の枝をどれか一本折ってみることをすすめる。

そこで私は手を差し伸べて
棘のある大樹《たいじゅ》の一《ひと》枝を折った、
するとその幹が喚《わめ》いた、「なぜ私を折る?」
そしてどす黒い血に塗《まみ》れて
また叫んだ、「なぜ私をひきちぎる?
おまえには一片の憐愍《れんびん》の情《じょう》もないのか?

いまは木と変わったが私たちはもとは人間だ、
かりに私たちが蛇の亡霊であろうとも、
そう手荒な真似はするべきではあるまい」
緑の生木《なまき》の一方の端が燃える時、
もう一方の端ではじわじわと煮えたぎり、
熱気《ねつき》が洩れざまにしゅーしゅーと音を立てる。
それと同じように枝をもがれた幹から言葉と血が
もろともに吹き出した。私は枝を地に落として、
おびえた人のように立ちすくんだ。

この “Perché mi schiante?”《ペルケ ミ スキアンテ》「なぜ私を折る？」と喚く一節は、『神曲』の中でも有名な条《くだり》で、血と言葉がまじりあってもろともに吹き出して叫ぶイメージは、表現主義を思わせるような強烈な印象を与える。そしてまた、一方の端がじわじわと煮えたぎる緑の生木《なまき》の具象的な直喩《シミリ》も、一読して読者の脳裡に永く刻まれるような印象を与える。この幹の中へ閉じこめられた魂は、ピエール・デルラ・ヴィーニャといい、生前は皇帝フェデリーゴ二世の廷臣で、詩もよくした人であった。しかし彼は讒言《ざんげん》のために獄に投ぜられ、灼熱した壺を眼にあてられ眼玉を焼かれるという残酷な刑に処せられ、盲目の身で獄中に呻吟する悲惨な境涯に陥った。それで彼は絶望のあまり「正義の自分に不正義」を加え、一二四九年に自殺をしてしまったのである。これが『神曲』の中でピエール・デルラ・ヴィーニャが問われるままに物語った身の上だが、彼はさらに次のように自殺者の死後の有様を手短かに答えた（なおミノスとは地獄の入口に構えているいわば仁王に相応するような怪物で、地獄へ堕ちてきた魂をその罪状に応じて、それぞれの圏谷へ送りこむ役目を帯びている）。

「激《げき》した魂が自らの手で命を絶って
肉体から離れた時、
ミノスは第七の圏谷《たに》へその魂を送りこむ。
落ち行く先はこの森だが、席は別に定まっていない。
運命のまにまに飛ばされた所で
荒麦の粒のように芽を出し、
若枝となり野生の大樹となる。

すると鳥身女面の怪鳥がその葉をついばみ、
苦痛を与え、苦痛に排《は》け口を与える。
〔最後の審判の日に〕皆と同様、私らも亡骸《なきがら》を
探しに行くが、
誰一人それを身につけることはできない。
自分で捨てたものをつけるのは道理にあわぬ
からだ。
ここまで私たちは亡骸《なきがら》を引き摺ってくる、
この悲惨な森のいたる所で私たちの肉体は
それをさいなんだ自分の魂の茨《いばら》の木にぶらさ
がるのだ」

ここで参考までに『神曲』の英訳文（内村鑑三や正宗白鳥が読んだCary訳）の右の箇所を掲げておく。

...When departs
The fierce soul from the body, by itself
Thence torn asunder, to the seventh gulf
By Minos doom'd, into the wood it falls,
No place assign'd, but wheresoever chance
Hurls it; there sprouting, as a grain of spelt,
It rises to a sapling, growing thence
A savage plant. The Harpies, on its leaves
Then feeding, cause both pain, and for the pain
A vent to grief. We, as the rest, shall come
For our spoils, yet not so that with them
We may again be clad; for what a man
Takes from himself it is not just he have.
Here we perforce shall drag them; and throughout
The dismal glade our bodies shall be hung,
Each on the wild thorn of his wretched shade.

このピエール・デルラ・ヴィーニャの言葉は、そのイメージが持つ迫力によっても読者に迫るものがあるが、魂の永生を信じる人にとってはその衝迫はいっそう激しいものとなるにちがいない。内村鑑三が先に引いた評語を発したのは深く動かされて魂の動揺を覚えたからであった。自殺をこのように積極的に悪と見なす考えは、それまでの日本にはなかっ

た見方である。日本人は切腹の武士道を讃え、歌舞伎の心中に涙を流して恍惚としていたのだ。その日本人読者にはこのいかにもダンテスクと呼ぶにふさわしい自殺者の森の光景は強烈で迫力があった。ヴィジョンは内村の脳裡に灼きつけられたといっていい。カーライルが『英雄崇拝』の中の一章 *The Hero as Poet* の中で評した **pen of fire**「火の筆」という筆力はこのような条《くだり》を指したものだろうか。**"so vivid, so distinct, visible at once and forever!"** というカーライルの叫びをなるほどと首肯させるような一節といえるだろう。

ところで今日の日本の若い読者の間で『神曲』中のこの挿話はどのような反応を呼ぶことだろうか。地獄篇の中でも最も感銘的な一節としてこの第十三歌をあげる人も多いのではないだろうか。ピエール・デルラ・ヴィーニャは善人だった。それが単に自殺をしたという理由だけでこのようなすさまじい責苦にあうのはあまりに酷にすぎはしないだろうか。死後もなおフェデリーゴに忠誠を誓う彼の言葉を聞いて、胸をしめつけられるような思いを覚える読者もいるにちがいない。自殺者一般について考えてみても、彼らは現世において幸福ではなかったからこそ自分で自分を殺したのである。そのようにして現世の苦しみからのがれるために死を選んだ者が、第二の死（魂の滅亡）の希望すらなく永劫の罰を受けている。その自殺者の死後の状態に憐みを覚える日本人読者もいるにちがいない。そしてキリスト教において自殺がいかに悪として扱われているか、その仮借ない態度に驚きを覚える人もいるだろう。しかし中にはダンテの立場に与して、安易な同情心など微塵もなく断罪が痛烈であることを良しとする読者もいるかもしれない。またそのような善悪の立場を離れて、詩を客観化してその芸術的効果を考えてみると、読者はダンテの非凡な着想と天才の手腕に驚嘆することだろう。「どす黒い血に塗《まみ》れて」以下の描写の現実感の強さ、樹というものを使って詩人が示した自殺者のやるせない無念の心境——自殺行為とは自分で自分をしばりあげることだが、魂が木の幹の中に閉じこめられるという着想は、因果応報を示す上で、たといグロテスクな面もあるにせよ、なんと適切な表現であることか。その手法は変形や転身を歌った古代のラテン詩人をもしのぐものがあるのではないだろうか。大地に固定されている樹はいかにもがいても逃げ出すことのできぬ、苦悩する自殺者の魂の状況を表わしている。黒ずんだ葉やひね曲った枝は、素直に故障もなく成長することのできなかった自殺者の精神を示している。そしてその迫力のある描写の裏には詩としての一種の美しささえ認められる。それではなぜ『神曲』の中で自殺者がこのように罰せられているのだろうか。詩的なイメージは詩人ダンテの創意に由来するとしても、因果応報の理はダンテ個人の発想ではなく、当時のキリスト教会の解釈に従っていたものだろう。なぜキリスト教徒にとって自殺は普通人と同じ墓地に埋葬してもらえないほどの悪であるのだろうか。キリスト教徒にとってはユダの自殺という古典的事例が自殺行為に不吉な連想を呼ぶからなのだろうか。それとも超越者についての観念に伴う、宗教の本質とより深く結びついた問題がそこにあるのだろうか。そうであるとすれば、自殺の問題は神学的にはどのように説明されているのだろうか。いまその点について『カトリック大辞典』（昭和十五年、冨山房）に記載されている「自殺」関係の諸項目を読んでみることとする。そこでは自殺は掟と生命権と古代哲学との関連で説明されているが、まず天主の十誡との関係では次のように説明されている。

第五誡は心身の生命の善を保護し、正当ならざる恣意が自己及び他人の生命を支配することを防ぐ。天主の創造力のみが生命支配権を有するから、人命に対する直接的干渉（生命権、自殺、殺人、エウタナジア、傷害）は凡て禁ぜられる。

第五誡とは「汝殺すなかれ」をさしている。生命権の自己の生命保全に関しては次のように説明されている。

人間は他人の生命権を尊重すべきであると同様に自己自身の生命を保持すべき義務もある。人間は自分で自己に生命を与へたわけではなく、超自然的生命に達せんがために課題として天主より生命を与へられたのである。従つて自殺はただに第五誡及び命ぜられた自己自身への愛の毀損であるばかりでなく、天主の主宰権の侵害であり、従つてまた第一誡に反する罪であり、かつこれが天主の慈悲に対する失望から行はれる限り、聖霊に反する罪である。人間は自己のものであれ、他人のものであれ、生命に対する絶対的支配権はない。「吾等は生と死の主ではない」

このように述べて『カトリック大辞典』の執筆者は、自殺の非道徳性が英雄的行為とされることによって人間意識において蒙昧化されることや、あるいは善悪とは無関係な行為であると目されることの危険性に対して注意を促している。名誉心にからむ西洋人の決闘も、日本人の切腹も（死罪を賜わったという場合を除いて）、いずれもキリスト教の自己の生命を保持すべきであるという義務に反する行為とされている（なお古代哲学、とくにストア倫理学における苦痛に対する完全に無感覚な態度の要求と、その自殺許容の学説については、実例として小カトーの名が『カトリック大辞典』に引かれている。Cato は西暦紀元前九十五年に生まれ、ローマの共和制を守って戦い、紀元前四十六年にウティカで自殺した。この人物の名が『カトリック大辞典』に引かれているのは、おそらく彼が『神曲』煉獄篇の冒頭に登場するからであろうが、ダンテがこの異教徒カトーを地獄の自殺者たちの中〔第七の圏谷の第二の円、地獄篇第十三歌〕に加えずに、煉獄の島の守衛としたのは、ダンテが彼を倫理的な理想人物として尊敬していたからだろう。しかし『神曲』の中ではカトーは、煉獄に来たほかの魂たちとはちがって、煉獄の山を上へ目指して登ることはできないことになっている）。『神曲』の中にはカトーのように因果応報の理の適用を免れた除外例もあり、そのような存在が芸術作品としての『神曲』に一種の色どりをつけているのだが、しかしカトーの場合は、特例的な、神学的というよりはむしろ詩的な取り計らいであり、文学的な設定と見なされるべきであろう。内村鑑三や正宗白鳥が自殺者の死後の運命を考えた際に、彼らが思い浮べた姿は、地獄篇第十三歌の樹の幹に閉じこめられた魂たちの苦悶の様であったはずである。ここでいま一度魂の底からほとばしり出たような内村鑑三の評語を読んでみよう。

自殺して死せる者、末の日に復活し、既に其の身体は形《かたち》を成したれども、其の霊魂は未だ空に懸《かか》る己が体に宿らずとて苦痛悲惨の様名状すべからざるを写し、又宛《さなが》ら群蛙《ぐんあ》の泥中より頭を持上げたる如く、夥多《あまた》の霊魂、沸騰せる瀝青《チャン》の中より頭を延べて「ダンテよ、ダンテよ」と叫喚する一条の如きに至つては、恐懼《きょうく》坐《そぞ》ろに我を襲ひ、覚えず身を慄して四辺を顧み、我も亦其の恐ろしき叫喚の声を聞くものに非ざるかを疑はしむ。

ここであわせて説明を加えると、この内村の記事の後半にある瀝青の中より頭を延べて、というのは地獄篇第二十一歌・第二十二歌への言及で、そこでは汚職収賄の徒が次のように瀝青の中へ漬けられている。

ちょうど堀の水際で
蛙が脚や体を隠して
鼻面《づら》だけを水面に出しているように、
いたるところで罪人が鼻面だけを外へ出していた。
しかし鬼のバルバリッチャが近づくと
みな一斉《せい》に煮えたぎる瀝青《チャン》の下へ身を隠した。

この多少滑稽な要素もある蛙との連想がはたらいたからだろうか、それとも『神曲』や内村発言とは無関係に、とるにも足らぬ人間という生物存在の卑小を示すために技巧的に取り入れられたからだろうか、あるいは春先に実際に見聞したことだったのだろうか、正宗白鳥の『迷妄』は「ククツクク」という蛙の鳴き声で始まっている（これは「ククッ、クク」という擬声音で「ツ」は小さく印刷すべきところだろうが、以下全集版の表記に従うこととする）。この「ククツクク」という幽鬱な声はこの短篇の中で四たび繰り返され、それが文章の前後を締める一つの枠ともなっている。この文学的技巧は森鷗外が

『妄想』で用いた手法と軌を一にしているので、『妄想』は「目前には広々と海が横はつてゐる」という自然描写に始まり、「……さう云ふ時は翁《おきな》の炯々《けいけい》たる目が大きく睜《みは》られて、遠い遠い海と空とに注がれてゐる」という自然描写に終わっている。より詳しく言えば鷗外においては海は「主人の翁」という作者鷗外の分身である『妄想』の主人公の内的な心理状態を投影するような淋しい外部の風景なのであり、それに対して白鳥においては蛙は「庵主」という作者白鳥の分身である『迷妄』の主人公の幽鬱と孤独な心理の外部に投影された象徴なのである。その「庵主」は「無数の黒点を含んだ蛇のやうな物」を古池に見て、「生めよ、殖えよ、地に盈《み》てよ」“Be fruitful, and multiply, and replenish the earth.” という聖書の『創世記』第一章二十八節[4]を思い出す。周知のように、正宗白鳥は内村鑑三や植村正久の影響下に受洗して、早稲田の学生時代の四年間をキリスト教徒として過した人である。この蛙の卵も（俳諧味がないわけではないが）単なる自然描写[5]ではなくて、メタフィジカルな方向へ「庵主」の思考を促すきっかけとなっている。「庵主」は当初は人里離れた茅《あば》屋《らや》の前後左右が蛙の住所《すみか》となるのをおそれて、卵のうちに撲殺しようと企てたのだが、自から手を下す前に猫が蛙の卵を掻寄せて食い尽くしてくれた。しかし卵を「自然のまゝに放任して置いたならば、幾万の蛙が飛出すことであらう？」と懸念して「撲殺」を企てる、という発想は、「撲殺」という大仰な言葉が示すように、なんとなく常識の世界の外へ向ってはたらき出した異常な想像力を思わせる。蛙が単なる蛙ではなく、ダンテの地獄の蛙やボッシュの終末的思想に圧迫されて描かれた地獄絵図の蛙と通じるものが作者の心理の深層にひそんでいたのにちがいない。「庵主」は猫が蛙の卵を食い尽くしてゆく struggle for life の有様に、進化論以後の人として、「殖やしては滅され、他を亡しては生きて行くやうに地上の生物を造つた異郷の神の心の中を、庵主は察しかねた」。

ところで「生めよ、殖えよ、地に盈《み》てよ」という句は聖書の中では人間に向って発せられた言葉であり、その言葉を蛙の卵と連想で結ぶことは、人間存在そのものを蛙の卵と同じ生物学的次元へ還元させてしまうことである。キリスト教を棄てた正宗白鳥は、この『迷妄』の冒頭でキリスト教の神を二度までも「異郷の神」というよそよそしい表現で呼んでいる。しかし正宗白鳥は二十二の年にキリスト教を棄てたものの、それから二十年後の『迷妄』執筆時にも、いや死に臨んだ八十三の年（昭和三十七年）に及んでも宗教問題には無関心であり得ない religious なタイプの人だった。白鳥はその種の自分の心的状態を幾度も文字に記して述べているが、たとえば『あの夜の感想』には次のように書いている。

私は深夜に目醒めた時、すべての事について信念がない、風に吹かれる木の葉の如く、水に漂ふ浮草の如き、自分の生存について、悄然として心の消え入るやうな思ひのされることがある。神とか仏とかいふ時代の垢のついた、既成の言葉で現はされるものを信じる信じないの問題ではない。自分を永遠の自分として信じ得る境涯を望んでゐるのである。

そしてそれと同じように『迷妄』の庵主も「五官の感覚はあたりまへに働いてゐながら、それ等から受入れる者に安んじてゐられない気持が絶えずしてゐた」のである。『迷妄』という短篇は何が主題であるかといえば、中心は魂の永生についての問題であり、正宗白鳥が自分の分身である「庵主」と彼の自我のそれとは別の分身である「魍魎」との間で交した対話であるといえる。それは作者の自問自答ともいえるのだが、「魍魎」は三人（もはや人間ではないのだから正宗流に三つと呼ぶべきかもしれないが、しかし物でもないからやはり三人と呼ぶことにする）おり、正宗の自我の三面ともみなせよう。すなわちまず「考へ深さうな目をした魍魎」が問題提起者として現われ、ついで自殺した魍魎が現われ、最後に庵主自身の相をした魍魎が現われる順となっている。ところで、この自分が自分の自我の分身と対話するという形式は、ストリンドベリーが『ダマスクスへ』で用いた形式で、当時の正宗白鳥はスウェーデンの作家のこの作品を戯曲体小説の極北として経典視していたから、そこから影響された形式であったのかもしれない。しかし一般に精神上の懐疑にとらわれ、しかも救いを他者に求めることのできない人々にとっては、残された道は自分自身の魂との対話しかないのである(正宗白鳥の作品、とくにそのダンテ関係についての発言に深い注意をはらった自殺前の芥川龍之介は、『迷妄』とすこぶる趣を同じうする『闇中問答』という作品を遺稿として書き残している。その中で芥川は『迷妄』の直接的影響というよりは精神状況の類似からであろうが、「或声」とその自我の分身である「僕」に問答をさせている)。

『迷妄』の本論は「考へ深さうな目をした」第一の魍魎が、五官を具えただけの凡人である庵主に対して次のように迫るところから始まる。

古来の傑れた宗教家や詩人や……みな第六官といふ者を持つてゐたのだ。その並みの人間の持つてゐない感覚の働きで、宇宙の秘密をも人間の魂の底をも見徹したのだ。たとへばお前の書棚にある××の詩……には、この感覚によつて体験した深刻な事相が強烈に写されてゐるではないか。お前はそれを読んでゐながら何とも感じないのか。

この発言は常識世界で自足している人々の自己満足を打破する内心の不安から生じた問題提起であり、「××の詩」は、次に出てくる第二の魍魎との関連からも察せられるように、ダンテの『神曲』を指すものと思われる。庵主はそれに対して、通常人の感じないことを感じられる人がもしいるのなら羨ましいと思う旨を述べるが、雷同はせず、すぐ次のようにつけ加える。

しかし、五官を備へてゐても、分らないことだらけの人間が、もう一つ異つた感覚を持つて見たつて、全能の神にはなれまい。痴者脅《こけおどか》しくらゐが出来るくらゐなものだらう。第六官どころか、第七官をも第八官をも備へた人間がこれから現はれたとしても、僕はさして尊崇する気にもなれないのだ。

ヴァチカンのミケランジェロの壁画を見て地獄の実在を信じた人がいたとするならば、世間はその人のナイーヴさ加減を笑うにちがいない。ダンテの虚構の地獄めぐりの詩を読んで、彼岸の世界におびえることは痴者脅《こけ》しにあっておびえているようなものではないだろうか。私たちが痴者でない以上、そうした芸術家や詩人はいかに偉大ではあるにせよ、師とはなり得るが主とはなり得ない。少なくとも白鳥にとっては主とはなり得ない。正宗白鳥は『迷妄』より二月前に発表した短篇『冬の日』の中で森鷗外の『妄想』の句を引いて、彼も鷗外と同様「たとへ辻に立つて帽を脱ぐことはあつても、辻を離れて狂奔し追随しようといふ気にはなれないのである」と世間の言論や書物の思想に対する彼の態度を述べている。白鳥は聖人にせよ天才にせよ、いずれも有限な人間存在である以上、そこには限界があるということを意識している（「分らないことだらけの人間が、もう一つ異つた感覚を持つて見たつて、全能の神にはなれまい」）。このように第一の魍魎の発言に心動かされないので、相手の「魍魎はこの庵主に向つて、多くを説くも甲斐のないことゝ思つたやうに、俄かに姿を消した」。

ところでこの第一の魍魎は人間存在を誇るに足るものと考えており、その点では懐疑的でニル・アドミラリの気象の正宗白鳥とはやや距離があるようだが、しかし魍魎がいう「かう見えても人間といふ生物には磨けば無限に光を放つ魂が宿つてゐるから不思議ではないか」という声は、やはり正宗白身の地の声だろう。

しかし正宗白鳥という人には秘密の影の部分もひそんでいたようである。彼は殺人を夢に見、殺人を作品に取りあげることの多かった作家で、その暗い部分には狂気の眼が光っている感じさえするのだが、第二番に登場する魍魎は不吉な自殺者の魂である。正宗白鳥は自殺を考えたことのある人なのだろうか。それとも彼のイマジネーションはもっぱら書物によって発動されたものなのだろうか。「葉は黒みて、枝は節だらけで、棘《とげ》をもつた樹木の魍魎」という説明は、前述の『神曲』地獄篇第十三歌の森の描写をそのまま借りたものである。とするとどうやらこの魍魎は bookish な魍魎であるらしいが、その口を借りて正宗はダンテの自殺観についての自己の感想を述べることとなる。その幹が人らしい口を開けて言う、「おれは何百年も昔に、神経過敏な気六ケ敷い詩人のためにこんなみじめな姿にされてしまつたのだ」。この苦情はむろん詩人ダンテによる自殺者の死後のメタモルフォーシスへの抗議である。気むずかしい詩人ダンテという印象については、『神曲』の読者がひとしく感じる作者の人がらであるともいえようが、"He (Dante) is too sensitive to be happy" などというマコーレーの『ミルトン論』中の詩句がここで想起される（ちなみに正宗白鳥がダンテについて聞き知った最初は早稲田で増田講師から習ったこのマコーレーの随筆を通じてであった）[6]。この第二の魍魎は『神曲』に描かれたと同じ自殺者の死後の状態をまず次のように述べる。

おれは自殺をした報いで、理性のない樹木に化したのださうだ。それで、身体と魂とが永遠に別々になつて、おれたちの頭の上に巣をくんだ汚い怪物のために五臓六腑を喰はれてゐなければならない。自分で勝手に生命を絶つたものは、未来永劫、その魂を元の体内へ戻させることは出来ないといふ掟《おきて》なのださうだ。

この二回繰り返された「ださうだ」という口調にもすでにやるせない不平と不信の情が洩らされているようだが、それは作品中の魍魎の不平不満というよりは作者正宗白鳥のキリスト教的死生観に対する反撥なのである。その作者の気持は魍魎の口を借りてさらに次のように述べられる。

おれは痛い思ひを我慢しながら何百年の間考へて来たが、こんな不条理な馬鹿げたことがあるものぢやない。

おれは魂をも身体をも一しよくたに滅するつもりだつたのだ。……それに、あの詩人は不条理惨酷を宇宙の原則としてゐるやうな神エホバの手先に使はれて、おれだちをこんなみじめな有様にして、文字で描いて歌で唄つて世界に云拡めてゐる。

そして苛烈な宗教としてのキリスト教の側面を次のように自殺者の立場から語らせる。

一度魂を植ゑつけられて人といふものになつたが最後、たとへ死んでも肉体を殺しても平和は得られないのだ。……全智全能の神が退屈醒ましか気まぐれからか、種々雑多な生物《いきもの》をつくつて地上に置いて、霊魂といふものまでも植ゑつけて、死後までも永遠に嬲《なぶ》り物にしてゐるのを、お前も今に痛感するやうになるだらう。

この自殺者の魂にとっては、全知全能の神は恐ろしい神である。彼および地獄に堕ちた者すべてにとっては神は慈愛のない神である。地獄堕ちの人々にたいしては「情を殺すことが情を生かすことになる」（地獄篇第二十歌二十八行）というのがキリスト教の正統的な解釈なのである。地獄はその門に刻まれている銘のように（地獄篇第三歌八行）、

われは無窮に続くものなり。(7)

永劫に続くものであり、

われを過ぎんとするものは一切の望を捨てよ。

という句は単なる修辞ではない。

しかしこのような地獄へ堕ちることをおそれて、第二の魍魎の話をあり得べき事実と認めて、もしキリスト教の神を信ずるということがあるとするならば、それは単に恐怖からのがれるために神を信ずるということとなるだろう。そして正宗白鳥には心底にそのような単純素朴な神だのみの気持が終生ひそんでいたのかもしれないが、『迷妄』の中では次のように言っている。

「自分で自分の魂を滅さうとしても滅されないとすると、平和を得る道は何処にもないのだらうか。神に盲従してお慈悲を願ふのが一番賢い方法

なのだらうか」
庵主はさう訊ねたが、さして熱心を籠めはしなかつた。

この「さして熱心を籠めはしなかつた」という限定は、いかにも正宗白鳥らしい âme désenchantée もはや宗教の魅力や呪縛を受けなくなってしまった魂の懐疑的な態度を示したものといえるだろう。その質問に対して怪鳥ハルピュイアイに頭を突つかれて苦渋の相を呈している魍魎は次のように答えるのだが、それは魍魎の口を借りて正宗が述べた苛烈なキリスト教の神に対する彼自身の感想であり、『神曲』の読後感の一つであるともいえるだろう。

お前も永い間の人間の気休めにかぶれて神の慈悲があると思つてゐるのか。二度目の死をさへ与へないで、おれだちを苦めてゐる神に慈悲があると思つてゐるのか。

第一の死とは肉体の死を指し、第二の死は魂の死（魂が無に帰すること）を指すのだが、キリスト教では魂は不滅のものとされているから、二度目の死はたとい希望しても与えられないのである。それだから『神曲』地獄篇第三歌四十六行には、

こいつらには死の希望さえないのだ。

というウェルギリウスの説明の句があるので、地獄へ堕ちた魂は死ぬこともできず永劫の責苦にあうのである。第二の魍魎は姿を消したが、庵主は幽鬱に沈んだ。彼は魍魎から聞かされた話に威嚇されて魂の不安を覚えたのである。彼はそこで『神曲』を拾い読みしてみた。

ところで「書棚から、かの詩人の書を取出してところ〴〵開いて見た」以下の条《くだり》は、正宗白鳥が昭和二年に書いた『ダンテについて』の評論にも重複して現われる内容で、彼の『神曲』批評の一端を示したものといえる。「恐ろしい夢や美しい夢が、生々とした文字によつて今描かれた清新な絵のやうに描かれてあつた。美しい夢が色が淡くて、恐ろしい夢

は強烈な油絵で塗られてゐるやうに色が濃かつた」

色の淡い美しい夢は煉獄篇末尾の地上楽園や天国篇の光景だろう。なまなましい強烈な恐ろしい油絵は地獄篇の絵図だろう。その中でもとくに印象的だったのが貪食家で、「悪臭《おしゆう》はげしき濁水の獄裡に、異様の獣に嚙まれながら裂かれながら、顚転してゐる」。この怪獣は地獄篇第六歌に現われる三つの喉のあるケルベロスを指しており、正宗白鳥は『ダンテについて』の中でもこの「雨や雹や濁水で悪臭を放つてゐる地上を転つてゐる」貪食家たちに言及しているが、チアッコなどの姿が余程印象的だったのだろう。そしてその次にあげられている「降りかゝる火の粉を手で払ひながら、焦土の上に坐して、陰気な目を垂れて頸に懸けた財嚢を見てゐる財慾の亡者」というのは地獄篇第十七歌に出てくる高利貸たちのことだが、これも『ダンテについて』の中で「火気や焦土を手で払ひながらも、それぞれに頸に懸けた財布を見て目を喜ばしてゐる高利貸」として言及されている。正宗白鳥は、青年時代の思い出を語る時などはいつもそうした癖が顕著だが、同じ話にヴァリエーションを無意識的に加えつつ幾度も幾度も物語る性質の人であった。これは彼が自分の書いたものを読み返さなかったということとも関係しているのであろう。

しかしここに引いたこれらの世俗の人間に対する関心は「世俗世界の詩人としてのダンテ」への関心で、彼岸の問題ではなく此岸の問題なのである。正宗白鳥自身も「貪食の徒や、……財慾の亡者は、遠い昔の人ではなくつて、庵主自身の身内の者や知人の誰れ彼れであるやうに思はれた」と書いている。正宗家は資産家だが、その長男である白鳥は財産のことなどには（金持にはかえってよくあることだが）なかなか執心が強かったようで、『創世記』のエサウの羹《あつもの》の話にもしばしば興味を示しているが（青年時代の『日記』、『ダンテについて』等）、ダンテの詩の中に示された人間的興味にも非常な関心を示したのである。正宗白鳥が愛読した『ダンテ研究』の著者J・A・サイモンズの表現を借りるなら **human interest in *the Divine Comedy*** にも心を惹かれていたのだが、しかしそれは『迷妄』という短篇においては主題からはずれたいわばインタールードで、「と、見ると、魍魎は庵主自身の相をしてそこに現はれた」。

こうして第三の魍魎による第三の情景が始まるのだが、この正宗白鳥の分身はいきなり「お前は自分が有つてゐる筈の魂の亡ぶるのを望んでゐるのか、恐れてゐるのか」と語気鋭く迫るので「庵主は驚いて左右を顧みた」。

この「驚いて左右を顧みた」という庵主の動作には『神曲』を読んで「恐懼《きようく》坐《そぞ》ろに我を襲ひ、覚えず身を慄して四辺を顧み」た、という前掲の内村鑑三の反応を連想させるものがありはしないだろうか。ふだんは漠然としか考えていない死後の生、魂の永遠という問題を突きつけられて、庵主こと正宗白鳥は動揺をきたしたのである。なぜなら「かういふ問に対してどちらを選んで答へるべきか、彼れには碇《しつか》りした用意さへ出来てゐなかつた」からである。

そして庵主はその第三の魍魎から命じられるままにきょろきょろとする。

「目を開けて見ろ」と云はれたので、云はれなくてもすでに開いてゐる目を、も一度開けたつもりで見詰めた。白檀《びやくだん》の木の葉には冴えた日が映つて微風に揺いでゐた。

「耳を開けて聞け」と云はれたので、新たに耳を澄ました。小鳥が囀《さえず》つてゐた。槌の音や鑿の音が聞えて来た。

この節は、視覚と聴覚がともに外界に向って開いているだけに、叙情性と俳諧味を帯びているが、単なる描写ではなくてメタフィジカルな意味もその背後に秘めている。それだから二つ対《つい》に並んだ文章《センテンス》は、さながら詩の二連のようで、それも西洋の哲学性を帯びた詩歌などの中に挿入されていてもおかしくないほどの趣を備えている。

さて第三の魍魎は、このようにして庵主に目と耳を開かせた上で、五官で認識される世界以外の存在は無いものとして否定してしまうが、この見解は、当時の正宗白鳥の意識の主流の見解であると目せよう。一般に人間の自我はスペクトルのような連続体であり、その両極端を取り出して見れば、同一の自我とはいいながらその両者の間には顕著な色彩上の差が認められるにちがいない。しかしそれは別個のものではなく、その中間には明確な区別をつけるような線が別にあるわけではないのだろう。それだから、風に吹かれる木の葉のような自分に不安を抱くのも正宗白鳥であり、自分を永遠の自分として信じたいのも正宗白鳥であり、来世などあるものかと思っているのも正宗白鳥なのである。その彼の発言は感傷性などのない硬質の響きを持っており、味も素っ気もないところが、日本の一部知識人のサッカリンを滴らしたようなセンチメンタルな調子で発せられたキリスト教への憧れの言葉とちがって、小気味よいのである。正宗白鳥の宗教についての発言は、宗教的情緒性 religiosité の言葉とは、異質のものである。その点正宗白鳥は内村門下の他の棄教文学者の感傷性とは異なるところがあるように思われるが、どうであろうか。第三の魍魎が口にする「悪魔」も「天の星の合奏」も単なる修辞ではなくて、内実を伴っているからこそ『迷妄』の文章が西欧詩歌に似通った印象を与えるのであろう。魍魎は目を開けて見、耳を開けて聞いている庵主に向って次のように言うのだが、その口調はメフィストフェレスの口調ともいえるだろう。

　大地の底に封じられてゐる悪魔の呻き声や天の星の合奏は聞えやしまい。お前の耳にはあたり前の人間の耳に聞えるだけの声しか聞えないのだ。それでいゝのだ。それで諦めろ。……一人々々が自分相応の地獄と天堂との幻影《まぼろし》を見て生きてゐるのだから、お前もお前自身の幻影をつくつて、悲しんだり喜んだりの日を送るの外はないのだ。

大地の底に封じこめられた悪魔というのは地獄篇第三十四歌に描かれているルチーフェロ（悪魔大王）のことであり、天の星の合奏というのは天国篇第二十八歌などに記されている天使の位階の合奏のことを指すのだろう。しかし第三の魍魎は五官で知覚されないものの存在を認めないという人間の立場を取る。「一人々々が自分相応の地獄と天堂との幻影を見る」とこの魍魎は言うのだが、その発言は筆者には正宗白鳥が『内村鑑三』の中で書いた次の文章を想起させる。その文章にも正宗白鳥の『神曲』観の一面がうかがわれ、かつ『迷妄』のテーマと重なる節もあるので、やや長きにわたるが引用すると、正宗白鳥は、

キリストの国すなはち、人類の真の郷土はこの世でないと確定してゐれば、この世に対する工作はどうでもいゝではないか。手をこまねいてあの世を待つてゐればいゝではないか。

と言い(これは注意しておくが、皮肉でなく、本気でそう言っているのである)、次のように論を進めた。

ところでさう行かないで、稍《やゝ》もすると現世についてアクセクしてゐるところに、内村の天国の夢のまだ浅い事が認められるのである。内村が、実は現世に捉はれ、現世の動揺によつて自分の心も動揺してゐる事が認められるのである。そして、幾人かの彼の崇拝者が、彼に追随したのも、天国を口にし天国を夢みながら現実に拘泥してゐたためであつたのだ。たとへば、内村は「地上の楽園」として日光山中の秋色を叙して、こんな風に云つてゐる。「密林満山を蔽ひ、夕陽其頂を照らす、浮雲中腹を纏ひ、静湖其麓を洗ふ。両友扁《へん》舟《しゆう》に棹《さおさ》し、湖上山に対して進めば、暮雲四境を鎖《とざ》して、黒暗全景を包めり、感謝す、地上亦此楽園あるを。天上のそれを予想せしむ」と、内村、如何に空想が豊かであつたにしても、地上の日光その他の名所勝地の風光によつて、辛うじて天上を想像するに過ぎないのである。美しい空想も醜い空想も、空想の材料は要するに現実界に存在してゐるのである。

内村の愛読書ダンテの神曲でも、天堂篇は、地獄篇や煉獄篇に比べると空漠としてゐるが、これは他の二篇は、材料が現実の世界に喰ひ入つてゐるのに反し、天堂篇の方は、現実の資材から天国の光景を案出するのが困難なためである。詩才の

豊かなダンテの事だから、かく〳〵たる光明世界のやうな天堂を歌つてゐて、理窟や観念の臚列《ろれつ》のやうにはなつてゐないが、それでも、天国といふ宇宙最上の境地の光景が鮮やかに出てゐるのではない。我々を魅惑するやうな境地が幻出されてゐるのではない。この天堂篇の一節に、

「父に子に聖霊に栄光あれ。天堂挙《こぞ》りて斯《か》く唱《うた》へ、その美はしき歌をもて我を酔はしむ。わが見し物は宇宙の一微笑《ひとえみ》のごとくなりき。是故にわが酔耳よりも目よりも入りたり。あゝ楽みよ、あゝ云ひ難き歓びよ、あゝ愛と平和とより成るまつたき生よ、あゝ慾なき恐なき富よ」

　天堂の人々が神を讃美してゐる有様は、宇宙その物が微笑してゐるやうであると云ふ。それを見聞してゐる人は、耳も目も酔ふのである。また天上の聖徒等はその富すなはち、福を失ふの恐れなく、またその福にてすべて足るが故に、他に求むる物なしと云ふのである。さういふ天堂の光景は、懐かしく思はせられるが、要するに陽炎《かげろう》のやうな美しさをちらと現はしてゐるに過ぎないのである。

　この文章が『迷妄』の「一人々々が自分相応の天堂の幻影を見る」という説の具体的な説明の例としてあげ得るだろう。正宗白鳥は『迷妄』でふれたと同じ問題を生涯問い続けたといえるので（『内村鑑三』の執筆は昭和二十四年）、それだけに正宗白鳥の形而上学的作品は、その部分を微視的に考察することによりその本質的な相を捉えることも可能なのではないか、と考えられる。ミクロコスモスの中に彼の思想の典型的な型がひそんでいる、とみなすことも可能なのではないか、と思われる。

　ここで説明までに付言すると、右に引用された天国篇の一節は第二十七歌の冒頭の九行で、山川丙三郎の訳文によっている。『迷妄』の中でも第三の魍魎は「かの詩人はあゝいふ気高い美しい天堂の夢に浸つて恍惚としてゐたのだが」と『神曲』の詩人に言及しているが、それはダンテにはふさわしい幻影ではあろうが、俗人には似つかわしからぬ夢であるとして、話をたちまち地上の世界へ引きもどしている。自然主義作家の名残りは「本来の慾望なら仕方

がないぢやないか」といった台詞に看取されもしよう。しかし自然主義作家のこの拒否の態度が安直な社会主義謳歌にも懐疑の眼を向けさせているのである。文中の「今の世相応に埃くさい人道の、俗分りのいゝ唄」は「進歩」とか「社会主義」とかいうたぐいの唄のことだろうが、そのような替え歌では死の恐れは滅びやしないと正宗白鳥は思っているのである。地上に楽園を建設するといっても魂の永生の保証にはならないからである。

　お前だちは、今の世相応に埃くさい人道の、俗分りのいゝ唄を唄つて踊つて手軽に天堂にゐるつもりでゐようとも、うまい物あさりや金取りに齷《あく》齪《せく》して、地獄をこの世に現してゐようともそれが自分々々の魂や身体にこびりついてゐる本来の慾望なら仕方がないぢやないか。慾望も魂も亡びる時が来れば亡びるので、お前がそれを望まうとも、嫌はうとも、人力で如何ともしがたいのではないか。

　第三の魍魎のこの説は、いかにも左様かもしれないが、そこがまた正宗白鳥には不満なのである。それで自分で自分の頭を馬鹿にするように、

　「そんなことはお前に教へられるに及ばないよ」
　庵主は嘲る如くさう云つて、彼れの相に似通つた魍魎が春の光の中に融け去るのを見た。

　これで三人の魍魎はそれぞれみな消えてしまった。そしてその次に文章を引きしめるように「ククツクク」という蛙の鳴き声（これで三回目である）が聞こえるのだが、『迷妄』はこの常識世界への帰還では終わりとならない。今度は、いま立ち去った庵主の相に似た第三の魍魎が、炎のような赤い色をしてまた現われるのである。このところで行動のリズムが急激に速く激しくなるのだが、その再度の出現はそれではいかなる意味をもつのだろうか。その再出現は、前三回の魍魎の登場のような論議の筋に即した現われ方ではなく、作者正宗白鳥の不安な心理が呼び出した魍魎だったのではないだろうか。

お前が即刻に右か左かを極めなきやならない時が来たのだ……お前も持つてる筈の魂の亡びるのを望むか望まないか。

このように魍魎は事態を第三者的に、無関係者的に眺めようとする庵主に向かい激しい言葉でもって迫るのだが、そこには臨終の場面を連想させるさせまった状況が含まれている。そしてその連想が筆者には正宗白鳥が知人の臨終に示した興味の強さを想起させるのである。たとえば国木田独歩は重態に陥った時、病床に植村正久を招いた（独歩はもとはクリスチャンだった）。植村は病床の独歩にただ「祈れ」とすすめたが、独歩は「どうしても祈れない」と言って哭泣《こっきゅう》したと伝えられている。正宗白鳥は独歩のこの臨終の模様を『内村鑑三』などの随筆に引いて、自分自身については「僕は死ぬ時、どう言つて死ぬるか、キリストを拝んで死ぬるか、あるいは阿弥陀仏で死ぬか、そこで自分のほんとうの一生が出てくるんじゃないか」と述べている。(8)また正宗白鳥が『内村鑑三全集』の『日記』の後記に内村祐之がつけた「父の臨終の記」の中の「重い発作の過ぎた後に（内村鑑三の口から）『青年時代から宗教的文学殊に仏教で死といふ事を余り細かく聞かされた事の害を知つた』と言ふ様な意味の言葉が一二度口に出た事を聞いた」という文章に飛びつくように注目したのも、臨終への興味のあらわれといえようが、しかし仏教の地獄のことを細かく聞かされたことの害については、正宗は「内村も自分と同じであったのか」という驚きにも似た発見をしたのではないだろうか。正宗白鳥が内村の臨終時のこの挿話について幾度も言及しているのはそのためでもあったろう（そしてここでつけ加えておくと正宗白鳥は癌で死が迫った時、植村正久の娘の牧師植村環を招き、彼女から「先生は、キリストを救い主と信じますか」ときかれると「信じます」と言下に答え、「アーメン」といい、それから数日後に永眠した由である）。

しかし『迷妄』の庵主は、末期の正宗白鳥とはちがって返事のしようがなく、問を発した魍魎も喉をしめられたような苦しそうな声をたてる。そして『迷妄』の結末には次のような地獄絵図が繰り拡げられる。

血走つた彼れの目に映つたのは人里の方から燃え上る天をも焦しさうな火焔であつた。魍魎が里から身に帯びて来た炎は俄かに勢ひを増してこの茅屋《あばらや》に燃えついた。白檀その他の庭の樹木にも燃えついた。魍魎と相の相似た庵主も火焔に包まれた。そして、人里から聞える悲鳴に和して悲鳴を上げた。

この「里」とは何を指していうのだろうか。人間界のいかなる面を象徴するのだろうか。筆者には見当がつきかねるのだが、いずれにせよ、第三の魍魎の第二回目の出現は、外界を客観視しようとする庵主――「庵主」という表現それ自体がすでに俗世界から離脱した、自分だけは人間界に関与していないかのような隠遁者を意味しているようだが――その庵主にそのような悟りすました面《つら》をすることを許さない力をもって迫ってくる。庵主の存在自体が火がついたように問題となってくるからだが、その火炎の情景は、イメージとしてはキリスト教の地獄絵図よりもむしろ仏教の地獄絵図に連なるものをもっているように思われるが、どうであろうか。正宗白鳥は芥川龍之介の『地獄変』に強い興味を示した人であることがここで筆者には想起されてくるのである。この火炎の光景は、第一の魍魎、第二の魍魎、第三の魍魎（前半）の議論のような理窟の次元の問題ではなくて、より生理的に衝迫してくる妄想絵図である。正宗白鳥が随筆『欲望は死より強し』その他の中で述べた、幼時の白紙のような頭脳に印象された地獄極楽などの来世の光景が、いま甦ってきたのではないだろうか。『迷妄』より二月前に発表した短篇『冬の日』の中でも正宗白鳥は自己の心理状態を次のように分析的に記している。

幼い時分に、熱でも出ると、よく「大きな者が来る」と云つて泣いたのであつたが、その茫漠たる大きな者は、少年期や青年期を経て老境に入りかけた今にいたるまで、身心の衰へた時などに、突如として現はれては、彼れの魂を掻《かつ》浚《さら》つて苛《さい》ま《な》うとするのである。世のすべての迷信を排除しても、自分だけに感ぜられるこの心の戦《おのの》きから免れることは出来なかつた。

それではこの短篇の結末で正宗白鳥は「迷妄」に身も心も焼かれて悲鳴を発して号泣しているのか、というと、実はそうでもない。作家の筆は枯れていて、短篇『迷妄』は最後にいま一度蛙が鳴いて終わることとなっている。「蟇蛙は不思議さうに火焔を見詰めてゐたが、やがて『ククツクク』と幽鬱な声を洩らしながら、古池のほとりを離れて悠然として何処かへ向つた」

この蛙は、はじめにふれたように、天と地との間の取るにも足らぬ卑小な人間存在を象徴する生物なのであろうが、しかし「不思議さうに火焔を見詰めてゐる」るというのは、とりもなおさず飽くことのない求知心で人間の心の中の苦悶を憂鬱そうな顔をして見つめている正宗白鳥自身の姿を示しているのではないだろうか。とすると、このけろりとした蟇蛙も、また正宗白鳥の分身の一つといえるようである。人間生存の苦しみを、自分の魂の悶えをも、まるで他人事のように冷淡に、突き放して見ているところに正宗白鳥の観察者としての特質がひそんでいるのにちがいない。

森鷗外の『妄想』との関係について

蛙の鳴き声で始まり蛙の鳴き声で終わる『迷妄』の作品の枠《カードル》をはめた形式が、浜辺から見た海に始まり遠くに見た海に終わる『妄想』の枠の形式に似ていることについてはすでに述べたが、森鷗外の『妄想』と正宗白鳥の『迷妄』は、そのような外面的な形式だけでなく、より内面的な本質においても深い連関をもっている。『妄想』と『迷妄』という題に「妄」の字が共通するのは単なる偶然なのだろうか。それとも正宗白鳥の意識的な選択なのだろうか。意識的な選択でなかったとするならば、主題の共通性が二つの作品に相似た題を与えた、ということになるだろう。

正宗白鳥は昭和二年に『森鷗外の『妄想』』という短文を発表しているが、しかしそれよりも前にすでに次のような『妄想』論を、固有名詞は明かさずに、大正十一年三月に書いている。それは『迷妄』よりも二月前に発表された短篇『冬の日』の中に挿入された一節で、その文章は文学史にいわれる昭和期にはいってからの白鳥による森鷗外の再認識と再評価[9]を予兆するものといえるだろう。正宗白鳥が『冬の日』を発表した大正十一年三月は、森鷗外がまだ生きていた時であり、鷗外は『迷妄』が発表されてしばらく後の同年七月九日に満六十歳で亡くなった。『冬の日』が載った雑誌『表現』の三月号や『迷妄』が載った雑誌『解放』の五月号が、最晩年の鷗外の目にふれたかどうか。当時四十四歳の正宗白鳥は、作中人物高山の口をかりて森鷗外の『妄想』について次のように述べている。

現代の日本人中では、最も聡明であり最も学殖の深いと思はれるある人が、ある雑誌に自分の唯一の道楽である読書について感慨を洩らしたことがあつた。高山は十年前に偶然それを読んで、何となく心が惹かれたのでその文章を切取つて置いたが、十年後の今になつて思出すと、年齢のためか、一層よくその説に同感されさうであつた。「昔世にもてはやされてゐた人、今世にもてはやされてゐる人は、どんな事を云つてゐるかと、譬へば道を行く人の顔を辻に立つて冷淡に見るやうに見たのである。冷淡には見てゐたが、自分は辻に立つてゐて、度々帽を脱いだ。昔の人にも今の人にも、敬意を表すべき人が大勢あつたのである。帽は脱いだが、辻を離れてどの人かの跡に附いて行かうとは思はなかつた。多くの師には逢つたが、一人の主には逢はなかつた。」と、その人は云つてゐる。「どんなに巧みに組み立てた形而上学でも、一篇の抒情詩に等しいものだと云ふことを知つた」と、同じ文章の中で云つてゐる。高山はまだその人ほどに没感情な諦めに安んじてはゐないが、書物の上に於ても、今の世に浮沈してゐるさま〴〵な思想言論に対しても、たとへ辻に立つて帽を脱ぐことはあつても、辻を離れて狂奔し追随しようといふ気にはなれないのである。

森鷗外が『妄想』を発表したのは明治四十四年満四十九歳の春で、正確には大正十一年より十一年前のことである。発表された雑誌は『三田文学』の三月号と四月号とであった。因みに正宗白鳥は当時三十二歳の新進作家で、その年に結婚し『泥人形』を書いたのである。その彼が当時『妄想』を切り抜いて四十三歳になったいまふたたびそれを読み返して「現代の日本人中では、最も聡明であり最も学殖の深いと思はれるある人」と最上級の形容詞をつけていることは、そういった人が偉人崇拝の癖なぞとうに失せた、ニル・アドミラリの目つきをした正宗白鳥であるだけに、人を驚かせるものがある。その彼の鷗外評価は昭和期にはいってからも変わらなかったので、彼は昭和三年の『森鷗外』論の中でも『妄想』について「最も聡明であった一人の日本人の人生観として、自省の資」とも「鷗外の作品解釈の鍵ともして」いる旨を述べている。『冬の日』の中では固有名詞が伏せられていたから読者は「ある人」が鷗外をさすということに気がつかなかったのかもしれないが、正宗白鳥の鷗外評価は『文壇人物評論』（昭和七年刊）より一昔前からすでにひそかに行なわれていたのである。そして後には『文壇的自叙伝』（昭和十三年）の中で「私は、明治以後の文学者の人生観と云つたやうなものでは『妄想』に現はされてゐる森鷗外の感想に最も共鳴を感じてゐる」とさえ述べるのである。

白鳥は『妄想』について『冬の日』の中では鷗外の「唯一の道楽である読書についての感慨」といっている。『妄想』の主人公の翁《おきな》は（その夢は実際は実現しなかったのだが少なくとも文字の上では）別荘の「壁といふ壁を皆棚にして、棚といふ棚を皆書物にしてゐる」。そして「世間の人が懐かしくなった故人を訪ふやうに、古い本を読む。世間の人が市に出て、新しい人を見るやうに新しい本を読む」とあるが、これは古典に偏せず流行にも溺れぬ森鷗外の読書論といえるだろう。そして「倦めば砂の山を歩いて松の木立を見る。砂の浜に下りて海の波瀾を見る」。

ところでこの鷗外の読書論ほど詳しくないが、内容的にそれに相当する読書論が正宗白鳥の『迷妄』の中にも散見する。『迷妄』の庵主は「静座し横臥し、あるひは池辺に佇みあるひは園内を歩行し、時として東西の古書を繙き、現代の雑書に目を注いで時間を過ごしてゐる」。そしてそのような庵主が書棚から「かの詩人の書を取出してところ〴〵開いて見た」時の感想である『神曲』についての正宗の論についてはすでに見た。

『妄想』も『迷妄』もこのように読書についての感慨から出発しているのだが、しかしより重要なことは、その先で問題となっていることが「死」についてであるということだろう。『妄想』の主人は「生といふことを考へる。死といふことを考へる。『死は哲学の為めに、真の、気息を嘘《ふ》き込む神である。導きの神である』とSchopenhauerは云つた。主人は此語《ことば》を思ひ出して、それはさう云つても好からうと思ふ」。

“Der Tod ist der eigentliche inspirirende Genius oder Musaget der Philosophie.” この言葉はショーペンハウアーの『意志と表象としての世界』の中にあるのだが、「迷妄」が生じた原因も「死」という神に気息をふきこまれたからのことであった。ただ死についての結論は正宗白鳥は森鷗外ほどに「没感情な諦めに安んじてはゐない」[10]。

『妄想』の中で鷗外はハルトマン、スチルネル、ショーペンハウアー、ゲーテ、ニーチェ、パウルゼンなどの説や句をあげて、それらに対する自分の態度や感想を記し、最後に自然科学の将来に多少の希望をつないでいる旨を記して、「死を怖《おそ》れず、死にあこがれずに」生涯の残余を送っている。この「死を怖れず」という表現は、『妄想』の中では二回繰り返されているだけに、死を怖れている読者の耳に強く残る。森鷗外は（少なくとも作中の翁は）「死を怖れもせず、死にあこがれもせずに、自分は人生の下り坂を下つて行く」。

ところでこの森鷗外の表現は、緊張の度合こそ違え、次の文章と内容的に連なるものを持っているのではないだろうか。

死を求めもせず、死を辞しもせず、獄に在ては獄で出来る事をする。獄を出ては出て出来る事をする。時は云はず、勢は云はず、出来る事をして行当つれば、又獄なりと、首の座になりと、行く所に行く。

これは吉田松陰の書いた手紙の一節だが、松下村塾があった萩は森鷗外が生まれた津和野とは山一つへだてた距離にあったのである。乃木将軍と森鷗外は、出生の環境からいえば、かなり近い距離にあったのである。『妄想』は、切腹を野蛮視する西洋人の見解を「尤もだと承服することは出来ない」とした点で、鷗外における武士道の問題の片鱗をうかがわせる作品とされているが、右のような「死を怖れもせず、死にあこがれもせぬ」態度にも、日本の武士階級の思想運動の系譜をたどることが可能なのではないだろうか。

松陰が刑死して二年三カ月後に津和野藩の典医の家で生まれた森鷗外には、このような態度が精神の核のようになってひそんでいたのだが、それに対して正宗白鳥には、武士道にかかずらうことなどは古いことだと貶《おとし》めているような口吻がある。武士の家でなく岡山の豪農の家に明治以後になって生まれた正宗白鳥は、どうやら武士道とは無縁の人であったらしい。彼はまたいわゆる東洋流の生き方にも懐疑的であったので、『迷妄』の中に寒山詩を引いたのも、それが自分自身には縁がないものであることを人に語るためであった。正宗白鳥は次のように書いている。

「欲得安身処、寒山可長保、微風吹幽松、近聴声愈好、下有斑白人、喃喃読黄老、十年帰不得、忘却来時道」といふやうな悟道の境に達せんとして達し得られないばかりでなく、さういふ詩歌も痴人の妄語のやうに思はれた。

入矢義高氏は『中国詩人選集5』（岩波書店）の中でこの寒山詩を次のように書き下している。

安身の処を得んと欲せば

寒山　長《とこ》しえに保つべし
微風　幽松を吹き
近く聴けば声愈《いよ》いよ好し
下に斑白の人あり
喃喃《なんなん》として黄老を読む
十年　帰り得ず
来時の道を忘却せり

安身とは身を落ちつけることであり、それを欲することは、『迷妄』の庵主が絶えず感じている「安んじてゐられない気持」からの解脱を願う気持に通じる。『迷妄』の中で正宗白鳥がこの漢詩を引いたのも、そのような前後関係からだが唐代の詩人に従えば、その解脱の方法は「安身の処を得んと欲せば、寒山　長《とこ》しえに保つべし」。この「寒山」について入矢氏は即心即仏の語を引いて次のように説明している。「彼の詩においては『寒山』は地名としてよりは、一つの心境の名である場合が多い。彼の詩のミスティシズムは、この理念に根ざしているのであり、それはまた、『隠された宝』すなわち仏は、我々の外でなくて我々の内にこそ求められるべきだ、という理念にも根ざしている」

しかし正宗白鳥はそのような「悟道の境に達せんとして達し得られないばかりでなく、さういふ詩歌も痴人の妄語のやうに思はれた」。

偶像破壊の自然主義陣営から出発した正宗白鳥は、借り物や生悟《なまざと》りを否定してやまない人だったから、彼は『明治文壇総評』の中でも、日本の文学者にとかく見られがちな付け焼刃の性格に言及して、次のような感想を述べている。

私などは、支那の詩を読むと、李太白をはじめ、有名な詩人の多くが、枯淡な無慾な悟り澄ました口吻を洩らすか、磊落な豪傑気取りを見せつけるかした詩作を残してゐるのに、嫌悪を覚えることがあるが、日本の漢詩人は、最近までその支那の詩人の真似をして来たのである。

正宗白鳥は、晩年になってからも、英書はよく読み、精神的に西と東の往復運動はさかんにしていたが、東洋への回帰などはしなかったし、また回帰したようなポーズもとらなかった。彼が夏目漱石の『草枕』を酷評したことはよく知られているが、それは漱石が陶淵明の詩「採菊東籬下、悠然見南山」などを引いて出世間的な東洋の詩歌の功徳を説いたことを「生悟り」(『明治文壇総評』)と見たからである。その正宗白鳥の指摘はむしろ的確というべき筋のもので、党派的見地から漱石を攻撃したとのみ解釈するべきではないだろう。そのような支那趣味は(芥川龍之介なども『東洋の秋』の中では「寒山拾得《じっとく》は生きてゐる」と日比谷公園の門を出ながら呟くのだが)もはや今日の日本人を救うだけの力を持ちあわせていないし、その無力はやはり何といっても事実なのである。

　正宗白鳥が『迷妄』の中に寒山詩を引いてそれに否定的評価を下したのは、偶然の選択であったのかもしれない。しかし『迷妄』が『妄想』に触発されて書かれた文章である以上、寒山詩への言及が鷗外や坪内逍遥の『寒山拾得』に誘発されて書かれた白鳥の感想であったのかもしれない、という推量もまた許されよう。しかしここではそのような事実的関係の有無を問題とせずに、このテーマを鷗外がどのように取り扱ったかを一瞥しておくこととする。

　鷗外の『寒山拾得』は閭丘胤筆と伝えられる『寒山子詩集』序などを参照[11]して、話の面白さに惹かれて(ちょうど鷗外がフロベールの『聖ジュリアン』を訳したのと同じように)、興をそそられるままに今日の日本語に話を書き写したものだろうが、その際鷗外は創作家として近代的な意味づけも試みたようである。その一つは役人への揶揄で、ほかにも(鷗外が作品の中に挿入した説明文から察せられるように)「道とか宗教とか云ふものに対する態度」の第三の場合である「盲目の尊敬」のカリカチュアの要素も含まれている。いずれにしても鷗外の『寒山拾得』は掛軸にでもありそうな、理想化された仙人の世界をそのまま描いた作品ではない(そのような世界を肯定して描いた、擬古典主義的とでも呼べそうな『寒山拾得』としては明治四十四年の坪内逍遥の作などがあげられよう)。地上的人間の鷗外にはもともとそのような超脱した仙人の境涯に対する親近感など強く働かなかったから、鷗外は自己を注入して官吏閭丘胤を描くことはできても、自己を注入して寒山や拾得を描くことはできなかった。それに古画にあるような寒山拾得にしてからが、筆をふるう上で適当な画題であったから画家が絵にしたまでの話であって、作者が作中人物に全面的に共感を覚えたから筆を走らせた、というものではなかった場合が多かったにちがいない。擬古典主義的という形容は、内的な共感が作用していないのに修辞力だけを活動させている作品に対して発せられる譏誚《きしょう》辞なのである。正宗白鳥はその種のできあいの、型のようにして踏襲されてきた観念を『これも幻影か』という昭和二十八年元旦の記事の中で次のように打破しているが、いかにも彼らしい指摘であるといえるだろう。

少年時代に寒山拾得の絵を見て、そのへうきんな様を面白いと思つたことがあつたが、乞食坊主見たいな彼等の実物を見たら薄汚くて、馬鹿者見たいで、親しみは寄せられなかつたにちがひない。虎渓の三笑とか、商山の四皓とか、浮世離れした老人の超脱振りを東洋流に表現した古画を見て、長生した人間の理想的到達点がこんなものであるかと、奇異に感じたことがあつたが、仙人といはれるやうな者も、絵や物語のなかの仙人ではなくつて、実物の仙人に会つたら、さぞ薄汚くて馬鹿見たいに見えるであらう。

これは正宗白鳥の率直な感想であり、けっして奇を衒《てら》っているわけではないのだが、しかし東洋の詩歌が「生悟り」ばかりで、真の悟道に達するものがまったくないものであるかどうか。いずれにしても、そのような境涯は正宗白鳥にも、またほとんど大部分の日本人にも、無縁の境地となってしまったのである。すくなくとも主観的にはそのように情緒の問題を抜きにして考えている人々が大部分なのである。『迷妄』の中で正宗白鳥がより心を動かされたのは、東洋の詩歌よりもダンテの『神曲』をはじめとする西洋の文学作品だったようだが、『妄想』に出てくるハルトマンの無意識哲学については、正宗白鳥は後にはその英訳本を買って読みだしてまでいる。(12)『妄想』の中では鷗外はハルトマンをベルリンの下宿で読みだしたように書いており、正宗白鳥はその文章をそのまま信じて、「最初に読んだ哲学で、『饑ゑて食を貪るやうに読み』、しかも、強く引きつけられた、といふ哲学が鷗外の一生にいくらかの感化を持ちつゞけないで済んだ筈はないだらうと思はれる」(13)と書いているが、実際に鷗外が読んだのは日本帰国後と推定されている。白鳥は鷗外が祖述したハルトマンの「神経は鋭敏になるからそれを一層切実に感ずる苦は進化と共に長ずる」という説を引いて、「この根本的原理が嘘になる訳はないと思はれる」と書いている。(14)それは『迷妄』の中に出てくる「やがて滅びる身体に備はつた感覚は、傑れてゐればゐるほど僕はみじめに思ふ」に通じる考えなのではないだろうか。

しかしハルトマンよりさらに興味を惹いた哲学者はハルトマンの亜流のフィリップ・マインレンデルで、この三流哲学者は森鷗外が『妄想』の中でその名を引いたために、正宗白鳥の『迷妄』に登場し、後には芥川龍之介の遺書『或旧友へ送る手記』にも顔を出すこととなった。森鷗外は自殺するなどということはおよそ考えたこともないような強固な存在のように思えるが、自殺したフィリップ・マインレンデルについては次のように述べている。

その頃自分は Philipp Mainlaender が事を聞いて、その男の書いた救抜の哲学を読んで見た。

此男は Hartmann の迷の三期を承認してゐる。ところであらゆる錯迷を打ち破つて置いて、生を肯定しろと云ふのは無理だと云ふのである。これは皆迷だが、死んだつて駄目だから、迷を追つ掛けて行けとは云はれない筈だと云ふのである。

マインレンデルは本名を Philipp Batz といい、一八四一年に生まれ、『救抜の哲学』*die Philosophie der Erlösung*（一八七六年刊）(15)を遺してその年に三十五歳で自殺した。鷗外は『妄想』に彼の哲学を次のような抒情的な文章で紹介している。

人は最初に遠く死を望み見て、恐怖して面《おもて》を背《そむ》ける。次いで死の廻りに大きい圏を画いて、震慄しながら歩いてゐる。その圏が漸く小くなつて、とうとう疲れた腕を死の項《うなじ》に投げ掛けて、死と目と目を見合はす。そして死の目の中に平和を見出すのだと、マインレンデルは云つてゐる。

なにか空中に円を描いて飛んで行く黒鳥の軌跡を思わせるような文章である。そこには鷗外にないはずの「死への憧れ」がちらりと瞳をのぞかせている。この鷗外の文章がきっかけとなって正宗白鳥の『迷妄』中の第二の魍魎は次のように喋ることとなった。

おれの仲間には反逆を企てたゝめに囚へられて、牢獄の中で自殺した者もあれば、女に苦められた り金に窮したりして詮方なしに自殺した者もあるのだが、おれのはさうぢやない。おれよりも何百年か後に生れて、生よりも死がまさつてゐると信じて若い盛りに自殺したマインレンデル見たいに、死の目の中に真の平和の影を認めたからそれに誘はれてい丶気持で自殺したのだ。

正宗白鳥はマインレンデルを原書で読んだわけではなく、鷗外の『妄想』によってその所説の一端を知り、彼の名をここへ引き合いに出したのである。芥川龍之介は遺稿『或旧友へ送る手記』の中で彼の名を引いて次のように述べた。

僕はこの二年ばかりの間は死ぬことばかり考へつづけた。僕のしみじみした心もちになつてマインレンデルを読んだのもこの間である。マインレンデルは抽象的な言葉に巧みに死に向ふ道程を描いてゐるのに違ひない。が、僕はもつと具体的に同じことを描きたいと思つてゐる。

芥川龍之介はむろん森鷗外の『妄想』を読んでいたが、昭和二年夏の自殺の前には正宗白鳥の作品もまたよく読み、正宗白鳥の『ダンテについて』をほめ、正宗白鳥の作品は「この地面の下に必ず地獄を覗かせてゐる」として、徳田秋声の作品との本質的な相違にふれた人である。芥川龍之介は『妄想』ばかりでなくおそらく『迷妄』もまた読んでいたのであろう。しかし芥川がマインレンデルを本当に読んだのかどうか。ドイツ語の読書力の弱かった芥川が「しみじみした心もちになつて」『救抜の哲学』を読めたかどうか。死ぬ前になっても芥川という人は読書家というポーズを脱け切ることができなかったのではないだろうか。

芥川龍之介は自殺の前に正宗白鳥の作品から強い印象を受けたが、自殺後は逆に芥川龍之介が正宗白鳥に影響を与えている。そしてその相互関係は、正宗白鳥の『森鷗外の『妄想』』という昭和二年九月四日の文章の中からもうかがわれる。芥川が死ぬ間際に言及したマインレンデルとは何者であろうか、と世間が騒いでいた時に、正宗は次のように書いたのである。

芥川氏の遺書のうちに、マインレンデルの名が出てゐたので、私は森鷗外の小品『妄想』を思ひ出した。鷗外の人生観が簡単明晰に述べられてゐるこの小品に於て、私は始めてマインレンデルの名を知り、併せてその救抜の哲学の一端を覗くことが出来たのであつた。

それで私はこの頃、……『妄想』を読直した。そして、これ迄に、二度も三度も読むたびに感じたのにも勝つた感想を新たに得た。

そしてその新たに得られた感想はこの『森鷗外の『妄想』』や翌昭和三年三月の『森鷗外について』の中に記されることとなったので、正宗白鳥は次のように言っている。

『妄想』などの収められてゐる短篇集『分身』は、その題目の示す如く、作者自身の日常の感想や、行動を語つた小品を集めたものである。鷗外全集中では、文学的価値は最も乏しいものであるが、彼れの人となりを知るには最も役に立つのである。

しかし正宗白鳥が信じたこととはやや違って、『妄想』にも虚構が混っていることについてはすでにふれた。しかしその程度の虚構は鷗外の人となりを誤解させるほどのものではないだろう。正宗白鳥は、

鷗外自身は、「死の恐怖が無いと同時に、マインレンデルの死の憧憬もない。死を怖れもせず死にあこがれもせず自分は人生の下り坂を下つて行く」と云つてゐる。この境地はマインレンデル以上であるかも知れない。

と感心している。しかし正宗白鳥は鷗外の次の句に接して、鷗外もやはり自分と同じように生の不安というか彼岸の問題を気にせずにはいられないのだと知って、一種の親近感を覚える。

鷗外は「謎は解けないと知つて、解かうとあせらないやうになつたが、自分はそれを打棄てて顧みずにはゐられない」とも云つてゐる。

そして正宗白鳥は幾度もその作品を読み返して、『妄想』は、最も聡明であつた一人の日本人の人生観として敬聴をして、自省の資としてゐたのであるが、それとともに鷗外の作品解釈の鍵としてゐたのであつた。

森鷗外の『妄想』と正宗白鳥、あるいはより限定して『妄想』と『迷妄』の事実的な関係はおよそ以上のような筋合いのものである。二つの文章はともに「死」という導きの神によって哲学的な考え方をした断想のようなものである。両者が緊密な関係の上にあることは右に見たとおりだが、ただ『迷妄』には『妄想』とちがって学問論のようなものはない。比較文化論の萌芽もない。しかし『妄想』とちがって『迷妄』の中には悟性で処理しきれないもの、不条理なものがある。『妄想』の著者森鷗外は儒教的伝統により密接に連なる人であっただけに、思考が儒教的合理性の内部にとどまっている部分が多い。

「此岸的人間」Diesseiter なのである。それに対して正宗白鳥は青春の四年間をキリスト教信仰の中で過した人であるだけに、四十代の今も西洋の「異郷の神」と相対する時に不安といらだちと落着きのなさを覚えずにはいられない。森鷗外の表現を借りれば、正宗白鳥は「謎を解こうとして」焦っているのである。その魂の姿が『迷妄』なのであり、この謎を正宗白鳥は解こう解こうとして、解けないと知りつつ解こうとして、生涯を過すこととなるのである。白鳥は『妄想』は鷗外の作品解釈の鍵ともなるといったが、それではそれと同じように『迷妄』は白鳥の人と作品の解釈の鍵ともなるといえるのではなかろうか。

芥川の『孤独地獄』への関心について

が、どう攻められても、庵主には返事のしやうがなかつた。血走つた彼れの目に映つたのは人里の方から燃え上る天をも焦しさうな火焰であつた。魍魎が里から身に帯びて来た炎は俄かに勢ひを増してこの茅屋《あばらや》に燃えついた。白檀その他の庭の樹木にも燃えついた。魍魎と相の相似た庵主も火焰に包まれた。そして、人里から聞える悲鳴に和して悲鳴を上げた。

これは正宗白鳥の『迷妄』の終末部の描写だが、描写力は芥川龍之介に劣るけれども、地獄絵図としては芥川の『地獄変』のたとえば次のような描写と共通するものを持っているようである。芥川は画師《えし》良秀《よしひで》の娘を乗せた檳榔毛《びろうげ》の車が燃え上った時の有様を次のように描写する。

火は見る見る中に、車蓋《やかた》をつゝみました。庇《ひさし》についた紫の流蘇《ふさ》が、煽られたやうにさつと靡《なび》くと、その下から濛々と夜目にも白い煙が渦を巻いて、或は簾、或は袖、或は棟《むね》の金物が、一時に砕けて飛んだかと思ふ程、火の粉が雨のやうに舞ひ上る――その凄じさと云つたらございません。いや、それよりもめらめらと舌を吐いて袖格子《そでごうし》に搦みながら、半空《なかぞら》までも立ち昇る烈々とした炎の色は、まるで日輪が地に落ちて、天火が迸《ほとばし》つたやうだとでも申しませうか。

このような描写は、単なる技巧であって、本来なら正宗白鳥が感心するはずのものではないのだが、それなのに白鳥が「この一篇を以つて、芥川龍之介の最傑作として推讃するに躊躇しない」というのはいったい何事であろうか。正宗白鳥はこの『地獄変』についていて語をついでいう。

明治以来の日本文学史に於ても、特異の光彩を放つてゐる名作である。氏の多くの切支丹物や、平安朝物は、智慧の遊びに過ぎないところがあつて、一度は着想と奇才に感嘆しても、二度三度繰返して読むと興味索然たることもあるが、『地獄変』は今度読み返して一層深い感銘を得た。

正宗白鳥は芥川の作品の弱みである「智慧の遊び」は見抜いている。それでいながら「智慧の遊び」の要素が多分に含まれている『地獄変』に感心しているのである。正宗白鳥は芸術的努力のはてに自殺する画師良秀の中に芥川の心境を認めて敬意を表したのだが(この『芥川氏の文学を評す』は芥川が自殺した直後に書かれた評論である)、正宗白鳥は自分の『地獄変』評価が世間に誤解されることをおそれて次のように書き足している。

私は芸術の上からのみ批判してかういふのではない。『孤独地獄』や『往生絵巻』に一端を示したこの作者の心境がここでは渾然として現はれてゐるのに、ある尊さをさへ感ずるのである。……良秀の「地獄変の屛風」完成の由来をここまで見たことは、氏自身が持つて来た心力の限りを尽くして、世界を見たやうなものである。……普通の人情や逆説的心理の摘出にのみ拘はつてゐた氏も、ここでは仮面を脱した人間生存の姿を見たやうなものである。

はたして『地獄変』に「仮面を脱した人間生存の姿」が存分に描かれているのか。筆者だけでなく多くの読者も、疑問を覚えずにはいられないだろうが、しかし正宗白鳥が芥川の『孤独地獄』に共感することについては『迷妄』の読者ならばすぐそれと合点が行くだろう。『孤独地獄』の中で僧侶禅超は次のように物語る。

仏説によると、地獄にもさまぐ〳〵あるが、凡先づ、根本地獄、近辺地獄、孤独地獄の三つに分つことが出来るらしい。それも……大抵は昔から地下にあるものとなつてゐたのであらう。唯、その中で孤独地獄だけは、山間曠野樹下空中、何処へでも忽然として現はれる。云はゞ目前の境界が、直ぐそのまゝ、地獄の苦艱を現前するのである。自分は二三年前からこの地獄へ堕ちた。一切の事が少しも永続した興味を与へない。だから何時でも一つの境界から一つの境界を追つて生きてゐる。勿論それでも地獄は逃れられない。さうかと云つて境界を変へずにゐれば、尚苦しい思ひをする。そこでやはり転々としてその日その日の苦しみを忘れるやうな生活をして行く。しかし、それもしまひに苦しくなれば、死んでしまふ外はない。昔は苦しみながらも、死ぬのが嫌だつた。今では……

『孤独地獄』は大正五年という芥川としては最初期の作だが、しかしこの作中人物の告白には十年後の芥川の思いがすでに述べられているかのような感がある（右の作中、母から聞いたという形式はフィクションと見なしてよいのだろう。人物については母から聞いたとしても右に引いた発言それ自体は芥川の創作であろうから）。正宗白鳥は『孤独地獄』の末尾の芥川自身の感想、『自分も亦、孤独地獄に苦しめられてゐる一人だ』とは、年少者が気まぐれに口にする感傷語とばかりは思はれない」と評しているが、正宗白鳥が芥川龍之介のいかなる面に鋭い関心を寄せてきたのかは、この種の評語からも察せられる。そして正宗白鳥は芥川自殺の報せを聞いて、自分の（世間一般とはやや異なる）芥川評価の正しさを裏づけられたように感じたのではないだろうか。正宗白鳥はそれですぐにペンを取って芥川の死後二週間の八月八日には『芥川氏の文学を評す』を書きあげたのである。しかしそこには芥川の作品を正宗白鳥が自己の関心に偏した拡大鏡で見たようなきらいがあるのではないか。

たしかに『孤独地獄』は正宗白鳥の解釈に適当する作品で、芥川の心がのぞいていたともいえるだろう。しかしそこでは地獄の口をほんの少しかいま見ただけで話は終わってしまっている。正宗が問題にしている『往生絵巻』にしても一篇の教訓談のような物語としての面白さ――その面白さは法師の死骸の口にまっ白な蓮華が開くことによって生じる――はあっても、救いを求める心の表現ではない。少なくともそれが『往生絵巻』という短篇の主眼ではない。芥川自身は魂の救済云々などよりも作品制作の面白さに惹かれて筆を走らせていたのである。それだから芥川の執筆意図と正宗の評価の物差しは当初かみあわない。正宗白鳥はその作品にないものを求めて、『往生絵巻』を「まだ微温的で徹底を欠き、机上の空影に類した感じがある」としたのである。『孤独地獄』で示された孤独の魂が救いを求めて『往生絵巻』にその心理の一端をもらした、とするのは正宗白鳥の思いすごしだったのであろう。正宗白鳥はいう。『往生絵巻』は、

芸術としての巧拙は問題外として、私には作者の心境が面白かつた。孤独地獄に苦しめられてゐるある人間が、全身の血を湧き立たせて阿弥陀仏を追掛けてゐると思ふと、そこに私の最も親しみを覚える人間が現出するのであつた。

しかしそれは評家の主観投入から現出したイメージにすぎなかったようである。正宗白鳥の期待を裏切るように、短篇はまっ白な蓮華が法師の口に咲くことによって、綺麗事となって終わってしまったのである。『往生絵巻』は絵空事に終わってしまったのである。

このように見てくると正宗白鳥の芥川論は、正宗の主観的な関心が非常に強く出ていることが察せられる（正宗白鳥が芥川龍之介の作品に求めたものは、そのような意味では、正宗が昭和三十七年の八十三歳の最後の講演『文学生活六十年』で発した問、

「いま生きている、明日はもう一つの光がさすんじゃないか」というほんとうに燦爛たる光を求める心の渇きと本質的に同じものであった、とさえいえる)。一般に正宗白鳥は批評家としてさまざまの作家を批評する時にさまざまの物差しをその時々に応じて使いわけ、話を面白くすることのできるジャーナリスティックな才能もあった人だが、しかし白鳥の批評家としての真価は、批評の根源が自分自身の魂の問題とのかかわりあいに発していたところにあると思われる。とらわれない、正直な実感が読者を打つのである。人間存在についての迷妄を他の人間はどのように解いているのか、という関心が正宗白鳥の場合には常に働いており、森鷗外の『妄想』に注目したのも、内村鑑三の著作に終生心を寄せたのも、そのような関心から出ていたといえるだろう。しかしそのような立場は、芸術家としての芥川龍之介とその作品を批評する立場としては、いささか評家の主観に偏しているようにも思われるがどうであろうか。キリスト教に深い関心を持ち、キリスト教の神は殉教を強いる神だと思っている正宗白鳥は(いま少し生きながらえて遠藤周作氏の『沈黙』などを読む機会に接したならば、文化人類学や比較文化系統の学者たちに劣らぬ興味ふかい発言をしたことであろうが)、芥川の異国趣味に依存している切支丹物については、作品の趣向上の出来映えには感心しても、なお「多少の遺憾を覚えてゐる、……作者は……迫害された切支丹信者の壮烈悲痛の心境、あるひは夢幻的歓喜の境地に、自己の心を浸染させてゐたのではなかつた」と述べている。異郷の神との対決の問題が切実に掘りさげられていないという点が正宗白鳥には不満だったのである。

正宗白鳥が芥川龍之介の作品の中で、ありふれた人情に雷同した作品には不満を示して、『孤独地獄』や『地獄変』に注目したのは、いかにも正宗白鳥らしい反応といえるが、しかしその種の心理的傾向に引かれて、『地獄変』などに対する評価が普通以上に高まってしまったのではないかとも思われる。『地獄変』には娘を焼き殺しても絵を描くという(正宗白鳥が嫌いなはずの)不自然な芸術至上主義的設定がなされているのに、そのような虚構に白鳥は反撥を覚えなかったのだろうか。『地獄変』にも「芸術の上だけの面白づくの遊び」が多分にあるのではないだろうか。画師良秀という作中人物と作者芥川龍之介との関係についてはなお分析される余地が多々あるにちがいないが、筆者は正宗白鳥の『地獄変』評価に関しては同調できかねるものを覚えるのである。

ところで興味ふかいことは、正宗白鳥が芥川龍之介の『孤独地獄』の苦悩にたいしてこのような関心を示したことにたいして、芥川龍之介の方でも、正宗白鳥の作品の中にひそむ「地獄の業火」に気づいていたということである。『文芸的な、余りに文芸的な』の文芸評論は、芥川龍之介の最晩年に書かれたものだが、その「九」には次のような記事がある。

……正宗白鳥氏の厭世主義は武者小路実篤氏の楽天主義と好箇の対照を作つてゐる。のみならず殆ど道徳的である。徳田（秋声）氏の世界も暗いものかも知れない。しかしそれは小宇宙である。……そこにはたとひ娑婆苦はあつても、地獄の業火は燃えてゐない。けれども正宗氏はこの地面の下に必ず地獄を覗かせてゐる。

そして『文芸的な、余りに文芸的な』の「二十一」で芥川龍之介が正宗白鳥の『ダンテについて』を高く評価して、

正宗氏はダンテの「美しさ」に殆ど目をつぶつてゐる。

……

僕は正宗氏のダンテを仰がずにダンテを見たことを愛してゐる。

と言ったのは、上田敏などと異なる正宗白鳥の『神曲』に対する関心の持ち様に、芥川自身が惹かれたからであろう。

正宗白鳥と芥川龍之介は、そのような意味では、互いに知己であり、互いに共通の問題を秘めていた人間なのであった（それだから正宗白鳥は芥川の自殺直後に幸田露伴の『華厳瀑』遊覧記を読んで、そ

のなかの「大事な命を粗末にする馬鹿ものども」という カテゴリカルな断定の句に接していやな感じを覚えたのである）。正宗白鳥は芥川龍之介に単なる常套的な芸術以外のものを求め、『一塊の土』などにも感心した（『一塊の土』は多くの自然主義作家の作品以上に自然主義的な真実を描いている）。そして芥川が世間で認められていたのとは別の面である『孤独地獄』の問題に関心を寄せていたのである。そして芥川龍之介も、身辺雑記を録するだけの凡庸貧弱な自然主義作家とは異なる「地獄の業火を覗かせてゐる」正宗白鳥に注目していたのである。

芥川が自殺したのは昭和二年七月二十四日で、正宗白鳥が『芥川氏の文学を評す』を書いたのはその直後の八月八日のことである。その文章の中で正宗白鳥が『孤独地獄』『往生絵巻』『地獄変』の芥川龍之介を推賞したことは、二人の間のそのような結びつきぐあいから考えるならば、正宗の発言が客観的評価として正当なものであるか否かは別として、納得のゆかないことではない。

後藤亮氏は正宗白鳥の『迷妄』を読んで、芥川龍之介の遺稿『闇中問答』を想起した、と書いているが、(16) この二つの作品は、先に言及した自分の自我がいま一つの自我と対話するという形式上の共通点だけでなく、正宗白鳥と芥川龍之介の生得の共通性に発する類似点も持っていたのである。ただ自殺した芥川の『闇中問答』や『或旧友へ送る手記』にはポーズが認められる。そこには文学的な虚構があるらしい。それに対して正宗の随筆作品には（虚構を設けようにも設けるだけの芸術的手腕が不足しているのだ、と正宗白鳥を批判する人はいうのであろうが）、そのような虚構がない。フィクションがないということそれ自体は長所でもなんでもないのだが、不思議なことは芥川の虚構の文よりも正宗の無芸の文の方が、今日読み返してみると、読者に迫るものを持っている。少なくとも一部の読者を深くとらえる魅力を持っている。それは文学が持つ魅力ではないと反論する人もいるだろう。しかし実想がないのに文章にのみ凝る作家については、その文章が修辞に捉われ文飾に流れる時には、フランスの作家についても、“Ça c'est de la littérature.”「ありゃ文学ですよ」という悪口が発せられる。正宗白鳥という人はその逆を行った人であり、素ッ気のない文章を書くところに正宗白鳥の随筆の魅力がひそんでいるように思われる。

『迷妄』は一個の独立した芸術作品としては高くは評価されないだろう（外国語に訳されたとしても正宗の作品は芥川の作品の翻訳のように広く読まれることはないだろう）。しかし西洋文学とのかかわりあいという点からいえば、字面の上では西洋文学を巧みに利用した芥川の場合よりも、正宗白鳥の方が、魂の深い部分で西洋文学に触れ、それに反撥し、影響されたといえるようである。なるほど正宗白鳥の「神は存在するか」という問の出し方[17]は単純にすぎて発展性に乏しいかもしれない。しかし西洋の宗教にすがり、その立場を頭から是認した人が行なう公式的なキリスト教護教論やその立場から行なう『神曲』解説」の類に比べると、正宗白鳥の『迷妄』は正直であり、無理がない。権威や主義にすがろうとしない人の文章には、自由な筆の運びの中に、常に清新なものが感じられるが、正宗白鳥のように、自分の魂をよく見つめ、自分が感じたことや見たことを、すなおに正確に書けたということは、人間としても作家としても秀れたことであると筆者は思う。

註

（1）正宗白鳥を自然主義作家のカテゴリーに入れてきた従来の通説に反対する人は多い。後藤亮氏は婉曲に（『正宗白鳥　文学と生涯』思潮社）、杉本久英氏は端的に（『現代随想全集九　正宗白鳥集』解説）、この種の分類を「文学史的迷蒙」と呼んでいる。

（2）正宗白鳥『私の文学修業』。

（3）平野謙『現世厭離の人　白鳥』昭和三十七年十二月『中央公論』。

（4）この第二十八節にはなお一言 “and subdue it”「地を従わせよ」という東洋思想と顕著に異なるキリスト教的な自然征服の発想が続くのだが、その種の人間の主体的努力を尊重する発想は、正宗白鳥の関心を惹かなかったようである。

（5）徳冨蘆花の『みゝずのたはこと』の「落穂の掻き寄せ」の中にも蛙の声と聖書の句の間に働いた連想のことが次のように記されている。
「生々《せいせい》又生々。営々且営々。何処を向いても凄《すさま》じい自然の活気に威圧を感ずる時節となつた。田圃《たんぼ》には泥声《だみごえ》あげて蛙《かわず》が『生めよ殖えむ』とわめく」
　蘆花はそれ以上メタフィジカルな問題に深く立入りはせず、自然描写にとどまっているが、二つの随筆に共通性が見られることは、偶然の一致とはいいながら、興味ふかく思われた。

(6) 正宗白鳥の日記による。昭和二十七年一月号『群像』所載。

(7) ちなみに夏目漱石は『倫敦塔』の中でこの句を、

　我は無窮に忍ぶものなり。

と訳しているが、それはJ・A・カーライル の英訳 eternal I endure の endure（イタリア語では duro すなわち「続く」）の意味を取りちがえたためである。

(8) 正宗白鳥『文学生活の六十年』昭和三十七年十二月『中央公論』。なおこれと大同小異の発言を彼はその前にも繰り返し行なっている。

(9) 成瀬正勝ほか編著『鷗外 漱石』昭和四十年、三省堂、一〇頁。

(10) 正宗白鳥『冬の日』の主人公の言葉。

(11) 尾形仂語註、『森鷗外全集』第三巻、筑摩書房。

(12) 正宗白鳥『田村泰次郎論』。

(13) 正宗白鳥『森鷗外の『妄想』』。鷗外がハルトマンを読んだのは日本帰国後という推定は神田孝夫「森鷗外とE・V・ハルトマン」『比較文学比較文化』所収、『現代のエスプリ29　森鷗外』に再録）。

(14) 同右。

(15) Philipp Mainländer: *die Philosophie der Erlösung* は、東大図書館の鷗外文庫にない。

(16) 後藤亮『正宗白鳥　文学と生涯』一七二頁。

(17) 手塚富雄『白鳥の死と宗教』昭和三十八年一月『文藝』。

地下の鷗外が心
——遺言について

他人の死、自分の死

森鷗外が他人の遺言に関心を示した記事には次のような文章がある。

「遺言には随分面白いのが有るもので、現に子規の自筆の墓誌抔も愛敬が有つて好い。樗牛《ちよぎゆう》の清見潟は崇高だらうが、我々なんぞとは、趣味が違ふ。西洋の昔の人の中で、最も面白く感じたのは、第十三世紀に死んだ独逸詩人 Walther von der Vogelweide の遺言だ。それは西洋の風習どほり、地面と平らに匾《ひらた》い石を置いて、其石に窪みを四つ彫り込ませて、それに麦と水とを入れさせて、鳥に飲ませたり食はせたりしてもらひたいといふのであつた」

これは『妄人妄語』にあるのだが『椋鳥通信』にも、

「Gustav Mahler は……遺言に、葬式の時一切演説をしないでくれと云ふ一箇条がある。面白い」

とある。鷗外は遺言や最期の一句に相当に関心を寄せていたらしい。『椋鳥通信』にはさまざまの人の死様が報ぜられているが、その中から二、三拾うと、

「Ernst von Wildenbruch が、死んだ時の詞は、『神よ、我死期を緩うせよ』と云ふのであつたさうだ。人間の正直な告白はこんなものかも知れない」

「一八六六年に Bruxelles に来て、Rue de Cendres の病院で狂ひ死に死んだ Baudelaire の末路の記事が出た。物も何も言はれなくなつて、只『Cré non, Cré non』と叫んで死んださうだ」

そして一九一〇年四月、パリの客舎で異客として亡くなったビョルンソンについては、その訃報が祖国ノルウェーの首府に伝わった時の様を次のように報じている。

「Christiania では二十六日の晩に外相が議会の関係者を招いて晩餐会を催してゐて、国王も臨席して

をられるところへ、午前零時三十分頃訃音《ふいん》の電報が達した。主人がそつと王に囁く。王が静かに起つて帰られる。それから一同に主人が話す。一同静粛に其儘散会した。此晩にあつたあらゆる公会は皆散会した」

舞台の光景でも見るような思いがするが、秀れた作家の死にたいしてノルウェーの国民はこのように誠実に、礼儀を重んじて、哀悼の意を表したのであった。

外国人の死にそのように関心を抱いたということは鷗外が自分自身でも死のことをいろいろと考えていたからかもしれない。鷗外が明治三十一年に訳した『甘瞑の説』は臨終の苦痛緩和の論題を取りあげて医学的見地から解釈を試みた一文だが、ユータナジーの問題は、鷗外の身辺で起った現実の事柄と関連して、小説『高瀬舟』にも取りあげられることとなった。そして子供の死のことは『金毘羅』でも話題となった。しかし鷗外が自分からまともに死の問題を取りあげたのは明治四十四年作の『妄想』だと思う。いま数え年五十になった鷗外の言葉を引いてみよう。

　これまで種々の人の書いたものを見れば、大抵老《おい》が迫つて来るに連れて、死を考へるといふことが段々切実になると云つてゐる。主人は過去の経歴を考へて見るに、どうもさういふ人々とは少し違ふやうに思ふ。

どこがどう違うのか。鷗外は『妄想』の中で自分の死にたいする見解が西洋人の一般的な見解と違う点について、こう述べている。

　自分は小さい時から小説が好きなので、外国語を学んでからも、暇があれば外国の小説を読んでゐる。どれを読んで見てもこの自我が無くなるといふことは最も大いなる最も深い苦痛だと云つてある。ところが自分には単に我《われ》が無くなるといふこと丈《だけ》ならば、苦痛とは思はれない。只刃物で死んだら、其刹那に肉体の痛みを覚えるだらうと思ひ、病や薬で死んだら、それぞれの病症薬性に相応して、窒息するとか痙攣するとかいふ苦みを覚えるだらうと思ふのである。自我が無くなる為めの苦痛は無い。

鷗外が右に引いた一節で、外国の小説の「どれを読んで見てもこの自我が無くなるといふことは最も大いなる最も深い苦痛だと云つてある」と述べたのは多少誇張がありはしないか。鷗外は西洋文化の影響を深く受けた人だけに逆に日本を意識するところが強かった。すくなくともここでは西洋人と日本人と死にたいする観念が違う、ということを強調したい気持が働いたらしい。文章は次のように続く。

西洋人は死を恐れないのは野蛮人の性質だと云つてゐる。自分は西洋人の謂ふ野蛮人といふものかも知れないと思ふ。さう思ふと同時に、小さい時二親《ふたおや》が、侍の家に生れたのだから、切腹といふことが出来なくてはならないと度々諭《さと》したことを思ひ出す。その時も肉体の痛みがあるだらうと思つて、其痛みを忍ばなくてはなるまいと思つたことを思ひ出す。そしていよいよ所謂野蛮人かも知れないと思ふ。併しその西洋人の見解が尤もだと承服することは出来ない。

鷗外はここで西洋人にたいして異論を唱える。また西洋の風に従う（それでいながら実は鷗外ほどは西洋文化を血肉化していない）若い日本の知識人とも異なる立場にたつ。それでは鷗外はここで日本へ回帰することによって反西洋の側へ廻るのか、といえばそうではないだろう。ややまわりくどいい方をすれば、西洋文明をもこのように吸収摂取できるような能力ある自分自身を生み、育ててくれたものへの感謝、——小さい時に自分を愛し、自分を教え、切腹についてもたびたび諭してくれた二親に体現される過去の日本への感謝、その伝統にたいする肯定がこのような発言をさせたのではないかと思う。鷗外の眼が徳川時代へ転じ、史伝に筆をそめるのは、周知のように乃木大将自刃の報に接した直後からだが、しかし『妄想』の翁の目は、すでに明治四十四

年の春、自分自身を生み出してくれた過去の血脈へ注がれていたのである。『妄想』の末尾で鷗外はいう、

かくして最早幾何《いくばく》もなくなつてゐる生涯の残余を、見果てぬ夢の心持で、死を怖れず、死にあこがれずに、主人の翁は送つてゐる。

このような死生観が吉田松陰の「死を求めもせず、死を辞しもせず」に近いことは正宗白鳥の『迷妄』を論じた際にふれたが、そのような態度が、死に魅せられ死にあこがれるところのあった昭和期の秀れた作家の割腹自決と前者の死とを区別する一線となっている。たしかに三島由紀夫も自分を生み自分をはぐくんでくれたものへの恩愛を深く感じていた人ではあったろうが。

森鷗外の死

大正十年十一月ごろから森鷗外は時々下肢に浮腫があり、栄養も幾分衰え、腎臓病の徴を現わした。大正十一年四月、英国皇太子正倉院参観準備のために奈良へ赴いたが、奈良にいる間多く病臥した。小島政二郎《まさじろう》氏は鷗外に認められ鷗外を深く尊敬した人だが、死の年の鷗外を『鷗外荷風万太郎』（文藝春秋社）の中で次のように描写している。

先生の顔色が益々よくなくなられた。コメカミのところに薇《ぜんまい》のように縮れた血管が怒張しているのが目に付いた。その日、突然先生が、総長室のいつものデスクに向われたまま、

「僕の余命は幾干《いくばく》もない」

と、静かな口調で言い出された。

私は息を呑んだ。五体が縛られたようになり、口が利けなかった。

「萎縮腎だ。これは死病で、治療の方法がない」

そう言われてから、自分の指先でコメカミの血管をさされて、

「こうなったら、人間もおしまいだ」

そう言って、先生は例の目尻に皺を寄せて笑われた。

「医者には掛かっていない。掛かっても無駄なのだ」

そうも言われた。前にもいつか病気の話が出た時、先生は薬には病気を直す力はない、病気を直すものは人間のヴァイタル・フォースだと言われたことがあった。薬は多少その補助をする程度に過ぎない。しかも、薬には副作用がある。だから、先生は曾《か》つて薬を服用したことがないと言われた。

「風邪など、じっと寝ていれば直る。アスピリンなんか飲む必要はない」

私が、風邪くらいなら寝てもいられるが、もっと大病の時などと言い掛けると、

「外科的疾患は別だ。内科的疾病《しっぺい》は、大小に拘わらず安静にしていれば必ず直る。僕は二十《はたち》前後の頃胸をやられた。三十台の時コレラに掛かった。二度とも、薬を用いず、ただ安静にしているだけで直している」

先生はそう言われた。

「先生の説に従うと、今度の場合も、出勤なんかなさらずに、お宅《たく》で安静にしていらっしゃらなければならない筈じゃありませんか」

「死病だから、それも無駄だ」

萎縮腎に掛かると、尿意を催すことが頻繁で、寝たら最後、朝まで熟睡していた先生も、病いには勝てず、この頃は夜中に目が醒める。

「目の醒めたのを幸い、そのまま起きて『元號《げんごう》考』の稿を次ぐことにしている」

先生はそう言われた。鬼気人に迫《せま》るものがあった。

「この上、病いが進むと、足に浮腫が来る。それが最後だ」

先生はいつも同じ表情、同じ口調でそんなことを言われた。いつも同じと言っても、病気で顔が荒れている。そのせいで、凄みが添ったのだろう。

そして小島政二郎氏は宮内省図書寮《ずしょ》の人から聞いたという次のような話も伝えている。その人が、

或朝、図書寮の坂に掛かると、自分よりも十歩ばかり前を、ノロノロとまるで這うようにして坂

を登って行く老人がいる。見ると、右の足を引き摩《ず》るようにして前へ出し、次に左の足を同じようにして引き摩るようにして前へ出す。気息奄々《きそくえんえん》という言葉を絵にしたら、こんなだろうと思いながら、忽《たちま》ちその老人を追い抜こうとしてフト見ると、何と、それが先生だったというのである。

養生しても一年か二年しか延びない体なら、生きている間、仕事を続けた方がいいというのが鷗外の気持だったのだろう。その種の死生観は大正十一年五月二十六日、賀古鶴所へ宛てた手紙に打明けられている。鷗外は軍医総監にまでなった人だったが医者に体を診せようとしない。周囲の人々は鷗外の健康を気づかったが、鷗外はあいかわらず帝室博物館総長兼図書頭《ずしょのかみ》として出勤し、博物館のデスクで次のような手紙をしたためた。いまそれに句読点を打って示すと次の通りである。

昔支那ニ神トガアツタ。人ヲ見テ其人ガ何年何月何日ニ何事デ死ヌルト云コトガワカツタ。若シ人ガソレヲ聞クト、ソレガ心ノ全幅ヲ占領シテ、ソレヨリ外ノ事ハ考ヘラレナイ。医者ノ診察モ之ニ似テヰル。例之バ胃癌トキマル。イカナル聖賢デモ其時カラ胃癌ト云コトヲ念頭ヨリ遠ザケルコトハ出来マイ。シカシ胃癌ナドハカマハズニオカウトシテモ、アバレ出スカラ自然ニワカル。必ズシモ医者ヲマタナイ。千万人ノ老若男女ガ皆平気デ其日々々ヲクラシテヰルノハ、自己ノ内部ト未来トヲ知ラヌカラデアル。トコロガ内部ニ何物カガ生ジテアバレ出ス、ノンキナ凡夫モ平気デハヰラレナクナル。ソコデ人ニ話ス、医者ニカカル、真ノ pathologischer Prozess ヨリ心持ガ大挫折ヲ蒙ル、ココニ病人ノ極印ガ打タレル。シカシ医者ニ其 Prozess ガワカルコトモアル、ワカラヌコトモアル。名医デ掌《タナゴコロ》ニ指スゴトクニワカツタトスル、前途ノ経過モワカツタトスル、サウスルト上ノ神トニ見テモラツタト同一ノ場合ガ生ズル。コレガ人生ノ望マシイ事デアラウカ。仮ニ僕ガ明日電車カラオチテ頭ヲワツテ死ヌルコトヲ前知シタトスル、ソシタラ半出来ノ著述ヲドウショウトカ、子供ノコトヲ誰ニドウ云ツテタノマウトカ、非常ニ忙シイ考ガ動クデアラウ、ソシテ虚心ニ考ヘルトソレガナンニモ用立タヌデアラウ、前知セズニキテ死ヌルト同一デアラウ……　今、医者ニミセル、コレ胸モ腎モ健全ダト云ハヌコトハ明白デアル。コレマデ何物カガアツタノガ一変シテハツキリ何々ガ何ノ程度ニアルトナル、仮ニ医者ハエライトスル、間違ハナイトスル。ソコデ僕ノ精神状態ガヨクナルカ、ワルクナルカ、僕ハ無修養デハナイ、生死ノ問題モ多少考ヘテキル、又全然無経験デモナイ、死ヲ決シタコトモアル、シカシ内部ノキタナラシイモノト其作用ノススム速度トヲ知ツタラ、之ヲ知ラヌト同ジヤウニ平気デハキラレマイ、即チ精神状態ノワルクナルコトハ明デアル。ソンナラ之ヲ知ツテ用心スル廉々デモアルカ。女、酒、烟草、宴会皆絶対ニヤメテキル、此上ハ役ヲ退クコトヨリ外ナイ、シカシコレハ僕ノ目下ヤツテキル最大著述（中外元號考）ニ連繫シテキル。コレヲヤメテ一年長ク呼吸シテキルト、ヤメズニ一年早ク此世ヲオイトマ申ストドツチガイイカ考物デアル。又僕ノ命ガ著述気分ヲステテ延ビルカドウカ疑問デアル、ココニドンナ名医ニモ見テモラハナイト云結論ガ生ズル。

大正十一年五月二十六日　森林太郎　賀古鶴所様

この手紙を受取った東大医学部時代以来の親友であった賀古鶴所は、森らしい、と苦笑しつつ「医薬を排するの書」とその手紙に註した。鷗外はおよそなにもしないということが嫌いな性質の人であった。「何もしないよりはいい」という言葉を幾たびも聞いたと次女の小堀杏奴さんは『晩年の父』（岩波書店）の中で回想している。その本には死期の近づいたころの鷗外がやさしい筆で次のように書かれている。

いつか父は病気で寝るやうになつた。寝たのはもう余程悪くなつてからの話だ。私が病室――これは書斎の隣の洋室だつた――へ這入つて行くと、父は寝たままはかなげな笑ひかたをした。

父は一生、病気らしい病気もせずに過したので、殊更病気そのものに附いてまはる、あらゆる物を厭がつてゐたらしい。

　便器を見る事を嫌つて、いつも使つてゐた八丈の海老茶の風呂敷で便器を隠してゐる父の神経を感じた私は、可哀想でたまらなかつた。私は黙つて父の傍に坐つた。父は白い手を伸ばした。私はその手を取つて青い静脈の透いて見える父の腕を静かに撫でてゐた。

　二人共、長い間別れてゐた人がやうやく逢へたやうに黙つたまま、お互にじつと微笑してゐるだけだつた。

「パッパ、病気苦しいの？」

「苦しくはない。唯薬を飲過ぎて腹具合が悪いんで、それで苦しいのよ」

　これは友人の賀古氏が最近外国から届いたばかりの薬だと云つて父に飲ましたものであつた。

　その中に、手を取られたまま父は寝てしまつた。苦しさうな息使ひをしながら。

　私は急に悲しくなつた。

強くて強くて父は本当に優しいのに強かつた。子供の前で寝てしまふなんて事は無かつた事だ。いつだつて私達を守つてゐた。父がゐると云ふ安心で、私達は遊びながらでもよく、寝てしまつたものだ。それが今は子供のやうに私に手を取られながら、父は眠つてしまつた。

　私は傍にある団扇を取つて静かに父を扇いだ。其の団扇には松葉の模様が描いてあつたのを覚えてゐる。扇いでゐる中に、私は涙が後から後から流れて、団扇の上にぼとぼとと音を立てて涙が落ちた。

　満十三歳の時に父の死にあった杏奴さんはそれから十余年の後、晩年の父をなつかしみ思い出をこのように綴ったのであった。

　森鷗外の終りの年の日記『委蛇録』の最後の一月《ひとつき》は次のように記されている。

（大正十一年六月）九日。金。晴。参館。団伊能、佐佐布充重至。

十日。土。大雨。参寮。

十一日。日。晴。

十二日。月。晴。参館。桂先生至。

十三日。火。午熱。参館。参寮。改刪東伏見宮令旨案。夜賀古鶴所至。

十四日。水。晴。参館。

十五日。木。晴。始不登衙。

十六日。金。夜来雨。在家第二日。南弘来。不見。

十七日。土。雨。在家第三日。賀古又至。

十八日。日。陰。小金井君子至。

十九日。月。雨。在家第五日。浜野知三郎至。

二十日。火。晴。第六日。呼吉田増蔵託事。五味均平至。佐田久太郎去。餽金百円。

二十一日。水。第七日。陰。五味均平、賀古鶴所至。山本義夫始来語。

二十二日。木。第八日。

二十三日。金。第九日。

二十四日。土。第十日。吉田増蔵来舎。

二十五日。日。第十一日。

二十六日。月。第十二日。

二十七日。火。第十三日。

二十八日。水。第十四日。

二十九日。木。第十五日。額田晉診予。

（以下吉田増蔵代筆）

三十日。金。第十六日。看護婦石井来。

七月一日。土。第十七日。額田晉来診。

二日。日。第十八日。賀古鶴所来。

三日。月。第十九日。額田晉来診。小金井良精来。看護婦伊藤来。

四日。火。第二十日。荒木虎太郎来。秋山光夫来。

五日。水。第二十一日。喜美来。山田要作来。額田晉来診。芝葛盛久保得二同来。夜五味均平来。


六月十三日、鷗外は熱気をおして図書寮へ出勤している。図書寮の下の人が、ノロノロとまるで這うようにして坂を登る鷗外を目撃したというのはそのころのことであったろうか。「宴会などは全部断わつたが、母がどんなに頼んでも役所だけは止めてくれなかつた」と小堀杏奴さんは書いている。公務をゆるがせにするというのは精励恪勤《せいれいかっきん》の鷗外にとってはたえがたい気持であったにちがいない。それだから「十五日。始めて衙に登らず」「十六日。在家第二日」「十七日。在家第三日」などと欠勤を意識して書いたのだろう。杏奴さんは同じ本の中で次のような「母から聞いた話」を記している。

病気が悪くなつて、母が検尿する事を勧めても父は如何しても応じなかつた。

そして母が泣いて泣いて、涙で眼が腫れふさがつてしまふ程長い間泣き続けて、やつと其の事を承諾して貰つた。其の時小水の入つた瓶と一緒に賀古鶴所氏の許に届けられた手紙には、

「これは小生の小水には御座無く、妻の涙に御座候」

とあつた。

六月十七日土曜日、鷗外が役所を休んで第三日に、友人の賀古鶴所がまた訪ねて来て医者として診断を受けるようすすめたのであろう。そして検尿ということが賀古と森夫人との間で話題となり、妻茂子が泣く泣く頼んだので鷗外もついに折れて応じたのであろう。十八日の夜薬を飲むと十九日、尿に手紙を添えて使いに賀古医院に届けさせた。鷗外は使いにもたせる前にその手紙を妻に読んで聞かせた。茂子はその言葉が忘れられず娘の杏奴に後に語って聞かせたのだったが、後年『鷗外全集』に収められた自筆としては最後のものとなった賀古鶴所宛の鷗外の手紙には次のように記されている。

六月十八日午後十時（服薬時）ヨリ十九日午前五時マデノ尿差出候　僕ノ尿即妻ノ涙ニ候笑フ可キコトニ候　始テ体液ヲ人ニミセ候定テ悪物多ク含ミアルベシト存候

この死を前にしての言葉にはユーモアが秘められていて、さながらシェイクスピアの句でも読むような気がする。そしてそこには表面には直接出ていないけれども、自分の死後に遺される妻へのいたわりも秘められている。賀古鶴所は、鷗外の妹小金井喜美子の『鷗外の思ひ出』（八木書店）によれば、

大正十一年兄の終る時には、よく団子坂へ来てゐられました。何んのお話をなさるのでもなく、たゞ枕元に坐つてゐられるだけでも、兄にはそれが何よりも心丈夫らしく、尋ねた時に賀古氏が来てゐられると聞くと私までが、よかつた、と思つたことでした。

賀古は鷗外の死後も森家のためにいろいろと心配もしてくれた人である。杏奴さんの思い出にあった賀古氏が鷗外に飲ました舶来の薬というのは Franz-Joseph の鉱水だったらしい。死期の近づいたことを自覚した鷗外は、在家第十四日にあたる六月二十八日、ドイツ留学中の長男於菟《おと》宛の手紙を妻茂子に口述筆記させた。

己ハ少シカラダヲ悪クシタノデヤスンデキル　父ノ病気（萎縮腎）ガアルコトヲ発見シタ　腹ガツカヘルト気分ガ悪クナル　ソコデ「フランツヨゼフ」ノ水ヲ買ツテ呑ムト便通ガアツテ気持ガヨイ　シカシ始終クダルノデダイブヨワツタ　己ノ方カラハドコヘモ発表ラシイコトハシナイ……カラダヲヤスマセルタメニ字ヲカカズニキル　ヲハリ

そしてその翌二十九日、はじめて医師の診察を受けた。「額田晉診予」。額田晉は青山胤通の門下で、賀古鶴所の姪を夫人とする人、於菟とは独協中学からの同窓生で、当時東大を出て十年に満たない少壮の内科医であった。病名はやはり萎縮腎であったが、肺結核の症状も進んでいたという（森於菟『父親としての森鷗外』、筑摩叢書）。日記はその翌日から吉田増蔵に口述して七月五日まで記入された。そしてその翌六日、賀古鶴所に次のような遺言を口述した。その全文は次の通りである。

余ハ少年ノ時ヨリ老死ニ至ルマデ
一切秘密無ク交際シタル友ハ
賀古鶴所君ナリコヽニ死ニ
臨ンテ賀古君ノ一筆ヲ煩ハス
死ハ一切ヲ打チ切ル重大事

件ナリ奈何ナル官権威力ト
雖此ニ反抗スル事ヲ得スト信ス
余ハ石見人森林太郎トシテ
死セント欲ス宮内省陸軍皆
縁故アレドモ生死別ルヽ瞬間
アラユル外形的取扱ヒヲ辞ス
森林太郎トシテ死セントス
墓ハ森林太郎墓ノ外一
字モホル可ラス書ハ中村不折ニ
依託シ宮内省陸軍ノ栄典
ハ絶対ニ取リヤメヲ請フ手続ハ
ソレゾレアルベシコレ唯一ノ友人ニ云
ヒ残スモノニシテ何人ノ容喙ヲモ許
サス　大正十一年七月六日

森林太郎言（拇印）
賀古鶴所　書

森鷗外はこの遺言を口授して三日後に亡くなった。

その時の有様を小島政二郎は先の書物に「克己復礼」として次のように書いている。

大正十一年七月九日午前七時、先生は六十一歳でこの世を去られた。その時、先生は袴を穿いていられた。死ぬ時、袴を穿いていた人は、この年になるまで私は先生以外見たことがない。右の手で、帯で一段高くなっているところを袴毎グッと握って、先生のそれが癖の、ちょいと首をかしげたままの見馴れた姿勢で、本当に眠っているように息が絶えていられた。

さまざまな遺言の解釈

森鷗外が死ぬ三日前に口授した遺言は、中野重治氏の『鷗外論目論見のうち』（昭和二十二年九月）をはじめ、勝本清一郎氏の『世界観芸術の屈折』（昭和二十三年十二月、有精堂の日本文学研究資料叢書『森鷗外』に再録）、唐木順三氏の『森鷗外』（昭和二十四年）、高橋義孝氏の『森鷗外』（昭和二十九年）などでいろいろと論評される対象となった。

読者は自分自身で受けた印象と諸家の意見の違いのほどに意外の感を抱かれるかもしれない。がとにかく鷗外の遺言については次のような論評が、敗戦後の日本で、下されていた。すなわち中野重治氏によれば、官人として生活し、官人として俸給を得た鷗外が、

死ぬ時になってじたばたしても駄目である。鷗外は死にのぞんで、何を怖れて「栄典」を受けまいとして力んだのか。何を怖れて「奈何ナル官権威力ト雖此〔死〕ニ反抗スル事ヲ得スト信ス」などいう癡愚《ちぐ》を力んで主張したのか。文学と文学史とは、こういう鷗外に冷静に復讐したとわたしは思う。

そして中野氏に引続き勝本清一郎氏は、「異様な遺言」に治者階級の現役の文化人の階級的敗北感を認め、

遅過ぎた悲しい救いのもとめかたを私はここに見る。

唐木順三氏は『鷗外の精神』の改訂版以来遺言を問題とされ、「石見人森林太郎トシテ死セント欲ス」の、

石見人とは藩閥に縁なき、すなわち長州人にも薩摩人にもあらざる、という意味を含んではいはしないか、……官権威力にたいして、一種被害妄想のごときものをもっていたのではないか。

高橋義孝氏は種々の見解を五項目にわたって列挙し、ニヒリストとしての鷗外に着目、しかもニヒリストの「仮面のもうひとつ下に」、

かういふ遺言を書いた「人間」がひとり、実は六十年間息を殺して潜んでゐたのである。

論はこのようにさまざまであった。

主観的要素の濃い判断は、執筆者自身の人柄や気

分を示しても、鷗外の心を明らかにするにはあまり役立たないようである。文学青年や文士は一般に官吏や博士が嫌いであり、なかには理由なく反抗する人もいるくらいであるから、そのような気質の人には、官人として生きた鷗外が、死の直前になって官人として生きることによって受けた束縛をふりほどきたくなったあまり、あのような遺言をのこした、と解釈することによって痛快（というか一種のSchadenfreude）を味わうのではないかと思われる。

自然科学者の厳密な推論の目から見れば、文芸評論家の議論には誰が考えてもそこに落着くというだけの必然性と説得力に富む論証がとぼしい。自然科学上の立論と異なってある程度まではやむをえないことかとも思うが、しかし評論家が断言し、割切るたびにますます客観性がとぼしくなるという傾きはいささか心もとない。たとえば鷗外の遺言には立身出世のさまたげをした陸軍や宮内省にたいする鬱憤が裏返しとなって栄典の拒否という形で示された、というようながった見方をされる方もあるが、うがちすぎではないだろうか。とくにその際、鷗外の忿懣の傍証として鷗外が大正四年に述べた言葉「老来殊覚官情薄」が援用されるのは理解に苦しむ。「官情ノ薄キ」は「お上の配慮が薄い」という意味ではなくて自分の「宮仕えをしたい気持が薄れてきた」という意味だからである。もっともそれをしも忿懣があるから隠退を望んだのだ、という風に裏返しにして取るのならば話はまた別だが。

遺言の文章に反覆が見られ、語気が荒らかなことは事実だが、それは自分で筆を取った文章でなく、口述筆記をさせたために命令口調が強く出たのではあるまいか。少なくとも手の込んだ文章を書くとか、推敲するとかのゆとりは、死ぬ三日前の鷗外にはなかったにちがいない。それでも自我の強い鷗外には固定観念のようなものはまだはっきりとあった。それが一個人として（というのと「石見人森林太郎トシテ」とはこの場合は同義ではないだろうか）死にたい、という気持の強調となり、語気もまたおのずから厳しくなったのであろう。自分の気持を通したいという一念が強く出、そのために繰返しになったのかと思う。一体、外形的取扱いや栄典を辞するという意志を遺言に述べた人は鷗外と同世代の高位顕官の間には少なからずいたのであり、鷗外より一歳年長であった八代六郎大将などは、死に際して生前よそから頂いたものは、掛軸にいたるまで、一切をお返しして死んだといわれる。私は解釈を無理強いすることなく、すなおに鷗外の遺言を読みかえしたい。

「森林太郎トシテ死セント欲ス」

その気持をそのままそっと尊重したい。それが地下の鷗外が心にかなう道ではないだろうか。

生涯を貫くもの

ここで一応、諸家が取りあげた鷗外における官僚と文学者という関係について再考してみよう。鷗外は宮仕えの身の上について生前たしかに愚痴めいた言葉をつらねたことがあった。それはポーズの場合もあれば韜晦の場合もあった。しかし大正五年に軍医総監の地位を退いた後、大正七年末に帝室博物館総長の地位にまた就いたということは、鷗外には官人としての生き方が、文人としての生活を続ける上でも、生活にリズムを与えるという点で、性に合っていたからだろうと思う。その点については森家の人々の証言を信じたい。それに鷗外文学の価値そのものが、『普請中』を論じた際にふれたように、官人と文人とを一身に兼ねていることによって成りたっていた部分があった。永井荷風は鷗外が死んだ直後『森先生の事』(『荷風全集』第十五巻、岩波書店)でいちはやくその点にふれた。

江戸時代の文学は遊冶郎の戯作であつた。硯友社の文学は才人一時の才筆に過ぎなかつた。大正現代の文学はその気局見解の偏狭浅陋《せんろう》なる、要するに書生もしくは書生上りの人の文学である。紳士の文学もしくは士大夫の文学ともいふべきものは王朝のむかしは知らず、長く日本には存在しなかつた訳である。支那歴代の詩人は李杜韓蘇のむかしより皆官職の人であつた。今日の外国には支那のむかしを見る如く其の身官途に在つて詩文を能くするもの、現に仏蘭西の大使クロオデルの如きがある。フワレルも亦ロチと同じく仏国海軍の士官である。李白杜甫の昔を思はせるもの現代日本には一人森先生あるばかりであつた。

永井荷風の発言の背景には中国の士大夫とともにフランス風の honnête homme の観念があり、それが紳士とか士大夫の文学という風に訳されたのだろう（なおフヮレルとあるのは本書で論じた『日本海海戦』の著者ファレールのことである）。荷風は「長く日本には存在しなかつた」と書いたが、日本文学史の幅を拡げて考えてみれば、『折たく柴の記』の著者新井白石などは、森鷗外と同じような精神の家族に属する人であったことが、目にとまるのではないかと思う。

木下杢太郎は森鷗外と似た経歴をたどった人であったから、官人と文人という関係を、生き方の問題として、さらに突っこんで考えた（『木下杢太郎全集』第七巻、『鷗外文献』）。

……鷗外博士は両頭の蛇では無かつた。また世間の謂ふやうにヂレッタントでも無かつた。博士の一生涯の所業《しょぎょう》は甚だ多岐多端《たきたたん》では有つたが決して相撞著《どうちゃく》するものでは無かつた。その青年時代に於て或は互に相鬩《せめ》いだかもしれぬ心中の諸像は、その齢のやうやく更けると共に渾然たる一体となつた。其医務局に於けると文壇に於けると、決して別の世界に住むのではなかつた。その共通する所は畢竟思索とアクシオンとの織りなす太い流であつた。然して諦念はまたこのアクシオンの重要なる一部であつたのを悉《し》るのである。

すなわち杢太郎も、荷風と同様、森鷗外を homme d'action 実業の人でありかつ homme de lettres 学業の人であった、官人でありかつ文人であった、と見、さらにその両者の相互作用とその緊張関係のゆえにかえって豊かな内実の結晶をみとめたのである。杢太郎はそのような鷗外の生き方を示す句として、鷗外がさりげなくいった、

『俗』の為に制馭せられさへしなければ、『俗』に随ふのは、悪い所ではない、卻《かえ》つて結構です」

を引いたことがあった。この処世訓は一見受動的

で、はなはだしく積極性に欠けるように見えるが、その種の外的なきずなの中で自己を生かし自我の生涯を貫いた鷗外の強靱な意志と創作のエネルギーこそは感嘆に値する。いまここで鷗外の生涯を見わたしてみよう。「俗の為に制馭せられさへしなければ」という訓を『女子の衛生』に書いたのはドイツ留学から帰朝してまだ間もない明治二十二年四月のことだったが、その当時から、自己の死病を自覚しながらもなお坂を這うようにして図書寮へ出勤した最晩年にいたるまで、鷗外の生涯には、自らつとめ、最善をつくし、やすまずに修め行なう、という風があった。鷗外は明治二十四年、コッホの略伝を書いて次のように述べた。

　千八百六十五年の事なりき。ギョッチンゲン大学の医学部は、神経系の解剖につきて問を出し、これに賞を懸けぬ。この問に応ぜしもの二人。コッホは実に其一なりき。

　コッホが第一の賞を獲し答案の首には、

Nunquam otiosus

といふ拉丁《ラテン》語を題したりき。当時コッホは二十一歳なりしが、その今日に至るまでの閲歴を見れば、彼が初心に負かずして、真箇に暫《しば》しも怠らざりしこと（Nunquam otiosus）を徴するに餘あらむ。

そしてそのコッホの学風については、

　……コッホが発明は石を集めて塔を築く如く、其基礎先づ成りて、輪奐《りんかん》の美漸く整ひしなり。コッホが発明は名匠の彫鐫《ちょうせん》したる器の如し。彼は最後の鑢《やすり》をかけたる後ならでは、これを人に示さざりき。

と讃えている。森鷗外はコッホのような学問世界における完全主義者とはなれず、志を異なる場に伸ばしたが、それは発展途上にあった明治日本の時代的要請を考えるならば、やむをえない屈折現象であったと思う。しかし鷗外の生涯は真に「暫しも怠らざりし」ものがあった。その種の努力はコッホのような西洋人の師の生き方から学ぶところもありはしただろう。しかしすでに幼少時代から、躾として、ついで東洋の道徳として、学ぶところがあったからこそ、その訓《おしえ》の上にコッホらの生き方がいわば二重映しとなって輝き、鷗外の前途を照らしたのであろう。晩年の鷗外は『易経』にある「自彊不息《じきょうふそく》」、みずからつとめてやまない、という語を引いて親戚知人の女に訓戒として与えたといわれるが、青年時代の nunquam otiosus から「自彊不息」の老年時代にいたるまでの鷗外の生涯を見わたすと、三つ子の魂百までという感を禁じ得ない。

　ところで鷗外は右に引いたコッホの伝を書いたとほぼ相前後して『地下の蘭化が心』という一文を『医事新論』に発表している。それは『鷗外全集』第二十七巻に収められているが、短い文章であるからここにその全文を掲げさせていただく。

> 余等はギョウテを愛す、ゲハイムラアト・フォン・ギョウテを愛せず。余等はコッホを愛す、普魯西《プロシャ》軍医監コッホを愛せず。余等はリイビヒを愛す、バロン・フォン・リイビヒを愛せず。ヲルテエルに陛下と呼ばれて、君こそまことの陛下なれといひし国王あり。ラファエルが画を玉座の処に置きて、大ラファエルがために地をなせと呼びし国王あり。学問と美術との位は、人爵の外に在るにあらずや。
>
> 我帝国の爵秩《しゃくちつ》、固《もと》より尊からざるにあらず。而れども日本の医学にして果して前野蘭化の恩を荷ひたらむ乎、第一回日本医学会に於て、長與専斎氏が之を祭りしも善し。長谷川泰氏がこれに位を贈らむことを我政府に請はむとせしに至りては、余等地下の蘭化が心、これを喜ぶべきや否やを疑ふ。

Geheimrat von Goethe は枢密顧問官の肩書を持つゲーテのことである。若い日の鷗外は詩人のゲーテや医学者のコッホ、化学者のリービッヒを身分的価値においてではなく、その人自身の価値において尊重することを主張したのである。学問や芸術の価値が身分的価値とは異なるものであることを強調したのである。明治二十三年の鷗外は、日本の医学界を粛正するために激しく論戦していた人であったから、右のような区別をことさらに強調したのかもしれない。学問権を医学界の医略家たちから奪取しようとして医略家中の大立者長谷川泰を攻撃するために右のような筆法を鷗外が用いたという面があったのかもしれない。しかし、ヴォルテールを師として遇したフリードリヒ二世や、ラファエルロの名画を讃えたザクセン国王の逸事を引いた条には、鷗外その人の真情が溢れていはしないか。学問と芸術の位は人爵の外にありとする鷗外自身の信念が文面に躍動してはいないか。その信念は鷗外がドイツ留学中に身につけた、(また身につけたがゆえに帰朝後あれほど学問と芸術のためにつくした)いわば鷗外の血肉と化した価値観であったとみなせよう。

しかしこの場合にも、儒教文明圏の伝統が底流としてすでに鷗外の血脈中を流れていたことが「人爵」という表現を通して感得される。「人爵」という言葉は反射的に「天爵」という言葉を思わせるが、人爵も天爵も『孟子』の訓に由来する。鷗外の世代の学問のある人なら誰しもが心得ていたに相違ない「仁義忠信、善を楽しみて倦《う》まざるは、これは天爵なり。公《こう》・卿《けい》・大夫《たいふ》は、これ人爵なり」に由来する。そのような東洋の倫理を良しとし、しかもその上に学問芸術を尊び精神の自由を尊ぶ西洋の風がすなおに接木された時、そこに新しい活力が芽ばえ、そこに森鷗外の生涯を貫徹したような強靱な精神が生まれたのではないだろうか。私は『地下の蘭化が心』を読み、ついで三十余年後に死の床で口授された「遺言」を読む時、青年時代の森林太郎の魂が六十歳を過ぎて死ぬ時まで続いた、という感を禁じえない。その間にはもとよりさまざまの悩みも苦しみもあっただろう、名利の念に心が人一倍狂おしく燃えたこともあっただろう、しかもなおその魂は続いたという感を禁じえない。

「余等はギョウテを愛す、ゲハイムラアト・フォン・ギョウテを愛せず。余等はコッホを愛す、普魯西軍医監コッホを愛せず。余等はリイビヒを愛す、バロン・フォン・リイビヒを愛せず」

という主張は、

「余ハ石見人森林太郎トシテ死セント欲ス　宮内

省陸軍皆縁故アレドモ生死別ル丶瞬間アラユル外形的取扱ヒヲ辞ス　森林太郎トシテ死セントス　墓ハ森林太郎墓ノ外一字モホル可ラス……　宮内省陸軍ノ栄典ハ絶対ニ取リヤメヲ請フ……」

にそのまま通ずるのではないだろうか。

　昭和四十四年九月七日、森鷗外の墓のある都下三鷹の禅林寺では、鷗外の読者らの醵金《きょきん》によって建立された遺言碑の除幕式が行なわれた。人々が醵金した動機はもとよりさまざまであろうが、しかしもし敗戦直後の日本で声高に主張されたような一部の遺言解釈を人々がそのまま是認していたとするなら、はたして遺言碑の建立に進んで賛同されただろうか。人々は、口にこそ出さね、先入主によって歪められた解釈を否定し、それとは違うなにか、尊ぶべきなにかを遺言に読みとっておられたからこそ、進んで醵金に応じられたのではあるまいか。

　今日その地に建てられた森林太郎の遺言の碑については、それを正面からじっと見すえて、故人のいわんとしたところを汲もうとするのが紳士のなすべきつとめかと思う。森鷗外と賀古鶴所の友情[1]に答える男らしい態度であるかと思う。本稿の筆者は、党派的な感情や恣意的な解釈の混じることをおそれて、この結びの章ではもっぱら諸家の文章を引いて、文章それ自体に語らせるよう心がけた。さまざまの証言から一つの心象が形づくられ、それがおのずと読者の胸中に結論として定着するように願った。読者ははたして納得されただろうか。地下の鷗外はこの拙き論を良しとされただろうか。それとも身勝手な解釈がまた一つふえたと苦笑されたことだろうか。

註

（1）『明星』大正十一年八月第二巻第三号にのった賀古鶴所の『通夜筆記』に次のような談話がある。

　どうも病気が重いやうだつたから、私が劇《はげ》しい手紙を出して、医者に見て貰つて薬用しろと云ふと、その返事に、馬鹿を云ふな、一年かそこらの生命はなんだ、一行《くだ》りでも一字でも調べて行くのが自分の生命だ、それゆゑ仕事を継続してゐるのだ、それをやめて養生して一年二年生き延びても、自分に於て生きてるとは思はない、再び云つてよこすな……と先づさういふ精神なので、……（賀古博士、感迫つて泣かれ、暫く語がつづかない）惜しい事をしました。

そこで私が「君の意は知つてゐるが、それでは後で遺族が困るから、大勢にとは云はない、一人だけに見て貰つて、直るものなら直つてくれ」と態々云つて、漸く額田博士に見せた次第で、重体になつても頭は常の如く、湛然毅然として徹底した男でした。

六日の朝電話を掛けさせて、「気分が好いから来てくれ」と云ふので行くと、「自分は一個の石見の人、森林太郎で死にたい。死んだ以上総ての事はお上へ対し無礼にならないやうにしてくれ。墓標は不折君に書いて貰つてくれ。単に『森林太郎墓』として、それに一字も加へてくれるな」と私に遺言し、其夜から漸次に昏睡状態に入り、九日の朝七時に絶息いたされました。

河出書房新社版へのあとがき（一九七一年）

ここに集めた一連の文章は、私が東京大学の助手を勤めた昭和三十九年から昭和四十四年夏にかけて執筆した。教育組織を示す『教養学部便覧』の上では外国語科のフランス語の助手だったが、研究組織の上では比較文学比較文化課程担当の助手だったので、論文は科学研究費で運営された日本近代化や比較文学の研究会の席上などで発表し、参加者各位の御意見を拝聴して「演練」を経てから教養学部の紀要『比較文化研究』、『教養学科紀要』、東大比較文学会編輯の『比較文学研究』、それから『批評』、『自由』、『解釈と鑑賞』、『季刊藝術』、『中央公論』、『伝統と現代』などの雑誌と成瀬正勝編の『大正文学の比較文学的研究』（明治書院）および講座『日本の将来』（潮出版）に発表させていただいた。それに今回未発表の二篇を加え、さらに筆を加えた。

筆者はかねがね自分が所属する学会や学生や知識人を相手とするだけでなく、銀行家、外交官、商社員など実生活の体験に恵まれた方にも読んでいただけるような学術書を世に出したいと願っていた。河出書房の竹村美智子さんはまことに愛すべき人で、私の文章に学術論文の白墨臭がないところが良いという。その御好意で一巻の書物を編むことができた。このthèseをまとめるに際してお礼申しあげる。

*

ここで二、三、この研究の志向についてあとがきを加えさせていただく。本書でこころみたような比較文化史的な考察は、研究対象がおおむね複数の要素から成るものであるから、国民国家、個人、ジャンル、世紀などを単位とする学問上の旧分類の枠内ではどうもうまくおさまりがつかない。本書の内容は、目次でおわかりのように、森鷗外とその周辺に集中している。しかしだからといってこれは純粋な文学の研究ではない。たしかに多くの場合、研究は論文、小説、詩などのテクストに密着した解釈《エクスプリカシオン》から出発しているが、しかしそれは文学作品それ自体の価値の究明にとどまるよりは、むしろ明治日本が置かれた比較文化史的状況を解明するために用いられた。それだから文学史的には無視されがちな側面や評価の低い作品も再三にわたって取りあげられている。実証調査から出発して法則性の帰納に向い、また逆に一般論から演繹して事実の解明に向うという知性・感性の往復運動は、自然科学の場合と違って人文科学の研究にはあまり見かけない操作だが、筆者は具象と一般論とがたがいに映発するよういつのまにかつとめていた。そのような往復運動を無意識裡に繰りかえしている自分自身に気がつく時、筆者は自分がかつてもっぱら理科教育を受けた生徒であったことを思い出して苦笑するのである。

論文にはおおむね無意識裡の暗黙の前提があるといわれる。書きはじめた当時の筆者は identity crisis などという英語表現があることすら知らなかった。しかしいま通読してみると、次々と調査や推理を対象に即して重ねてきたつもりにもかかわらず、西洋文明の圧迫の下で「日本人とはなにか」という問をつきつけられた明治人の心理についての考察が意外に多い。もともと自分自身で明確に意識してはいなかったのだが、その種の問題、つまり日本人の in search of identity が執筆の一つの動機ともなり、ライト・モチーフともなって繰りかえしあらわれてくることに（書き了えてから他人事のようにいうのも奇妙だが）気づかれてくる。筆者は昭和二十九年、満二十三歳の年から六年ほどフランス、ドイツ、イタリアなどに留学していたので、当時の日本人西洋研究者の一般的なたてまえだった西洋人と同じ立場に立って西洋研究を行なうという主張に取り囲まれて、それが圧迫感となっていたにもかかわらず、心中のどこかで近代の日本人の由って立つべきところを求めていたのだと思う。自分の知的努力が歴史における現在の自分の位置とどのようにかかわっているのかということを気にかけていたのだと思う。

しかし当初はそのような内的事情は考慮しようともせず、研究の出発点をもっぱらより外的な事情に求めていた。筆者は先にG・B・サンソムの『西欧世界と日本』（筑摩叢書）を日本史の学者と共訳して多く学ぶところがあったが、この史書が日清戦争の時点で終わっていることにかんがみ、それに引き続く北清事変、日露戦争前後の時期を研究しよう、とアカデミックな区分に従って考えていたこともあった。研究の枠はそのようにして組まれたけれども、しかし人間は客観的な調査を探偵に似た執拗さで行なうにせよ、主題の選択などにおのずから主体的な関心があらわれてしまうのであろう。自分の外国体験とそれに引き続く帰国体験——若い時の長期の外国生活であったために帰国体験も一つのカルチュラル・ショックだった——が研究を進める上でさまざまな視角を開いてくれたと感じる。とくに西洋で生活費を得るためにさまざまな苦労をしたことが、アカデミック・ジョブ以外の職についての見聞を多少ひろめることに役立ったと思う。三十歳を過ぎるまで自己限定ができず、ひたすら外国文化の吸収につとめて一向に論文を書こうとしなかった私であったが、intercultural ないしは interracial な問題を、その心理的側面を重視しつつ取扱うこつが自分なりに会得されてくると、自分で自分に無理を強いることなく、すなおに自然に論文が書けるようになって、次々と発表するのが（子供じみた表現で恐縮であるが）愉快でたまらなくなった。

そのような経過をたどって成立した本書であるから、狭義の国文学や狭義の比較文学の研究と受け取られることをおそれて、森鷗外の名前は表に出さず、第一部の「和魂洋才の系譜」をもって本書の総題とすることとした。鷗外自身は本書の中で説明した通り、他山石主義としての和魂洋才を認めなかった人だが、この四文字から成る表現には、西洋文明の衝撃の下で日本人であることの意味を探ろうとした人々のとまどいや強がりが象徴的に示されていると思う。

研究の方法については（筆者が云々するべき筋合ではないかもしれないが）、同一の事件について、日本側にも西洋側にも時には中国側などにも証言を求め、さまざまな補助線を時間的にも空間的にも引いて評価や判断の公正を期した。内と外からの複眼を利用して焦点を正確に合わせようとつとめた。その結果出てきた見方や解釈は、あるいは従来のナショナルな単位の縦の軸に沿った歴史観や出来合いの通念と異なっている場合があるのかもしれない。しかしインターナショナルないしはインターカルチュラルな横の軸に沿った見方を試みた以上、既成のイメージや歴史評価とくいちがう点が出てくるのはむしろ当然であろう。同一の事物であろうとも縦から見るのと横から見るのとでは印象が異なるものである。本書に独自の価値が多少なりともあるとするならば、それはそのような意外な印象を与えるような視角から私たちの過去を見なおしたという点にあるのかもしれない。

＊

以上、研究の主要目的も、問題への接近方法もかなり首尾一貫しているが、しかし「和魂洋才の系譜」のような題を掲げると、比較文化史的な考察がアカデミックな枠組の中でうまくおさまりきらないことがまたあらためて感じられる。学問の分類は図書整理の分類に端的に反映しているが、「和魂洋才」については「和」に着目すれば日本研究の部門に入るし、「洋」に着目すれば西洋研究の部門に入ってしまう。それは無名の筆者が学問的規律に従わず横車を押すからではなく、横に切る研究は著名のトインビーの『世界と西欧』にせよサンソムの『西欧世界と日本』にせよ、二つの場に跨るだけにいずれの側に配架してよいのか司書は窮するのである。しかも本書の論文中には（筆者がフランス語の教育を担当している関係で）フランス文学会で発表してはじめフランス文で印刷に付したものもある。そして付言するなら、本書の研究はまずなによりも筆者が学生時代に前田陽一教授や島田謹二教授やフランス人諸教授から訓練を受けたエクスプリカシオン・ド・テクストに基づいている。人間性への洞察を心がけたのも、その種の人文主義の学風にしたしんだからにほかならない。

筆者はそのように、悪くいえば中途半端な、良くいっても両刀使いのような位置にいる比較研究者の一人だが、しかしこれからの学問社会の第一線では、大学改革が進むにつれ、従来の小研究室専属の体制とは異なる可能性やシステムも開発されるのではないかと思う。それはなによりもまず学者個人の能力と努力とに左右されるのであろうが、同一人が教育組織とは必ずしも同一でない研究組織に属することも部分的には許されるようになるだろう。各研究室に散在している図書も、より大きな図書センターへ集中され公共の用に供されてこそ境界領域の研究も可能となるのだろう。さまざまな学問分野を縦にも横にも結びつけ、その間を縦横に機動して適切な研究を行なうことにより、新しい領域を開発することも、また同一の領域について新しい別の見方をこころみることも可能となるのだろう。なかには従来の専門という観念そのものに違和感を与えるような新しい種類の研究も生まれてくるにちがいない。縦横に機動すると書いたが、若い比較研究者の必要前提条件は、縦の文字も横の文字も自由にこなせるような能力、研究にたいする柔軟な対応能力 aptitude ではないだろうか。比較研究の志向は、それが補助学に堕さない限り、固定された限定された領域とはならないのだから、自分が由って立つべき立脚地はあるにせよ、排他的な意味での専門分野とはならないにちがいない。それだから学問上の交流や学科間の社交がますます必要とされるのである。さもないと横の方向への新しい展開や綜合を求めている人々が、気がついてみるとそれなりに縦に連なっていた、という危険性もまたないとはいえないにちがいない。

＊

大学内には、その一員として多少いいづらいことだが、自己の学問にたいする自信の不足を表面的な進歩的言辞によって糊塗しようとする人が、年齢や階層の如何を問わず、存在するように思う。そのような人々が大学改革についての具体策をもち得ず、自己の利害に関する事となると既得権の確保に汲々とするのは人間性の自然だろうが、しかし大学内にはまた不思議と若い研究者の実力を公平に認めてくれる人がいることも事実である。若い人々が前者の非を鳴らすのは性急な正義感の発露だろうが、後者のリベラルな力を認めないのは片手落ちかと思う。自己の弱さを他者の責に帰するような「正義感」は見苦しいものである。

本書を執筆していた最中に東大紛争が起きたが、私が助手を勤めていた大学院の比較文学比較文化課程の人々は平常心を失うことなく学業を続けた。研究室を封鎖されても予定された学外の地に集まって、学問を続け、ユーモアを忘れることはなかった。私と違う考え方をされる方もあろうかと思うが、人生経験にとぼしい下部の人々が動揺して去就に迷う時、上に立つ人は率先して向うところを明示すべきではないかと思う。しかし大学側には声高な主張に気《け》おされて「理解」ある態度を示し、その結果かえって学生諸氏を傷つけた人が予想以上に多かった。それは大学に奉職する私にとってまことに心淋しい発見であった。もっとも若い学生は傷ついたことによって――それが軽い傷手ですむならば――学ぶところがあったのかもしれないが。

*

最後に筆者がかつてお教えいただいた花田哲幸、田中良運、三島利正、米山勝太郎、熊沢淡の諸先生、東大教養学科の創設以来御指導いただいた前田陽一先生、同大学院比較文学比較文化課程で御指導をいただいた（そして停年御退官の後も『ロシヤにおける広瀬武夫』（朝日新聞社）をはじめ続々と研究を御公表になる）島田謹二先生、論文をお見せするたびに貴重な御指摘をいただいた菊池栄一、富士川英郎、氷上英廣の諸先生、『大君の使節』（中公新書）など比較文化史的な見方の妙味を次々と示される芳賀徹氏、『若き日の森鷗外』（東京大学出版会）など実証と鑑賞をかねそなえた研究を着実に進められる小堀桂一郎氏、科学史、文化人類学など隣接諸学科の諸教授、男女老若の卒業生、在学生、そして研究室の類稀な嘱託であった平戸恵子さんに謝意を表する。

一隅を照らすものは国の宝であるという。紛争で壊され、鷗外関係の資料も消滅してしまった駒場の第八本館に宿直した昭和四十四年の冬二月、夜遅くまで原稿（それも本書の一部となった）を書いてから、被害の少なかった四階の科学史の一室へ横になりに行った時、心やさしいどなたかの手で、テーブルの上に赤いチューリップの花がそっといけてあった。それをつい昨日のことのように思い出すのだが、そのような些事をしるしておくのも、あの紛争の日々にも休むことなく、学問の場をそっと静かにささえてくださった同僚、学生、職員諸氏への忘れがたい親愛の情を私もまた覚えるからである。

一期一會《いちごいちえ》花見る冬の宿直《とのい》かな

（一九七一年十一月十一日）

付録　中野重治氏の非難に答える

拙著『和魂洋才の系譜』（河出書房新社、一九七一年）の最終章の鷗外の遺言解釈については賛否両論がかしましく現われた。とくに中野重治氏は『文藝』一九七三年四月号に『「和魂洋才の系譜」のこと』という一文を発表され、平川に対し「学問以前」と激しく不平の意を洩らされた。拙著が一九八七年装いを新たにする機会に平川がどのような学問的手順を踏んで右の一章を書いたか、その経緯をかつて『比較文学研究』第三十一号（一九七七年）に発表したものを、ここに付録として再録し、是非の判断を読者諸賢にゆだねることといたしたい。

『和魂洋才の系譜』は森鷗外の場合をケース・スタディとした比較文化史的研究で、鷗外のドイツ留学によって巻を開き、鷗外の死によって巻を閉じるよう構成した。鷗外の死を論ずる際に私が遺言を取りあげたのは、私が鷗外の遺言をことさら重要視したからではなく、従来の鷗外論や研究で鷗外の遺言のことが必ずといってよいほど話題とされ、しかも従来の諸解釈に私が疑問を抱いていたために、迂回できない問題となっていたからである。そのような反論提起の動機を内蔵していた以上、『和魂洋才の系譜』があるいは一部読者の反撥を買うかもしれないと思わないでもなかったが、中野氏の語気というか怒気には正直いって驚いた。中野氏はいう。

……平川祐弘という新しい人の——私に取って新しかった——『和魂洋才の系譜』が出たときには早速手に入れて読んでみた。一読して私は異様なものを感じた。それは私にのみ込みにくいもので、無理にのみ込んでみても、ある種の療法でゴム管をのみ込んだときのように、食道のどこかで二重になったゴム管がぴょこんと独りで飛び出してくるような塩梅ののみ込みにくさだった。それは生理的に不快なものを持っていた。鷗外について書いた私の文章が引用されて、とてつもないことがそれに絡めて書かれている点なども不快だったが、そこいらは割りに単純な嘘偽とか誤謬とかいったもので、私個人から離れて、この二段組み四百ページ以上の大冊全体にわたって沁みこんでいるもの、そこからたってくるその匂いが私には我慢しにくいものだった。そのうえ、この一冊を若い学者たちがしきりにほめて世間に推薦しているのが我慢しにくい。それも心にもないことを言葉だけ並べているのでなくて、内容に心から敬服しもし、これを世間に推薦するのは学者の義務だと思ってもいるらしい調子なものだから私は何ともへんな気になる外なかった。

そして、やはり遺言解釈の問題にふれ、

（平川が）その「政治的情念」のためには「実証調査」を最初から捨ててかかっているのが本の最後の「地下の鷗外が心――遺書について」などでないかどうか。

と言って激しく不満を洩らされた。それで「学問以前できわめて疎漏」と評された私の論文の成立の経緯を述べさせていただく。

私が遺言を解釈するに先立ち、鷗外が他人の死や遺言に関心を示した記事を集め、鷗外死去当時の手紙や日記、知友家人の回想に目を通したのは昭和四十四年である。それを基に一文を書いた日も記憶している。それは昭和四十四年九月七日、日曜日で、その日森林太郎の墓のある三鷹の禅林寺では、鷗外を敬愛する人の醵金によって建立された遺言碑の除幕式が行なわれた。私もその式に参列したかったが、当日、学生委員として大学の日直に当っていたので、その日直の待機の部屋で、私もまた紙碑を刻むつもりで『地下の鷗外が心』を書いた。

私はその後も、演習で鷗外を幾度かとりあげた。それはこの問題をさまざまな思想傾向、性格の学生にさらして、その意見を知りたかったからである。昭和四十五年の後期には、筑摩書房版明治文学全集二十七『森鷗外集』を東大教養学部の一般教育演習のテクストに用いた。そして試験の際に鷗外の遺言と、鷗外が留学帰朝後まもなく書いた『地下の蘭化が心』と右『森鷗外集』に研究として収められている中野重治氏の『鷗外論目論見のうち』（全文）の三つを読ませて学生に感想を求めた。中野氏の論は著名なので、いまさら紹介するまでもないが、鷗外が官吏として受けた「俸銭」をあげ、それとは異なる他の作家たちの「文士の生活難」に言及し、二葉亭四迷の遺言を引き、鷗外の遺言を引いて、さらにそれに本文中にすでに引用した「死ぬ時になってじたばたしても駄目である。鷗外は死にのぞんで、何を怖れて『栄典』を受けまいとして力んだのか」の有名な節が続く論である。

ただし演習の際、筆者は鷗外のさまざまな作品は読んだが、遺言の問題にはふれなかった。また中野氏の論にもふれなかった。それは教師の見解が先入主となって学生の白地の頭脳に印象されることをおそれたからである。試験問題には、Geheimrat von Goethe は枢密顧問官の肩書を持つゲーテの意であることは註しておいた。

その時の試験には非常に印象的な答案が出たので手許にまだ取ってある。いま私が論文の下書を手直ししていった演練の過程を示すために、私にとって参考となった答案の一部を、執筆者諸氏の了解を得て、抜萃して掲げさせていただく。（　）内は平川の補足である。

（鷗外の遺言は）鷗外の強い自我の表われではないかと思う。（中野氏が鷗外は）何かを怖れたというのはあたらないと思う。（伊藤光一郎氏）

私見によれば文学とはあくまで精神的な営みの過程である。確かに或る種の人間にとっては、経済的安定というものは精神的弛緩を産む危険性があろう。しかしそれは必ずしも当を得てはいない。中野氏は鷗外の遺言の中に、一種のコンプレックスを含んだ力みを読み取っているが、私はこれは間違っていると思う。なぜなら、一生活人のつつましやかな姿で臨終を願っている鷗外が、この場に及んで何故に自らの文学観とか、小説家の中での自らの位置について思いを巡らせたりすることがあろうか。遺言の中での鷗外は決して軍医でもなく小説家でもないのである。

（矢野順二氏）

中野氏は「死ぬ時になってじたばたしても駄目である」と言うが、一面的過ぎる見方であると思う。心の屈折は鷗外にもあったにちがいない。彼が軍医総監であったことしか考えないのでは、私人の鷗外を見落すことになる。鷗外が中野氏の批評を読んだら、さびしく笑うだろう。体制内エリートとしての条件が備っていた上に生きてきた鷗外ではあるが、人生への struggle を無視されては、文人としての価値まで否定されるように感じるであろう。

（堀川明氏）

中野重治氏の批評を読むと、確かに鷗外の生活の経済的基盤が確立されていたから、あのように大往生できたとも思えるが、僕には鷗外がそれほど「悪あがき」をしたり「むきになった」りしたとは思えないのだ。……鷗外自身としては中野重治氏の批評が的を射ているとは思うまい。逆に、遺言状をとやかく言われることの方が迷惑であろう。

（芝田誠氏）

中野重治氏は、鷗外が死に臨んでじたばたしたようなことを言っているが、これは恐らく、鷗外の遺書を変な思い入れなどをいれずに読めば、間違いであることが判るだろう。中野氏は鷗外が何かを怖れていたように思っているが、むしろ遺言から感じられるのは、すっかり達観しながらも、強い自信を内に秘めた姿勢だと思えるのだ。誰が批評家ぶって物を言おうとも、自分の価値は、結局作品を何の先入観や偏見もなく読んでくれる人々の判断をまつより他はない。

（長神悟氏）

中野重治氏の批判を読んで、まず第一に驚いたことは彼の意見が私のと正反対だということである。そういうふうにも理解出来るのかと思って唖然とした。私の意見はまるでずれているようである。しかし鷗外が死ぬ前にじたばたして、何かを恐れて遺言を書いたとはどうしても考え難い。

（長尾美春氏）

批判というものは正面切って、つまり相手のもっとも主張したがっている論点をまともに見すえてやるのが正しいのであって、裏からこちょこちょつつつくのは非常にきたないといわねばならない。……仮に鷗外の文学を作者の社会的地位や思想などによって解明して行こうとする方法論が許容されるとしても、ただ月給がいくらで生活が豊かで、だけではなんら論になっていない。鷗外と同じくらいの生活をしていた高級官僚が、彼ほどの名作をすべて残していたかと問うならば、この事は明らかであろう。たとえ社会的にアプローチするにしても、その社会的地位なり、身分なりが、どのように作者の文学活動と有機的に関係していたか、いいかえれば、ある作家が自己のおかれた社会的地位ないし身分の中で、どのように自己の文学を確立していったか、ということが重要なのである。高級官僚だからこちこちの体制主義者だというのは一種の教条主義で、はなはだ幼稚な見解である。ここで私見を述べれば、鷗外は何といってもやはり体制的——広い意味での——であったことは否定すべくもないが、かえってそこに鷗外の魅力があるのではないだろうか。ただ何でもいいから体制放棄というのは、そういうボヘミアンは、単なる狭い意味での体制べったりの俗物の裏返しであり、別に価値のあることではない。

（仁坂吉伸氏）

文学者はとかく自分は崇高な文学を書く者だと自負して、官権威力というようなものを非常に嫌うような傾向があるように思う。その点、鷗外は他の文学者とちがっていたと思う。（西修一郎氏）

中野重治氏の鷗外論にたいする学生の批判はおおむねこのような調子だった。そうした論調が出るのは、私の教えている教養学部が旧制の高校に相当し、法経志望の学生も、理工志望の学生もまじっているからかもしれない。文学部志望の中には文士気質の人もいて（この学生だけは居所不明で、恐縮ながら

無断で引用させていただく）、

中野重治の批評を全面的に受け入れる。『地下の蘭化が心』などの文章によると鷗外は真の芸術家である。しかし、実際の鷗外の官吏としての生活を知るにつけ鷗外の魅力は減ずる。鷗外の生活は芸術家のそれであるべきだった。（土井宙氏）

などの論も少数ながら散見した。しかし右に引いた諸論はおおむね私が予期していた範囲内のものだった。私が答案を読んでいてはっとしたのは、鷗外が『地下の蘭化が心』で、「学問と美術との位は、人爵の外に在るにあらずや」と言った時、その「人爵」という言葉は反射的に「天爵」という言葉を思わせる。鷗外の態度は儒教的伝統にも根ざしているのではないか、という鎌田繁氏の指摘であった。私は鎌田氏に教えられて自分の原稿に補筆した。

私はまた『和魂洋才の系譜』の中で、中野重治氏の『鷗外論目論見のうち』を昭和二十二年九月と書いたために中野氏から悪し様に書かれた。初出が昭和十八年は御指摘の通りであろう。しかし演習に用いた筑摩書房版明治文学全集二十七『森鷗外集』中の中野重治『鷗外論目論見のうち』の終りに、編集部の老婆心だろうが「昭和二十二年九月」と印刷してある。私が本の形で出たこの年をあげたために、中野氏もまた戦後の風潮に乗って鷗外の遺言解釈を書いた、という印象を読者に与えたとしたなら、その不行届の点はお許し願いたい。

しかし問題の中心はあくまで鷗外の遺言解釈の是非であろう。中野氏御自身、三十年前に書かれた説をいまなお信じておられるのか、どうか。中野氏は先の『文藝』誌上で、

私は、私の遺言解釈を何でも彼でも認めろというものではない。また平川の書いていることがすべていかがわしいというのではない。

と書かれた。その留保された具体的内容は何なのか。中野氏はもはやおそらく御自身の鷗外遺言解釈を全面的には信じておられないのではあるまいか。

しかしその中野解釈が権威ある説のごとく世間に迎えられた様――それが時代の風潮というものだろう――は驚くべきものがあった。たとえば手近にある、昭和四十七年一月以来刊行された岩波書店の編年体『鷗外全集』の広告用パンフレットには、松田道雄氏が「鷗外の今日の意味」と題して、

中野重治氏の『鷗外その側面』が、鷗外を人間全体としてとらえ、その遺言状の分析から出発して「医者、軍人、官吏として立った鷗外が必然の悲しさで文学に行った」とすることで、あらすじは解かれたように思う。

などと書いている。

鷗外の遺言解釈はそのようにいつのまにか鷗外研究の要《かなめ》のように目されるにいたった。それだから『和魂洋才の系譜』が出た時、書評家たちは争うようにその点を問題としたのだろう。すなわち昭和四十七年一月四日の『朝日新聞』は、

たとえば結末の「地下の鷗外が心」は、「余ハ石見人森林太郎トシテ死セント欲ス」と言残した例の遺言状の意味を分析したものだが、従来の中野重治、勝本清一郎らの解釈に鋭い反論を加えて、「人爵」に対する「天爵」という独自の読みを提出している。しかもじつに周到に、鷗外の死生観、遺言状観を実証的に洗いあげていった上での結論なので、つよい説得力がある。

同十七日『東京新聞』の夕刊で小堀桂一郎氏は、

本書の中での比重から言えば小さいものだが印象にのこる一つの具体的な成果をあげてみれば、本書の終章「地下の鷗外が心」は彼の有名な遺言状にはじめてその本質にふれた高貴な解釈を加えたもので、これによって臨終の鷗外の心事は従来の卑陋《ひろう》なかんぐりをまじえた揣摩臆測《しまおくそく》からやっと救い出された観がある。解釈と言い考証と言うものも、その成果は結局は文献操作の才覚よりもより多くは研究者の人柄によって決定されるものだ

という感慨をおぼえるゆえんである。

同様趣旨の論は同年四月号の『新潮』などにも出、いずれも著者の研究方法に理解を示されたものであるだけに有難かったが、しかしこうした文章がいちじるしく中野重治氏の癇にふれるであろうことを思う時、多少有難迷惑という気がしないでもなかった。

しかし世間はその二年前に出た右の小堀氏の『若き日の森鷗外』(東京大学出版会)、その一年後に出た山崎正和氏の『鷗外、闘う家長』(河出書房新社)などもあって、とかく「鷗外論の世代交代」といった刺戟的な見出しをつけたがるもののようである。以上が中野氏の御立腹前後の事情である。

森鷗外の次女、小堀杏奴氏が愛される父君(といってもバルタザール・グラシアンの句の訳文であるが)の言葉に、

時の力はHERAKLES《ヘラクレエス》の鐵棍《てつこん》より大《だい》なり。神《かみ》は
人《ひと》を罰《ばつ》するに笞《しもと》を以《もつ》てせず、時を以《もつ》てす。

という句があるが、さまざまな鷗外の遺言状をめぐる解釈の是非についても、鷗外のこの「慧語」があてはまる時が必ずや来るにちがいない。拙論の成立経緯を述べて「地下の鷗外が心」の付録に代えさせていただく次第である。

(一九八七年一月)

平凡社ライブラリー版あとがき（二〇〇六年）

反権威主義的権威主義者たち

記憶にある祖父母両親兄姉でいまの私より長生きしたものはいない。気がついてみたら、私は平川家の生者の間でも、死者の間でも、最長老となっていた。一九三一年七月生れの私はまだ髪も黒く、気も若いつもりでいたが、学者として老境を迎えつつあるらしい。だがこの年まで筆禍もなしに生きてきた。一九九二年、東京大学を定年退官する際、教授会で学問の自由というたぐい稀な幸福に恵まれた日本という国で教育・研究に専心できた幸せを私は謝したが、いま二〇〇六年、そんな人生をかえりみて、東アジアの中で例外的に言論の自由に恵まれたこの国で生きてきたことの幸運をあらためて感謝せずにはいられない。

そのように時代環境にも恵まれたが、個人としても恵まれた。一九六一年、二十代の末に修士論文を書物にすることができた。その『ルネサンスの詩』は出版元こそさまざま変わったが、いまでは沖積舎から新装版として世に出ている。一九七一年、博士論文は『和魂洋才の系譜』として河出書房新社から世に出すことができた。それ以来、同社から次々と姿を改めて世に出てきた。それが今回、平凡社からも出すことを認めてくれた。有難いことである。しかし人間、ものを書く限り、筆禍とはいわずとも論争に捲き込まれることは避け難い。批判に反論する覚悟なしには自由は守れない。体験した論争にふれることで平凡社ライブラリー版のあとがきに代えたい。

最初に凄まれたのは『和魂洋才の系譜』の結びの章で「鷗外は死ぬ時になってじたばたした」という中野重治の鷗外遺言解釈に異論を唱えた時だ。中野はよほど腹に据えかねたとみえ、平川の書き方は「学問以前できわめて疎漏」と一九七三年四月『文藝』誌上で難じた。私ばかりか私の本を世に出した河出の女性編集者にまでからんだ。するとあろうことか、文芸評論家連は論壇左翼の王様の舌鋒の鋭さを讃え「中野の声にはすさまじい迫力がある」などという。私は鷗外を聖人視する趣味はないので、鷗外の脚気問題の取扱いの失敗などを新曜社から『講座森鷗外』を出した時など積極的に取上げたが、しかし鷗外の遺言解釈について私は中野と解釈を異にする。それで私は、東大の演習でどのように材料を扱って自分の結論を引き出したか、『読売新聞』紙上に反論を掲載し、後にその経緯を詳しくできるだけ客観的に記述して公表した。その「中野重治氏の非難に答える」は河出の『和魂洋才の系譜』の新装版にも今回の版にも入れてある。王様が裸か否かを知りたい人はそれをお読み願いたい。『中野重治研究会会報』十一の山下英一氏の記事によると、丸岡図書館の「中野の蔵書のなかでこれほど手傷を負った本もめずらしい」、『和魂洋才の系譜』には黒のマジックペン、赤や青のボールペンでおびただしい中野の書き込みがある由だ。こうなると悪態を言われたのも名誉の中だろう。

次に嚙みついたのは竹内好だ。彼が私から受けた印象は中野と「一から十までまったく同じ」という。ただし竹内は私が一九七三年二月の『新潮』に掲載した『クレイグ先生と藤野先生』(後に『夏目漱石――非西洋の苦闘』に収む)に腹を立てた。魯迅の『藤野先生』は漱石の『クレイグ先生』の創造的模倣だという平川説が癇にさわったらしい。社会主義を夢みる魯迅崇拝家にとって、毛沢東が称揚した魯迅は大作家である、そんな偉大な魯迅先生ともあろう人が、明治日本を近代化の範とし、漱石を尊敬、模倣して創作することなどあり得ない、とでも思ったのだろうか。しかし改革解放後の中国からの赴日留学生は平川解釈を次々と肯定している。中国人の日本留学精神史をよりはっきりと解き明かすことは日中関係を実り豊かにする大切な作業だ。

その昔、福岡ユネスコの宴会で内外人みんな順に歌をうたわされた。小学四年以来大学院まで同級の芳賀徹が一高の寮歌『あゝ玉杯』を大きな声で歌った。すると竹内が怒って吼えた。この中国研究者は反権威主義者だな、とその時は感じた。中国での体験をたずねたら、意外に外国生活に馴染んでいない。ところでその竹内が、あろうことか、書評では私を「いかにも六三制教育の模範生」と悪態をついた。中野も竹内も要するに反権威主義的権威主義者だな、と今度は思った。プリンストン大で「これほど人間蔑視が文学研究の名においてまかり通る時代の到来を予期していなかった」という大袈裟な平川批判が載った『竹内好全集』を学生たちが回し読みしていた。相手を罵倒するにしても「学問上のポグローム」などと極端な言葉は米国では使わない。だからアメリカの学生たちは目の前にいる平川が善人か悪人かわからず、半信半疑だった。彼らの戸惑った顔を思い出す。

世間知らずの私が叩かれた時、左翼支配の出版界の勢力図を説明して「君は文壇のやくざの親分にどやされたようなものだ」と説明してくれたのは粕谷一希である。旧制一高以来の旧知の彼が解説を書いてくれた。好意に謝意を表する。

明晰な論理と豊かな想像力（抜粋）

源　了圓

……このような基本的立場に立って書かれた本書の叙述の、どこに特色があるか。第一にあげるべきは、その博識に裏づけられた比較文化史的観点であろう。たとえば西欧文化にたいして鷗外のとった「勉励模倣」と「勉励創作」の態度は、フランス・ルネサンスをきずいたデュ・ベレーやロンサールなどのプレイアード派詩人たちのイタリア・ルネサンス文学にたいしてとった態度に比せられる。そしてそのことを通じてわれわれは、近代世界における中心文化としての西欧文化の中でもとくに中心文化の地位を占めるフランス文化も、その形成期においては、明治の日本が西欧文化にたいして占めていた周辺文化の位置しか占めていなかったことを知らされる。そしてそのことは、近代西欧文化についての固定観念をこわし、日本文化の可能性にたいする展望へと人を導くであろう。

第二は、右のことからもわかるように、著者が研究の方法として、抽象的原理や法則の適用という方法をとらず、テキストの綿密な解釈に裏打ちされた事実を積みあげ、それを明晰な論理と豊かな想像力によって整理するという方法をとっていることである。このことは本書の内容を生気あるものとし、説得的なものとしている。

第三は、著者が十分に洗練された警世家的見識をもって本書の叙述を貫いていることである。それなしには、とくに「黄禍論」の問題を取扱った第二部は成立しなかったであろう。日露戦争における日本の勝利ののち、急に西欧世界を席巻した多くの黄禍論についての著者の分析、あるいはこの問題に関心をもちつづけた鷗外の所論の紹介は、戦後急激な経済成長をとげた日本にたいする世界各国の警戒論の中で、日本が国際社会の一員として、この後いかに生きるかという問題を考えるのに、おのずからすぐれた示唆になっている。

いちいちその詳細に立入る余裕はないが、本書は、知的エリートとしての自覚と責任感を底に秘めながら、自由な多角的視点と厳密な学問的手続きによって著者が明らかにしたものを、白墨くさくない暢達の文章で表現した、真摯でしかも趣味豊かな本である。専門家はもちろん、ひろく教養ある人士に一読をすすめたい。

(『朝日ジャーナル』書評　昭和四十七年三月三日号)

文章力みなぎる必読書

大嶋　仁

『和魂洋才の系譜』は学生のとき読んで以来、何度か読み返してきた書である。なにより、その文章力に惹きつけられてきたと言ってよい。

文章力というと、小説家や詩人を語るときに用いられる言葉だが、すぐれた人文系の学者の文章にもそうした美質は見つかる。著者平川祐弘氏の文章は、核心をついた言葉がつぎつぎと飛び出すだけでなく、それらがきわめて自然に連結しているために、読む者はあたかも自分自身の中からそれらの言葉が出てきたかのような錯覚に陥る。思わず、引き込まれてしまうのだ。

氏の文章には、時として矛盾した感情が拮抗して現れる。しかし、その矛盾も、氏が矛盾しているというより、氏の扱う対象そのものが矛盾しているのだと気づかされ、そこから日本近代の矛盾が見えてくるのである。さかしらな頭で眼前に浮上する矛盾を無理にも解消してしまうより、よほど対象に忠実なやり方である。読者にそれが共有できるところが、なによりすばらしい。

つまり、氏の示すところは日本近代の知的葛藤そのものであって、本書は何よりそれを示すものなのである。賛同とか批判とかの域を超えて、読者は自らがその渦のなかにいることを実感するであろう。

氏の文章には東西文化の総合が見てとれる。氏のように西欧世界に身を浸した経験のある日本人は、日本語でありながら、そこに西欧語の明快さをも持つ独特の文体を生み出すもののようだ。「バタ臭い」というのとはちがい、西欧語の論理が日本語を侵食しつつ、しかもそれが日本語の美点を壊さず、むしろ一段上のレベルへと鍛え上げているのである。こうした文体は、氏が対象として扱っている森鷗外の文章にも見つかるものだが、鷗外の場合に見られる漢文脈は氏の文章にはみつからない。氏の文章の基礎は、むしろ和文である。

このような文章に接すると、外国語を学ぶなら、自国語を鍛え直せるほどに学ぶ必要があると思えてくる。西欧文明に侵食されて一世紀半を経過した現在においても、日本人は西洋の言語をもっと磨き、それによって日本語を鍛えなおしていく必要があるのではないだろうか。日本語は、いまもなお「普請中」なのである。

文章力以外にも本書には多々魅力がある。日本の学術書にありがちな難解さ、というより不明瞭さがないというのもその一つで、用語はだれもがその意味を推測できるように使われているし、日本にはない西洋の諸概念は、日本語らしい日本語に置き換えられて、読者の知性をひらくように塩梅されているのである。なにより思考の経路が明快に示され、「自分の背丈に合った思考の表現」となっている。「学者」たるもの、このように考え、このように表現しなくてはならない、と思わせるものがある。

だが、そうした魅力以上にここで強調したいのは、本書が日本近代を考えるすべての人にとって「必読書」だということである。日本近代の精神的葛藤にこれほど微細に触れている書は珍しく、明治期の激変がいかに緊迫した思想劇を生み出したかを肌身に感じさせる点で、傑出しているのである。幾多の維新物語の書を読むより、私なら本書を薦める。

人によっては、本書で扱われているのは森鷗外のような知的選良であって、一般国民が視野に入っていないと指摘するかもしれない。そうした非難は可能ではあるが、妥当ではない。なんとなれば、日本近代を日本国民がつくったなどというのは、幻想だからである。

明治という時代は江戸時代のすぐあとに来るのであって、武士の時代の延長線上にある。学問に従事した武士の精神的伝統が、本書で扱う知的選良たちに流れ込んでいるのである。本書は彼らの知性に光を当てることで、西欧化を迎えた時代の精神的葛藤を描き出している。それを見ずして、他のものを求めるのは筋違いである。

本書のなかで何度も説かれているように、日本の近代化は西欧化を意味する。したがって、西欧文明と東洋的伝統の葛藤に焦点が絞られるのは当然なのである。その葛藤が「和魂洋才」といった簡単な図式で解消され得るものでないことは、本書の全ページが示している。西欧文明から何を学び、何を学ぶ必要がないのか、その取捨選択の問題が、豊富な具体例を通じて追求されているのである。

西欧文明と格闘した明治の先人たちの努力は、いまだに正確には理解されていない。本書に今日的な価値があるとすれば、まさにその点を明らかにしている点にあろう。経済力や技術力において世界の大国となった日本ではあるが、自分たちの歩んできた厳しい道程を顧みることがなければ、足元から崩れることにもなりかねない。本書はその意味で、これからも読みつがれていかねばならないのである。

平川氏は比較文学の第一人者として知られる。その観点からも、本書は学ぶべきものが多い。何を学ぶべきかと問われれば、氏の学問に対する構えを真先にあげたい。鷗外を論じるには漢文を知る以外に、ドイツ語とドイツ文化、とりわけドイツという国を知る必要があるという構え。それが氏の学問を支えている。

フランス作家を語るにおいても、イタリア文学、英国文化を語るにおいても、同じ構えを氏は貫いている。だからこそ、知識が単なる知識ではなく、実体験に裏づけられて鮮度を保つのだ。氏のあとにつづく多くの比較文学の徒の果たして何人が、この構えを維持しているであろうか。私に言わせれば、比較文学を学ぶすべての者にとって、本書は格好の教科書である。

氏の研究方法は非常にダイナミックであるが、これは研究方法というより、生きざまに近い。個々の作家や作品を細かく分析し、背後にある些細な事実を本文の解釈に結びつける細かい作業をしているかと思えば、作品の背後にある文化と別の文化との比較、さらには人類文明史のレベルにまで話を拡げる。重箱の隅をつつくことしか考えない大半の学者からはいぶかしく思われもしようし、彼らにとって脅威とも感じられるであろうが、氏はそうしたことは一向に気にせず、目標に向かって突き進んでいく。そういうダイナミズムこそ、氏の学問の生命となっているのである。

氏の文化観は統計的に割り出されたものではなく、

ある種の直感から来ているので、時として「主観的」「短絡的」「大雑把」という印象を与えるかも知れない。しかし、これまた「自分の背丈に合った思考」のあらわれで、反論したければ反論できますよといった一種の自由さもそこに覗くことを見逃してはならない。人によっては氏を「気難しい人」とイメージしているかも知れないが、氏は意外なほどリベラルである。それは、『和魂洋才の系譜』にも現れていよう。

氏が本書で強調していることのひとつに、「巨視的にして微視的であれ」というのがある。これは氏が比較文学の極意として後代に伝授しようとしているものなのだが、今日の比較文学者が往々にして壮大な文明論を避け、無難な実証主義に落ち着いていることへの警鐘ともなっている。比較文学者が微細な実証主義に終始すれば、国文学研究者と変わるところがなくなる。比較文学に求められているのは巨視と微視の両方を使い分けることであって、その点で氏の教えは今後も有効でありつづける。

ところで、私が最初に本書を読了してから間もないころ、ある広告代理店の社員と食事をしたことがある。その会社員がたまたま本書を読んでいたので、思わず好奇心から、どうしてその本を読んだのかと尋ねてみた。すると、「いや、なかなかに面白い本ですよ」という答えが返ってきた。そこで、どういう点が面白いのかと聞くと、「思い込みの強そうな人ですね、この著者は」と思いがけない返事が返ってきた。私はハッとした。本書の著者は、読者にそのような印象を与えるのかと。

その会社員が本書の内容をどこまで理解していたか、それはわからない。しかし、本書を面白く読んだこと、本書の著者に完全には納得できない思いがしていること、これは確かなようであった。私はしばらく考えた。果たして平川祐弘という人は、それほどに「思い込みの強い人」なのだろうかと。

今回読み直して思ったのだが、氏は必ずしも「思い込み」が強いとは言えない。「思い込み」が前面に出る場合でも、必ずそれを相殺する別の論を出している場合が多い。全体としては、バランスがとれている。

それでも専門外の読者に「思い込みが強い」と思わせるものがあるとすれば、おそらくそれは氏の主張の強さにある。本書は日本近代の西欧文明への対し方について、ひとつの主張を何度も繰り返している のである。学術書であるだけに、それが目立つ。

では、学術書はなんらかの主張を打ち出してはいけないのか。無論そんなことはなく、主張がなければ、反論も出ない。反論が出なければ、学問が進歩することもないのである。日本の文学研究者の大半が文芸批評家でないことのほうが、むしろ問題ではないか。

批評とはすなわちクリティーク。クリティークはクリティカル（＝危機的）とつながる。平川氏が自己の主張を押し出すのは、氏が学者であると同時に批評家でもあるからで、つねに周囲の状況を危機的なものと捉えているからなのだ。学問、とくに人文系の学問が批評性をなくしたら、世の中に対して責任をとることなどできない。本書を読むたびに感じるのは、著者の持つ批評性、危機的状況への発言の姿勢であり、そこが本書の魅力となっているのである。

解説　和魂漢才から和魂洋才へ

粕谷一希

戦後の学制改革で、旧制高校は廃止になり新制大学が発足した。そのとき東大の初代教養学部長となった矢内原忠雄を始め、木村健康、前田陽一など、旧制高校の特色を惜しんだ教授たちは、新制度のなかにその特性を生かそうとして、後期の二年を本郷に行かずに駒場で学ぶことになる教養学科を設立した。

英、独、仏、アメリカといった地域を単に語学だけでなく、社会と文化、歴史を総合的に学ぶ方式である。「地域研究は学問ではない」という本郷の学者たちの冷笑を背にしつつ、教養学科は優秀な学生を多く吸収しながら育っていったのである。やがて後期課程の上に大学院も開設され、国際関係と比較文学の部門がもっとも早く創設された。これまでの大学にない、新たに目覚ましい発展を遂げつつある学問分野だけに、本郷も文部省も認めざるを得なかったのだろう。

その比較文学比較文化の大学院を担った指導教官は島田謹二であった。戦後、台湾から引き揚げてきた島田謹二は、旧制一高時代から人気教授で、その講義はいつも学生が溢れていた。もとを正せば、島田謹二は日本浪曼派の巨匠佐藤春夫の高弟であり、詩人的資質の過剰な学者であった。抑揚をつけて朗唱する島田謹二の講義はどこか滑稽感を伴いながらも、（私などはついてゆけなかったが）聴衆を陶酔感に誘いこむ性格をもっていた。

もともと、島田謹二は東北大学で土居光知に学んだという。東北大学には阿部次郎もいて比較文学を含む世界文化を論じていた。土居光知も視野の広い、世界文学への展望をもった学者であったが、島田は土居とソリがあわず、台北まで落ちのびて自分の自由な文学観を育てた。それが戦後、引き揚げてきて一高から駒場の教養学科比較文学比較文化コースで花開いたといえるかもしれない。

一九五〇年秋に発足した教養学科は、二十年を経て比較文学の新世代を登場させた。一九七三年から一九七六年にかけて刊行された『講座・比較文学』全八巻（東大出版会）は、芳賀徹・平川祐弘・亀井俊介・小堀桂一郎の四人の編集である。第一巻『世界の中の日本文学』には、師の島田謹二だけでなく、京都の白川静、吉川幸次郎が寄稿しており、また第八巻の『比較文学の理論』では佐伯彰一、高階秀爾が援軍のような形で執筆している。

＊

本書『和魂洋才の系譜』（一九七一年刊・河出書房新社）は講座に先立つこと二年の作品であるが、多作な平川祐弘の作品群の中では、初期から中期にかけての、比較的早い時期の問題作である。

副題に〝内と外からの明治日本〟とあるが、最初から最後まで、森鷗外の作品分析を通しての東西文化論、東西文明遭遇の問題点を探る、雄大な構想をもった比較文学・比較文化論といってよいであろう。

森鷗外という存在を対象としたことは、島田謹二流の叙情に流れやすい傾向を抑えるのには最適だった。鷗外は一方で叙情詩を理解する詩的感性をもちながら、懐疑と抑制を軸とする学者であり歴史家である。その学問は和漢洋に及び、鷗外自身のなかに矛盾相克を抱えているからである。

全体は三部構成となっており、第一部は「非西洋の近代化とその心理」、第二部は「非西洋の近代化と人種問題」、第三部が「西欧化日本と和魂の行方」となっている。どの部でも、鷗外の作品を使ってその中にある問題を探っているが、同時に豊富なヨーロッパ諸国の文人たち、社交夫人たちを登場させながら文化交流の構図をよく考察している。とくに平川の場合、日本と中国の関係、儒教文明・漢字文明との遭遇の型が先行形態としてあり、西洋文明との出会いも、つねにそれとの比較で考えていることは、今日まで変らない。壮大な構想力といえよう。

第二部の人種問題は、鷗外の黄禍論を、アナトール・フランスの論と対比し、キプリングと徳富蘇峰、トルストイと与謝野晶子といった具合に、東西文人の組合せが自由自在であり、比較文学の素養が存分に生かされているといえよう。

第三部では、鷗外の作品にかえって、とくにあまり論ぜられることのない小品を素材として面白い問題を引き出している。『普請中』や『花子』などはよく話題にのぼるが、『津下四郎左衛門』や『『天の鍵』序』などは、私（解説者）なども読み落としていた文章で、維新前後、ロシア革命当時の日本の世相を語ってこよなく面白い。

しかし、圧巻はなんといっても最後の「地下の鷗外が心」であろう。鷗外の晩年、死に向って歩む鷗外の姿を、小島政二郎の作品や次女の小堀杏奴の文章によって描き、またその遺言の作成とその文意の解釈をめぐっての諸家の文章を比較し、中野重治、勝本清一郎、唐木順三、高橋義孝といった昭和の文士の解釈よりも、鷗外の間近にあった、永井荷風、木下杢太郎の解釈を、鷗外の真意に近いという判断を示している。その点は私も同感である。

鷗外の遺言状は昔から論議を呼んでいたが、「石見人森林太郎トシテ死セント欲ス」という鷗外の断乎たる決意は、明治が遠くなるにつれて次第に真意を読み取れなくなったのであろう。とくに「立身出世できなかった忿懣が爆発したのだろう」といった勘ぐりは下種《げす》という他はない。

筆者は昭和四十四年九月七日、三鷹の禅林寺で、読者らの醵金によって建立された遺言碑の除幕式が行われたことを告げ、おのずからなる読者の敬意――それは平川自身のものでもあったろう――の方向を指し示している。

（この問題は私自身も強烈な関心があり、ほぼ同感なのだが、同じように山県有朋に仕えた原敬が「位階勲等記スベカラズ」として「原敬之墓」とだけ彫《きざ》ませた原敬の心事と比較してどのような解釈が成り立つか、興味のあるところである。）

*

この書物には〝あとがき〟のあとに、付録として、「中野重治氏の非難に答える」という傑作な文章が掲載されている。平川祐弘の受難劇として記録に価いする。

中野重治は戦前派の急進的詩人・プロレタリア作家である。その独特な癖のある文体は粘着力のある発想と共に、強烈な印象を多くの読者に与えた。とくに有名なのは『村の家』（一九三五年）であろう。老農夫である父親と転向知識人である私の対話を通して、昭和の精神的ドラマを描き切っている。また鷗外については戦中・戦後と書き継がれた『鷗外その側面』（一九五二年）がある。もと『鷗外その側面の一面』という表題であったという。中野重治には〝走り書的覚え書〟といった表題の本もあり、不安の時代を生きた三木清と同様（三木は『人生論ノート』『哲学ノート』など）、不完全なまま世に問うという癖があった。戦後には『五勺の酒』（一九四七年）、『むらぎも』（一九五四年）、『梨の花』（一九五九年）、『甲乙丙丁』（一九六九年）など、いずれも自らを凝視した傑作小説がある。一時、共産党の参議院議員となったがのち除名された。

この中野重治に噛みつかれたのである。もはや四十を過ぎていた平川祐弘も子供ではないが重圧であったことは想像される。しかし、平川は堂々と反論してタジロがなかった。そしてこの論争は平川の方が勝ちだと私は思う。官吏や国家権力といった存在に対する左翼知識人の認識はマルクスの階級理論以来、下種の勘ぐりであって、鷗外の遺書の真意も、士大夫としての文学という荷風の解釈こそ正しい。中野は鷗外という存在の位置をも見誤っていると思う。

＊

平川祐弘の『和魂洋才の系譜』は、単なる森鷗外の作家論ではない。鷗外の作品分析を通して、また鷗外に対応するヨーロッパ文学の多様な作品との比較を通して、東西文化・東西文明の挑戦と応戦、あるいは遭遇の過程を、雄大な構図の下に描き切った問題作、労作であると思う。とくに、漢才と洋才という二つの巨大文明との出会いを体験した日本人の姿を、正確に捉えた厚味のある大作である。

比較文学の方法は、ここできわめて有効に機能している。島田謹二によって創設された比較文学という学問分野も、欧米とはちがう日本の精神風土で、どのような成果をあげるかはまだ未知数であったころに、平川祐弘や芳賀徹の諸作品が達した豊かな成果は、そののちを歩む後進たちの目標ともなったことだろう。戦後の日本の知的活動の中で、比較文学の分野はもっとも高い成果をあげつつある。

本書『和魂洋才の系譜』は同じ著者の、『西欧の衝撃と日本』（一九七四年）、『平和の海と戦いの海』（一九八三年）、『進歩がまだ希望であった頃』（一九八四年）などと共に、同学者と読書人の道標としての役割を果すことであろう。平川のダンテ研究、マッテオ・リッチ研究、ラフカディオ・ハーン研究といった個別研究と共に。平川祐弘は戦後日本の論壇では保守派に見えるかもしれないが、明白な国際派であり、平和派である。その点の認識を誤ってはならない。

また、平川祐弘は、最近、海外の出版社から英文で著書を公刊しはじめた。*Japan's Love-Hate Relationship with the West* (2005)。ここでも、平川の問題意識と雄大な構図は基本的に変っていない。彼の学問の確かさを痛感する。喜寿も近くなった平川は、いまも髪黒々、若々しく健康である。十年後の執筆計画まである。自愛を祈る。

（かすや　かずき／作家）

鷗外の遺言をめぐる論争

山下英一

丸岡の中野重治記念文庫に中野の蔵書のなかでこれほど手傷を負った本もめずらしいと思われる一冊がある。二〇センチ×一四センチ型四二九頁のなかに、『中野重治　文庫目録Ⅱ』(丸岡町民図書館発行)によると、カキコミ頁数四十六、オリコミ頁数二十二のそれも二重に折りこんだ頁もある。カキコミも鉛筆や、黒のマジックペン、赤や青のボールペンの三色からなる余白の文字、囲み、傍線といった念の入り様であった。

この一冊が平川祐弘著『和魂洋才の系譜――内と外からの明治日本――』(河出書房新社　一九七一年)である。ちょうど十年前、筆者は雨森信成(1)という人物のことで平川氏と文通を始めた。日本に於ける比較文学研究の泰斗と目されている平川氏から、特にラフカディオ・ハーンについて筆者は今も教えられることが多い。

そういういきさつもあって、一見してわかる中野のこの研究書にたいする不快を表す書込みと、なぜこれほどまでにこの本が中野の不興を買ったのか、あるいは癇にふれたか(平川氏)について知りたいと思った。ことわっておくが筆者は中野重治の文学からも平川氏の学問からも多くのことを享受していて、この二人の先達に感謝する者である。

いちばん目についた書込みは扉の頁に黒のマジックペンで書かれた、おそらく読了直後の感想の要約のそれであった。(wesentlich(根本的)konservativ.(保守的)reaktionär(反動的)―筆者注)しかし筆者の不勉強から長い間、この書込みの問題を放棄したままでいた。ところが最近、ちくま文庫の『鷗外　その側面』が出て「『和魂洋才の系譜』のこと」を読むことができた。また一方、『和魂洋才の系譜』新装版の付録に「中野重治の非難に答える」という文章を知った。とっさにこれは論争だと思った。そう思って調べて行くうちに中野対平川の論争のた

文部省的
秀才・下（中）級　官僚的
勉強ノオト能力、力量
wesentlich konservativ u. reaktionär
「衆愚」に対して能弁――部ノ理
（demagogia）

どった歴史的時間が次のように読めてくる。

中野論文「鷗外論目論見のうち」一九四三年（昭和一八年）、著書『鷗外　その側面』一九五二年（昭和二七）に所収。平川論文「地下の鷗外が心」一九六九年（昭和四四）、著書『和魂洋才の系譜』一九七一年（昭和四六）に所収。中野論文「『和魂洋才の系譜』のこと」一九七三年（昭和四八）、ちくま文庫『鷗外　その側面』一九九四年（平成六）に所収。平川論文「中野重治氏の批難に答える」一九七七年（昭和五二）、新装版『和魂洋才の系譜』一九八七年（昭和六二）に所収。因に中野重治の死は一九七九年（昭和五四）。その年、平川祐弘氏は四十八歳。中野とは一世代すなわち三十年のへだたりがあった。また「鷗外論目論見のこと」の中野は四十一歳、「地下の鷗外が心」の平川氏は三十八歳であった。

平川氏がいみじくも言ったように鷗外論の世代交代（「中野重治氏の批難に答える」）ということもあろう。大岡昇平の言う中野が息子ぐらい年の違った平川にかみつく（「文芸」一九七三年五月号の「一頁時評」）というなら、平川氏はすでに一九六九年、「従来の諸解釈に私が疑問を抱いていた」（「中野重治氏の非難に答える」）ため結果的にはこうなるよう中野をけしかけていたということになる。そこに平川氏にとって非難と取れる中野の文章（書込みそのままのような）が発表される。（「文芸」四月号）その四年後、平川氏は「比較文学研究」（第三十一号）に反論を発表した。一九七七年のことであったが、中野はこれを知ったか知らぬか、一九七九年の死を前にして反駁の期待できる事情ではなかったろう。従って論争といっても間延びのしたものではあったが、論争は確かにあった。論争特有の言葉のはげしい応酬がある。

まず中野の方からだが、『和魂洋才の系譜』が出たときには、中野は早速手に入れて読んだ。その著者については何も知らなかったが、鷗外のことをあれこれ書いてきたので、読むことに義理を感じたからだという。新しい本にたいするこういう気持は誰にもあることだ。読んでみると「鷗外について書いた私の文章が引用されて、とてつもないことがそれに絡めて書かれている点なども不快だった。」しかしそれらについては「割りに単純な虚偽とか誤謬とかいったもの」と言ってやりすごすように見える。が実際はこの不快なことが中野には最も我慢のならない事実であった。

　引用された中野の文章というのは「鷗外論目論見のうち」の末尾の部分であったが、平川氏はこの論文が「敗戦後の日本で声高に主張された鷗外の遺言解釈」であったとして中野に従えば次のように絡めて書かれている。

　文学青年や文士は一般に官吏や博士が嫌いであり、なかには理由なく反抗する人もいるくらいであるから、そのような気質の人には、官人として生きた鷗外が、死の直前になって官人として生きることによって受けた束縛をふりほどきたくなったあまり、あのような遺言をのこした、と解釈することによって痛快（というか一種のSchadenfreude)を味わうのではないかと思われる。（「地下の鷗外が心」）

　辞書の訳にはSchadenfreude（意地悪き喜び、他人の不幸を喜ぶ気持）とあり、この頁の上段余白に、「平川自身／Schadenfreude aber 紳士的」と赤い書込みがある。相手の極め付きの言葉の逆手を取るのは論争の常道であり、これもまた中野のうまいところであると思う。

　中野から学問的に疎漏、学問以前といって自分の文章をたたかれて、平川氏はその論文「地下の鷗外が心」の成立の経緯から説明を始める。ここでも平川氏は鷗外遺言の中野解釈に明らかに真向うから反対した。中野もそうであったように平川氏も論争に味方をつけて応戦した。中野は立腹すると相手に頭ごなしに無理難題をふっかけるように見える。平川氏の方はやんわり相手をつつみこむように見えて、辛抱強く論を進める。

鷗外の遺言から「奈何ナル官権威カト雖此（死）ニ反抗スル事ヲ得ス」をもって中野は癡愚と見なし、「森林太郎トシテ死セント欲ス」に平川氏はこの気持ちをそのままそっと尊重したいと言う。鷗外のドイツ留学についても中野は鷗外が社会党鎮圧法を布いたプロシャ的勢力の保護のもとで勉強していたことに着目する。他方、ドイツ留学が鷗外に学問と芸術の価値は栄誉といったものとは異なることを身につけたと考えるのが平川氏であった。

鷗外の『妄想』（中野は「まうざう」とルビをうつ。仏教語からと考えてのことだろう）はその生涯の感想を知るのによく引合いに出される重要な作品だか、中野は「あわれでみじめな国民生活の線まで降りてくることができなかった人」のそれととり、平川氏はこれを鷗外の日本回帰ととって、「過去の日本への感謝、その伝統にたいする肯定」の発言と見ている。

このようにことごとく両者の考えは齟齬をきたすようだが、実は中野も平川氏も鷗外を論じる意味を明治日本の解明に置いていた。『和魂洋才の系譜』の本意は「内と外からの明治日本」に外ならなかった。中野もまた「鷗外六十一年の生涯と仕事とには、近代日本の百年史がさながらに映りでている」（「森鷗外」一九五七年）と言っているではないか。

鷗外は明治以前、一八六八年より前に、一八六二年、文久二年に生れました。そして昭和以前に、大正十一年、一九二二年に死にました。明治、大正、昭和のうち、鷗外は昭和を知りません。一九二三年の関東大地震をさえ知りません。まして第二次世界戦、その後の一九四五年八月十五日というものを知りません。また日本は、このあいだに大きな変化を受けています。特に第二世界戦と八月十五日とは、それ以前の日本を統一していたもの、あるいはほとんどよく統一していたあるものを、ある程度、あるいはしたたかに砕いて去りました。さて、そこに生じてきた変化にたいして、それが内側からきたものであれ外側からきたものであれ、これに抵抗しようとし、あるいは屈伏しようとし、たいていはしかし両者折衷の道を行こうとしたもの、このまったく日本的なものは、明治以前に生まれて大正期に生涯を終えた鷗外の一身に、明治期の分もふくめてほとんど完全な形で反映していた。集中していたとわたしは考えます。

（傍点筆者）

中野が明治の日本と洋学の関係を鷗外に見ようとしていたことを知ったのは筆者にとって幸いであった。日本を内と外からの変化のなかで考えていこうとする点では平川氏も負けてはいない。一方が他方を教師風の説教臭のする政治的情念（vulgär）の人とかみつけば、他方は党派的な感情と恣意的な解釈でものを言う人とやり返す。

ここに筆者が好んで読むソロー(2)の言葉の一つを思い出す。「講演者がどんなに熱心でも、話してわかる相手は自分に似た人に限る。もし人が私の考え方を知ろうと思ったら、私の立場に自分を置こうと努力しなければならぬ。」しかし実際に人は立場の異なる人たちのなかで生きざるを得ない。

このような意味でも中野と平川という二人の優れた知性と豊かな個性（人柄またはパーソナリティ）を持つ文学者、文学研究者の論争が激しい言葉のやり取りになったのは当然であり、むしろ中野の死によって続きの論争が亡くなったのは日本にとって残念なことであった。

（1）「日本回帰の軌跡――埋もれた思想家　雨森信成」（「新潮」一九八六年四月号）後に平川祐弘著『破られた友情――ハーンとチェンバレンの日本理解』（新潮社一九八七年、『平川祐弘著作集』第十一巻）に収録される。講談社学術文庫に『小泉八雲／平川祐弘編』全六冊がある。

（2）Henry David Thoreau（一八一七―一八六二）アメリカの随筆家、思想家、詩人。訳文はソローの『日記』一八五五年二月十九日から引用した。『ウォールデン、森の生活』（一八五四年）、『メインの森』（一八六四年）いずれも講談社学術文庫に入っている。現在アメリカで広く注目されている人間と自然の諸関係をあつかう研究分野 Nature Writing に於てもソローは高い評価を受けている。

一九九五・二・一九

他者との対決における日本

ジャクリーヌ・ピジョー

ペリー提督の「黒船」が浦賀の港に艦砲の照準を定めた光景は、時が経とうとも、一民族の記憶からけっして消し去ることのできぬものである。アメリカ人が自分たちの船のために日本に開港を迫って突きつけた最後通牒《つうちょう》は、十九世紀中葉の西洋が多くのアジア・アフリカ諸国に突きつけた数多くの降伏勧告の一変形だったに過ぎない。日本の場合、政治的独立が全うされ、百二十年後の今日（一九七三年）、日本は西洋化の結果いまや「極西」と自任するまでにいたったが、西洋の挑戦が原因で生じた心理的緊張と分裂は日本国民にとって忘れがたい刻印を残した。「開国」を決意した先覚者とともに明治日本の人々が、自国と西洋の関係について、いかなる苦衷《くちゅう》を覚え、その問題についていかに深思熟考し、また論議を交わしたか、それが東京大学の比較文学の助教授で、ダンテ『神曲』の訳者でもある平川祐弘の浩瀚《こうかん》な著作の主題となっている。

充実した著書である。取りあげられた文献は、ただ単に森鷗外などの大作家にとどまらず、日本の新聞、ゴビノー、キプリング、アナトール・フランス、ファレールなどの外国作家、また当時たまたま日本に在住した西洋人の日記、ノートの類にまで及んでいる。しかもその引用文献が必ず歴史的パースペクティヴの中で分析、論評され、緻密な博引傍証《はくいんぼうしょう》と稀に見るきびしい知的誠実によって処理されている。しかしだからといって著者は、その分析が必然的に引き出す倫理的・政治的結論から身をかわそうとはしていない。それだから『和魂洋才の系譜』はまことに読む人を惹きこまずにはおかぬ博士論文《テーズ》――博士論文の本来の意味である問題主張《テーズ》となっている。

「黒船」の到来は一八五三年当時の日本政府であった幕府とその諮問を受けた封建諸侯を周章狼狽《しゅうしょうろうばい》させた。大恐慌に陥ったが、しかし日本が強力な外国と対決を迫られたのはこの時が初めてではないという。しかし平川がここで話題とするのは、少なからぬ結果をもたらした、十六世紀の西洋人の渡来のことではない。なにしろ彼らが入国を試みたからこそ「鎖国」政策もとられたのである。

しかし平川によれば、日本人の対外態度の原型は、日本史の黎明《れいめい》期から、シナとの関係によって形造られてきたのだという。中華帝国の影の中で成長してきた日本は、自分自身をつねに「周辺文化」の国として意識してきた。それというのも中華帝国は、中国こそが中心文化の所有者であると自任し、文明の光はそこから四方に輝くものと思われていたからである。われわれヨーロッパ人のように、歴史がほぼ比肩し得る諸国民の絶えざる政治的、文化的相互影響の下で育てられてきた人間にとっては、大国シナと島国日本の間のような隣国関係を想像することは難しい。このような巨大な国の存在は日本人の頭にこびりついて離れなかったが、しかし狎《な》れ親しむにしては海によって隔てられていた。なにしろ中国は、日本が混沌とした神話時代からようやく脱け出そうとしていたころ、文明の花咲く時期をすでに迎えていたのである。それのみか、幾たびか衰退の時期も閲《けみ》し、また幾たびか強盛《きょうせい》大国と呼ばれるような時期を迎えていたのである。その国から日本は実に多くを学んだ。それで中国は——中国側ではそんなことはたいして気にも留めてもいなかったが——日本にとって最高の参照例となっていた。

それでもさほど時期を置かずに漢文化とは別の独立した日本の文化が花開いた。しかしそれは日本人がほとんど気が付かぬうちに生じたことで、ヨーロッパのルネサンス期のような強烈な国民的自覚なしに行なわれたのである。平川も指摘しているが、十一世紀の初頭以来『源氏物語』は、物の見事に、日本文学の絶対的な独自性と驚嘆すべき言語駆使能力を立証しているが、その『源氏物語』でさえ、多くの日本人にとっては二級の作品とみなされていたのである。それと言うのは『源氏物語』は漢文で書かれていなかったからである。

国民的自覚は、日本では十八世紀初頭の国学者の到来まで待たねばならなかった。日本人が文学の分野のみならず宗教や政治思想の分野でも系統的に日本古典の源泉にさかのぼって熱心に研究するようになったのはその時期からである。その国学の動きは、漢文化の威信に支えられた「拝外思想」との間に時に激越な対決を惹き起した。漢文優位の日本の学問世界において国学者たちの側から自国の言葉の「擁護と顕彰」が唱え出された。（漢文とは古典中国語で、その役割は西洋に置き換えると、中世ヨーロッパのラテン語の役割に相当する）。漢意《からごころ》の持主に対して衒学、学問的不毛、判断の欠如、国家に対する不忠などの非難が浴びせられたのである。

この非難には十分根拠があった。平川は「周辺」文化に属するインテリゲンツィアの例を多く引いている。そうした知識人は自国の実態をよく知らない。それだから外国知識の獲得が必ずしも知的視野の拡大とはならず、他者である外国の判断基準への盲従となってしまう。精神的隷属《れいぞく》だが、それは日本に於いても根深いもので、歴史の有為転変《ういてんぺん》を通して、いくら非難されても続いて出てくる。漢意《からごころ》は今度は西意《からごころ》となって執拗に現われるのである。それだから日本の思想の展開とは外国イデオロギーの輸入の連続ということになる。西洋という権威が、仏陀の権威、孔子の権威のあとを継いだわけである。

しかし「周辺文化国」であったことの古い習性が、中国と違って、日本を世界史の大流の中へ巧みに適応させたのだと平川は言う。中国にとって西洋文化との出会いは、自己に匹敵しうる最初の文化であった。中国はその種の対決の用意のなかった国であった。日本と違い中国は西洋人宣教師が教えてくれるものを尊重しようとはしなかった。（中国では西洋書籍の漢訳や普及は当初は西洋人が行なったが、日本では日本人が進んで西洋書籍を翻訳し普及に努めたと平川は指摘している）。それに日本には明治維新以前から西洋技術研究の並々ならぬ伝統と蓄積がすでにあった。（当時は蘭学と呼ばれた学問がそれである）。それというのは鎖国にもかかわらず、二世紀近く前から医学、天文学、理学、造船等の知識や論は日本に伝わっていたのである。

「黒船」の到来によってにわかにはっきりした西洋の脅威で、日本国内は鼎《かなえ》の沸くがごとくになった。議論は百出し、政治的な色合いを帯びた。国論は二つに分かれた。「尊皇攘夷」を唱える一派、いわゆる尊皇派は、徳川将軍でなく天皇親政を主張する。神武創業の始めに返り、神道に基づき、外国による一切の汚染を排するという。後者の「開国和親」を唱える一派、いわゆる佐幕派は徳川幕府を支持し外国との友好親善につとめ、儒教的な古い秩序を護ろうとする。紆余曲折の末、尊皇派が勝利したことは広く知られる通りである。しかし一たび権力の座に着くや、彼らが先ず実行したことは彼らがかつてあれほど非難を浴びせた開国の政策であり、日本の西洋化であった。

この方向転換は一体なぜか。多くの人は唖然とした。平川はこの点について森鷗外の説明(1)を良しとしているようである。(ちなみに言う、森鷗外(一八六二―一九二二)は彼が生きた時代の最も権威ある人物であった。軍医であり文学者であった。古今東西に通ずる博識で、数多くの翻訳によって西洋文学を日本人に知らせた。そして鷗外自身が日本に近代小説を創始したのである。その史伝は日本人の倫理とは何かを再考させる作品である。鷗外は論争家で、多才、その発言は人々がその時代もっとも耳を傾けた声である。平川は『和魂洋才の系譜』で森鷗外を問題を解く上での最有力な証人としてとりあげ、本書の多くを鷗外作品にあてている。なお、一九七三年現在、評者の知る限りでは、鷗外のフランス語訳は一つもない。)

「智者」は西洋の技術的優位を承知しており、「攘夷」は実行できないことを前々から知っていた。しかし「攘夷」を唱えることによってのみ大衆の心を摑めることも心得ていた。権力を握るや、政治的叡智を働かせて、たちどころに政策の方向転換を行なった。それが昭和維新を唱えて無謀にも太平洋戦争に突入した八十年後の日本と明治維新との違いである。維新の指導者は日本を破滅に追いやる排外主義的国家主義の失態を賢明にも回避した。国家に対する真の忠誠心とは、「黒船に象徴される西洋の武力進出に際して日本という国家の存立を全うしようとする決意である」。そのためには機能不全に陥った徳川幕府という旧体制を廃するためにも第一段階では排外主義の態度をとらねばならない。そしてその次の段階では日本の近代化、いいかえると日本の西洋化を図らねばならない。

明治の日本にとっても、二十世紀の地球上のあらゆる国にとってと同様、近代化は外部から強要されたものだった。宿命としての近代化である以上、唯一の選択はその挑戦を受けて立つ以外にはない。植民地化される国や地方のリストは当時は年々長くなる一方だった。日本がそのリストに名を連ねたくないのならば、生きのびるためにも西洋化せざるを得ない。そんな窮地に追い詰められた以上は、必死の努力を振り絞る以外に道はない。

「和魂洋才」それが明治時代のそのための標語だった。この和魂（日本魂）と洋才（西洋技術）という二つの言葉は論理的に結び付けることができるものなのか。それはこう言い直すこともできようか。(事態の流れがその採用を余儀なくしている以上)「外国の技術の採用にもかかわらず日本魂を守ること」あるいは（国家にその政治的独立を維持させるための手段を賦与するために）「西洋の技術を導入して日本魂をよりよく守ること」。なぜならいちはやく開国論を唱えた啓蒙指導者福沢諭吉（一八三四―一九〇一。福沢はすでに一八六〇年に渡米している）が言うように、日本の独立を維持するための手段は技術文明に求める以外にないからである。

技術という言葉で何を意味したかは明瞭である。軍事技術だが、同時に理学であり自然科学であり、医学である。日本魂についての定義はさらに難しいが、平川はこの表現をその言い方の歴史分析というまわり道をして説明する。それというのは和魂洋才という標語ははるかに古い紀元九世紀や十世紀にその発想が（たとえば『源氏物語』に）見られる和魂漢才という評語を焼き直したものであるからだ。

日本が正式に中国と外交関係を開いてからおよそ四百年、大陸から数多くの政治的、宗教的、文化的要素を取り入れた後、日本人は自分たちの魂を再発見しようとした。その際、大和魂とは何かということは実のところ定義するのは容易でなかった。それが十九世紀になってふたたび大和魂とは何かということが話題となると、今度はそこに中国の儒教起源の倫理的価値が含まれていることは明白である。漢学の影響は日本史を通して認められるが、十七世紀以来とくに顕著であった。大和魂は日本精神とも呼ばれたが、それは東洋精神とも呼ばれる。こうして外国との関係はより複雑になった。かつては二元的な関係（日本／中国）であった。それが三元的な関係（日本＋中国／西洋）となった。日本の純粋性なるものを言い立てる人々に向い開国派は、この東洋という多元的要素を含む概念を言うことによって対抗した。しかしこの東洋道徳とは何であったか。その標語は我々フランス人でも言いそうな主君への忠誠と親への孝行を意味する「忠君愛国」である。フランス語に縮めるなら《humanité et devoir》とでも言えば良かろうか。

実をいえば中国人には自分たちの聖人君子の教えを西洋哲学と比較して再吟味しようなどという気はさらさらなかった。中華帝国では西洋は形而下の分野でこそ優れているが、形而上の分野では政治・倫理・社会の制度のいずれにおいても中国ははるかに優れており世界無比である。そう長い間ずっと信じられてきた。十七世紀の初頭イエズス会士が明朝の宮廷に着いた時、西洋科学の優秀性は中国人の好奇心を誘い中国人は讃嘆の声をあげたが、キリスト教の教義や西洋哲学の概念は一向に注目されず評価もされなかった。そして中国に於いては精神的なるもののみが君子の関心に値すると思われていたから、卓越せる中華文明の優秀性に対する中国人の信頼は毫も揺るぎはしなかったのである。

日本人はというと、中国人と同じで、西洋に対して敬意と敵意をあわせもっていた。それは東京帝国大学の前身に一八五六年に与えられた名前、蕃書調所の蕃の字からもわかろうというものである。

その後、日本軍は初めて西洋の軍隊と伍して中国で戦闘に参加する。一九〇〇年の拳匪《けんぴ》の乱の際、日本公使館の書記生が殺害され、柴五郎少佐が推されて籠城した居留民保護の各国軍隊の指揮をとったが、西洋聯合軍兵士が「大に其弱失の処を見《あら》はして、蛮野の風を発せしを見て、我邦軍人輩、皆始めて彼等の所謂文明の往々形質の表に止まりて、理義に至つては我れと相下らず、或は大に我れに劣る有るを知れり」（中江兆民）という事態になった。西洋聯合軍兵士の暴行狼藉を避け安全を求めて北京市民が日本軍占領地域に流れ込んできた。

　宣教師からキリスト教の博愛の教えを聞かされて感銘を受け、西洋は高度に道徳的発展をとげたものとナイーヴにも信じた何人かの日本人もまた幻滅した。キリスト教に改宗して渡米した内村鑑三は宣教師の祖国にも悪者や偽善者が多いことを発見して子供っぽい憤慨の叫びを発した。

「東洋道徳」とか「日本精神」とかいうものの実体は漠としている。平川はそうした言葉に他者に直面した日本人の自己自身についての自意識を認めている。それらは「フランス的美徳」とか「ドイツ的優秀性」とか「キリスト教的西洋」というのと同じくらい、一見烈しい内容があるようでありながら、その実、定義しがたいなにかなのであろう。

　それにこうした言葉は単なるスローガンに堕する危険性がある。それは世界のどこでも同じ事なので、森鷗外が《なのりそ》で「和魂洋才」の語が保守派の隠れ蓑とならぬよう警告を発したのはまさにそのためだった。明治の文豪夏目漱石（一八六七―一九一六）は一九〇五年『吾輩は猫である』でこんな皮肉を述べている。（東郷平八郎（一八四七―一九三四）は旅順港の海戦や日本海海戦の大勝で世界にその名が知られた。）「大和魂！　と叫んで日本人が肺病やみの様な咳をした。大和魂！　と新聞屋が云ふ。大和魂！　と掏摸《すり》が云ふ。……東郷大将が大和魂を有つて居る。肴屋の銀さんも大和魂を有つて居る。詐欺師、山師、人殺しも大和魂を有つて居る。大和魂はどんなものかと聞いたら、大和魂さと答へて行き過ぎた。五六間行つてからエヘンと云ふ声が聞こえた。」

　だが一つの文化の中で「魂」と「才」、「精神」と「技術」とを分けることは出来るのだろうか。西洋化せずに近代化することは出来るのだろうか。明治の初年から洋魂なくして洋才なしとの説が行なわれた。それというのも技術は一国民の精神が生み出した物であるからだ。森鷗外が指摘したように、西洋科学の驚嘆すべき発展は、理学的世界の調査に専心した何人かの西洋的知性という特殊な形にのみよるのではなく、そこでは真正なリサーチ（鷗外は日本語にはそれに相当する言葉がないとしてForschung

というドイツ語をそのまま用いている）が可能となるような社会の構造があればこそである。そこでは切磋《せっさ》琢磨《たくま》という競争原理が尊重され、年功序列や伝統墨守《ぼくしゅ》によって若い新参者の活動が制約されることはないからである。

そこで鷗外は日本人に警告する。西洋の学問を導入するとは西洋の学問研究の成果を輸入することではない。学問は受売りであってはならない。学問の場は生き生きした有機体である。わが国で科学が可能となるためには、科学的精神そのものが発達しなければならない。それは自分自身の業績によって独立して学問を継続養成することが肝要である。

すこしずつ「洋才」の観念そのものが拡大され、日本はついに西洋の制度そのものまでも輸入するに至った。一八七二（明治五）年から一八八九（明治二十二）年にかけて、行政、軍事、教育、法律の諸制度が西洋の制度を模して日本でも整備される。するとそれは日本人がそれまで描いていた人間像や社会像までも揺るがすにいたった。

他方、知識層は目くるめく思いで西洋の精神世界の発見に酔いしれた。第一にキリスト教、そして（これは森鷗外の翻訳に多くを負うのだが）第二に西洋文学と西洋芸術。魂の渇きを満たすべく日本の知的青年は自己を離れてさまよい出、それらを求めた。阿部次郎が《日本と親しくなつた話》で語るように、日本の魂は、三世紀に近い鎖国という幽閉の後に、次元を異にする外の世界へ初めて躍り出ようとしていた。「日本の魂そのものもまた欧米の優秀な魂に接触しつつ自己を世界的に拡張する必要に迫られてゐた。したがつてそれはいはゆる倭魂洋才の套語によつて簡単に解決し去ることが出来るやうな、軽易な問題ではなかつたのである。もしそれが技術と便宜との問題にすぎないならば、素質と志向との両者から云つて、一貫して魂の問題を中心義とする私のやうな者に対して、当時の愛国的教育があれほどな不安と疑惑とを与へずにすんだであらう。まさに魂の問題において、愛国的教育の提供する実質が私たちの渇を満たすに足りなかつたのである。（中略）（愛国的教育の）内空なる呪文はたゞその外硬の姿によつて私たちを威嚇するにすぎなかつた。かくて広くいへば日本の魂そのものの一部分が自己を離れてひたすらに見知らぬ異邦の間に、自己の空腹を満たし自己の発展を幇助《ほうじょ》すべき食糧を捜しに行くといふ、あの不思議な迷路が始まつて来たのである。その迷路である所以は心胸を開いて異邦の精神と交渉するといふ点にあるのではない。それが身近にあるものを閑却して顚倒せる遠近法の錯覚を発生せしめること、自己の中に掘り下げて行く刻々の努力に代へるに遠きものに対する憧憬の幻をもつてすること、かくて善にせよ悪にせよ永久に現実の根柢をなすものに対する質実な、困難な、堅忍不抜な接触を忘れさせること——ここにその迷路の恐るべき空虚があるのである。」

　日本の知識人はこのようにして東西文化を繋ごうとしてその接ぎ目を求め、西洋の芸術や哲学を発見して、時に陶酔していた。しかしその間にも歴史はその流れを進めた。惜しむべきことは平川の研究が二つの大変革をもたらす転換点にあたるこれから先の時期までは踏み込んでいないことである。五十年前には侵攻された側であった日本は、一九〇五（明治三十八）年には西洋の強国ロシアに勝利した。日本は東洋の一国としての独自性を維持しようとしつつも——Lequillier, *Le Japon*, Sirey, p.171によると——西洋列強の政治行動を見習い、中国や朝鮮に対して、かつて西洋列強が日本に対して行なったと同じ政治手法を用いて相対した。なるほど平川のこの研究の対象は日本の外交ではなく、問題を西洋との文化的関係の発展に限っている。しかしながら日本の台湾（一八七四年）、朝鮮（一八七五年以降）、中国（一八九四年）への関心の拡大は、日本が西洋列強の側に立って膨脹政策を進めようとしていたことを示してあまりある。この西洋風な外交、すなわち植民地主義を選択したということはアジアとの連帯を脱したものである。

　それが安全保障上ないしは政治的威信上（Reischauer, Japaan, Tuttle, p.135; Vie, *Le Japon contemporain*, P.U.F., p.55.76)、経済発展上（Chesneaux, *L'Asie Orientale*, P.U.F., p.152)、国内安定上（Akamatsu, *Meiji*, 1968, Calmann-Lévy, p.324-325）の要求によるとする説明、また単に日本の政治指導者は一八七二

年ビスマルクが岩倉具視に与えた「力が正義である世界では問題は強者であることだ」という忠告に従ったまで（Lequillier, *Le Japon*, Sirey, p.131）、とする説明も可能だが、それにしても極めて深刻な結果を伴うこととなった。その政策のことを思うと、当時の知識人の態度について、たとえば福沢諭吉の態度について、平川が語っていないことはいかにも残念に思われる。なぜなら植民地化とは経済発展の技術そのものであり、それだけにここでは「和魂洋才」の「才」という西洋技術という価値体系そのものが問題にされるからである。

日本の中国への膨張政策について平川はその結末しか語っていないが、史実はおよそこうである。朝鮮に対する日本の野心と清国の野心が衝突し、日清戦争が一八九四（明治二十七）年に勃発、日本は軍を満洲南部まで勧めた。一八九五（明治二十八）年に下関条約で日本は巨額の賠償金を得、朝鮮を保護下に置き、台湾、澎湖列島、遼東半島を割譲させた。

すると「宴会の席に現われた新顔の客を前に」（これが先に引いたルキエの書物の一二六頁にある巧みな言葉だが）、西洋人は落着かなくなり、フランスとドイツとロシアは三国干渉を行ない、外交的圧力を加えて日本に遼東半島の還付を余儀なくさせた。しかしそうしておいて一八九七年以後、三国は中国瓜分《かぶん》の美食にあずかり、それぞれ結構な分け前にありついたのである。この三国のシニカルな態度を見せつけられた日本が激昂したであろうことは想像にあまりある。日本の民衆は三国の圧力に屈した政府の弱腰を非難した。三国干渉は日本人の外人嫌いに火をつけた。政府は臥薪嘗胆《がしんしょうたん》を誓い、国威回復のためにも軍備を整え決定的勝利の機をうかがった。その間にもアフリカやアジアでの植民地化は進行する。すると中国の分割は、奇妙なことだが、日本に回避すべき危険の先例ともなったが、同時に日本が見習うべき植民地化の先例ともなったのである。

そこにヴィルヘルム二世の中国に対する敵意に満ちた演説や「黄禍《こうか》」die gelbe Gefahr の高唱が今度は日本にも向けられた。ドイツ皇帝によって日本は北清事変の際の連合軍の一員とはもはや見なされず、いまや西洋が後見人をつとめる未成年者でもなく、いまやれっきとした「キリスト教的西洋」を脅《おびや》かす黄色人種の一国とされたのである。黄禍論の理論家によって問題視された日本は、三国干渉当時の国辱を忘れず、その復讐に逸《はや》り、西洋に背を向けたとはいわないが、もはや西洋一辺倒の欧化主義の日本ではなくなっていた。やがて日露戦争に突入し、日本が勝利を収めることとなる。

二十世紀初頭の日本の国民感情の歴史は黄禍論と密接にかかわっており、平川の研究の四分の一はその問題にふれている。黄色人種である日本人とちがってわれわれ西洋人は、こんな問題が世界をさわがせたことをあまり記憶していない。黄禍といって騒いだなどということは滑稽でもあるし、厭《いと》わしくもある。ヴィルヘルム二世が黄色人種の大群が押し寄せてくることを予言し、すべてのアジア人を匈奴《きようど》の子孫や成吉思汗《ジンギスカン》の子孫のように言い立てたことなどわれわれ西洋人はすっかり忘れてしまった。ドイツ皇帝が仏教という人類が生み出したおそらくもっとも温和な宗教の攻撃的性格を論難したことも忘れてしまった。一九一三年のノーベル賞生理学医学部門の受賞者リシェ教授が証明した、日本人種は猿と人間の中巻の発達段階にあるという学説も忘れてしまった。「なかば悪魔で、なかば子供のような野蛮な民の世話をやくために白人の荷を背負え」と説いたキプリングの詩のこともそうである。中国文明の発生を西暦紀元前三世紀としたゴビノーの人種不平等論も一時はもてはやされた。ゴビノーによると中国で文明が花咲いたのはアーリア人種の旅行客がその地に入りこんだからだそうだが、しかしそれより数世紀前に孔子も老子も生まれていたことをゴビノーは知らなかったらしい!

そのような時代風潮であったから、ロシアに対する日本の勝利は黄色人種の一民族が白色人種の一民族に勝利したものと解釈された。アナトール・フランスはそこに「世界の歴史の偉大なる時の一つ」を認め、この事態の奇妙な逆転によってロシアは全ヨーロッパの植民地政策の償《つぐな》いを支払っているのだと『白き石の上で』で述べた。日露戦争が終結する以前からアナトール・フランスは「日本はロシアに勝つことによって黄人を白人にとって、敬すべきものとするだろうが、それは人類の大義に多大な貢献をなすこととなるだろう」と予言していた。

日本が旅順のロシア軍を降伏させるや、レーニンは「すすんだ進歩的なアジアが、おくれた反動的なヨーロッパに、取り返しのつかない打撃を加えた」と日本の勝利を歓迎し、フランスの社会主義者ジュール・ゲードがロシアの専制政治を破壊しつつある日本にたいして率直に同情と共感を表明したことに賛意を表した。こうした事態であってみれば、西洋人によって人種論争に引き込まれた日本人が、同様な観点から問題を提起し、黄色人種、さらには有色人種の代表として任じ、その指導者となろうとしたとしても驚くに値しない。一九三七年、日本の文明史家和辻哲郎（一八八九－一九六〇）は《文化的創造に携わる者の立場》という文章で日本の役割を次のように論じた。

「日本は近代の世界文明の中にあってきわめて特殊な地位に立っている国である。……世界史上にこれまで高貴な文化を築いたものは、西アジア・ヨーロッパ文化圏のほかにインド文化圏、シナ文化圏を数えることができるが、近代以後にあっては、ヨーロッパ文明のみが支配的に働き、あたかもこれが人類文化の代表者であるかのごとき観を呈した。従ってこの文明を担う白人は自らを神の選民であるかのごとくに思い込み、あらゆる有色人を白人の産業のための手段に化し去ろうとした。もし十九世紀の末に日本人が登場して来なかったならば、古代における自由民と奴隷とのごとき関係が白人と有色人との間に設定せられたかも知れぬ。しかるに日本人は、永い間インド及びシナの文化の中で育って来た黄色人であるにかかわらず、わずかに半世紀の間に近代ヨーロッパの文明に追いつき、産業や軍事においてはヨーロッパの一流文明国に比して劣らざる能力を有することを示した。……この現象が、ヨーロッパの文明のみを人類の文化の代表と考え白人を神の選民とする近代ヨーロッパ人の確信に、不安な動揺と脅威とを与えたのである。だから二十世紀が「黄禍」という標語とともに幕を開いたのは偶然でない。近代文明の点においてはなおきわめて幼稚であった四十年前の日本の勃興が、直ちにジンギスカンのヨーロッパ席捲を連想せしめたごときも、日本人の能力がいかにヨーロッパの人にとって予想外であったかを示しているのである」

人種論争の最中も鷗外はすこぶる冷静でその態度は見事と言うほかはない。一九〇三年、論争が酣《たけなわ》なころ鷗外は《黄禍論梗概》を発表した。その中でRassenphilosophieは学問的流行の一つで、やがて消え失せるであろう「初め地球中心的であつた天体論が仆れて、次いで人類中心的であつた創世記が潰れたやうに」と述べた。ゴビノーの『人種不平等論』が成功を博したのは、鷗外にいわせると、今の西洋文明の破壊の予言を含む壮大な人類史のヴィジョンと、その黙示録的性格と、そこに示された白人種の将来に開かれた展望ゆえであるという。それというのも破滅した西洋文明の後を継ぐのはやはりアーリア人種の産物、その下層民ということになっているからである。しかし鷗外は晴朗な知性だからといって象牙の塔にたてこもる世事を超越したインテリではない。鷗外は感情的に反撥することなく黄禍論について学問的に掘り下げて対処すべきことを説く。

「予は読者をして、白人のいかに吾人を軽侮せるかを知らしめんと欲せしなり。夫《そ》れ侮を受けて自ら知らざるもの、争《いか》でか能く侮を禦《ふせ》ぐ策を講ぜん。」

鷗外は本人が満洲の第一線に立った。出征して身をもって人種間の衝突を体験したのである。その苦々しい感情は次の対話体の二首の歌に記されている。第一首には白人の言葉が述べられるが、白人にとっては黄人は蚕《かいこ》なのであり、そこからいくらでも豊かなものを引き出せる。このイメージは中国起源だがフランスの、牝牛からいくらでも搾り取れるという散文的な言いまわしに相当する。

黄なる奴繭糸《やつこまゆいと》となれわれ富まん
　いなまば汝きなるわざはひ

それに対してアジア人が答える。

黄なれどもおなじ契《ちぎり》の神の子を
　しへたぐる汝《なれ》しろきわざはひ

「白禍」はおそらくアナトール・フランスの造語だろう。彼は『白き石の上で』で言った。「黄禍がヨーロッパで唱え出された。アジア人はすでに何年も前から白禍のあることを承知してきた。……われわれ西洋人が白禍を創ったのである。その白禍が黄禍を創り出したのである」。

しかし森鷗外のような大人物は例外である。日本人がみな同じような晴朗な知性の持主と考えるのは誤りだ。鷗外より一年後に生れ、英語知識と新聞記者活動によってさらに多くの読者を持ちえた徳富蘇峰（一八六三―一九五七）は、西洋と日本の架け橋の役割を演じた。その蘇峰は鷗外とは逆の意味で平川の注意を惹いている。蘇峰は若い頃は西洋の社会思想の熱烈なる導入者であった。しかし三国干渉によって深く傷つき、一転して西洋に敵対するようになり、アジアにおける日本帝国主義の唱道者となった。そしてしまいには一九四二（昭和十七）年、大日本言論報国会の会長となった。

この蘇峰は日本が一九〇五年ロシアに勝利した後、『国民新聞』の紙上でキプリングの我々白人による植民地化の事業は利害関係を度外視した文明開化の事業であるとする有名な《白人の重荷》（一八九九年）に対してこう応じた。なお「やまと」という呼び方は「ニッポン」が大陸起源の呼び方であるのに対してより愛情のこもった神話的な呼び方である。

我が大和民族は、自から僭して、黄人種の首長たるものにあらず。我が大和民族の眼中には、人類ありて、人種なし。白と云ひ黄といふが如き、皮相的の差別は、殆んど歯牙にだも掛けざる也。然も自から求めざるも、世界の二大人種の一なる、黄色人種は、何れも我が大和民族を仰がざるものなし。単に支那、朝鮮、暹羅《シャム》等の黄色人種のみならず、印度、波斯《ペルシヤ》、亜拉比亜《アラビア》、埃及《エジプト》、土耳古《トルコ》等、凡そ白皙人種の仲間以外に属し、若しくは属するものと認定せられたる各人種は、何れも大和民族を以て、其の希望を繋ぐ標的となしつつあるが如し。吾人は日露戦争が、世界の表面に散在する白皙人種以外の人種に、絶大なる感化を与へたることを、無視する能はず。

蘇峰はここで一切の人種差別を否定し、また盲目的愛国主義も否定している。そして今日第三世界と呼ばれる人々と日本との間の連帯を認め、どうしてそのような事態になったかを分析しようとする。その蘇峰は、白人種と黄色人種との対決は全世界を炎と血の海に化するだろう、そのような対決の発想を繰返し否定する。しかし当時のアジアで唯一のまともな独立国であった大和民族の日本がアジア民族の中で占めるべき特別の地位という激越な発想は、三十年後の蘇峰の思想的立場をすでに予兆している。「アジアをアジア人の手に返せ」という当初の発想は、日本がアジアの指導的国家となるという発想に移り、蘇峰は西洋帝国主義者の後を継ぐ大東亜共栄圏の理想をうたうオピニオン・リーダーとなっていったのである。蘇峰は自分自身の主張の矛盾に気が付かなかったのだろうか。蘇峰は「白人の重荷」の主張は有色人種の側からいえば余計なお世話であるとして反撥したが、それでいながら日本人が「黄人の重荷」を背負う東亜の盟主日本となるという主張が、他の黄色人種から見れば余計なお世話であろうということに思いをいたしていない。そのことを平川は力説する。しかし手前勝手な理屈であったからこそ昭和の青年将校や革新派にはかえってアッピールした。日本人の多くは先進国の特権を暗黙裡に承認し、自分もその仲間入りをしたいと願い、西洋文明への憧憬を感じつつも、しかも白人支配の世界の現状を打破したいとも思っていたのである。徳富蘇峰の鼓吹したような説は多くの日本人に訴えた。それに反対して大きな声をあげる人は少なかった。

そんな中で平川は河合栄治郎（一八九一－一九四四）が一九三三年に述べた次の見方を良しとしている。「アジア諸国は独立を回復することを熱望することは確かであるが、然し日本の力を借りることには賛成しまい。何故なれば日本の内部に於て同胞に対してさえ充分の自由を与えていないのに、その日本から外国は充分なる自由を与えられることを期待しえないからである。」

二人の立場はいかにも違ったが、鷗外にとっても蘇峰にとっても日露戦争は白人種と黄色人種の争いを現実のものとしたという意味において象徴的であった。それだけに平川はその点について彼らとは異なる内村鑑三（一八六一－一九三〇）の独自な立場にかなり多くの頁をさいて紹介している。内村は無教会主義のキリスト教徒として日本人としての忠誠心と信仰心を両立させようと痛ましい努力を重ねた。明治二十四年、教育勅語朗読式に敬礼を拒み、一高嘱託講師の職を解かれた。徹底した非戦論者として知られる。

日露戦争に際して内村はフランス、ドイツ、イギリス、アメリカなどの西洋列強を、交戦国ではないが実質的には戦争をけしかけているとして激烈に非難した。その内村は日本人とロシア人が相互補完性を持つとして「ロシア人というのは半分東洋人なのではないのか？　日本人というのは半分西洋人なのではないのか？　日露両国民のアジアにおける使命はたがいに相矛盾するというよりむしろたがいに相補足する性質のものではないのか？　協力すべき両者がたがいに相戦うという道理があるのか？」と日露戦争は誤解から生じた兄弟同士の争いである主張した。内村はまた「和魂洋才」の論を逆転し、西洋に近代日本の真の精神の根源が存することを言い、日本に勝利の栄光が輝こうとも、その栄光は日本が西洋から受容した文明に負うているのだという ことを一瞬たりとも忘れてはならない、とも主張した。「日本は地理的には東洋だが、現在日本は西洋と結ばれているのであり、国家は精神から成るものであって肉体から成るものではないと知るべきである」。日本が西洋文明との連帯を捨てるなどということは、それこそ黄禍を主張する不幸の予言者たちに自分たちの予言が正しかったと言わせることになる。ただその内村も日本がアジアの先頭に立つべきだと主張した。（当時のアジアで唯一の独立国といえるのは日本だけという現実があり、その日本は日露戦争に勝利し白人不敗の神話を打破した。そのような状況下で日本こそが黄人の重荷を背負うべきだと言い出したとして、それが身の程知らずの主張だと一体誰に言えようか？）　日本が先頭に立って世界共通文明の中で人種間の地球的調和を確立したいという内村の主張はおよそ反響を呼ばなかったようだが、このような内村の東洋と西洋の関係を論じつつ自国愛と人類愛を和解させようとする努力は内村をして明治時代のもっとも興味深い人物の一人に仕立てているように思われる。

平川はさらに多くの時代の証人を呼び出すが、その人選に問題なしとは言えないが、いずれにしてもこれ以上語ることは紙面が許さない。しかし当時の議論が日本の生死にかかわるものであったということはわかるであろう。著者は千九百二十年代で本書を閉じている。大正末年から昭和の初年にかけて日本は中華民国や西洋諸国と条約や同盟を結びつつ、ファシズムや帝国主義の「黒い列」に連なるべきか否か躊躇していたかのように見受けられる。

最後にこの本を閉じて考える。対西洋との接点に位置したさまざまの人が証人として呼び出された。彼らは日本国民が西洋科学に対して示した求知心、軍事的脅威を前にして覚えた狼狽、屈辱、国民精神の自覚、独立の意志、対西洋あるいは白人種の犠牲となった他のアジア諸国に対する平和的、あるいは攻撃的態度などを明らかにしてくれた。また排外主義でもなければ拝外主義でもない第三の道をさし示した森鷗外のような透徹した知性のいたことも教えてくれた。

平川は日本の歴史の「和魂洋才」が唱えられた時期の貴重な資料を私たちにさし示してくれた。しかし平川の仕事にはそれ以上の成果が盛られているようだ。それというのは日本は他の非西洋諸国に（その国々がその線に沿って進むべきか否かはともかくとして）一つの模範例を提示していると平川は考えているからである。模範例とはいわずともある原型、アーキタイプを示しているからである。それは西洋ではない国でありながら、自発的に、西洋化という名の近代化をなしとげた例だからである。日本は二十世紀の世界史的なこの問題を最初に提出した国であった。日本という個別の場合を越えて平川は近代化の不可避的な過程の中で、西洋化の動きとナショナル・アイデンティティーの保存を求める動きの相《そう》克《こく》がもたらす現象一般について、広く深い関心を示したのである。

物質的に支配的で威信の高い文明が存在する以

上、それと一体化したいという一面での欲求と、それから自己を防衛したいという他面での反射運動は、苦痛を伴う緊張を個人にも社会にも強いた。明治の日本には、二十世紀後半の第三世界に於いても同じ事だが、日常生活に西洋の流行がどっと押し寄せた。(当時はコカコーラではなかったから、西洋人や西洋を模倣する人々を「バタ臭い」と呼んだ)。人間は自己の存在をおびやかす外部の圧迫に対して抵抗を試みずにはいられない。それで今と同じように、国の根本は何かという不安に発する自己追求が行なわれた。雅文体や漢文訓読体でなく世間の人々の話し言葉で書くという言文一致の運動もその一環であった。日本の歴史的・神話的起源への言及が盛んとなり、日本が大和と呼ばれたりもした。それはしばしば修辞の横溢と化した。言葉は他のすべてが奪われた者にとっても、単なる幻想かもしれないが、なお強力な武器となり得る。「万邦無比」とか「金甌無欠」とか日本人がもっとも不安な時代に叫んだのは、毛沢東の時代に隣国で「東の空に輝く太陽」と叫んだのと同じような心理なのであろう。

人種について特定のパーソナリティー personnalité raciale を強調するのは、人種保存の健康な反射作用から生ずる自己確認だが、その内容は実は曖昧なものである。だが日本人性とか黒人性とかの観念を宗教・形而上学的次元にまで推し進めるとなると、その公式は固定化して凝結し、不毛となる。(2) 過去の歴史を否定するのみか、来たるべき未来の変化をも否定することになる。白人帝国主義打倒の前衛と思われ、そう自任したはずの日本が、その四十年後どのようになったかを人々はよく考えてみるべきだろう。

この不吉な運動を推し進めるエージェントの中で、平川は知識人のある者を非難する。職業柄、西洋と自国民の仲介者として知識人は精神的混血児である。彼らの役割は決定的だが、その仕事は容易ではない。明治の日本人にはそんな誘惑に陥る余裕も暇もなかったが、今の知識人には学問の普遍性の名に於いて自己の国籍を棚上げにする逃げ道が用意されている。この傾向は第三世界の知識人に見られる逃避で、外国産の価値基準をいたるところで用いようとし、自国の文化の遅れや無力を断罪する。その種の知識人は外国産のイズムを輸入して、あらゆる手段を講じて西洋産の主義主張や理論学説を適用しようとする。自国の具体的な現実をきちんと見据えずにである。

森鷗外はすでにその傾向の非を論じていた。「(西洋)文明は歴史的基礎の上に基いている。出来上った思想体系やイデオロギーをそのまま日本に持ち込もうなどというのは不可能事に属する」と留学時代にドイツ語で書いていた。しかし平川に言わせると、今日の日本でも西洋の感化をもっとも浴びた知識人たち、キリスト教信者や大学教授であれ、新聞人、とくに『朝日』の関係者などであれ、それらの人の中にすべて日本的なものを否定して、それを克服すべきものとみなす人がいる。西洋に直面した日本人のこの劣等感のあらわれは、実は大人になったにもかかわらず、いまだに自分の親の悪口をことあるごとに言い立てるような、幼稚で滑稽な態度なのである。しかし人間はとかくこうした態度に陥りやすい。外国製の価値判断の基準に無条件で従うならば、自分の手で分析を施す手間が省けるから、それだけ安直なのである。「周辺文化」の国ではこうした誘惑はひときわ強い。一般論として、個人主義的伝統の弱い国では既成権力の権威の破壊を意図しても、その結果はおおむね空しい。転覆させた権威に代わって他の権威がその席に陣取り、それがほしいままに権力を行使するからである。その際、インテリはイデオロギーという新時代の帝国主義に仕える無責任なエージェントにしか過ぎないのである。

平川は昭和初期の知識人のこのような欠点も日本にファシズム的風潮を許したものと考える。一九三〇年代、日本のドイツ研究者が、安直にドイツ贔屓とならず、かつての森鷗外のように現地でドイツの実態を研究し、ナチス指導者の演説や文章をきちんと分析し批評していたならば、いますこしましな警告を発し得たのではなかったか。

しかし今日の日本には――いわゆる第三世界にしても同じことだが――「二本足」の知識人がなんと少ないことか。西洋流のスローガンを振回すインテリは多い。しかし自国の現実も西洋の現実の現実も共に見据えて進むべき第三の道をさし示してくれる人材はまことに乏しい。平川は知性の義務をそのように考え、そのように訴えているが、その主張は、知性や理性の有効性がとかく疑問視される今日、はたして時代錯誤であろうか。

（書評者＝執筆当時パリ大学講師、パリ第七大学名誉教授（現在）、雑誌 *Critique* 書評　一九七四年二月号）

註

（1）　その点に関しては『平川祐弘著作集』では『西欧の衝撃と日本』の巻に収められた《尊皇攘夷と開国和親》の章に詳しい。そこで平川は鷗外作《津下四郎左衛門》をめぐって主題を分析している。（訳註）。

（2）　黒人性 négritude と言う観念が、かつては爆発的な力を有していたにもかかわらず、現在不毛になったことについて難じたのは Stanislas Adotevi の *Négritude et négrologues* という書物である。公式が「凝結」するとはアドタヴィの言葉である。（原註）。

著作集『和魂洋才の系譜』に寄せて
——学者のアイデンティティ

平川祐弘

『和魂洋才の系譜』は全三部から成る。第一部「非西洋の近代化とその心理」の後半「西洋文明との出会いの心理」を私はまず調べた。そしてそこで森鷗外の『洋学の盛衰を論ず』を論じたことが本書の核心の問題提起となった。私がそれを最初に発表した時、どんな反響があったか、当時の模様をまず紹介し、ついで二十年後の昭和末年、どのように論評されたか、その前後二つの場合を紹介することで、著作集版『和魂洋才の系譜』のあとがきに代えさせていただく(1)。

昭和四十二(一九六七)年一月二十三日の『読売新聞』コラム「東風西風」に林健太郎氏は「二本足の学者」と題して次のように書いた。

雑誌『自由』に四回にわたって連載された平川祐弘氏の「西洋文明との出会いの心理」(二月号で完結)は読みごたえのある論文であった。

これは明治三十五年、森鷗外が小倉で行なった講演「洋学の盛衰を論ず」を中心として、明治期の最大の知識人であった鷗外の西洋文明に対する態度を論じたものである。しかしそこには、この論文の筆者が言うように、六十余年を経た今日の日本にもそのままあてはまるようなことが多く出て来る。それゆえそれは一層興味深く、かつわれわれに教えるところが大きい。

この講演の原文は鷗外全集の中の十ページほどを占めるにすぎない短いものであるが、平川氏のこの論文はその六、七倍の分量の力作である。それだけにこの講演の中で言及されている坪内逍遥、姉崎嘲風、ベルツらの所論が、ここではその背景をこまかく調べて分析され、それと鷗外の見解が対比されている。

いろいろのことが書いてあるのでここに簡単に紹介することは出来ないが、坪内逍遥が洋行をするものはあらかじめ定見を持ってから行けと言ったのに対し、鷗外が洋行中はまずおのれを虚《むな》しくして教えを聞き、その間におのずから「定見」をつくり上げることが大事だと言っているのはおもしろい。今でも日本国内だけでしか通用しないような「理論」や「世界観」にかじりついていて、西洋へ行っても何もおぼえて来ない人もいるのである。

しかしこのように虚心坦懐《きょしんたんかい》に西洋から学ぶということは、一方で日本文化の素養を十分に持っている人にして始めて十分の意義を持つ。そこで鷗外が田口卯吉を追悼して言った有名な言葉が出て来る。

「新しい日本は東洋の文化と西洋の文化とが落ち合って渦を巻いている国である。……そこで時代は二本足の学者を要求する。東西両洋の文化を一本ずつの足で踏まえて立っている学者を」

これも今日にますますあてはまる言葉である。

鷗外森林太郎は一九〇二年三月、九州を去って東京へ帰る直前に小倉の偕行社で陸軍軍人を前にして『洋学の盛衰を論ず』を論じた。この講演は明治三十五年六月十日及び十五日発行の『公衆医事』に掲載された。林教授も指摘するように大事な内容を含んでいる。しかし従来、世間の注目をほとんど惹かなかった。菊版と呼ばれた『鷗外全集』には収録洩れとなっていたほどである。後に岩波版全集が出るに及んで拾われた。

私が鷗外のこの講演を基に学位論文を書きたいと述べた時、後年の国際主義者姉崎正治博士という面のみをご存知の前田陽一教授は、鷗外が反論せずにいられなかった「洋行無用論」のごとき極論がなぜ姉崎の口から飛び出したか、半信半疑の様子であった。前田先生は私がそんな日本国内の事よりもフランスについて博士論文をフランス語で書くべきで、そんな「洋行無用論」のごときは無視すればいい、とお考えだったのかもしれない。

しかし私は、そのような異常とも見える極論が出た背景を探ることによって、論文を書き出したのである。『太陽』などの有力雑誌に出た姉崎のドイツ通信はすぐに読む事ができた。明治中葉のわが国の論壇では高山樗牛や姉崎正治などの若造が大きな顔をしていた。一連の資料調査の中で私が幸いしたのは、鷗外が話題としたベルツの講演が東大本郷の鷗外文庫に保存されていたことである。そこにはその冊子をベルツから贈られた鷗外の読んだ痕跡がアンダーラインで示されていた。その線の引き方に鷗外の心理がまざまざと読み取れたのである。(2) そしてこの問題の比較文明史的意味も見えてきた。

一九六四年四月、東大助手になるや私は『森鷗外の『洋学の盛衰を論ず』をめぐって――西洋文化との「出会いの心裡」の一研究』をまず書きあげ、『紀要 比較文化研究』第六輯、一九六五年に発表した。すると学外からも声がかかり、さらに手を加えて私は翌年『自由』に連載したのである。(3)

第二回目の西洋留学から帰国した満三十二歳当時の私は、国際文化関係論 intercultural relations の問題や人種間 interracial relations の問題を、その心理的側面を重視しつつ取扱うこつが会得されて、すなおに自然に論文が書けるようになっていた。次々と発表するのが愉快でたまらない。『批評』であるとかいろいろ執筆機会も多かった。『比較文学研究』も第十三号で鷗外特輯号を編んだ。すると『東京新聞』のコラムなどでとりあげられた。富士川英郎先生に論文の日本語の文体を褒められた時は嬉しかった。

一九六五年はダンテ『神曲』の翻訳にも打ち込んでいた年だから、振返って、三十代半ば当時の多産性に驚かれる。鷗外・漱石は全集をよく読んでいた。ドイツにも留学していたから鷗外の追体験も比較的容易だったのだろう。それに当時の駒場の比較文学比較文化の大学院には鷗外学者が揃っていたから、研究室でも学問的会話が活発だった。小堀桂一郎とは毎週のように話を交わしていた。それだけの在外体験や学問蓄積があったせいか、一度書き出すと、こう次々と書けるとは自分でも思わなかったほど論文が書けた。

第一部の前半は書物として仕上げる際に最後に書き足したのだが、「和魂漢才」と「和魂洋才」の関係のみか「仏魂伊才」についても略説した。「フランス・ルネサンスの場合」として十六世紀のフランス人はイタリア文化に対して劣等感を覚えていたがゆえに「仏魂伊才」ともいうべき「ゴーロワ魂」の主張をしたのだ。そんな見方をした私は、自分が修士論文でジョアシャン・デュ・ベレーの場合に即して「仏魂伊才」を論じたからこそ博士論文では森鷗外の場合に即して「和魂洋才」の問題を本格的に論じ得たのだが、しかしそんな内面的な問題意識の発展を理解してくれた人はまずいなかったであろう。当時の私はフランス語の常勤職を探していたが、フランス文学のロンサールやデュ・ベレーを以前扱っていた平川は今や国文学の鷗外を扱っている、とみなされていたかもしれない。私は十九世紀風のナショナルな言語単位の学問分類の枠からははみ出た機動力に富む比較研究者であるがゆえに、かえって自分にふさわしいポストにつくのに時間がかかった人間なのである。しかし大学院助手として精励恪勤した。

第二部「非西洋の近代化と人種間問題」でクロード・ファレールやクーシューのほかに、アナトール・フランスを取り上げ「白禍」と「黄禍」と題して京都で開かれた日本フランス文学会で論じたのは、フランス語教師の有資格者であることをアッピールしたかったからでもある。私は仏訳も作り論文 Le Péril Jaune et le Péril Blanc は *Etudes de la Langue et de la Littérature française* Nr.14, 1968 に発表した。(4) 京都で開かれた学会では日本語で発表したのだが、フランス語引用のハンドアウトは配布しておいたから、「君の発表は一点、二点、三点と分かれた説明でよくわかった」とパンゲ講師がほめてくれた。「典型的なフランス式発表 **exposé à la française** だった」とも言った。これらの論文も後に『和魂洋才の系譜』の内容を豊かにする章となった。

しかし世間は私をまずなによりも「西洋文明との出会いの心裡――森鷗外の『洋学の盛衰を論ず』」で論壇に登場した平川祐弘と記憶したらしい。平成年間になって小学館が『昭和文学全集』の第三十四巻「評論随想輯Ⅱ」を出した時にも、それが私のデビュー作として収録されている。かねて私に注目していたらしい高橋英夫氏が編者として巻末に私の人と作品について次のように書いた。

平川祐弘は芳賀徹と肩をならべる代表的比較文学者である。比較文学を突きつめてゆくと、比較文化論となり、文明論的旋回曲線を描くものだという意味で、平川もひろい比較文化的視野をもった一人である。そこから比較文学は、一方において、日本も外国も、東洋も西洋もすべて等距離であると受けとめるヒューマニズムの特徴をあらわす。しかし他方では、平川の鷗外論集の表題となったような「和魂洋才」のナショナリズムの精神の追求ともなりうるだろう。こうした一見相反する二重性を統合するものとしての一種のエートスが想定されるのである。

その上で平川祐弘の個人的特徴には、年少にして長期間フランス、イタリア、イギリスなどに留学したこと、竹山道雄の女婿《じょせい》で、そのためかどこか竹山に通ずる長大なスタンスの独特な語り口を具えていること、主たる対象が明治日本で、当時の日本人が内と外の二重性の大渦巻にまきこまれながらいかに考え、行動したかの解明となっていること、などが数えられる。付け加えれば『夏目漱石』『小泉八雲』『平和の海と戦いの海』『破られた友情』など、長尺物が多いのも目立っている。

ここに収録された一編『西洋文明との出会いの心理』は読書界に新鮮な衝撃を与えた森鷗外論集『和魂洋才の系譜　内と外からの明治日本』に含まれたもの、従来あまり人が注意を払わなかった『洋学の盛衰を論ず』を取りあげ、個人としてまた国家としていかに西洋文化を摂取すべきかを論じた鷗外の、健康な自負と複眼の精神を精細に説いて余す所がない。坪内逍遥が「定見を持しての洋行」を語ったのに対し、むしろ鷗外が、既得の価値判断で西洋文物を見ずに、「感受性それ自体の変化の要」を論じたのを対比するあたりに、比較文化論的観点がはたらいている。このほか平川には漱石をマードック、クレイグら「師」との関係で見てゆく、ハーンとチェンバレンのずれをとらえる、市井に埋もれていた「思想家」雨森信成を発掘するなど、読者の意表を衝き、堪能させる作が多い。

私はその後『新潮』に学術的な主要著述を芸術的な文章作品として発表する機会を得たが、当時副編集長だった坂本忠雄氏が『和魂洋才の系譜』を読んで、私を『新潮』執筆陣に招いてくれたからのことである。『和魂洋才の系譜』が出た直後、国際基督教大学に訪問教授として日本に滞在していたプリンストン大学の歴史学者マリウス・ジャンセン教授が「読んだ」といって、先方から電話をかけてきた。そして書評まで書いてくれた。パリ第七大学講師ジャクリーヌ・ピジョーは *La Critique* に長文の批評を書いて送ってきた。すると前田陽一教授も相好を崩して喜んでくれた。私が後に米仏に教授として招かれたのも、それらがきっかけであることを思うと、有難い事と思わずにはいられない。

註

(1) この『平川祐弘著作集』の各巻のうしろには、関連する書評・紹介等を掲載するというのが勉誠出版の方針で、私もそれに従って来た。本巻にも往時の内外諸家の書評を掲げた所以だが、新たに大嶋仁氏の鋭い論が加えてある。氏は私の文章を論ずることで新風を吹き込んでくれた。また山下英一氏は《鷗外の遺言をめぐる論争》(『中野重治研究会会報』十一)で「丸岡の中野重治記念文庫のなかでこれほど手傷を負った本もめずらしい」という中野氏旧蔵の『和魂洋才の系譜』に書き込まれた数々の激語を紹介された。それに対しては私も意見を述べるべきだ、とかねて感じてきた。それで二〇一七年、福井県丸岡町で開かれた中野氏をしのぶ「くちなし忌」に参列、その機会に丸岡図書館で中野氏が縦横に書き込んだ『和魂洋才の系譜』を手に取らせていただき、とくと観察した。さまざまな感想が湧きあがる。丸岡図書館側もあらかじめその問題個所のカラー写真を数十枚撮影してくれていた。ところが予期に反して、中野氏令嬢から平川意見の根拠となる問題個所の写真については掲載不許可の通知があり、そのために勉誠出版『平川祐弘著作集』の『和魂洋才の系譜』のあとがきとして用意した私の《森鷗外の遺言解釈をめぐって》の原稿は宙に浮いてしまった(ただし山下氏文章中の中野氏のドイツ語のカキコミ転写の明らかな誤りだけは訂正させていただいてある)。私としては福井の先まで出かけて中野重治氏が激昂した「火災発生現場」を検証したのに、拙論《森鷗外の遺言解釈をめぐって》の裏付けとなるべきこれら貴重な資料が公開できず残念に思っている。いつの日かその調査結果をなんらかの形で活字にしたく思ってはいるが、それでとりあえずその代りに私が『和魂洋才の系譜』を書きだした経緯と比較文学者として世に認められた事情とを書き記してあとがきとする次第である。丸岡図書館が平川を論難する中野重治の資料を大切に保存してくださることはある意味で私の名誉でもあり有難いが、願わくは中野重治に反論している平川祐弘の著作集もあわせて図書館に揃えていただきたいものである。

（2）　鷗外の場合も、漱石の場合も、ハーンの場合でさえも、私は本の書入れなどの資料を吟味することで学問研究を進めることが出来た。漱石のニーチェの英訳本への書入れは「火災発生現場」そのものであった。

（3）　ヘレン・ウノという日系女性がいちはやく平川論文を Changing Japanese Attitudes towrd Western Learning という題で *Contemporary Japan* に英訳してくれたが、訳の出来映えが芳しくなかった。

（4）　すると国際文化振興会が KBS Bulletin にその英訳も載せてくれた。ユダヤ人として生まれ人種問題に敏感だった英国のルイ・アレン博士がそれを読んでおり、それも二人が後に親しくなるきっかけの一つとなった。The Yellow Peril and the White Peril: The Views of Anatole France は私の英文の主著 Sukehiro Hirakawa, *Japan's Love-Hate Relationship with the West*, Global Oriental/Brill, 2005 に収めてある。

公益財団法人東洋文庫 監修

東洋文庫善本叢書［第二期］欧文貴重書◉全三巻

［第一巻］ラフカディオ ハーン、B.H.チェンバレン往復書簡

Letters addressed to and from Lafcadio Hearn and B.H. Chamberlain.

世界史を描き出す白眉の書物を原寸原色で初公開

日本研究家で作家の小泉八雲（Lafcadio Hearn, 1850-1904）は、
帝国大学文科大学の教授で日本語学者B.H.チェンバレン（B. H. Chamberlain 1850-1935）の斡旋で
松江中学（1890）に勤め、第五高等学校（1891）の英語教師となり、
のち帝国大学文科大学の英文学講師（1896 ～ 1903）に任じた。
本書には1890 ～ 1896年にわたって八雲がチェンバレン
（ほか西田千太郎、メーソン W. S. Masonとの交信数通）と交わした自筆の手紙128通を収録。
往復書簡の肉筆は2人の交際をなまなましく再現しており、
西洋の日本理解の出発点の現場そのものといっても過言ではない。

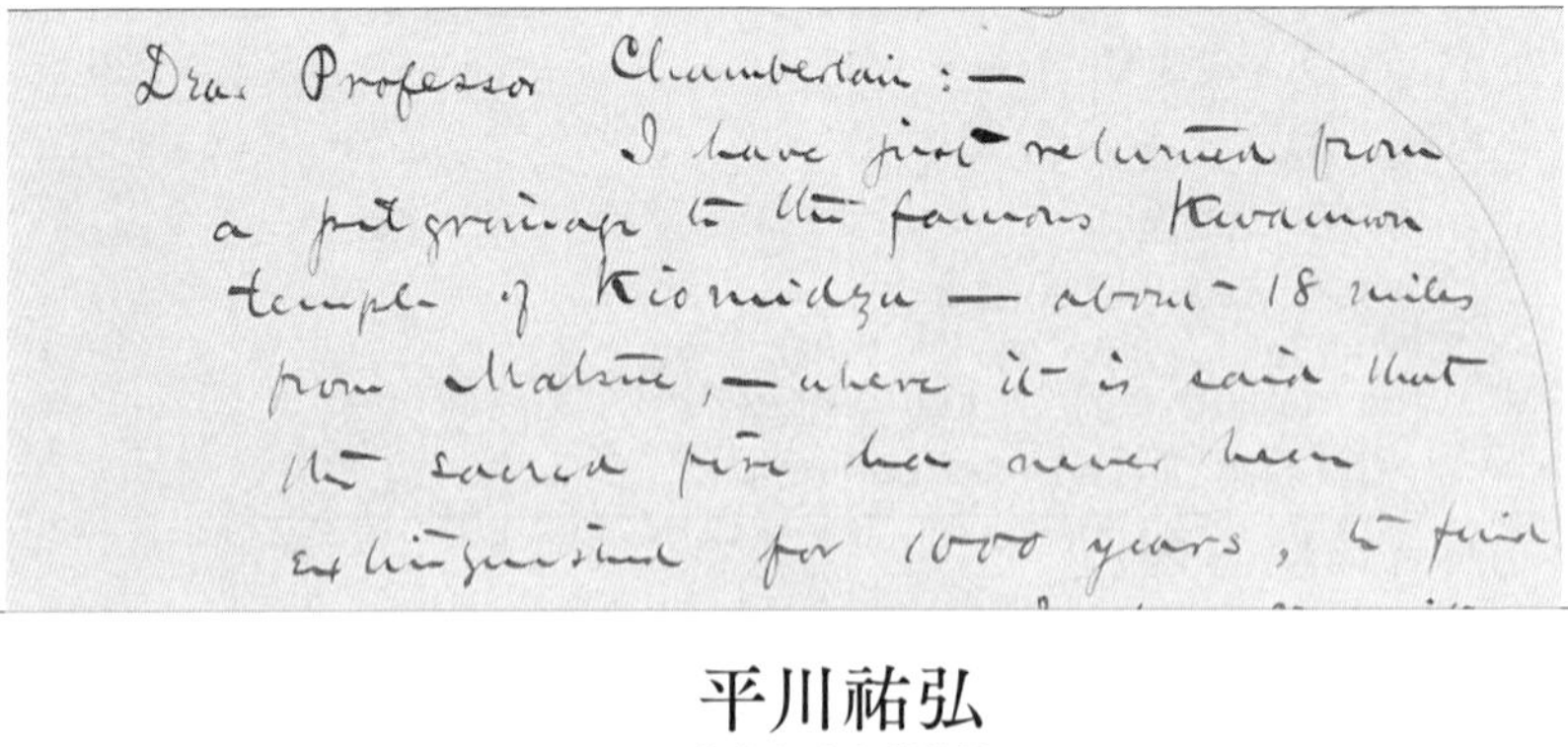
Dear Professor Chamberlain:—
I have just returned from
a pilgrimage to the famous Kwannon
temple of Kionidzu — about 18 miles
from Matsue, — where it is said that
the sacred fire has never been
extinguished for 1000 years, to

ハーンから
チェンバレン
に宛てた書簡

平川祐弘
東京大学名誉教授
［解題］

本体140,000円（＋税）・菊倍判上製（二分冊）・函入・884頁

ISBN978-4-585-28221-1 C3080

【著者略歴】

平川祐弘（ひらかわ・すけひろ）

1931（昭和6）年生まれ。東京大学名誉教授。比較文化史家。第一高等学校一年を経て東京大学教養学部教養学科卒業。仏、独、英、伊に留学し、東京大学教養学部に勤務。1992年定年退官。その前後、北米、フランス、中国、台湾などでも教壇に立つ。

ダンテ『神曲』の翻訳で河出文化賞（1967年）、『小泉八雲――西洋脱出の夢』『東の橘　西のオレンジ』でサントリー学芸賞（1981年）、マンゾーニ『いいなづけ』の翻訳で読売文学賞（1991年）、鷗外・漱石・諭吉などの明治日本の研究で明治村賞（1998年）、『ラフカディオ・ハーン――植民地化・キリスト教化・文明開化』で和辻哲郎文化賞（2005年）、『アーサー・ウェイリー――『源氏物語』の翻訳者』で日本エッセイスト・クラブ賞（2009年）、『西洋人の神道観――日本人のアイデンティティーを求めて』で蓮如賞（2015年）を受賞。

『ルネサンスの詩』『和魂洋才の系譜』以下の著書は本著作集に収録。他に翻訳として小泉八雲『心』『骨董・怪談』、ボッカッチョ『デカメロン』、マンゾーニ『いいなづけ』、英語で書かれた主著に*Japan's Love-hate Relationship With The West*(Global Oriental, 後にBrill)、またフランス語で書かれた著書に*A la recherche de l'identité japonaise—le shintō interprété par les écrivains européens*(L'Harmattan)などがある。

【平川祐弘決定版著作集】

和魂洋才《わこんようさい》の系譜《けいふ》

――内《うち》と外《そと》からの明治日本《めいじにほん》

2019年8月20日　初版発行

著　者　平川祐弘

発行者　池嶋洋次

発行所　勉誠出版 株式会社

〒101-0051　東京都千代田区神田神保町 3-10-2

TEL：(03)5215-9021(代)　FAX：(03)5215-9025

〈出版詳細情報〉http://bensei.jp

印刷・製本　太平印刷社

ISBN 978-4-585-29401-6　C0010

Wakon-yōsai no keifu. By HIRAKAWA SUKEHIRO. Tokyo: Kawade shobo, 1971. 429 p. ¥1500.

Marius B. Jansen (Princeton University)

This volume represents the results of five years' work and two decades of study. Its subtitle, "uchi to soto kara no Meiji Nihon", suggests the attempt: to study the pattern of impact and response to the west in modern Japan, against the background of an earlier pattern of *Wakon kansai*. The leading figure of the study is Mori Ogai, who begins as a young student in Germany and whose death concludes the volume. Mr. Hirakawa makes incisive and often brilliant use of Mori's diary, notes, and especially lectures to consider his response to the intellectual challenges that faced him. The book uses the method of comparative literature to trace influences, but it also goes beyond this to present a thoughtful and profoundly personal reflection on the meaning of all this for modern Japanese history and world cultural history. The author's *atogaki* expresses the hope that the essays will be read by nonacademic as well as by specialist readers. I find myself hoping that they will be read with care by specialists in Japanese studies, for they illustrate the rewards of treating a particular case in a pattern of universal significance.

Mr. Hirakawa's Ogai is a man "with two legs", soundly grounded in his own culture and neither slavishly enamored of the west nor anxious to reject its value and importance. Ogai's pattern of response is woven into the development of Meiji concern about the racism of the "yellow peril" argument, and it is one of dignity, independence, and consistency. It is also interwoven with an official career in which Mori was the associate of the bureaucratic great of Meiji Japan. (See, in this connection, Mr. Hirakawa's "Nogi Shogun to Mori Ogai" in the February 1972 *Rekishi to Jimbutsu.*) This makes Ogai's student years very different from the experience of Natsume Soseki in London as described by Eto Jun in *Soseki to sono jidai*, and it may be one reason Ogai has not been a congenial object of study for western and particularly American students of modern Japan. (Recently interest has developed to the point of

specialisation, and the 1971 issue of *Monumenta Nipponica* contains essays and translations which provide English readers with some opporrunity to trace Ogai's stay in Germany and his later literary work.) But Mr. Hirakawa's studies are focused on the broader significance of Ogai for modern Japanese intellectual life. They are of profound interest, and constitute a major achievement. Mr. Hirakawa is himself a literary craftsman of the first order. Each essay shows the signs of great care and polish. It also shows an impressive breadth of reading and research, a retentive mind, and an unusual ability to relate and to compare. The variety of sources used is astonishing, yet quotations are never used for their own sake, but only in the development of a carefully constructed argument. Along the way a good deal of post-war Japanese writing is subjected to thoughtful criticism and reflection.

For this reviewer, the sections on Ogai's life in Germany and its influence on his later position are of the greatest interest. The reticence of Ogai's diaries makes Hirakawa's use of his lectures and letters of particular importance. Ogai's problem was one of transition from learning to construction, and from imitation to creation. It became of importance to him to learn that Europe itself had learned from the Arab tradition, that northern Europe had gone to school with Renaissance Italy, and that Germany had gone to school with classical France. Under these conditions it became natural for Meiji Japan to go to school with Imperial Germany, just as it had for early Japan to go to school with Imperial China. The consequences of this could be optimism rather than discouragement, since the appropriation of the work of others could allow for speed and selection. (Late Ch'ing modernizers would go beyond this optimism to apply the Meiji example. K'ang Yu-wei was to argue that what had required 300 years in Europe, and 30 years in Japan, could be done in 3 years in China.)

But while this might suffice for utilization of technology, it would not allow for originality in going beyond example. It is this desire to innovate that distinguishes Ogai, and that gives his exchanges with Dr. Baelz such interest. Hirakawa's imaginative use of *Fushinchu* as symptomatic of this concern is of particular interest. Hirakawa notes that Ogai placed much of his faith for this innovation in the Taisho genera-

tion. Our knowledge that much of this faith was misplaced leads us again to a reconsideration of the Meiji generation and its strengths and achievement.

The sources for this, one concludes, were at least threefold. First, the Meiji generation was securely grounded in a tradition that was still vital. (The Taisho generation's "tradition" included the Meiji mixture, and consequently was much more confusing and uncertain.) Second, its leaders experienced a long and first-hand experience with the west and western learning. It was not so much a "selective modernization" as it was a selection of modernizers, for only a small number could be so trained and rewarded. (The Taisho generation, however, met the west in translation through books, and its first-hand experience came thereafter. Its selective modernization was often post-education.) Third, the Meiji generation came to maturity in a structured world order. It was an order that was dominated by imperialist policies that are now discredited, but it was secure in its values and procedures. The world of the Taisho generation was never that stable.

So the reader moves inevitably from Mr. Hirakawa's "uchi to soto kara no Meiji Nihon" to "uchi to soto kara no gendai Nihon." Contemporary Japan has its Meiji types; men with long years of study abroad behind them, with firsthand knowledge and authority in western as well as Japanese sources that permit intellectual work of first-rank quality, like the book under review. The post-war international order has again been structured by externally derived and imposed norms. Those norms are now again in process of change. Will Japan be more open, its universities less exclusive, and its atmosphere more truly international, than before? That answer lies with a generation for which "tradition" includes not only Meiji, but also Taisho and Showa, and which must pass, as Ogai did, from study to contribution and creation.

LE JAPON AUX PRISES AVEC L'AUTRE

HIRAKAWA SUKEHIRO

Wakon. yôsai no keifu

(Histoire de la formule : Ame japonaise-technique occidentale)

Tôkyô, Kawade shobô, 1971, 429 p.

L'image des « bateaux noirs » du Commodore Perry pointant leurs canons sur le port d'Uraga est de celles que le temps n'efface point de la mémoire d'un peuple. L'ultimatum des Américains (ouvrir des ports à leurs navires) n'était qu'une des variantes de la sommation que l'Occident, en ce milieu du XIXᵉ siècle, adressait à tant de nations d'Afrique et d'Asie. Que dans le cas du Japon l'indépendance politique ait été sauve, que cent vingt ans plus tard le pays puisse se poser en « Extrême-Occident » ne saurait faire oublier les déchirements dont ce défi agressif a été cause. Comment les hommes de Meiji, avec les pionniers qui avaient décidé « l'ouverture du pays », ont ressenti, médité et débattu leur rapport à l'Occident, tel est le sujet de l'épais ouvrage de Hirakawa Sukehiro (1), dossier substantiel, riche de textes choisis tant chez les « grands auteurs » et dans les journaux japonais que chez Gobineau et Kipling, France et Farrère, ou encore dans les notes d'étrangers résidant alors au Japon — textes toujours analysés et commentés dans une perspective historique, avec la plus minutieuse érudition et la plus exigente honnêteté intellectuelle, mais sans que l'auteur se dérobe aux conclusions d'ordre éthique ou politique auxquelles le conduit l'analyse. Aussi ce livre passionnant est-il une véritable thèse.

Si grand que fût le désarroi où l'arrivée des « bateaux noirs » en 1853 jetait le gouvernement japonais et les seigneurs féodaux par lui consultés sur l'événement, la confrontation du Japon avec une puissance étrangère n'était pas une expérience sans précédent. Non que Hirakawa évoque ici les premières tentatives des Européens au XVIᵉ siècle, dont les conséquences ne furent pourtant pas minces, puisqu'on leur doit en partie la « fermeture du pays ». Mais, selon lui, l'attitude

(1) Né en 1931. Maître de conférences de Littérature comparée à l'Université d'Etat de Tôkyô. Traducteur de la *Divine comédie*.

japonaise à l'égard de l'étranger avait déjà été modelée, dès l'aube de l'histoire du pays, par ses rapports avec la Chine : grandi dans son ombre, toujours le Japon s'est considéré lui-même comme culturellement « périphérique », alors que « l'Empire du Milieu » se posait en détenteur d'une culture « centrale », en foyer de rayonnement. Il nous est difficile, à nous autres Européens, dont l'histoire est faite des influences réciproques exercées tour à tour sur leurs voisins par des peuples frères en incessants rapports politiques et culturels, de tailles comparables, parallèles dans leur développement, de nous représenter ce que fut pour les insulaires japonais le voisinage (à la fois obsédant et trop lointain pour rendre possible une familiarité) avec l'énorme Chine qui, au moment où le Japon sortait des limbes de l'Histoire, avait déjà connu des floraisons, des décadences et d'autres floraisons, de qui il apprit tant et qui devint pour lui (sans d'ailleurs s'en soucier beaucoup) la suprême référence. Si l'épanouissement d'une culture japonaise indépendante ne se fit guère attendre, ce fut presque à l'insu des Japonais eux-mêmes, en tout cas sans la vigoureuse prise de conscience nationale de nos Renaissants ; comme le remarque Hirakawa, même le *Genji monogatari,* qui prouve avec éclat l'absolue originalité et la stupéfiante maîtrise des lettres japonaises dès le début du XIe siècle, ce *Genji* passa longtemps aux yeux des Japonais pour une œuvre secondaire, puisqu'il n'était pas écrit en chinois. En fait, il fallut attendre le début du XVIIIe siècle pour qu'on se mît à étudier de façon systématique et avouée les sources nationales, dans le domaine des lettres aussi bien que de la pensée religieuse et politique, ce qui n'alla pas sans une contestation parfois violente du « culte de l'étranger » qu'avait entretenu le prestige de la Chine. De la part des adeptes des « études nationales » (*kokugaku*) (qui menaient un combat pour la « défense et illustration » de leur langue contre l'usage du chinois classique, dont le rôle était, *mutatis mutandis,* celui du latin dans l'Europe médiévale), à l'adresse de ceux qui ont le « cœur chinois » (*karagokoro*), accusation de pédantisme, de stérilité, de défaut de discernement, de manque de loyauté à l'égard du pays, etc. Accusation mieux fondée aussi, et que Hirakawa étend à nombre d'intellectuels appartenant à des cultures « périphériques », d'ignorance des réalités nationales : loin que la connaissance de l'étranger soit un élargissement de l'horizon, elle se réduit à l'acceptation inconditionnelle des critères de l'autre, à une dépendance spirituelle dont on a dénoncé, au Japon même, la persistance à travers les vicissitudes de l'Histoire : le développement de la pensée japonaise ne serait que la succession d'importations idéologiques, l'autorité de l'Occident prenant le relais de celle du Buddha et de Confucius.

Le vieux réflexe de « pays à culture périphérique » aida considérablement le Japon à entrer sans trop de heurts dans le courant de l'Histoire et à y surnager, contrairement à la Chine qui découvrait, avec la culture occidentale, la première culture qui pût se poser en rivale. Rien ne l'avait préparée à cette confrontation, puisqu'au contraire du Japon elle n'avait jamais fait très grand cas de ce que les missionnaires européens avaient pu lui apprendre (Hirakawa note que ce furent les Occidentaux qui, en Chine, durent se charger de traduire et diffuser leurs livres, alors qu'au Japon, les Japonais se proposèrent pour accomplir pareilles tâches). Le Japon était, en outre, pourvu d'une tradition non négligeable d'étude des techniques occidentales (que l'on appelait alors la « science hollandaise », *rangaku*), puisque, malgré la fermeture du pays, avaient pénétré depuis deux siècles des traités de médecine, d'astronomie, de physique, de construction navale, etc.

La menace occidentale, soudainement manifestée avec l'apparition des « bateaux noirs », n'en causa pas moins des remous très violents, car le débat devint tout à coup politique. Deux partis opposés se constituèrent ; l'un avait pour slogan : « Respect de l'Empereur, expulsion des Barbares », c'est-à-dire retour au Japon originel gouverné par l'Empereur (non par le *shôgun*), animé par le *shintô* national et indemne de toute ingérence étrangère ; l'autre, « ouverture du pays et bonne entente (avec l'étranger) », ou encore « soutien au gouvernement shogunal et ouverture du pays », dans le maintien du vieil ordre confucéen. On sait qu'à l'issue de multiples péripéties les partisans de la première attitude l'emportèrent... mais qu'ils ne conçurent rien de plus urgent, une fois au pouvoir, que de pratiquer cette politique d'ouverture et d'occidentalisation qu'ils avaient tant combattue.

Pourquoi ce revirement, dont le peuple fut stupéfait (certains, comme le grand Saigô Takamori, ne s'en remirent pas) ? Hirakawa semble reprendre à son compte l'explication de Mori Ôgai (2) : les « habiles », persuadés de la supériorité technique de l'Occident, savaient depuis toujours que l'« expulsion des Barbares » n'était pas réalisable, mais que seul ce slogan pou-

---

(2) Mori Ôgai (1862-1922). Une des figures dominantes de son époque. Médecin et homme de lettres, d'une culture encyclopédique. Auteur de nombreuses traductions, il fit connaître à ses contemporains la littérature occidentale et inaugura lui-même le roman moderne. Ses romans historiques sont une réflexion sur l'éthique japonaise. Polémiste, personnalité multiple, il fut une des voix les plus écoutées de son temps. Hirakawa le prend dans son livre comme un témoin clef et consacre à certaines de ses œuvres une grande partie de son ouvrage. Rien de lui, à notre connaissance, n'a été traduit en français.

vait mobiliser les masses. Le pouvoir pris, la sagesse dictait un retournement de politique : toute tentative pour « expulser les Barbares » aurait conduit le Japon à la ruine, comme le confirmera quelque quatre-vingts ans plus tard l'échec du nationalisme xénophobe. La vraie fidélité au pays, c'est-à-dire « la volonté, devant l'agression des Occidentaux symbolisée par les "bateaux noirs", de sauvegarder l'Etat japonais » réclamait en un premier temps une attitude xénophobe pour se débarrasser du gouvernement shogunal usé, puis la modernisation (c'est-à-dire l'occidentalisation) du Japon. Hirakawa insiste bien sur le fait que pour le Japon de Meiji, comme pour tous les pays de la planète au XXe siècle, la modernisation fut imposée du dehors, qu'elle fut « fatale », et que le seul choix était dans la façon de relever le défi. De quoi s'agit-il ici, sinon des efforts désespérés d'un peuple acculé à l'occidentalisation pour survivre, pour éviter de voir son nom ajouté à la liste chaque année plus longue des colonisés ?

« Ame japonaise, technique occidentale » (*wakon yôsai*) : tel fut le slogan de l'époque Meiji. Veut-on articuler logiquement les deux termes ? On obtiendrait : « garder une âme japonaise malgré les techniques étrangères (dont le cours des choses impose l'adoption) » ou même « introduire les techniques occidentales pour mieux garder l'âme japonaise (en dotant le pays des moyens de préserver son indépendance politique) ». Car « le moyen de préserver notre indépendance n'est à chercher nulle part que dans la civilisation (technique) », disait Fukuzawa Yukichi (3). Ce qu'il faut entendre par technique paraissait clair : l'art militaire, mais aussi les sciences physiques et naturelles, la médecine. Quant à « l'âme japonaise », il est plus difficile de la définir, et Hirakawa préfère passer par le biais d'un analyse historique de l'expression. Car cette formule est la refonte d'une formule plus ancienne : « âme japonaise, technique chinoise », qui datait du IXe siècle. Il s'agissait alors, quelque quatre cents ans après l'ouverture officielle des relations avec la Chine, de retrouver, malgré l'adoption de nombreux éléments continentaux, tant politiques que religieux et « culturels », un esprit national, à vrai dire mal défini. Mais, lorsqu'au XIXe siècle on parle à nouveau de « l'âme japonaise », il est évident qu'y sont maintenant incluses les valeurs éthiques inspirées par la tradition chinoise (confucéenne), dont l'influence s'était exercée tout au long de l'histoire du Japon, et singulièrement depuis le XVIIe siècle ; « l'âme japonaise » est donc plutôt « l'âme orientale ». On voit que le rapport à l'étran-

(3) FUKUZAWA Yukichi (1834-1901). Pionnier de l'ouverture du Japon et de l'ère des lumières. Il alla aux Etats-Unis dès 1860.

ger devient plus complexe : autrefois binaire (Japon/Chine), il est désormais ternaire (Japon+Chine/Occident). Les partisans de l'ouverture du pays ont d'ailleurs tiré argument de cette nouvelle notion d'un « Orient » composite contre les tenants d'une prétendue « pureté japonaise ». Mais quelles sont ces « vertus orientales » (expression que l'on retrouve dans des slogans voisins du nôtre) ? Sans doute les deux couples traditionnels *jingi chûkô* : « humanité et devoir, loyauté envers le seigneur et piété filiale ». Au vrai, les Chinois se souciaient peu de recenser les philosophies occidentales pour les comparer à l'enseignement de leurs Sages. Mais chez eux, la tradition est longue d'accorder à l'Occident une supériorité dans l'exploration et la maîtrise du monde physique, tout en considérant le système politique, éthique et social de l'Empire comme sans égal dans le monde. Lorsqu'au début du XVIIe siècle, les Jésuites arrivèrent à la Cour de Pékin, leur supériorité scientifique suscita curiosité et admiration, mais le prestige de leur doctrine religieuse et de leurs idées philosophiques fut à peu près nul. Et comme il est de tradition en Chine d'affirmer que seul le spirituel est digne d'attention, la confiance qu'avaient les Chinois en leur propre précellence ne fut nullement entamé. A leur suite, les Japonais vouaient à l'Occident à la fois admiration et mépris, comme en témoigne le nom qu'ils donnèrent (en 1856) à ce qui deviendrait plus tard l'Université impériale, puis l'Université d'État de Tôkyô : « Bureau d'Etude des Ecrits Barbares ». Par la suite encore, quand les Japonais combattront pour la première fois aux côtés des Européens en Chine (en 1900, pour riposter à l'assassinat par les Boxers d'un secrétaire de la légation japonaise à Pékin), la brutalité des troupes occidentales les choquera profondément ; de fait, on rendit hommage, jusque dans les journaux anglais, à la correction des troupes japonaises qui, à la différence des alliés occidentaux, ne se livrèrent ni au pillage ni au viol. A la croyance naïve qu'avaient peu à peu acquise certains Japonais, impressionnés par le message chrétien d'universelle charité, que l'Occident était parvenu à un degré supérieur de développement moral, succédait une déconvenue aussi naïve, rappelant celle de ces convertis qui, allant aux Etats-Unis, s'étonnèrent de trouver dans la patrie de leurs missionnaires « tant de méchants et d'hypocrites ».

« Les vertus orientales », « l'âme japonaise », tout cela restait fort vague et Hirakawa y voit simplement « la conscience qu'avaient les Japonais d'eux-mêmes face à l'étranger », aussi virulente mais aussi indéfinissable que les « vertus françaises » ou la « supériorité allemande » ou encore que l'« Occident chrétien » ; le risque était d'ailleurs le même, de devenir un pur slogan, ou, comme le dénonçait Ôgai, le masque du con-

servatisme. Natsume Sôseki (4) ironisait en 1905 : « L'âme japonaise ! crient les Japonais en faisant entendre une toux de tuberculeux. L'âme japonaise ! disent les journalistes. L'âme japonaise ! disent les pickpockets... L'amiral Tôgô (5) a une âme japonaise. Le poissonnier du coin a une âme japonaise. Les escrocs, les charlatans, les assassins ont une âme japonaise. Si on demande : mais qu'est-ce que l'âme japonaise? ils répondent : Tiens ! C'est l'âme japonaise ! et passent leur chemin, en laissant derrière eux le bruit d'un raclement de gorge satisfait. »

Mais, peut-on, dans une culture, séparer la « technique » de l'« âme » ? Peut-on se moderniser sans s'occidentaliser ? Dès les premières années de Meiji, on s'aperçut que non. Car les techniques sont « le produit de l'âme des peuples ». Comme le notait Mori Ôgai, le développement prodigieux de la science occidentale n'est pas seulement dû à la forme particulière de certains esprits occidentaux tournés vers l'investigation du monde physique, mais à la structure même de la société, où une véritable *recherche* (Ôgai disait que le japonais n'avait pas de mot correspondant) est possible, parce que l'émulation y est favorisée, parce que les préséances de l'âge ou le respect de la tradition ne viennent pas entraver l'activité des novateurs. Et d'avertir les Japonais : adopter la technique occidentale ne saurait consister à introduire les résultats acquis ; la science n'est pas un objet marchandable, c'est un organisme vivant ; c'est donc l'esprit scientifique lui-même qui doit se développer pour que soit possible une science japonaise. Peu à peu, la notion de « technique » s'élargit considérablement, et les Japonais importèrent jusqu'aux institutions occidentales : de 1872 à 1889, le système administratif, militaire, éducatif, juridique se modèle sur ceux de l'Europe, ébranlant du même coup l'image « japonaise » de l'homme et de la société. D'autre part, les intellectuels découvrent avec une sorte de vertige le monde spirituel de l'Occident, le Christianisme au premier chef, puis (et cela, en partie, grâce à Mori Ôgai) la littérature et les arts. C'est une vraie soif d'évasion. Comme le racontera Abe Jirô (6), l'âme des jeunes Japonais, pour la première fois après trois siècles de claustration dans les limites nationales, se dilatait aux dimensions du monde : le frottement de l'âme japonaise à l'âme occidentale « n'était pas un problème facile, que l'on

(4) NATSUME Sôseki (1867-1916). Une des grandes figures littéraires de Meiji. Le texte ici traduit est tiré de son célèbre roman *Je suis un chat.*

(5) TOGO Heihachirô (1847-1934). Il venait de remporter les prestigieuses victoires de Port-Arthur et de Tsushima.

(6) ABE Jirô (1883-1959). Idéaliste personnaliste. Auteur de nombreux essais.

pût résoudre simplement avec la formule toute faite "âme japonaise, technique occidentale". S'il ne s'était agi que de technique et de pratique, l'éducation patriote de l'époque n'aurait pas éveillé tant d'inquiétude et de scepticisme chez ceux qui, comme moi, faisaient du problème de l'âme (tempérament aussi bien que volonté) l'affaire essentielle. Vraiment, au sujet de l'âme, l'aliment que nous proposait l'éducation patriote ne pouvait rassasier notre faim. La profondeur universelle du Christianisme, la liberté, la richesse et l'éclat des œuvres de la Grèce, de la Renaissance ou de Gœthe : si seulement les éducateurs patriotes de l'époque nous avaient présenté, oui, simplement présenté, une réalité qui pût valoir tout cela, ils auraient pu éveiller en nous l'esprit qu'ils voulaient. Mais ils ne s'en souciaient pas. Et leurs slogans creux ne faisaient que nous glacer par leur forme sévère. S'ouvrait alors à nous un chemin détourné : c'est dans un continent étranger, que nous n'avions jamais vu, qu'une partie de l'âme du Japon, se quittant elle-même, allait chercher une nourriture capable de rassasier sa faim et d'aider à son développement. Si je parle de chemin détourné, ce n'est pas parce que, nous ouvrant à l'extérieur, nous rencontrions l'esprit d'un autre continent ; c'est que, entretenir une illusion d'optique qui rend aveugle à ce qui est proche, nourrir la nostalgie de ce qui est lointain au lieu de creuser plus profondément en soi, oublier à jamais — que ce soit un bien ou un mal — le contact concret, difficile, assidu, avec les racines nationales, voilà la stérilité redoutable de cet itinéraire ».

Tandis que les intellectuels cherchaient ainsi une jointure entre les deux cultures, découvraient la philosophie et les arts occidentaux, parfois avec enivrement, l'Histoire suivait son cours. On regrette que Hirakawa n'ait pas insisté davantage sur les années charnières qui amenèrent deux transformations capitales : en 1905 en effet, le Japon d'agressé qu'il était cinquante ans auparavant, se retrouve le vainqueur d'une puissance occidentale, la Russie ; de soucieux qu'il se voulait de préserver son originalité d'Oriental, il s'aligne sur la politique occidentale et en vient à pratiquer envers la Chine et « envers la Corée la politique dont les puissances occidentales avaient usé envers lui-même » (7). Certes, l'objet de cette étude n'est pas la politique extérieure du Japon, mais l'évolution des rapports culturels avec l'Occident ; pourtant l'expansion du Japon à Formose (1874), en Corée (à partir de 1875), en Chine

(7) LEQUILLIER, *Le Japon*, Sirey, p. 121.

(1894) est indissociable (et révélatrice) de son engagement de plus en plus net aux côtés de l'Occident. Ce choix d'une politique étrangère à l'européenne, c'est-à-dire colonialiste, cette désolidarisation d'avec l'Asie, si explicable soit-elle par une exigence de sécurité ou de prestige politique (8), de développement économique (9) ou de stabilité intérieure (10), bref, tout simplement par le fait que « les dirigeants... avaient suivi les conseils donnés par Bismarck à Iwakura en 1872 : dans un monde où la force créait le droit il s'agissait, d'être fort » (11), — cette politique a été trop lourde de conséquences pour qu'on ne regrette pas le silence de Hirakawa sur l'attitude des intellectuels à l'époque, celle d'un Fukuzawa Yukichi par exemple. Car nous touchons ici un point où la « technique occidentale » (la colonisation est une technique de développement économique) met en jeu un système de valeurs.

De la politique d'expansion japonaise en Chine, Hirakawa n'évoque que l'épilogue. On se rappelle les faits : ses ambitions sur la Corée se heurtant à celles de la Chine, le Japon attaque cette dernière en 1894 et occupe le Sud de la Mandchourie. En 1895, le traité de Shimonoseki lui donne, outre une forte indemnité et les mains libres en Corée, Formose et les Pescadores, sans compter la presqu'île de Liao Toung. C'est alors l'inquiétude des Occidentaux devant ce « nouveau convive (qui) se présentait au banquet » (12), et la triple intervention, par laquelle la France, l'Allemagne et la Russie contraignent diplomatiquement le Japon à rétrocéder Liao Toung... pour se tailler, en bons compères, dès 1898, chacun sa part du « melon chinois ». On imagine l'indignation des Japonais devant ce cynisme, leurs critiques également à l'endroit d'un gouvernement qui avait dû céder aux pressions étrangères. La Triple Intervention attisa la xénophobie japonaise, poussa le gouvernement, désireux de retrouver son prestige, à préparer une victoire décisive, cependant que les progrès de la colonisation occidentale tant en Afrique qu'en Asie et singulièrement le « dépècement de la Chine » proposaient au Japon à la fois un exemple à suivre et un danger à repousser. Par ailleurs les discours de Guillaume II hostiles à la Chine et ses envolées sur « *die gelbe Gefahr* » retombaient sur le Japon, conçu non plus comme l'allié, même sous tutelle, des Européens, mais comme l'un de ces peuples jaunes qui menaçaient « l'Occident chrétien ». Le

---

(8) REISCHAUER, *Japan*, Tuttle p. 135 ; VIE, *Le Japon contemporain*, P.U.F., p. 55 et 76.

(9) CHESNEAUX, *L'Asie Orientale*, P.U.F., p. 152.

(10) AKAMATSU, *Meiji*, 1968, Calmann-Lévy, p. 324-325.

(11) LEQUILLIER, *op. cit.*, p. 131.

(12) Formule de LEQUILLIER, *op. cit.*, p. 126.

Japon, mis en cause par les théoriciens du « péril jaune », et impatient de venger l'affront subi lors de la Triple Intervention, allait se tourner contre l'Europe, attaquer victorieusement la Russie.

L'histoire du sentiment national japonais, en ce début du XXe siècle, est placé sous le signe du « péril jaune », auquel Hirakawa consacre un bon quart de son étude. Nous autres Européens avons la mémoire courte, surtout lorsqu'il s'agit de faits aussi ridicules qu'odieux. Oubliés, les discours de Guillaume II vaticinant contre les hordes jaunes et faisant de tous les Asiatiques les descendants des Huns ou des Mongols ; oubliées ses attaques contre le caractère agressif du Bouddhisme (la religion la plus pacifique que l'humanité ait peut-être conçue) ; oubliées les démonstrations du professeur Richet, prix Nobel de physiologie et médecine en 1913, selon lesquelles la race japonaise représente un stade de développement intermédiaire entre le singe et l'homme ; oubliées les exhortations d'un Kipling, qui encourageait les Blancs à se pencher sur les peuples « mi-diables, mi-enfants » ; oublié le succès que connurent alors les thèses de Gobineau, qui faisait naître la civilisation chinoise au IIIe siècle avant Jésus-Christ (plusieurs siècles après Confucius, Lao Tseu, etc. !) et en attribuait l'éclosion à des infiltrations de voyageurs aryens... Aussi la victoire du Japon sur la Russie fut-elle interprétée de part et d'autre comme la vicoire d'un peuple jaune sur un peuple blanc : Anatole France y voyait « une des plus grandes heures de l'histoire du monde... un étrange retour des choses (par lequel) les Russes payent et expient.. la politique coloniale de l'Europe tout entière » (13). Avant même de connaître l'issue de la guerre, il avait prophétisé : « Si le Japon rend les Jaunes respectables aux Blancs, il aura grandement servi la cause de l'humanité. » Une fois la victoire acquise, Lénine salua ce « coup sévère porté à l'Europe réactionnaire » (14) et approuva Jules Guesde d'avoir exprimé sa sympathie au vainqueur, qui représentait « une force de progrès ». Comment s'étonner alors que les Japonais, impliqués par les Européens dans une querelle raciale, aient posé le problème dans les mêmes termes, se soient faits les représentants des peuples jaunes, voire des peuples de couleur en général, et aient aspiré à en devenir les leaders ? Voici comment l'un d'eux (15) présentera plus tard (1937) le rôle du Japon : « Le Japon occupe aujourd'hui dans la civilisation mondiale une place tout à fait particulière. Encore que, parmi les grandes cultures historiques, figurent, à côté de la zone du Proche-Orient et de l'Europe, les sphères culturelles indienne

(13) In *Sur la Pierre blanche.*
(14) In *La chute de Port-Arthur.*
(15) WATSUJI Tetsurô (1889-1960). Historien des civilisations.

et chinoise, c'est la civilisation européenne qui exerce à l'époque moderne une domination exclusive, et se donne pour représentante de la culture de l'humanité. Aussi les Blancs qui en sont les créateurs se prennent-ils pour le peuple élu et sont-ils en train de transformer tous les peuples de couleur en instruments de production à leur profit. Si les Japonais ne s'étaient pas manifestés à la fin du XIXe siècle, peut-être les rapports entre Blancs et peuples de couleur auraient-ils reproduit ceux qu'entretenaient les citoyens et les esclaves de l'Antiquité. Mais les Japonais, encore qu'ils soient des Jaunes, nourris pendant des siècles au sein de la culture indienne et chinoise, ont rattrapé en à peine un demi-siècle la civilisation de l'Europe moderne et ont montré qu'ils avaient acquis une puissance économique et militaire qui ne le cédait en rien à celle des pays européens. Cela ébranle et menace la conviction des Européens que leur civilisation est seule représentante de la culture humaine et que les Blancs sont la race élue. Ce n'est donc pas par hasard que le XXe siècle est né sous le signe du péril jaune. L'essor du Japon, qui, du point de vue de la civilisation moderne, était dans l'enfance quarante ans plus tôt, a évoqué les assauts de Genghis Khan contre l'Europe, montrant par là combien les capacités des Japonais avaient renversé tous les préjugés des Européens. »

Au plus fort de la querelle raciale, Ôgai gardait un admirable sang-froid. En 1903, en pleine tourmente, il publia son *Essai sur la théorie du péril jaune*, dans lequel il renvoie la *Rassenphilosophie* au rayon des modes intellectuelles, vouées à disparaître, comme est morte la théorie qui faisait de la terre le centre du cosmos. Le succès de l'*Essai sur l'inégalité des races humaines* viendrait, selon lui, de la vision grandiose de l'histoire humaine que Gobineau y propose, de son caractère apocalyptique (la fin de l'Occident y est prophétisée) et des perspectives qui y sont ouvertes à la race blanche, puisque la civilisation qui prendra la relève sera le produit des Aryens. Mais la sérénité d'Ôgai n'est pas désintérêt pour la conjoncture, détachement d'intellectuel enfermé dans sa tour d'ivoire : il conjure ses compatriotes de préférer aux réactions passionnelles une étude approfondie de la théorie du péril jaune, car « si l'on ignore le mépris dont on est l'objet, comment pourrait-on forger l'arme qui vous en préservera » ? Envoyé lui-même sur le front de Mandchourie, éprouvant physiquement le heurt des races, il exprime son amertume en un dialogue où se répondent deux poèmes. Le premier est mis dans la bouche du Blanc, pour qui l'homme jaune est un « ver à soie », image (d'origine chinoise) de celui dont on tire indéfiniment une riche substance (nous disons plus prosaïquement une « vache à lait ») :

« Sale Jaune, sois notre ver à soie, que nous profitions !
Tu refuses ?... C'est le péril jaune ! »

A quoi répond l'Asiatique :

« Nous sommes jaunes, mais, comme toi, fils du Dieu de la [promesse.
Toi qui nous persécutes, tu es le péril blanc. »

L'expression « péril blanc » est sans doute d'Anatole France, qui devait écrire : « Nous découvrons à cette heure le péril jaune. Il y a bien des années que les Asiatiques connaissent le péril blanc... Nous avons créé le péril blanc. Le péril blanc a créé le péril jaune. » (16)

Mais la stature exceptionnelle d'un Mori Ôgai ne doit pas donner à croire que tous les Japonais fussent aussi sereins. Né un an après lui, jouant lui aussi, grâce à sa connaissance de l'anglais et à ses activités de journaliste qui lui donnaient une plus large audience encore, le rôle de pont entre l'Occident et le Japon, Tokutomi Sohô (17) retient l'attention de Hirakawa comme contre-pied de Ôgai. Fervent introducteur, dans sa jeunesse, des idées sociales de l'Occident, mais profondément blessé par la Triple Intervention, il devint hostile à l'Europe et prôna un impérialisme japonais en Asie, pour finir en 1942 président de l'Association Nationale des Organes de Presse du Grand Japon. En 1905, après la victoire sur la Russie, il répondait en ces termes, dans le « Journal du Peuple », d'inspiration progressiste, au fameux poème de Kipling sur « la tâche de l'homme blanc » (*The White man's burden*, 1899) : « Nous autre, peuple du Yamato (18), nous ne sommes pas le leader arrogant de la race jaune. A nos yeux, il y a l'humanité, il n'y a pas de races. Etre blanc, être jaune, ce sont des différences épidermiques, cela n'a à peu près aucune importance. Pourtant, sans que nous le cherchions, l'une des deux grandes races du monde, la race jaune, a tout entière les yeux tournés vers nous. peuple du Yamato. C'est comme si non seulement la Chine, la Corée, le Siam et les autres nations jaunes, mais aussi l'Inde, la Perse, l'Arabie, l'Egypte, la Turquie, bref toutes les nations, qu'elles soient ou non reconnues comme appartenant au groupe des peuples de race blanche, faisaient du peuple du Yamato leur référence, le point d'ancrage de leurs espoirs. On ne peut nier que la guerre russo-japonaise ait joué un rôle décisif auprès des peuples non blancs répandus sur la surface du globe. » Sohô prétend ici refuser toute discrimi-

(16) In *Sur la Pierre blanche.*

(17) 1863-1957.

(18) Nom ancien d'une région du Japon, devenu l'appellation plus ou moins mythique et chargée de valeur affective, que les Japonais donnent à leur pays (le mot « Nippon » étant d'origine continentale).

nation raciale, en même temps que tout chauvinisme. Il veut analyser la conjoncture et constate qu'il existe une solidarité entre le Japon et les peupics de ce que nous appelons aujourd'hui le tiers-monde. Hirakawa cite d'autres textes où Sohô rejette l'idée d'un affrontement entre les deux races, gui mettrait le monde à feu et à sang. Mais la référence lancinante à la place éminente du «peuple du Yamato» annonce les positions qui seront les siennes trente ans plus tard, lorsque, passé de l'idée de «remettre l'Aste aux mains des Asiatiqucs» à celle d'un leadership japonais sur les peuples jaunes. Il se fera le chantre de la «sphère de co-prospérité», prenant ainsi le relais des impérialistcs occidentaux. Il ne semble pas s'être rendu compte de la contradiction inhérente à son attitude, que souligne Hirakawa; d'ailleurs, son succès auprès des jeunes officiers venait justement de l'ambivalence même de ses théories, qui flattaient deux tendances en apparence contradictoires mais qui coexistent chcz les Japonais: la nostalgie de l'Occident (alors conçu comme un maître à penser en politique et une agressivitè anti-blanche (l'Occident étant alors considéré comme un usurpateur à évincer). Double satisfaction que de se poser en égal des Occidentaux et de les supplanter ! Aussi peu de voix s'élevèrent-elles là contre. Hirakawa se fait l'écho de celle de Kawai Eijirô (19), qui prophétisait en 1934 que les peoples d'Asie se prêteraient de mauvais gré au leadership du Japon, dont le régime totalitaire laissait mal augurer de son esprit démocratique et de ses aptitudes à devenir un libérateur et un guide vers une société meilleure.

Si différentes que fussent leurs positions, pour Ôgai comme pour Sohô, la guerre russo-japonaise symbolisait et actualisait à la fois le conflit entre Blancs et Jaunes. Aussi Hirakawa prend-il soin de présenter assez longuement la position originale à cet égard de Uchimura Kanzô (20): celui-ci dénonce vigoureusement les puissances occidentales (France, Allemagne, Angleterre, Etats-Unis) qui, bien que non belligérantes, sont les vrais fauteurs de guerre, Il affirme en revanche la solidarité, née d'une complémentarité des Russes et des Japonais, qui sont, à des titres divers mais également «à moitié occidentaux et à moitié orientaux». Leur lutte est unc lutte fratricide née d'un malentcndu. Renvcrsant. d'autre part, la dialectique de

(19) (1891-1944). Economiste libéral, Auteur d'une *Crinque du fascisme.* Destitué en 1939 de son postc de profcsscur d'économie à l'Université d'Etat de Tôkyô.

(20) (1861-1930). Chrétien, partisan d'un «christianisme non clérical », qui tenta douloureusement de concilier son loyalisme de Japonais et sa foi. Démis en 1891 de ses fonctions de professeur pour avoir refusé de s'incliner rituellement devant le rescrit impérial sur l'éducation. Pacifiste sans retour.

« technique occidentale, âme japonaise », Uchimura voit dans l'Occident le véritable enracinement spirituel du Japon moderne, que même la victoire sur les Russes ne doit lui faire oublier. Renoncer à cette solidarité avec la civilisation occidentale qui, affirme-t-il, est « la vie de l'humanité », serait donner raison aux prophètes de malheur qui dénoncent le péril jaune. Il suggère lui aussi que le Japon prenne la tête de l'Orient (et en vérité à cette époque où dans une Asie tombée aux mains de l'Europe, le Japon venait pour la première fois de « détruire le mythe de l'invincibilité des Blancs », qui eût pu trouver outrecuidante cette prétention ?), mais pour établir une harmonie planétaire entre races, au sein d'une commune civilisation. Les théories d'Uchimura n'ont guère trouvé d'écho. Mais son effort pour renouveler la dialectique des rapports entre Orient et Occident, pour concilier fidélité nationale et universalisme, en font une des figures les plus intéressantes de Meiji.

Hirakawa présente d'autres témoignages (dont le choix d'ailleurs prêterait à discussion). En prolonger la liste est impossible. On aura compris le caractère vital du débat qui s'instaurait alors, et que l'auteur clôt sur ces années 20 où le Japon signe des traités d'alliance avec la Chine et les puissances occidentales, semblant hésiter avant de s'engager dans le « défilé noir » du fascisme et de l'impérialisme.

On referme le livre. Voici qu'ont été appelés à la barre toutes sortes de témoins. Ils nous ont dit la curiosité d'un peuple pour la science étrangère, sa stupeur devant la menace, ses humiliations, sa prise de conscience nationale, sa volonté de s'affirmer, ses hésitations sur la conduite à tenir vis-à-vis de l'égoïsme occidental, vis-à-vis des Asiatiques autres victimes de l'agression blanche, les avertissements aussi de quelques esprits lucides à la recherche d'une troisième voie qui ne fût ni la xénolâtrie ni le chauvinisme. Hirakawa a dépouillé pour nous le dossier d'un moment de l'histoire du Japon. Mais il prétend faire plus que cela, car le Japon fait figure à ses yeux sinon d'exemple (à suivre ou à ne pas suivre), du moins d'archétype, puisqu'il est historiquement le premier à avoir posé « le problème du XXe siècle, celui de l'occidentalisation, réalisée dans l'autonomie, d'un pays non occidental ». Au-delà de la spécificité du cas du Japon, Hirakawa s'intéresse à un phénomène général, la dialectique de l'occidentalisation et de la revendication d'une identité nationale à travers le processus inéluctable de la modernisation : tension douloureuse dans les sociétés comme chez les individus entre un désir d'identification à la civilisation prestigieuse et matériellement dominante, et

un réflexe d'auto-défense. Dans le Japon de Meiji comme dans les pays du tiers-monde aujourd'hui, même déferlement des modes occidentales dans la vie quotidienne (l'heure n'étant pas alors au coca-cola, on disait des Occidentaux et de ceux qui les copiaient qu'ils « puaient le beurre »), et même recherche angoissée des racines nationales, en particulier par la remise en valeur de la langue parlée dans le peuple (c'est à la fin du XIXe siècle que parurent les premiers romans en langue « vulgaire »); mêmes références aux origines historiques ou mythiques (le Japon redevient le Yamato), même enflure verbale car, à ceux qui se sentent dépossédés de tout, reste la puissance, même illusoire, du mot : au plus fort de ses incertitudes, le Japon se proclamait « sans égal parmi les nations », « vase d'or sans défaut », « soleil resplendissant dans le ciel oriental », etc. Même ambiguïté surtout dans l'affirmation d'une personnalité raciale : sain réflexe de conservation, elle peut devenir, si on la porte au plan métaphysico-religieux, une formule stérilisante, parce que fixiste, « coagulante » (21), négation de l'histoire passée et obstruction aux changements à venir. On a vu ce que l'avant-garde des peuples en lutte contre l'impérialisme blanc, que se croyait le Japon de 1905, se retrouva être quarante ans plus tard.

Parmi les agents de cette sinistre évolution, Hirakawa dénonce les intellectuels. « Métis spirituels », intermédiaires par métier entre l'Occident et leur peuple, ils jouent un rôle déterminant, mais difficile. Tentation, à laquelle n'eurent d'ailleurs pas le loisir de succomber les Japonais de Meiji, de « mettre entre parenthèses leur nationalité sous prétexte d'universalité de la science » : nous savons qu'il est pays du tiers-monde que fuient leurs élites. Tentation d'imposer partout des critères étrangers et de condamner la culture nationale pour incapacité physique et arriération mentale ; les intellectuels « importent les -ismes » et essayent par tous les moyens d'appliquer les théories occidentales au mépris des réalités concrètes de leur pays. Mori Ōgai dénonçait déjà cette tendance : « La civilisation (occidentale) repose sur des bases historiques. Mettre en pratique telle quelle son idéologie est du domaine de l'impossible. » Dans le Japon contemporain encore, dit Hirakawa, les intellectuels les plus imprégnés d'Occident, « un certain nombre de chrétiens, de professeurs d'université et de journalistes, surtout du journal *Asahi* », cherchent, en dénigrant tout ce qui est japonais, à surmonter, par un réflexe de compensation, le sentiment d'infériorité qu'ils éprouvent devant

(21) Le mot est de Stanislas Adotevi, dans *Négritude et négrologues*, pour dénoncer la stérilité actuelle du concept de « négritude », jadis porteur d'une puissance explosive.

l'Occident, attitude aussi puérile et ridicule que de continuer, une fois parvenu à l'âge adulte, à critiquer à tous propos ses parents. Cette tentation est d'ailleurs celle de la facilité : le recours inconditionnel à une référence étrangère dispense de l'analyse. Dans les pays à « culture périphérique », cette tentation devient particulièrement forte : « en règle générale, dans les sociétés où la tradition individuelle est faible, les mouvements révolutionnaires ont beau viser la destruction des autorités établies, ils finissent par mettre en place d'autres autorités qui prennent la relève de celles qui ont été renversées ». Les intellectuels sont alors les agents irresponsables d'un impérialisme idéologique.

C'est à la défection des intellectuels de Shôwa que Hirakawa attribue la montée du fascisme et son succès auprès des masses. Si les germanistes japonais des années 30 avaient pris la peine — comme l'avait fait Ôgai à l'époque Meiji — d'étudier sur place la réalité allemande, s'ils avaient analysé et critiqué les textes allemands au lieu de se retrancher dans leur germanophilie inconditionnelle, l'alarme aurait pu être donnée. Ce qui fait défaut au Japon comme dans beaucoup de pays du tiers-monde, ce sont des intellectuels « qui marchent sur deux jambes », qui connaissent les réalités nationales et les réalités occidentales, et pas seulement quelques slogans étrangers.

A une époque où l'on s'interroge sur la validité du savoir et de la raison, de l'apprentissage quotidien et de l'exercice de la lucidité, cette exigence d'un travail intellectuel sérieux, ce rappel des devoirs de l'intelligence paraîtront-ils anachroniques ?

JACQUELINE PIGEOT.

日本國際私法

佐々野章邦著

大正十年訂正參版

日本國際私法

日本立法資料全集　別巻
1215

信山社

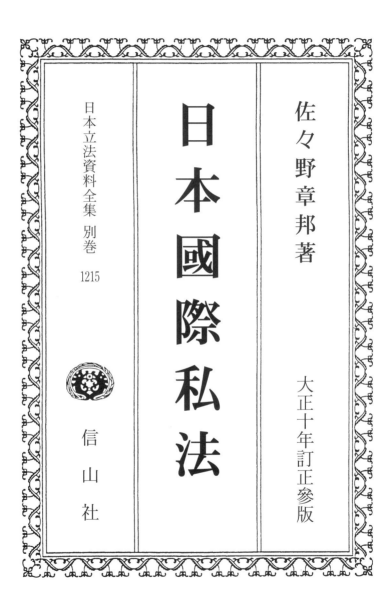

慶應、法政、中央、日本四大學
國際私法講座擔任法學士　佐々野章邦著

日本國際私法

東京　日英堂

小引

一、本書は著者が慶應、中央、法政、日本の四大學に於て爲したる講話に訂正を加へたるものにして、簡約に初學者の爲に、日本國際私法の要綱を說明するを目的とす。固より未定稿にして、今之を公刊するは、著者の本意にあらず。學生と書肆の懇請止むべからざるものあればなり。將來研究の進むに從ひ、常に版を改め、其內容を新にせむことを期す。

二、著者國際私法を研究するに至りたるは、多年或は官界に於て、或は學界に於て、陰に陽に懇篤なる指導を忝うしつゝある、水野錬太郎博士の懇命に基き、日本大學の講座を擔任せむが爲にして、著者の國際私法上の知識は恩師山田三良博士の懇篤なる薫陶に負ふ所最も多し。本書公刊に際し、兩博士の鴻恩を回想して感謝の念を新にすること愈々切なり。謹みて茲に敬慕の意を表す。

三、本書公刊に際し、追懷措く能はざるものは、亡母種子なりとす。亡母は殆んど、其全生涯を著者の教育に捧げて他を顧みず、著者の成人を唯一の樂と爲せり。不幸著者大學の業を卒へ、文官高等試驗に合格すると同時に、幽明界を異にするに至り、遂に孝養を盡すの遑なし。今本書を其靈前に供へて、以て追慕の意を表す。

大正九年九月

著者識

日本國際私法内容目次

序論

第一編　總論

第二編　各論

日本國際私法内容目次畢

日本國際私法

法學士 佐々野章邦著

序論

第一 國際私法ノ使命

國際私法ノ使命

文明ノ發達ト欲望ノ增進トハ、人類相互ノ接觸交通ヲ促シ、近世的交通運輸機關ノ應用ト相俟テ、人類相互ノ關係ハ益々密接ニ、其交通ハ愈々頻繁トナレリ。斯クノ如クニシテ接觸シ得ヘキ人類ノ範圍ハ益々擴大シ、取引上ノ共通點ハ又人類相互ノ交通ヲ更ニ容易ナラシメ、之ニ依リテ種々複雜ナル法律關係(註一)ヲ簇生スルニ至レリ。從來ノ國內的法律生活ノ外、所謂國際的法律生活ハ玆ニ確立シ、人類ハ今ヤ國際的權利義務ノ主體タルニ至リシナリ。

〔註一〕法律關係ハ法ノ規律スル人類ノ生活關係ニシテ、然ラサル人類ノ生活關係ハ之ヲ事實關係ト稱シ、全然法ノ關與セサル所ナリ。而シテ法ハ共同生活ニ於ケル人類行爲ノ法則ニシテ、各人ノ爲スヘキコト、爲スヘカラサルコト及爲シ得ヘキコトノ限界ヲ定ムルモノタリ。畢竟人類行爲ノ價値ヲ判斷スル規範ニシテ、國家又ハ之ニ依リテ權力ヲ附與セラレタルモノノ意思表示ニ外ナラス。其意思表示ノ內容カ爲スヘキコト、爲スヘカラサルコトヲ定ムルニアルトキハ、之ヲ命令ト稱シ、或ル人ニ行爲不行爲ノ義務ヲ負擔セシメ、爲シ得ヘキコトヲ定ムルニアルトキハ之ヲ許可ト稱シ、其行爲ヲ正當ナラシム。命令ノ範圍ハ即チ各人ノ義務ニシテ、許可ノ範圍ハ各人ノ權利ニ屬ス。畢竟法ハ權利義務ニ關スル法則、即チ價値判斷ノ基礎タル標準ニ外ナラスシテ、如何ナル行爲不行爲ヲ爲ササルヘカラサルカ、如何ナル行爲ヲ爲シ得ルカノ問題ヲ其實質トナス。從テ法ノ規律スル人類ノ生活關係タル法律關係モ亦權利義務ノ關係ニ外ナラサルナリ。而シテ其權利義務ノ發生變更消滅ノ何レカカ、二國以上ニ關係ヲ有スルトキハ、之ヲ國際的權利義務ト稱シ、然ラサルトキハ之ヲ國內的權利義務ト稱ス。其國際的權利義務ノ關係ハ又疑モナク國際的法律關係ニシテ、國際的法律生活ニ屬シ、國內的權利義務ノ關係ハ國內的法律關係ニシテ國內的法律生活ニ屬スト謂フヘシ。例ヘハ我國ニ於テ我國人ト英國人トノ間ニ婚姻ヲ爲シ、英國人相互間又ハ英米人間ニ婚姻ヲ爲スカ如キ場合ハ國際的法律生活ニ屬シ、我國ニ於テ我國人相互間ニ於テ婚姻ヲ爲スカ如キ場合ハ國内的法律生活ニ屬スルカ如シ。

國際的法律生活ニ於テハ常ニ法律關係ノ何レカニ外國的原素ヲ包含シ、(註二)内外法律ノ相交渉スルヲ見ル。從テ同一法律關係ニツキ内外法律ノ間ニ規定ヲ異ニシ、其間牴觸(Konflikt)ヲ生スルコトアルハ實ニ免ルヘカラサル所ニ屬ス。蓋シ各國ハ其國權ノ作用トシテ其欲スル所ニ從ヒテ立法スルヲ得ヘク、理論上同一法律關係ニツキ異レル法律ノ存スルコト、獨立國ト同數ナルヲ妨ケサレハナリ。斯クノ如クニシテ生シタル法律ノ牴觸(Konflikt der Gesetze)ハ之ヲ解決スルヲ要ス。國際私法ハ此解決ヲ其目的トシ、之ニ關スル法則ノ樹立ヲ其使命トス。

(註二) 國際的法律關係ハ國際的法律生活ニ於テ生ス。凡ソ法律關係ハ其當事者(人又ハ法人)カ或ル物ニツキテ或ル行爲ヲ爲シ、又ハ或ル事件ヲ惹起シタル場合ニ生スルカ故ニ、其原素ハ主體客體及法律事實ニ別チテ觀察スルヲ得ヘシ。國際的法律關係ニ於テハ常ニ此等ノ原素ノ何レカニ外國的分子ヲ包含スルヲ特色トス。之ヲ渉外的法律關係トモ稱ス。外國ニ於テ又ハ外國人トノ關係ニ於テ發生セルヲ以テナリ。或ハ當事者ノ一方又ハ雙方カ外國人ナルコトアリ。或ハ外國ニ居住スルコトアリ。或ハ其客體タル物カ外國ニ所在スルコトアリ。或ハ行爲ヲ爲シタル場所カ外國ナルコトアリ。或ハ外國ニ訴訟ノ提起セラルルコトアルヘシ。然レトモ外國的原素ヲ包含スル法律關係ハ常ニ國際的法律關係ナリト誤解スヘカラス。英國ニ住所ヲ有スル英國人又ハ英國法人カ英國ニ在ル物ニツキテ英國ニ於テ契約ヲ爲シ、之ニ關スル訴訟カ英國裁判所ニ提起セラレタルトキハ、我國ヨリ謂ヘハ疑モナク外國的原素ヲ有スル法律關係ナレトモ、國際的法律關係ニアラス。蓋シ此場合權利義務ノ發生變更消滅ハ英國ニノミ關係ヲ有シ、決シテ他國ニ關係ヲ有スルコトナキヲ以テナリ。外國的原素ヲ有スル法律關係ニシテ又二國以上ニ關係スルモノナキニアラス。例ヘハ英國ニ住所ヲ有スル英國人又ハ英國法人カ我國ニ在ル物ニツキ英國ニ於テ契約ヲ爲シ、之ニ關スル訴訟カ英國裁判所ニ提起セラレタル場合ノ如シ。此場合ハ國際的法律關係ニシテ、日英兩國法ノ相交渉スルヲ見ルナリ。

以上ト異リ法律關係ノ何レノ原素モ悉ク內國的分子ノミヨリ成リ、毫モ外國的分子ノ存セサルトキハ、國內的法律關係ニシテ全然內國法ノ支配スル所ニ屬ス。例ヘハ我國ニ住所ヲ有スル我國人又ハ法人カ我國ニ在ル物ニツキ我國ニ於テ契約ヲ爲シ、之ニ關スル訴訟カ我裁判所ニ提起セラレタル場合ノ如シ。

第二　國際私法ノ範圍

國際私法ノ使命ハ法律牴觸ノ解決ニ關スル法則ノ樹立ニ存ス。凡ソ法律ノ牴觸ハ其何レノ範圍ニ於テモ生スルヲ得ヘク、敢テ公法私法ノ別ヲ問フコトナシ。往時此等凡テノ場合ヲ一括シテ牴觸法(Konfliktrecht)ナル名稱ヲ附シタルモノアリシト雖、科學ノ進步ハ各種ノ材料ヲ細別シ、之ニ依リテ其性質上ノ差異ヲ明ニセンコトヲ求メテ止マス。先ツ刑法ニ關スル牴觸問題ノ獨立ヲ見、次テ民事訴訟法、破産法ニ關スル牴觸問題ヲ獨立ニ研究スルモノアルヲ見ルニ至レリ。然レトモ國際私法ノ範圍ヲ擴大シテ私權保護ニ關スル法律ノ牴觸問題(民事訴訟法、破産法)ヲモ其當然ノ内容トナシ、或ハ之ヲ縮少シテ民法ノ牴觸問題ニ限定スルモノナキニアラス。

惟フニ國際私法ノ研究スル所ハ私法(註三)ノ牴觸問題ニ限ル。公法ノ牴觸問題ハ他ノ法系ノ研究スル所タリ。蓋シ國際私法ノ物體ハ後ニ述フルカ如ク國際的私法關係ニ限ルヲ以テナリ。私法ト私權保護ニ關スル法律トハ其關係脣齒輔車ノ如ク、兩々相俟ツニアラサレハ完全ニ其目的ヲ達スル能ハスト雖、兩者ハ之ヲ嚴格ニ區別スルヲ要ス。蓋シ私權保護ニ關スル法律ハ公法ニ屬スルヲ以テナリ。余輩ハ此本義ニ從ヒ本著說述ノ範圍ヲ民商法ノ牴觸問題ニ限定セントス。(註四)

(註三) 公法私法區別ノ標準ハ古來最モ議論ノ存スル所ナリ。凡ソ法ノ規律スル人類ノ社會生活ハ團體ノ一員タル地位ニ於ケルモノト個人的地位ニ於ケルモノトニ大別スルヲ得ヘク、前者ハ公生活即チ沒我的生活ニシテ、後者ハ私生活即チ主我的生活ナリトス。前者ノ生活關係ヲ規律スル法ヲ公法ト稱シ、之ニ依リテ規律セラルル生活關係ヲ公法關係ト稱ス。公法ハ之ヲ國際公法又ハ國際法ト國內公法トニ大別シ、國內公法ハ更ニ憲法、行政法、刑法、民事訴訟法、刑事訴訟法等ニ細別スルヲ通常トス。後者ノ生活關係ヲ規律スル法ヲ私法ト稱シ、之ニ依リテ規律セラルル生活關係ヲ私法關係ト稱ス。私法ハ又民法、商法、國際私法等ニ別ツヲ得ヘシ。（國際私法カ私法タル理由ハ後ニ述フヘシ）

人類ノ結合ヨリ成ル國家又ハ公共團體ノ活動ハ多ク團體的生活即公生活ニ屬スレトモ、時ニ或ハ法人トシテ財産權ノ主體タルノ地位ニ立チ、官ノ需用品ヲ購入シ、官有地ノ拂下ケ、又ハ貸付ヲ爲シ、職工人夫ヲ雇入レ、建築工事ヲ請負ハシメ、借入金ヲ爲シ、爲替手形ヲ發行シ、株式會社ノ株主トナリ、國債其他ノ公債ニ應募スルコトナキニアラス。此等ノ場合ハ決シテ國家又ハ公共團體ノ公生活ニ關スルニアラスシテ、其私生活ニ關スルヤ疑ヲ容レス。從テ私法ノ支配ヲ受クヘキハ當然ナリトス。國家又ハ公共團體ハ此方面ニ於テ國際私法ノ支配ヲ受クルコトナキニアラス。學者往々國家カ法ノ支配ヲ受クルヲ否認シ、國家ハ自己ノ權力ニ依リテ法ヲ立ツルモノニシテ、法ヲ定ムル國家カ法ノ支配ヲ受クル能ハサルハ、一旦溝中ニ陷リタル者自ラ其髻ヲ取ツテ溝外ニ出ツル能ハサルニ同シトナセトモ、國家ハ法ヲ作ルト同時ニ自ラ必ス之ニ從テ行動スル旨ノ意思表示ヲ爲シ、之ニ依リテ國家モ亦法ノ支配ヲ受クト解スルヲ正當トス。

〔註四〕國際私法ノ研究スル所ハ私法ノ牴觸問題ニ限ル。而シテ私法ノ牴觸問題ハ內外私法ノ同等ヲ前提トスルニアラサレハ生スルニ由ナク、內外私法ノ同等ハ又內外人ノ平等ヲ前提トナス。從テ內外人區別ノ標準タル國籍及外國人ノ私法上ノ地位ニ關スル問題ハ國際私法當然ノ內容ニ屬スルコトナシト雖モ、其研究ノ前提トシテ說明スルヲ要スヘク、本著ニ於テモ亦之ヲ說明セントス。

我國ニ於ケル國際私法ノ成文的規定ハ主トシテ法例第三條乃至第三十條ニ存スレトモ、他ノ法律中ニ散在セルモノナキニアラス。民法第四十九條第二項、同法第千八十六條、商法第二百五十五條乃至第二百六十條、商法施行法第百二十五六條等ノ如シ。

第一編 總論

第一章 國際私法ノ觀念

第一節 國際私法ノ本質

一 總說

國際私法ノ本質ニツキテハ諸說アリ。國際私法ノ規定スル所ヲ以テ國際法上ノ問題トナスモノハ、國際私法ヲ解シテ唯一定ノ場所的限界內ニ行ハルル國法ヲ決定スルモノトナシ、(註一)國際私法ニ關スル法律ノ規定ヲ以テ訴訟上ノ意義ヲ有スルニ過キストナスモノハ、之ヲ裁判官ニ對スル命令ナリト解ス。(註二)然レトモ國際私法ハ決シテ訴訟上ノ意義ヲ有スルニ止マルモノニアラス。又一定ノ場所的限界內ニ於ケル國法ノ決定ヲ其目的トナスモノニモアラス。或ル法律關係ニ對シ準則タルヘキ法律ヲ指定スルモノタリ。固ヨリ準則タルヘキ法律ヲ指定セル結果、法律適用ノ範圍ヲ劃スルハ勿論ナリト雖、個人又ハ國家其他ノ團體ノ私生活ニ適用スヘキ規定如何ヲ決スルヲ其本來ノ使命トナス。從テ余輩ハ之ヲ左ノ如ク定義セントス。

國際私法ノ定義

國際私法ハ國際的私法關係ニ對シ準則タルヘキ法律ヲ指定スル法則ナリ。

〔註一〕國際私法ノ規定スル所ハ國際法上ノ問題ナリヤ國內法上ノ問題ナリヤニツキテハ大ニ爭ノ存スル所ニシテ、其詳細ハ後ニ述フヘキ所ニ屬ス。國際私法ヲ一定ノ場所的限界內ニ行ハルル國法ヲ決定スルモノトナスハ國際私法ヲ以テ各國家ノ上ニ立チ、各國立法權ノ行動範圍ヲ定ムルモノナリトナスニ起因ス。其源ハ後ニ述フルチーテルマン(Zitelmann)ノ國外的國際私法(Ueberstaatliches internationale Privatrecht)ノ思想ニ汲ムカ如シ。

〔註二〕國際私法ハ後ニ述フルカ如ク法規ナルカ故ニ(本節二參照)其效力ハ一般的ニシテ、敢テ裁判官ニノミ及フコトナシ。苟モ其定ムル一般抽象的ノ條件ニ該當スルモノタル以上ハ、其支配ヲ受クヘキモノトス。唯其支配ニ屬セサル場所又ハ人ニツキテ適用ナキニ過キサルナリ。

國際私法ノ實質

二　國際私法ノ實質

國際私法ノ實質ハ法則ナリ。人類行爲ノ價値ヲ判斷スル規範ニシテ、一般抽象的ニ一定條件ノ下ニ一定ノ法律上ノ效果ヲ定ムルモノタリ。從テ之ヲ法規ト謂フヘク、其規律スル法律關係ハ個人又ハ國家其他ノ團體ノ私生活ニ關スルカ故ニ、又私法ニ屬スト謂フヘシ。國際私法上ノ法律關係ニ於テハ個人ノ背後ニ其所屬國家アリ。時ニ或ハ個人ノ要求ニ依リ、其所屬國家間ノ關係ヲ惹起スルコトナキニアラス。例ヘハ米國ニ在ル日本人ト米國人間ノ取引關係ニ於テ、日本人ノ權利カ傷害セラレタルヲ理由トシ、米國裁判所ニ日本人ヨリ訴訟ヲ提起シタルニ、之ニ對シテ充分ノ救濟ヲ與ヘラレサリシトキ、我政府カ其要求ニ依リ米國政府ト外交談判ヲ開始セル場合ノ如シ。此場合ハ個人ノ私生活ニ於ケル取引關係ニ由來スルハ勿論ナリト雖、既ニ國家ト國家トノ關係トナレル以上ハ個人ノ私生活ノ範圍ヲ逸脱シ、國家ノ公生活ニ關スル問題ニシテ、國際法ノ範圍ニ屬スト謂フヘシ。（註三）唯國家ノ行動カ國際私法ノ問題トナルハ國家ノ私生活ニ關スル場合ニ止マルハ注意ヲ要ス。（序論註三參照）

〔註三〕此點ハ大ニ爭ノ存スル所ニシテ、國際私法ヲ國際法トナスモノハ既ニ外交談判トナレル場合モ猶國際私法ノ範圍ニ屬ストシ、國家ハ其臣民ノ利益ノ保護者タル地位ニ於テ關與スト解ス。猶後ニ述フル所アルヘシ。

国際私法ノ物體

三 國際私法ノ物體

國際私法ノ使命ハ國際的法律關係ニ於ケル法律牴觸ノ解決ニ關スル法則ノ樹立ニ存スルハ既ニ述ヘタルカ如シ。(序論第一及同所註二參照)而シテ國際私法ノ規律スル法律關係ハ個人又ハ國家其他ノ團體ノ私生活ニ關スルカ故ニ、私法關係ニ屬スルハ又今述ヘタルカ如シ。故ニ國際私法ノ物體ハ國際的私法關係ニ限ルト謂ハサルヲ得サルナリ。既ニ述ヘタルカ如ク外國的原素ヲ包含スル法律關係ハ常ニ國際的法律關係ニアラス。外國的原素ヲ包含スル法律關係中國際的法律關係ニ屬セサルモノナキニアラス。(序論註二參照)又外國的原素ヲ包含スル國際的法律關係ニシテ全然我國際私法ト無關係ノモノナキニアラス。例ヘハ英佛人間ニ英國ニ於テ婚姻ヲ爲シ、其後其夫婦カ住所ヲ米國ニ轉シ、米國裁判所ニ離婚訴訟カ提起セラレタル場合ノ如シ。此場合ハ疑モナク國際的私法關係ニシテ、英佛米三國法ノ相交涉スルヲ見レトモ我國際私法トハ全然無關係ノ地位ニアリ。從テ我國際私法上ノ問題トナルコトナシ。我國際私法上ノ問題トナルハ唯外國的原素ヲ包含スル國際的私法關係中何レカノ原素ニ內國的分子ヲ包含スル場合ニ限ルモノトス。(註四)

〔註四〕我國際私法上ノ問題トナル國際的私法關係ハ(一)外國人相互間又ハ内外人間ニ於テ外國ニ在ル物ニツキ内國ニ於テ契約ヲ爲シ、(二)外國人相互間又ハ内外人間ニ於テ内國ニ在ル物ニツキ内國ニ於テ契約ヲ爲シ、(三)外國人相互間又ハ内外人間ニ於テ内國ニ在ル物ニツキ外國ニ於テ契約シ、(四)内國人相互間ニ外國ニ在ル物ニツキ外國ニ於テ契約シ、(五)内國人相互間ニ内國ニ在ル物ニツキ外國ニ於テ契約シ、(六)内國人相互間ニ外國ニ在ル物ニツキ内國ニ於テ契約シタルカ如キ場合ニ生ス。

四　國際私法ノ内容

國際私法ノ内容ハ或ル法律關係ニ對シ準則タルヘキ法律ヲ指定スルニ在リ。唯其指定ノ結果法律適用ノ範圍ヲ劃スルニ過キサルナリ。國際私法ノ指定スル所ハ或ル法律關係ニ對シ準則タルヘキ法律ニシテ、畢竟其法律關係ニ適用セラルヘキ法律ニ外ナラス。從テ直接國際私法ニ依リテ定マル所ハ何レノ法律カ適用セラルヘキカノ問題ニシテ、其指定セラレタル法律ヲ適用シタル後、始メテ權利義務ノ關係ハ定マルモノトス。此點ニ於テ斯法ヲ「法律ノ法律」ト稱スルヲ得ヘク、其指定セラレタル法律ヲ準據法(Massgebendes Recht, Loi applicable, proper law)ト稱ス。(註五)

〔註五〕今一例トシテ能力ニ關スル國際私法的規定ニツキテ説明センニ、法例第三條ハ人ノ能力ハ本國法ニ依ルト規定シ、能力ニ關スル法律關係ノ準據法トシテ其所屬國法ヲ指定セリ。即成年々齢ハ日本人ニツキテハ日本法、瑞西人ニツキテハ瑞西法、(以上滿二十歳)獨逸人ニツキテハ獨逸法、佛蘭西人ニツキテハ佛蘭西法、伊太利人ニツキテハ伊太利法、英吉利人ニツキテハ英吉利法、米國人ニツキテハ米國法、(以上滿二十一歳)アルゼンチン人ニツキテハアルゼンチン法、(滿二十二歳)和蘭人ニツキテハ和蘭法、西班牙人ニツキテハ西班牙法、(以上滿二十三歳)墺地利人ニツキテハ墺國法、(滿二十四歳)ノ規定ニ依ルヘキヲ明ニセルナリ。此場合此法律關係ニ適用スヘキ法律ヲ明確ニ且終局的ニ規定セス、一ニ或ル外國法ノ内容ニ從フトナスモノニシテ、之ヲ送致ト稱ス。後ニ述フル所アルヘシ。

國際私法ノ指定セル準據法ハ外國法タルコトアリ。或ハ内國法タルコトアリ。何レノ場合ニ於テモ其權利義務ノ關係ハ之ヲ適用シタル後始メテ定マルカ故ニ、其指定セラレタル準據法ノ規定ノ内容ヲ明ニスルニアラサレハ、其適用ヲ全フスルヲ得ス。此意味ニ於テ各國實質法ノ内容ヲ詳ニスルヲ要シ、國際私法ノ研究ハ比較法學(Vergleichende Rechtswissenschaft)ノ研究ニ俟ツ所多シト謂ハサルヲ得ス。其詳細ハ後ニ述フル所アルヘシ。

國際私法ハ國内法ナリヤ將又國際法ナリヤ

五　國際私法ハ國内法ナリヤ將タ又國際法ナリヤ

此點ハ最モ爭ノ存スル所ニシテ、國際私法ノ規定中國際條約又ハ國際慣習ニ依リ各國共通ニ成立セルモノアルハ其一因タルナリ。

國際私法ヲ國際法トナスモノニ二派アリ。一ハ國際私法ノ任務ヲ以テ一定ノ場所的限界內ニ於ケル國法ノ決定、卽チ各國々法ノ管轄區域ヲ定ムルニアリトシ、國際私法ノ規定ニシテ國際團體間ノ慣習又條約ニ出テタルモノアルヲ論據トナス。此派ニ從ヘハ國際私法ハ各國法律ノ管轄區域ヲ定ムルモノニシテ、畢竟各國立法權ノ行動範圍ヲ定ムルニ外ナラス。而シテ各國カ之ニ從フハ、國際團體ノ一員トシテ平和ノ交通關係ヲ持續センカ爲、國際團體間ニ慣習又ハ條約トシテ承認セラレタルモノニ服從スルノ義務アルニ起因ストナス。此派ノ中ニハ又國際私法ヲ國內的國際私法(Innerstaatliches internationale Privatrecht)國外的國際私法(Ueberstaatliches internationale Privatrecht) ニ二別シ、前者ハ涉外的私法關係ヲ定メタル國內法ニシテ、裁判官ハ唯之ノミヲ適用スヘク、國外的國際私法ヲ適用スルヲ得ストナスモノナキニアラス。(Zitelmann, Internationales Privatrecht Bd. I. S. 35, 196)

惟フニ國際條約及國際慣習ニ依リテ成立セル國際私法アルハ否定スヘキニア

ラス。例ヘハ千九百十年ブリユクセルノ國際會議ニ於テ成立セル船舶衝突ニツキテノ規定ノ統一ヲ目的トスル條約、及海難ニ於ケル救援救助ニツキテノ規定ノ統一ニ關スル條約(大正三年條約第一號同年條約第二號)ニ依ル國際私法ノ規定、及ヒ船舶ニ關スル國際慣習等ノ如シ。然レトモ此等ハ唯、國際條約又ハ慣習ニ依リテ生シタルニ止マリ、其適由ノ效ヲ各國內ニ生スルニハ、其國ニ於テ之ヲ國法ト認ムル旨ノ明示若クハ默示ノ意思表示アルヲ要件トス。國際團體間ニ承認セラレタル共通ノ規則タルカ如キ外觀ヲ呈スルハ、畢竟偶々各國ニ於ケル此意思表示カ其內容ヲ一ニシタル場合ニ過キス。從テ國際條約又ハ慣習ニ出テタルモノアルヲ理由トシ、直ニ國際私法ヲ國際法ト斷スルハ猶早計タルヲ免レサルモノトス。又所謂國外的國際私法ニツキテハ議論ノ存スル所ナレトモ、所謂國內的國際私法ヲ作ルニ當リ參考タルヘキ準則ヲ示セルニ過キス、ソレ自身法律ノ效力ヲ有スルモノニアラサルナリ。此點ハ其主張者自ラ其適用ヲ裁判官ニ禁セルニ徵スルモ寔ニ明瞭ナリトス。時ニ或ハ所謂國外的國際私法ハ國內的國際私法不完全ニシテ其意義明瞭ナラサル場合、其解釋ニツキ必要ナル材料ヲ提供スルコトナキニアラス。此場合ト雖決シテ國外的國際私法ノ適用ニアラスシテ、國內的國際私法ヲ適用スルニ外ナラサルナリ。要スルニ國外的國際私法ハ法律トシテ存スルヲ得サルモノトス。

他ノ一派ハ其論據ヲ利益ノ觀念ニ求メ、國際私法ハ國家ノ私益卽其國民ノ利益ニ關スル國家間ノ關係ヲ規定シ、國家ノ公益ニ關スル國家間ノ法律關係ヲ規定スル所謂國際公法ト相對立スルノ意味ニ於テ、國際法ノ一部ヲ形成ストナス。論者ニ從ヘハ、所謂國家ノ公益ハ一般ノ利益ニシテ、主權、領界、平和、戰爭、外交官ノ代表等ノ問題ハ之ニ屬ストナシ。國家ノ私益卽國民ノ利益ニ關スル問題トシテ佛國人カ外國ニ於テ爲シタル婚姻ノ效力ニ關スル準據法如何、佛國內ニ不動產ヲ殘シテ死亡セル英人ノ相續ニ關スル準據法如何等ヲ擧ケ、此場合國家ハ其臣民ノ保護者トシテ法律牴觸ノ解決ニ干涉シ、二個ノ主權相對立スルハ國家ノ公益ニ關スル場合ニ同シ。唯其公益ニ關スルヤ私益ニ關スルヤノ差異アルニ過キストナス。

惟フニ國家間ノ關係ハ國家ノ公益ニ淵源スルト一私人ノ利益ニ由來スルトヲ問ハス、皆國家ノ公益ニ關シ、私益ニ關スルモノニアラス。從テ國家ノ私益ナル觀念ハ之ヲ想像スルニ由ナシ。例ヘハ前揭在米日本人カ米國人トノ取引關係ニ於テ其

国際法ト国内法トヲ区別スル標準

權利ヲ傷害セラレタル場合、米國裁判所ヨリ救濟セラサリシトキ、我政府カ其日本人ノ要求ニ依リ、米國政府ト外交談判ヲ開始セルカ如キハ、(本節二參照)一私人ノ利益ニ由來スルハ勿論ナリト雖、既ニ外交談判開始セラレ國家間ノ關係トナリタル以上ハ、國家ノ公生活ニ關スル問題タルハ寔ニ明瞭ナリトス。從テ國家ノ私益ヲ論據トスル所說ハ之ヲ採用スルヲ得サルナリ。加之國際私法上ノ法律關係ハ個人又ハ國家其他ノ團體ノ私生活ニ關シ、公生活ニ於ケル國家ハ唯其背後ニ潜在スルニ過キス。國家カ自ラ其當事者タル場合ト雖、特ニ自ラ進ンテ私生活ヲ營ミ、私法上ノ關係ニ立チタルニ止マルモノトス。論者ノ揭クル外國ニ於テ爲シタル內國人間ノ婚姻ノ效力、內國ニ不動產ヲ殘シテ死亡セル外國人ノ相續問題ニ關スル準據法ノ解決ハ受訴裁判所ノ爲スヘキ所ニシテ、若シ更ニ進ンテ國家相互間ノ交涉トナリタルトキハ、既ニ國際私法ノ範圍ヲ逸脫シ、國際法ノ範圍ニ屬スルハ既ニ述ヘタルカ如シ。何レノ點ヨリ觀察スルモ之ヲ採用スルノ餘地ナシ。

凡ソ或ル法律カ國內法ナリヤ、國際法ナリヤヲ決スルニハ、其標準ヲ法律關係ニ求ムヘク、苟モ其法律關係ニシテ國家ノ公生活ニ關シ、直接他國ト接觸交通スル場

國際私法ハ國內法ナリ

合タル以上ハ、之ヲ國際法ノ範圍ニ屬セシムヘク、然ラサルトキハ國內法ノ範圍ニ屬セシムルヲ正當トス。今國際私法上ノ法律關係ヲ見ルニ、常ニ個人又ハ國家其他ノ團體ノ私生活ニ關シ、公生活ニ於ケル國家相互ノ關係ハ之ヲ想像スルコト難シ。既ニ此點ニ於テ國際私法ハ國內法ニシテ、國際法ニアラサルハ疑フノ餘地ナシ。(註六)然レトモ國際私法ノ規定ハ國際法上ノ著眼點ニ負フ所多キハ之ヲ否定スルヲ得ス。唯國際法上ノ材料ノミニ依リ說明シ得サルニ過キサルナリ。兩者ノ關係ニヅキテハ後ニ詳述スル所アルヘシ

(註六) 國際私法ヲ國內法トナス見解ニ對スル有力ナル非難ハ、國際私法ノ規定スヘキ事項ト國內私法ノ規定スヘキ關係トヲ混同セリトナシ、國際私法ノ目的トスル所ハ法律ノ牴觸ニツキ一ノ準據法ヲ選定シテ、國際交通ニ於ケル私法關係ニツキ各國法律ノ管轄ヲ定メ、以テ各國主權ノ行動範圍ヲ限定スルアリ、決シテ直接私法關係ニ適用スヘキ法律ヲ定ムルモノニアラストナス。固ヨリ國際私法ニ於テ權利義務ノ關係ハ之ニ依リテ指定セラレタル法律ヲ適用セル後始メテ定マルハ事實ナリト雖、法律關係ニ適用スヘキ法律ハ何レノ法律ナルカハ直接ニ國際私法ノ定ムル所ニ屬ス。唯現實ニ權利義務ノ關係定マルハ其指定セラレタル法律ヲ適用セル以後ナリト謂フノミ。其法律關係カ私法關係タル點ニ於テハ國內的私法關係ト同一ナレトモ、唯外國

的原素ヲ包含スルノ差異アルニ過キス。此非難ハ所謂國外的國際私法ノ思想ニ胚胎スレトモ、既ニ其法律トシテノ存在ヲ認メサル以上ハ一顧ノ價値ナキモノトス。

國際私法ト國際私法論

六　國際私法ト國際私法論

國際私法ヲ以テ、國際的私法關係ヲ規定スル法則自體トナスモノト、國際私法ノ學問卽國際私法論ト解スモノノ二派アリ。國際私法ヲ法、律、牴、觸、論、(Théorie de Conflits des Lois)ト稱スルモノノ如キハ後者ニ屬ス。本著ニ於テハ之ヲ前者ノ義ニ解シ、國際的私法關係ノ準則タルヘキ法則自體ヲ指示シ、國際私法ノ學問卽國際私法論ハ別ニ國際私法學トシテ研究スルヲ適當トス。然レトモ、國際私法ノ研究ハ國際私法學ニ依ルコト大ナルハ勿論ナリト雖、唯之ヲ其直接ノ內容トナサスト謂フニ過キス。要スルニ國際私法ニ於テ國際私法學ヲ研究スルハ其前提トシテ之ヲ爲スニ過キサルナリ。(註七)

〔註七〕　國際私法研究ノ方法ニ二アリ。一ハ理論的ニ研究シ、他ハ成法的ニ研究スルモノトス。前者ハ大陸學者ノ主張スル所ニシテ、國際私法ヲ國際私法ノ理論トナシ、國際私法ハ凡テノ文明國ニ共通ノ法律ナリト解ス。後者ハ英吉利學者ノ主張スル所ニシテ國際私法ノ規定ハ之ヲ適用スル國ノ法律ノ一部ナリトナス。本著ニ於テハ我現行國際私法ヲ說明スルヲ目的トシ、唯其前提トシテ國際私法ノ理論ヲ研究セントス。

第二節　國際私法ト他ノ法律

一　國際私法ト國際法

國際私法ト國際法

國際私法ハ國際法ニアラスシテ國內法ナレトモ、國際法上ノ着眼點ニ負フ所大ナルハ既ニ述ヘタルカ如シ。(前節五)國際私法ノ發達ハ國際法ノ發達ニ俟ツ所甚タ多ク、國際法ノ原則ニシテ國際私法ノ根據ヲ爲セルモノ少シトセス。現ニ國際私法ノ出發點ヲ爲セル事實、卽チ內外人平等內外法同等ノ原則(註八)ノ如キモ亦其一タリ。

國際私法ト國際法トノ差異

然レトモ國際私法ト國際法ハ第一ニ其當事者ヲ異ニス。前者ハ私生活ニ於ケル個人又ハ國家其他ノ團體ノ關係ナレトモ、後者ハ常ニ公生活ニ於ケル國家相互間ノ關係ナリトス。第二ニ其發生原因ヲ異ニス。前者ハ一國家ニ於テ之ヲ其國ノ法律トナス旨ノ明示若クハ默示ノ意思表示アルニ依リテ成立スレトモ、後者ハ國際團體內ニ於ケル諸國家ノ明示若クハ默示ノ共同的意思表示、卽容認ニ依リテ成立スルモノトス。第三ニ適用上ニ差異アリ。前者ニアリテハ當事者ノ上ニ立ツ國家ノ裁判所之ヲ適用スレトモ、後者ニアリテハ一般ニ斯クノ如キ裁判所ナシ。(將來大正一九年條約第一號、同盟國及聯合國ト獨逸國トノ平和條約第十四條ニ依リ、常設國際司法裁判所設置セラレ、條約ノ解釋、國際法上ノ問題、國際義務ノ違反ト爲ルヘキ事實ノ存否、並該違反ニ對スル賠償ノ範圍、及性質ニ關スル紛爭ニツキ、國際法ノ原則ヲ適用スルニ至ラハ、此點ニ於ケル國際私法トノ區別ハ消滅スレトモ、猶其判決ヲ執行スルノ機關ナシ。）第四ニ之ニ違反セル場合ノ強行方法ヲ異ニス。前者ニ違反セルトキハ、裁判所ノ判決ニ依テ之ヲ強行スルノ機關アレトモ、後者ニ於テハ斯クノ如キモノナク、之ヲ強行スルニハ權利ノ侵害ヲ受ケントシ、又ハ既ニ之ヲ受ケタル國家ノ自助的行爲、及他國ノ同情的援助的行爲ニ俟ツノ外ナシ。從テ兩者ハ全ク其行動ノ範圍ヲ異ニスト謂フヘク、嚴格ニ之ヲ區別スルヲ要スルモノトス。

〔註八〕　國際私法ハ法律牴觸ノ解決ニ關スル法則ヲ定ムルモノニシテ、法律ノ牴觸ヲ生スルニハ內外法ノ同等ナルヲ前提トス。而シテ內外法ノ同等ナルニハ又內外人ノ平等ナルヲ前提トスルナリ。蓋シ內外人平等ノ原則認メラルルニアラサレハ、外國人ノ權利ヲ保護スルコト內國人ト同一ナルヲ得ス、外國人ノ權利ヲ保護スルコト內國人ト同一ナラサレハ、其所屬國法ヲ尊重スルコト內國法ノ如クナルヲ得サルヲ以テナリ。此點ハ更ニ第四章第一節ニ於テ述フヘシ。

國際私法ト各國ノ實質法

二　國際私法ト各國ノ實質法

國際私法ノ內容ハ或ル法律關係ノ準據法ヲ指定スルニ在リ。其權利義務ノ關係ハ其指定セラレタル法律ヲ適用セル後始メテ定マルカ故ニ、國際私法ハ間接ニ權利義務ノ關係ヲ明ニスルモノト謂フヘク、從テ比較法學ノ研究ニ俟ツ所多キハ既ニ述ヘタルカ如シ。(第一節四參照)蓋シ國際私法上ノ論爭ニ對スル正解ハ、唯精密ナル外國立法ノ研究ニ俟ツノ外ナキヲ以テナリ。而シテ比較法學ハ各國實質法ノ比較研究ヲ目的トスル學問ニシテ、現存ノ法律材料如何、各國法律間ニ存スル親族關係、如何、此等ノ材料ハ如何ナル觀察點又ハ種類ニ分類シ得ルカヲ其研究ノ內容トナス。

國際私法ト比較法學トノ關係ハ實ニ脣齒輔車ノ如シ。法律ノ比較研究其果ヲ收メ、法律ノ各範圍ニ於テ規定ノ一致ヲ見ルコト益々多キニ從ヒ、法律牴觸ノ範圍ハ愈々縮少シ、國際私法ノ範圍亦漸次狹隘トナルヘシ。(註九)然レトモ一ハ法律ノ不一致及之ヨリ生スル所謂私法ノ牴觸ニ關シ、他ハ種々ノ法律ニ於ケル經濟的法律的原則ノ類似ヲ探求シ、漸次其一致ヲ計ルヲ目的トス。此點ニ於テ兩者ハ之ヲ區別スルヲ得レトモ、餘リニ分離ニ過キテ何等關係ナキモノノ如クナスハ又許ス可ラサル所ニ屬ス。

〔註九〕法律牴觸ノ範圍如何ニ縮少シ、國際私法ノ範圍如何ニ狹隘トナルモ、全然法律ノ牴觸ヲ除去スル能ハス。蓋シ各國固有ノ事情ニ依ル制度ハ全然之ヲ消滅セシムルヲ得サレハナリ。

第二章　國際私法ノ發達

第一節　總說

羅馬法

國際私法學ノ發達ハ實ニ最近ニ屬ス。六十餘年前ニ於テハ殆ント國際私法ノ存在ヲ知ルモノナカリシト雖、之ヲ近時ノ特有物トナスヘカラス。唯獨立ノ學問タルニ至リシハ最近ニアリト云フノミ。近時或ル文書ニ基キ、國際私法適用ノ一例ハ既ニ Hammurabi 時代(紀元前二千二百八十五年—二千二百四十二年)ニ存スルヲ主張セルモノアリシト雖、精密ナル研究ノ結果、誤譯ニ出テタルコト明瞭トナリ、之ヲ維持スル能ハサルニ至レリ。然レトモ國際私法ト類似ノ問題ハ外國人トノ交通ニ起因シ、既ニ古代航海ニ依リ諸國民間ニ生シタリシハ之ヲ認ムルニ足ルヘク、少クトモ羅馬時代ニ於テハ國際的婚姻ノ現存セシヲ認ムルヲ得ヘシ。唯未タ之ニ關スル法律ノ牴觸問題ニツキ理論的説明ヲ見ルニ至ラサリシニ過キス。斯クノ如キハ一面自己以外ノ國家ノ存在ヲ認メサル羅馬人ノ思想ニ胚胎スルコト多キハ言ヲ俟タサル所ナリ(註一)

〔註一〕內外人ノ接觸交通ハ既ニ航海ノ便ニ依リ古代印度、埃及、フイーニシヤ、希臘及羅馬ノ人民ニ依リテ行ハレ、國際私法ト類似ノ問題ハ當時既ニ存シタレトモ、未タ國際私法ヲ生スルニ至ラス。蓋シ當時ハ未タ外國人ヲ敵視シ、或ハ之ヲ賤ミ、或ハ之ヲ排斥スルニ專ラナリシカ故ニ、內外人ヲ平等ニ取扱ヒ、外國法ヲ尊重スルカ如キ思想ハ之ヲ想像スルニ由ナク、從テ法律ノ牴觸ヲ生スルコトナカリシヲ以テナリ。

中世ノ初、法律ハ民族本位トナリ、日耳曼法ハ唯其種族ヲ支配スルニ止マリ、有名ナル日耳曼法令(Leges Barbarorum)ハ「各種族ハ其生國法(lex originis)ニ從ヒテ規律セラル」ヘキヲ定ムルニ至レリ。(註二)斯クノ如クニシテ屬人法主義(Personalitaetsprinzip, Principe de la Personalite du droit)行ハルルニ至リシカ、後種族ノ混同ニ伴ヒ、屬人法ヲ知ルノ困難ヲ生セシト、土地ヲ重シトスル封建制度ノ影響トニ依リ、中世ノ後期以來漸次ニ屬地法主義(Territorialitaetsprinzip, Principe de la teritorialité du droit)行ハルルニ至レリ。之ニ從ヘハ法律ハ特定ノ土地ニ對シテ行ハルルモノニシテ、其土地ト或ル關

國際私法學ノ起原

係ヲ有スル人、物又ハ法律關係ヲ支配スヘキモノトナス。然レトモ人、物又ハ法律關係ハ屢々異レル法域ト關係ヲ有スルコトアリ。例ヘハ一國ノ臣民ニシテ他國ニ住所ヲ有シテ債權關係ヲ生シ、更ニ第三國ニ於テ債務ノ履行ヲ爲ス場合ノ如シ。十字軍其他ノ原因ニ依リ、地中海附近ノ商業取引盛大ニ趣キ、其地方民間ノ接觸交通愈々頻繁トナルヤ。種々ノ法域ニ關係ヲ有スル法律關係ハ簇生シ、到底屬地法ノ絕對的適用ヲ許ササルニ至レリ。一方伊太利ニ於テハ第十世紀頃ヨリ漸次自由市ノ發達スルアリ。第十二世紀頃ニ至リテハ殆ント自治ノ姿ヲ呈シ、各 Statuta ナル特別法ヲ發布スルニ至レリ。他方當時伊太利ニ於テハ共通ノ羅馬私法タル leges ノ行ハルルアリ。於是各自由市ノ發布セル Statuta 相互間及之ト leges トノ間ニ規定ノ差異ヲ生シ、玆ニ始メテ法律ノ牴觸ヲ惹起スルニ至レリ。國際私法ハ之ヲ解決センカ爲ニ生シタルモノニシテ、斯法ヲ Collisio statuorum (Statutenkollision) ト稱スルモノアリシハ蓋シ此歷史理由ニ出ツルモノトス。從テ國際私法學ノ萠芽ハ中世ノ伊太利ニ發スト謂フヘシ。(註三)

〔註二〕 日耳曼人ノ生國法主義以來人ヲ標準トシテ依ルヘキ法律ヲ定ムルノ主義行ハ

レ、所謂屬人法主義ハ其濫觴ヲ茲ニ發スルニ至レリ。蓋シ古代ノ法律ハ宗教的分子ヲ包含シ、唯同一宗教ヲ奉スル者ニ對スル命令又ハ許可タリシヲ以テナリ。後國權ハ臣民及領土ノ二方面ニ行ハルルコト明瞭トナリ、一方臣民主權ニ基ク屬人法ヲ認ムルト共ニ、他方領土主權ニ基ク屬地法ヲ認ムルニ至リ、遂ニ法律關係ノ性質ニ從ヒ、屬人屬地何レニ依ルヘキカヲ決スルニ至レリ。此點ハ又後ニ述フルコトアルヘシ。

〔註三〕 jus gentium ハ凡テノ國民カ同樣ニ保護セラルル法律ニシテ、必スシモ國際的意義ヲ有セサルニアラスト雖、國際交通ノ爲ニ設ケタル羅馬ノ民法タルニ過キス。之ヲ法律牴觸ノ解決ヲ目的トスル國際私法ナリト謂フヲ得サルナリ。又紀元第五世紀ヨリ第九世紀ニ渉リテ存シタル前掲日耳曼法令ハ、當時ノ獨逸諸王カ國內羅馬人ノ爲ニ發布シタリシ Leges Romanae ト共ニ、一見國際私法的規定ヲ爲スカ如シ。然レトモ前者ハ漸次羅馬帝國ノ分離シタルト、事實上日耳曼種族ノ多クハ統一的國家組織ヲ有セサリシトニ起因シ、法律生活ノ全般ニ渉リ人種ノ雜居甚タシカリシトキニ當リ、當事者カ裁判所ニ於テ若クハ法律行爲ヲ爲スニ際シ、其屬スル種族法卽其所屬法ヲ宣言セルノ習俗ニ出テ、決シテ法律牴觸ノ解決ヲ目的トセルモノニアラス。後者モ亦羅馬人相互間ノ爭ノ處理ヲ目的トセル獨逸諸王ノ立法タルニ過キス。何レモ之ヲ國際私法ト謂フヲ得サルナリ。從テ Collisio statuorum 以前ニ國際私法アルヲ知ラサルナリ。

國際私法ハ第十四紀以來學說トシテ發達シ、第十八世紀以來始メテ之ニ關スル立法ノ成立ヲ見、第十九世紀ノ後半ニ至リテ、始メテ之ニ關スル國際會議開催セラレ、殆ント之ト同時ニ學會ノ活動開始セラレタルヲ見ルナリ。以下此等各方面ニ於ケル發達ノ概況ヲ說明セントス。

第二節　學說ノ發達

一　總說

學說發達ノ概說

國際私法學ノ萠芽ハ中世ノ伊太利ニ發スルハ今述ヘタルカ如シ。而シテ國際私法ノ問題ニツキ始メテ系統的ノ說明ヲ試ミタルモノハ後期註釋學派ニ屬スルBartolus ニシテ、實ニ第十四世紀ニ在リ。彼ハ重キヲ人ニ措クカ物ニ措クカニ從ヒ、法則ノ解釋ヲ異ニスヘキヲ主張シ、後第十六世紀ノ中葉佛國ニ Argentraeus(D'Argantré)出テテ更ニ其理論ヲ發達セシメ、玆ニ始メテ所謂法則分類主義ヲ唱ヘ、之ヲ和蘭學者ニ傳ヘテ、其學說ハ第十九世紀ノ中葉マテ學界ヲ風靡スルニ至レリ。之ヲ法則說ト稱ス。其主張ハ時代ニ依リテ必スシモ同一ナラスト雖、要スルニ人ハ暗默ニ特定ノ法則ニ從フヘキヲ前提トシ、其身分ニツキテハ其住所ニ行ハルル法律、(所謂人法 Statuta personalia) 不動產ニ關シテハ其所在地ノ法律、(所謂物法 Statuta realia) 行爲ニ關シテハ之ヲ行ヘル場所ノ法律(所謂混合法 Statuta mixta)ヲ適用シ、動產ハ之ヲ人ニ屬スルモノト看做シ、之ニ對シテハ其所有者ノ住所地法ヲ適用スヘシト謂フニアルカ如シ。

第十九世紀ノ中葉ニ至リ、獨逸ニ新獨逸學派、伊太利ニ新伊太利學派ノ出現ヲ見ルヤ。法則說ノ維持スヘカラサルヲ鼓吹シテ茲ニ國際私法ノ學說ニ一生面ヲ開キ、以テ今日ニ至レリ。從テ國際私法ノ學說ハ(一)法則說(二)新獨逸學派(三)新伊太利學派ノ學說ニ區別シテ說明スヘク、本節ニ於テハ順次此等ノ學說ヲ說明シ、最後ニ(四)最近ノ學說ニツキテ述ヘントス。

二　法則說

法則說ハ伊太利ニ發シテ佛國ニ入リ、更ニ轉シテ第十六七世紀ノ和蘭及獨逸ニ歡迎セラレ、第十八世紀ニハ英米ヲ征服シ、遂ニ世界最初ノ國際私法的規定ノ稱アル佛蘭西民法第三條ノ採用スル所トナレリ。斯クノ如クニシテ法則說ハ殆ント全世界ヲ風靡シ、第十九世紀ノ中葉ニ及ヘリ。左ニ各國ニ於ケル其發達ノ概況ヲ述ヘントス。

伊太利ニ於ケル發達

(イ)伊太利　國際私法學ノ萠芽ハ伊太利自由市ニ於ケル Statuta ノ牴觸問題ニ發シ、法則說ノ基礎モ亦此問題ノ解決ニ存スト謂フヘシ。當時伊太利殊ニ Bologna ニ於テハ羅馬法ノ再興ヲ生シタリシ頃ニシテ、此法律ノ牴觸問題カ羅馬法ニ依リテ解決セラレントスルハ寧ロ自然ノ勢ナリ。此點ニ關シ前人研究ノ成果ヲ統一シ、始メテ合理的研究ヲナシタルモノハ、實ニ後期註釋學派ニ屬スル前掲 Bartolus (1319-1355 cd. 1357)ナリトス。

Bartolusノ學說

彼ハ(一)statut ハ之ヲ國內在住ノ外國人ニ適用シ得ルヤ(二)statut ハ之ヲ國外在留ノ內國人ニ適用シ得ルヤノ二問ヲ研究シ、第一問ニ對シテハ(1)權利能力、行爲能力ニツキ契約地法 lex loci constractus ノ適用ヲ除外シ、(2)契約ノ效力ハ原則トシテ契約地法ニヨレトモ、例外トシテ嫁資及夫婦財產契約ハ夫ノ住所地法、遲滯及懈怠ノ效力ハ法廷地法、lex fori (3)法律行爲ノ方式ハ行爲地法、(4)消滅時效ハ法廷地法、但債務履行地特定セル場合ハ特ニ其履行地法、(5)相續法ニ關シテハ(イ)無遺言相續ハ其目的物ノ所在地法、(ロ)遺言ノ方式ハ行爲地法ニ依ルヘク、(ハ)遺言能力ニ關スル實體的規定ハ之ヲ外國人ニ適用セストシ、又(6)物權ハ物ノ所在地法ニ依ルト解釋セリ。第二問ニツキテハ(1)人ノ行爲ヲ制限スル規定ヲ別チテ利益規定(statum favorabile)不利益規定(statum odiosum)ノ二種トナス。彼ニ從ヘハ前者ハ國外ニ於テモ猶其人ヲ支配スレトモ、後者ハ外國ニアル財產ニツキ其適用ヲ見ルコトナシ。未成年者浪費者ニ關スル規定ハ前者ニ屬シ、女子ハ相續權ナシトノ規定ノ如キハ後者ニ屬ストナス。(2)相續問題ニツキテハ財產所在地法ニ依ルノ原則ヲ認メ、國際的ニ法律ノ牴觸ヲ生シタル場合、例ヘハ英國ニ財產ヲ有シテ伊太利ニ死亡セルモノノ相續問題ニツキ、所謂利益規定不利益規定ノ說ヲ應用シ、其法律若クハ慣習ノ規定ハ眞ニ物ニ關スルヤ、人ニ關スルヤニ依リテ其解釋ヲ異ニスヘキヲ主張セリ。モシ其規定カ「死者ノ財產ハ長子ニ歸スヘシ」トイフ如ク重ヲ物ニ措クトキハ、所謂物法(Realstatut)ニシテ、被相續人タル死者カ英國人タルト否トヲ問ハス、財產所在地法タル英法ノ適用ヲ受ケ、「長子ハ相續スヘシ」トイフ如ク重ヲ人ニ措クトキハ、人法(Personalstatut)ニシテ、被相續人ノ英國人タルト否トニ依リテ其取扱ヲ異ニス。若シ其英國人タルトキハ長子ハ在英全財產ヲ相續シ、英國以外ニ所在スル財產ニツキテハ普通法上ノ相續分ヲ有スト雖、其英國人ニ非ルトキハ此規定ノ適用ヲ見スト解釋セシナリ。

此相續問題ニ關スル所謂文法解釋論ハ後世學者ノ嘲笑ヲ招キ、其他ノ所說ニツキテモ亦非難ナキニアラスト雖、法律牴觸ノ問題ヲ理論的ニ硏究シ、內國法牴觸ノ問題ヨリ延テ國際的法律牴觸ノ問題ヲ解決シタルノ功ハ決シテ之ヲ埋沒スヘキニアラス。彼ノ樹立セル原則ニシテ現今一般ニ國際私法上ノ原則トシテ認メラルルモノ少シトセス。(註四) 此點ニ於テ彼ヲ國際私法學ノ鼻祖ト仰キ、法律ノ父 (pater juris) 法律ノ光 (lucernæ juris) ト稱セシハ實ニ故アリト謂フヘシ。

〔註四〕能力ニツキ消極的ニ屬地主義ヲ斥ケ、法律行爲ノ方式ニツキ行爲地法ノ原則ヲ採リ、物權ニツキ目的物ノ所在地法ニ依レルカ如キハ、現今ノ國際私法ノ原則ニ最モ顯著ナル影響ヲ與ヘタル部分ニ屬ス。

伊太利學派

後其說ハ門弟 Baldus (1327–1400) ニ繼承セラレ、漸次歐洲諸國ニ侵入シ、種々ノ變遷ヲ經タリ。然レトモ第十六世紀ノ始マテハ公然之ヲ攻擊スルモノアルヲ見サリシナリ。Bartolus ノ唱道ニ係ル學派ヲ伊太利學派ト稱ス

佛蘭西ニ於ケル發達

(ロ)佛蘭西　Bartolus 一派ノ伊太利學派ニ對シ第一ニ矛ヲ擧ケタルモノヲ佛人 Argentraeus (D'Argntré)(1516–1590) トナス。彼ハ有名ナル封建制度ノ擁護論者ニシテ、法

Argentraeus ノ學說

ハ一般ニ屬地的タルヘキヲ鼓吹シ、大ニ伊太利學派ヲ攻擊シテ始メテ法則ノ三大別ヲ認メタリ。之ヲ法則分類主義ノ始祖ト謂フヲ妨ケス。學者或ハ Bartolus カ法則ヲ二大別シテ、人法 statuta personalia 物法 statuta realia トナセリト謂フモノアレトモ、斷シテ無實ノ事タリ。唯重ヲ人ニ措クカ物ニ措クカニ從ヒ、法則ノ解釋ヲ異ニセル實例存セシニ過キサルナリ。

斯クノ如ク Argentraeus カ法ノ屬地的ナルヘキヲ主張シタリシハ、法ハ悉ク一國內ニ存スル全人民、卽在留ノ外國人ニ對シテモ、例外ナク領土的ニ適用スヘシト謂フニ外ナラス。(oberste feudalistische Regel) 此意味ニ於テ、(一)法ハ原則トシテ物法(statuta realia)ナリト主張セシナリ、然レトモ往々(二)人ニノミ關係ヲ有シ、到ル所人ニ隨從スル法アルヲ認ム。主トシテ人ノ權利、身分、性質ニ關シテ生シ、此種ノ法ハ領土外ニ於テモ適用セラルルヲ要ストナス。之ヲ人法 (statuta personalia) ト稱ス。其他(三)法ニハ人及不動產ニ關スルモノアルヲ認ム。例ヘハ人ニ依リテ相續方法ヲ異ニスル規定、卽農夫ハ不動產ニツキ通常人ノ半分ノ相續權ヲ有ストナス規定ノ如シ。之ヲ混合法(statuta mixta)ト稱ス。

Molinaeus ノ學說

Argentraeus ノ大敵手ヲ Morinaeus (Du Moulin) (1500–1560) トス、熱誠ナル伊太利學派ノ擁護論者ニシテ、佛國ノ統一、少クトモ或ル部分ニ於ケル法ノ統一ヲ其理想トナセリ。其論旨ハ要スルニ(一)法律行爲ノ形式ハ其行爲地法(二)從來ノ通說ニ反對シテ契約ハ常ニ當事者ノ意思ニ依リテ之ヲ決スヘク、(註五)(三)重キヲ物ノ所在地ニ置ク規定及外國人ニ適用セラレサル人ニ關スル規定ハ當事者ノ意思ニ依ルコトナク法律ノ規定ニ依ルヘシト謂フニ在リ。

〔註五〕始メテ自治ノ原則ヲ認メ、當事者ノ意思ニ依リテ準據法ヲ決セルモノハ、モリネーウスニシテ、此點ハ彼ノ功績ノ最モ偉大ナルモノニ屬ス。

Argentraeus ノ影響

始メ Argentraeus ノ思想ハ佛國ニ歡迎セラレサリシト雖、第十六七世紀ノ和蘭ニ於テハ熱誠ヲ以テ歡迎セラレ、第十八世紀ノ佛國ニハ Bullenois (1680–1762) Bouhier (1673–1746) Froland (1746死)等ノ學者輩出シ、法則分類主義ヲ進歩セシメタリ。當時ノ學者ハ法律ノ物的觀念ハ封建制度ト相牽連シ、其人的觀念ノ基礎ハ正義ノ觀念ニアリトナシ、人法ノ範圍ヲ擴張シテ物法ノ範圍ヲ縮少セルヲ其特色トナス。斯クノ如クニシテ Argentraeus カ物法トナセル多數ノ法ハ人法ニ屬セシメラルルニ至リ、遂ニ此學說ハ佛國民法第三條ニ採用セラルルニ至リシナリ。曰「凡ソ佛國ニ住スル者ハ其警察及保安ノ法律ヲ遵奉スヘシ。不動產ハ外國人ノ所有ニ係ルモノト雖、猶佛蘭西法律ニ依ル。人ノ身分及能力ニ關スル法律ハ佛蘭西人カ外國ニ在ルトキト雖猶之ヲ支配ス」ト。

和蘭ニ於ケル發達

(ハ)和蘭　Argentraeus ノ學說カ第十六七世紀ノ和蘭ニ歡迎セラレタルハ其國情ニ起因ス。蓋シ當時和蘭各地ノ自治團體ハ分立シテ各法律上主權者タリ、從テ此封建主義ノ學說ヲ容ルルニ便ナリシヲ以テナリ。當時ノ和蘭學派ハ(一)自己以外ノ法律ヲ顧慮スルノ義務ナシトイフヲ其出發點トス。而シテ(二)外國法ヲ適用スルカ如キハ國際禮讓(comitia)ノ觀念ニ基クト認メ、(三)唯身分法ノミハ一定シテ變化スルモノニアラス。從テ外國人ノ成年未成年ニ關スル地位ノ如キハ和蘭ニ於テモ之ヲ認メテ變更スヘカラサルモノト解ス。其根本ノ理由ハ自國ノ利益ニ存ス。要スルニ此派ノ外國法尊重ノ理由ハ之ヲ自國ノ利益又ハ國際禮讓ニ求ムルノ外ナシト謂フヘシ。

斯クノ如クニシテ Argentraeus ノ學說ヲ歡迎スルモノノ範圍ハ漸次ニ擴マリ第

十八世紀ノ英米ヲ征服シ、遂ニ各國ノ法律カ其國内ニ滯在スル全人民ニ適用セラルルハ當然ノ公理ナリトナスモノアルニ至レリ。

獨逸ニ於ケル發達

(ニ)獨逸　法則分類主義ハ二三學者ノ反對アリシモ、第十六世紀ノ獨逸ニ於テハ、又一般ニ採用セラレ第十九世紀ニ及ヘリ。當時學說及判例ノ認メタル原則ハ、要スルニ(一)物ヲ處分スル能力ハ處分者ノ住所地法ニヨルコトナク物ノ所在地法、(二)物權ハ單純ニ物(或ル人ノ財產ヲ構成スル凡テノ物ヲ意味スルト同時ニ、各個ノ物件ヲモ意味ス。)ノ所在地法ニ依ルヘク、(動產ハ例外トシテ人ニ從フノ原則(第二編第一章第三節一)ニ依ル學者ナキニアラス)(三)行爲地法ノ定メタル方式ニ依レル法律行爲ハ外國ニ於テモ亦有效ナリトナスニアリ。而シテ其各種ノ法則ノ所屬ニ至リテハArgentraeusノ說トハ必スシモ全ク一致セサル點アルカ如シ。

英米ニ於ケル發達

(ホ)英米　和蘭ノ學說カ英米ニ著シキ影響ヲ與ヘタルハ事實ナリ。然レトモ其國法ノ組織上大陸ニ於ケルカ如ク、數世紀來法律牴觸ノ問題ヲ論スルノ必要ヲ見ス。從テ大陸ニ於ケル法則說ノ發達トハ全然無關係ナリシナリ。千七百五十二年始メテ外國法ノ適用問題、佛國ニ於テ婚姻セル英國人タル夫婦ノ年齡ニツキ英國ニ發生スルヤ。英國裁判所ハ和蘭ノ學說ニ依リ、之ヲ佛法ニ依ルヘキモノト判決セリ。蓋シ當時英法學者ノ和蘭ニ遊學セルモノ甚タ多ク、從テ和蘭學說ノ輸入セラレシモノ亦少カラ、サリシヲ以テナリ。斯クノ如クニシテ當時英國ニ於テハ(一)住所地法ニ反對シテ屬地法行ハレ(二)外國ニ於テ行爲ヲナス者ハ一時其國ノ臣民ト同視セラレ、行爲地ノ法律ニ服從スルヲ要ストセリ。近時ニ至リテ、漸ク無制限ニ封建的觀念ニ依ルノ非ナルヲ論スル學者ヲ生シタレトモ、未タ大勢ヲ動カスニ至ラサルナリ。斯クノ如キ絶對的屬地主義ハ米國ニモ行ハレ、Storyヲ其代表者トナス。彼ニ從ヘハ各國ハ其領土內ニ於テ唯一ノ主權及裁判權ヲ有シ、其法律ノ效力ハ其領土內ニ在ル一切ノ人及物ニ及ヘトモ、其領土外ニ在ル人及物ヲ拘束スルコトナシトス。

新獨逸學派ノ學說

三　新獨逸學派ノ學說

法則說ハ第十九世紀ニ至ルマテ一般ニ大陸ニ認メラレ、獨逸ニ於テモ亦大勢力ヲ有セルハ既ニ述ヘタルカ如シ。(本節二(三))然ルニ其中葉頃ニ生シタル所謂新獨逸學派ノ蜂起ハ、遂ニ國際私法學ニ關スル革命ヲ生スルニ至レリ。Schaeffner, Waechter, Savigny 等ヲ其代表者トナス。

Savigny ノ學說

特ニ國際私法ニ新ナル根據ヲ與ヘタルモノハSavignyニシテ、彼ハ近世ノ文明國ニ於テハ取引上竝ニ法律上共通ノ點アルヲ認メ、國際私法ニ於テ外國法ノ適用ヲ認ムルハ、正義ノ要求立法政策ノ必要ニ出ツトナシ、從來ノ解釋ニ一新生面ヲ開ケリ。而シテ法律牴觸ノ問題ハ唯主權獨立ノ原則、內外人平等主義ノミニ依リテ之ヲ解釋スルヲ得ストナシ、各法律關係ハ其本據ノ所在スル土地ノ法律ニ服從スヘク、從テ法律牴觸ノ問題ヲ解決スルニハ、常ニ其法律關係ノ性質上所屬又ハ服從スヘキ當然ノ法域(Rechtsgebiet)ヲ探求スヘキヲ主張セリ。彼ニ從ヘハ法律關係ノ本據ハ(一)身分及相續ニツキテハ住所、(二)不動產ニツキテハ其所在地、(三)債權ニツキテハ其履行地ニ存ストナス。斯クノ如ク彼ハ法律關係ノ特別ナル性質ニ基キ、其準據法ヲ異ニスヘキヲ主張シタレトモ、唯嚴格ナル强行的性質ヲ有スル法律、(註六)及內國ニ於テ認メサル法律制度(註七)ニツキテハ絕對ニ內國法ノ適用ヲ認メタルナリ。(註八)元來法律關係ノ本據ナル觀念ハ不明瞭ナルノミナラス、往々同一法律關係ニシテ場合ノ異ルニ從ヒ異レル法律ニ依リテ決セラルルコトアルカ故ニ、本據ノ語ハ適當ナリト謂フヲ得ス。(註九)後Barハ Savignyノ原則ヲ基礎トシ、法律關係ノ本據ニ代ユルニ國際交通ノ必要上ヨリ法律關係トナルヘキ各種ノ事實ヲ觀察シ、事物自然ノ性質上何レノ法律ニ依ルノ正當ナルカヲ研究スヘク、人ノ國籍、住所、居所、物ノ所在地、裁判所所在地等ノ事實ヲ其根據トナスヘキヲ主張セリ。畢竟法律關係ノ性質ニ從ヒ其準據法ヲ決スヘシト謂フニ在リ、之ニ依リテSavinnyノ學説ハ完成セラレ、爾來今日ニ至ルマテ獨逸ニ於テ一般ニ認メラルル所トナレリ。

〔註六〕强行的性質ヲ有スル法律ノ例トシテ、土耳古人カ獨逸ニ於テ重婚ニ關シ保護ヲ請求セル場合ヲ擧ケ、耶蘇敎國ノ裁判官ハ一妻主義ニ依リテ之ニ何等保護ヲ與フルヲ得ストナス。

〔註七〕內國ニ於テ全ク存在ヲ認メサル法律制度トシテ奴隷ノ制、使用人監禁ノ權、妻ニ身體權ヲ加フルノ權ヲ擧ケタリ。

〔註八〕Savignyノ説ハWindscheid其他ノ獨逸學者ニ採用セラレ、立法上ニモ影響ヲ與ヘタリ。索民法第十條、第十一條、第十九條、チユーリツヒ私法第一條乃至第七條等ノ如シ。

〔註九〕Savignyニ對スル非難ハ所謂法律關係ノ本據ナル觀念ニアリ。或ハ之ヲ空漠混沌不可思議極マル假想ナリト斷スルモノアリ。(Hartmann, Internationales Geldschulden S. 33) 或ハ此一般原則ニ依リテ、難問ヲ解決セントスルハ、畢竟木ニ倚リテ魚ヲ求ムルノ類ノミトナスモノアリ。(Dernburg, Preuss. Privatr. I. S. 26) 或ハ多クノ法律關係ニ本據ナク、債權關係ノ如ク二個ノ立脚地ニ立ツモノアルヲ論據トシ、之ニ從ヘハ世界各國ノ法典及踏規則ヲ我國法ノ附則タラシムルカ、又ハ其所謂法律關係ノ本據ヲ以テ全ク解決スル能ハス、若クハ恣ニ解決スヘキ問題ヲ作ルカ、二者其一ヲ選ハサルヘカラサルニ至ルヘキヲ難スルモノアルナリ。(Briuz, Pandekten2 aufl. I. 23)

Schaeffner ノ學說

Waechter ノ學說

Schaeffner ハ各法律關係ハ其成立シタル土地ノ法律、卽其發生地法ニ依ルヘキヲ主張シ、(註十) Waechter ハ(一)問題トナレル場合ノ法律ノ牴觸ニツキ特別ノ明文ノ有無ヲ探求シ、(二)之アルトキハ之ニ依リ、之ナキトキハ同一私法關係ヲ規定セル內國實質法ノ立法精神及目的ヲ探求シ、以テ外國法ニ依ルヘキヤ否ヤヲ決スヘク、(三)其外國法ニ依ルヘキコト明白ナラサルトキハ、裁判官ハ常ニ內國法ニ依ルヘキヲ主張セリ。(註十一)

〔註十〕 Schaeffner ノ法律關係發生地法說ハ、何レノ時ニ法律關係ノ成立スルカヲ說明セサルノ缺點アルヲ免レス。

〔註十一〕 Waechter ノ第一ノ原則ニ對シテハ之ヲ非難スルノ理由ナシト雖、第二第三ノ原則ニ對シテハ異議ナキヲ得ス。蓋シ國內的私法關係ト國際私法ノ關係トハ全然其性質ヲ異ニシ、一ノ原則ヲ以テ他ノ原則トナスヲ得サルヲ以テナリ。

四　新伊太利學派ノ學說

新伊太利學派ハ千八百五十一年Manciniノ始メテ唱道セル所ニシテ、殆ント前世紀ノ後半ヲ支配セリ。國粹保存ノ政治論ニ其根據ヲ有シ、千八百六十五年ノ伊太利法例ノ採用スル所ナリ。此派ノ主張ハ要スルニ法律關係ハ原則トシテ國籍ノ法律、卽其本國ノ法律ニ依ルトナスニ外ナラス。蓋シ法律ハ人格ノ發表ニシテ、人格ハ國籍ニ依リテ定マルカ故ニ、法律ハ國籍ノ發表ト謂フヲ得レハナリ。而シテ國籍ノ法律ハ常ニ其所屬國民ニ著眼シテ立法セラレタルモノナルカ故ニ、其國民カ何レノ地ニ至ルモ常ニ之ニ隨伴スヘシトナスナリ。此派ノ主張ハ唯原則トシテ國籍ノ法律ニ依ルヘシトナスニ止マリ(一)其國籍ノ法律カ內國社會ノ一般利益、卽公益公安ニ關スル法律ニ反スルトキ、及(二)行爲地法ニ依ルヘキ場合ハ屬地的ニ決シ、(三)當事者ノ自由意思ニ依リ準據法ヲ定メ得ルトキハ之ニ從フヘシトナス。斯クノ如キハ外國人ノ人格ヨリ生スル權利ハ內國ノ公益公安ニ讓ルヲ要ストノ根本思想ニ出ツルモノトス。(註十二)

〔註十二〕本國法主義ニ對シテハ白耳義ノLaurent熱心ニ歸服シ、獨逸ノ學者之ヲ採リ、(Regelsberger, Pandekten Bd. I. S. 167) 獨逸民法亦之ニ從ヘリ。獨逸帝國裁判所、第十八獨逸法會、及千八百七十四年國際法協會ゼネバ會議モ亦此主義ヲ認ムルニ至レリ。
本國法主義ニ對スル非難ハ重キヲ國家的原素ニ措クハ、多數ノ外國人ヲ包容スル現在ノ社會ニ適セサルノミナラス、法律ハ論者ノ謂フ如ク絕對ニ國家的特質ニ基クモノニアラス。假ニ國家的特質存ストスルモ、其特質ハ決シテ昔時ノ如ク個人ノ生活ニ適合スルモノニアラスト謂フニ在リ。

最近ノ學說

五　最近ノ學說

第十九世紀ノ中葉ニ生シタル二大學派ハ國際私法ノ研究ニ一新生面ヲ開拓セリ。爾來國際私法ノ研究ハ益々盛大ニ趣キ、最近新學說ノ樹立ヲ試ミタルモノ少シトセス。特ニ注目スヘキハ Pillet 及 Zitelmann ノ研究ナリトス。

Pillet ノ學說

(イ) Pillet ハ法律ノ牴觸ニ關シ一ノ新原則ヲ樹立セント欲シ、法律牴觸解決ノ一般ト題スル論文ヲ公ニセリ。(Journ. d. d. i XXI p. 417, 711; XXII 241, 500, 929; XXIII 5) 之ニ從ヘハ凡ソ法律ハ同時ニ屬地的及涉外的效力ヲ有スルモノニシテ、國際交通ニ於テハ其何レカ社會的效果ヲ有スルコト多キカヲ考慮シ、其社會的效果ノ最モ多キモノヲ成立セシムルヲ要ス。今法ヲ社會的ニ觀察スルトキハ、其效力及價値ハ唯其社會的目的ニ依リテノミ之ヲ定ムヘク、法ノ直接ニ目的トスル所、其適用ヲ受クル一私人ノ利益ニアルトキハ、之ヲ個人保護法ト稱シ、社會ノ利益ニアルトキハ之ヲ社會保護法ト稱ス。然レトモ同時ニ其何レノ利益ヲモ目的トスルモノナキニアラス。個人保護法ノ效力ハ涉外的ニシテ、此場合ノ準據法ハ問題トナレル人ノ本國法ナルニ反シ、社會保護法ノ效力ハ屬地的ニシテ、其準據法ハ其利益ヲ有スル國ノ法律タルヲ特色トス。而シテ公ノ秩序ニ關スル法律ハ屬地的ナルヲ原則トスレトモ、決シテ其法律カ其地ニ存在又ハ成立スル一切ノ人、物及行爲ヲ支配スルノ義ニアラス。唯其防禦セル社會ノ利益カ害セラレシトスル場合ニノミ其適用アルヲ意味スルニ外ナラサルナリ。若シ涉外法間ニ牴觸アルトキハ、各人ニ其固有ノ法律ヲ適用シテ解決スヘク、各別ニ其固有法ヲ適用スル能ハサルトキ、若シ其法律ノ性質ヲ同シクセサル場合ハ合理的ニ解決スヘキ方法ナシト雖、之ヲ同シクスル場合ハ其最モ嚴格ナルモノヲ適用スヘシトナス。又屬地法間ニ牴觸アルトキハ各地ニ於テ其法律ヲ適用シテ問題ヲ解決スヘク、涉外法ト屬地法ト牴觸スルトキハ、屬地法ニ依ルヘク。同等ニ涉外的且屬地的ナル法律間ノ牴觸ハ之ヲ解決スルヲ得ス。場所ハ行爲ヲ支配スルノ原則ハ慣習法ナルカ故ニ、以上ノ原則ヲ適用シ得ヘキ場合

ニハ之レカ適用ヲ妨ケストナス。(註十三)

〔註十三〕 Pillet ノ說ハ要スルニ法ノ目的ヲ標準トシテ法律ヲ分類シ、結局法律關係ヲ規定セル法律ノ性質ヲ標準トシテ、法律牴觸ノ問題ヲ解決セントスルニ在リ。故ニ法律關係ノ性質ニ依リ、準據法ヲ決スヘシト謂フニ外ナラサルナリ。

Zitelmann ノ學說

(ロ) Zitelmann ニ從ヘハ國際法ハ內國ノ立法ニ或ル制限ヲ加フルモノニシテ、國家カ命令ヲ發シ得ルハ其國權ノ及フ範圍ニ止マルモノトス。而シテ國家ノ命令カ國際法上ノ拘束力ヲ有スルハ其國權カ國際法上承認セラレタル範圍內ニ限リ、國家ハ其臣民主權ニ依リテ其ノ國民ヲ統治シ、領土主權ニ依リテ其領土上ニ之ニ關スル統治ヲ爲スモノタリ。斯クノ如クニシテ國權ハ領土主權ノ作用トシテ其領土ニ存スル一切ノモノヲ統治シ、一切ノ動產不動產及無形財產ハ勿論、一切ノ犯罪行爲ニモ及フモノトナス。

六　餘論

國際私法ニ關スル名稱ノ變遷

國際私法ニ關スル名稱ノ變遷ハ學說ノ發達ト相牽連ス。國際私法學發達ノ歷史的理由ニ基キ Collisio statuorum ノ名稱ヲ生セシハ既ニ述ヘタルカ如シ。後之ニ關スル史的研究ノ發達ニ伴ヒ、茲ニ法律ノ牴觸ニ關スル規則ヲ生スルニ及ヒ、Kollisionsnormen ナル名稱ハ俄ニ學術上ノ用語トナルニ至リシナリ。第十七世紀頃ニ至リ、Conflictus legum ナル名稱和蘭ニ行ハレ、第十八世紀ニ及ヒ此名稱ハ英米ニ傳ハリテ、Conflict of Laws ト譯セラレ、今日ニ至ルマテ一般ニ使用セラルル所ナリ。然レトモ往々 Conflict ニ代ユルニ choice ノ語ヲ以テスル學者ヲ見ルコトナキニアラス。

獨逸ニ於テハ前世紀ノ前半頃ヨリ Anwendung fremder Gesetze (der auslaendischen Gesetze)ナル名稱行ハレ、獨逸民法第二草案ハ第六編ノ表題ヲ Anwendung der auslaendischen Gesetze トナセリ。其他 Kollision koordinierter Rechtssaetze, Raeumliche Herrschaft der Ge, setze Örtliche Grenze der Rechtsregeln ト稱セシモノナキニアラス。千八百四十一年 Schaeffner 一度 Internationales Privatrecht ノ語ヲ用ユルヤ、遂ニ一般ニ採用セラルルニ至レリ。

佛國學者ハ之ニ遲ルル二年ニシテ、Droit international privé ノ語ヲ用ヒ、英吉利學者亦之ニ倣ヒ、Private international law ト稱ス。

其他猶 extra-territorial racognition of Rights, Externes Privatrecht ナル名稱ナキニアラスト雖、一般ニ用ヒラルルコトナシ。

國際私法ナル名稱我國ニ行ハルルニ至リシハ、實ニ明治十四年以降ナリトス。其起原ハ支那ノ同治三年、卽我元治元年丁韙良ノ漢譯ニ係ル萬國公法中「公法私條」ノ名稱ノ用ヒラレタルニ存スルカ如シ。後「萬國私權通法」「列國庶民私法」「列國交際私法」等ノ名稱行ハレ、遂ニ一般ニ國際私法ト稱スルニ至レリ。

第三節　立法ノ發達

國際私法學説ノ發達ハ遂ニ國際私法ニ關スル立法ノ發達ヲ促セリ。第十八世紀末佛國民法前加編第三條カ國際私法的規定ヲ揭クルヤ、諸國相競フテ之ニ關スル規定ヲ設クルニ至リ、或ハ之ヲ民法中ニ、(佛)或ハ其施行中法ニ、(獨)或ハ特別法(和蘭伊太利瑞西等)中ニ規定スルニ至レリ。我國ニ於テハ舊民法編纂當時ヨリ法律ノ解釋適用ニ關スル凡テノ規定ハ之ヲ法例ナル特別法ニ揭クルヲ例トス。(穗積博士著法窓夜話第百八十一頁以下法例ノ由來參照)

斯クノ如クニシテ成立セル諸國ノ規定ハ、時トシテ實質上相反セル主義ニ出ツルコトアルヘク、其國權ノ及フ範圍内ニ於テハ、各其法律ニ依リテ規律シ、或ハ其裁

國際私法的規定相互ノ牴觸

判所ノ決スル所ヲ以テ法律上正當トナスヘシ。從テ同一法律關係ニツキ諸國ノ國際私法的規定ノ間ニ牴觸ヲ生スルコトアルハ實ニ免ルヘカラサル所ナリ。是ニ於テ各國競フテ其差異ヲ除カンカ爲、國際條約ヲ締結シ以テ國際私法的規定ノ歸一ヲ企ツルノ趨勢トナレリ。千八百七十四年露獨間ニ成立セル遺産處分ニ關スル條約ノ如シ。然レトモ國際條約ニ於テハ其當事國限定セラレ、之ヲ以テハ未タ數多ノ領土ト相接觸スル國際關係ニツキ充分ノ解決ヲ見ルコト難シ。蓋シ特定國間ニ國際條約成立スルモ、非締約國相互間ハ勿論、締約國ト非締約國間ニハ猶法律ノ牴觸アルヲ免レサレハナリ。從テ國際私法ノ原則ハ之ヲ國際的物體トシテ論スヘキヤ疑ヲ容レス。

國際私法ノ原則ハ國際的物體トシテ論スルヲ要ス

第一ニ此點ニ着眼セルハ亞米利加ニシテ、千八百七十八年南米諸國ハLima ニ國際會議ヲ開キテ、國際私法、訴訟法及刑法等ニ關スル條約案ヲ討議セリ。是レ實ニ國際會議ノ先驅タリシナリ。

Lima 會議

第四節　國際會議及學會ノ活動

Montevideo會議

Lima 會議ニ次テ千八百八十八九年 Montevideo ノ會議アリ、國際民商法、刑法、訴訟法其他著作權工業所有權保護ニ關スル條約案ヲ決議セリ。後米國政府ハ米大陸全部ニ對スル國際私法及國際法ヲ統一セシカ爲、南北及中央亞米利加ノ全部ニ渉ル國際會議ノ開催ヲ發議シ、遂ニ千八百九十一年 Washington ニ於テ第一回ノ汎亞米利加會議ノ開催ヲ見タリ。爾來二年每ニ一回開催シテ、國際私法ノ外、經濟財政交通ニ關スル事項ヲモ統一的ニ規定セントスルニ至レリ。其實際的結果ハ其目的ノ範圍廣大ナルカ爲、未タ之ヲ見ルニ至ラスト雖、將來之ニ依リテ全亞米利加ニ通スル國際私法ノ成立ヲ見ルハ疑ヲ容レサルヘシ。

汎亞米利加會議

海牙會議

他方和蘭政府ハ Asser 博士ノ提案ニ基キ、千八百九十三年以來屢々歐洲諸國ヲ海牙ニ會セシメテ國際私法ニ關スル種々ノ問題ヲ考究シ、遂ニ其全部ニ渉リ頗ル正鵠ナル解決ノ曙光ヲ見ルニ至レリ。此點ヨリ觀ルモ國際私法ハ既ニ一大發達ヲナシタルモノト謂フヘシ。而シテ此會議ハ千八百九十三四年、千九百年及千九百四年ニ四回開催セラレ、第一回會議以來代表者ヲ出セルハ獨逸、墺匈國、白耳義、丁抹、西班牙佛蘭西、伊太利、ルクセンブルク、和蘭、葡萄牙、ルーマニア、露西亞、瑞西ノ十三國ニシテ、第二回ヨリ瑞典諾威ノ加入ヲ見、第四回會議ニ至リ始メテ我代表者ノ派遣ヲ

見タリ。(註十四)

〔註十四〕第一回海牙會議ニ於テハ婚姻、相續、遺言及民事訴訟ニ關スル各種ノ問題ヲ附議シ、各之ニ關スル獨立ノ條約案ヲ討議セリ、第二回會議ニ於テハ前回問題トナレル事項ノ外、更ニ婚姻ノ效力、後見、禁治産及破産者ノ問題ヲ討議シ、民事訴訟ニ關スル條約ハ千八百九十六年十一月十四日成立シ、獨、佛、白、丁、ルクセンブルク、西、伊、諾、和、葡、ルーマニア、露、瑞典、瑞西間ニ調印セラレ、千八百九十九年ヨリ實施セラレタリ。第三回會議ニ於テハ婚姻ノ成立、離婚及別居ニ關スル法律ノ牴觸問題、未成年者ノ後見ニ關スル條約成立シ、千九百二年ヲ以テ批准交換セラルルニ至レリ。第四回會議ニ於テハ曩ニ實施セル民事訴訟ニ關スル條約ヲ修正シ、猶未決ノ問題ニツキ種々ノ條約案ヲ議決セリ。就中婚姻成立ニ關スル條約、離婚條約、及後見ニ關スル條約ハ、原則トシテ締約國ノ歐洲領土ニノミ適用セラルレトモ、婚姻ノ效力、禁治産ニ關スル條約、及民事訴訟條約ノ效力ハ、當然締約國ノ歐洲領土ニ及フノミナラス、締約國ノ歐洲外ノ領土、占領地、殖民地、又ハ領事裁判權ノ行ハルル地域ニモ適用セラルルモノトス。國際民法ノ說明ニ於テ之ヲ引用スルコトアルヘシ。

斯クノ如ク諸國ハ相協力シテ海牙ニ國際的會合ヲ組織シ、之ニ依リテ國際私法ノ一部ハ適當ニ取扱ハルルニ至リタレトモ、唯僅カニ大ナル發達ノ出發點タルニ過キス。更ニ進ミテ此會議ニ依リ國際私法ノ各部ヲ組織的ニ發達セシムル手段方法ヲ諦スルヲ要スルヤ勿論ナリトス。既ニ海牙ニ於テハ種々ノ條約締結セラレタレトモ、特ニ注目スヘキハ國際親族法ノ法典ト目スヘキ婚姻、離婚、未成年者ノ後見ニ關スル國際私法條約ナリトス。其他手形又ハ海商ニ關スル事項ニツキ國際會議ノ開催アリ。海牙ノ萬國手形法統一會議、ブリユクセルニ於ケル海商統一ニ關スル國際會議ハ之ニ屬ス。後ニ説明スヘシ。(第二篇第二章第二節二及三參照)

學會ノ活動

國際私法ノ發達ハ又學會ノ活動ニ負フ所大ナルハ之ヲ認ムルヲ要ス。國際私法ニ關スル學問的會合ニシテ最モ活動セルモノヲ國際法協會(Institut de droit international) トナス。千八百七十三年白、佛、獨、英、蘭五國ノ法律家ニ依リテ組織セラレタル一種ノ國際學士院ニシテ、公開ノ會ニアラス。正會員(Membres)準會員(Associes)及名譽會員(Membres honoraires)ヨリ成立ス。此學會ハ國際關係ノ法律全般ニ渉リテ考究シ、其議決及規約ハ海牙會議ニ出席セル法律家ニ依リテ尊重セラレタリ。特ニ實際家ニ對シテ有益ナルハ協會年報(Annuaires de l'Institut)ニ記載セラルル無數ノ重要報告ナリトス。其他千八百七十三年ノ設立ニ係ル Association for the reform and codification of the law of nation (現今國際法學會 Inteonational Law association ト稱ス)アリ。全然入會

國際法協會

國際法學會

ノ自由ヲ認ム。其他千九百六年北米ニ於テ亞米利加國際法學會(American Society of international law)設立セラレ、翌年一月以來機關トシテ American Journal of international law ヲ發行セリ。

斯クノ如キ學會ノ活動ハ、海牙會議ト相俟テ、國際私法上ノ諸問題ノ解決ニ貴重ナル資料ヲ供シ、各國ニ於ケル學說立法ノ發達ト相伴フテ、益々國際私法ノ發達ヲ促スニ至ルヘシ。

第三章　國際私法ノ淵源

一　總說

法ハ人類行爲ノ價値ヲ判斷スル規範ニシテ、國家又ハ之ニ依リテ權力ヲ附與セラレタルモノノ命令又ハ許可タリ。凡ソ國權ハ法ノ效力發生ノ基礎ニシテ、國權カ明示又ハ默示ヲ以テ之ヲ法律トナス旨ノ意思ヲ表示スルニ依リテ、茲ニ始メテ法ノ效力ヲ生スルモノトス。其意思表示ノ內容カ或ル行爲不行爲ノ義務ヲ負擔セシムルニ存スルトキハ之ヲ命令ト稱シ、或ル行爲ヲ爲スヲ正當トナストキハ之ヲ許

法ノ淵源卽法源ノ意義

可ト稱スル、ノミ。而シテ國權存在ノ基礎ハ之ヲ公拒スヘカラストナス一般人ノ意識ニ存スルカ故ニ、通說ハ法ノ效力ノ基礎モ亦之ニ從ハサルヘカラストスル一般人ノ意識ニ求ムヘキヲ主張スレトモ、吾人ハ唯權力ヲ意識スルニ止マリ、其意識ヲ法ニ及ホスノ要ナク、又及ホスヲ得サルモノトス。恰モ甲乙ヲ生ミ、乙丙ヲ生シタル場合、丙ノ存在原因ハ甲ニ存スルハ勿論ナリト雖、丙ハ甲ノ所生ニアラサルニ同シ。學者往々法ノ淵源、卽法源ヲ法ノ效力ノ基礎ノ義ニ解シ、常ニ國權ノ命令又ハ許可ニシテ、敢テ數種ナキヲ主張スレトモ、其命令又ハ許可ノ成立スル態樣ハ必スシモ常ニ同一ナラサルナリ。或ハ通常ノ立法ノ形式ヲ以テ生スルコトアルヘク、或ハ條約慣習其他ノ形式ヲ以テ生スルコトアルヘシ。余輩ハ玆ニ淵源、卽法源ヲ法ノ成立スル形式ノ義ニ解シ、之ヲ國際私法ノ方面ヨリ研究セントス。

国際私法ニ於ケル各種ノ淵源

二　國際私法ニ於ケル各種ノ淵源

國際私法モ亦法ナルカ故ニ、國權ノ命令又ハ許可ニ依リテ生ス。國際私法ヲ其成立ノ形式ヨリ區別スルトキハ、之ヲ三種トナスヲ得ヘシ。

立法

(イ)、各國其固有ノ立法權ニ基キ、普通一般ノ立法手續ニ依リテ成立セルモノニシテ、此種ノ國際私法ハ獨立國ト同數ナルヲ得ヘク、各獨立ニ其存立ノ意義ヲ有スルモノトス。例ヘハ我法例、伊太利法例、獨逸民法施行法等ノ如シ。

(ロ)、國際條約又ハ國際慣習ヨリ成立セルモノニシテ、大正三年條約第一號船舶衝突ニツキテノ規定ノ統一ニ關スル條約、同年條約第二號海難ニ於ケル救援救助ニツキテノ規定ノ統一ニ關スル條約、及船舶ニ關スル旗國法ノ國際慣習等ハ之ニ屬ス。(註一)唯其國際慣習ヨリ成立スルニハ法例第二條ノ制限アルノミ。

〔註一〕國際私法カ國際條約又ハ國際慣習ヨリ成立スルニハ、其條約又ハ慣習ノ認ムル原則ヲ法律トナス旨ノ明示若クハ默示ニ依ル國權ノ意思表示アルヲ要ス。而シテ其條約ヨリ成立スル場合ハ、官報條約欄ニ於テ公布アルコトニ依リテ、之ヲ法律トナス旨ノ國權ノ明示ニ依ル意思表示アリタルモノト認ムヘク、其國際慣習ヨリ成立スル場合ハ、裁判官カ明治八年太政官布告第百三號ニ則リ國際慣習ノ原則ヲ適用シタル場合、國家カ之ヲ默認スルコトニ依リ、之ヲ其法律トナス旨ノ默示ニ依ル意思表示アリタルモノト認ムヘシ。

(ハ)、條理ヨリ成立セルモノニシテ、裁判官カ自ラ立法者トシテ立法シタリシナルヘキ原則ニ從テ裁判シ、國權カ之ヲ默認シタル場合ニ生ス。(註二)

〔註二〕國際私法ノ成文的規定ハ其數甚タ少ク、不備缺陷多シ。從テ成文ノミニ依リテ國際私法上ノ問題ヲ決スルコト難ク、慣習又ハ條理ニ依リテ之ヲ決スルヲ要スルヤ疑ヲ容レス。我國ニ於ケル民事ニ關スル法律解釋ノ唯一ノ根據タル、明治八年太政官布告第百三號カ、成文ナキトキハ慣習又ハ條理ニ依リテ裁判スヘキヲ認メタルモ、亦此意味ニ外ナラサルナリ。條理ニ依リテ國際私法ノ成立スルハ、國際慣習ニ依リテ國際私法ノ成立スル場合ニ同シク、國家カ條理ニ依ル裁判ヲ默認シタルトキ、條理ノ要求スル原則ヲ國際私法トナス旨ノ國權ノ默示ニ依ル意思表示アリタルモノト認ムヘキモノトス。

第四章　國際私法ノ出發點

第一節　總說

國際私法ノ出發點タル事實

國際私法ハ內外人ノ平等、內外法ノ同等ナル二個ノ事實ニ出發ス。蓋シ內外人ノ取扱平等ナラサレハ、內外法ノ同等ハ之ヲ想像スルコト難ク、內外法同等ノ原則認メラルルニアラサレハ、法律ノ牴觸ハ之ヲ想像スルヲ得サレハナリ。（第一章第二節註九）

內外人平

而シテ內外人ノ平等トハ、外國人ハ常ニ殆ント內國人ト同等ナルノ事實ニシ

内外法同等ノ意義

テ、内外法ノ同等トハ、各國私法ハ國際的見地ヨリ同等ノ價値ト地位ヲ有スルノ事實ナリトス。本章ニ於テハ國際私法上ニ於ケル内國人外國人、及内國法外國法ニ關スル諸問題ヲ一括シテ研究セントス。

第二節　内國人ト外國人

一　總説

總説

内外人區別ノ標準

内外國人區別ノ標準ハ國籍ニアリ。國籍ヲ最モ廣ク解スルトキハ、人又ハ物カ或ル國家ニ從屬スル關係ヲ意味スレトモ、通常或ル個人カ或ル國家ニ從屬スルノ關係ヲ指示シ、臣民ノ語ト其義ヲ同シクス。一ハ或ル國民ヲ他ノ國民ヨリ區別スル方面ヨリ觀察シ、他ハ個人ト其所屬國家トノ關係ヲ國内法上ヨリ觀察セルノ差異アルノミ。而シテ内國ノ國籍ヲ有スル人類ヲ内國人ト稱シ、然ラサルモノハ悉ク之ヲ外國人ト稱ス。必スシモ外國ノ國籍ヲ有スルモノヲ意味スルニアラス。從テ一方何レノ國籍ヲモ有セサル無國籍人ハ外國人タルト同時ニ、他方内國ノ國籍ヲ有スル以上ハ外國ノ國籍ヲ併有スルモ、猶内國人タルヲ妨ケサルモノトス。

内國人外國人ノ意義

二　內國人タル分限ノ得喪

內國人トハ內國ノ國籍ヲ有スル人類ニシテ、其分限得喪ノ要件ハ國籍法(註一)(明治三十二年法律第六十六號)ノ定ムル所タリ。

(註一)　日本臣民タルノ要件ハ法律ノ定ムル所ニ依ルトハ憲法第十八條ノ定ムル所ナリ。國籍法ハ此條規ニ從ヒテ制定セラレ、如何ナル者カ日本臣民タルヘキカヲ定ムル法律ナリトス。國籍法ハ憲法ノ一部ナルカ故ニ、其研究ハ憲法ニ於テ爲スヘク、國際私法ニ於テハ內國人タル分限ノ得喪ヲ明ニスル限度ニ於テ之ヲ研究セントス。

內國人タル分限ノ取得

內國人タル分限ノ得喪ハ畢竟內國國籍ノ得喪ニ外ナラス。蓋シ國籍法ハ出生及其後ニ生シタル原因ニ基ク國籍ノ取得ニ依リテ內國人タル分限ヲ取得セシメ、國籍ノ喪失又ハ離脱ニ依リテ之ヲ喪失セシムルヲ以テナリ。其出生ニ基キテ取得セル國籍ヲ生來ノ國籍ト稱シ、立法主義トシテハ、專ラ重キヲ血統ニ措キテ其出生地如何ヲ顧サルモノト、專ラ重キヲ出生地ニ置キテ血統ノ如何ヲ顧サルモノノ二種アリ。前者ヲ血統主義(jus sanguinis)後者ヲ生地主義(jus soli)ト謂フ。

(一)出生ニ因リテ內國人タル場合

我國籍法ハ原則トシテ血統主義ヲ認メ、(一)先ツ父ノ血統ニ依リテ子ノ國籍ヲ定ム。蓋シ父ハ通常親權ヲ行使シ、其子トノ關係ハ母ヨリモ密接ナルヲ以テナリ。而シテ其父ノ國籍ヲ取得スヘキ時期ニツキテハ、(1)一般ニ出生當時ヲ標準トナスヲ原則トスレトモ、(2)其出生前父死亡シタルトキハ、其死亡當時ヲ標準トシ、(國籍法第一條)(3)本來父カ外國人ニシテ入夫婚姻又ハ養子縁組ニ依リ日本ノ國籍ヲ取得シタル場合、子ノ出生前離婚又ハ離縁ニ依リテ之ヲ喪失シタルトキハ、懷胎當時ヲ標準トナス。(註二)(國籍法第二條第一項)(4)此場合母モ亦其夫ト共ニ日本ノ家ヲ去リテ外國人トナリタルトキハ、出生當時ノ父ノ國籍ニ依リ其子ヲ外國人トナシ、若シ其子ノ出生前母カ日本ノ家ニ復籍シタルトキハ、子ノ懷胎當時ノ父ノ國籍ヲ取得スヘキモノトス。(國籍法第二條第二項)(註三)而シテ原則トシテ父ノ國籍ヲ取得スヘキ時期ヲ出生當時トナセルハ、此時期ヲ以テ確實且明瞭トナシ、懷胎當時ノ父ノ國籍ヲ取得スルモノトナス時ハ、懷胎ノ時期ヲ證明スルノ困難アルニ起因スルカ如シ。(二)父知レサルカ、又ハ其無國籍人ナルトキハ、母ノ國籍ヲ取得ストナス。蓋シ無國籍人ノ發生ヲ防止スルノ趣旨ニ出ツルカ如シ。國籍法ハ唯一ノ例外トシテ、捨兒卽父母共ニ知レサルトキ、及無國籍人ノ子、卽父母共ニ無國籍人ナル場合ニ限リテ生地主義ヲ認メ、苟モ日本ニ生レタル子ハ之ヲ日本人トナス。(國籍法第四條)主トシテ無國籍人ノ發生ヲ防止スルノ趣旨ニ出ヅルモノトス。

〔註二〕若シ此場合、懷胎當時ノ父ノ國籍ヲ標準トセス、出生當時ノ其國籍ヲ標準トスルトキハ、其子ハ外國人トナリ、日本ノ家ニ外國人ヲ入ルルノ結果トナルヲ以テナリ。

〔註三〕子ノ出生前父母共ニ日本ノ家ヲ去リ、外國人トナリタルトキハ、子モ亦其父母ノ家ニ入ルヲ以テ、之ヲ日本人トナスノ要ナシト雖、其出生前日本ノ家ニ復籍シタルトキハ、又其子ヲ日本人トナスノ必要アルニ依ル。

(二)出生以後ノ原因ニ依リ内國人タル場合

出生以後ニ生シタル原因ニ依リテ取得セル國籍ハ之ヲ傳來ノ國籍ト稱ス。其取得ハ國籍ノ變更ニ伴フテ生スルカ故ニ、取得國籍又ハ國籍ノ變更ニ依ル取得トモ謂フ。其發生原因凡ソ三アリ。(一)ハ親族法上ノ原因ニ依ルモノニシテ、(1)婚姻(註四)(國籍法第五條第一號)(2)入夫婚姻(註五)(同條第二號)(3)養子縁組(註六)(同條第四號)(4)私生子認知(註七)(同條第三號第六條)ノ場合ニ生ス。外國人ヲ入夫又ハ養子トナスニハ内務大臣ノ特別ノ許可アルヲ必要トシ、其許可ヲ與フルニハ其外國人カ引續キ一年以上日本ニ居住シ、且品行方正ト認メタル場合タルヲ要件トス。(明治三十一年法律第二十一號)(二)ハ個人ノ自由意思ニ依ルモノニシテ、歸化(註八)ノ場合ニ生ス。(國籍法第七條乃至第十四條)(三)ハ國際法上ノ原因ニ依ルモノニシテ、領土ノ併合割讓ノ場合(註九)ニ生ス。

(註四) 婚姻ニ依リテ日本人ノ妻トナレル外國人ニ我國籍ヲ取得セシメサルトキハ、日本ノ家ニ外國人アルノ結果ヲ生スルヲ以テナリ。

(註五) 外國人ハ日本人ト入夫婚姻ヲ爲スニ依リテ日本ノ家ニ入ルカ故ニ、之ヲ日本人トナスニ外ナラス。

(註六) 入夫婚姻ノ場合ト同一理由ニ出ツ。

(註七) 日本人タル父又ハ母ニ依リテ認知セラレタル私生子ヲ日本人トナスハ、血統主義ヲ貫クノ趣旨ニ外ナラス。

(註八) 歸化ニハ外國人ヲ内國人トナスニ可能ナル資格ヲ具フルヲ推測スルニ足ルヘキ條件、即(一)一定年限間其國ニ住居シ、(二)自ラ生活スルノ資力ヲ有スルヲ必要トスルハ、諸國ノ殆ント一致スル所ナリ。我國ニ於テハ一般的條件トシテ、(一)引續キ五年以上日本ニ住所ヲ有シ、(二)滿二十歳以上ニシテ本國法ニ依リ能力ヲ有シ、(三)品行方正ニシテ、(四)獨立ノ生計ヲ營ムニ足ルヘキ資産又ハ技能アリ、且(五)日本ノ國籍取得ニ依リテ舊國籍ヲ失フカ、又ハ全ク國籍ヲ有セサルモノタルヲ必要トス。(國籍法第七條)特別ノ條件トシテハ、(一)外國人ノ妻ハ其夫ト共ニスルヲ必要トシ、單獨ニ之ニ先チテ歸化スルヲ許サス。然レトモ其夫ノ歸化後ニ歸化シ得ルハ勿論ナリトス。斯クノ如キ制限ヲ設ケタルハ歐米諸國中別居ノ制度ヲ認メ、別居セル妻ニ完全ナル能力ヲ認ムルモノアリ、從テ別居セル妻カ能力者トシテ夫ニ先チ單獨ニ他國ニ歸化スルコトアルヲ慮レタルカ故ナルヘシ。（國籍法第八條）（二）我國ト特別ノ關係アル外國人ノ歸化ニハ一般的條件ノ全部又ハ一部ヲ必要トセス。或ハ（一）現ニ我國ニ住所ヲ有スル以上ハ必スシモ其五ケ年間繼續セルヲ必要トセサルコトアリ。（a）父又ハ母カモト日本人タリシ者、（b）其妻カモト日本人タリシ者、（c）日本ニ生レタル者、（d）引續キ十年以上日本ニ居所ヲ有スル者ハ之ニ屬ス。而シテ前三者ニツキテハ日本ニ出生セル外國人ノ父母カ日本ニ於テ生レタル場合ノ外、三年以上日本ニ居所ヲ有スルヲ必要トス。（國籍法第九條）或ハ（二）唯品行端正及外國國籍喪失ノ二條件ヲ具フヲ以テ足ル場合アリ。其歸化セントスル外國人ノ父又ハ母カ現ニ日本人ニシテ、其外國人カ日本ニ住所ヲ有スル場合ニ生ス。或ハ（三）無條件ニ歸化ヲ許ス場合アリ。唯勅裁ヲ經テ内務大臣之ヲ許スヲ其形式トス。

〔註九〕 領土ノ併合割讓ノ場合、條約ニ於テ割讓地ノ住民ハ一定期間内ニ其財産ヲ處分シテ自由ニ割讓地ヲ退去シ得ヘキヲ認メ、且退去シタル場合ニハ其舊國籍ヲ保有スヘキヲ定ムルコトアリ。之ヲ選擇條款ト稱シ、住民ノ有スル此利益ヲ選擇權（Droit d'option）ト稱ス。理論上ヨリ謂ヘハ國家主權移轉ノ當然ノ結果トシテ、國籍ノ變更ヲ生スヘキモノナリト雖、讓受國ニ於テハ自國ニ心服セサル新領土ノ人民ヲ强テ其國民トナスノ要ナク、讓渡國ニ於テモ其故國ヲ慕フテ退去シ來レル人民ニツキ、國籍回復ノ手續ニ依ルノ煩ヲ避ケ、其國籍ヲ失ハサリシモノト看做スヲ便宜トス。條約上選擇條款ノ明言セラルルハ此理由ニ出ツルモノトス。

内國人タル分限ノ喪失

内國人タル分限ハ一定ノ原因ニ依リテ喪失ス。古代ニアリテハ一旦臣民タル者ハ永久ニ臣民タルノ主義ヲ採リタレトモ、移住脱籍ノ自由ヲ認メタル以來、其分限ノ喪失ヲ認ムルニ至レリ。分限ノ取得ニ相對立スル觀念ニシテ、又三種ノ原因ニ依リテ生ス。(一)其親族法上ノ原因ニ依ルモノハ婚姻(國籍法第十八條)離婚又ハ離緣(同法第十九條)及私生子認知(同法第二十條)ノ四者ニシテ、其婚姻ニ依ル喪失ニハ「夫ノ國籍ヲ取得シタル」ヲ條件トナス。(大正五年三月十五日法律第二十七號)蓋シ無國籍人ノ發生ヲ防止スルニ外ナラサルヘシ。(二)個人ノ自由意思ニ依ルモノニハ歸化(國籍法第二十條)及國籍離脫(同法二十條ノ二)ノ二アリ。國籍離脫ノ制度ハ大正五年ノ改正ニ於テ始メテ認メタル所ニシテ、重國籍ノ解決ニ資スルノ目的ニ出ツルモノトス。卽「外國ニ於テ生レタルニ因リテ、其國ノ國籍ヲ取得シタル日本人カ、其國ニ住所ヲ有スルトキハ、內務大臣ノ許可ヲ得テ日本國籍ノ離脫ヲナスコトヲ得」トナス。(三)國際法上ノ原因ニ依ル場合ハ到底之ヲ想像スルヲ得サル所ナルカ故ニ、玆ニ之ヲ說明スルノ要ナシ。國籍ノ喪失ニハ一大制限アリ。(一)十七歲以上ノ男子ニツキテハ兵役ニ服シ、又ハ之ニ服スル義務ナキコト、(二)文武ノ官職ヲ帶フルモノハ之ヲ失ヒタル後タルコトヲ要件トス。蓋シ兵役義務ヲ免ルルヲ防止シ、外國人ヲ官職ニ任セサルノ原則ヲ貫クカ爲メナルヘシ。

內國人タル分限ノ回復

一旦喪失セル內國人タル分限ハ、一定ノ條件ヲ具備スルトキ再ヒ之ヲ回復スルヲ得。之ヲ國籍ノ回復ト稱ス。(一)外國人ノ妻トナリタルニ依リ我國籍ヲ失ヒタル者、(1)其婚姻關係消滅シ、(別居ノ場合ハ猶夫婦關係繼續スルカ故ニ除外ス)(2)我國ニ住所ヲ有スル場合、(3)內務大臣ノ許可ヲ得タルトキ、(國籍法第二十五條)(二)歸化ニ依リ我國籍ヲ喪失シタル者、(1)我國ニ住所ヲ有シ、(2)內務大臣ノ許可ヲ得タルトキ、(同法第二十六條)(三)離脫ニ依リ我國籍ヲ失ヒタル者、(1)我國ニ住所ヲ有シ、(2)內務大臣ノ許可ヲ得タル場合ニ生ス。(國籍法第二十五條乃至第二十七條參照)

三　外國人ノ地位

外國人ノ地位

外國人トハ內國人ニアラサル凡テノ人類ヲ意味ス。敢テ外國ノ國籍ヲ有スルモノニ限定スルコトナシ。而シテ現今ニ於テハ場合ト方面ノ如何ヲ問ハス、常ニ殆ント內國人ト同等ノ待遇ヲ受ケツツアルハ事實ナリト雖、唯近時ニ於テ然リト云フノミ。古代未開ノ社會ニアリテハ外國人ハ之ヲ敵人ト同視シテ、其生命財産ニ對ス

敵視主義
賤外主義
排外主義
相互主義

ル殺奪ヲ恣ニセリ。之ヲ敵視主義ノ時代ト謂フ。後民族ノ團結漸ク鞏固トナルニ及ヒ、外國人ヲ殺奪スルノ必要ハ消滅シタレトモ、猶之ヲ劣等ノ人類トシテ賤ミ、其人格ヲ認メス、之ニ對シテ奴隷以下ノ待遇ヲナシタリ。之ヲ賤外主義ノ時代ト謂フ。然ルニ國際交通ノ發達ハ斯クノ如キ状態ノ永續ヲ許サス、外國人ニ對シテ一定ノ權利保護ヲ與フルニ至レリ。然レトモ重要ナル特權ハ悉ク之ヲ内國人ノ特權トナセリ。蓋シ内國人ニ對スル實利的保護ノ趣旨ニ出ツルニ外ナラス。之ヲ排外主義ノ時代ト謂フ。文化益〻進ミ、内外人ノ接觸交通愈〻頻繁トナルニ從ヒ、内國人ニ對スル實利的保護ノ結果得ヘキ利益ト、被ルヘキ不利益トヲ比較シ、外國人ニ對スル權利制限ノ益ナキヲ覺リ、公益ヲ害セサル限度ニ於テ、外國人ノ地位ヲ增進シテ内國人ニ接近セシメ、他國カ自國民ヲ優遇スルノ程度ニ應シテ、其他國民ヲ優遇スルヲ原則トナスニ至レリ。之ヲ相互主義ノ時代ト謂フ。其自國民ヲ優遇スル程度ヲ條約ノ擔保ニ繫ラシムルモノト、其他國ノ法律ニ繫ラシムルモノノ別アリ。前者ヲ條約上ノ相互主義（佛、白、希、瑞西、ルクセンブルク等）後者ヲ立法上ノ相互主義（墺、匈、瑞典、諸威、セルビヤ及民法施行前ノ獨普通法）ト稱ス。後チ私權保護ノ問題ハ一國立法ノ決スヘキ所ニ屬シ、其保護ハ劃一タルヲ要スルコト明ニナルニ及ヒ、權利者ノ所屬國如何ニ依リテ其取扱ヲ異ニスルノ不當ナルヲ覺リ、相互主義ハ立法ノ改正又ハ裁判上ノ解釋ニ依リ漸次其跡ヲ絕ツニ至レリ。斯クノ如クニシテ始メテ內外人平等主義(註十)ノ確立ヲ見ルニ至リシナリ。

〔註十〕立法上最初ニ內外人平等ノ原則ヲ採用セルモノハ千八百二十九年制定ノ和蘭民法及法例ニシテ、其第二條ニ曰、「王國ノ領土內ニ在ル者ハ凡テ自由人ニシテ、私權ヲ享有スルノ能力ヲ有ス。奴隷及其他ノ人役ハ其性質又ハ名稱ノ如何ニ拘ラス、王國內ニ於テハ之ヲ認メス」ト。次テ千八百六十五年ノ伊太利民法第三條ニ「外國人ハ內國臣民ニ屬スル私權ヲ享有ス」ト規定セラレ、千八百六十八年ノ葡萄牙民法第二十六條、千八百八十九年ノ西班牙民法等ニモ「法律又ハ條約ニ特別ノ規定アル場合ノ外、外國人ハ內國人ト同シク私權ヲ享有ス」ト規定セラルルニ至レリ。千八百九十一年二月廿日ノ「コンゴー」法律及千八百七十八年南米八國間ニ調印セラレタル「リマ」條約案第一條モ亦此原則ヲ認メ、英國ニ於テモ千八百七十年ノ歸化條例以來、慣習法ノ排外主義ヲ廢シテ、外國人ニ英國臣民ト同シク動產不動產ヲ取得、所有、讓與スルノ權利ヲ附與シテ此原則ヲ認メ、以テ今日ニ至レリ。唯英國船舶ノ所有權其他二三ノ例外アルニ過キス。米國ハ州ニ依リテ其法律ヲ異ニスレトモ、外國人ハ不動產所有權及船舶所有權ヲ除キ、一般ニ內國人ト同シク私權ヲ享有シ得ルヲ原則トスルニ於テハ、相一致セリヲ見ル。其他瑞典、丁抹、白耳義、露西亞、獨逸一トシテ此原則ヲ認メサルモノナシ。國際法協會Institutハ千八百八十年オックスフォールドノ會議ニ於テ此原則ヲ認メ、所謂國際私法ノ八大原則ノ壁頭ニ掲ケタリ。曰「外國人ハ何レノ國家又ハ宗敎ニ屬スルヲ問ハス、現行法律ニ依リ特ニ設ケタル例外ヲ除キ、內國人ト同樣ノ私權ヲ享有ス」ト。

我現行法上ニ於ケル外國人ノ私法上ノ地位

現今我國ニ於ケル外國人ノ私法上ノ地位ニ關スル根據タル法文ハ實ニ民法第二條ナリトス。之ニ從ヘハ外國人ハ「法令又ハ條約ニ禁止アル場合ヲ除クノ外」私法上內國人ト同等ノ地位ヲ有ス。從テ現今ニ於ケル外國人ノ私法上ノ地位ハ現行法令又ハ條約上ノ禁止ノ內容ニ依リテ始メテ之ヲ明ニスルヲ得ヘシ。而シテ外國人ノ私法上ノ地位ハ結局外國人ノ私權享有ノ問題ニ歸著スルカ故ニ、茲ニ現行法令又ハ條約上ニ於ケル外國人ノ私權享有ニ關スル禁止ノ內容ヲ研究セントス。

現行法令上外國人ニ對シテ其享有ヲ禁止セラルル私權ノ主ナルモノハ財產權トシテハ(一)土地所有權(從來絕對ニ其享有ヲ禁止セルモ——明治六年布告第八號地所質入書入規則其他——明治四十三年法律第五十一號ノ實施ヲ見ルニ至ラハ、勅令ヲ以テ指定セラレタル國ニ屬スル外國人ハ土地所有權ヲ有スルニ至ルヘシ)(二)日本銀行、橫濱正金銀行、農工銀行、東洋拓殖銀行等ノ株主權(日本銀行條例第五條、

外國人トシテ國籍喪失者ノ享有シ得サル權利義務ノ歸屬

横濱正金銀行條例第五條、農工銀行法第四條、東洋拓殖株式會社法第三條)(三)日本船舶ノ所有權(船舶法第一條)(四)鑛業權、砂鑛採取權(鑛業法第五條、砂鑛採取法第四條)(五)南滿洲鐵道株式會社ノ株主權(支那人ハ例外―明治三十九年勅令第百四十三號)等ニシテ、親族權トシテハ戶主家族ノ權利(民法第九百六十四條第一號、國籍法第二十條、同法第十八條)ナリトス。而シテ內外人間ノ婚姻ハ現今一般ニ認メラルル所ナレトモ、外國人ヲ入夫又ハ養子トナスニハ、明治三十一年法律第二十一號ノ制限存スルハ既ニ述ヘタルカ如シ。現今ニ於テハ外國人ノ私權享有禁止ヲ內容トスル條約ヲ見スト雖、若シ將來斯クノ如キ條約ノ成立ヲ見ルカ如キコトアラハ、外國人ハ其權利義務ノ主體タルヲ得サルヤ勿論ナリトス。斯ノ如キハ民法第二條ノ效果ニシテ、條約ノ性質上然ルニアラサルハ疑ヲ容レサル所ナリ。

特ニ注意スヘキハ、外國人ニ享有ヲ許ササル權利義務ニツキテハ、國籍喪失者ハ一時之ヲ保有スルヲ得レトモ、一定期間內ニ之ヲ日本人ニ讓渡スルヲ要シ、然ラサレハ其權利義務ハ家督相續人又ハ國庫ニ歸屬スルノ點ナリトス。(民法第九百九十條、明治三十二年三月法律第九十四號)

四　外國法人(註十一)ノ地位

外國法人ノ地位

法人ノ內外ヲ區別スル標準ニ關スル諸說

法人ノ內外ヲ區別スルノ標準ニツキテハ所說一ナラス。或ハ(一)法人成立ノ準據法、(註十二)或ハ(二)其設立者ノ國籍(註十三)、或ハ(三)其設立地ノ國籍(註十四)、或ハ(四)法人ノ住所(註十五)ニ依ルヘシトナス。而シテ其法人ノ住所ハ營業ノ中心點ヲ標準トナスモノト本店所在地ヲ標準トナスモノノ別アリ。千八百九十一年國際法協會ノ漢堡會議ハ、內國ノ嚴格ナル規定ノ適用ヲ免レンカ爲、名義上ノ本據ヲ外國ニ設クヘキモノアルヲ虞レ、所謂法人ノ本據ハ現實ノモノタルヲ要ストシ、株式會社ノ本國ハ詐欺ニ依ラスシテ設定セラレタル法律上ノ事務所ノ所在國タルヘキヲ決議セリ。(同會決議五)現今多數ノ學說ハ此最後ノ說ニ從フ。

我國法ノ解釋

惟フニ我民法上公益ヲ目的トスル社團又ハ財團ハ主務官廳ノ許可ニ依リ、(民法第三十四條)營利ヲ目的トスル財團ハ商事會社設立ノ條件ニ從ヒ、之ヲ法人トナスヲ得ヘク、(第三十五條)法人ノ設立者ハ必要的ニ定款又ハ寄附行爲ヲ以テ其事務所ヲ定メ、(第三十七條)又其設立ノ對抗條件トシテ主タル事務所ノ所在地ニ登記アルヲ必要トス。(第四十五條)而シテ法人ノ住所ハ其主タル事務所ノ所在地ニ在リトナス。(第五十條)此點ヨリ觀ルトキハ主タル事務所、即住所カ我領土内ニ存スル法人ニ限リ、我民法ノ支配ヲ受ケ、我法律ノ定ムル條件ニ從ヒ、設立シ得ルモノト謂ハサルヲ得ス。其目的トスル所公益ニアルト營利ニ存スルトヲ問ハス、又其設立行爲又ハ事業ヲ爲ス地ノ内外ヲ區別スルコトナシ。從テ我法律ニ依リテ成立セル法人ト雖、其住所ヲ外國ニ移轉セルトキハ、直ニ内國人タル人格ハ消滅シ、内國法人トシテハ解散セルモノト謂フヘク、更ニ外國ノ法律ニ從ヒ外國法人ヲ設立スルヤ否ヤハ、一ニ外國法上ノ問題ニ屬シ、我民法ノ關スル所ニアラサルナリ。

以上ハ我民法ノ解釋トシテ疑フノ餘地ナシ。從テ内外法人區別ノ標準ハ住所ニ在リト謂フヘク、内國ニ住所ヲ有スル法人ハ内國法人、外國ニ住所ヲ有スル法人ハ外國法人ナリト謂フヘシ。民法第三十六條ニ所謂外國法人モ亦此意義ニ解スルヲ要ス。之ヲ商法ニ適用スルトキハ、會社ノ國籍ハ其本店所在地ニ依リテ定マルカ故ニ、内國ニ住所ヲ有スル會社ハ内國會社、外國ニ住所ヲ有スル會社ハ外國會社ナリト謂ハサルヲ得ス。而シテ外國商事會社ノ成立ハ我國ニ於テモ之ヲ認許シ、内國法人ト同一ノ私權ヲ享有セシムルカ故ニ、外國商事會社ハ我商法ノ規定ニ從ヒ我國ニ於テ商業ヲ營ミ得ルモノト謂ハサルヲ得サルナリ。

問題トナルハ商法第二百五十八條ノ規定ナリトス。曰「日本ニ本店ヲ設ケ、又ハ日本ニ商業ヲ營ムヲ以テ主タル目的トスル會社ハ、外國ニ於テ設立スルモノト雖モ、日本ニ於テ設立スル會社ト同一ノ規定ニ從フコトヲ要ス」ト。一見恰モ「日本ニ於テ設立スル會社」ヲ内國會社トシ、然ラサル會社、卽外國ニ於テ設立セル會社ヲ外國會社トナスカ如シ。今若シ本條ノ規定ヲ其本店所在地ヲ標準トシテ會社ノ内外ヲ區別スルモノト解スルトキハ、之ニ對シテ我會社法ノ適用ヲ見ルハ當然ニシテ、敢テ明文ヲ俟タサル所ニ屬ス。然ルニ本條ハ特ニ「日本ニ於テ設立スル會社ト同一規定ニ從フヲ要ス」トナスカ故ニ、本店所在地ヲ標準トセルモノニアラストシ、大ニ論爭セラルル所ナリ。固ヨリ商法第二百五十八條ノ規定ハ甚タ不完全ナリト雖、日本ニ於テ商業ヲ營ムヲ主タル目的トスル會社ハ、外國ニ虛僞ノ本店ヲ設クルモノト、現實ノ本店ヲ設クルモノノ二種アルヘシ。其詐欺ナリヤ否ヤヲ認定スルハ事實上甚タ困難ナルカ故ニ、苟モ内國ニ營業ノ中心點ヲ有スル會社ハ必ス内國法ニ從ヒ、内國會社トナルヘキヲ意味スルモノト解スルヲ正當トス。此意味ニ於テ本店所在地ヲ標準トスル住所地主義ヲ是認セントス。

〔註十一〕民法ハ外國法人ノ名稱ヲ揭クレトモ、(第三十六條第四十九條)其意義ヲ明示セス。外國法人中國、國ノ行政區劃ノ如キ公法人ハ、一定ノ領域ヲ其存在ノ基礎トナスカ故ニ、領土ノ地理的區別ニ依リテ、法人ノ內外ヲ區別スルヲ得レトモ、私法人特ニ商事會社ニツキテハ、地理的區別ニ依ル能ハス。從テ內外法人區別ノ標準ヲ明ニスルヲ要ス。

學者通常法人ノ國籍ナル觀念ヲ認メ、其國籍ヲ決定スルノ標準ヲ探求セント務ムルヲ常トス。內外法人ノ區別ニ關スル諸說ハ皆此標準ヲ發見スルヲ目的トナス。

〔註十二〕準據法主義ハ其論據ヲ法人カ法律ノ規定ヲ俟ツテ始メテ存在シ、國家ノ明示又ハ默示ノ認許ニ依リテ成立セル點ニ求メ、內國法ニ準據シテ成立シタル法人ハ內國法人ニシテ、外國法ニ準據シテ成立シタル法人ハ外國法人ナリトナス。千八百八十六年五月廿八日ノ墨斯哥國ノ法律第五條ハ之ニ從フ。

〔註十三〕法人設立者ノ國籍ノ內外ニ依リテ法人ノ內外ヲ定メントスルモノハ、法人ノ獨立セル人格ヲ否認シ、之ヲ組織セル自然人ヲ以テ法人ニ屬スル財產ノ主體ナリトナス。佛國裁判例ノ屢々認ムル所ニシテ、法人ノ本質ニ關スル根本問題ノ當否ハ暫ク之ヲ措クモ、外國人ノ權利制限ノ立法政策トシテハ一理ナキニアラサルナリ。例ヘハ我船舶法第一條ニ於テ、外國人ノミヨリ成立シ、又ハ外國人ヲ業務執行社員トスル內國會社ハ、日本船舶ヲ所有シ得ヘカラサル旨ヲ規定セル場合ノ如シ。

〔註十四〕設立地ノ内外ニ依リテ法人ノ内外ヲ決スヘシトスル主義ニシテ、千九百年佛國巴里ニ於ケル萬國株式會社會議ニ於テ一派ノ主張セシ所ナリ。

〔註十五〕法人ノ住所ノ内外ニ依リテ法人ノ内外ヲ區別スルノ主義ニシテ、近時國際私法學者ノ一般ニ是認スル所ニ屬ス。其住所ノ所在地ヲ營業中心點トナスモノト、主タル事務所トナスモノノ別アリ。營業中心點説ノ論據ハ會社ニ關スル法制ノ目的ハ其領土内ニ營業ヲ爲ス會社ヲ監督スルニアリテ、其本店ノ事務ノ監督ニアラス。而シテ會社ノ營業中心點ノ所在ハ自ラ其營マントスル事業ノ性質ニ依リテ定マリ、本店ノ如ク設立者ニ於テ自由ニ選定シ得ヘキモノニアラス。之ニ從フトキハ内國法ノ適用ヲ免レンカ爲、濫ニ有名無實ノ本店ヲ外國ニ置クカ如キ詐欺ヲ豫防シ得ルニ在リトナス。然レトモ此説ハ營業中心點ヲ常ニ轉展スル移民事業、築港事業、又ハ世界ノ各國若クハ數國間ニ保險、運送、銀行等ノ營業ヲ爲ス法人ニツキテハ、之ヲ適用スルヲ得サルノ缺點アリ。主タル事務所、即本店所在地説ハ歐大陸及英米ニ於ケル通説ニシテ、我民法第五十條、商法第四十四條ニ於テ認ムル所ニ屬ス。法人ニ關スル規定ハ皆其領土内ニ住所ヲ有スル法人ニ適用スルヲ目的トシ、内國ニ住所ヲ有スル法人ニアラサレハ之ニ準據スルヲ得サルヲ其論據トス。

凡ソ外國法人存否ノ問題ハ之ヲ二個ノ方面ヨリ觀察スルヲ要ス。一ハ外國法人カ外國法上果シテ有效ニ成立セルヤ否ヤノ問題ニシテ、外國法人カ一旦其國ノ法

內國ニ於テ法人タル外國法人ノ權利

律ニ從ヒ有效ニ成立セル以上ハ、內國ニ於テ此事實ヲ否定スルヲ得ズ。他ハ外國法上有效ニ成立セル法人ハ我法律上ニ於テモ、法人トシテ存在シ得ルヤ否ヤノ問題ニシテ、其法人タルヲ認ムルト否トハ一ニ我法律ノ決スル所ニ依ル。現行法上我國ニ於テ其成立ヲ認ムル外國法人ハ國、國ノ行政區劃、及商事會社ニ限リ。(民法第三十六條第一項)其他ノ外國法人ニツキテハ、唯其外國ニ於テ法人タル事實ヲ認ムヘキノミ。其外國ニ於テ法人タルノ事實ハ外國法上有效ニ成立セル法人タルノ事實ヲ意味シ、我國ニ事務所ヲ設クル外國法人ニツキ此事實ヲ認ムルニハ、其事務所々在地ニ於テ登記アルヲ必要トス。然ラサルトキハ第三者ハ其成立ヲ否認シ得ルナリ。(民法第四十九條第二項)我國ニ於テ法人トシテ成立ヲ認メサル外國法人カ我國內ニ於テ吸收保有セル權利義務ニツキテハ明文ヲ缺クトモ、獨逸民法施行法第十條ノ如ク、之ヲ其代表者又ハ社員ノ責任ニ歸スルノ外ナカルヘシ。

法人ハ無形ノ權利主體ナルカ故ニ、外國法人ノ享有スル權利能力ノ範圍ハ外國人ト同一ナル能ハス。特ニ肉體ノ存在ヲ前提トスル權利義務ハ之ヲ享有スルヲ得サルモノトス。例ヘハ親族權、人格權等ノ如シ。而シテ我國ニ於テ法人トシテ成立ヲ

能力ノ範圍

認メラレタル外國法人ノ權利能力ノ範圍ハ、我國ニ於テ成立セル同種ノ法人ト同等ナルヲ原則トス。唯外國人ノ享有スルヲ得サル權利、及法律若クハ條約ニ於テ特ニ外國人ニ對シ禁止又ハ認可シタル權利ニツキ例外アルニ過キス。(民法第三十六條)從テ外國法人カ其本國法上吸收保有スヘキ私權ニシテ、內國ニ於テ之ヲ享有セサルモノアルヘク、又却テ內國ニ於テ本國法上享有セサル權利ヲ享有スルカ如キコトアルヘシ

第三節　內國法ト外國法

一　總說

總說

內國法トハ日本ノ法律ト認メラルル一切ノ法律ヲ意味シ、然ラサルモノハ悉ク之ヲ外國法ト稱ス。凡ソ國權ハ其國ノ臣民又ハ領土ニツキテ行ハレ、之ヲ臣民ニ關スル方面ヨリ觀察シテ臣民主權(Personalhoheit)ト稱シ、其領土ニ對スル方面ヨリ觀察シテ之ヲ領土主權(Gebietshoheit)ト稱ス。從テ國權ノ命令又ハ許可タル法律ノ效力ノ及フ範圍ハ、其臣民及領土ノ二方面ニ限ルト謂ハサルヲ得ス。內國ノ臣民主權ハ

外國ニ在ル內國人ニ對シテ行ハルルハ勿論ナリト雖、同時ニ之ニ對シテ滯在國ノ領土主權行ハルルハ又之ヲ認ムルヲ要ス。蓋滯在國ハ其領土主權ノ作用トシテ、之ニ對シテ支配權ヲ有スルヲ以テナリ。而シテ其滯在國ニ於テハ、其所屬國ノ臣民主權ノ效果ヲ、認ムルコトナク、領土主權ノ作用トシテ其國ノ法律行ハルルヲ原則トス。唯、條約ノ結果、例外トシテ特ニ臣民主權ノ效果認メラレ、法律ノ領土外ニ於ケル效力ヲ認ムルコトアルニ過キス。例ヘハ領事裁判權ノ場合ノ如シ。從テ通常ノ場合、外國法カ法律トシテ國內ニ行ハルルカ如キハ理論上想像スルヲ得サル所ナリ。然レトモ國際交通ノ發達ハ外國法ノ尊重ヲ要求シ、諸國ノ國際私法ハ其內容トシテ外國法ヲ適用スルノ趨勢ヲ呈セリ。斯クノ如クニシテ外國法適用ノ問題ハ學者ノ好ンテ論議スル所トナルニ至リシナリ。

二　外國法適用ノ理由

外國法適用ノ理由

國際私法ノ研究スル所ハ私法ノ牴觸問題ニ限ルハ既ニ述ヘタルカ如シ(序論第二)從テ國際私法上ノ外國法ハ外國私法ニ限ルヤ言ヲ俟タス。凡ソ私權ノ存在ハ外國私法適用ニ關スル法律上ノ根據タリ。而シテ外國私法適用ノ問題ハ、外國ニ於テ成立セル法律關係ニツキ、當事者ノ住所變更ノ爲內國裁判所カ管轄權ヲ有スル場合、又ハ內國ニ於テ生シタル內外人間、若クハ外國人相互間ノ法律關係ニツキテ生ス。此等ノ場合外國法ヲ尊重スルノ理由ニ至リテハ未タ學說ノ一致ヲ見サル所ナリ。

或ハ其論據ヲ國際禮讓ノ觀念ニ求ムルモノアリ。(和蘭英米)或ハ國家カ國際法律共同團體ノ一員トシテ、負擔セル單純ナル讓步ニ出ツトナスモノアリ。惟フニ外國人ノ私權ハ條約ニ依リテ生シタルモノニアラス。理論上外國人ニ私權享有能力ヲ認ムルト否トハ、一ニ一國立法政策ノ答フヘキ所ニ屬ス。之ヲ絕對ニ認メス、又ハ其行使ニ關スル能力ヲ蔑視スルカ如キハ、現在國家ノ獨立及領土主權ノ維持上必要ナキノミナラス、决シテ國際交通ノ安全ヲ維持スル所以ニアラサルナリ。斯クノ如クニシテ國際正義ノ觀念ハ國家カ互ニ其存在ヲ承認シ、同時ニ相互ニ其法律ヲ承認且尊重スヘキヲ要求シテ止マス。遂ニ諸國ノ法律ハ外國人ニ私權享有ノ能力ヲ認メ、其關與セル或ル種ノ法律關係ニ對シ、外國法ヲ適用スヘキ義務ヲ負擔スルニ至レリ。要スルニ外國法適用ノ理由ハ國際正義ニ基ク法律上ノ義務ニアリト謂フ

ヘシ。（註十六）

〔註十六〕法理上ヨリ謂ヘハ全然外國人ノ私權ヲ認メサルモ毫モ不法ニアラス。然レトモ若シ此理ヲ貫クトキハ、內國又ハ內國人ト交通スル外國人ナキニ至ルヘク、延テ國際交通ノ安全ヲ害スルニ至ルヘシ。一方外國人ニ對シテ私權享有能力ヲ認ムルモ、決シテ國家ノ獨立ヲ侵シ、其領土主權ヲ害スルモノニアラス。內外人ノ接觸交通頻繁トナルニ從ヒ、外國人ヲ敵視シ、或ハ之ヲ賤ミ、或ハ排斥スルノ理由ナキヲ覺リ、遂ニ外國人ニ私權享有能力ヲ認メ、其法律ヲ尊重スルヲ以テ正義ノ觀念ニ合ストナス思想、國際的ニ行ハルルニ至レリ。（第四章第二節三參照）其結果諸國ハ國際私法ニ於テ準據法トシテ外國法ヲ指定シ、之ヲ適用スヘキ法律上ノ義務ヲ負フニ至リシナリ。

外國法ノ性質

三　外國法ノ性質

外國法ノ適用ヲ認ムルハ、國際正義ニ基ク法律上ノ義務タルハ今述ヘタルカ如シ。然レトモ其適用セラルヘキ外國法ノ性質ニツキテハ所說一ナラス。或ハ外國法トシテ適用セラルルトナシ、或ハ一ノ事實タルニ過キストナス。前者ハ伊太利學者ノ主唱スル所ニシテ、其論據ヲ國際團體ニ於ケル法律尊重ノ義務ニ求メ、後者ハ英米學者ノ主張スル所ニシテ、主權ノ性質ニ其基礎ヲ有ス。

惟フニ外國法適用ノ理由ト其適用セラルヘキ外國法ノ性質ニ關スル問題トハ、

嚴格ニ之ヲ區別スルヲ要ス。前者ハ何カ故ニ内國ニ於テ外國法ノ適用ヲ認ムヘキカノ問題ニシテ、後者ハ内國ニ於テ外國法ノ適用アルヲ前提トシ、其適用セラルヘキ外國法ノ性質如何ノ問題タレハナリ。元來國際私法上外國法ノ適用ヲ見ルハ内國國際私法ノ指定ニ依ル。而シテ其指定ニ基キ適用セラルル瞬間ニ於テ外國法ノ規定ハ實質内容ハ變シテ内國國際私法ノ實質内容ヲ形成シ、之ニ依リテ内國法トナルナリ。此點ヨリ謂フトキハ外國法ハ事實ニアラス。常ニ法律トシテ其適用ヲ見ルハ疑ヲ容レスト雖、内國國際私法ノ實質内容トシテ適用セラルルニ過キサルナリ。唯外國法タルノ形骸ヲ有スルノミ。（註十七）

〔註十七〕 外國法ハ内國國際私法ノ實質内容トシテ之ヲ適用スルモノニシテ、國際私法的規定ニ於テ一々外國法ノ規定ノ内容ヲ指示スルノ煩ヲ省クカ爲、本國法、住所地法等ノ、文字ヲ以テ外國法ノ内容ヲ示スコトハ既ニ述ヘタルカ如シ。（第一章註五）

四　外國法ノ調査

以上ノ所説ニシテ誤ナシトセハ、裁判官ハ外國法ヲ知ルノ責任アルハ勿論ナリト雖、之ニ對シテ諸國現行法ノ知悉ヲ要求スルハ實際上不能ナルヘキヲ慮リ、特ニ

裁判所アラユル手段ヲ盡スモ外國法ノ内容ヲ知ル能ハス當事者又之ヲ證明セサル場合ノ判決如何

當事者ニ對シ外國法證明ノ責任ヲ負擔セシムルヲ常トス。我民事訴訟法亦之ニ從ヒ、原則トシテ其證明ノ責任ヲ當事者ニ負擔セシム。然レトモ裁判所ハ必スシモ其ノ證明ニ拘束セラルルコトナク、職權ヲ以テ必要ナル取調ヲナスヲ妨ケス。(第二百十九條)要スルニ外國法調査ノ責任ハ訴訟手續上ノ便宜問題ニ過キサルナリ。

問題アリ。裁判所ハアラユル手段ヲ盡シタレトモ、外國法ノ内容ヲ知ル能ハス、當事者亦之ヲ證明セサル場合ニ於ケル判決ノ内容如何。通說ハ此場合其外國法ノ規定ハ之ニ相當スル内國法ノ規定ト同一ナリト推定シ、内國法ヲ適用シテ判決スヘシトナス。異說アリ。裁判官ニシテ此場合ニ於ケル内外法律ノ内容上ノ一致ヲ確信セルトキハ、即外國法ヲ知レル場合ニシテ、本問ニ屬セス。若シ斯クノ如キ確信ヲ得サルニ拘ラス、内國法ヲ適用スルカ如キハ、外國法ノ適用ヲ命スル國際私法ノ違反タルヲ免レス。從テ此場合ハ當事者カ訴訟上攻擊防禦ノ方法ヲ證明セサリシ場合ト同シク、原告ノ訴タルト被告ノ抗辯タルトヲ問ハス、共ニ之ヲ却下スヘキモノトナス。

惟フニ國際私法ニ關スル特殊ノ法律存スル以上ハ、凡テノ國際私法上ノ問題ハ

外國法ヲ適用セス又ハ其適用ヲ誤リタル裁判ニ對シ上告ヲ許スヘキヤ

之ヲ基礎トシテ解釋スヘキヤ疑ヲ容レス。從テ明文ナキ場合ニ於テハ、此特殊ノ法律ノ規定ヲ類推シ、其立法上ノ趣旨ヲ加味シテ解釋スヘク、決シテ內國法ニ依ルヘキニアラス。之ニ依リテ猶其目的ヲ達スル能ハサルトキハ、慣習又ハ條理ニ依ルノ外ナシ。蓋シ國際私法ノ關係ト國內私法ノ關係トハ全然別個ノモノナレハナリ。本問ハ以上何レノ方法ニ依ルモ、法ヲ發見スル能ハサル場合始メテ生スルモノニシテ、結局後說ニ從フノ外ナカルヘシ。今之ニ從フトキハ、一見法律ノ不備缺點ヲ理由トシテ裁判ヲ拒否シ、國際交通ノ安全ヲ害スルノ嫌ナキヲ得スト雖、訴若クハ抗辯ノ却下ハ裁判ノ拒否ニアラスシテ、ソレ自體一ノ裁判タリ。原告カ請求ノ原因タル事實ヲ證明セス、被告カ防禦方法ヲ證明セサル場合ノ裁判ト毫モ異ルコトナシ。之ヲ現行法ニ徵スルモ、外國法ノ證明ハ當事者ノ責任ニ屬スルカ故ニ、自ラ其責ヲ盡ササルモノニ於テ之ニ伴フ不利益ヲ負擔スヘキハ寔ニ當然ナリトス。

其他問題トナルハ外國法ヲ適用セス、又ハ其適用ヲ誤リタル裁判ニ對シ上告ヲ許スヘキヤノ點ナリ。二箇ノ場合アリ。一ハ外國法ヲ適用スヘキニ拘ラス之ヲ適用セサリシ場合ニシテ、他ハ外國法ノ不當適用ノ場合ナリトス。前者ハ卽我法律タル法例違反ノ裁判ニシテ、民事訴訟法ニ所謂法則ヲ適用セサル判決ニ該當シ、(四百三十五條)上告理由トナルヤ疑ヲ容レス。後者ニアリテハ外國法ハ適用セラレタレトモ、唯其適用ハ不當ナリトイフニ止ル。而シテ外國法ノ正當ナル適用ヲ監督スルハ我大審院ノ權限外ニ屬スルカ故ニ、之ヲ上告理由トナスヲ得スト謂フモノアリ。然レトモ既ニ法律カ外國法ノ適用ヲ命シタル以上ハ、其正當ナル適用ヲ命シタリシヤ疑ヲ容レス。從テ大審院ハ其內國ニ適用セラルル範圍ニ於テ、其解釋ヲ統一スヘキ權限ヲ有ス。此點ヨリ謂フトキハ、苟モ法例カ外國法ノ規定ヲ以テ其實質內容トナス以上ハ、外國法ノ誤解又ハ不當適用ハ結局我法例ノ違背タルヘク、之ニ對シテ上告ヲ許スヘキヤ疑フノ餘地ナシ。(民訴四百三十四條)(註十八)

〔註十八〕 外國法ヲ適用セサリシ場合ハ國際私法カ或ル法律關係ニツキ外國法ノ適用ヲ命シタリシニ拘ラス、全然之ヲ適用セサリシモノニシテ、或ハ內國法ヲ適用セルコトアルヘク、或ハ全然法律ヲ適用セサリシ場合アルヘシ。外國法ノ不當適用ノ場合ハ國際私法カ甲ノ外國法ノ適用ヲ命シタルニ拘ラス、乙ノ外國法ヲ適用シタルモノニシテ、兎ニ角外國法ノ適用アリタルハ事實ナリトス。何レノ場合モ結局法例違反ノ裁判トシテ、上告ヲ許スヘキモノトス。

五　外國法適用ノ範圍

國際私法上外國法ヲ適用スルハ國際正義ニ基ク法律上ノ義務ニ基因スルハ既ニ述タルカ如シ。(本節二)而シテ國内ニ於ケル安寧秩序ノ維持ハ國家ノ重大義務ニ屬スルカ故ニ、外國法ノ適用モ亦此點ニ於テ其限界ヲ有スルヤ疑ヲ容レス。從テ國際私法上本來外國法ヲ適用スヘキニ拘ラス、例外トシテ特ニ之ヲ適用セサル場合ヲ生ス。之ヲ「外國法適用ノ範圍」若クハ「外國法適用ノ制限」ト稱ス。畢竟外國法ハ國内ノ安寧秩序、卽國内ノ公安ニ牴觸セサル範圍ニ於テ其適用ヲ見ルニ外ナラサルナリ。

外國法適用ノ範圍ヲ決スル標準ニツキテハ學説一ナラス。或ハ(一)外國法ハ道德又ハ公共ノ安全ヲ理由トスル法律、卽政治、警察又ハ純然タル經濟上ノ原因ニ出ツル强行的規定、及國内ニ於テ其存在ヲ認メサル法律制度ニ牴觸セサル限度ニ於テ適用ヲ見ルトナスモノアリ。(Savigny, System des heutigen roemischen Rechts s. 32 ff., 35 ff.)或ハ(二)法律ヲ二別シテ、jus publicum 及 jus privatum トナスノ區別ヲ國際私法ニ及ホシ、其國ニ於ケル道德、良俗、及經濟制度ニ起因スル私法的規定ハ特ニ jus publicum (ordre public)ニ屬ストナシ、此等ノ事項ニ對シテハ外國法ノ適用ヲ排斥スルモノアリ。(Mancini, Della nazionalità come fondamento del diritto della genti, Turin 1851) 或ハ(三)公安(ordre public)ヲ二ニ別シテ、國內公安(ordre public interne)國際公安(ordre public international)トシ、前者ハ內國私法上强行的性質ヲ有スルニ反シ、後者ハ國際私法上强行セラルルモノトナス。(Brocher, Noveau traité de droit international privé Nr. 141)モノアリ。(註十九)所說紛々毫モ歸一スル所ナシ。

〔註十九〕Brocher ニ從ヘハ、所謂國內公安ニ關スル規定ハ內國人ニノミ適用セラルヘキ强行的規定ニシテ、國際公安ニ關スル强行的規定ハ內外人ノ別ナク、均シク適用セラルヘキ强行的規定ナリトス。

立法例

更ニ立法ニツキテ觀察スルニ、外國法ノ適用ヲ排斥スル場合ヲ(一)良俗又ハ國法ノ目的ト牴觸スルトキトナスモノアリ。(獨逸民法施行法第三十條)或ハ(二)其各場合ヲ列擧シテ(1)其國ノ公法又ハ刑法、國教ト相反シ、宗教上ノ禮拜ト相容レス、又ハ道德及良俗ト兩立セサルトキ、(2)現行法典ノ立法精神ト一致セサルトキ、(3)其外國法カ單ニ特權ヲ作ルニ過キサルコトアルヘキトキ等トナスモノアリ。(千八百七十一年アルゼンチン共和國民法第十四條)或ハ(三)公序又ハ良俗ニ反スル外國法ノ適用ヲ排斥スルモノアリ。(我法例第三十條)未タ其立言ノ一致ヲ見ルコトナシ。

　我現行法上外國法適用ニ關スル規定ハ實ニ法例第三十條ナリトス。之ニ從ヘハ、「外國法ニ依ルヘキ場合ニ於テ、其規定カ公ノ秩序又ハ善良ノ風俗ニ反スルトキハ、之ヲ適用セス」トナス。問題ハ唯公ノ秩序又ハ善良ノ風俗ノ意義如何ニ存ス。凡ソ善良ノ風俗ハ倫理ノ觀念ニ其出發點ヲ有シ、畢竟之ヲ道德ノ原則ト解スルノ外ナク、公ノ秩序ハ社會ノ公安ト其觀念ヲ一ニシ、國法ノ一般精神ヨリ觀察シテ之ヲ決スルノ外ナシ。兩者ノ合一ヲ見ル場合多シトス。

　問題アリ。法例ニ所謂公ノ秩序又ハ善良ノ風俗ハ民法ノソレト同一ナリヤ。今若シ兩者ヲ同一義ニ解スルトキハ、我民法ノ强行的規定ニ反スル外國法ハ、之ヲ公序良俗ニ反スル法律ト謂ハサルヲ得サルヘク、從テ法例第三十條ニ依リテ之カ適用ヲ見ルニ由ナカラントス。斯クノ如キハ法例第三條以下ノ規定嚴存スル以上ハ、斷シテ許スヘカラサル所ナリ。元來公序良俗ナル觀念ハ必スシモ領土ト相牽連スルモノニアラス。我領土ニ關係ナク、法律カ認メテ以テ公序良俗トナスモノアルヤ疑ヲ容レスト雖、又我領土內ニ於ケル公序良俗ニ關スル場合ナキニアラス。國際私法上ニ於ケル公序良俗ノ問題ハ外國法適用ノ結果カ我カ公序良俗ニ關スル場合ニ限リ、其規定ノ內容カ之ニ反スル場合ヲ包含スルコトナシ。從テ外國法ノ規定ノ內容カ我カ公序良俗ニ反スル場合ト雖、其適用ノ結果カ我カ公序良俗ト無關係ナル以上ハ、其適用ヲ排斥スルヲ得サルヤ勿論ナリトス。例ヘハ土耳古人カ我國ニ於テ第二次又ハ第三次ノ婚姻ヲ爲サントスル場合、其資格要件ニツキテハ此本國法タル土耳古ノ法律ニ依ルヘキヲ國際私法ノ原則トナセトモ（法例第十三條）此場合其本國法タル土耳古ノ法律ヲ適用シ、其第二次又ハ第三次ノ婚姻ヲ有效トナスハ我公序良俗ニ反スルカ故ニ、其適用ヲ排斥スルヲ要スルヤ寔ニ明瞭ナリトス。然レトモ既ニ土耳古ニ於テ行ハレタル第二次又ハ第三次ノ婚姻ニ依リテ生レタル土耳古人ノ子カ、我國ニ存スル父ノ遺産ヲ相續スルカ如キハ毫モ妨ケサル所ニ屬ス、蓋シ相續ハ被相續人ノ本國法ニ依ルヲ國際私法ノ原則トナシ、此場合被相續人ノ本國法タル土耳古ノ法律ヲ適用スルモ毫モ我公序良俗ニ反スルノ結果ヲ生スルコトナキヲ以テナリ。

六　反致

送致　再致　反致

諸國ノ國際私法ハ或ル法律關係ニ適用スヘキ法律ヲ明確ニ且終局的ニ規定スルコトナク、或ル外國法ヲ指定シテ一ニ其內容ニ從フトナスコト多シ。之ヲ送致(Verweisung)ト稱ス。此場合其外國法全體ヲ指定セルモノト認ムヘキヤ、將タ又其外國ノ實質的規定ノミヲ指定シ、國際私法的規定ヲ除外セルモノト認ムヘキヤニツキテハ爭アリ。苟モ別段ノ規定ナキ限リハ、送致ハ之ヲ前者ノ意義ニ解スルヲ通常トス。而シテ其送致セラレタル外國法ハ之ニ對シテ確定的解答ヲ與フルコトナク更ニ其準據法トシテ第三國法ヲ指定スルコトアリ。之ヲ再致(Weiterverweisung)ト稱ス。或ハ更ニ最初ニ送致セル國ノ法律ヲ其準據法ト指定スルコトナキニアラス。之ヲ反致(Rückverweisung)ト稱ス。學者或ハ廣ク以上三個ノ場合ヲ總稱シテ反致ト稱スルコトナキニアラスト雖、之ヲ狹義ニ解スルヲ通常トス。本著亦之ニ從フ。畢竟反致ハ國際私法上外國法ニ依ルヘキ場合、其適用ヲ制限スルモノナルカ故ニ、本節ニ於テ之ヲ研究セントス。

學說

理論上反致ヲ認ムヘキヤ否ヤニツキテハ、是否ノ論頗ル喧シ。之ヲ是認スルモノ

（一）反致ヲ是認スル者ノ理由

ニ二派アリ。一ハ其論據ヲ國際私法ノ本質ニ求メ、他ハ實際上ノ利益ニ求ムルカ如シ。國際私法ノ本質上反致ヲ認ムルモノニアリテハ、主トシテ(一)國際私法上ニ於ケル外國法ノ指定ハ其全部ノ適用ヲ命シタルモノニシテ、實質的規定タルト國際私法的規定タルトヲ別ツコトナシ。故ニ外國國際私法ノ指定ニ從ヒ反致ヲ認ムルハ、理論上寔ニ正當ナリト主張スルナリ。其他(二)外國法ハ外國ノ要求アル場合ニ限リテ其適用ヲ見ルト前提シ、苟モ其外國ニシテ自ラ其適用ヲ欲セサル以上ハ、強テ之ヲ適用スルノ要ナク、從テ反致ヲ是認スヘキヤ勿論ナリト謂フモノアリ。實際上ノ利益ニ依リ反致ヲ認ムルモノハ、理論上之ヲ排斥スレトモ、或ハ(一)內國法ノ適用範圍ヲ擴張シテ、內國ニ於ケル取引ノ安全ヲ計ランカ爲、或ハ(二)同一法律問題ニツキ內外判決ノ衝突ヲ避クルノ效アルニ鑑ミ、或ハ(三)判決ノ執行ヲ確保センカ爲、便宜上反致ヲ是認セルニ過キス。

（二）反致ヲ否認スル者ノ理由

而シテ反致ヲ否認スルノ論據ハ、要スルニ、苟モ一國ノ法律カ或ル外國法ヲ或ル法律關係ノ準據法ト指定セル以上ハ、其外國法カ適用ヲ欲スルト否トヲ問ハス、其指定ハ絕對ニ有效ニシテ、外國ノ立法ニ依リテ之ヲ覆スノ理由ナシト謂フニ在リ。

立法例

更ニ立法ニツキテ觀察スルニ、法律ノ明文ヲ以テ特ニ反致ヲ認ムルモノアリ。我法例第二十九條、獨逸民法施行法第二十七條、瑞西チユーリツヒ州民法第三條、第四條等ノ如シ。唯抽象的ニ本國法ニ依ルヘキ場合ト規定スルカ、具體的ニ行爲能力、婚姻ノ成立、夫婦財產制、離婚、相續ノ場合ニ限定スルカ、將タ又、親族相續ノ關係ト定ムルカノ差異アルニ過キサルモノトス。

判例

判例トシテハ、之ヲ認ムルモノト否ラサルモノトノ別アリ。千八百七十五年佛國大審院カ佛國ニ住所ヲ有スル英國人ノ身分能力ニツキ、其住所地法タル佛國法ニ依ルヘキ旨ヲ判決シタル以來、白耳義伊太利ノ判例ニ於テモ、一般ニ反致ノ原則認メラルルニ至レリ。瑞西ニ於ケル判例ハ千八百九十四年四月六日ノ大審院判決以來、反致ヲ否認スルノ傾向ニ在ルカ如シ。

國際法協會

國際法協會ハ反致ニ對シテ反對ノ態度ニ出テ、千九百年ノイシヤーテル會議ニ於テ、殆ント全會一致ヲ以テ「一國ノ法律カ私法ニ關スル法律ノ牴觸ヲ規定スルニ方リテハ、其法律ハ決シテ問題トナレル牴觸ニ關スル外國ノ規定ニアラスシテ、宜シク各場合ニ適用セラルヘキ規定其モノヲ摘示センコトヲ庶幾ス」ト決議セリ。

理論上ヨリ謂ヘハ、反致ハ畢竟外國ノ立法ニ依リ自國ノ立法ヲ覆スノ嫌ナキヲ

我現行法

得スト雖、之ニ依リテ法律ノ牴觸ヲ解決スルノ效アルハ、又之ヲ認ムルヲ要ス。諸國ノ立法判例カ、概ネ一般的又ハ個別的ニ、反致ヲ認ムル所以モ亦此點ニ存スヘシ。我法例亦反致ノ原則ヲ認ムレトモ、其適用範圍ヲ我國際私法上當事者ノ本國法ニ依ルヘキ場合ニ制限セリ。(法例第二十九條)而シテ我國際私法上當事者ノ本國法ニ依ルヘキ場合ハ、人事親族相續ノ範圍ニツキテ存シ、法例第三條乃至第五條、第十三條乃至第二十六條ノ規定スル所ニ屬ス。

問題トナルハ我現行法上、反致ノ原則適用セラルル範圍如何ノ點ナリトス。反致ノ原則ハ(一)法律カ明文ヲ以テ本國法ニ依ルヘキモノト定ムル場合ニ適用ヲ見ルハ勿論ナリト雖、又(二)類推解釋ニ依リテ本國法ニ依ルヘキ場合ニモ、其適用アリト謂ハサルヲ得サルナリ。其他(三)無國籍人ノ場合、其住所地法又ハ居所地法ハ本國法ニ代ルカ故ニ、此等ノ法律カ日本法律ニ從フトナストキハ、又反致ノ原則ヲ認メサルヲ得サルナリ。

反致ヲ認ムル限界

本國ノ國際私法カ日本ノ法律ニ依ラシムル場合ハ常ニ反致ノ原則ヲ認ムヘキヤ。此點ニツキテハ、本國國際私法カ直接、且、單純ニ日本ノ實質法ニ依ラシムル場合ニ限定スルヲ要ス。若シ此制限ヲ認メサルトキハ、準據法ノ指定ハ循環極マリナク、遂ニ依ルヘキ法律ヲ發見スル能ハサルニ至レハナリ。從テ(一)間接ニ日本ノ實質法ニ依レル場合ニハ法例第廿九條ノ適用ナク、又(二)條件附ニ日本ノ實質法ニ依レル場合モ亦其適用範圍外ニアリト謂フヘシ。(註二十)

〔註二十〕例ヘハ日本ニ不動產ヲ殘シテ英國ニ死亡セルアルゼンチン人ノ相續問題、我裁判所ニ生シタル場合、我法例ハ被相續人ノ本國法タルアルゼンチンノ法律ヲ其準據法ト指定スレトモ、アルゼンチンノ法律ハ死者ノ最後ノ住所地タル英法ヲ指定シ、英法ハ不動產所在地タル我法律ヲ指定セルヲ見ル。此場合ハ法例第廿五條ノ規定ニ依リテ被相續人ノ本國法ヲ適用スヘク、決シテ日本ノ法律ニ依ルヘキニアラス。蓋シ間接ニ日本ノ法律ニ依ルヘキ場合ナルヲ以テナリ。又日本ニ住所ヲ有スル瑞西人ノ人事親族相續法上ノ關係ニツキテハ日本ノ法律ニ依ルヘキニアラス。蓋シ瑞西居住居留民法第二十八條ニ於テ條約ニ別段ノ定ナキヲ條件トシテ住所地法タル日本ノ法律ニ反致スルヲ以テナリ。

反致ト本國ノ公安

苟モ本國國際私法ニ於テ日本ノ法律ニ依ルヘキトキハ、其適用カ本國公安ト兩立セサル場合ト雖、猶反致ノ原則ヲ認ムヘキヤ。例ヘハ我國ニ住所ヲ有スルアルゼンチン人タル夫婦カ我裁判所ニ離婚訴訟ヲ提起シタルトキ、裁判所ハ我國際私法

當事者ノ本國ニ異レル國際私法アル場合ノ反致

ノ原則ニ從ヒ、夫ノ本國法タルアルゼンチン法ノ反致ニ依リ、我法律ニ基キ離婚ノ宣告ヲ爲シタリト假定スヘシ。然ルニアルゼンチンノ婚姻法ハ、唯當事者一方ノ死亡ニ依ル解消ノミヲ認メ、假令擧行地法上離婚シ得ヘキ場合ト雖、猶國內ニ於テハ離婚ヲ認メストナス。此場合ニ於ケル我裁判所ノ離婚宣告ノ效果ヲ案スルニ、若シ反致ノ原則ヲ認メテ之ヲ有效トナストキハ、此本國ノ絕對的强行法タル婚姻法ノ規定ト兩立スルヲ得サルヘク、斯クノ如キハ法例第二十九條ノ立法目的ニ反スト謂ハサルヲ得ス。從テ本國國際私法ニ從ヒ反致ノ原則ヲ認ムルハ、本國ノ公安ト兩立スル場合ニ限ルト解スルヲ正當トス。

最後ニ反致ノ原則ハ當事者ノ本國ニ於テ國際私法ヲ異ニスルトキハ、其何レニ依ルヘキヤ。此場合、法例第二十七條第三項ヲ準用シ、當事者ノ屬スル地方ノ國際私法ニ依ルノ外ナカルヘシ。

第五章　國際私法ノ根本主義

一　總說

屬人法主義屬地法主義

既存ノ國際私法ノ規定及學說ハ互ニ相異レル根本觀念ニ出ツルモノトス。其根本觀念ヲ玆ニ根本主義ト稱ス。其根本主義ハ人ヲ標準トシテ其準據法ヲ定ムヘシトナスモノト、土地ヲ標準トシテ之ヲ定ムヘシトナスモノニ大別スルヲ得ヘク、前者ヲ屬人法主義後者ヲ屬地法主義ト稱ス。(註一)前者ハ更ニ其標準ヲ國籍ニ求ムルカ、住所ニ求ムルカニ從ヒ、本國法主義住所地法主義ニ二別スルヲ得ヘシ。

〔註一〕屬人法主義ハ人ヲ標準トシテ準據法ヲ定メ、屬地法主義ハ土地ヲ標準トシテ準據法ヲ定ムルヲ其特色トナス。前者ハ臣民主權ノ觀念ニ出テ、後者ハ領土主權ノ觀念ニ其基礎ヲ有スト謂フヲ得ヘシ。(第二章第一節註二)

本國法主義

(イ)本國法主義ハ當事者ノ本國法(das nationale Recht, lex patriae)ニ依リ國際私法上ノ法律關係ヲ決セントスルモノニシテ、本國法トハ畢竟其當事者ノ屬スル國ノ法律ニ外ナラス。此主義ニ從ヘハ、外國ニ在ル內國人ハ勿論、內國ニ在ル外國人ト雖其本國法ノ支配ヲ受クトナス。伊太利、佛蘭西、白耳義、和蘭、西班牙、瑞典、葡萄牙、ルーマニア及獨逸ハ之ニ屬ス。獨逸民法施行法第二十七條カ行爲能力、婚姻ノ成立、夫婦財產制、離婚、相續ノ範圍ニ於テ反致ヲ認メタルハ注意ヲ要ス。我國ニ於テモ人事、親族、相

續ノ範圍ニ於テハ此主義ヲ認メタリ。(法例第三條乃至第五條、第十三條乃至第二十六條)(註二)

(註二) 本國法主義ハ、既ニ述ヘタルカ如ク、新伊太利學派ノ主張セル所ニシテ、其基礎ハ國粹保存ノ政治論ニ在リ。此主義ニ對シテ國家的原素ヲ過重スルヲ非難シ、法律ハ根本的ニ其基礎ヲ國家的特質ニ置クモノニアラス、假ニ法律ニ國家的特質アリトスルモ、國際交通頻繁ニシテ自由ニ國籍ノ變更ヲ認ムル現時ニアリテハ、此特質ハ漸次ニ顯著ナラサルニ至ルヲ主張スルモノアルハ、又既ニ述ヘタルカ如シ。

住所地法主義

(ロ)住所地法主義ハ住所ノ法律(Recht des Domizils, lex domicilii)卽當事者ノ住スル國ノ法律ニ依リテ國際私法上ノ法律關係ヲ決スヘシトナスモノニシテ、丁抹、諾威、瑞西、北米、及アルゼンチンハ之ニ屬ス。我國ニ於テモ或ル範圍ニ於テ此主義ヲ認ム。(法例第四條第二項、第五條、第九條第二項後段、第十二條、第廿七條第二項)(註三)

(註三) 現今最モ熱心ニ住所地法主義ヲ主張スルモノハ瑞西ニシテ、其國ニ住スル外國人ノ數夥多ナルニ起因ス。

屬地法主義

(ハ)屬地法主義(Territorialrecht, lex territorii)ハ土地ヲ標準トシテ國際私法上ノ法律關係ヲ決セントスルモノニシテ、畢竟當事者又ハ目的物ノ所在スル國ノ法律又ハ事實ノ發生シタル國ノ法律ニ依ル外ナラス。(註四)居所地法、所在地法、行爲地法、事實發生地法、擧行地法、契約地法、法廷地法、(訴訟地法、裁判所所在地法)等ノ立言ヲ以テ表示セラルルヲ通常トス。現今嚴格ニ此主義ヲ採ルモノハ唯英國アルノミ。我國ニ於テモ亦或ル範圍ニ於テ此主義ヲ認ム。(法例第三條第二項、第四條第二項、第六條前段、第七條第二項、第八條第二項、第九條、第十條、第十一條第一項、第十三條第一項但書、第十六條但書、第二十三條後段、第二十四條、第二十六條第三項參照)

諸國ノ國際私法ハ概ネ以上三主義ノ外、所謂自治ノ原則ヲ認メ、債權法上ノ法律行爲ニツキ、當事者ノ自由意思ニ依リテ準據法ヲ定メ得ルヲ認ムルハ注意ヲ要ス。(法例第七條第一項)

(註四) 屬地法主義ハ既ニ述ヘタルカ如ク、第十六世紀ニアルゲントレーウスノ始メテ主唱セル所ニシテ、第十九世紀ノ中葉頃マテ學界ヲ風靡スルニ至リタレトモ、現今ニ於テハ其勢力衰ヘ、僅カニ嚴格ニ之ニ依ルハ英國アルノミ。斯クノ如キハ國際交通發達シテ外國法ノ尊重ヲ要求シ、一般ニ或ル範圍ニ於テ本國法主義ヲ認ムルニ至リシ結果ナリトス。

現今嚴格ニ屬地法主義ヲ認ムルモノハ唯英國アルノミ。他ハ概ネ本國法主義又

本國法主義住所地法主義ノ爭鬪

ハ住所地法主義ニ依ルヲ通常トス。從テ現今國際私法ノ根本主義ニ關スル爭鬪ハ、主トシテ本國法住所地法ノ何レヲ適用スヘキカノ點ニ存スト謂フヘク、此點ニ關スル爭議ハ特ニ熱烈ヲ極ムルモノアルヲ見ルナリ。

二　我現行法ノ規定

我現行法ノ規定

凡ソ一國ノ法律ハ、其領土主權ノ作用トシテ、其領域內ニ在ル外國人ヲ支配スヘシト雖、國際交通ノ必要ハ或ル一定ノ範圍ニ於テ、或ル條件ノ下ニ、其本國法ヲ尊重スヘキヲ要求シテ止マス。遂ニ或ル範圍ニ於テ其本國ノ臣民主權ヲ尊重シ、內國國際私法ノ實質內容トシテ本國法ノ規定ヲ適用スルニ至リシ所以ハ既ニ述ヘタルカ如シ。(第四章第三節二及三參照)而シテ我現行國際私法的規定ハ人事、親族、相續法上ノ關係ニツキ本國法ノ適用ヲ認メ、本國法ノ適用ヲ見ルコト甚タ多シト雖、原則トシテ本國法主義ヲ認メタルニアラス。唯此等ノ場合法律關係ノ性質上之ニ依ラシムルヲ適當ト認メタルニ過キサルナリ。固ヨリ其本國ハ臣民主權ノ作用トシテ、在外臣民ヲ支配シ得ルハ勿論ナリト雖モ、其滯在國ハ又領土主權ノ作用トシテ、又之ヲ支配シ得ルカ故ニ、本國法ノ適用ヲ認ムルハ、原則トシテ滯在國ニ於テ本國ノ臣民主權ヲ尊重シ、其國際私法ノ實質內容トシテ本國法ノ規定ヲ適用スヘキヲ命シタル場合ニ限ルト謂ハサルヲ得ス。從テ滯在國ニ於テ其適用ヲ命セサル場合ハ勿論、之ヲ命シタル場合ト雖、其適用ノ結果カ滯在國ノ公序良俗ト兩立セサルカ、又ハ其本國法カ却テ滯在國法ニ依ルヘキヲ命シタルトキハ、之ヲ適用スルヲ得サルモノトス。(法例第三條第二項、第廿九條、第三十條)此點ヨリ謂フトキハ、嚴格ニ本國法主義ニ依ルヲ得サルヤ寔ニ明瞭ナリトス。

我現行國際私法ハ、法律關係ノ性質ニ從ヒ、本國法ノ外住所地法、屬地法ノ適用ヲ認メ、又自治ノ原則ヲ認ムルハ既ニ述ヘタルカ如シ。(本章一)從テ解釋トシテハ、原則トシテ一ノ主義ニ依ルト謂フヲ得ス。各場合ニ於ケル法律關係ノ性質ニ從ヒ、準據法ヲ決スルノ外ナシト謂フヘシ。(註五)

〔註五〕何レノ主義ヲ根本主義トシテ認ムヘキカハ、條文ノ數ニ依リテ之ヲ決スル能ハス。我現行國際私法ハ本國法ニ依ルノ條文最モ多シト雖、法律關係ノ性質ニ從ヒ準據法ヲ決スルノ主義ナルハ注意ヲ要ス。

法律解釋ノ意義

第六章 國際私法ノ解釋

一 法律解釋ノ一般原則

法律ノ解釋トハ、其法律ニ依リテ表示セラルルモノヲ明ニスルノ義ニシテ、畢竟其法律ニツキ法律生活ノ標準タルヘキ意義、即判決ノ標準タルヘキ意義ヲ決スルニ外ナラサルナリ。而シテ其主タル目的物ハ成文法ナレトモ、慣習法モ亦解釋ノ目的タルヲ得ヘシ。慣習法ノ成立ニツキテハ種々ノ問題ヲ生スルトモ、一旦其成立ヲ認メラレタル以上ハ、之ト同時ニ其如何ナル內容ヲ有スルカノ問題モ、亦自ラ明ナルカ故ニ、其解釋ニツキテハ、別ニ問題ヲ生スルコトナシ。從テ茲ニハ專ラ成文法ノ解釋ニツキテ說明セントス。既存ノ成文法ヲ解釋センカ爲往々更ニ成文法ノ發布セラルルコトアリ。又慣習法ノ成立スルコトアリ。學者或ハ此場合ヲ解釋ノ一種(立法解釋Legal interpretation)トナセトモ其實解釋ニアラスシテ、新ニ成文法又ハ慣習法ノ成立ヲ見タルニ過キス。唯其新ニ成立セル成文法又ハ慣習法ノ內容ハ既ニ解釋セントスル成文法ニ包含セラレシモノト看做スヲ其特色トナスノミ。(註一)

〔註一〕所謂立法解釋ハ新法ノ內容カ既存ノ法ノ內容ニ包含セラルト看做サルルヲ特色トナス。學者之ヲ立法解釋ノ溯及力ト稱ス。

法律解釋ノ目的ハ、其標準的意義ヲ明ニスルニアリ。從テ成文法ニアリテハ、先ツ眞正ノ法文ヲ發見スルヲ要スヘク、其用語ト文法上ノ法則ニ從ヒ、之ヲ表ハス文字ノ意義ヲ定ムルヲ要スルヤ疑ヲ容レス。然レトモ法律ノ解釋ハ決定的ニ其法文ニ表ハレタル思想ヲ知ルニ存シ、敢テ其文字ノ意義ヲ明ニセントスルニハアラス。固ヨリ其思想ハ文字ヲ介シテ始メテ之ヲ明ニスルヲ得レトモ、唯文字ノ意義ノミニ依リテ之ヲ明ニスルハ難シ。其法律ノ內部的關係、他ノ法律トノ關係、目的、價値等苟モ其法律ノ意義ヲ定ムルノ參考タルヘキ一切ノ事項ヲ參照シテ、始メテ之ヲ窺知スルヲ得ヘシ。從テ法律ノ解釋ハ推理ノ方法ニ依ルヘキハ勿論ナリト雖、其基礎タルヘキモノハ、單ニ其用語ト文法上ノ法則ニ止マラス、其法律ノ意義ヲ定ムルニ參考タルヘキ一切ノ事項ニ及フヲ要スト謂フヘシ。（註二）

〔註二〕從來法律ノ解釋ヲ二別シテ、立法解釋、學理解釋トナシ、更ニ學理解釋ヲ細別シテ、文理解釋、論理解釋ノ二種トスルヲ通常トス。然レトモ立法解釋ハ其溯及力ヲ有スルノ點ニ於テハ通常ノ立法ト異レトモ、既存ノ法律ヲ解釋センカ為、新ナル法律ヲ制定スルモノナルカ故ニ、其新ナル立法ニシテ、解釋ニアラサルハ疑フノ餘地ナシ。從テ法律ノ解釋ハ之ヲ學理解釋ニ限定スルヲ要ス。通説ニ從ヘハ文理解釋ハ法文ノ用語ト文法上ノ法則トニ依リ、法律ノ意義ヲ明ニスル解釋方法ニシテ、論理解釋ハ法文ノ用語ト文法上ノ法則ヲ除キ其法律ノ意義ヲ定ムルニ參考タルヘキ一切ノ事情ヲ基礎トシ、論理學上ノ法則ヲ應用シテ爲ス解釋ナリトシ、兩者ノ對立ヲ認ム。然レトモ法律ノ意義ハ其用語ノ意義ヲ明ニスルヲ以テ知悉シ得ルモノニアラス、更ニ進ンテ論理解釋ヲ試ミ、兩者ノ結果ヲ綜合判斷シテ、始メテ法律ノ意義ハ闡明セラレタルモノト謂フヘシ。此意味ニ於テ余輩ハ文理解釋論理解釋ノ併用ヲ主張セントス。若シ兩者ノ結果カ相合致シタルトキハ、之ヲ其法律ノ意義ト認ムヘキハ勿論、兩者カ完全ニ合致セサル場合ハ、論理解釋ノ結果ニ從ヒテ法律ノ意義ヲ定ムヘキモノト謂ハサルヲ得ス。而シテ兩者ノ完全ニ合致セサル場合ニハ(一)其合致カ不完全ナル場合ト(二)全然合致セサル場合ノ別アリ。用語ノ意義ニ數個アルトキ、(人ナル用語ニハ自然人ノミヲ指ス場合ト法人ヲ包含スル場合トアルカ如シ)及用語ノ意義不明瞭ナル場合(民法ニ用ユル解除ノ請求ナル用語)等ハ前者ニ屬ス。

類推ハ解釋ナリヤ

類推(Analogie)カ解釋ナリヤ否ヤニツキテハ爭アリ。(註三)消極説ノ根據ハ要スルニ法律解釋ノ目的ハ其意義ヲ明ニスルニアリ、而シテ類推ハ法律ノ意義ニ超越スルヲ以テ解釋ニアラストナスニ存スルカ如シ。然レトモ法律ノ規定ニハ其裡面ニ潜メル精神アルハ否定スヘキニアラス。苟モ其精神ニシテ窺知セラルル以上ハ、當然其法律ノ内容ヲナシ、法律ハ直接ニ之ヲ規定セリト謂フヲ妨ケサルナリ。今類推ノ場合ヲ見ルニ法律ノ成文ト其性質ヲ同シウスルカ故ニ、必スシモ全然其成文ノ意義ニ超越シ、之ニ包含セラレサル他ノ場合トナスヲ得ス。畢竟成文ヲ基礎トシ、推理作用ニ依リテ之ヲ解釋セルニ外ナラサルナリ。此點ニ於テ積極説ヲ正當トス。

〔註三〕類推ハ法律ノ解釋ナリヤ、法律ノ創造ナリヤハ爭ノ存スル所ナリ。類推カ法ノ解釋ナルヲ否定スルモノハ之ヲ法律ノ創造ト解ス、其論據ハ成文法ノ缺陷若クハ不備ヲ補充シ又ハ之ヲ開展スルモノニシテ、法律ノ内容ヲ超越ストナスニ在リ。

解釋ノ目的タル法律ノ意義

法律解釋ノ目的タル法律ノ意義ニツキテハ二説アリ。一ハ主觀説ニシテ、法律ノ意義ハ即立法者ノ意思ノ内容タルヲ主張シ、法律ヲ解釋スルニハ一切ノ手段ヲ盡シテ立法者ノ意思ノ内容ヲ探求スヘク、其字句ニ關スル立法材料(草案理由書、討議録、議事速記録)ハ法律ト同一ノ效力ヲ有ストナス。他ハ客觀説ニシテ、法律ノ意義ハ法律其モノカ客觀的ニ有スルモノタルヲ主張シ、畢竟法律ノ意義ハ立法者ノ意思ヲ離レタル法律其モノノ意義ニ外ナラサルカ故ニ、法律ノ字句ニ關スル立法材料ハ法律タルノ效力ヲ有セストナスナリ。從テ法律ノ解釋ニ方リ、解釋家ハ自己ヲ如何ナル時期ニ置クヘキカノ問題ニツキテモ、前說ハ法律制定當時ノ思想ニ依ルヘキヲ主張スルニ反シ、後者ハ其適用當時ノ思想ニ依ルヘキヲ主張スルナリ。前說ヲ多數トス。(註四)

〔註四〕 法律ノ意義ハ立法者ノ意思ノ內容ナリトナス見解ニ從ヘハ、(一)若シ立法當時ニ於ケル立法者ノ具體的意思ヲ確ムヘキ證據ヲ得サルトキハ、裁判官ハ法律ノ解釋ヲ不能トシテ裁判ヲ拒絕スルカ、又ハ法律ノ無效ヲ宣言セサルヘカラサルノ不都合ヲ生スヘク、又(二)立法當時ニ於ケル立法者ノ具體的意思ハ其法律ノ全有效期間ヲ通シテ其固定的內容ヲ形成シ、遂ニ法律ハ時勢ノ進運ニ伴フ能ハス、又人類生活ノ必要ニ應スル能ハサルニ至ルヘシ。

惟フニ立法者ノ意思ナル觀念ハ必スシモ明瞭ナラス。假ニ之ヲ認メ、法律ヲ立法者ノ意思ノ表現ナリトナスモ、一旦其意思カ表現セラレタル以上ハ獨立ノ存在ヲ有シ、其表現カ客觀的ニ有スル意義ヲ左右スルハ、其表現者ト雖爲ス能ハサル所ニ屬ス。恰モ銃口ヲ離レタル彈丸ノ方向ハ發砲者ノ意思ニ依リテ左右スル能ハサルニ同シ。此意味ニ於テ客觀說ヲ是認セントス。而シテ文化ノ進步ハ文字ニ依リテ理解セラルル觀念ヲ益々抽象化セシメ、其內容ヲ豊富ナラシム。斯クノ如クニシテ文一般思想ノ變化ヲ見ルナリ。成文法モ亦文字ヨリ成立スル以上ハ、此原則ノ支配ヲ免レサルヘク、其ノ內容モ一般思想ノ變化ニ伴フテ亦變遷セサルヲ得サルヘシ。蓋シ法律ハ抽象的ニ一定ノ規範ヲ表示セルモノニシテ、之ニ現ハレタル以外ニ其意義ヲ有スルコトナク、之ニ或ル實際的意義ヲ與フルニハ當時ノ一般思想ニ俟ツノ外ナキヲ以テナリ。從テ法律ハ解釋當時ノ思想ニ依リテ之ヲ解スルヲ要スヘシ。固ヨリ其制定當時ニ於テモ當時ノ社會思想ト相俟テ一定ノ意義ヲ有シタルハ勿論ナリト雖、是レ唯其時代ニ於ケル解釋ニ過キス。法律其者ノ意義ニアラサルヤ疑ヲ容レス。此意味ニ於テ後說ヲ是認セントス。

法律解釋ニ關スル我現行法ノ規定

我現行法上法律解釋ノ基礎タル法文ハ、民事ニツキテハ明治八年太政官布告第百三號ナリトス。之ニ從ヘハ成文アルモノハ之ニ依リ、成文ナキモノハ慣習ニ依リ慣習ナキモノハ條理ニ依リテ裁判スヘシトナス。而シテ成文アルモノニツキテハ上述ノ方法ニ依リテ其意義ヲ探求スヘク、慣習ニツキテハ事實タル慣習タルト法タル慣習トノ別ナク、成文法ナキ場合常ニ之ヲ解釋ノ標準トナスヲ要ス。條理ハ又理法ト稱シ、成文慣習共ニナキ場合始メテ適用セラル。畢竟「裁判官カ自ラ立法者トシテ立法シタリシナルヘキ原則」(瑞西民法第一條)ニ外ナラサルヘシ。

國際私法ノ解釋方法

二　國際私法ノ解釋方法

成文及慣習ノ解釋

如上ノ一般原則ハ國際私法ニモ亦其適用ヲ見ル。從テ國際私法上ノ法律關係ニツキ成文アルトキハ、裁判官ハ解釋當時ノ一般思想ヲ標準トシ、推理ノ方法ニ依リテ、其文字ノ意義ヲ決スルト共ニ、苟モ其法律ノ意義ヲ決スルニ參考タルヘキ一切ノ事項ハ悉ク之ヲ參酌シテ、以テ其意義ヲ決スヘク、成文ナク唯慣習存スル場合ハ之ニ依リ、成文慣習共ニ存セサル場合、始メテ自ラ立法者トシテ立法シタリシナルヘキ原則ニ從ヒテ裁判スルヲ得ヘシ。

特ニ注意スヘキハ、成文ナキ場合直ニ內國實質法ノ適用ヲ見ルト速斷スルヲ得サルノ點ナリトス。(註五)固ヨリ裁判官ニ對シ法律適用ノ根據ヲナスハ內國實質法タルハ疑ヲ容レスト雖、國際私法上ノ問題ハ國際私法ノ決スヘキ所ニシテ、決シテ內國實質法ニ依ルヘキニアラス。蓋シ兩者ハ全ク其規律スヘキ法律關係ノ性質ヲ異ニスルヲ以テナリ。此場合ハ宜シク既存ノ國際私法的規定ヨリ類推シテ之ヲ決スヘク、之ニ依リテ其目的ヲ達セサルトキハ、慣習ノ有無ヲ探求シ、慣習アルトキハ之ニ依リ、之ナキトキハ學說ニ鑑ミ、裁判官カ自ラ立法者トシテ立法シタリシナルヘキ原則ヲ發見シ、之ニ依リテ裁判スル外ナシトス。

(註五) 國際私法ニ成文ナキトキ之ニ該當スル內國實質法ヲ適用スヘシトナスハ、既ニ述ヘタルカ如ク、故ライプチツヒ大學教授Waechterニシテ、內國法ノ效力ヲ不當ニ擴張シタルモノニ外ナラス。此說ニ從フトキハ實際上甚タ便宜ナルカ故ニ、之ニ從フモノ多ク、其流布シタル害毒ハ實ニ甚大ナリトス。

國際私法ニハ通常ノ立法手續及國際慣習ニ依リテ成立スルモノノ外、國際條約ニ依リテ成立スルモノアルハ既ニ述ヘタルカ如シ。(第三章二)而シテ諸國ノ國際私法ハ債權法上ノ法律行爲ニツキ自治ノ原則ヲ認ムルカ故ニ、國際私法ノ解釋トシテハ、單ニ通常ノ立法手續又ハ國際慣習ニ依リテ成立セル場合ニ止マラス、國際條約及當事者ノ自由意思ニ依リテ定マレル準據法ニツキテモ說明スルヲ要スルヤ勿論ナリトス。

國際私法上ノ問題ニ關スル條約ノ解釋權ハ何レニ存スルカ。此點ニ關シ佛國ニ於テハ或ハ全然民事裁判所ノ管轄權ヲ認メサルモノアリ。或ハ公ノ秩序ニ關スル

自治ノ原則ニ依ル準據法ノ解釋

場合ニ限リ、其管轄權ヲ否認スルモノアリ。蓋シ此場合裁判ヲ中止シテ政府ノ意思ニ俟ツヲ其理由トナス。惟フニ國際私法ニ於ケル條約解釋權ノ問題ハ民事判決ノ前提トシテ國際條約カ內國法トシテ適用セラルル場合ニ生スルカ故ニ、民事裁判所ノ權限ニ屬セシムルヲ正當トナス。(註六)

〔註六〕國際私法上國際條約適用ノ問題ヲ生スルハ、條約カ內國法トシテ適用セラルル場合、即チ國權ノ意思表示ニ依リ條約ノ內容カ內國法ノ實質內容ヲ形成セル場合ナリトス。故ニ此場合ニ於ケル條約ノ解釋ハ畢竟內國法ノ解釋ニ外ナラサルナリ。從テ內國裁判所ノ職權ニ屬ストイフヘシ。

國際私法上自治ノ原則ノ適用ニ依ル準據法解釋ノ問題ハ、債權法上ノ法律行爲ニツキテ生ス。惟フニ此場合ニ於ケル解釋ノ目的ハ當事者ノ眞意ヲ確ムルニアルハ疑フノ餘地ナシ。從テ當事者ノ明示アルトキハ之ニ依ルヘキハ勿論ナリト雖、別ニ明示スル所ナク、又ハ其明示セル所ニ不明ノ點アル場合ハ、誠實ニ其法律行爲ニ於ケル用語ノ眞義ヲ確メ、其ノ眞實ニシテ且完全ナル效果ヲ生セシムルニハ、如何ニ之ヲ解スヘキカヲ決スルヲ要ス。多クノ場合、用語ノ意義ハ各地ノ法律慣習ニ依リテ定マルカ故ニ、其行爲地法ノ意義ニ從フヘシトナスモノナキニアラスト雖、一般的ニ之ヲ斷スルヲ得サルナリ。固ヨリ行爲地法ニ依ルヘキ場合アレトモ、種々ノ場合ヲ觀察シテ一々定ムヘキモノタリ。時トシテハ又其法律關係自體ハ他ノ法律ニ依ルヘキ場合ニシテ、其用語ノ意義ノミハ行爲地法ニ依リテ定ムルコトナキニアラス。例ヘハ公正證書ノ作成ニ當リ、公證人カ行爲地以外ニ存セサル用語ヲ使用セル場合ノ如シ。

自治ノ原則ニ依ル準據法ノ解釋ニツキテハ現行國際私法的規定ニ明文ナシ。此場合原則トシテ法律行爲自體ノ屬スル法律ニ依ルヘク、裁判官ハ外國法ニ依ルヘキ場合ト雖、其用語ニツキテハ第三國法ニ依リタルニアラサルカヲ檢スルヲ要スヘシ。斯クノ如キハ實ニ國際交通ノ安全ヲ維持スル所以ナリトス。

第七章　國籍及住所ノ牴觸

第一節　國籍ノ牴觸

一　總說

國籍ハ內外人區別ノ標準ニシテ、其國際私法上ノ地位ハ內國人タル分限ヲ明ニ

國籍ノ牴觸ヲ生スル理由

メルニアルハ既ニ述タルカ如シ。(第四章第二節一及二)凡ソ國家ト臣民トノ關係ハ、之ヲ形式上ヨリ觀察スルトキハ、固ヨリ權力服從ノ關係タルノ方面アルヲ疑ハスト雖、之ヲ其實質ヨリ觀察スレハ、國家ハ臣民ヲ保護シテ其安寧福利ノ增進ニ務メ、臣民ハ之ニ對シテ國家ノ命令ヲ遵奉シテ兵役ニ服シ、又ハ納稅ノ義務ヲ負擔スルニ外ナラス。而シテ此等國家ニ對スル臣民ノ義務ハ、其性質上二國以上ニ對シテ之ヲ負擔スルニ由ナク、從テ原則トシテ臣民ハ一國家ニ服從シ、二以上ノ國家ニ從屬スルヲ得サルヘシ。然レトモ國籍ノ得喪ニ關スル諸國ノ主義ハ往々ニシテ相背馳シ、同一人ニシテ二個以上ノ國籍ヲ併有シ、若クハ何レノ國籍ヲモ有セサルモノヲ生セリ。斯クノ如クニシテ積極的又ハ消極的ニ國籍ノ牴觸(註一)ヲ見ルニ至リシナリ。

〔註一〕國籍牴觸ノ問題ハ畢竟國籍ニ關スル法律ノ牴觸問題ニ外ナラス。而シテ國籍ニ關スル法律ハ國家ノ一員タル地位ニ於ケル人ノ國家ニ對スル從屬關係ヲ定ムルモノナルカ故ニ、公法ニ屬スト謂フヘク、國籍ノ牴觸ニ關スル法律ノ牴觸問題ハ又公法ノ牴觸問題ニ屬スト謂ハサルヲ得ス。從テ嚴格ナル意義ニ於テ、國籍ノ牴觸ニ關スル研究ハ國際私法ノ範圍外ニ屬スト謂フヘシ。蓋シ國際私法ノ研究ハ私法ノ牴觸問題

國籍ノ積極的牴觸又ハ重國籍

ニ限ルヲ以テナリ。本著ニ於テハ唯便宜上一般ノ例ニ倣ヒ之ヲ說明セントス。

二　國籍牴觸ノ各場合

(イ)同一人ニシテ二個以上ノ國籍ヲ併有スル場合アリ。之ヲ國籍ノ積極的牴觸(Positiver Konflikt der Staatsangehoelichkeit, Postive Conflict of nationality)又ハ重國籍 (doppelte order mehrfache Staatsangehörigkeit, double nationality) ト稱ス。或ハ(一)出生ニ依リテ生スルコトアリ。或ハ(二)其以後ノ事實ニ依リテ生スルコトアリ。前者ヲ同時的牴觸、後者ヲ異時的牴觸ト稱スルヲ得ヘシ。而シテ前者ハ血統主義ニ依ル國民ノ子カ生地主義ノ國ニ生レタル場合、後者ハ婚姻、歸化等出生以後ノ事實ニ依リ新ナル國籍ヲ取得シタレトモ、或ハ(一)舊本國政府ノ特別認許ヲ得サルカ爲(露、土)或ハ(二)外國ニ歸化スルモ猶從來ノ國籍ヲ保有セルカ爲(獨逸國籍法第二十五條第二項)或ハ(三)外國人ノ妻トナレルモ猶舊國ニ居住シ、其國籍ヲ失ハサルカ爲(米國)依然舊國籍ヲ喪失セサル場合等ニ生ス。

我現行法ハ外國人カ我國籍ヲ取得シタルトキハ其外國國籍ヲ失ヒ(國籍法第五條明治六年第百三號布告第三條)我國民カ外國國籍ヲ取得シタルトキハ我國籍ヲ

喪失ストナス。(國籍法第十八條乃至第二十一條)從テ國籍ノ積極的牴觸ハ多ク之ヲ防止スルヲ得タリト雖、カノ生地主義ト血統主義トノ差異ヨリ生スル牴觸ハ猶日常續出スル問題タリ。其他外國ニ於テハ、我國ト反對ニ、入夫又ハ養子ヲ以テ國籍喪失ノ原因ト認メサルモノ多ク、其結果此等ノ場合國籍ノ積極的牴觸ヲ生セサルニアラスト雖、唯稀ニ見ルノミ。(註二)

(註二) 重國籍ノ例ハ、(一)米國ニ生レタル日本人ノ子ニツキテ生ス。此場合我國法ヨリ謂ヘハ日本人ノ子ナルカ故ニ又日本人タルニ反シ、米國ノ法律ヨリ謂ヘハ米國ニ生レタルカ故ニ米國人タリ。蓋シ我國法ハ此點ニツキ血統主義ニ依レトモ、米國ノ法律ハ生地主義ヲ採リ、二者對等ニシテ其間上下優劣ノ差異ナキニ起因スルモノトス。(二)又米國人カ日本人ノ妻トナリ猶米國ニ居住スルトキハ、日本ノ法律ニ依レハ婚姻ニ依リテ直ニ日本ノ國籍ヲ取得シ、(國籍法第五條第一號)日本人タレトモ、米國ノ法律ニ依レハ猶住所ヲ有スルノ故ヲ以テ、米國國籍ヲ喪失セス依然トシテ米國人タリ、以上二個ノ場合ハ、重國籍ノ適例ニシテ、前者ハ出生ニ依リテ生スルカ故ニ、出生ノ事實アルト同時ニ國籍ノ牴觸ヲ生スルモノトス。之ヲ同時的牴觸ト稱スルヲ得ヘシ。後者ノ場合ハ出生ニ依リテハ唯米國ノ國籍ヲ取得シタルニ過キサレトモ、其後ニ生シタル婚姻ナル事實ニ依リ、日本ノ國籍ヲ取得シタルモノニシテ、日米兩國國籍ノ取得ハ異時的ニ生シタルモノトス。而シテ米國ノ法律カ其國ニ住所ヲ有スル以上ハ婚姻ニ依ルモ其國籍ヲ喪失セサルヲ定メタル結果、茲ニ日米兩國間ニ於ケル國籍ノ牴觸ヲ生スルカ故ニ、之ヲ異時的牴觸ト謂フヲ得ヘシ。

國籍ノ消極的牴觸又ハ無國籍

(ロ) 又或ル個人ハ何レノ國籍ヲモ有セサルコトアリ。之ヲ國籍ノ消極的牴觸(Negativer Konflikt der Staatsangehoerikeit, negative Conflict of nationality)又ハ無國籍 (Heimatlosigkeit, non-rationality)ト稱ス。例ヘハ支那國籍ヲ有スル子ニ對シ、其父タル日本人カ母タル支那人ノ認知後、認知シタル場合ノ如シ。此場合支那國籍法上、外國人タル父ノ認知ニ依リ父ノ國籍ヲ取得スルト否トヲ問ハス、其國籍ヲ喪失スレトモ、(支那國籍法第十二條第二款)我國籍法第六條第三號ノ規定ニ依リ、父ノ認知ハ母ノ認知後ニ生シタルカ故ニ、我國籍ヲ取得スルコトナク、無國籍人トナルモノトス。

三 國籍牴觸ノ調和

國籍牴觸ノ調和

我國際私法的規定タル法例ハ當事者ノ本國法ヲ以テ準據法ト指定スルコト多シ。國籍ノ積極的牴觸ノ場合ニアリテハ内容ヲ異ニスル二個以上ノ本國法アリ、其消極的牴觸ノ場合ニ於テハ其當事者ノ本國法ナク、一ハ何レヲ其本國法トシテ適

用スヘキカニ惑ヒ、他ハ適用スヘキ本國法ナキニ苦シムノ感アリ。一方二個以上ノ國籍ヲ有スル者ハ其所屬國家間ニ戰爭起リタル場合、兵役義務ニツキ其去就ニ迷フノ恨ナキヲ得ス。於是國籍牴觸ニツキ調和ノ要アルヲ見ルナリ。千八百七十二年バンクロフト條約カ其積極的牴觸ニツキテハ最後ニ取得セル國籍、消極的牴觸ニツキテハ舊來ノ國籍ヲ其者ノ國籍ト認メ、千九百十五年四月ノ佛國法カ敵國國籍ヲ保有スル歸化人ニ對シ、國籍剝奪ノ途ヲ開キタルカ如キハ、皆其調和ヲ計レルニ外ナラサルナリ。

我現行法ノ規定

此點ニ關スル根據タル法文ハ現行法上唯法例第二十七條アルノミ。之ニ從ヘハ當事者ノ本國法ニ依ルヘキ場合國籍ノ積極的牴觸ヲ生シ、其一カ日本ノ國籍タルトキハ之ニ依ルヘシト雖、然ラサルトキハ最後ニ取得シタル國籍ニ依リテ其本國法ヲ定ムトナス。一見此場合ハ恰モ異時ニ國籍ヲ取得セルトキニ限ルカ如シト雖、現行法例立案ノ基礎トナリ、又其以前ニ實施セラレタル舊法例第八條第二項及法例理由書ノ說明ニ徵スレハ、異時ニ二個以上ノ國籍取得ヲ生シタル場合ハ勿論、同時ニ之ヲ取得セル場合モ亦當然其包含スル所タルヤ疑ヲ容レス。(註三)

〔註三〕我舊法例第八條第二項ハ規定シテ曰「日本人ト外國人トノ分限ヲ有スル者ハ、日本ノ法律ニ從ヒ、又二個以上ノ各國國民分限ヲ有スル者ハ、最後ニ之ヲ取得シタル國ノ法律ニ從フ」ト。而シテ法例第二十七條第一項ハ、舊法例第八條第二項ノ修正ニ外ナラサルハ法例理由書ノ明言スル所ナルカ故ニ、其趣旨ヲ一ニスト謂フヘシ。

無國籍人ノ本國法

次ニ問題トナルハ無國籍人ノ場合ハ何レノ法律ヲ其本國法ト認ムヘキカノ點ナリトス。元來無國籍人ハ我國籍ヲ有セス、從テ國際私法上外國人ナルカ故ニ、我法律ヲ以テ其本國法トナスニ由ナク、又其所屬國家ナキカ故ニ本國法アルノ理ナシ。學者或ハ此場合其無國籍人ノ舊本國法ニ依ルヘシトナセトモ、其舊本國ヲ知リ得ル場合ハ甚タ少ク、假令之ヲ知リ得ルトキト雖、既ニ其國ヲ去リ之ニ對スル服從ヲ抛棄シテ第三國タル我國ニ在ル以上、斯クノ如キハ其意思ニ反スルノミナラス、又國際私法上本國法ヲ認メタル趣旨ニ反スヘシ。法例ハ此點ニ鑑ミ、多數ノ學說立法ニ從ヒ此場合其住所地法ヲ本國法ト看做シ、住所不明ナル場合ハ其居所地法ヲ其本國法ト看做セリ。(法例第二十七條第二項)

現時ノ趨勢ハ法律ノ統一ニ存スレトモ、猶地方ニヨリテ法律ヲ異ニスルモノナキニアラス。例ヘハ瑞西北米等ノ聯邦ト其各州、英本國ト蘇格蘭愛耳蘭及其殖民地、

重國籍解決手段トシテノ國籍離脫

我本土ト臺灣、朝鮮、樺太、關東州等ニ於テ法律ヲ異ニスルコトアルカ如シ。此場合何レノ法律ヲ以テ其本國法ト認ムヘキカノ問題ヲ生ス。舊法例ハ此場合其當事者ノ住所地法ニ依ルヘキヲ命シタレトモ、之ニ從ヘハモシ當事者ノ住所カ第三國ニ存スル場合ハ、其當事者ノ本國法トシテ其第三國法適用セラルルニ至ルヘク、斯クノ如キハ本國法ヲ認メタル趣旨ニ反スヘシ。現行法ハ之ヲ「當事者ノ屬スル地方ノ法律ニ依ル」ト改メ、(法例第二十七條第三項)以テ實際ニ適用セラルル法律ハ其當事者ノ本國ニ行ハルル法律ニ外ナラサルヲ明ニセリ。而シテ其者ノ屬スル地方如何ハ一ニ其本國公法ノ決スヘキ所ニ屬ス。之ヲ本籍地法主義ト稱ス。

法律ハ重國籍解決ノ一手段トシテ曩ニ國籍離脫ノ原則(國籍法第二十條ノ二)ヲ認メタルハ既ニ述ヘタルカ如シ(第四章第二節二)其結果重國籍ノ一カ日本ノ國籍タル場合ト雖、個人ノ自由意思ニ依リ、一定條件ノ下ニ之ヲ離脫シテ外國人タルヲ得ヘク、法例第廿七條第一項ノ例外ヲ爲スニ至レリ。元來國籍ノ牴觸中最モ難問トスル所ハ、血統主義ト生地主義トノ差異ヨリ生スル積極的牴觸ニ存ス。此種ノ問題ハ、我國民ノ移住最モ多キ米國トノ間ニ年々生スルコト甚タ多ク、延テハ日米ノ國交ニ影響スルコト寔ニ鮮少ナリトセス。此點ニ關スル理想的解決ハ國際條約ニ依リテ國籍法上ノ主義ヲ統一スルカ、又ハ兩國間ニ協定ヲナスカニ存スレトモ、此理想メ實現ヲ許サザル現狀ニ於テハ、一國立法權ノ範圍內ニ於テ之ヲ調和スルノ外ナカルヘシ。國籍離脫ノ原則ヲ認メタルモ亦此趣旨ニ出ツルモノトス。

第二節　住所ノ牴觸

住所牴觸ノ各場合

國際私法上當事者ノ住所ノ法律、卽住所地法（法例第四條二項、第五條、第九條二項第十二條、第二十三條二項、第二十四條第二十七條、二項）ノ適用ヲ見ルコト少カラスト雖、住所ニ關スル諸國ノ規定ハ必スシモ一致スルコトナシ。從テ國籍ト同シク往往其牴觸ヲ惹起シ、一人ニシテ二個以上ノ住所ヲ有スルカ、又ハ全然之ヲ有セサル場合ヲ生ス。前者ヲ積極的牴觸、後者ヲ消極的牴觸ト稱ス。（註四）

〔註四〕　住所ニツキテハ之ヲ生活ノ本據、卽中心トナシ、同時ニ數個ノ住所ヲ有スルヲ得ストナス立法例アリ。（民法第二十一條、瑞西民法第二十三條第二項）又之ヲ生活ノ本據トナサス、定住地ト解シ、同時ニ數個ノ住所ノ存スルヲ認ムル立法例アリ。（獨逸民法第七條）今獨逸人タル俳優カ一年ノ前半ハ獨逸ニ、其後半ハ日本ニ終身出演スヘキ

住所牴觸ノ解決

ナ約シ其何レノ地ニ於テモ同一ノ設備ヲ爲シタルトキ、其日本ニ在ル間ニ或ル法律行爲ヲ爲シタリト假定センニ、此場合其生活ノ本據ハ日本ニアリテ、獨逸ニナキカ故ニ、我民法上其住所ハ日本ニ存スト謂フヘシト雖、獨逸民法上ニ於テハ、獨逸ニモ亦住所アリト解セサルヲ得ス。蓋シ獨逸ニモ定住地アルヲ以テナリ。斯クノ如クニシテ日獨兩國間ニ住所ノ積極的牴觸ヲ生シ、其何レノ法律ヲ以テ住所地法ト認ムヘキカノ問題ヲ生ス。

住所ノ消極的牴觸ハ獨逸ニ定住セルモノ、其定住ノ意思ヲ拋棄シテ既ニ獨逸ヲ去リ新ニ其生活ノ本據ヲ日本ニ定メントスルモ、未タ之ヲ設定セサルカ如キ場合等ニ生ス。

法例ハ積極的牴觸ノ場合ハ勿論、一國數法ノ場合ニツキテモ、國籍ニ關スル規定ヲ準用スヘキヲ明言スレトモ、(第二十八條條二項)其消極的牴觸ノ場合ニツキテハ別ニ明言スル所ナシ。然レトモ第二十八條第一項ニ於テ當事者ノ住所知レサルトキハ其居所法ニ依ルヘキヲ明ニセルカ故ニ、之ト實際上異ルコトナキ消極的牴觸ノ場合モ亦同一ニ解スヘキハ疑ヲ容レサル所ナリ。

第八章　內國法相互ノ牴觸

一　總說

凡ソ法律ノ效力ノ及フ範圍ハ其國權ノ行ハルル地域ニ一致シ、一國領域內ニ於テハ一個ノ法律行ハルルヲ原則トス。(註一)然レトモ或ハ(一)國家ノ併合又ハ聯合、(註二)或ハ(二)征服又ハ割讓、(註三)或ハ(三)殖民地ノ設定(註四)等ノ原因ニ依リ、一國內ニ民情風俗習慣等ヲ異ニスル人民ヲ包含スル地域ヲ生シ、茲ニ從來ノ領土ト統治ノ形式ヲ異ニスルノ要アルヲ見ルナリ。固ヨリ國家ノ統治ニ關スル原則中、其最高中樞組織ニ關スル部分ハ、性質上全國ヲ通シテ必ス統一的タルヲ要シ、其施行區域ヲ限定シ得ヘキモノニアラスト雖、統治ノ方法及臣民ノ權利義務ニ關スル部分ハ、必スシモ全國ヲ通シテ統一的ナルヲ要スルコトナシ。從テ國家ハ其意思ニ依リ、一國內ニ於テモ地域ノ如何ニ從ヒ、統治ノ方法及臣民ノ權利義務ニ關シ法律ノ規定ヲ異ニスルヲ妨ケスト謂フヘシ。斯クノ如クニシテ一國內ニ法律ヲ異ニスル地域ヲ生シ、內國法相互間ニ牴觸ヲ惹起スルニ至リシナリ。

〔註一〕 Collisio statuorum ノ昔(第二章第一節)ニ於テハ一國數法ノ狀態ナリシモ、第十九世紀以來法典ノ編纂アリ。統一法主義行ハレ、遂ニ一國領域內ニハ一個ノ法律行ハルルヲ原則トスルニ至リシナリ

〔註二〕 國家ハ併合ニ因ル異法地域トシテハ、イングランドカスコツーランドヲ併合シタル以來ノ兩地方、及明治四十三年日韓合併以來朝鮮ノ舊慣ヲ留保シ、朝鮮ニ特別ナル法律ヲ施行シ、其結果朝鮮ハ內地ト異法地域ヲナスニ至レルヲ擧クルヲ得ヘク、國家ノ聯合ニ因ル異法地域トシテハ、瑞西聯邦及北米合衆國ヲ擧クルヲ得ヘシ。瑞西ニ於テハ各カントン固有ノ法律ヲ有シテ、互ニ獨立ノ法域ヲ爲シ、各カントン間ノ法律ノ牴觸ハ內外法ノ牴觸ニ同シク、之ヲ解決スルノ原則ヲ Interkantonnles Privatrecht ト稱ス。北米合衆國ノ各州ハ私法ニ關シ完全ナル立法權ヲ留保シテ、互ニ其法律ヲ異ニシ、其相互ノ關係ハ內外法ノ關係ニ同シ。此問題ヲ解決スル原則ヲ Interstate law ト稱ス。

〔註三〕 國家ノ征服ニ因ル異法地域ノ例トシテハ、英國カトランスバールヲ征服シテ其地ノ法制ヲ維持シ、露國カ波蘭ヲ征服シテ其地ニ特別ナル法律ノ行ハルルヲ認メタル結果、異法地域ヲ生シタルヲ擧クルヲ得ヘク、領土ノ割讓ニ因ルノ例トシテハ我國ノ臺灣ニ於ケル、米國ノフヰリツピンニ於ケル實例ヲ擧クルヲ得ヘシ。

〔註四〕 殖民地ノ設定ニ因ル異法地域ノ例トシテハ、本文後ニ述フル英國ノ征服又ハ割讓ニ因ル海外領土、獨逸ノ保護領又ハ米國ノ海外屬地等ヲ擧クルヲ得ヘシ。

內國法相互間ノ牴觸問題ハ(一)相互對等關係ニ於テ生スルコトナキニアラスト雖(瑞西聯邦又ハ北米合衆國各州間)(二)本國ト殖民地トノ關係ニ之ヲ見ルコト最モ多シ。而シテ殖民地ノ本國ニ對スル關係ハ或ハ(1)本國ノ一地方タルコトアリ。(例ヘハ英國ノ蘇格蘭ニ於ケル、獨逸ノエルサス、ロートリンゲン併合當時ニ於ケルカ如シ)或ハ(2)本國ニ對シ從屬關係ヲ有スレトモ、其一部ヲナササルモノアリ。(獨逸ノ保護領 Schutzgebiet 又ハ米國ノ海外屬地 Dependency ノ如シ。)或ハ(3)內地ノ殖民地ニ對スル關係ナルコトアルヘシ。(例ヘハ英國ノ征服又ハ割讓ニ因ル海外領土ノ如シ)我國ニ於テハ相互對等ノ關係ニ於ケル內國法相互間ノ牴觸ナク、唯內地ト殖民地トノ關係ニ之ヲ見ルノミ。

元來殖民地ノ語ハ政治上經濟上ノ觀念ニシテ、通常國家ノ統治ニ屬スル地域中遠ク內地ト相隔リ、異民族ノ居住セルモノニシテ、多數ノ內地人ノ移住セルモノヲ稱ス。然レトモ其法律上ノ特色ハ內地ト互ニ法律ヲ異ニシ、原則トシテ內地ノ法律ハ殖民地ニ行ハレス、各殖民地ハ各其特別ノ法律ヲ有シ、其統治組織モ國家ノ最高中樞組織ヲ除クノ外、內地ト異ルノ點ニ在リ。從テ法律上ノ觀念トシテハ、國家ハ統治ニ屬スル地域ハ一部ニシテ內地ト法律ヲ異ニスルヲ原則トスルモノヲ殖民地ト謂フナリ。此意味ニ於ケル我殖民地ハ朝鮮、臺灣、樺太及關東州ナリトス。(註五)原則トシテ此等地域ニ於テ內地ノ法律行ハレサルハ朝鮮、臺灣、樺太ニツキテハ特ニ法律ノ規定アリ。(朝鮮明治四十四年法律第二十號、臺灣明治三十九年法律第三十一號、樺太明治四十年法律第廿五號)關東州ニツキテハ其租借地ニシテ、帝國領土ニアラサルヨリ生スル當然ノ結論ナリトス。而シテ此等地域ノ殖民地タルヲ否認スルモノアリ、政府又之ヲ殖民地ト明言スルヲ避クルノ傾向アルハ、此等ノ地域カ歐米諸國ノ殖民地ト異リ、地理上ニ於テモ遠ク內地ト隔ルコトナク、文化ノ程度亦相近似シ、其人種モ本來同一ニシテ、唯少シク民情風俗習慣ヲ異ニスルニ過キザルニ起因スルカ如シ。固ヨリ此等ノ地域ハ經濟上及政治上ノ意義ニ於テハ、之ヲ殖民地ト稱スルヲ得サルハ勿論ナリト雖、既ニ內地ト法律ヲ異ニスル以上ハ、法律上ノ意義ニ於テ殖民地タルハ寔ニ明瞭ナリトス。

〔註五〕我國ニ於ケル殖民政策ハ、最近ニ至ルマテ、殆ント抛擲セラレタル所ナリシト雖、一度臺灣ヲ取得シ、樺太ノ南半ヲ得、更ニ關東州ノ租借地ヲ讓受ケ、進ンテ韓國ヲ併合スルニ及ンテ、殖民政策ハ我國重要政策ノ一部ヲ占ムルニ至レリ。此等ノ地方ハ本來同一人種ニ屬シ、唯少シク民情風俗習慣ヲ異ニスル新附ノ臣民ヨリ成ル比隣地ニシテ、歐米諸國ニ於ケル海外領土トハ大ニ趣ヲ異ニスル所アリ。早晩內地ニ編入スルヲ要スレトモ、暫ク原則トシテ內地ト法律制度ヲ異ニスルニ過キサルモノトス。

内地ト殖民地

現行法上我國ノ統治ニ屬スル地域ハ(一)憲法ノ規定全部施行セラレ、國家ノ最高中樞組織ヲ始メ、統治ノ方法及臣民ノ權利義務ニ關スル事項ニ至ルマテ、之ニ從ヒテ統治セラルルモノト、(二)國家ノ最高中樞組織ニ關スル憲法ノ規定ハ施行セラルレトモ、其他ノ事項ハ特別統治ノ下ニ置カルルモノニ別ツヲ得ヘシ。前者ハ所謂憲法施行區域ノ內ニアルモノニシテ之ヲ內地ト稱シ、後者ハ憲法施行區域ノ外ニアルモノニシテ、內地ノ一部ヲ爲ササルヲ其特色トス。之ヲ殖民地ト稱ス。從テ此等殖民地ト內地トハ相互ニ法律ヲ異ニスルノミナラス、殖民地相互間ニ於テモ之ヲ異ニスルコトアルヘシ。我現行法上內地、朝鮮、臺灣、樺太及關東州ハ各別個ノ地域ヲナシ、立法ノ權力ハ此等各地域ニ共通ナレトモ、其各地ノ法律ハ各其施行區域ヲ異ニスルカ爲、一地域ノ法律ノ效果ハ他ノ地域ニ及ハサルヲ原則トス。從テ內地法ハ殖民地ニ及ハス、殖民地法ハ內地ニ及フコトナク、內地ト殖民地トノ關係ハ法律上內外國ノ關係ヨリモ疎遠ニシテ、時トシテハ殖民地人又ハ殖民地法人ハ外國人又ハ外國法人ヨリモ劣等ノ地位ヲ有スルコトアルヘシ。故ニ內地殖民地間ニ於ケル法律ノ共通連絡ヲ計ルハ實ニ緊急ノ必要ニシテ、共通法(大正七年法律第七號)ノ制定ハ實ニ此目的ニ出ツルモノトス。而シテ共通法ノ規定スル所ハ(一)地域ニ關スルモノ、(第一條)(二)民事ニ關スルモノ、(第二條及第十二條)(三)刑事ニ關スルモノ、(第十三條乃至第十九條)及(四)施行ニ關スルモノ(附則)ヨリ成リ、必スシモ私法關係ニ關スル內國法相互間ノ牴觸ニ限ラサルハ特ニ注意ヲ要ス。

內地法相互ノ牴觸ニ關スル立法例

沿革ヨリ謂フトキハ、內國法相互間ノ牴觸問題ノ解決ハ內外國法間ノ牴觸問題ニ先チテ試ミラレ、前者ニ關スル原則ヲ後者ニ及ホシタルハ事實ナリト雖、(collisio statuorum)(第二章第一節)一國內ニ於ケル異法地域間ノ法律牴觸問題、卽內國法相互間ノ牴觸問題ハ、之ヲ內外國法間ニ於ケル牴觸問題ト同一原則ニ依リテ解決スヘキヤ否ヤハ大ニ考究スヘキ所ニ屬ス。立法例トシテハ(一)兩者ヲ同一視シ、同一原則ニ依リテ解決セントスルモノト、(二)兩者ヲ嚴格ニ區別シ、內外國法間ノ牴觸問題ハ國際私法ニ屬スレトモ、內國法相互間ノ牴觸問題ハ之ヲ準國際私法トナスモノノ二アリ。英米ハ前ノ主義ヲ採リ、大陸ニ於テハ後ノ主義ニ依ル。我國ハ大陸ノ主義ニ從ヒ、內外國法間ノ牴觸ヲ規定スル法例ノ規定ヲ內國法相互間ノ牴觸問題ニ準用スヘシトナス。(共通法第二條第二項)(註六)

(註六) 內國法相互間ノ牴觸問題ノ解決ハ國際的私法關係ニ屬セサルカ故ニ、國際私法當然ノ範圍外ニアリ。然レトモ未タ獨立ニ之ヲ研究スル學科ナキカ故ニ、本著ニ於テハ便宜上之ヲ說明セントス

殖民地ノ現行私法制度

二　我殖民地ニ於ケル現行私法制度一班

我殖民地行政ノ特色

現在我殖民地ニハ國家ノ最高中樞機關ニ關スル規定ヲ除クノ外、帝國憲法施行セラレス、特別統治ノ行ハルルハ既ニ述ヘタルカ如シ。(本章一)而シテ殖民地ニ於ケル行政ノ特色ハ(一)立法行政共ニ行政機關ノ權限ニ屬シ、立法權ト行政權トノ對立ナク、(二)未タ法治主義ノ原則認メラルルニ至ラス。成ルヘク一般的法則ヲ以テ臣民ノ權利義務ヲ定メ、行政ノ作用ハ成ルヘク之ニ依ルノ方針ナレトモ、必スシモ嚴格ニ之ヲ一貫スルコトナシ。又(三)行政裁判ノ制度ナク、假令違法ノ行政行爲ニ依リテ權利ヲ毀損セラレタル場合ト雖、臣民ハ官廳ノ職權ニ依ル取消ヲ待ツカ、又ハ情ヲ

陳ヘテ其取消ヲ請願スルノ外、之ニ忍從スルノ外ナシ。且(四)法律ノ屬人主義行ハレ、各地域ニ依リテ法律ヲ異ニシ、内地ノ如ク凡テノ人民カ同一法規ニ支配セラルルコトナシ。而シテ殖民地ハ特別統治ニ服スルノ結果、内地法ハ特別ノ規定ナキ限リ、殖民地ニ適用セラレサルヲ原則トナス。今左ニ各殖民地ニ於ケル現行私法上ノ制度ノ一班ヲ述ヘントス。

(イ) 臺灣　臺灣ニ於ケル私法關係ノ根本法ハ臺灣民事令ニシテ、明治四十一年律令第十一號ノ定ムル所トス。律令ハ法律ノ效力ヲ有スル命令ニシテ、内地ニ於テハ法律ヲ以テ定ムル事項ト雖、臺灣ニ於テハ特ニ臺灣ニ施行セラルル法律及勅令ニ牴觸セサル限リ、總督ノ命令タル律令ヲ以テ定メ得ルモノトス。而シテ臺灣ニ行ハルル内地ノ法律ハ僅カニ法例、國籍法、國籍喪失者ノ權利ニ關スル件、失火ノ責任ニ關スル件、遺失物法、年齡計算ニ關スル件、外國人ヲ養子又ハ入夫ト爲ス件、記名ノ國債ヲ目的トスル質權ノ設定ニ關スル件、法人ノ役員ノ處罰ニ關スル件等ニ過キス。他ハ概ネ律令ヲ以テ内地法ニ依ルヘキヲ定ム。

臺灣民事令ニ從ヘハ「民事ニ關スル事項ハ民法商法、民事訴訟法及其附屬法律ニ依ル」ト定メ(第一條)民法施行法、人事訴訟手續法、非訟事件手續法、競賣法、遺言ノ確認ニ關スル法律、商法施行條例、商法施行法、有罪破産者處斷法、商法中署名スヘキ場合ニ關スル法律、及保險業法ヲ民法商法及民事訴訟法ノ附屬法トナス。(明治四十一年總督府令第四十八號)故ニ民事ニ關スル事項ハ原則トシテ律令ニ依リ内地法適用セラレ、內地ニ於テハ法律ノ形式ヲ以テスルニ反シ、臺灣ニ於テハ律令ノ形式ヲ以テ規定セラルルノ差異アルニ過キサルモノトス。此原則ニ對シテハ例外アリ(一)ハ土地ニ關スル權利ニシテ、此種ノ權利ハ其性質物權タルト債權タルト、又其當事者ノ内地人タルト、本島人タルトヲ問ハス、民法第二篇物權篇ノ規定ニ依ルコトナク、舊慣ニ依ルヲ原則トス。唯土地ニ關シ特ニ定メタル成文法ノ規定(明治卅六年律令第九號、第十一號、明治卅七年律令第六號、明治三十三年律令第一號、第二號、第七號、明治卅八年律令第三號、明治卅九年律令第九號等)アルトキハ之ヲ從フヲ要スルノミ。(民事令第二條)而シテ本島人トハ臺灣人、卽支那民族ニ屬スルモノニシテ我國籍ヲ取得シタル臺灣住民ヲ意味シ、其我國籍ヲ取得セサルモノハ之ヲ支那人ト稱ス。然レトモ兩者ノ區別ハ戶籍及戶口調査ノ制度不完全ナルカ爲、頗ル困難且不完全ナルハ實ニ免ルヘカラサル所ニ屬ス。(二)ハ本島人及清國人ノミノ間ノ民事ニシテ。之ニツキテハ民法第二百四十條、第二百四十一條、第四百九十四條乃至第四百九十八條ヲ除クノ外、民法商法及其附屬法ニ依ラス、舊慣ニ依ルトナス。(臺灣民事令第三條)(三)ハ利息ニ關スル特別規定ニシテ、金錢貸借ニ關スル契約ノ利息ニツキ、元金百圓未滿ハ年三割以下、百圓以上千圓未滿ハ年二割五分以下、千圓以上ハ年二割以下トシ、此制限ヲ超過シタルトキハ其超過部分ヲ無效トス。(明治三十七年二月律令第二號利息制限規則)(四)ハ民事訴訟ニシテ臺灣ニ於ケル民事訴訟ハ民事訴訟法ニ依ルヲ原則トスレトモ、(民事令第一條)特別法トシテ明治三十八年律令第九號民事訴訟特別手續ニ關スル規定、及明治三十七年律令第三號アリ。訴訟手續上內地ト異ル所アルノミナラス、行政官タル州知事及廳長ハ其管轄區域內ニ於ケル民事爭訟ノ調停ヲ爲スノ權限ヲ有シ一旦調停成立シタルトキハ之ト同一事件ニツキ訴訟ヲ提起スルヲ許ササルノ制限存ス

朝鮮

(ロ) 朝鮮　朝鮮ノ內地ニ對スル關係ハ臺灣ニ同シ。現行私法制度ハ概ネ法律ノ效力ヲ有スル朝鮮總督ノ命令タル制令ヲ以テ規定セラレ、內地ノ法律ト其形式ヲ

異ニスルノミナラス、亦其實質内容ヲ異ニスルコト少シトセス。民事ニ關スル事項ハ特別ノ規定アル場合ノ外、民法、民法施行法、商法、商法施行法、民事訴訟法附屬法等ノ内地法ニ依レトモ、(明治四十五年制令第七號朝鮮民事令第一條)(一)不動産ニ關スル物權ノ種類效力ニツキテハ、民事令第一條ノ法律ニ定メタル物權ヲ除クノ外、慣習ニ依リ、(朝鮮民事令第十二條)(二)能力親族及相續ニ關スル第一條所掲ノ内地法ノ規定ハ之ヲ朝鮮人ニ適用セス。朝鮮人ニ關スル此等ノ事項ハ慣習ニ依ル。(民事令第十一條)(三)利息ノ制限ニツキテハ、明治四十四年制令第十三號利息制限令ニ特別ノ規定アリ。其率ハ臺灣ニ於ケルト同シ。(四)民事爭訟ノ調停ハ警察署長又ハ其職務ヲ取扱フモノノ職權ニ屬シ、其管轄區域内ノ民事訴訟ニ付調停成立シタルトキハ、同一事件ニツキ更ニ訴訟ヲ提起スルヲ得サルハ臺灣ニ同シ。(明治四十三年制令第十號民事訴訟調停ニ關スル件、明治四十三年府令第六十七號民事訴訟調停事務取扱規則參照)

(八) 樺太　樺太ニ施行セラルル法律勅令ハ明治四十年勅令第九十四號、同四十五年勅令第百十七號ノ指定スル所ニシテ、未タ内地ノ私法ハ悉ク此地ニ行ハルル

ニ至ラス。土人相互ノ關係ニツキテハ猶舊來ノ慣例ニ依ル。(明治四十年勅令第九十四號第二條)

(二) 關東州　關東州ニ於ケル現行法ハ概ネ命令、特ニ勅令ノ形式ヲ以テ制定セラレ、全然內地ト別種ノ法域ヲ形成ス。民事、刑事、及非訟事件ニ關スル事項ハ、法例、民法商法、工場抵當法、保險業法、刑法施行法、刑事訴訟法、民事訴訟法、家資分散法、人事訴訟手續法、競賣法、破產法、不動產登記法、非訟事件手續法、供託法等ニ依ル。(明治四十一年勅令第二百十二號關東州裁判令第一條、同年勅令第二百十三號關東州裁判事務取扱令參照)故ニ關東州ニ於ケル現行法ハ內地法ヲ其儘採用シ、唯其形式ヲ異ニスルニ過キスト謂フヘシ。唯例外トシテ(一)支那人ノミノ民事ニ關スル事項ハ人事訴訟手續法以外ノ手續ニ關スルモノヲ除キ、當分ノ內從前ノ慣例ニ依ル。(同令第二條)(二)土地ニ關スル權利モ亦當分ノ內從前ノ慣例ニ依ルトナス。(同令第三條)

内地法ト殖民地法トノ抵觸ニ關スル解決

三　內地法ト殖民地法トノ抵觸ニ關スル解決

我殖民地ニ內地ト異ル特別規定存スルハ今述ヘタルカ如シ。從テ內地法ト殖民地法トノ間ニ規定ノ實質內容ヲ異ニシ、其間抵觸ヲ生スルコトアルハ又實ニ免ルヘカラサル所ナリ。此場合我國ニ於テハ、最近ニ至ルマテ成文ノ徵スヘキモノナク、又慣習ノ存スルヲ見サリシヲ以テ、國際私法解釋ニ關スル一般原則ニ從ヒ、條理ニ依リ之ヲ解決スル外ナカリシナリ。然ルニ共通法ノ制定アリ、國內異法地域間ニ於ケル法律ノ共通連絡ヲ計リ、始メテ內地法ト殖民地法トノ牴觸ヲ規定スルニ及ヒ、茲ニ此點ニ關スル成文上ノ根據ヲ得ルニ至リシナリ。

共通法ハ一方內地殖民地間ニ法律牴觸問題ノ發生スル範圍ヲ限定シ、他方其牴觸問題解決ノ準則ヲ指定セリ。(第二條)元來殖民地ノ法律ハ內地ノ法律ト其實質內容ヲ同シクシ、唯其形式ヲ異ニスルコト多シ。從テ實際上內地法ト殖民地法トノ間ニ規定ノ實質內容ヲ異ニシ、其間牴觸ヲ生スルハ甚タ稀ナリト謂フヘシ。故ニ原則トシテ內地ト殖民地トハ互ニ法令ヲ同シクスルモノト看做シ、其各地域ニ於テ其地ノ法令ノ適用ヲ認ムルヲ適當トナス。共通法第二條第一項ノ規定ハ此趣旨ニ出テ、各地域ノ法令ハ其恰モ一般ニ他ノ地域ニ行ハルル場合ト同シク、他ノ地域ニ發生セル法律關係ニツキテモ、猶訴訟地ノ法令ヲ適用シテ其權利義務ヲ定ムヘキヲ明ニセルモノニ外ナラス。殖民相互間ノ法律牴觸モ亦之ニ同シク、等シク內地法ニ依リタル朝鮮民事令、臺灣民事令、及關東州事務取扱令ハ何レモ內地法ト同一視セラレ、其相互ノ關係ニツキテモ亦互ニ其法令ヲ同シクスルモノト看做シ、各其地域ノ法令ヲ適用スヘキモノトナス。然レトモ內地ト殖民地トノ間ニ法令ヲ異ニスルコトナキニアラス。例ヘハ臺灣、朝鮮及關東州ニ於ケル不動產ニ關スル權利ニツキテノ慣習法ハ民法ト異リ、能力親族及相續ニツキ、臺灣本島人、朝鮮人及關東州支那人ニ關シ、特別ノ慣習法存スルカ如シ。而シテ此場合ハ共通法第二條第二項ニ所謂「前項ノ場合ヲ除クノ外」ニ該當スル故ニ、法例ノ規定ヲ準用シテ解決スルヲ要ス(共通法第二條第二項)蓋シ此場合ハ內外私法ノ牴觸問題ト其性質ヲ同シクスルヲ以テナリ。從テ物權關係ニツキテハ其目的物ノ所在地法ニ依リ、能力ノ有無、親族、相續法上ノ法律關係ハ當事者ノ本國法ニ依ルト謂ハサルヲ得ス。然ルニ內地殖民地ノ關係ニツキテハ本國法存セサルカ故ニ、共通法ハ所謂本籍地主義ヲ採用シ、特ニ「各當事者ノ屬スル地域ノ法令ヲ以テ其本國法トス」ル旨ヲ明ニセリ。

注意スヘキハ、本籍地主義ノ屬人法ハ內地人殖民地人間、又ハ殖民地人相互間ニ於ケル法律關係ノ準據法タルニ止マリ、內地人相互間ノ關係ニハ之ヲ適用スルヲ得サルノ點ナリトス。蓋シ内地法ハ内地ニ於ケル内地人ニ對シテハ屬人法ヲ爲スコトアレトモ、殖民地ニ於ケル内地人ハ各其地ノ法令ニ從フヘキカ故ニ、之ニ對シテ屬人法タルコトナケレハナリ。

第二編　各論

國際私法ハ私法ノ牴觸ヲ解決スル法則ニシテ、私法ハ其規定スル所、民事ニ關スルト商事ニ關スルトニ從ヒ、之ヲ民法及商法ニ區別スルヲ通常トス。從テ國際私法ハ民法及商法ノ牴觸問題ヲ解決スルモノト謂フヘク、其民法ノ牴觸問題ヲ解決スル法則ヲ國際民法、商法ノ牴觸問題ニ關スルモノヲ國際商法ト稱ス。本編ニ於テハ我現行法ヲ基礎トシ其各場合ヲ説明セントス。

第一章　國際民法

國際民法ハ各國特別ノ民法ヲ有シ、民事ニ關スル規定ヲ異ニスルヨリ生スル法律ノ牴觸ヲ解決スルヲ目的トス。而シテ民事ハ人事、親族、物權、債權、相續ノ五方面ヨリ觀察スルヲ得ヘク、玆ニ此等各方面ヨリ民事ニ關スル法律ノ牴觸問題ヲ研究セントス。

第一節　人事法

一　能　力（註一）

能力

身分及ヒ能力(état et capacité)ノ語ハ古來相對立シテ用キラルル所ニシテ、嘗テ凡テノ私法關係ハ身分ヲ基礎トシテ解決セラレタル時代ナキニアラスト雖、近世ニアリテハ概ネ私法關係ハ個人ノ意思ニ依リテ決セラレ、身分ハ唯親子夫婦等ノ親族關係ニツキ其意義ヲ有スルニ過キサルモノトス。元來身分ハ社會上又ハ親族法上人ノ有スル法律上ノ地位ヲ總稱シ、能力ハ其地位ニ依リテ或ル行爲ヲ爲シ又ハ爲ス能ハサル範圍ヲ意味スルニ外ナラス。畢竟行爲能力(Handlungsfähigket, Geschaets-fähikeit)ノ義ナリ。一ハ原因ニシテ、他ハ其結果ナリト謂フヘシ。從テ純理上ヨリ謂フ

能力ノ觀念

トキハ、能力ノ觀念ハ(一)成年未成年、(二)禁治產準禁治產、(三)妻ナリヤ否ヤノ諸問題ヲ包含スルハ勿論ナリト雖、我現行法ハ後ノ二者ニツキ別ニ規定スル所アルカ故ニ、(法例第四條、第五條、第十四條)現行法上ノ觀念トシテハ、能力ハ之ヲ成年未成年ノ問題ニ限定スルヲ要スト謂フヘシ。(註二)(法例第三條)

〔註一〕凡ソ能力ノ語ハ三種ノ意義ニ用ヒラル。（一）ハ權利能力ニシテ權利義務ヲ吸收保有スルヲ本職トスル法律上ノ地位ヲ意味ス。此種ノ能力ハ法律上ノ地位ナルカ故ニ、法律ノ創作スル所ニシテ、天然自然ニ生スルモノニアラス。唯現今諸國ノ法律ハ凡テノ人類ニ之ヲ附與スルノミ。從テ本來或ル人ニ權利能力ヲ附與スルヤ否ヤノ問題ハ、常ニ一國ノ法律ノ決スヘキ所ニシテ、國際私法上外國人カ權利能力ヲ有スルヤ否ヤノ問題モ、亦之ニ關シテ問題ヲ生シタル國ノ法律ニ依リテ決スヘク、從テ國際私法上ニ於テ權利能力ノ問題ハ、之ヲ問題トセル裁判所ノ所在地ノ法律、即法廷地法ニ依ルヘキハ明文ヲ俟タサル當然ノ事理ニ屬スト謂フヘシ。（二）ハ意思能力ニシテ、事物ヲ合理的ニ判斷スル腦力ヲ意味ス。畢竟精神狀態、即事實上ノ狀態ニシテ、法律上ノ狀態ニアラス。從テ直接國際私法ノ問題トナルコトナシ。（三）ハ行爲能力ニシテ、自ラ獨斷ヲ以テ爲シタル法律行爲ヲ有效ナラシムルヲ本職トスル法律上ノ地位ヲ意味ス。畢竟法律上有效ニ或ル行爲ヲ爲シ、又ハ爲ス能ハサル範圍ニ外ナラサルナリ。從テ權利能力ナキ者ニ行爲能力アルハ想像スルヲ得サル所ナリト雖、行爲能力ナキ者ハ必スシモ權利能力ヲ有セサルニアラス。而シテ一般的ニ事物ヲ合理的ニ判斷スル腦力ナキ者、即所謂一般意思無能力者ハ、行爲能力ヲ有スルニ由ナキハ勿論ナリト雖、行爲無能力者ハ必スシモ意思無能力者ナリト謂フヲ得サルナリ。例ヘハ妻ノ如シ。注意スヘキハ意思能力ハ權利能力ノ要件ニアラス。意思能力ナキ者ト雖、權利能力ヲ有スルヲ認ムルノ點ナリトス。

國際私法上ノ能力ハ之ヲ行爲能力ノ意義ニ解スルヲ要ス。蓋シ、權利能力ハ常ニ法廷地法ニ依リ、意思能力ハ精神狀態卽事實上ノ狀態ニシテ、法律上ノ狀態ニアラサルヲ以テナリ。

〔註二〕國際私法上一般ニ能力ト謂フトキハ、行爲能力ヲ意味スレトモ、我現行法ノ解釋トシテハ、能力ヲ成年未成年ノ問題ニ限定スルヲ要スルハ本文述フル所ノ如シ。而シテ禁治産準禁治産ニツキテハ別ニ法例ノ定ムル所アリ、妻ハ婚姻中ニ在ル女ニシテ、其妻タル身分ハ婚姻ノ效力トシテ生スルモノナルカ故ニ、或ル人カ妻ナリヤ否ヤハ婚姻ノ身分上ノ效力ニ關スル準據法ニ依リテ決スルヲ要ス。從テ法例第十四條ニ依リテ之ヲ決スヘキヤ明瞭ナリトス。

成年年齡ニ關スル立法例

成年年齡ニツキテハ諸國ノ立法一ナラス。大多數ハ滿二十一歲トナセトモ、(獨、佛、伊、英、米)以前ノ「グマイネス、レヒド」ニ依リ之ヲ二十五歲トスルモノナキニアラス。ポリヴイア、チリ、サン、サルヴァドル)其他滿二十四歲(墺)滿二十三歲(和、西)滿二十二歲(アルゼンチン)滿二十歲(日本、瑞西)ヲ以テ成年トナスモノアリ、從テ此等規定ノ牴觸ノ解決ハ實ニ人事法上ノ必要事項ニ屬ス。

能力ニ關スル立法主義

能力ニ關スル立法主義ハ凡ソ之ヲ三種ニ別ツヲ得ヘシ。(一)ハ絕對ニ本國法ニ依ルヘシトナスモノニシテ、和蘭、葡萄牙、伊太利ハ之ニ屬ス(二)ハ其本國法ノ如何ヲ問ハス、能力ニ關スル問題ハ之ヲ屬地的ニ決スヘシトナスモノニシテ、英米ハ之ニ屬ス。(三)ハ本國法ノ尊重スヘキヲ認ムレトモ、其適用ニ或ル制限ヲ加ヘントスルモノニシテ、日本、獨逸、佛蘭西、瑞西ハ之ニ屬ス。(1)獨逸ニ於テハ債權法上ノ法律行爲ニ限リ、屬地的ニ能力ヲ決シ、外國人カ獨逸ニ於テ法律行爲ヲ爲ス場合、獨逸法上行爲能力者タルトキハ、之ヲ行爲能力者ト看做セトモ、親族相續法上ノ法律行爲、並外國ニ在ル土地ヲ處分スル法律行爲ニツキテハ、此原則ノ適用ヲ見ルコトナシ。(民法施行法第七條)然レトモ他方行爲能力、婚姻ノ成立、夫婦ノ財產關係、離婚及相續ニツキ反致ノ原則ヲ認ムルカ故ニ、(民法施行法第二十七條)住所地法主義ニ屬スル國民獨逸國內ニ居住スルトキハ、此等ノ事項ニツキテハ獨逸法ニ從フヘク、從テ丁抹、諾威英米、アルゼンチン等ノ國民ニシテ獨逸國內ニ其住所ヲ有スルトキハ、純然タル取引關係ニアラサル場合ト雖、猶獨逸法ニ從フコトアルヘシ。(2)瑞西ニ於テモ民法末章第六十一條七b(註三)ハ獨逸民法施行法第七條ト其用語ヲ同シクスルカ故ニ、之ト其結果ヲ同シクスヘク、(3)佛國ニ於テハ佛國人カ其契約ノ相手方タル外國人ヲ行爲能力者ト認メタルニツキ過失ナキトキハ、其本國法ノ認メサル場合ト雖、之ヲ行爲能力者ト認ムルナリ。(佛國大審院判決)〔註四〕(4)我國ニ於テハ外國人カ我國ニ於テナシタル法律行爲ニツキ、其本國法上無能力ナル場合ト雖、我法律上能力者タル以上ハ、其行爲ニツキテハ之ヲ能力者ト看做セリ。(法例第三條第二項)此等ハ何レモ内國ニ於ケル取引保護ノ趣旨ニ出テ、善意ノ第三者ノ權利保護ヲ其目的トセルニ外ナラサルナリ。〔註五〕

〔註三〕 瑞西民法末章第六十一條七bニ曰、「瑞西ニ於テ法律行爲ヲ爲セル行爲無能力者タル外國人カ、其行爲ヲ爲シタル當時、瑞西ノ法律ニ從ヒ行爲能力ヲ有スルトキハ、其無能力ヲ主張スルヲ得ス。前項ノ規定ハ親族相續法上ノ法律行爲幷ニ外國ニ在ル土地ヲ處分スル法律行爲ニ適用セス」ト。(Schweizerisches Zivilgesetzbuch Schlusstitel 61.7b)

〔註四〕 佛國大審院ノ判例ニ曰、「人ハ原則トシテ取引ノ相手方ノ能力ヲ知ルヲ要スレトモ、佛國ニ於テ取引スル外國人ニ對シテハ、嚴格ニ此原則ヲ適用スルヲ得ス。蓋シ佛國人間ノ取引ニツキテハ、其民事上ノ能力ハ容易ニ之ヲ調査スルヲ得ヘシト雖、佛國ニ於ケル佛國人ト外國人間ノ取引ニ於テ、能力ノ調査ハ實ニ容易ナラサレハナリ。此場合佛國人ハ各國ノ法律、殊ニ成年未成年及能力ノ程度ニ應シ、外國人ノ爲シ得ヘキ行爲ノ範圍ニ關スル規定ヲ知悉スルノ責ニ任スヘキモノニアラス。果シテ然ラハ佛國人ガ輕忽又ハ不注意ニ因ラス、善意ヲ以テ爲シタル取引ハ之ヲ有效トナスニ充分ナリトス」ト(千八百六十一年佛國大審院判決)

〔註五〕本國法上無能力ナル外國人カ內國法上能力者ナルトキ、內國ニ於テ爲シタル法律行爲ニツキ之ヲ能力者ト看做スハ、內國ニ於ケル取引保護ノ趣旨ニ出テ、必スシモ內國人ノ取引保護ヲ目的トスルコトナシ。此點ニツキテハ異論アリ。曰、「他人ト取引ヲ爲ストキ、其相手方カ能力者ナリヤ否ヤヲ知悉スルハ、寧ロ取引者ノ拂フヘキ注意義務ニ屬ス。從テ此義務ヲ怠リタルカ爲、後ニ行爲ノ取消ヲ見ルニ至ルモ、自己ノ過失不注意ニ起因スルモノニシテ、法律ノ關スヘキ限リニアラス。況ンヤ外國人トノ取引ニ於テオヤ」ト。此思想ハ羅馬法ノ「凡ソ他人ト契約ヲ爲ス者ハ其他人ノ地位ヲ知リ又ハ知ラサルヘカラサルモノナリ」トノ原則ニ其基礎ヲ有スルモノトス。

國際法協會ハ行爲能力ニツキ千八百八十年ノ會議ニ於テ既ニ本國法主義ヲ採リ、千八百八十八年ノ會議ニ於テハ、商事ニ關シ內國ニ於ケル取引保護ノ爲、此原則ニ制限ヲ加ヘタリ。曰「商事ニ關シ當事者一方ノ無能力ヲ理由トシテ無效ノ宣言ヲ求メタルトキハ、之ヲ却下スルヲ得、但其相手方カ無能力ナルカ、又ハ裁判所ニ於テ酌量スヘキ重大ナル情狀ノ存スルコト證明セラレタル場合、此等ノ事情ノ發生シタル土地ノ法律ニ於テ之ヲ認ムルトキハ此限ニ在ラス」ト。（千八百八十八年決議第二條）

注意スヘキハ、外國ニ在ル不動產及ヒ親族相續法上ノ法律行爲ニツキ法例第三條第二項ノ其適用ヲ除外セルノ點ナリトス。（法例第三條第三項）蓋シ法例第十條、第十三條乃至第二十五條ノ適用ヲ豫想セル結果ナルヘシ。

二　禁治産準禁治産

禁治産準禁治産ノ制度ハ何レモ一方意思能力ノ不完全ナルモノニ對シテ其權利利益ヲ保護シ、他方又一般社會ノ利益ヲ保護スルヲ其目的トナス。而シテ此制度ハ殆ント例外ナク諸國ノ認ムル所ナレトモ、其原因及效力ニ關スル規定ハ必スシモ一致スルコトナシ。

(イ)管轄　元來禁治産準禁治産ノ制度ハ、本人ノ行爲能力ヲ制限又ハ剝奪スルカ故ニ、本人及其所屬國家ノ利益ニ影響スル所大ナリトス。從テ其宣告ヲナスノ權限ハ、原則トシテ本人ノ本國官廳ニ屬セシムヘシト雖、他方此制度ハ禁治産者若クハ準禁治産者ノ現存スル社會ノ一般公益ト關係アルノミナラス、本國裁判所ハ外國ニ生シタル原因ニツキ充分審理スル能ハサル虞アリ。故ニ內國ニ滯在スル外國人ニツキ其宣告ノ理由生シタル場合、全然之ヲ其本國ノ處分ニ一任スルカ如キハ、內國公益ノ保護上斷シテ許スヘカラサル所ニ屬ス。從テ其在留國官廳ニ對シ例外的管轄權ヲ認ムルノ要アルヘシ。我法例ハ在留國ノ例外的管轄權ヲ認メ、日本ニ住所又ハ居所ヲ有スル外國人ニツキ、其本國法ニ依リ禁治産又ハ準禁治産ノ原因アリ、日本ノ法律亦其原因ヲ認ムルトキニ限リ、裁判所ハ其者ニ對シテ禁治產準禁治產ノ宣告ヲ爲シ得ルモノトス。(第四條第二項第五條)(註六)

〔註六〕 禁治產又ハ準禁治產ニ因ル無能力ハ、年齡ニ依ル無能力ノ如ク、各人ニ共通ニシテ或ル一定ノ期間不變ナルモノニアラス。始メ其本國ニ在ルトキ禁治產準禁治產ノ原因ナキモノト雖、其外國ニ赴ケル後、其原因ヲ生スルコトナキニアラス。斯クノ如キ場合、萬里ヲ隔ツル本國裁判所ニ禁治產準禁治產ノ宣告ヲ申立ツルハ、甚タ煩勞ナルノミナラス、本國裁判所モ亦遠隔ノ地ニ生シタル原因ニツキ充分ノ審理ヲ爲ス能ハサル虞ナキヲ得ス。他方其在留國ヨリ見ルモ、此等無能力ノ原因アルモノハ一日モ速ニ保護シテ其公益ヲ保護スルヲ必要トスヘシ。在留國ニ禁治產準禁治產ノ管轄權ヲ認ムルハ實ニ此理由ニ存ス出ツルモノトス。

準禁治產宣告ニツキ本國ノ專屬管轄ヲ認ムルモノハ、千八百九十五年ケンブリッヂニ於ケル國際法協會ノ決議(第二條第一項)ニシテ、之ニ從ヘハ其居住國ノ官廳ハ唯本人ノ身體若クハ財產ニ關シ、保全處分又ハ假處分ヲ命シ得ルニ止マルモノトス。(第二條第二項)

禁治產及之ニ類スル保護處分ニ關スル千九百四年ノ海牙條約ハ、我法例ト同一ノ主義ヲ採リ、原則トシテ本國官廳ノ管轄ヲ認ムレトモ、(第一條第二條)在留國官廳ノ例外的管轄權ヲ認ムル場合アリ。之ニ從ヘハ在留國ハ其國ニ在ル條約國ニ屬スル外國人カ、禁治產ニ附スヘキ狀況ニアルヲ知リタルトキ、又ハ禁治產ノ申立ヲ受ケタルトキハ、直ニ之ヲ其本國管轄官廳ニ通知シ、其本國法上禁治產宣告ノ原因アルトキハ先ツ其身體及財產ノ保護ニ必要ナル一切ノ假處分ヲ爲スヘク、(第三條、第四條)若シ本國官廳ニ於テ其禁治產ニ立入ラサル旨ノ意思ヲ表示シ、又ハ六ケ月ノ期間內ニ回答ヲ爲サヽルトキハ、在留國ノ管轄官廳ハ本國官廳ノ回答後本國ニ於テ禁治產ノ妨ト爲ルヘキ故障ニ注意シテ、禁治產ニツキ裁判スヘシトナス。(第六條)

獨逸民法施行法第八條ハ又「外國人ハ獨逸ニ其住所ヲ有シ、又ハ之ヲ有セサルモ獨逸ニ居所ヲ有スルトキハ、獨逸ノ法律ニ從ヒ治產ヲ禁セラルルコトヲ得」トナス。

(ロ)原因　禁治產準禁治產ノ原因ハ原則トシテ本人ノ本國法ニ依ルヲ要ス。蓋シ原則トシテ本國ノ管轄ヲ認メタルト同一理由ニ出ツ。(法例第四條第一項)然レトモ其在留國カ外國人ニ對シ禁治產準禁治產ノ宣告ヲナス場合、其原因ハ何レノ法律ニ依ルヘキカノ問題アリ。國際法協會ハ此場合絕對ニ其本國法ノ認ムル原因ニ依ルヘシトナシ、(註七)獨逸民法施行法第八條ハ獨逸法ノ認ムル所ニ從ヒ、在留外國人ニ對シ、禁治產宣告ヲナシ得ルヲ認メ、管轄ノ場合タルト原因ノ場合タルトヲ問フコトナシ。前者ニ從ヘハ內國法ノ認メサル場合ト雖、本國法ノ認ムル原因アル以上ハ宣告ヲナスヲ要スヘク、內國公益トノ調和ヲ欠クノ嫌アリ。後者ニ從ヘハ內國法ノ認ムル原因アル以上ハ、假令其本國法ノ認メサルモノト雖、宣告ヲナスノ要アルヘク、從テ行爲能力ハ本國法ニ依ルノ根本原則ヲ破壞スルニ至ルヘシ。寧ロ兩者ヲ折衷シテ在留國ハ本國法及在留國法ノ共ニ認ムル原因ニツキテノミ宣告スヘシトナスヲ妥當トス。我法例第四條第二項、第五條、及海牙條約第七條（註八）之ニ從フ。

〔註七〕 千八百九十五年ケンブリッチニ於ケル國際法協會決議第七條第二項前段ニ曰「外國官廳ハ當事者ノ本國法ニ依リ認メラレタル原因ニ因ルニアラサレハ、禁治産ヲ宣告スルコトヲ得ス」ト。

〔註八〕 禁治産又ハ之ニ類スル保護處分ニ關スル海牙條約第七條ニ曰、「在留國ノ官廳カ前條ニ依リ管轄權ヲ有スルトキハ、禁治産宣告ノ申立ハ其外國人ノ本國法及在留國ノ法律ニ依リテ認メタル人及原因ニ依リテ之ヲ爲スコトヲ得」ト。

（八）效力　外國人ノ本國ニ於テナシタル禁治産又ハ準禁治産宣告ノ效力ハ、其本國法ニ依ルヘキハ勿論ナリト雖、内國ニ於テナシタル宣告ノ效力ハ、唯内國法ノ附與セルモノニ止マル。從テ宣告ノ效力ハ之ヲナシタル國ノ法律ニ依ラサルヲ得ス。我法例ハ此意味ニ於テ宣告ノ效力ハ宣告ヲ爲シタル國ノ法律ニ依ルトナス。（法例第四條第一項後段第五條）國際法協會ハ此點ニ關シ常ニ其本國法ニ依ルヘキヲ決議セリ。(註九)今若シ之ニ從フトキハ、内國裁判所ノ宣告セル禁治產又ハ準禁治產ニ二樣ノ效果ヲ生シ、延テ内國ノ一般信用ヲ害スルノミナラス、本國法ノ要求スル特殊ノ機關内國ニ存セサルカ如キ場合ハ、到底之ヲ實行スルニ由ナカルヘシ。(註十)

(註九) 千八百九十五年ケンブリッヂニ於ケル國際法協會決議第七條第二項後段ニ曰、「禁治產ハ其本國法ニ定メタル效力ヲ生ス」ト。

(註十) 前揭海牙條約第八條ニ曰、「在留國ノ官廳ニ依リ禁治產ノ宣告アリタルトキハ、禁治產者ノ身體及財產ノ管理ハ、在留國ノ法律ニ從ヒテ之ヲ行ヒ、禁治產ノ效力ハ其法律ニ從フ。然レトモ本國法ニ於テ禁治產者ノ監督ヲ特定人ニ委託スヘキコトヲ規定セルトキハ、成ルヘク之ニ依ルヘキモノトス」ト。

三　失踪

諸國ノ法律ハ人格ノ終期トシテ、死亡ノ外失踪ノ制度ヲ認メ、一定期間從來ノ住所又ハ居所ニ在ラスシテ生死不明ナル場合、宣告ニ依リ法律上之ニ對シテ死亡ノ推測ヲ生セシムルヲ常トス。(民法第三十一條、獨逸民法第十八條第一項、瑞西民法第三十八條第一項、墺地利民法第二百七十八條、佛蘭西民法第百十五條、第百二十條)唯直ニ死亡ト同一效果ヲ生セシムルカ(日、獨、瑞、墺)又ハ一應不在ノ宣告 (Declaration d'

失踪ニ關スル立法例

absence)ヲナスニ止ルカ(佛)ノ差異アルニ過キス。唯全然之ト異ルハ英法系ノミ。

凡ソ失踪ニ關スル立法ハ之ヲ三別スルヲ得ヘシ。(一)佛法系ニ於テハ不在者ノ生死不明ナル場合ニツキ三段ノ時期ヲ區別シ、其第一期ニアリテハ不在者ハ法律上猶生存スルモノト推測セラレ、法律ハ其利益ノ保護ヲ主眼トス。又其不在者カ財産管理人ヲ置ケル場合ハ其消失又ハ最後ノ音信ノ時ヨリ十年、然ラサル場合ハ四年ヲ經過スルモ、猶其生死不明ナルトキ、裁判所ハ始メテ不在ノ宣告(Declaration d' absence)ヲナス。此時期ヲ第二期ト稱ス。此時期ニアリテハ不在者生存ノ推測第一期ノ如ク强カラスト雖、未タ其死亡ヲ推測スヘキニアラス。唯其相續人ハ不在者全財産ノ占有ヲ裁判所ニ請求シ得ルニ過キス。裁判所ハ之ニ基キ相續人ヲシテ其全財産ヲ占有(possession provisoire)セシメ、其相續人ハ之ニ依リテ廣キ範圍ニ於テ其財産管理ニ關スル代理權ヲ有スルニ至ル。而シテ此全財産占有ヨリ三十年ヲ經過セルカ、又ハ不在者出生ノ時ヨリ百年ヲ經過セルトキ、始メテ第三期ノ不在者ヲ生シ、不在者ハ茲ニ法律上死亡ノ推測ヲ受ケ、其相續人ノ請求ニ依リ、始メテ全財産占有ノ確定ヲ生シ、相續人ハ其財産ノ持主タルノ推測ヲ受クヘシ。(二)獨法系ニアリテハ、苟モ一定ノ期間不在者ノ生死不明ナル以上ハ、裁判所ハ申立ニ依リ之ヲ死亡者ト宣告シ、之ニ依リテ直ニ死亡ト同一效果ヲ生シ、相續開始親族關係ノ消滅等ヲ生ス。(民法第三十一條、獨逸民法第十八條第一項、墺地利民法二百七十八條)(三)英法系ニ於テハ不在者ノ生死不明ナルコト七年ニシテ、裁判所ハ始メテ其推定家督相續人ヲシヲ相續財産ノ利益ヲ取得セシメ、其後六年ヲ經テ動産、更ニ六年ヲ經テ其不動産ヲ取得セシム。蘇格蘭ニ於テハ此年限ヲ短縮シ、不在者ノ生死不明ナルコト七年ニ及フトキハ、裁判所ノ公示方法ニ依リ一切ノ財産相續ヲ認ムレトモ、如何ナル場合ト雖死亡ノ推定ヲナスコトナシ。是レ實ニ英法系ノ特色ナリトス。

失踪ニ關スル諸國ノ規定相一致セサルコト實ニ斯クノ如シ。從テ失踪宣告ノ管轄、條件、效力等ハ何レノ法律ニ依ルヘキカノ問題ヲ生ス。

失踪宣告ノ目的

失踪ノ宣告ハ一方ニ於テ失踪者ノ人格ノ消滅ヲ生スルカ故ニ、其一身上ノ利益ノ保護ヲ目的トスルハ疑ヲ容レス。此點ヨリ謂フトキハ其管轄ハ宣告ヲ受クヘキ者ノ本國ニ專屬セシムヘシト雖、他方利害關係人ノ權利ヲ確定シ、且ツ一般社會ノ公益ノ爲ニ不在者ノ生死不明ヨリ生スル不確定ナル狀態ノ永續ヲ防止スルヲ其目的トナスカ故ニ、必スシモ常ニ其處分ヲ失踪者ノ本國ニ一任スヘキニアラス。

（註十一）我法例ハ此點ニ顧ミ、例外トシテ（一）外國人カ我國ニ財産ヲ遺留シテ生死不明トナリタルトキ、又ハ（二）其法律關係カ我法律ニ依ルヘキ場合（註十二）ニ限リ、外國人ノ失踪ニ關シ内國裁判所ノ管轄權ヲ認メタリ。（法例第六條）獨逸民法施行法第九條亦同シ（註十三）此等二箇ノ場合苟モ我民法上ノ要件ヲ具備スル以上、（民法第三十條）裁判所ハ我法律ニ從ヒ失踪ノ宣告ヲナスヘク、其效果ハ宣告地法タル我民法ニ依リ死亡シタルモノト看做スヘキモノトス。而シテ其本國ニ於テ此效果ヲ認ムルト否トハ敢テ問フ所ニアラス。又假令其本國ニ於テ同一事件ニツキ失踪ノ宣告アリタル場合ト雖、其宣告ハ我國ニ於テ效力ヲ有スルコトナク、我國ニ於テハ唯其宣告アリタル事實ヲ認ムルニ過キス。斯クノ如キハ公益上ノ理由ニ基キ我裁判所ノ例外的管轄權ヲ認メタルヨリ生スル當然ノ結論ナリトス。

（註十一）内國裁判所ハ外國人ノ失踪ニツキ管轄權ヲ有スルヤニツキテハ爭アリ。千八百五十一年八月二日佛國 Douai 控訴院ハ此點ニツキ「佛國裁判所ハ外國人ノ失踪ヲ宣告スルノ資格ヲ有セス」ト判決セリ。

（註十二）外國人ノ法律關係カ我法律ニ依ルヘキ場合ハ、例ヘハ外國人カ日本ノ國籍ヲ取得セルモ、其妻ノ本國法ニ反對ノ規定アルカ爲、妻ハ夫ト共ニ日本ノ國籍ヲ取得セス依然外國人タル場合、(國籍法第十三條第二項)其外國人タル妻カ失踪セルトキ、日本人タル夫カ其婚姻關係ノ解消ニ關シ、內國裁判所ニ失踪ノ宣告ヲ求メタル場合ノ如シ。

〔註十三〕 獨逸民法施行法第九條ニ曰、「不在者カ不在ノ始メ獨逸人ナリシトキハ、獨逸ノ法律ニ依リ獨逸ニ於テ死亡者ト宣告スルコトヲ得。其若シ不在ノ始、其外國ニ屬スルトキハ、獨逸ノ法律ニ依ルヘキ法律關係幷ニ獨逸ニ所在スル財產ニ對スル效果ニ付テハ獨逸ノ法律ニ依リ、獨逸ニ於テ死亡者ト宣告スルコトヲ得。…………若シ不在者タル夫カ外國人ニシテ獨逸ニ其住所ヲ有シ、獨逸ニ遺留シ若クハ獨逸ニ復歸シタル妻カ獨逸人ナルトキ、又ハ不在者ト婚姻スルマテ獨逸人ナリシトキハ、妻ノ請求ニ依リ第二項ノ制限ニ依ラス、獨逸ノ法律ニ依リ、獨逸ニ於テ其不在者ヲ死亡者ト宣告スルコトヲ得」ト。

失踪宣告ノ效果トシテ宣告地法ニ依ル範圍

問題アリ。失踪宣告ノ效果トシテ宣告地法ニ依ル範圍如何。此點ニツキ往々其宣告地法ニ依リテ失踪者ヲ死亡者ト看做スニ止マリ、其結果生スル相續ノ問題ハ、法例第二十五條ノ原則ニ從ヒ失踪者ノ本國法ニ依ルヘキヲ主張スルモノアレトモ、余輩ハ相續ノ問題モ亦宣告地法ニ依ルヘキモノト解ス。蓋シ相續問題ヲ本國法ニ依ラシムルトキハ、宣告地ニ在ル失踪者ノ財產關係ハ之ニ依リテ決セラルルニ至リ、財産所在地タル宣告地ノ公益ヲ維持センカ爲、所在地ノ裁判所ニ例外的管轄權ヲ認メタル理由ヲ失フニ至レハナリ。(本章第五節參照)

第二節　親族法

總說

一　總說

凡ソ親族法上ノ關係ニ二種アリ。一ハ自然ノ事實ニ基クモノニシテ、他ハ契約ニ依リテ成立セルモノトス。其何レノ場合ニ於テモ、常ニ當事者ノ自由意思ニ依ル準據法ヲ認ムルコトナシ。蓋シ親族法上ノ關係ハ其當事者ノ所屬國ニ於ケル道德的關係ニ基クヲ以テナリ。嘗テ親族法上ノ關係ニツキ「身分」又ハ「親族關係ヨリ發生スル權利·義務」ナル立言ノ下ニ、概括的ニ其準據法ヲ規定セルコトアリシト雖、近時ノ趨勢ハ、寧ロ各種ノ親族法上ノ關係ヲ各別ニ規定スルニ存スルカ如シ。而シテ親族法ニ關シテ茲ニ論スヘキハ、主トシテ婚姻關係、親子關係、後見關係等ナリトス。

婚姻

二　婚姻

婚姻ノ成立ニハ一定ノ要件ト方式トヲ要ス。而テ茲ニ要件ト謂フハ婚姻ヲナシ

(一)成立

婚姻成立ノ實質的要件ニ關スル立法例

得ヘキ資格條件ノ義ニシテ、所謂婚姻ノ實質的要件、又ハ婚姻能力(Ehefaeigkeit)ヲ意味スルニ外ナラス。年齢、親等、再婚ニ關スル制限、特定人ノ同意ニ關スル要件等ハ之ニ屬ス。元來婚姻ノ實質的要件ニ關スル準據法ニハ二主義アリ。一ハ當事者ノ屬人法ニ依ラントスルモノニシテ、他ハ其擧行地法ニ依リ屬地的ニ決スヘシトナス。前者ハ一般ニ歐洲大陸ニ行ハレ、後者ハ英米ニ行ハルル所タリ。其屬人法ニ依ルモノハ、更ニ之ヲ數種ニ別ツヲ得ヘシ。(一)ハ當事者各自ノ本國法ニ依ルモノニシテ、法例第十三條、獨逸民法施行法第十三條、第二十七條、海牙ノ婚姻成立ニ關スル條約第一條等ハ之ニ屬ス。(註一)(二)ハ當事者各自ノ本國法ニ依ルヘキヲ認ムレトモ、擧行地法ノ制限ニ反スルトキハ婚姻ヲ許ササルモノニシテ、伊太利民法第百二條等ハ之ニ屬ス。(註二)(三)ハ當事者雙方ノ本國法ノ牴觸ヲ避ケ、夫ノ本國法ノミニ依ルトナスモノニシテ、千八百九十四年ハンガリー婚姻法第百九條(註三)等ハ之ニ屬ス(四)ハ當事者ノ國籍ニ依ルコトナク、其婚姻當時ニ於ケル住所ニ依リテ婚姻能力ヲ決セントスルモノニシテ、丁抹諸威ニ行ハルル所ナリ。其他學說トシテハ、夫ノ住所地法ヲ以テ其準據法トナスモノナキニアラス。婚姻ナル法律關係ノ本據ハ夫ノ住所地ニ存スト謂フヲ其理由トス。(Savigny, System VIII S. 226, Gerber-Cosack, Deutsches Privatrecht 17. Aufl § 23) 而シテ擧行地法ニ依ル代表的ナルモノハ北米ニシテ、婚姻ヲ以テ人權ノ一種トナシ、(Wharton. Treatise on the Conflict of laws §, 165) 苟モ擧行地法上有效ニ成立セル婚姻ハ、如何ナル場所ニ於テモ有效トナス。婚姻成立ノ問題以上、公序良俗ト密接ノ關係アルモノナキヲ其理由トス。英國ニ於テハ千八百七十七年以來、住所地法多クノ場合ニ認メラレタリト雖、婚姻ニツキテハ依然トシテ屬地法行ハルルヲ見ルナリ。(Westlake, Treatise on Private international law. § 21)

〔註一〕 婚姻成立ニ關スル法律ノ效力ニツキテノ海牙條約ハ、獨逸、白耳義、佛蘭西、クルセンブルグ、和蘭、ルーマニア、瑞西、伊太利、葡萄牙ノ十ケ國間ニ於ケル現行條約ニシテ、締約國ノ歐洲領土内ニ行ハレ、其當事者ノ一方カ締約國ニ屬スル場合ノ婚姻ニ適用セラルルモノトス。之ニ從ヘハ「婚姻ノ成立ニ關スル權利ハ當者事各自ノ本國法ニ依ル。但其本國法カ明文ヲ以テ他ノ法律ヲ指定シタル場合ハ此限ニ在ラス。」(第一條)トナス。

獨逸民法施行法第十三條ニ曰「婚姻ノ成立ハ當事者ノ獨逸人タル場合ハ、當事者各自ニツキ其本國法ニ依ル。獨逸ニ於テ婚姻ヲ爲ス外國人ニツキテモ亦同シ。第九條第三項(不在者タル夫ハ外國人ニシテ、獨逸ニ其住所ヲ有シ、獨逸ニ遺留シ、若クハ獨逸ニ復歸シタル妻カ獨逸人ナルトキ、又ハ其不在者ト婚姻スルマテ獨逸人ナリシトキ、其妻ノ請求ニ依リ獨逸ニ於テ死亡ノ宣告ヲ爲シタル場合)ニ依リ死亡ノ宣告ヲ受ケタル外國人ノ妻ノ婚姻ハ獨逸法ニ依ル」ト。唯反致ノ原則ノ適用アルハ注意ヲ要ス。(第二十七條)

〔註二〕伊太利民法第百二條ニ曰、「外國人カ婚姻ヲ爲スノ能力ハ其者ノ屬スル國ノ法律ニ依リテ定ム。外國人ト雖本編第二章第二節ノ規定ニ從フ。」ト。即第二項ノ規定ニ依リ伊太利ニ於テ婚姻ヲ爲ス外國人ハ、伊太利ノ法律ニモ從フヲ要シ、其本國法上婚姻能力ヲ有スル場合ト雖、伊太利法ノ規定セル婚姻年齡ニ達スルニアラサレハ婚姻ヲ爲ス能ハサルヘシ。

〔註三〕千八百九十四年ハンガリー婚姻法第百九條ニ曰、「ハンガリー人タル男子カ外國人タル女子ト婚姻ヲ爲サントスルトキハ、其擧行地ノハンガリータルト外國タルトヲ問ハス、婚姻ノ效力ハハンガリーノ法律ニ依ル。但女子ノ年齡及行爲能力ニツキテハ此限ニ在ラス。

外國人タル女子カハンガリー人トノ婚姻ニ因リハンガリー國民トナリ、其國ニ親族關係ヲ生シタルトキハ、其女子カ婚姻ニ依リテ脫籍セル外國ハ、其女子及其子孫ヲ失フ」ト。

以上ノ所説ニ徴スルトキハ、婚姻能力ニ關スル諸國ノ國際私法的規定ハ、當事者ノ屬人法タル本國法ニ依ルモノ最モ多シ。唯其各自ノ本國法ニ依ルヘキカ、又ハ夫ノ本國法ニ依ルヘキカノ差異アルニ過キス。蓋シ婚姻能力ニ關スル規定ハ、各國ノ國情ニ依リテ異リ、熱帶ニ近キ國民ノ法律ハ之ヲ北國ノ國民ニ適用スルニ由ナク、又幼少ヨリ自治ニ慣レ、自己ノ行爲ニツキ責任ヲ負擔セシムル習慣アル國民ノ有スル、適齡者ノ婚姻ニハ其尊族親ノ同意ヲ要セサル規定ヲ、自治ニ慣レサル國民ニ適用スルトキハ、却テ傷ムヘキ結果ヲ生スルコトアルヲ以テナリ。

我現行法

我現行法ハ此點ニ鑑ミ「婚姻成立ノ要件ハ各當事者ニ付キ、其本國法ニ依リテ之ヲ定ム」(法例第十三條第一項)ト規定シ、夫ノ本國法ニ依ルノ主義ヲ採ラス。蓋シ夫ナル身分ハ、婚姻ノ成立後始メテ存スヘキモノニシテ、其成立如何ヲ定ムヘキ時期ニ於テハ未タ存在セサルヲ以テナリ。千八百八十八年ローザンヌニ於ケル國際法協會ノ決議亦之ニ同シ。(註四)

(註四) 千八百八十八年ローザンヌニ於ケル國際法協會ハ婚姻能力ニ關スル準據法ヲ決議シテ、當事者ノ雙方又ハ一方ノ本國以外ノ國ニ於テ婚姻ヲ擧行セシカ爲ニハ、當事者ハ(一)年齡、(二)近親トシテ禁セラレタル親等、(三)親族又ハ後見人ノ同意、(四)婚姻ノ公告ニ關シテハ自己ノ本國ノ定メタル條件ニ從フヲ要ストナス。

擧行地ノ

問題アリ。擧行地ノ公序良俗ト兩立セサル婚姻ノ效力如何。婚姻成立ニ關スル海

公序良俗ト兩立セサル婚姻ノ效力

牙條約第二條ハ、此點ニ關シ特ニ明文ヲ設ケ、(一)或ル親等ノ親族又ハ姻族間、(二)前婚カ姦通ニ依リテ解消セラレタル場合、相姦者間、(三)通謀シテ配偶者ノ一方ノ生命ヲ害シタルノ故ヲ以テ處刑セラレタル場合、通謀者間ニ於ケル婚姻ノ絶對的禁止ノ規定ニ反スルトキハ、擧行地法ハ外國人間ノ婚姻ヲ禁止スルヲ得トナス。我國ニ於テハ、法例第三十條ノ適用上斯クノ如キ婚姻ノ成立ヲ認ムルノ餘地ナシト雖、其本國ニ於テハ猶有效タルヲ失ハサルハ勿論ナリトス。(註五)

〔註五〕 外國法ニ依ル婚姻カ擧行地ニ於ケル公序良俗ト兩立スルヲ得サルトキハ、擧行地ニ於テ之ヲ禁止スルヲ得レトモ、其本國ニ於ケル效力ハ擧行地ニ於テ否定シ得ヘキモノニアラス。例ヘハ我國ニ於テハ叔姪間ノ婚姻ヲ禁スレトモ、國ニ依リテハ之ヲ認ムルモノナキニアラス。今我國ニ於テ之ヲ認ムル國ニ屬スル外國人タル叔姪ノ關係アル者、婚姻ヲ爲サントスルトキ、其外國法適用ノ結果ハ我公序良俗ト兩立スルヲ得サルカ故ニ、我國ハ法例第三十條ニ依リ之ヲ禁止スルヲ得。然レトモ後其叔姪カ其本國ニ歸リ、本國ニ於テ婚姻ヲ爲シタル場合ハ本國法上有效ニシテ、我國ニ於テハ其婚姻ノ效力ヲ否定スルヲ得サルモノトス。蓋シ此場合婚姻ハ本國ニ於テ行ハレ、毫モ我國ノ公序良俗ト關係スル所ナキヲ以テナリ。

婚姻成立

婚姻ノ成立ニハ以上ノ外、猶一定ノ方式ヲ要ス。或ハ之ヲ形式的要件ト稱ス。(註六)

ノ形式的要件

古來歐洲ニ於テ婚姻ハ宗敎上ノ儀式ヲ履ムヲ常トシ、今猶之ヲ以テ法律上ノ方式トナスモノナキニアラス。(例ヘハ露國希臘ノ如シ)然レトモ一般ニ婚姻ヲ以テ民事上ノ制度トナシ、民法上ノ方式ニ依ラシムルヲ通常トス。婚姻成立ニ關スル海牙條約第五條ハ、原則トシテ擧行地法ニ依リタル婚姻ノ方式ハ何レノ國ニ於テモ有效ナルヲ認メ、唯宗敎上ノ儀式ヲ必要トスル國ニ於テハ、其本國法ニ依ラサル婚姻ノ效力ヲ認メサルヲ得トナセリ。

我現行法

我現行法亦婚姻ノ方式ハ擧行地法ニ依ルヘシトナス。(法例第十三條)唯在外日本人間ノ婚姻ニツキテハ、民法第七百七十七條ノ適用ヲ認メ、(同條第二項)其國ニ駐在スル日本ノ公使又ハ領事ニ屆出ヲ爲スコトヲ得ルモノトス。蓋シ擧行地法ノ方式ニ依ルハ婚姻ノ擧行カ其地ノ公序良俗ニ關スルカ爲ニシテ、在外日本人間ノ婚姻ニツキ例外的規定ヲ設ケタルハ、外國ニ於テ我國民ノ擧行シ得ヘキ方式存セサル場合アルカ爲メナリトス。(註七)

〔註六〕 婚姻ハ方式、卽形式的要件ニハ種々アリ。或ハ(一)當事者雙方及成年ノ證人二人以上ヨリ、口頭又ハ書面ヲ以テ戸籍吏ニ屆出ツルヲ要件トスルモノアリ。(我民法第七百七十五條)或ハ(二)當事者ノ住所及其他ノ場所ニ婚姻ノ三日前ニ二回ノ公告ヲ爲シ且當事者一方ノ住所地タル市町村役場ニ四人ノ證人ト共ニ出頭シ、其立會ノ下ニ戸籍吏ノ訊問ニ對シテ、互ニ夫婦トナルコトヲ答ヘ、其他ノ手續ヲ終ヘテ婚姻擧行調書ノ作成ヲ必要トスルモノアリ。(佛蘭西) 或ハ(三)當事者ハ一回ノ公告ヲ爲シタル後、證人二人ト共ニ戸籍吏ノ面前ニ出頭シ、其訊問ニ對シテ各自ニ婚姻スル旨ヲ答ヘタル後、戸籍吏ハ法律ニ依リ兩人ハ夫婦タル旨ヲ宣言シ、婚姻登記簿ニ記入スルヲ方式トナスモノアリ。(獨逸) 或ハ(四)寺院ノ結婚式擧行セラルルマテ、婚姻ト看做サス、寺院ニ於ケル擧式ヲ法律上ノ要件トナスモノアリ。(露西亞希臘) 或ハ(五)婚姻ハ當事者ノ屬スル寺院法ニ依ルヘク、寺院ニ依ル婚姻ヲ以テ其方式トナセトモ、其遵守ヲ求ムルコト嚴格ナラス。其國民カ外國ニ於テ婚姻ヲ爲シタル場合其地ノ方式ヲ遵守スルトキハ、其婚姻ハ本國ニ於テモ有效ナリトナスモノアリ。(墺地利)

〔註七〕 海牙條約ハ婚姻ノ方式ニ關シ、其擧行國ノ法律ニ從ヒタルトキハ、何レノ條約國ニ於テモ之ヲ有效ト認ムレトモ、婚姻ノ方式トシテ宗教上ノ儀式ヲ必要トスル國ニ於テハ、此方式ニ從ハス、外國ニ於テ擧行セラレタル婚姻ヲ有效ト認メサルヲ得ヘク、婚姻ノ公示ナキトキハ、之ヲ方式トスル國ニ於テノミ其婚姻ヲ無效トス。外交官領事官ニ依ル婚姻ハ、婚姻當事者ノ各自カ擧行地ノ臣民ニアラス、又擧行地法ニ反對ノ規定ナキ場合ニ限リ、之ヲ有效トス。唯此場合擧行地ハ前婚又ハ宗教上ノ障礙ニ因リ、自國法ニ違反セルヲ理由トシ、外交官又ハ領事官ニ依ル婚姻ニ反對スルヲ許ササルノ制限アリ。而シテ婚姻ノ方式カ擧行地ニ於テ無效ナル場合ト雖、其當事者各自ノ本國、法ニ依ル方式ヲ遵守セルトキハ、他ノ條約國ニ於テハ之ヲ有效ト認ムルヲ得ヘシト

ナス。（第五條第六條）

（二）效力 夫婦ノ身分關係

婚姻ノ效力ハ之ヲ身分關係ト財産關係トニ別チテ觀察スルヲ要ス。

（イ）夫婦ノ身分關係ニ關スル準據法ニツキテハ爭アリ。一ハ當事者ノ住所地法（英米、亞爾然丁婚姻法第三條）（註八）ニ依ルヘシトシ、他ハ其夫ノ本國法ニ依ルヘシトナス。現今一般ニ認ムル所ハ、夫ハ婚姻成立ト同時ニ婚姻關係ノ主長トナルカ故ニ、夫ノ本國法ニ依ルヘシトナスニ在リ。唯其本國法ハ婚姻擧行當時ノ本國法ナリヤ、將タ現在ノ本國法ナリヤニツキ爭アルニ過キス。海牙列國會議委員會ニ於ケル婚姻ノ身分上ノ效力ニ關スル假提案第一條ハ、前者ニ從ヒ、我法例ハ原則トシテ後者ニ從フ。（第十四條第一項）蓋シ通常妻ハ婚姻ト共ニ夫ノ國籍ヲ取得シ、夫ノ國籍變更ト共ニ其國籍ヲ變更スルヲ原則トスレハナリ。唯外國人カ女戸主ト入夫婚姻ヲナシ、又ハ日本人ノ婿養子トナリタル場合ニ於テハ、我國籍ヲ取得セシムルカ故ニ、（國籍法第五條第二號、第四號）此場合ノ婚姻ノ效力モ亦我法律ニ依ラシムルヲ妥當トス。法例第十四條第二項ハ、又此意味ニ外ナラサルナリ。

身分上ノ效力ニ關スル現行法ノ規定

（註八）亞爾然丁婚姻法第三條ニ曰ク「共和國ニ住スル夫婦ノ人的權利義務ハ、其婚姻成立地ノ如何ヲ問ハス、共和國ノ法律ニ依リテ之ヲ定ム」ト。

問題トナルハ法例ニ所謂婚姻ノ身分上ニ於ケル效力ノ範圍如何ノ點ナリトス民法第七百八十八條乃至第七百九十二條ニ規定セル效力(妻ハ夫ノ家ニ入ル效力、夫婦同居ノ義務、夫婦扶養ノ義務)ハ勿論、妻ノ一般行爲能力ニ關スル問題モ亦其當然ノ內容タリト解スルヲ正當トス。蓋シ妻ノ一般行爲能力制限ノ問題ハ婚姻ノ效力トシテ生スルヲ以テナリ。從テ妻ノ能力ニツキテハ法例第三條ノ適用ナシト解スルハ既ニ述ヘタルカ如シ。(第一節一參照)

夫婦ノ財産關係

立法例

(ロ)夫婦ノ財産關係ニツキテハ凡ソ三主義アリ。(一)ハ夫ノ本國法ニ依ルモノニシテ、伊太利法例第六條、獨逸民法施行法第十五條ハ之ニ屬ス。伊太利ニ於テハ別ニ例外ヲ認ムルコトナシト雖、獨逸ニ於テハ反致ノ原則ヲ認ムル結果、(第二十七條)夫ノ本國法カ住所地法主義ヲ認ムルトキハ、獨逸ニ住所ヲ有スル夫婦ノ財産關係ハ獨逸法ニ依リテ支配セラルルニ至ルヘシ。(二)ハ住所ノ法律ニ依ルモノニシテ、リマ條約草案第十五條ハ之ニ屬ス。佛國ニ於テハ明文ノ徴スヘキモノナシト雖、實際ノ取扱トシテハ、別ニ財産契約ナク當事者永ク佛國ニ住スルトキハ、夫婦暗默ノ契約ニ依リ、佛國法ヲ適用スヘキノ推定行ハレ、(Journal d. dr. i. XII p. 558/9; Z. f. intnt. Priv.

u. Str-R. V. s. 66/7)外國ニ於テ婚姻ヲ爲シ、且外國ニ永住スル佛國人タル夫婦ハ、反對ノ理由ナキ限リ、其住所地法ニ從フト看做サルルモノトス。(Journ. d. dr. i. XXVIII 1901p. 854–857) 英米ニ於テモ動産ニツキテハ住所地法行ハレ、明約ナキトキハ、婚姻ノ住所ノ法律カ婚姻當時當事者ノ一方ニ屬シ、又ハ婚姻中當事者ノ一方カ獲得シタル動産ニツキ當事者ノ權利ヲ定ムヘシトス。而シテ婚姻ノ住所トハ原則トシテ婚姻當時ニ於ケル夫ノ住所ヲ意味スレトモ、例外トシテ婚姻前ニ於ケル合意ノ結果、婚姻後取得セル住所タルコトアルヘシトナス。(Wharton § 192. Westlake § 86) (III)ハ夫婦ノ財産關係ハ婚姻契約ニ依リテ定マレトモ、契約ナキトキハ、婚姻住所變更ノ有無ニ依リテ取扱ヲ異ニシ、其變更ナキトキハ、婚姻擧行地法ニ依リ、變更アリタルトキハ、其變更前ニ獲得シタルモノハ舊住所地法ニ依リ、變更後ニ獲得シタルモノハ、新住所地法ニ依ルヘシトナス。(亞爾然丁婚姻法第四條、第五條)

惟フニ既ニ契約自由ノ原則ヲ認メ、債權法上ノ法律行爲ノ準據法ハ原則トシテ自由意思ニ依リテ定マルヲ認ムル以上ハ、(法例第七條)夫婦ノ財産關係ニツキテモ、當事者間ノ契約アルトキ之ニ依ラシムルハ當然ニシテ、法律カ夫婦ノ財産關係ニツキ準據法ヲ定ムルノ要アルハ其契約ナキ場合ニ限ルト謂ハサルヲ得ス。然レトモ契約ニ依リテ夫婦ノ財産關係ヲ定メ得ルヤ否ヤハ、法律カ婚姻ニ附與セル效力如何ニ依リテ異リ、畢竟婚姻ノ效力ノ問題ニ外ナラスト謂フヘク、從テ婚姻ノ身分上ノ效力ヲ定ムル法律ニ依リテ決スルノ外ナシ。理論上ヨリ謂フトキハ、夫婦ノ財産關係ニツキテハ第三者ノ利益保護ヲ必要トスレトモ、住所又ハ國籍ノ變更ニ依リテ影響セラルヘキモノニアラス。從テ婚姻中ニ於ケル住所ノ變更ニ依リ其準據法ヲ異スルカ如キハ、左袒スルヲ得サル所ナリ。而シテ住所地法主義ハ、常ニ當事者間ニ豫メ婚姻後直ニ共同生活ヲナスノ地、即所謂第一ノ住所ヲ設定スル場所ノ法律ニ從フ旨ノ默約存スト看做セルニ起因シ、本國法主義ハ夫婦ノ財産關係ハ其本國ノ道德習慣ト密接ノ關係ヲ有スル點ニ其根據ヲ有ス。前者ハ當事者ノ意思推定ニ其基礎ヲ有シ、不確實ノ嫌アリ。此點ニ於テ寧ロ後者ノ確實ナルニ如カス。我法例ハ此點ニ鑑ミ、財産關係ハ特別ノ契約ナキ限リ、凡テ婚姻當時ノ夫ノ本國法ニ依ルトナス。蓋シ夫婦ノ財産關係ハ婚姻屆出後之ヲ變更スルコト得サルヲ以テナリ。(民法七百九十六條第一項)(註九)(註十)(第十五條)多數ノ法律ハ當事者間ニ財産契約ノ自由ヲ認ムレトモ、絶對ニ之ヲ禁止シ、（瑞西居住居留民法第十九條第一項）又ハ制限的ニ認ムルモノナキニアラス。（伊太利）既ニ財産契約ノ自由ヲ認ムル以上、其ノ内容ハ固ヨリ當事者ノ自由ニ決スル所ナリト雖、契約ニ依リテ其財産關係ヲ定ムルヲ得ルヤ否ヤハ、法律カ婚姻ニ附與セル效力如何ニヨリテ異ルハ既ニ述ヘタルカ如シ。從テ我國ニ於ケル婚姻ノ身分上ノ效力ハ現在夫ノ本國法ニ依ルカ故ニ、（法例第十四條）財産契約ノ自由ヲ認ムル範圍モ亦現在夫ノ本國法ノ認ムルモノニ限ルト謂ハサルヲ得サルナリ。而シテ婚姻ノ身分上並財産上ニ於ケル效力ニ關スル海牙條約（註十一）ハ此點ニツキ明文ヲ設ケ、財産契約ノ内容カ有效ナリヤ否ヤハ、婚姻成立當時ニ於ケル夫ノ本國法ニ依リ、若シ婚姻中始メテ財産契約ノ成立ヲ見タル場合ニ於テハ、契約當時ノ夫ノ本國法ニ依ルトシ、財産契約自體ノ效力ニ關スル準據法ニツキテモ亦同一ナリトナス（第五條第一項）

〔註九〕 夫婦ノ財産契約ニツキテハ、婚姻屆出後其變更ヲ許ササルモノト、婚姻擧行後ト雖其財産關係ヲ定メ、又之ヲ廢止變更スルヲ得ルモノトノ別アリ。前者ヲ不變更主義ト稱シ、我民法第七百九十六條、佛蘭西民法第千三百九十五條ハ之ニ屬ス。後者ハ之ヲ變更主義ト稱シ、獨逸民法第千四百三十二條ハ之ニ屬ス。我國際私法ハ我民法ノ認ム

ル不變更主義ヲ一貫シ、夫婦財産制ハ婚姻當時ニ於ケル夫ノ本國法ニ依ルトナス。

〔註十〕千八百八十八年國際法協會ハ決議第十四條ニ曰、「夫婦財産契約ナキトキ、婚姻ノ住所地法、即夫婦カ新ニ定メタル生活本據地ノ法律ハ、夫婦ノ財産關係ヲ支配ス。但他ノ事實又ハ狀況ヨリ夫婦ニ反對ノ意思アルコト明ナルトキハ此限ニ在ラス。」ト。

〔註十一〕婚姻ノ身分上并ニ財産上ニ於ケル效力ニ關スル海牙條約ハ第四回海牙會議ニ於テ議決セラレタル所ニシテ十五ケ條ヨリ成ル。

財産契約ノ方式ハ一般原則（法例第八條）ニ從ヒ、契約自體ノ效力ヲ定ムル法律、又ハ契約地法ニ依ルヘク、海牙條約ハ又契約ヲ爲ス國ノ法律、又ハ擧行當時ニ於ケル當事者各自ノ本國法、又ハ婚姻繼續中ニ於ケル當事者ノ各自ノ本國法ニ從ヘルトキ之ヲ有效トス。（第六條）

外國人カ外國法ニ從ヒ財産契約ヲ結ヘル後、我國籍ヲ取得シ、又ハ我國ニ住所ヲ有スルニ至リシ場合ニツキテハ、民法第七百九十五條ノ規定アリ。一年內ニ其契約ヲ登記スルニ非レハ、日本ニ於テハ、之ヲ以テ夫婦ノ承繼人及第三者ニ對抗スルヲ得ストス。我國民ト入夫婚姻又ハ婿養子緣組ヲナシタル場合ノ財産關係ニツキテハ、法例第十五條第二項ノ規定アリ。其財産關係ハ日本ノ法律ニ依ルトナス。蓋此場

離婚

立法例

合入夫又ハ婿養子トナリタル外國人ハ、日本ノ國籍ヲ取得スルヲ以テナリ。

三　離婚

獨逸、佛蘭西(千八百八十四年以來)英吉利、瑞西ニ於テハ離婚(divortium)ヲ認ムレトモ、墺地利、伊太利西班牙ニ於テハ之ヲ認ムルコトナク、唯別居(Separation de corps)ヲ認ムルニ過キス。獨逸ニ於テハ離婚ノ外、所謂婚姻共同解除(Aufhebung der ehelichen Gemeinschaft)ノ制アリ。斯クノ如ク離婚ノ制ヲ認ムルト否トハ國ニ依リテ異ルノミナラス、其原因ニツキテモ亦各國其規定ヲ異ニスルヲ以テ、其間牴觸ヲ生スルハ實ニ免ルヘカラサル所ナリ(註十二)

〔註十二〕諸國ノ法律ハ之ヲ大別シテ(一)離婚ノミヲ許スモノ(二)離婚ノ外別居ヲ許スモノ(三)別居ノミヲ許スモノノ三種トナスヲ得ヘシ。離婚ノミヲ許ス國ハ更ニ法律ニ定ムル特定原因ニ因ルモノノミニ限ルモノト、(瑞西)特定原因ニ依ルモノノ外、協議上ノ離婚ヲ許スモノニ別ツヲ得ヘシ。(丁抹、諾威、日本)離婚別居共ニ認ムル國ハ、何レモ其特定原因アル場合ニ限ルモノ(英吉利、佛蘭西、匈牙利、獨逸但協議離婚ヲ許サス)ト、特定原因ニ依ルモノノ外、協議ニ依ルモノノ別アリ。後者中ニハ或ハ離婚ニハ協議ニ依ルモノト、特定原因ニ因ルモノトヲ許セトモ、別居ニハ協議ニ因ルモノノミヲ認ムルモノアリ。(白耳義)或ハ之ト正反對ナルモノアリ(和蘭)或ハ宗教ノ如何ニ依リテ區別シ、夫婦ノ一方又ハ雙方カカトリツク教ニ屬スルトキハ、協議又ハ特定原因ニ因ル別居ノミヲ許スニ反シ、其非カトリツク教ニ屬スル場合ニハ、協議及特定原因ニ依ル離婚ヲ許スモノナキニアラス。

管轄

我國法ハ居所地ノ離婚管轄權ヲ認ムレトモ、(人訴第一條二項)歐洲ニ於テハ其本國ノ管轄ニ屬セシムルヲ常トス。海牙離婚條約ハ本國居所地ノ何レモ離婚ノ管轄權ヲ有スルトナス。(第五條)(註十三)

〔註十三〕 海牙離婚條約ハ第三回國際私法會議ニ於テ成立シ、其第五條ニ於テ離婚又ハ別居ノ請求ハ(一)夫婦ノ本國法ニ依ル管轄裁判所、(二)夫婦ノ住所地ノ管轄裁判所ニ爲スコトヲ得ヘク、本國法上夫婦カ同一ノ住所ヲ有セサルトキハ、被告ノ住所ノ裁判所ヲ其管轄裁判所トス。遺棄及住所ノ變更カ、離婚及別居ノ原因發生後行ハレタルトキハ、最終ノ共同住所ノ管轄裁判所ニ其請求ヲ爲スヘク、若シ本國裁判所カ離婚又ハ別居ニツキ專屬管轄權ヲ有スルトキハ、其裁判管轄權ノミヲ認ムヘク、外國裁判所ハ本國ノ管轄裁判所ニ離婚又ハ別居ノ請求ヲ爲シ得サル婚姻ニ關シノミ管轄權ヲ有スルモノトス。

原因

離婚ノ原因ニ關スル準據法ニツキテハ凡ソ三主義アリ。(一)ハ離婚ハ公序良俗ニ關スルカ故ニ、其原因ハ法廷地法ニヨルヘシトナスモノニシテ、亞爾然丁婚姻法第八十六條、第九十七條ハ之ニ屬ス。(二)ハ夫婦關係ノ解消ハ國籍ノ變更ヲ生スルヲ理由トシ、專ラ夫ノ本國法ニ依ルモノニシテ、獨民法施行法第十六條ハ之ニ屬ス。(三)ハ兩者ヲ折衷シテ、夫ノ本國法、法廷地法ノ共ニ認ムル原因ニツキテノミ、離婚ヲ宣告スヘシトナスモノニシテ、我法例第十六條、及海牙ノ離婚條約第一條(註十四)ハ之ニ從フ。我法例ハ「離婚ハ其原因タル事實ノ發生シタル時ニ於ケル夫ノ本國法ニ依ル。但裁判所ハ此原因タル事實カ、日本ノ法律ニ依ルモ離婚ノ原因タルトキニ非レハ離婚ノ宣告ヲ爲スコトヲ得ス」トナス。而シテ原因タル事實發生當時ヲ標準トナセルハ、夫ニ國籍ノ變更アリ、其以前ニ生シタル事實カ其發生當時ニ於ケル夫ノ本國法上離婚ノ原因タルカ如キ場合ヲ豫想セル結果ナルヘシ。

(註十四) 海牙ノ離婚條約第一條ニ曰「夫婦カ離婚訴訟ヲ提起シ得ルハ、唯其本國法及法廷地法カ離婚ヲ許ス場合ニ限ル」ト。

四　親子關係

親子關係ハ其血統ニ因ルモノト然ラサルモノニ別ツヲ得ヘク、嫡出子及私生子ハ前者ニ屬シ、養子ハ後者ニ屬ス。

嫡出子

(イ)子ハ嫡出子ナリヤ否ヤヲ決スルハ、畢竟國際私法上否認訴權行使ニ關スル準據法ノ問題ニ外ナラス。此場合ノ準據法ハ(一)推定的父即夫ヲ標準トスルモノト(二)子ヲ標準スルモノノ別アリ。前者トハ更ニ其住所地法ニ依ルモノト、本國法ニ依ルモノノ二種アリ。通說ハ推定的父ノ本國法ニ依ルヘシトナス。我法例亦之ニ從ヒ、「子ノ嫡出ナリヤ否ヤハ、其出生ノ當時母ノ夫ノ屬シタル國ノ法律ニ依リテ之ヲ定ム。」ト規定セリ。(第十七條)此場合特ニ母ノ夫トナセルハ、父子ノ關係ハ唯推定的タルニ止マリ、果シテ其父ナルヤ否ヤハ未定ニ屬スルヲ以テナリ。若シ其推定的父ニシテ子ノ出生前ニ死亡シタルトキハ、其最後ニ屬シタル國ノ法律ニ從フモノトス。(同條後段蓋シ否認訴權ハ推定的父ノ爲ニ設ケタル權利ニシテ、子ノ國籍ハ否認訴權行使ノ結果ヲ俟テ始メテ確定スヘキヲ以テナリ。

私生子

(ロ)私生子ニツキテハ、認知ノ制度ヲ認ムルモノト、然ラサルモノアリ。前者ニアリテモ認知シ得ヘキ人ノ範圍ヲ限定シ、貴族ヲ除外スルモノアリ。(露)一般ニ認知ヲ認メ、父母ノ認知ニ依リ嫡出子タルノ外、父ノ認知ニ依リテ庶子タル身分ヲ取得ストナスモノアリ。(我民法八百二十七條)又認知ヲ受クヘキモノノ範圍ヲ限定シテ、亂倫ノ子及姦通ノ子ハ認知ノ利益ヲ受クルヲ得ストナスモノアリ。(佛蘭西、伊太利)(三)其他認知權ヲ父ノ獨占ニ歸スルモノト、子ニ其請求權ヲ認ムルモノノ別アリ。而シテ認知ノ制度ヲ認メサルモノニ於テハ、私生子ハ何人トモ親族關係ヲ有セストナスモノスラ存ス。英國ニ於テハ事後ノ婚姻ニ依ル認知ヲ認メス。然レトモ外國法ニ依リテ成立シタル認知ノ法律上ノ效果ハ、大部分英國ニ於テモ之ヲ認メ「後ノ婚姻ニ依ル認知ハ子ノ出生當時父母ノ住シタル國ノ法律ニ從フ」ト判決セリ(千八百八十七年十一月一日)若シ父母未タ婚姻セス、互ニ住所ヲ異ニスルトキハ、父ノ住所地法ニ從フトナス。而シテ不動產ノ相續ハ其財產所在地法ニ依リ嫡出子タルヲ要件トシ、未タ一般ニ私生子認知ノ效果ヲ相續法ニ及ホスコトナシ。(註十五)

(註十五) 私生子ノ認知ニ依リ、父子ノ間ニ親族法上ノ關係ヲ生セシムルニハ、(一)裁判所ノ判決、其他ノ行爲ニノミ依ルモノト、(二)婚姻豫約ノ存在ヲ必要トスルモノトノ別アリ。佛法系ノ諸國ハ、一般ニ父ト私生子トノ間ニ、親族法上及相續法上(制限的)ノ效果ヲ生セシムル一種ノ私法上ノ任意承諾ヲ認メ、之ニ依リテ子ハ父ノ姓及國籍ヲ取得シ、其父權ノ下ニ立チ、又扶養ノ權利及相續權ヲ取得ストナス。

私生子認知ノ要件ニ關スル準據法ニハ(一)法廷地法ニ依ルモノト、(二)屬人法ニ依ルモノノ二種アリ。後者ハ更ニ(a)出生當時ニ於ケル本國法ニ依ルモノト、(b)認知當時ノ本國法ニ依ルモノトニ岐ル。我現行法ハ後説ニ從ヒ、認知ノ要件ハ當時ニ於ケル當事者ノ所屬國法ニ依リ、認知ノ效力ハ父又ハ母ノ本國法ニ依ルトナス。(法例第十八條)蓋シ私生子ト其父母ト國籍ヲ異ニスルトキ、認知ノ要件ハ其一方ノ本國法ニ依ルヲ得サルヘク、既ニ認知ニ因リテ親子ノ關係ヲ生シタルトキ、其效力ハ親ノ本國法ニ依ラシムルヲ正當トスレハナリ。而シテ其方式ニツキテハ別ニ規定スル所ナシト雖、一般原則ニ從ヒ、認知ノ效力ヲ定ムル法律、又ハ行爲地法ニ依ルヲ正當トス。(法例第八條)(註十六)

〔註十六〕　佛蘭西民法第三百三十四條ハ私生子認知ノ方式ヲ規定シテ曰、「(一)出生屆ノ際屆出中ニ之ヲ爲シ、出生簿ニ記入スルヲ要ス(二)然レトモ後ニ至リ公正證書ヲ以テ之ヲ爲スコトヲ得」ト。同國ノ判例ハ又出生前ニ爲シタル認知ノ有效ナルヲ認ムレトモ、如何ナル場合ト雖口頭ノ認知ヲ認ムルコトナシ

(八)養子、養子ノ制度ハ之ヲ認メサルモノナキニアラス。之ヲ認ムルモノニアリテモ、多クハ縁組ノ效力ハ唯財産關係ニ及フニ止リ、身分關係ノ變更ヲ生スルコトナシ。我

國法ハ多クノ立法例ト異リ、養子縁組ニ依リテ嫡出子ノ身分ヲ取得シ、又國籍ノ變更ヲ生セシム。(民法八百六十條、八百六十一條、國籍法第五條第四號)從テ內外人間ノ養子縁組ノ成立竝ニ效力ニ關スル準據法ヲ決スルヲ要ス。法例ハ養子縁組ノ要件ハ各當事者ノ本國法ニ依リ、其效力ハ常ニ養親ノ本國法ニ依ルトナス。(第十九條)蓋シ要件ニツキテハ私生子認知ノ場合ト同一理由ニ出テ、效力ニツキテハ養子縁組ノ本旨ニ鑑ミタル結果ナルヘシ。離縁ノ制度ハ一般ニ認メサル所ナレトモ、我國法ハ或ル場合ニ之ヲ認ム。(民法八百六十二條乃至八百七十六條)從テ彼此ノ間ニ法律ノ牴觸ヲ生スヘク、何レノ法律ニ依リテ離縁ノ能否ヲ決スヘキカノ問題ヲ生ス。法例ハ此場合又養親ノ本國法ニ依ルトナス。蓋シ縁組ノ效力ニ關スル準據法ト同一趣旨ニ出ツ。縁組ノ方式ニツキテハ別ニ定ムル所ナシト雖、一般原則ニ從ヒ、其縁組ノ效力ヲ定ムル法律又ハ行爲地法ニ依ルヘキハ私生子認知ノ場合ニ同シ。(註十七)

〔註十七〕獨逸民法施行法第二十二條ニ曰、「養子縁組ハ養親カ縁組當時帝國國籍ヲ有スルトキハ、獨逸法ニ依リテ之ヲ定ム。養親カ外國ニ屬シ、養子カ帝國國籍ヲ有スル場合、獨逸法ノ要件タル養子ノ同意、又ハ養子ト親族法上ノ關係ヲ有スル第三者ノ同意ナキトキハ、養子縁組ハ之ヲ無效トス」ト。墺地利瑞西モ亦養親ノ屬人法ニ依ル。

以上諸種ノ親子關係ヨリ種種ノ權利義務ヲ生ス。親權ハ之ニ屬ス。親權ノ歸屬者、其消滅原因、並ニ其效力(親權ヨリ生スル權利義務)如何ノ問題アリ。一般ニ父ノ屬人法ニ依リ、其死亡セルトキハ母ノ屬人法ニ依ルトナス。(獨民施行法第十九條、伊太利法例第六條、我法例第二十條)蓋シ親ノ子ニ對スル權利ハ其主タルモノニシテ、子ノ親ニ對スル權利ハ其反映タルニ過キサルヲ以テナリ。唯親權ノ行使ニツキ其行使地ノ公益ヲ害スルヲ得サル制限アルノミ。(法例第三十條)然レトモ「親權ハ住所ノ法律ニ依リテ之ヲ定ム」トナスモノナキニアラス。(瑞西居住居留民法第九條)而シテ子ノ財產上ニ於ケル親權ノ內容モ亦毫モ以上ト異ルコトナシ。

五 親族間ノ權利義務

親族間ノ權利義務

此種ノ權利義務ハ親族關係ヲ基礎トシ、法律ノ規定ニ依リテ生スルモノニシテ、扶養ノ義務ハ之ニ屬ス。元來扶養ノ義務ハ倫理的親族法上ノ關係ニ起因シ、法律行爲ニ依リテ生スルコトナキニアラス。此場合ハ一般債權ニ關スル準據法(法例第七條)ニ依リテ決スヘク、別ニ問題ヲ生スルコトナシト雖、別段ノ契約ナキトキハ其準據法ヲ決スルヲ要ス。此場合屬地法ニ依ルヘキヲ主張スルモノナキニアラスト雖、(PasqualeFiore, Droit international privé traduit par Pradier-Fodéré 1875 No. 109 p. 203-205 及千八百六十九年佛國セイヌ民事裁判所及控訴院判決)(註十八)屬人法ニ依ル可キハ、大體ニ於テ一致スル所ナリ。唯其屬人法ハ(一)權利者ヲ標準トスヘキヤ(二)義務者ヲ標準トスヘキヤ(三)當事者雙方ヲ標準トスヘキヤニツキ爭アルニ過キス。我法例ハ扶養ノ義務ニツキテハ義務者ノ本國法ニ依ル。蓋シ義務ヲ主トシテ發達セル法律關係ナルヲ以テナリ。(第二十一條)其他補充規定トシテ既ニ述ヘタル以外ノ親族關係、及之ヨリ生スル權利義務ニツキテハ當事者ノ本國法ニ依ルヘキヲ定ム。(第二十二條)親族關係ノ範圍、親等其他親族關係ニ伴フ權利義務ニシテ、猶遺漏アルヲ虞レタルニ外ナラス。

〔註十八〕千八百六十九年佛國セイヌ民事裁判所及控訴院判決ハ、亞米利加人タル舅姑ニ對シ其婿及孫カ養料ヲ請求セル案件ニ關シ屬地主義ヲ採リ其支拂義務ヲ認メタレトモ、亞米利加ニ於テハ、此舅姑ノ亞米利加移住後此判決ヲ否認セリ。

六　後見關係（註十九）

後見ニハ未成年者ニ對スルモノト禁治産者ニ對スルモノノ別アリ。（民法第九百條、第八條）前者ニツキテハ未成年者ノ後見ニ關スル海牙條約（註二十）成立シ、未成年者本國ノ管轄權ヲ認ム。（第一條）我法例ハ未成年者タルト禁治産者タルノ別ナク、每ニ被後見人ノ本國法ニ依ルトナス。（第二十三條第一項）蓋シ能力及親權ニ關シ本國法主義ヲ認メタル當然ノ結果ナルヘシ。伊太利法例亦之ニ從フ（第六條）。（註二十一）其他後見ハ原則トシテ被後見人ノ住所地法、（瑞西居住居留民法第十條）後見人ノ任命及ヒ被後見人ノ財産管理ニツキテハ被後見人ノ住所地法、（英米）被後見人ノ財産ノ管理及處分ニツキテハ其財産所在地法（亞爾然丁民法四百九條第四百十條）ニ依ルモノナキニアラス。（註二十二）

〔註十九〕後見自體ノ問題ハ親族法上ノ問題ナリト雖、或ル人カ現ニ後見ニ附セラレ、又ハ後見ヲ附スヘキ正當ナル原因ニ依リ、行爲能力者ナリヤ否ヤハ、實ニ人事法上ノ問題ニ關ス。既ニ第一節ニ述ヘタル所ナリ。

〔註二十〕未成年者ノ後見ニ關スル海牙條約案ハ、第三回國際私法會議ニ於テ成立シ、其第一條ニ「未成年者ノ後見ハ本國法ニ依ル」トナス。千八百九十一年漢堡ニ於ケル國際法協會ノ決議亦同シ。

千八百五十四年八月九日墺地利帝國法ハ、未成年者ノ後見ニ關シ、規定シテ曰、「外國人カ墺地利ニ未成年ノ子ヲ殘シテ死亡シタルトキハ、本國管轄官廳カ他ノ處置ヲ爲スマテ、裁判所ハ之ニ對シテ後見ヲ命スヘシ」ト

〔註二十一〕 後見ニツキテハ本國法主義ヲ認ムルモノ多シ。伊太利法例第六條ニ曰、「伊太利ニ於ケル外國人又ハ外國ニ於ケル伊太利人ノ後見ハ其本國法ニ依リテ定ム」ト。

〔註二十二〕 瑞西居住居留民法第十條ニ曰、「後見ニ付テハ………後見ニ付セラルヘキ者又ハ後見ニ附セラレタル者ノ住所地法ヲ適用ス」ト。又第十二條ニ曰、「住所地ノ後見官廳ハ本籍州ノ後見官廳ニ、後見ノ開始及ヒ終了并ニ被後見人ノ住所變更ヲ通知シ、且請求ニ依リ後見ニ關スル一切ノ問題ニ對シ說明ヲ與フヘシ」ト。又曰「住所地ノ官廳カ被後見人ノ身體上又ハ財產上ノ利益又ハ本籍市町村ノ利益ヲ危殆ナラシメ、若クハ適當ニ之ヲ保全スルコト能ハサルトキ、又ハ子ノ宗教敎育ニ關スル本籍官廳ノ指圖ニ從ハサルトキハ、本籍官廳ハ後見ヲ自己ニ引渡スヘキ旨ヲ請求スルコトヲ得」ト。英米ニ於テハ後見人ノ任命及被後見人財產ノ管理ハ被後見人ノ住所地法ニ從フハ本文述フル所ノ如シ。從テ後見人ハ外國ニ在ル財產ヲ管理スルノ權ヲ有シ、苟モ被後見人ノ住所地法ニ從ヒ、適法ニ設定セラレタルモノタル以上ハ、凡テノ國ニ於テ後見人トシテ認メラルヘキモノトス。而シテ英米ノ裁判所カ外國ニ住スル內國人ニ對シテ後見人ヲ命スルハ、唯其內國ニ財產ヲ有スル場合ニ限ルヲ實際ノ取扱トス。

亞爾然丁民法第四百九條ニ曰「被後見人ノ財產カ亞爾然丁ノ領土ニ存在スルトキハ、共和國裁判所ノ構成セル後見ノ管理ハ一ニ此民法法典ニ從フ」ト。又第四百十條ニ曰「被後見人カ本邦領土外ニ其動產又ハ不動產ヲ有スルトキハ、其管理及處分ハ其財產所在地法ニ從フ」ト。

我現行法ノ規定

法例ハ我國ニ住所又ハ居所ヲ有スル外國人ノ後見ニツキ我例外的管轄ヲ認メ、(イ)未成年者ニツキテハ(1)其本國法上後見開始ノ原因存スレトモ、(2)其後見事務ヲ行フモノナキトキ、(ロ)禁治產者ニツキテハ我國ニ於テ宣告アリタル場合ニ限リ、我管轄ニ屬ストナス。(第二十三條第二項)蓋シ我公益ト在留外國人保護ノ趣旨ニ出ツ。

我國法ハ禁治產者ノ外、意思能力不完全ノ程度輕微ノモノヲ準禁治產者トシ、之ヲ保佐人ニ附ス。(民法第十一條)法例ハ此場合後見ノ規定ヲ準用セリ。(第二十四條)唯程度ノ差異ニ止マレハナリ。

第三節　物權法

一　總說

總說

凡ソ物ハ種々ノ觀察點ヨリ法律關係ノ目的タルヲ得ヘク、物權法上ハ勿論、債權・

親族、(特ニ夫婦ノ財產關係)相續法上ニ於テモ、亦法律關係ノ目的タルヲ得ヘシ。而シテ物權法上ノ法律關係ハ單ニ其目的タル物ト權利者トノ關係ニ止マラス、第三者ニ對スル方面ヲモ有スルヲ其特色トナス。故ニ之ニ關スル準據法ハ、取引ノ安全ヲ計ルノ點ヨリ謂フモ、當事者又ハ第三者ノ國籍ニ依リテ異ルコトナク、何人ニ對シテモ同一ナルヲ要ス。從テ物權法上ノ法律關係ノ準據法ハ之ヲ屬地的ニ決スルヲ要スルヤ疑ヲ容レス。而シテ不動產ニツキテハ、其所有者ノ如何ヲ問ハス、每ニ其所在地法ニ依ルノ原則、バルトルス以來例外ナク認メラレタル所ナリ。唯動產ニツキテハ、人ニ從フノ原則行ハレタルヲ以テ、例外トシテ屬人法ノ認メラレタルヲ主張スルモノナキニアラス。然レトモ此原則ハ其實封建時代ニ於ケル法律ノ屬地主義ノ擬制的適用タルニ止マリ、若シ動產ヲ其所在地法ニ依ラシムルトキハ、其相續ハ、所在地ノ異ルニ從ヒ、依ルヘキ法律ヲ異ニシ、遂ニ相續ノ分裂ヲ生スルノ外ナカリシニ起因ス。而シテ、動產相續ノ場合ハ其目的物タル動產ヲ一個體ト看做シ、通常其集合スル場所ハ、事實上其所有者ノ住所地タルニ鑑ミ、其現實ノ所在地如何ヲ問ハス、相續財產タル動產ハ其所有者ノ住所地ニ存スルモノト假定シ、茲ニ人ニ從フノ原則ヲ生セシニ過キス。畢竟動産相續ノ問題ヲ屬地的ニ決シテ唯一ノ法律ニ從ハシメ、以テ其所在地法ニ依ルノ紛擾ヲ避ケンカ爲ニ外ナラサルナリ。此點ヨリ謂フトキハ、物權法上ノ法律關係ノ準據法ハ、其動産タルト不動産タルトヲ問ハス、古來原則トシテ屬地的ニ決セラレタルハ疑ヲ容レスト謂フヘシ。

物權法上ノ法律關係ノ準據法ハ、不動産ニツキテハ佛蘭西民法第三條ヲ始メ、西班牙民法第十一條、亞爾然丁民法第十條、墨西哥民法第十三條、伊太利民法第七條、索遜舊民法第十條、モンテネグロ侯國財産法第七百九十條、チユーリツヒ私法第二條ニ於テ、所在地法ニ依ルノ原則例外ナク認メラレ、動産ニツキテモ明文ヲ以テ所在地法ニ依ルトナスモノナキニアラス。例ヘハ索遜民法第十條、モンテネグロ侯國財産法第七百九十一條等ノ如シ。其他動産ノ所在地法ニ反對ノ規定ナキヲ條件トシ、其所有者ノ本國法ニ依ラシメントスルモノアリ。例ヘハ伊太利民法第七條第一項ノ如シ。或ハ一定不變ノ地位ニアリテ所有者ニ讓渡スノ意思ナキ動産ニ限リ、所在地法ニ依ラシメ、所有者カ常ニ携帶シ、若クハ自用ニ供スルカ、又ハ所有者ニ於テ賣却シ若クハ他ノ場所ニ運搬セントスル動産ハ、其所在地ノ如何ヲ問ハス、所有者ノ

住所地法ニ依ルトナスモノナキニアラス(亞爾然丁民法第十條)(註一)

〔註一〕　佛蘭西民法第三條ニ曰、「不動産ハ外國人ニ屬スルトキト雖、佛蘭西ノ法律ニ支配セラル」ト。

亞爾然丁民法第十條ニ曰、「當共和國ニ在ル不動産ハ、其不動産タル性質、當事者ノ權利、之ヲ取得スル能力、之ヲ讓渡スル方法、幷ニ讓渡ニ伴フ手續ニ關シ、專ラ當共和國法ニ支配セラル。不動産所有權ノ得喪移轉ハ、專ラ當共和國法ニ依ル」ト。其第十一條ニ曰「一定不變ノ地位ニ在ル動産ニシテ、所有者カ之ヲ讓渡スル意思ヲ有セサルモノハ、其所在地法ニ支配セラル。但所有者カ常ニ携帶シ、又ハ自用ニ供スル動産ハ、其所有者ノ住所ニ在ルト否トヲ問ハス、住所地法ニ支配セラル。所有者カ賣却シ又ハ他ノ場所ニ運搬センカ爲有スル動産亦同シ」ト。

伊太利民法第七條ニ曰、「動産ハ所有者ノ本國法ニ服從ス。但動産ノ所在地法カ反對ノ規定ヲ爲セル場合ハ此限ニ在ラス。不動産ハ其所在地法ニ服從ス」ト。

索遜尼民法第十條ニ曰、「動産及不動産ニ關スル權利幷ニ其占有ハ、物ノ所在地法ニ依ル」ト。

モンテネグロ侯國財産法第七百九十條ニ曰、「不動産ニ關スル所有權其他ノ物權ハ、專ラ物ノ所在地法ニ服從シ、他ノ法律ニ服從セス」ト。第七百九十一條ニ曰「動産ニ關スル所有權其他ノ物權モ亦一般ニ前條ニ定メタル原則ニ從フ。動産又ハ之ニ關スル物權ノ取得又ハ讓渡ハ其原因タル行爲(先占ノ如キ法律行爲以外ノ行爲ヲ指ス)又ハ法律行爲(例ヘハ賣買)ノ成立當時ニ於ケル物ノ所在地法ニ依ル。但動產ノ取得時效ニ關シテハ、時效ノ始期ニ於ケル物ノ所在地法ヲ適用ス。時效ノ完成幷ニ之ヨリ生スル一切ノ關係ニツキテモ亦同シ。」第七百九十九條ニ曰、「所有權其他ノ物權ノ取得幷ニ其權利ノ變更ニ際シ、遵守スヘキ方式及手續ハ物ノ所在地法ニ依ル」ト。

チューリッヒ私法第二條ニ曰「不動產ニ關スル權利ニツキテハ、不動產ノ在ル州ノ法律ヲ適用ス。動產ニ關スル權利ノ決定ニツキテモ亦其當時ノ物ノ所在地幷ニ物ト諸地方及諸州ノ法律トノ自然關係ヲ參酌スルコトヲ要ス。」ト。

二　我現行法ノ規定

我現行法ハ動產不動產ノ別ナク、物權法上ノ法律關係ハ其所在地法ニ依ルノ原則ヲ認メ、更ニ之ヲ物權以外ノ登記スヘキ權利ニ推及シテ、「動產及不動產ニ關スル物權其他登記スヘキ權利ハ其目的物ノ所在地法ニ依ル」トナス。(法例第十條)蓋シ不動產ニ關スル制度ハ、其所在國ノ一般經濟政策ト密接ノ關係ヲ有シ、動產上ノ物權モ其所在地ノ取引ノ信用ト重大ナル關係アリ、物權以外ノ登記スヘキ權利モ亦登記ニ依リ物權ト同一效果ヲ生スルコトアレハナリ。而シテ所謂「其他登記スヘキ權利」トハ登記ニ依リ物權ト同一效力ヲ有スル權利ノ義ニシテ、我民法上賃借權ヲ指

所在地法適用ノ範圍

示スルニ外ナラサルナリ。(民法第六百一條第六百五條參照)問題トナルハ物權其他登記スヘキ權利ニツキ所在地法ヲ適用スル範圍如何ノ點ナリトス。惟フニ物權法上ノ法律關係ノ變動ニハ物權ノ設定移轉ヲ內容トスル行爲(立法例トシテハ事實行爲トナスモノト意思表示トナスモノト別アリ)ニ債權的義務ヲ結合スルコト多シ。獨立ニ其物權ノ設定移轉ヲ內容トスル意思表示ヲ認ムル立法例ニ於テハコレヲ物權契約、其債權的義務ヲ負擔セル部分ヲ債權契約ト稱ス。例ヘハ土地ノ賣買ニ際シ其所有權ヲ讓渡スル旨ノ意思表示ハ物權契約ニシテ、其土地ノ附近ニ於テ讓受人ト同一營業ヲ行ハサル旨ノ契約ヲ爲スハ債權契約タルカ如シ。而シテ此債權契約ハ一般債權ノ準據法ニ依ルヘク、(法例第七條)所在地法ノ原則ハ其物權契約又ハ其物權ノ設定移轉ヲ內容トスル事實行爲ニツキテノミ行ハルト解スルヲ正當トス。蓋シ法例ハ債權契約ニツキ別ニ自治ノ原則ヲ設ケ當事者ノ意思ニ依リテ其準據法ヲ定メ得ルヲ認メタルヲ以テナリ。而シテ物權ニ關スル處分能力、卽行爲能力ノ問題ニツキテハ別ニ法例ノ規定存スルカ故ニ、(第三條第四條第五條第十四條)之ニ依リテ本國法ヲ適用スヘク從テ所在地法ノ原則ハ之ヲ適用スルニ由ナシ。唯一般ニ外國人カ內國ニ於テ取引ヲ爲

相續財産又ハ夫婦財産契約ノ目的タル財産

ス際、其本國法上無能力者タル場合ト雖內國法上能力者タルトキハ其取引ニツキ之レヲ能力者ト看做セトモ、(法例第三條第二項)其取引カ外國ニ在ル不動産、又ハ親族法若クハ相續法上ノ法律行爲ニ關スルトキハ之ヲ適用セサルノ明文アルノミ、(法例第三條第三項)其他相續又ハ夫婦財産契約ノ目的タル財産ノ如ク、財産上ノ權利義務カ一個體ヲ爲ス場合ノ法律關係ハ、疑モナク物權關係タルノ方面ヲ有スレトモ所在地法ニ依ルコトナク被相續人ノ本國法又ハ婚姻當時ニ於ケル夫ノ本國法ニ依ルヘシト解ス。(法例第二十五條第十五條第一項)蓋シ此場合所在地法ニ依ラシムルトキハ、各個ノ財産ニツキ準據法ヲ異ニシ遂ニ取引ノ安全ヲ害スルニ至ルノ虞アレハナリ、(註二)要スルニ我現行法上物權關係ニツキ所在地法ノ原則ヲ認ムル範圍ハ、物權ノ性質及ヒ種類竝ニ其得喪ニ關スル契約ニ限ルト謂フヘシ。

〔註二〕學者往々法例第十條ト法例第二十五條トノ併立ヲ唱ヘ、相續權有無ノ問題ハ法例第二十五條ニ依リ被相續人ノ本國法ニ從テ決シ、其權利ヲ實行シテ其財産ヲ取得スルニハ法例第十條ニ依リ目的物ノ所在地法ニ從テ決スヘキヲ主張シ寧ロ我國ニ於ケル通說タリ。若シ此說ニ從フトキハ數ケ國ニ存スル相續財産ノ取得ニツキテハ、各其所在地法ノ適用ヲ受ケ、相續ノ準據法ハ極メテ錯綜スルニ至ルベク、到底取引ノ安全ヲ期スルヲ得サルヘシ。

占有權

所有權

以上ノ所說ニ誤ナシトスルトキハ、或物カ物權ノ目的タリ得ルヤ、或權利カ物權ナリヤノ問題ヲ始メトシ、動產不動產ノ區別及物權ノ設定移轉ニ關スル問題ハ、悉ク其所在地法ニ依ルト謂ハサルヲ得ス。從テ之ヲ占有、占有權ニ適用スルトキハ、占有ハ權利ナリヤ事實ナリヤノ問題ヲ始メトシ、占有權ノ得喪、占有權ノ目的タリ得ヘキ物、占有者ニ對スル推定、占有ノ效力、占有ニ關スル訴權等、占有權自體ニ關スル問題ハ其所在地法ニ依ルト解スルヲ要ス。唯占有訴權中保持ノ訴(民法第百九十八條)回收ノ訴(民法第二百條)ノ場合ニ於ケル損害賠償ノ準據法ハ、其物ノ所在地法ニ依ルヘキヤ、將タ不法行爲ノ準據法ニ依ルヘキヤニツキ爭アリ。惟フニ占有ノ保持又ハ回收ノ訴ハ不法行爲ニ基ク訴權ニ非スシテ、物權法上ノ訴權タリ。從テ物ノ所在地法ニ依ルヲ妥當トナス。所有、所有權ニツキテモ、其性質、限界、效力(取戾訴權ヲ含ム)ノ問題ヲ始メトシ、其得喪ノ方法(讓渡ハ勿論、先占、遺失物ノ拾得、埋藏物ノ發見、附合又ハ混合ニ依ル取得、加工物ノ取得等)公示方法竝ニ共有者間ノ關係等、所有權自體ニ關スル問題ハ其所在地法ニ依ルヘシ。唯動產中船舶ニツキテハ、其性質上公海ニ在ル場合所在地法ノ原則ヲ適用スルヲ得サルノミナラス、船舶ハ常ニ國籍ヲ有シ、又一定

地上權永小作權地役權

擔保物權

ノ港ニ法律上ノ住所ヲ有シテ之ヲ船籍港ト稱シ、且登記ノ制度アリテ通常ノ動產ト其取扱ヲ異スルカ故ニ、例外トシテ其掲揚スル國旗ノ所屬國、卽旗國法ニ依ラシムルノ國際慣習アリ。其詳細ハ第二章第二節ニ於テ述フル所アルヘシ。地上權、永小作權、地役權ノ性質、效力及設定移轉ノ方法等モ、亦其目的物ノ所在地法ニ依ルヘク、留置權、先取特權、質權、抵當權、卽チ所謂擔保物權ノ得喪原因、設定方法、對抗條件、保全及行使ノ方法、優先順位等ニツキテモ亦同シ。注意スヘキハ、此等擔保物權ニツキ目的物ノ所在地法ニ依ルトハ、擔保物權自體ニツキテ謂フニ過キス、其擔保セントスル主タル債權ノ所在地法ヲ意味スルコトナキノ點ナリトス。而シテ擔保物權ハ主タル債權ノ存在ヲ以テ其存在ノ前提トナスカ故ニ、假令主タル債權カ其固有ノ準據法上有效ニ成立セル場合ト雖、目的物ノ所在地法上其成立ヲ認メサル以上ハ、之ニ關スル擔保物權ハ成立スルニ由ナク、主タル債權カ外國法上無效ナル場合ト雖、其目的物ノ所在地法上有效ニ成立セル以上ハ、之ニ關スル擔保物權ノ成立ヲ妨ケサルモノトス。

法例ハ物權以外ノ權利ト雖、登記スヘキモノニ對シ、所在地法ノ原則ヲ適用スルハ既ニ述ヘタルカ如シ。而シテ實際上此原則ノ適用ヲ見ルハ賃借權ニシテ、其登記ヲ經タルモノハ、之ヲ物權ト同一ニ取扱フト雖、登記ヲ經サル賃借權ニツキテハ一般債權ノ準據法ニ依ラシムルモノトス。

時效ニ因ル物權ノ取得

三 時效ニ依ル物權ノ取得

不動產ノ取得時效ハ所在地法ニ依ルハ、何人モ異議ナキ所ナリト雖、動產ニツキテハ目的物ノ所在地法ニ依ルヘキヤ、占有者ノ住所地法ニ依ルヘキヤノ爭アリ。然レトモ動產ノ取得時效モ亦目的物ノ所在地法ニ依ルヲ正當トス。蓋シ取得時效ノ基礎ハ間斷ナキ占有ニ存スルヲ以テナリ。而シテ時效ノ進行中目的物ノ所在地ヲ變スルコトナシトセス。從テ時效ニ依ル物權ノ取得ニ關スル準據法ハ、其何レノ時期ヲ標準トスヘキカノ問題ヲ生ス。

時效進行ノ始期ヲ標準トスル說

此點ニツキテハ諸說アリ。(一)ハ時效進行ノ始期ニ於ケル目的物ノ所在地法ニ依ルモノニシテ、取得時效制度ノ目的ハ財產取引ノ安全ヲ計ルニ在ルヲ其理由トス。獨逸草案第十條ノ採用セシ所ナレトモ、同國民法施行法ハ之ヲ削除セリ。此說ニ從フトキハ、取得時效ノ期間ヲ三年ト定ムル國ニ於テ一年間占有シタル後、更ニ一年

割合ニ應シテ加算スル說

時效完成當時ヲ標準トスル說

ノ時效ヲ定ムル國ニ移住セルトキト雖、猶前後二年ノ占有ヲ必要トスルノ不便アルヲ免レス（二）ハ割合ニ應シテ加算セントスル說ニシテ、從來ノ占有期間ヲ按分比例ヲ以テ加算スルモノタリ。國際法律團體ノ立脚地ニ出ツルモノトス。之ニ從ヘハ他ノ國ニ於テ既ニ經過シタル期間ハ之ヲ加算スルカ故ニ、住所ノ變更其他ノ理由ニ依リ以前ニ經過シタル占有期間ヲ無意味ナラシムルコトナキノ利アリトス（三）ハ時效完成當時ニ於ケル目的物ノ所在地法ニ依ルモノニシテ、之ニ從ヘハ未タ時效ノ完成セサル物ト雖、之ヲ他國ニ運搬シテ直ニ其所有權ヲ取得スルカ如キ弊害ヲ生スルコトナキニアラス（註三）

〔註三〕其他法廷地法ヲ適用スヘシトナスモノアリ。時效ノ制度ヲ權利ノ取得又ハ消滅ノ推定ニ關スル證據ノ問題トナスニ起因ス。然レトモ近世諸國ニ於テハ時效ヲ以テ權利ノ取得又ハ消滅ノ方法トナスカ故ニ、之ヲ採用スルハ難シ。

猶取得時效ハ所有者ノ屬人法ニ依ルヘシトナスモノアリ。其源ヲ動產ハ住所地法ニ依ルノ說ニ汲ムモノトス。今之ニ從ヘハ、甲カ或ル物ノ所有者トシテ其取戾ノ訴訟ヲ提起シタル場合、其相手方タル乙モ亦取得時效ニ因リテ其物ノ所有者トナレリト主張スルトキハ、何レノ屬人法ニ從フヘキカ、遂ニ解決スヘカラサル問題ヲ生スヘシ。其採用スヘカラサルハ明瞭ナリトス。

我法例ハ「動產不動產其他登記スヘキ權利ノ得喪ハ其原因タル事實ノ完成シタル當時ニ於ケル目的物ノ所在地法ニ依ル」トナシ、第二ノ主義ヲ採ル。蓋シ時效ハ其進行ヲ開始シタルニ依リテ權利ヲ取得スルモノニアラス、其進行ヲ開始シタル後從來各地ニ經過シタル期間ヲ通算シ所在地法ノ要求スル期間其他ノ要件ニ合セルトキ始メテ權利ノ取得ヲ生スルヲ以テナリ。

第四節　債權法

一　總說

總說

債權ノ準[illegible]

債權法ハ物權親族相續ノ諸法ト異リ、專ラ人ノ經濟的地位ト關係ヲ有ス。本國法カ債權法上重ヲ爲ササルハ實ニ此理由ニ出ツルモノトス。而シテ其準據法ノ定メ方ニツキテハ二說アリ。一ハ總括的ニ其準據法ヲ定メントシ、他ハ債權ノ種類性質ニ從ヒ個別的ニ其準據法ヲ決セントス。前者ニアリテハ或ハ(一)法廷地法、(瑞西グラビユンデン州民法第一條)或ハ(二)契約地法又ハ發生地法、(英、米、和、佛及伊ノ一部)、或ハ

(三)債務者ノ住所地法、(獨第二草案第十一條)(Bar II. S. 3, 17)或ハ(四)履行地法、(Savigny VIII. S. 209 f; Gierke, Deutsches Privatrecht I. S. 231, 232; Regelsberger, Pandekten I. S. 173)或ハ(五)外國ニ於テ同一國民間ニ債權法上ノ行爲ヲ爲ストキハ、其本國法(伊太利法例第九條)ニ依ルトナス。(註一)惟フニ債權關係ハ國際私法上(一)當事者ノ國籍又ハ住所(二)發生原因(三)其發生地及ヒ履行地ノ如何ニ依リテ其取扱ヲ異ニセサルヲ得サルヘク、從テ其全部ヲ總括的ニ規律スルヲ得ス。此ノ意味ニ於テ債權法ハ之ヲ各場合ニ區別シテ研究スルヲ正當トス。以下法律行爲ニ因ル債權ト其他ノ原因ニ因ル債權ニ別チテ論セントス。

〔註一〕瑞西グラビユンテン州民法第一條ハ、民事訴訟法ノ規定ニ従ヒ、當州ニ訴フルコトヲ得ル一切ノ債權ニツキテハ、法廷地法ノ規定ヲ適用ストナス。
契約地法ヲ以テ債權ノ準據法トナスハ、バルトルス之ヲ唱ヘ、和蘭學派ノ主張セシ所ナリ。(P. Voet, Sect. IX C. II. No. 9, 10, 12, 13, 15.) 契約地ヲ以テ債務ノ誕生地ト見ルニ起因ス。Kohler ハ又發生地法ヲ適用スルノ有力ナル理由アルヲ主張ス。(Kohler, Einführung in die Rechtswissenschaft 1901 S. 201)
佛國ノ學說判例カ契約地法主義ヲ採ルハ疑フノ餘地ナシ。英國ニ於テハ原則トシテ之ヲ認ムレトモ、當事者ニ反對ノ意思存スル場合ハ此限ニ在ラストナス。(Dicey, Conflict of Laws p. 566)

伊太利法例第九條ハ債權ノ準據法ハ第一ニ當事者ノ自由意思ニ依リ、第二ニ當事者同國人ナルトキハ其本國法、第三ニ契約地法ヲ以テ準據法トナシテ曰、「債務ノ本質及效力ハ行爲地法ニ依リ、若シ外國人タル當事者雙方カ同國人ナルトキハ、其本國法ニ支配セラルルモノト看做ス。但之ニ異ナル意思ヲ有シタル旨ノ擧證アルトキハ此限ニ在ラス」ト。

債權ハ總括的ニ債務者ノ住所地法(lex domicilii debitoris)ニ依ルトハBarノ主唱セル所ニシテ、私人ノ意思ニ任セサル債權法ノ規定ハ概ネ債務者ノ利益ノ爲ニ設ケラレ、其利益ヲ保護スル必要ハ、人民カ外國ニ於テ又外國人ニ對シテ義務ヲ負フトキト雖、消滅スルコトナク、往々其履行地ハ債務者ノ住所ナルヲ理由トス。

Savignyハ債權關係ニ於テ當事者ノ希望スル所ハ、一ニ履行ニ存スルカ故ニ、債務ノ本質上履行地ヲ其本據トナサヽルヘカラサルヲ主張セリ。彼ニ從ヘハ(一)債務カ特定ノ履行地ヲ有スルトキハ、履行地法、(二)債務カ營業上ノ行爲ヨリ生スルトキハ營業所所在地法、(三)債務カ住所ニ於テ爲シタル債務者ノ個々ノ行爲ヨリ生シタルトキハ、行爲地法ヲ適用シ、後日住所ノ變更アルモ、何等ノ影響ヲ受クルコトナシ、(四)債務カ住所地以外ニ於テ債務者ノ爲シタル個々ノ行爲ヨリ生シ、行爲地ニ於テ其履行ヲ豫期スヘキ事情アルトキハ、行爲地法ニ依リ、(五)前掲ノ條件存セサルトキハ債務者ノ住所地法ニ依ルトナス。

法律行爲ニ因ル債權

我現行法

二　法律行爲ニ因ル債權

凡ソ法律行爲ハ自由意思ニ基ク法律行爲上ノ意思活動ニ依リテ行ハルルヲ原則トス。之ヲ自治ノ原則(le paincipe de l'autonomie)ト稱ス。現今ノ學説及ヒ立法ハ一般ニ此原則ヲ認メ、債權法上ノ法律行爲ニ關スル準據法ハ當事者ノ自由ニ定ムル所ニ依ル。(註二)我法例亦之ニ從ヒ「法律行爲ノ成立及效力ニツキテハ、當事者ノ意思ニ從ヒ、其何レノ國ノ法律ニ依ルヘキカヲ定ム」トシ、其意思活動ノ明示タルト默示タルトヲ問フコトナシ。(第七條第一項)物權ノ設定移轉ニ關スル法律行爲、親族相續法上ノ法律行爲ニツキテハ特別ノ規定アリ。或ハ所在地法ニ依リ、(法例第十條)或ハ本國法ニ依ル。(法例第十三條以下)

〔註二〕所謂自治ノ原則ヲ始メテ主張シタルモノハ、既ニ述ヘタルカ如ク Du Moulin ニシテ、夫婦財産契約及賣買ニ關シ確定的ニ契約地法ニ依ルヘカラス、當事者ノ明示又ハ默示ノ意思ニ依ルヘシトナセルニ起因ス。Savigny ハ又債權ノ本據ヲ以テ履行地ニアリトシ、履行地法ノ原則ヲ主張シタレトモ、明ニ當事者カ反對ノ意思ヲ表示シテ、任意履行地法ニ服從シタリトノ推測ヲ打破シタルトキハ、其ノ適用ヲ除外セリ。從テ彼ハ概括的且豫斷的ニ、當事者ノ意思カ反對ナルノ立證ナキ限リ、任意履行地法ニ服從セルモノト看做シ、反對ノ意思立證セラレタル場合之ニ依リタルノミ。故ニ彼モ亦自治ノ原則ヲ認メタルモノト謂ハサルヲ得ス。

新伊太利學派ノ主張スル本國法主義モ、當事者ノ本國法ニ於テ其自由意思ニ依リ準據法ヲ定メ得ルヲ認メタルトキ（我民法第九十一條佛蘭西民法第六條）本國法ノ適用ヲ除外スルハ既ニ述ヘタルカ如シ。此場合當事者ノ自由意思ニ依リ其本國法以外ノ外國法ニ依ルハ、其本國法カ各人ニ認メタル權利ヲ行フニ過キスシテ、本國法主義ノ例外ニアラス、本國法適用ノ場合ニ過キサルモノトス。

明示又ハ默示ノ意思表示ナキトキ

問題アリ。明示又ハ默示ノ方法ニ依リ當事者ノ意思表示存セサル場合ノ準據法如何。此場合ニ關スル學說及ヒ立法ハ法律ヲ以テ一定ノ推定ヲ設クル所謂意思推定主義ト、一ニ當事者ノ意思ニ適應シテ各場合ノ準據法ヲ定メントスル所謂絕對意思主義ニ大別スルヲ得ヘク、前者ハ更ニ（一）債務者ノ住所地法主義、（二）履行地法主義、（註三）及ヒ（三）行爲地法主義ニ別ツヲ得ヘシ。債務者ノ住所地法主義ハ債務者カ二國以上ニ住所ヲ有シ若クハ全然之ヲ有セサルトキ、又ハ雙務契約若クハ連帶債務ノ場合、當事者各法律ヲ異ニスル國ニ其住所ヲ有スルトキノ說明ニ苦ミ、履行地法主義ハ當事者ニ於テ履行地ヲ知ラサルトキ、又ハ履行地カ數國境ニ跨ル場合ヲ說明シ得サルノ嫌アリ。獨リ行爲地法ハ常ニ當事者雙方ニ共通ノ法律ニシテ、當事者ハ其地ノ法律慣習ニ著眼シテ法律行爲ヲナシタルモノト推定スルハ、最モヨク事實ニ適合スト謂フヘシ。Bartolus始メテ之ヲ唱ヘ、佛、英、和ニ於ケル通説タリ。我現行法亦所謂意思推定主義ニ從ヒ、當事者ノ意思分明ナラサルトキハ行爲地法ニ依ルトナス。(法例第七條二項)

〔註三〕 債務者住所地法主義ノ根據ハ、債權者ハ債權執行ノ爲ニハ債務者ノ住所ニ至ルヲ要ス。從テ契約ノ當時債務者ノ住所地法ニ著目セルモノト見ルヘク、又債務者ノ方面ヨリ謂フモ、其住所地法ニ依ルハ最モ其意思ニ合スト謂フニ在リ。履行地法主義ハ羅馬法ノ明文ニ其根據ヲ有シ、債務ヲ辨濟スヘキ場所ニ於テ契約シタルモノト看做スニ起因ス。

立法論トシテハ、法律ヲ以テ當事者ノ意思ヲ推定スルノ可否ニツキ論議ノ餘地ナキニアラス。元來當事者ノ意思推測ノ標準ヲ專ラ行爲地ニ限定スルノ理由ナク、當事者カ國籍又ハ住所ヲ同シクスル場合ニ於ケル共同ノ國籍又ハ住所ハ勿論、當事者ノ國籍異ルトキト雖其一方ノ本國ニ他方ノ住所存スル場合、其國モ亦意思推定ノ標準タルヲ得ヘシ。時トシテハ又當事者ニ行爲地法ニ依ルノ意思アリトハ斷

法律行爲ノ成立ニツキ二個ノ行爲地アルトキ

シテ認ムヘカラサル場合ナキニアラス。汽車旅行中又ハ飛行機ヲ以テ大空ヲ飛行シツツアル際法律行爲ヲナシタル場合ノ如シ。學者或ハ解釋論トシテモ此等ノ場合ハ行爲地法ノ適用ヲ排斥シ、意思主義ノ根本原則ニ復歸シ、法律行爲ノ性質其他周圍ノ事情ニ鑑ミ、最モ當事者ノ意思ニ適合スト認ムヘキ法律ヲ選定シ、之ニ依リテ其法律行爲ヲ決スヘシトナスモノナキニアラス。然レトモ法例第七條第二項ノ嚴存スル以上、解釋論トシテハ之ヲ容ルルノ餘地ナシ。

唯困難ナル問題ハ(一)行爲地カ何レナルカ不明ナル場合(數國境ヲ貫通セル汽車中ニ於テ法律行爲ヲナシタル場合)(二)行爲地ハ明白ナレトモ、法律ナキ場合(南北極ニテ法律行爲ヲナシタル場合)(三)一箇ノ法律行爲成立ニ際シ、法律ヲ異ニスル二箇ノ行爲地並存スル場合(內國ニ在ルモノト外國ニ在ルモノトノ間ニ書面又ハ電報ニテ契約ヲナセル場合)等ニ生ス。前二者ハ唯事實ノ認定ニ困難アルニ過キスト雖最後ノ場合ハ疑モナク法律上ノ困難ニシテ、立法ニ依リテ之ヲ決スルノ外ナシ。我法例ハ此點ニツキ明文ヲ設ケ、單獨行爲ニツキテハ其意思表示ノ發信地、契約ノ成立及ヒ效力ニツキテハ申込ノ通知ヲ發シタル地ヲ行爲地ト看做シ、申込ヲ受ケタル者、其承諾當時申込ノ發信地ヲ知ラサリシトキハ、申込者ノ住所地ヲ行爲地ト看做ス(第九條)(註四)蓋シ民法ト異リ、常ニ發信主義ヲ採用セルハ、主義ノ一貫ヲ尙ヒ、適用最モ多キ契約ニ關シ民法ノ採レル主義ニ從ヒシニ依ルヘク、申込地ヲ行爲地ト看做セルハ、承諾ニ依リテ契約ノ成立ヲ見レトモ、承諾ハ申込ニ應當スルモノニシテ、寧ロ申込ハ其主位ニアリト認メタル結果ナルヘシ。而シテ承諾者カ發信地ヲ知ラサル場合申込者ノ住所地ヲ行爲地ト看做セルハ、受信者ニ於テ生活本據タル住所ヨリ申込ノ通知アリタルモノト信スルヲ最モ穩當ナル推測ト認メタルニ外ナラサルヘシ、

〔註四〕 此場合ハ所謂隔地者間ノ關係ニシテ、國際私法ニ於ケル隔地者ト民法ニ於ケル隔地者トハ觀念上之ヲ區別スルヲ要ス。蓋シ前者ハ法律行爲ノ成立シタル場所、卽行爲地ヲ確定スルノ必要ヨリ生シ、後者ハ法律行爲ノ成立シタル時期ヲ確定スル必要ニ出ツルヲ以テナリ。從テ民法上對話者ナル場合ト雖、國際私法上隔地者タルコトナキニアラス。例ヘハ當事者ノ一方ハ甲國ノ領土內ニ立チ、其相手方ハ乙國ノ領土ニアリ、電話ヲ以テ互ニ契約ヲ爲シ、甲乙兩國法律ヲ異ニスル場合ノ如シ。蓋シ國際私法上ニ於ケル隔地者ノ觀念ハ當事者カ互ニ法律ヲ異ニスル地ニ在ルヲ前提トスルヲ以

テナリ。

債權ノ目的履行消滅原因

以上ノ所說ハ債權自體ト分離スヘカラサル關係ヲ有スルモノニハ悉ク其適用ヲ見ル。債權ノ目的、履行、及ヒ消滅原因等ノ場合ノ如シ。異說アリ。履行、特ニ其方法ニツキテハ履行地法ニ依ルヘク、債權消滅原因ノ一タル時效(註五)ニツキテハ或ハ之ヲ訴訟法上ノ問題ト認メテ法廷地法ニ依ルトシ、(英米ノ學說判例)或ハ之ヲ權利消滅ノ獨立原因ト認メ、古キ不確定ナル權利ニ對シ債務者ヲ保護スルヲ制度ノ本旨ト解シ、債務者ノ住所地法ニ依ルヘキヲ主張スルモノナキニアラス。(Bar)

〔註五〕 債權消滅原因ノ一タル消滅時效ノ準據法ニツキテハ諸說アリ。(一)ハ債務履行地ノ法律 (lex loci solutionis) ニ依ルモノニシテ、(1)時效ヲ以テ債權者ノ懈怠ニ對スル責罰トシ、其責罰ハ過失アリタル地即其辨濟ヲ受クヘキ土地ノ法律ニ依ルヘシトナスモノト、(2)之ヲ以テ履行ニ對スル抗辯ト解スルモノノ二派アリ。(二)ハ法廷地法ニ依ルモノニシテ、或ハ(1)時效ヲ訴訟手續ノ問題トナスモノアリ。或ハ論據ヲ(2)時效カ訴權ヲ消滅セシムル點ニ求メ、或ハ(3)時效ノ制度カ强行的性質ヲ有スルニ鑑ミ、其國ニ訴ヘラレタル一切ノ債務者ヲ保護スルヲ其理由トナスモノナキニアラス。(三)ハ法律行爲自體ノ準據法ニ依ルモノニシテ、債權發生ノ原因如何ニ依リ、其準據法ヲ異ニスヘキヲ主張ス。而シテ時效ハ債權ノ消滅方法ニシテ、時效ノ原因タル各種ノ根據ハ、債權ノ本體ト密接ノ關係アルヲ其理由トス。(四)ハ債務者ノ住所地法ニ依ルモノニシテ、債務者ハ其住所地法ニ從ヒ債務ヲ負擔セルモノト看做シ、且債權ハ債務者ノ住所ニ存スト看做セルニ起因ス。(五)ハ債權者ノ住所地法ニ依ルモノニシテ、債務者住所地法主義ニ對シテ主張セラルルモノトス。(六)ハ債務者ノ本國法ニ依ルモノニシテ、時效制度ノ趣旨カ債務者保護ニアルヲ其論據トナス。惟フニ時效ノ原因タル事實ハ債權ノ本體ト密接ノ關係アルハ否定スヘキニアラス。從テ債權發生ノ原因タル法律行爲ノ準據法ハ其債權ノ時效ヲ支配スト謂フヘク、法律行爲ノ準據法タル所謂自治ノ原則ハ、債權ノ消滅時效ニツキテモ亦適用アリト謂ハサルヲ得サルナリ。

金錢債務ノ利息ニツキ、或ハ利息制限法ハ絶對的强行法ニ屬スルカ故ニ、利息ニ關スル準據法ハ絶對ニ法廷地法ニ依ルヘク、從テ利息制限法ノ設ケアル國ニ於テハ、其制限ナキ國ニ於テ成立シタル契約ニツキテモ、制限ヲ超ヘタル利息ノ支拂ヲ命スル能ハサルニ反シ、利息ノ制限ナキ國ニ於テハ、契約地法上無效ナル高利ト雖、之ヲ有效トシテ其支拂ヲ命セサル可ラサルヲ主張スルモノアリ。(Savigny, System VIII. S 256) 然レトモ利息ノ自由ヲ認ムル國ニ於テ正當ニ成立セシ約定利息ニツキ、法廷地ノ制限ニ反スルノ故ヲ以テ直チニ無效ナリト謂フハ正當ニアラス。蓋シ

法律行爲ノ方式

利息ノ制限ハ唯內國ニ放資セル金錢ニ關スト謂フヲ正當トスレハナリ。反對ノ場合ニツキテモ亦同一ナリトス。其他契約地ト履行地ト異ル場合ニ於ケル利息ノ制限ハ、何レノ法律ニ從フヘキカノ問題アリ。此場合或ハ履行地法ニ依ルトシ。或ハ元本利用地ノ法律ニ依ルトナス。惟フニ履行地ハ偶然ノ事情ニ依リテ定マルコトアルヘク、元本利用地ハ又全然借主ノ自由ニ決スル所ナルヘシ。從テ公益ト重大關係ヲ有スル利息制限ノ問題ハ此等ノ標準ニ依ルコトナク、寧ロ利息制限法ノ目的ヨリ觀察シテ契約地法ニ依ルヲ妥當トス。

債權法上ノ法律行爲ニハ一定ノ方式ヲ要スルコトアリ。之ヲ形式的要件ト稱ス古來場所ハ行爲ヲ支配ス(Locus regit actum)ノ原則アリ。畢竟行爲地法ノ定メタル方式ニ依レル法律行爲ハ、其方式ニツキテハ何レノ國ニ於テモ有效ナリトノ義ニ外ナラス。而シテ此原則ハ命令的ナリヤ、選擇的ナリヤニツキ爭アリ、現今ノ學說及ヒ立法ハ之ヲ選擇的トナシ、或ハ(一)原則トシテ行爲地法ニ依レトモ、例外トシテ其法律行爲自體ノ從フヘキ法律ノ定ムル方式ニ依ルモ亦有效トシ、或ハ(二)行爲地法又ハ當事者ニ共通ノ本國法ニ依ルヘキヲ主張シ、或ハ(三)原則トシテ法律行爲自體ノ從フヘキ法律ニ依ルヘシト雖、例外トシテ行爲地法ニ從フモ亦有效トナスモノアリ。最後ノ說ヲ多數トス。蓋シ方式ハ恰モ行爲ノ衣服ノ如ク、行爲自體ト密接ノ關係アルヲ以テ、行爲自體ノ從フヘキ法律ニ依ルハ固ヨリ其所ナリト雖、若シ絕對ニ此原則ニ從フトキハ。國際交通ノ實際ニ於テ不便ヲ感スルコトアルヘシ。例ヘハ國際私法上內國法ニ依ルヘキ法律行爲ヲ外國ニ於テナサントスル場合、內國法ノ要求スル方式ニ關與スヘキ機關外國ニ存セサルトキノ如シ。此不便ヲ避ケンカ爲メ行爲地法ニ從フモ猶有效トナスニ至リシナリ。我法例第八條ノ規定モ亦此趣旨ニ外ナラス。唯注意スヘキハ物權其他登記スヘキ權利ノ設定又ハ處分ヲ目的トスル法律行爲ノ方式ハ常ニ行爲地法ニ依ルコトナク、所在地法ニ依ルノ點ナリトス。蓋シ此場合其所在地ニ於ケル社會ノ公益ニ關スルコト大ナルヲ以テナリ。(法例第八條二項)(註六)

(註六) 物權其他登記スヘキ權利ノ設定、又ハ處分ヲ目的トスル法律行爲ノ方式ヲ目的物ノ所在地法ニ依ラシムルハ、所在地以外ニ於テ其方式ヲ履踐スルヲ得サルニ起因ス。例ヘハ獨逸民法ノ如ク、土地臺帳ニ登記アルヲ以テ、不動產所有權移轉ノ效力發生ノ要件トナス場合ノ如シ。唯注意スヘキハ、直接ニ物權ヲ設定シ移轉スル法律行爲ト、其間接ノ結果トシテ物權ニ變更ヲ及ホスヘキ法律行爲トハ嚴格ニ之ヲ區別スルヲ要スルノ點ナリトス。此場合後者ハ單ニ債權ヲ生スルニ過キサルカ故ニ、其方式ハ行爲地法ニ依ルヘク、所在地法ニ依ルヘキニアラサルナリ。

故意ニ內國法ノ適用ヲ免レンカ爲外國ニ至リ其地ノ方式ニ從ヘル行爲ノ效力

問題アリ。內國法ノ適用ヲ免レンカ爲故意ニ外國ニ至リ、其地ノ方式ニ從ヒテナシタル法律行爲ノ內國ニ於ケル效力如何。此場合或ハ詐欺ノ行爲ニシテ法律ノ保護スヘキ限リニアラストシ、之ヲ無效トスルモノアリ。或ハ行爲地法ニ依ルノ原則ハ一般ニ當事者ニ對シ外國ノ方式ヲ選擇スル自由ヲ與ヘタルモノナルカ故ニ、假令當事者ニ故意アル場合ト雖猶有效タルヲ失ハストナス。前說ヲ正當トス。

三　法律行爲以外ノ事實ニ因ル債權

不當利得、事務管理、及不法行爲其他ノ法律行爲以外ノ法律事實ニ因ル債權ヲ總稱シテ、玆ニ法律行爲以外ノ事實ニ因ル債權ト稱ス

不當利得事務管理ニ因ル債權

(イ)　不當利得事務管理ニ因ル債權ハ常ニ法律ノ規定ニ依リテ生ス。一派ノ學者ハ此場合當事者間ニ意思ノ合致ナキハ否定スヘキニアラストモ、法律ハ若シ當事者ニシテ契約ヲナシタランニハ、恐ラク斯クノ如ク定メタリシナルヘシトノ意

不法行爲ニ因ル債權

思推定ニ基キテ規定ヲ設ケタルニ外ナラス、從テ法律行爲ニ因ル債權ト其準據法ヲ異ニスヘキ理由ナシトナス。然レトモ法律カ不當利得、事務管理ニ因ル債權關係ヲ生セシムル場合ハ、一ニ正義公平ノ觀念ニ起因シ、一般社會ノ公益ト密接ノ關係ヲ有ス。何レノ場合モ常ニ當事者ノ意思推定ハ之ヲ想像スルニ由ナシ。現今ノ通說ハ一般ニ之ニ從ヒ、我法例亦不當利得事務管理ニ因ル債權ノ成立及ヒ效力ハ、其原因タル事實發生地法ニ依ルモノトス。(第十一條第一項)

(ロ) 不法行爲ニ因ル債權ノ準據法ニハ、凡ソ三主義アリ。(一)ハ絕對ニ法廷地法ニ依ルモノニシテ、不法行爲ニ關スル法律ハ一國ノ道德ニ關スル强行法ナルニ起因ス。(二)ハ行爲地法ニ依ルモノニシテ、不法行爲ニ關スル法律ハ正義公平ノ觀念ニ基クカ故ニ、苟モ內國ニ於テ爲サレタル行爲ハ悉ク其國法ニ依ルヘシトナス。前者ニ從ヘハ外國ニ於テ適法ニ成立セル行爲ト雖、苟モ內國法上不法ナル以上ハ、不法行爲上ノ責任ヲ負擔セサルヲ得サルヘク、後者ニ從ヘハ行爲地法上不法行爲タル以上ハ、假令法廷地法上不法行爲ノ條件ヲ具備セサルトキト雖、猶之ヲ不法行爲トナサヽルヲ得サルヘシ。是ニ於テ(三)行爲地法及ヒ法廷地法共ニ不法行爲ト認メタル場合ニ限リ、不法行爲ノ成立ヲ認ムヘキヲ主張スルモノアルニ至レリ。我法例亦此主義ニ則リ、外國ニ於テ發生シタル事實カ我法律上不法行爲タル場合、始メテ之ニ基ク債權ノ成立及ヒ效力ハ其原因タル事實發生地法ニ依ルトナス。(法例第十一條第一、二項)唯公海ニ生シタル不法行爲ニツキテハ、其地ニ法律ナキ結果、此原則ニ依ルヲ得サルニ過キス。(第二編第二章第二節二參照)而シテ其救濟ニツキテモ唯我法律ノ認ムル範圍內ニ於テ之ヲ請求シ得ルニ止マルモノトス。(法例第十一條第三項)蓋シ不法行爲ニ關スル規定ハ公ノ秩序ニ關スルヲ以テ、外國法上不法行爲タル場合ト雖、苟モ我法律ニ於テ之ヲ不法行爲ト認メサル以上ハ、之ニ對シテ救濟ヲ與フルノ理由ナク、又我法律上不法行爲タル場合ト雖、其外國ニ發生シタルノ故ヲ以テ我法律ノ認メサル救濟ヲ與フルノ理由ナケレハナリ。(註七)

〔註七〕獨逸帝國裁判所ハ屢々不法行爲ノ法律上ノ結果ハ行爲地法ニ依ルヘキヲ判決シ、(R. Glivils. VII. S. 378; XXXVI. S. 28.) 獨逸民法施行法第十二條ハ「獨逸人ニ對シテハ其外國ニ於テ爲シタル行爲ニ關シ、獨逸法ノ認ムル以上ノ請求ヲ爲スヲ得ス」ト制限セリ。之ニ對シテチユーリツヒノ判例ハ、極力不法行爲ニ因ル債權ハ常ニ行爲地法ニ依リ、法廷地法ニ依ルヘカラサルヲ主張セリ。(H. E, XI. S, 197)

行爲成立地ト結果發生地ト法律ヲ異ニスル場合不法行爲ノ準據法

問題アリ。責任原因タル行爲成立地ト結果發生地トカ法律ヲ異ニスル場合ノ準據法如何。例ヘハ外國ニ在ル新聞記者カ他人ヲ侮辱スルノ論文ヲ起草シ、之ヲ內國ノ新聞ニ掲載シタルトキ、其損害賠償ハ內外何レノ法律ニ依ルヘキカノ問題ノ如シ。此場合行爲成立地タル外國法ニ依ルモノト、結果發生地タル內國法ニ依ルモノニ岐ル。惟フニ不法行爲ニ因ル損害賠償ハ刑罰ノ性質ヲ有スルモノニアラス、唯被害者ニ生シタル損害ノ塡補ヲ目的トスルニ過キス。從テ實際損害ノ生シタル場所ノ法律ニ依ラシムヘク、其結果發生地ノ法律タル新聞發行地法ニ依ルヲ正當トス。（註八）（註九）

〔註八〕伊太利ノ例例ハ新聞ニ依ル不法行爲ヨリ生スル民事責任ハ、新聞紙發行地ノ法律ニ依ルヘキヲ認メ、以テ結果發生地法說ヲ採ル。(Journal de dr. i. X. p. 747) 抑モ新聞紙ニ依ル不法行爲ニ於テ外形上認メ得ヘキ侵害ハ、其印刷物ノ發行頒布ニアルカ故ニ、其不法行爲ノ發生地ハ發行地即印刷物ヲ公衆ニ頒布スルノ地ニシテ、印刷地ニアラスト謂ハサルヲ得ス、從テ加害者ノ住所如何ヲ問ハス、發行地ノ法律ニ依リテ其民事責任ヲ定ムヘシト解スルヲ正當トス。

〔註九〕千九百八年フロレンツニ於ケル國際會協會ハ債權ニ關シテ決議ヲ爲シ、大ニ參考ノ價値アリ。左ニ其全文ヲ掲クヘシ。

債權ニ關スル千九百八年フロレンツノ國際法協會決議

第一條　契約ヨリ生スル債權ノ效力ハ、當事者カ之ニ從フ旨ノ意思ヲ表示シタル法律ニ依ル。但身分上ノ能力、方式、其實質的效力又ハ公ノ秩序ニ關スル强行法ニ反スル場合ハ此限ニ在ラス。

第二條　當事者ニ於テ或ル一定ノ法律ヲ補充法(當事者カ特約ナキ場合補充トシテ任意ニ之ニ依ルヘキ法律)ト定メントスル意思ヲ表示セサリシトキハ、契約ノ性質、當事者相互ノ關係、又ハ其要件ノ事情ニ鑑ミ、補充法トシテ適用スヘキ法律ヲ左ノ如ク定ムヘシ。

一、取引所、互市又ハ公ノ市場ニ於テ、締結セル契約ハ契約地法。

二、不動產ヲ目的トスル契約ハ不動產所在地法。

三、住宅ヲ無償ニ利用又ハ使用スル無償契約(贈與、無利息ノ消費貸借、無償ノ委任契約、無償ノ寄託保證等)ハ債務者ノ住所地法。

四、賣買ハ商人對非商人ノ取引タルト、商人間ノ取引タルトヲ問ハス、買主ニ對シ商行爲タルト否トヲ別タス、賣主カ取引ヲナシタル土地ノ法律。

五、雇傭、請負契約、或ル國、州、市町村、又ハ公ノ營造物ニ對シ公式ニ勞務、建築又ハ供給ヲ引受クル契約ハ、其ノ國又ハ州、市町村又ハ公ノ營造物ニ於ケル現行法。

六、火災、盜難、不慮ノ災難又ハ生命等ニ關シ保險會社ト約セル相互保險、又ハ保險料ヲ目的トスル通常ノ保險契約、其他ノ保險契約(終身生命保險契約等)ハ、其保險會社ノ住所地法。

七、法律上一定ノ資格ヲ要件トスル職業ヲ營ム者(醫師、辯護士、公證人、執達吏等)トノ契約、及此等ノ職務執行ヲ目的トスル契約ハ、其職務執行地法。

八、或ル工業會社(商事會社或ハ民事會社)ト勞働者又ハ官吏間、又ハ或ル商人トノ間ノ勞務契約ハ、其商工業ノ行ハルル土地ノ法律。

九、手形(爲替手形又ハ約束手形)ハ各種ノ債務ヲ引受ケタル土地ノ法律、其債務引受地ヲ手形上特ニ記載セサル場合ハ債務者ノ住所地法。

十、鐵道、車輛、又ハ船舶ヲ用ヰテ人又ハ物ヲ運送セシカ爲、之ヲ業トスル會社又ハ個人(例ヘハ運送人又ハ運送取扱人)ト契約ヲナシタルトキハ、其會社、現ニ運送ヲ爲ス者、運送人、問屋ノ本店所在地法。

第三條　當事者ノ意思表示ナキ爲、契約ノ性質、其相互ノ關係、貨物ノ所在地等ニ依リ之ニ適用スヘキ法律明ナラサルトキハ、裁判官ハ當事者ニ共通ノ住所地法、若シ共通ノ住所ナキトキハ共通ノ本國法、住所地國籍共ニ同一ナラサル場合ハ、契約地法ヲ適用スヘシ。

第四條　通信ニ依リ契約ヲ爲シタルトキハ、契約地ノ如何ヲ問ハス、申込者ノ住所地又ハ其事務所所在地法ニ依ル。

電話ヲ以テ契約ヲ爲シタル場合亦同シ。

住所又ハ事務所現存セサルトキハ、共通ノ住所地法、又ハ本國法、又ハ補充トシテ債務者ノ住所地法ニ依ル。

第五條　履行ノ態樣、計算、秤量、測量ノ方法、督促、祭日、支拂ノ效力、支拂ノ提供又ハ供託ハ、履行地ノ法律及慣習ニ依ル。

第六條　價格、重量、秤量、支拂ノ期間及ヒ時日ニ關スル用語ノ意義ニ依リ契約ノ效力ニ影響アルトキハ、一般ニ履行地ニ於ケル用語ニ基クヲ要ス。但事情ニ依リ特ニ當事者カ其契約ノ目的ニ鑑ミ、其用語ヲ他ノ意義ニ使用シタル事實アルトキハ此限ニ在ラス。

第七條　前條但書ノ推定ハ其默示的ニ行ハレタル場合ト雖、常ニ當事者ノ眞意ノ表示ナルカ故ニ之ヲ尊重スルヲ要ス。

四　債權讓渡

債權讓渡ハ一方債權者及ヒ讓受人間ニ於ケル獨立ノ法律行爲ニシテ、他方債務者及ヒ讓渡人間ノ債務ニ影響ヲ有ス。而シテ債權讓渡ハ唯讓渡シ得ヘキ債權ニツキ成立スルニ止リ、其效力ニツキテハ、讓渡當事者間ノ關係、(債權者及ヒ讓受人間)及ヒ第三者ニ對スル關係、(債務者讓渡人ノ債權者又ハ第二次若クハ第三次ノ讓受人等)ニ別チテ觀察スルヲ要ス。

債權讓渡ハ之ヲ當事者間ノ關係ヨリ見ルトキハ、疑モナク債權法上ノ法律行爲

債權讓渡ノ第三者ニ對スル關係

ニシテ、法例第七條ニ依ルヘキヤ疑フノ餘地ナシ。而シテ其第三者ニ對スル關係、特ニ對抗條件ニツキテハ規定ノ一致ヲ見ス。(佛蘭西民法千六百九十條、獨逸民法第三百九十八條以下我民法四百六十七條)(註十)從テ債權讓渡ノ第三者ニ對スル有效條件ニ關スル準據法如何ノ問題ヲ生ス。

立法例

〔註十〕債權讓渡ヲ第三者ニ對抗スルノ條件ニ關スル立法例ハ大別シテ二トナスヲ得ヘシ。(一)ハ債務者ニ對スル讓渡人ノ通知又ハ債務者ノ承諾ヲ要件トスルモノニシテ、我民法第四百六十七條、佛民法第千六百九十條ハ之ニ屬ス。(二)ハ斯クノ如キ條件ヲ必要トセス、善意ノ第三者保護ノ爲、(イ)內容ヲ變更スルニ非レハ原債權者以外ニ給付スルヲ得サル債權、(ロ)債務者トノ合意ニ依リ讓渡ヲ禁シタル債權、(ハ)差押ヲ禁セラレタル債權ノ讓渡ヲ禁止セルモノニシテ、獨逸民法ハ之ニ屬ス。(第三百九十九條第四百條)

學說

歐洲學者中、或ハ(一)債務者ノ住所地法ヲ債權ノ一般準據法ト前提シ、讓渡ノ有效ナリヤ否ヤハ、畢竟當時債權カ債權者ノ外ニ存スルヤ否ヤニ繫ル。從テ債權讓渡ノ第三者ニ對スル效力ハ債權自體ニ適用セラルヘキ債務者ノ住所地法ニ依ル(Bar, Internatiunales Privatrecht II. S. 79)トシ、或ハ(二)債務者ノ本國法ヲ債權ノ一般準據法ト前提シ債權讓渡ノ第三者ニ對スル效力モ亦之ニ從フトナスモノアリ。(Zitelmann, Internationales Privatrecht II. S. 394) 共ニ債權讓渡ノ第三者ニ對スル效力ニ關スル準據法ハ、一般債權ノ準據法ト異ラサルヲ主張セルニ外ナラス。我現行法ハ之ト異リ、債權讓渡ノ第三者ニ對スル效力ニツキ特別ノ準據法ヲ設ケ、一般債權ノ準據法ニ依ルコトナク、債務者ノ住所地法ニ從フ。(法例第十二條)蓋シ讓渡ニツキ債務者ノ承諾又ハ之ニ對スル通知等ヲ要件トナセルハ、主トシテ債務者保護ノ趣旨ニ出テ、此等ノ手續ハ又債務者ノ住所ニ於テ行ハルルヲ通常トスレハナリ。

我現行法ニ對スル論評

惟フニ債權讓渡ハ債權ノ移轉ヲ內容トスル契約ニシテ、債權ノ內容及ヒ效力ヲ變更スルコトナク、其儘之ヲ讓受人ニ移轉スルヲ本旨トス。畢竟唯債權ノ目的タル給付ヲ受クヘキ人ノ變更タルニ止マリ、債權ノ成立ヨリ消滅ニ至ル間ニ生スルコトアルヘキ一態樣ニ外ナラサルヘシ。從テ原債權ノ成立及ヒ效力等ヲ支配スヘキ準據法ニ依ルヘク、之ニ依リテ毫モ債務者ニ不利益又ハ不當ノ責任ヲ生スルコトナシ。債務者以外ノ第三者ト雖、苟モ原債權ノ運命ニ特別ノ利害關係ヲ有スルモノタル以上ハ、其利益保護ノ關係上、豫メ原債權ノ準據法ハ之ヲ知ルヲ要スヘク、斯クノ如キハ、寧ロ通常取引者ノ用ユヘキ注意義務ニ屬スヘシ。從テ其注意ヲ怠レルカ爲メ不利益ヲ蒙ルコトアルモ、法律ハ之ヲ保護スルノ要ナシ。論者或ハ債權讓渡ノ第三者ニ對スル效力ニツキ特別ノ規定ヲ設ケ、債務者ノ住所地法ヲ其準據法トナスノ理由ヲ債務者保護ニ求ムルトモ、債權成立後債務者ノ住所變更シ、讓渡當時ノ住所地法カ舊住所地法ノ如ク債務者ノ保護ニ專ラナラサルトキハ、却テ債務者ハ危險ノ地位ニ陷ルコトアルヘク、債務者保護ノ目的ヲ達スル能ハサル場合ナキニアラス。何レノ點ヨリ謂フモ理論上債權讓渡ノ第三者ニ對スル效力ニツキ特別規定ヲ設クルノ可ナルヲ知ラスト雖、法例第十二條ノ嚴存スル以上ハ、解釋論トシテ之ヲ容ルルノ餘地ナシ。

第五節　相續法

一　總說

凡ソ相續關係ハ親族關係ヲ基礎トスル身分關係タルト同時ニ、又財產關係タルノ方面ヲ有ス、從テ其準據法ハ財產所在地法ナリヤ、被相續人ノ本國法ナリヤ、將其

相續準據法ニ關スル立法學說等

住所地法ナリヤハ古來爭ノ存スル所ナリ。(註一)佛蘭西、(民法第三條)白耳義、(第十三條)和蘭、(特別法第七條)墺地利、(千八百五十四年非訟事件手續法第二十三條)西班牙、(第十一條)露西亞(Martens-Léo Droit international II. p. 455)英(Journal de dr. i. VIII. p. 318)米(Dicey p. 682)墨西哥、(第十三條)亞爾然丁(第十條)等ノ諸國ハ、不動產ニツキ其所在地法ニ從ヒ、英米、露墺、亞爾然丁(三二八三條)等ノ諸法ハ、動產ニツキ被相續人ノ住所地法ニ依ルトナス。而シテ本國法主義ヲ採ルモノノ間ニ於テモ、動產タルト不動產タルトヲ問ハス每ニ之ニ從フモノト、不動產ヲ除外セルモノノ二アリ。我法例第二十五條獨逸民施法第二十四條、第二十五條、(註二)伊太利法例第八條ハ前者ニ屬シ、現今ニ於ケル佛國ノ通說ハ後者ニ屬ス。(Journal de dr. i. XII. p. 1-16 XIV. p. 479)前者ノ中ニモ絕對ニ本國法主義ニ依ルモノト、之ニ緩和ヲ加フルモノノ別アリ。伊太利法例ハ絕對ニ本國法ニ依リ、我現行法、獨逸民法施行法等ハ之ニ或ル緩和ヲ加フ。(法例第二十五條第二十九條、獨民法施行法第二十三條、第二十四條、第二十七條)而シテ千八百八十年國際法協會オクスフォルド會議ノ決議及第三回國際私法會議ノ議決セル相續遺言及死後贈與ニ關スル法律ノ牴觸ヲ定ムル條約案ニ於テモ亦本國法主義ヲ

認ム。（註三）

〔註一〕 國際私法上始メテ學問的ニ相續問題ヲ研究セルハ Atbericus de Rosate（千三百五十四年死）ニシテ、遺産ハ何レノ地ノ法律ニ依ルヘキカノ問題ニ關ス。彼ハ此問題ニツキ死者ノ本國法ヲ適用スヘク、其本國不明ナル場合始メテ死亡地法ヲ適用スヘギヲ主張セリ。

〔註二〕 獨逸民法施行法第二十四條第一項ニ曰「獨逸人ハ外國ニ住所ヲ有スル場合ト雖、獨逸法ニ依リテ相續ス」ト、第二十五條第一項ニ曰、「死亡ノ際獨逸ニ住所ヲ有スル外國人ノ相續ハ當時死者ノ屬シタル國ノ法律ニ依リテ定ム」ト。然ルニ其第二十八條ニ從ヘハ「……第二十四條第一項、第二十五條ノ規定ハ、目的物カ此規定ノ適用ヲ受クヘキ國ノ領域内ニ存セス、其所在國法ニ依レハ別段ノ規定ニ從フヘキ場合ニハ之ヲ適用セス」トナス。猶獨逸民法施行法ハ反致ノ原則ノ適用ヲ認ムルヲ以テ（第二十七條）此點ニ於テ又本國法ノ適用ヲ制限スルハ注意ヲ要ス。

〔註三〕 千八百八十年オクスフオルドニ於ケル國際法協會ノ決議ニ曰「包括財産ノ相續ニ於テハ、相續スヘキ人ノ決定、其權利ノ範圍、處分シ得ヘキ部分、若クハ遺留分、死因處分ノ内容的效力ハ、其財産ノ性質及所在地ノ如何ヲ問ハス、死者ノ屬スル國ノ法律、及其補充トシテ其住所ノ法律ニ依リ支配セラルヘキモノトス」ト。

千九百年海牙第三回國際私法會議ニ於テ決議セル相續、遺言、及死因贈與ニ關スル法律ノ牴觸ヲ定ムル條約草案第一條第一項ニ曰「相續ハ財産ノ性質及所在地ノ如何ヲ問ハス、死者ノ本國法ニ依ル」ト。

二　相續ニ關スル我現行法ノ規定

我法例ハ相續ニ關スル一般準據法トシテ被相續人ノ本國法ヲ認ム。(第二十五條)蓋シ相續權ノ本質ニ鑑ミタル結果ナルヘシ。特ニ注意スヘキハ、相續ニツキ被相續人ノ本國法ニ依ル範圍如何ノ點ナリトス。

相續ノ開始、順位、廢除、效力、承認、抛棄、遺留分、遺贈、及贈與ノ減殺ニ關スル諸問題ハ、被相續人ノ本國法ニ依ルヘキヤ疑ヲ容レスト雖、相續ニ要スル資格、(民法第九百六十八條)及相續無資格(民法第九百六十九條)ニツキテハ、相續人ノ行爲能力ニ關スル問題タルヲ理由トシ、相續人ノ本國法ヲ適用スヘシトナスモノナキニアラス。然レトモ相續人ノ資格無資格ハ、權利享有能力、即權利能力ノ問題ニ外ナラス。而シテ權利行使ニ關スル能力、即行爲能力ノ問題ニ屬セサルカ故ニ、之ヲ採用スルコト難ク、又被相續人ノ本國法ニ從フヲ要ス。注意スヘキハ相續ノ承認又ハ抛棄ニ關スル事項ハ、被相續人ノ本國法ニ依レトモ、此等ニ必要ナル能力ハ法例第三條、第四條、第五條、第十四條ニ依リテ決セラルヘク、其承認抛棄ノ方式ハ、法例第八條ニ依リ、行爲ノ效

相續人ナキ相續財産

力ヲ定ムル法律又ハ行爲地法ニ依ルヘキノ點ナリトス。

問題アリ。相續人ナキ相續財産(Bona vacantia)ノ歸屬如何。此點ニツキ國庫ニ歸屬スヘキハ爭ナシト雖、其國庫ハ何レノ國ニ存スルカ、又之ヲ取得スル資格如何ニツキ異論アルニ過キス。或ハ相續人ナキ相續財産ヲ取得スルノ權利ハ、相續權ヲ補充スルモノニ外ナラサルカ故ニ、所在地ノ如何ニ關セス、被相續人ノ屬人法ニ依リテ其歸屬スヘキ國庫ヲ決スヘク、國庫ハ相續人ノ地位ニ立チテ之ヲ取得ストナスモノアリ。(Savigny) 或ハ之ト反對ニ、無主ノ相續財産ハ先占ニ依ル社會ノ混亂及公益侵害ヲ防止センカ爲、領土主權ニ基キ之ヲ國庫ニ歸屬セシムヘク、之ヲ取得スヘキモノハ財産所在地ノ國庫ナリトナスモノアリ。(Weiss) 我國ニ於テハ無主ノ相續財産カ國庫ニ歸屬シタル場合、相續債權者及受遺者ハ國庫ニ對シ其權利ヲ行フヲ得ス(民法千五十九條第二項)トナスカ故ニ、國庫ノ相續人タルヲ認メサルハ疑フノ餘地ナシ。而シテ我國ニ在ル外國人ノ遺産ニツキ相續人ナキ場合ハ、民法第千五十條以下ノ規定ニ依リ個人ノ所有權ハ消滅シ、其結果國庫ノ先占權ヲ生シ、相續財産ハ當然國庫ニ歸屬スト解スルヲ正當トス。

相續ト反致

相續ニツキテハ反致ノ原則ノ適用アリ。相續ニ關シ住所地法主義ヲ認ムル國ニ屬スル外國人カ、我國ニ住所ヲ有スル場合、相續ハ法例第二十九條ニ依リ住所地法タル我カ法律ニ依ルヘキモノトス。(註四)

〔註四〕 法例第二十五條ニ於テ相續ハ被相續人ノ本國法ニ依ルトナセトモ、例ヘハ佛國人カ我國ニ不動產ヲ殘シテ死亡セル場合ノ相續問題ハ、佛國ノ法律ニ依レハ不動產ノ相續ハ其所在地法ニ依ルトナスカ故ニ、法例第二十九條ニ依リ反致ノ原則ノ適用アリ。其結果、其日本ニ殘シタル不動產ニ關スル佛國人ノ相續ハ我民法相續篇ノ規定ヲ適用セサルヲ得ス。然ルニ佛國ニ於テハ家督相續ノ制ヲ認メサルカ故ニ、其佛國人ノ相續ヲ如何ニ決スヘキカノ問題ヲ生ス。此場合ハ第一編第四章第三節六ニ於テ本國國際私法ニ於テ日本ノ法律ニ依ルヘキトキ、其適用カ本國公安ト兩立セサル場合ト雖、猶反致ヲ適用スヘキヤニツキ爲シタル說明ヲ應用シテ解決スヘシ。

我國ニ於ケル失踪宣告ニ因ル相續

又我國ニ於テ外國人ニ對シ失踪宣告ヲ爲シタルトキハ、相續ノ一般準據法タル被相續人ノ本國法ニ依ラス、宣告地法ニ從ヒ相續ノ開始ヲ生スルモノトス。蓋シ此場合ハ宣告地ノ公益上外國人ノ權利關係ヲ確定シ、相續開始ヲ其目的ノ一トナセハナリ。(本章第一節參照)

三　遺言

遺言相續トノ關係

遺言ト相續トハ甚タ密接ノ關係ヲ有シ、相續法中之ヲ規定スルモノ多シ。(民法第千六十條以下獨逸民法二千二百二十九條以下瑞西民法四百六十七條)原則トシテ「相續ヲナス能力及相續ハ遺言者ニ服從スル法律ニ依ル」トナスモノスラ存ス。(リマ條約草案第二十條)而シテ遺言ノ要式行爲ニシテ、遺言能力ヲ有スル者、法律ノ認ムル方式ニ從ヒ之ヲ爲シタルヲ要件トス。從テ國際私法上先ツ遺言能力及方式ニ關スル準據法ヲ決スルヲ要ス。

遺言能力

遺言能力トハ特ニ相續法上有效ナル法律行爲ヲナス能力ノ一種ニシテ、唯之ニツキ特別規定存スルニ過キス。概ネ遺言者ノ本國法ニ依レトモ、(獨逸民法施行法第二十四條第三項、伊太利法例第九條二項等)又其住所地法ニ依ルモノナキニアラス。(亞爾然丁民法三千六百十一條、瑞西居住居留民法第七條)其他動產ト不動產トヲ區別シ、動產ハ住所地法ニ依リ、不動產ハ其所在地法ニ依ルモノアリ。(英米)何レノ主義ニ從フモ、猶何レノ時期ヲ標準トシテ其準據法ヲ決スヘキカノ問題ヲ生ス。我現行法ハ遺言ノ成立要件ハ常ニ其成立當時ニ於ケル遺言者ノ本國法ニ依ルトシ、法例第三條ノ適用ヲ除外ス。(法例第二十六條)(註五)唯反致ノ原則ノ適用アルハ注意ヲ要ス。(法例廿九條)。

〔註五〕千九百年第三回國際私法會議ノ決議セル相續、遺言及死後贈與ニ關シ法律ノ牴觸ヲ定ムル海牙條約第一條第二項ニ曰「遺言及死後贈與ノ成立及效力ハ處分ヲ爲ス者ノ本國法ニ依ル」ト。

リマハ條約草案第十八條ニ曰「遺言ヲ爲ス能力ハ遺言者ノ本國法ニ依ル」ト。第十九條ニ曰、「外國人ハ內國ニ於テ其出生國、歸化國又ハ住所地ノ法律ニ從ヒテ遺言ヲ爲スコトヲ得」ト。第二十條ニ曰「相續ヲ爲ス能力及相續ハ遺言者ノ服從スル法律ニ依ル。但左ノ制限アリ。(一)內國ニ在ル財產ニ關スル遺言カ第五十四條(外國ニ其根源ヲ有スル法律、判決、契約又ハ法律行爲ハ內國ノ政治組織又ハ公ノ秩序若クハ善良ノ風俗ニ牴觸セサル場合ニ限リ內國ニ於テ之ヲ認ム)ノ規定ニ牴觸スルトキ、遺言ハ其效力ヲ生セス。(二)內國人ハ外國人ノ遺產ヲ相續スルニ當リ、相續、夫婦間ノ相續權又ハ扶養ノ名義ニ於テ他ノ內國人ノ遺產ヲ相續スル場合、內國法ニ從ヒテ有スルト同一ノ權利ヲ有ス。此權利ハ內國ニ在ル財產ニ付キ其效力ヲ生ス」ト。第二十一條ニ曰「外國ニ於テナサレ、且其外國ニ於テ效力ヲ生スヘキ遺言モ亦前條ニ定メタル制限ニ從フ」ト。

亞爾然丁民法第三千六百十一條ニ曰「遺言ヲ爲ス能力ヲ有スルヤ否ヤハ遺言ノ日ニ於ケル遺言者ノ住所地法ニ依ル」ト。同三千六百十二條ニ曰、「遺言ノ實質並ニ效力ハ死亡ノ日ニ於ケル遺言者ノ住所地位ニ依ル」ト。瑞西居住居留民法第七條ニ曰「遺言能力ハ遺言ノ當時ニ於ケル住所地法ニ依ル」ト。

獨逸民法施行法第二十四條第三項ハ、遺言ニ因ル處分ヲ爲シタル後、國籍ノ變更アリタルトキ、(一)遺言ノ作成又ハ取消ノ效力ハ、行爲ノ當時ニ於ケル行爲者ノ本國法ニ依リ、(二)遺言者ハ獨逸法ニ依リ必要ナル年齡ニ達セサルトキト雖、從來ノ遺言能力ヲ保有スル旨ヲ規定セリ。

遺言ノ方式ニツキテハ、諸國ノ規定一ナラス。或ハ(一)外國ニ於テ遺言ヲナス場合ハ、專ラ公正證書ニ依ルヘキヲ規定スルモノアリ。(和蘭民法第九百九十二條)或ハ(二)民法上ノ要件ヲ具備スル自筆ノ遺言ヲ認ムレトモ、行爲地ノ慣習ニ從ヒ遺言ヲナスモ亦有效トナスモノアリ。(佛民九百九十九條)此場合場所ハ行爲ヲ支配ス locus regit actum ノ原則ハ、Bartolus 以來一般ニ認メラルル所ニシテ、唯其强行的ナリヤ選擇的ナリヤニツキ爭アルニ過キス。我現行法ハ之ヲ選擇的ト認メ、遺言成立當時ニ於ケル遺言者ノ本國法ニ從フヲ原則トス。(法例第二十六條第一項第三項)(註六)而シテ「日本領事ノ駐在スル國ニ在ル日本人カ公正證書又ハ祕密證書ニ依リ遺言ヲ爲サントスルトキハ、公證人ノ職務ハ領事之ヲ行フ」モノトス。(民法第千八十六條)。

〔註六〕 リマ條約草案第二十二條ニ曰、「遺言ノ方式ハ行爲地法ニ依ル」ト。

海牙條約第二條ニ曰、「行爲地法又ハ處分當時ニ於ケル處分者ノ本國法ニ依リタル遺言及死後贈與ハ、方式ニ關シテハ之ヲ有效トス。但外國ニ於テ爲ス贈與又ハ遺言ニツキ本國法カ實質的條件トシテ其定ムル方式ニ依ルヘキヲ命シタルトキハ、遺言又ハ贈與ハ他ノ方式ニ依リテ之ヲ爲スコトヲ得ス。外國人ノ遺言カ本國法ノ規定ニ從ヒ、本國ノ外交官又ハ領事ノ受理スル所トナリタルトキハ、方式ニ關シテハ之ヲ有效トス。死後贈與ニツキテモ亦同シ。第三條ニ曰「遺言又ハ死後贈與ニ因リ財產ヲ處分スル能力ハ、處分者ノ本國法（其死亡當時ニ於ケル本國法――第四條）ニ依ル」ト。

和蘭民法第九百九十二條ニ曰、「外國ニ在ル和蘭人ハ行爲地ノ慣用方式ヲ遵守シ、且公正證書ヲ以テスルニ非サレハ、臨終處分ヲ爲スコトヲ得ス。但第九百八十二條ニ定メタル方法ニ依リ、自筆證書ヲ以テ之ヲ爲ス場合ハ此限ニ在ラス」ト。第九百八十二條ニ曰「臨終處分ハ其處分ノ全文、日附及氏名ヲ自書シタル證書ニ依リ、別ニ他ノ方法ヲ履マスシテ之ヲ爲スコトヲ得。但此處分ハ遺言執行者、葬式又ハ衣服、襯衣、特定ノ裝飾品、若クハ一定ノ動產ノ遺贈ニ關スルニ非サレハ其效力ヲ生セス。前項ノ證書ノ取消ハ同シク私署證書ニ依リテ之ヲ爲スコトヲ得」ト。

佛國民法第九百九十九條ニ曰、「外國ニ在ル佛國人ハ第九百七十條ノ定ムル所ニ從ヒ、私署證書ヲ以テ又ハ行爲地ノ慣用方式ニ從ヒ、公正證書ヲ以テ遺言ヲ爲スコトヲ得」ト。第九百七十條ニ曰「自筆遺言書ハ遺言者カ、其全文日附及氏名ヲ自書スルニ非サレハ、效力ヲ生セス、但此外別ニ方式ヲ要セス」ト。

遺言ノ效力

我現行法上遺言ノ效力ハ其成立ノ場合ト同シク其遺言成立當時ニ於ケル遺言者ノ本國法ニ依ル。(法例第二十六條第一項)若シ效力ノ文字ヲ有效ニ遺言ノ成立セル義ニ解スルトキハ此規定ハ正當ナレトモ之ヲ有效ニ成立セル遺言カ遺言者ノ死亡ニ依リテ始メテ發生スル效力ノ義ニ解スルトキハ甚タ不當タルヲ免レス。蓋シ此意味ニ於ケル效力ハ遺言者ノ死亡ニ依リテ始メテ生スルカ故ニ遺言者ノ死亡當時ノ屬人法ノ認メサル以上ハ之ヲ發生スルニ由ナケレハナリ。

遺言ノ取消

遺言ハ何時タリトモ之ヲ取消シ得ルヲ本質トス。從テ時ヲ異ニシテナシタル遺言ノ間ニ牴觸アルトキハ後ノ遺言ヲ有效トシ前ノ遺言ハ之ト牴觸セル範圍ニ於テ之ヲ取消シタルモノト看做スヘク法律ノ改正アリ新舊兩法間ニ效力上ノ差異アルトキハ新法ノ認ムル範圍ニ於テ效力アルニ過キス。我現行法ハ唯遺言者自ラ取消シタル場合ヲ豫想シ「遺言ノ取消ハ其當時ニ於ケル遺言者ノ本國法ニ依ル」トナス。(法例第二十六條第二項)蓋シ遺言ノ取消ハ其成立ト同一ノ方法ニ從ハシムヘク從テ之ニ關スル準據法ハ遺言成立ニ關スル準據法ト同一ナルヲ要スレハナリ。

第二章　國際商法

第一節　總說

國際商法ハ各國特別ノ商法ヲ有シ、商事ニ關スル規定ヲ異ニスルヨリ生スル法律ノ牴觸ヲ解決スルヲ目的トス。而シテ近時取引上ノ共通點ハ特ニ商事ニ關スル取引、卽チ商取引ヲ國際的世界的ナラシメ、之ニ關スル各國ノ規定ヲ同一ナラシムル傾向アリ。斯クノ如クニシテ商法ノ一部、特ニ手形海商ニツキテハ、旣ニ統一條約ノ成立ヲ見ルニ至レリ。例ヘハ千九百十二年第二回海牙手形法統一會議ニ於テ成立セル統一條約八十條、及千九百十年ブリユクセルノ國際會議ニ於テ成立セル船舶衝突ニ付テノ規定ノ統一ニ關スル條約、海難ニ於ケル救援救助ニ付テノ規定ノ統一ニ關スル條約ノ如シ。然レトモ猶商事ニ關シ、國ニ依リテ規定ヲ異ニスルモノ少シトセス。例ヘハ商行爲ノ範圍、商行爲能力等ノ如シ。從テ商法統一論、民商歸一論ノ勢力侮ルヘカラサルモノアレトモ、其實行ノ範圍ニハ自ラ限界アリ。商法ノ牴觸ハ依然トシテ存シ、國際商法研究ノ必要ハ未タ消滅スルニ至ラサルナリ。

國際商法ニ關シ特別規定ヲ設クルモノ甚タ少シ。唯我商法施行法第百二十五條、第百二十六條、商法第二百五十五條乃至第二百六十條、獨逸商法第十三條、第二百一條、獨逸商法施行法第二條、伊太利商法第五十八條、葡萄牙商法第四條乃至第六條、第十二條、第五十五條、第百九條、第百十二條等(註一)ニ之ヲ見ルノミ。蓋シ商取引ハ疑モナク債權的法律行爲ニシテ、其準據法ハ當事者ノ定ムル所ニ依ルヘク、(法例第七條)當事者ハ取引ノ性質上迅速安全ヲ期センカ爲、實際上行爲地法ニ依ルヘキヲ定ムルコト、最モ多キヲ以テナリ。

〔註一〕 獨逸商法第十三條第三項ハ外國ニ本店ヲ有スル支店ノ登記ヲ定メ、同第二百一條第五項ハ外國ニ住所ヲ有スル支店ノ設立登記ヲ規定ス。

獨逸商法施行法第二條ニ曰「商事ニ關シ、商法及本法ニ別段ノ定メナキトキハ、民法ヲ適用ス」ト。

伊太利商法第五十八條ニ曰「商事契約ノ要件及方式、又ハ商事契約ヨリ生スル權利ノ行使、保全若クハ執行ニ必要ナル行爲ノ方式及效力ハ、商事契約ヲ締結シタル地、又ハ前述ノ行爲ヲ爲シ、若クハ執行ヲ爲ス地ノ法律及慣習ニ依ル。但同一本國法ノ適用ヲ受クル者ノ爲法例第九條ニ定メタル場合ハ此限ニ在ラス」ト。

葡萄牙商法第四條ニ曰「商行爲ハ(一)契約ノ內容及效力ニ付テハ、成立地法ニ依ル。但反對ノ定メヲ爲シタルトキハ此限ニアラス。(二)履行ノ方法ハ履行地法ニ依ル。(三)方式ハ契約地法ニ依ル。但法律ノ明文ニ反對ノ定アルトキハ此限ニ在ラス。以上ノ規定ハ唯葡萄牙ノ公法及公ノ秩序ニ反セサル場合ニ限リ適用セラルルモノトス」ト。同第五條ニ曰「帝國外ニ於テ葡萄牙人相互間、又ハ葡萄牙人ト外國人間ニ契約ヲ爲シ、帝國內ニ於テ外國人相互間、又ハ外國人ト葡萄牙人間ニ契約ヲ爲シタルトキハ、葡萄牙人タルト外國人タルトヲ問ハス、共ニ住所ヲ有スル土地ヲ管轄スル帝國ノ裁判所ニ訴訟ヲ提起スルコトヲ得」ト。第六條ニ曰「商法ノ規定全部ハ外國人トノ商法上ノ關係ニ適用ス。但法律カ明文ヲ以テ反對ノ定ヲナシ、又ハ反對ノ定ヲナス國際條約、又ハ其他特定ノ協定存スルトキハ此限ニ在ラス」ト。第十二條ニ曰「外國人ノ商業ヲ營ミ得ル要ハ、其妻タル身分ニ本國法ノ附與セル法律上ノ恩典ヲ主張スルヲ得ス」ト。第五十五條ニ曰「葡萄牙ニ支店又ハ代理店ヲ設立セント欲スル外國商事會社ハ、其商業登記ヲ爲スニ當リ、其本國法ノ規定ニ依リ設立シ、且認許セラレタル旨ノ當該葡萄牙領事ノ證明書ヲ提出スルヲ要ス」ト。第百九條ニ曰「帝國內ニ本店支店ヲ有セス、又何等ノ代表者ヲモ有セサル外國商事會社ハ、葡萄牙ノ法律ニ反セサル限リ、商行爲ヲ營ムヲ妨ケス」ト。第百十二條ニ曰「前二條ニ該當セサル外國商事會社ハ、葡萄牙ノ法律ノ定ムル制限ニ服スヘキモノトス。其代表者ハ個人トシテ、又連帶責任ヲ以テ、其營メル行爲ニ對シ責任ヲ有ス」ト。

世界ノ現行商法ノ條文ハ、O. Borchardt, Die Handelsgesetze der Erdballs, ニツキテ知ルヘシ。

國際商法ノ範圍

國際商法ニ於テ說明スヘキハ、商法ノ牴觸ニ特別ナル準據法ニ限ル。而シテ商法ノ牴觸ニ特別ナル準據法ハ法律ノ規定又ハ國際慣習トシテ存シ、之ナキモノニツキテハ、民法ノ牴觸ニ關スル準據法、卽國際民法ノ定ムル所ニ從フヲ要ス。蓋シ我國ニ於テハ獨逸(民法施行法第二條)ノ如ク、明文ヲ以テ之ヲ明ニスルコトナシト雖、商法第一條ノ類推ニ依リ、之ヲ是認スルヲ要スレハナリ。我現行法上國際商法ニ屬スル特別規定トシテハ、會社ニ關シ商法第二百五十五條乃至第二百六十條アリ。手形ニ關シ商法施行法第百二十五條、第百二十六條アリ。國際慣習法トシテハ、船舶ニ關スル旗國法(Flaggenrecht, Law of flag)ノ原則アルニ過キス。他ハ皆國際民法ノ原則ニ依ルヘキモノトス。從テ商事ニツキテハ國際商法、國際慣習法及國際民法ノ適用アリト謂フヘシ。

國際商法國際慣習法國際民法ノ關係

唯問題トナルハ其相互間ニ於ケル適用ノ順序ナリトス。此點ニツキテハ、商法第一條ニ於テ「商事ニ關シ本法ニ規定ナキモノニ付テハ、商慣習法ヲ適用シ、商慣習法ナキトキハ民法ヲ適用ス」ト定ムルカ故ニ、之ヲ類推シテ商事ニツキテハ國際商法、國際慣習法及國際民法ノ順序ヲ以テ適用セラルト解スルヲ正當トス。

商法ノ定ムル所ハ主トシテ商取引ニ關シ、商取引ノ大多數ヲ商行爲トシ、之ヲ營ムモノヲ商人トナスカ故ニ、商行爲及商人ノ二大觀念ハ商法ヲ貫流スルモノト謂フヘシ。諸國ノ商法間ニ牴觸ヲ生スルモ、亦此點ニ關スル規定ヲ異ニスルニ因ルモノトス。

商法ノ中心觀念

(一)凡ソ商人。。ニハ破産、商號、商業登記、商業帳簿、交互計算等特有ノ制度アリ。從テ商人、非商人、ノ區、別、ハ國際的取引ニ於テハ極メテ重要ナリトス。其區別ニ關スル準據法ニツキテハ諸説アリ。第一説ハ行、爲、地、法、ニ依ルモノニシテ、之ニ從ヘハ商人タルノ資格ハ當事者ノ恣ニ左右スル所トナルノ譏アリ。第二説ハ營業地法ニ依ルモノニシテ、之ニ從ヘハ行商ノ如ク營業所ノ定マラサルモノ、又ハ二個以上ノ營業所存スル場合ノ解決ニ苦ムノ恨ナキヲ得ス。其他商人ノ資格ヲ確定スルノ必要ハ一定ノ國際私法關係ノ先決問題トシテ生スルカ故ニ、宜シク其國際私法關係自體ノ準據法ニ依リテ之ヲ決スヘシトナスモノナキニアラスト雖、元來商人タルノ資格ハ人格ノ範圍ニ關スル問題ニシテ、畢竟權利享有ノ資格、卽權利能力ニ關スル問題ニ外ナラス。蓋シ商人タルカ故ニ或ル特別ノ權利義務ヲ有スルヲ以テナリ。此意味ニ

商人

商人非商人ノ區別ニ關スル準據法

商人ノ行爲能力

於テ商人非商人ノ區別ハ國際民法ニ於ケル權利能力ノ問題ト同シク、權利享有ノ原則ニ從ヒ、法廷地法ニ依リテ決スヘク、我國ニ於テ問題ヲ生シタルトキハ、我商法ノ規定ニ依リテ之ヲ決スルヲ要ス。從テ外國商人ハ必スシモ內國ニ於テ商人ト認メラルルコトナク、外國商人ニシテ內國ニ於テハ非商人タルモノアルヘシ。固ヨリ內外人平等ノ原則ハ國際商法ノ範圍ニ於テモ亦認ムルヲ要スヘク、(註二)外國人ハ內國ノ公益公安ト兩立スル限度ニ於テ、又法令又ハ條約ニ禁止ナキ以上ハ、原則トシテ內國ニ於テ商工業ヲ營ミ、內國人ト同一ノ法律上ノ保護ヲ享有スルヲ得レトモ、其行フ商取引ニシテ、內國法上商行爲ニ屬スルトキハ、之ヲ商人トシ、然ラサルトキハ、之ヲ非商人トナスノミ。商人ノ行爲能力ニ關スル準據法ハ、之ヲ屬地的ニ決セントスルモノト、屬人的ニ決セントスルモノノ二派アリ。前者ハ契約地法ニ依ルヘキヲ主張シ、獨逸(民法施行法第七條、第廿七條、手形條例第八十四條)瑞西、(行爲能力法第十條第二項第三項)英米及伊太利(商法第五十八條)ハ之ニ屬ス。後者ハ債務者ノ國籍ヲ標準トスルモノト其住所ヲ標準トスルモノノ二アリ。債務者ノ本國法ニ依ルトナスモノハ、葡萄牙(商法第十二條)佛蘭西(民法第三條ヲ基礎トスル解釋)等ニシテ、

商業帳簿 商業登記 商業使用人ノ代理 商號

債務者ノ住所地法ニ依ラシトスルモノハ、一般行爲能力ニツキ住所地主義ヲ採ル立法例、卽丁抹(慣習法)亞爾然丁(民法第七條)等(註三)ナリトス。我現行法ノ解釋トシテハ、商人ノ行爲能力モ亦一般行爲能力ノ問題ニ屬スルカ故ニ、法例第三條乃至第五條、第十四條ニ依リテ決スルヲ要ス。其成年未成年ノ問題ハ假令本國法上未成年者タル場合ト雖、我國法上成年者タルトキ、我國ニ於ケル商取引ニツキテハ之ヲ成年者ト看做スヘク、我國ニ於テ禁治産者、準禁治産者トシテ行爲能力ヲ剝奪又ハ制限セラルヘキヤ否ヤノ問題ハ、我裁判所ニ於テ禁治産又ハ準禁治産ノ宣告アリタルヤ否ヤニ依リ、(第一章第一節二(三))(註四)妻ノ商人トシテノ行爲能力ハ問題ヲ生シタル當時ニ於ケル夫ノ本國法ニ依リテ決スヘキモノトス。商業帳簿、商業登記ノ制、竝ニ商業使用人ノ代理權ノ範圍、及之ニ對スル制限ニ關スル商法ノ規定ハ、所謂公法的監督規定ニ屬シ、絕對ニ屬地的强行法タルノ性質ヲ有ス。商號ノ場合モ亦公法的監督規定タルノ點ニ於テハ一ナレトモ、商號ハ個人ノ姓名ト同シク、如何ナルモノヲ商號トナスヘキカハ、原則トシテ其本國法ニ依ルヲ要ス。此場合法例第三十條ノ適用アリ、其本國法適用ノ結果カ我公序良俗ニ反スルトキハ、屬地的ニ決スヘキノ

商業使用人ノ主人ニ對スル關係

ミ。之ニ對スル保護及第三者ニ對抗スルノ條件如何ハ、絕對的强行法トシテ我商法ノ決スヘキ所ニ屬ス。商業使用人ノ第三者ニ對スル關係、卽其代理權ニ對スル制限ハ、屬地的ニ決スヘキハ既ニ述ヘタルカ如シト雖、其主人トノ關係ハ、疑モナク雇傭關係ナルカ故ニ、契約ニ關スル準據法ニ依ルヘク、法例第七條ニ依ルヘキヤ疑ヲ容レス。

代理商

代理商ニツキテモ亦同シク、其本人ニ對スル關係ハ法例第七條ニ依レトモ、其第三者ニ對スル關係ハ之ヲ屬地的ニ決スヘク、代理商ノ營業地法ニ依ルヘキモノトス。

〔註二〕國際商法ノ範圍ニ於テ法律ヲ以テ內外人平等ノ原則ヲ宣明セルモノニ西班牙商法第十五條、葡萄牙商法第百九條、第百十二條等アリ。條約ヲ以テ明言セルモノニ、千八百七十五六年ノ瑞墺伺ノ居住條約等アリ。

〔註三〕丁抹ノ慣習法ニ曰「人ノ能力ハ住所地法ニ依ル」ト。亞爾然丁民法第七條ニ曰「法律行爲能力ハ凡テ住所地法ニ依ル」ト。

〔註四〕國際法協會ニ於テ禁治產ハ其本國法ニ定メタル效力ヲ生スルル旨ヲ決議セルハ既ニ述ヘタルカ如シ。（第一章第一節註九）從テ其本國ニ於テ禁治產ノ宣告アリタルトキハ、他ノ國ニ於テモ亦其效力ヲ認メサルヘカラサルカ如シト雖、內國ニ於テ外國ノ宣告セル禁治產宣告ノ效力ヲ認ムルニハ、條約其他ノ根據アルヲ要ス。然ルニ我國ニ於テハ斯クノ如キ根據ナキカ故ニ、我國ニ於テ禁治產者トシテ取扱フ場合ハ、一ニ我裁判所ニ於テ禁治產ノ宣告アリタル場合ニ限ルト謂ハサルヲ得サルナリ。

(二) 商行爲ハ法律行爲ナルカ故ニ、其能力ハ疑モナク一般行爲能力ノ問題ニ屬ス。從テ法例第三條乃至第五條、第十四條ノ適用アルヘク、未成年者又ハ妻カ會社ノ無限責任社員ト爲ルヲ許サレタルトキ(商法第六條)ハ、又屬地的ニ其會社ノ業務ニ關シ之ヲ能力者ト看做スヘキモノトス。商行爲ノ成立及效力ハ法例第七條ニ依リ其方式ニツキテモ亦法例第八條ノ適用ヲ見ル唯法律行爲ノ實質ト方式ノ分離ヲ許サヽル場合、例ヘハ手形行爲ニツキテハ特別ノ規定存シ「外國ニ於テ手形上ノ權利ヲ行使又ハ保全スル爲ニ爲ス行爲ノ方式ハ行爲地法ニ依ル」トナス。(商法施行法第百二十六條)其詳細ハ後ニ述フヘシ。(第二節二)

以上述ヘタルカ如ク商人ノ資格、其行爲能力、其他商人ニ特有ナル制度、及商行爲ニ關シテハ、原則トシテ皆國際民法適用セラレ、特別ノ準據法アルコトナシ。唯國際商法ニ特別ナル準據法トシテ說明スヘキハ、會社、手形、船舶ニツキテ存スルノミ。此等ヲ茲ニ商法ノ牴觸ニ關スル特例ト稱ス。

第二節　商法ノ牴觸ニ關スル特例

一　會社

會社ハ法人ナリ。從テ法人ノ內外ニ關スル區別ヲ標準トシテ會社ノ內外ヲ區別スヘク、苟モ內國ニ住所卽本店ヲ有スル會社ハ之ヲ內國會社トシ、然ラサルモノハ悉ク之ヲ外國會社トナスヲ要ス。(第一編第四章第二節四)商法ハ外國會社ニツキ明文ヲ設ケ、(一)日本ニ支店ヲ設ケタル外國會社ハ、日本ニ成立スル同種ノモノ、又ハ最モ之ニ類似セルモノト同一ノ登記及公告ヲナシ、(二)其日本ニ支店ヲ設ケタルトキハ、日本ニ於ケル代表者ヲ定メ、且支店設立ノ登記ト同時ニ、其氏名住所ヲ登記スルヲ必要トス。(三)其始メテ日本ニ支店ヲ設ケタルトキハ、支店所在地ニ登記アルヲ以テ其成立ヲ第三者ニ對抗スルノ要件トナシ、以テ商法ノ規定ハ內國ニ支店ヲ設ケ、若クハ內國ニ於テ商業ヲ營ムヲ主タル目的トスル外國會社ニモ適用セラルルヲ明ニス。(第二百五十五條乃至第二百五十八條)從テ內國ニ關係アル外國會社ノ法律關係ハ、假令其本店所在地カ外國ニ在ル場合ト雖、絕對ニ屬地的ニ決シ、常ニ內國法

ニ依ルヘキモノト解スルヲ正當トス。(註一)

〔註一〕千八百九十年巴里ニ於ケル株式會社列國會議ハ決議シテ曰、「會社ハ總テ國籍ヲ有ス。株式會社ノ國籍ハ設立地タルト同時ニ、事務所所在地タル國ノ法律ニ依リテ之ヲ決ス。會社ノ事務所ハ設立地外ニ在ルコトヲ得ス」ト。又曰「會社ノ設立、能力及其機關ノ責任ニ關スル問題ハ、會社ノ本國法ニ依リテ之ヲ決ス。株券又ハ債券ノ發行ニ關スル規定ハ、募集ヲ爲ス會社ノ國籍如何ヲ問ハス、內國ニ於テ適用セラルヘシ。前項ニ定メタル原則ハ株券又ハ債券ノ公ノ流通ニ付テモ亦之ヲ適用ス」ト。又曰「一國ニ於テ適當ニ設立セラレタル會社ハ、他國ニ於テ其國ノ定ムル特別條件ヲ遵守スルヲ要セスシテ契約ヲ締結シ、且訴訟ヲ爲スコトヲ得」ト。

又條約ヲ以テ內國ニ於テ外國ノ商事會社、殊ニ株式會社ヲ認ムヘキ旨ヲ擔保スル場合アリ。例ヘハ千八百九十四年獨露通商條約第四條、(獨逸ト希臘、南亞弗利加共和國オラニエ自由國及塞耳亞トノ間ニ最惠國條款アリ、獨露間ト同一ノ關係存ス。)千八百六十九年ノ北獨逸聯邦及瑞西間ノ條約、千八百八十八年瑞、墺匈間ノ通商條約等ノ如シ。

二　手形(註二)

手形

凡ソ手形ノ流通ハ之ヲ一國內ニ限定スルヲ得ス。外國貿易ノ發達ニ伴ヒ、國際間ニ手形ノ輾轉ヲ見ルハ寔ニ自然ノ要求ナリトス。從テ各國手形法ノ併立ヲ不便トシ、其統一ヲ希望スルノ運動ハ、或ハ個人ニ依リ、或ハ國內的ニ、或ハ國際的ニ行ハルルニ至レリ、千七百九年獨人 Marperger 千七百六十六年佛人 Accarias de Serionne ニ企テラレタル運動ハ、其個人ニ依ルモノニシテ、千八百四十七年ニ議決セラレ、千八百七十一年始メテ獨逸帝國ノ法トナリシ獨逸普通手形條例、千八百九十七年北米四州ノ採用セル Negotiable instrument's law ハ國內的運動ノ成果タリ。其國際的運動ノ例トシテハ、國際法學會(Association)ニ於テ千八百七十五年海牙、千八百七十六年ブレーメン、千八百七十七年アントワアープ千八百七十八年フランクフルトノ四會議ヲ經テ成立セル Bremen Rules 千九百八年同會ブダペスト會議ニ於テ成立セル Budapest Rules (何レモ京都法學會雜誌第四卷千四百三十頁以下ニ毛戶博士ノ譯文アリ)國際法協會(Insitut) ニ於テ千八百十二年トリノ、千八百八十三年ミエンヘン、千八百八十五年ブリユクセルノ三會議ヲ經テ成立セル loi-type(模範手形法——京都法學會雜誌第四卷千七百六十頁以下ニ毛戶博士ノ譯文アリ)萬國商法會議 (Congrés international de droit Commercial) ノアントワープ會議(千八百八十五年)ニ於テ議決セル模範法五十七條、千八百八十八年同會ブリユクセル案六十八條千九百十年海牙手形法統一會議ニ於ケル統一條約及統一法案(法學協會雜誌第三十卷第三號所載岡野博士譯文、同誌同卷第四號乃至第九號所載松本博士解說、京都法學會雜誌第六卷第二百十三頁以下所載竹田博士海牙ニ於ケル國際手形法會議參照）千九百十二年第二回海牙手形法統一會議ニ於ケル統一法確定條約八十條（法學協會雜誌第三十卷第十二號所載松本博士譯文參照）ヲ擧クルヲ得ヘシ。今海牙確定條約ニツキテ見ルニ、締約國ノ立法ニ留保セル事項少シトセス。從テ締約國相互間ニ於テモ猶手形ニ關スル法律ノ牴觸ヲ全然除去スルニ至ラス。況ンヤ締約國對非締約國間乃至非締約國相互間ニ於ケル手形法上ノ關係オヤ。從テ手形法牴觸ノ問題ハ、猶依然トシテ存スルヲ見ルナリ。

〔註二〕手形ハ（一）手形契約ヲ爲シタル土地、（二）振出地、（三）現ニ手形ノ交付ヲ爲シタル地、（四）支拂地、（五）引受ヲ爲スヘキ地、（六）手形債務者ノ住所地、（七）手形訴訟ヲ提起セル地、即法廷地其他（八）特ニ契約ヲ以テ定メタル土地ト關係ヲ有ス。此等ノ土地ニ於ケル法律規定ノ差異ヨリ玆ニ手形ニ關スル法律ノ牴觸ヲ生スルモノトス。

手形ニ關スル法制ハ英佛獨ノ三法系ニ大別スルヲ得ヘク、（一）佛法系ニ於テハ手形上ノ法律關係ト之カ基礎ヲ爲ス資金關係トヲ嚴格ニ區別セス、資金關係ヲ手形上ノ關係トシ、手形ノ移轉ハ支拂人ノ有スル資金移轉ノ效力ヲ生ストナスヲ其特色トス。

即チ手形ノ取得者ハ其取得ト共ニ、資金ノ上ニ直接ノ優先權ヲ取得シ、振出人ノ破產アルモ、手形ノ所持人ハ支拂人ノ手裡ニアル資金ニツキ支拂ヲ受クルヲ得ルモノトス。(二)獨法系ニ於テハ手形關係ト其基礎關係タル原因關係、即資金關係ノ嚴格ナル分離ヲ認メ、兩者ハ何等ノ關係ヲ有セス。手形ノミ獨立シテ活動シ得ルヲ認ムルヲ其特色トス。(三)英法系ニ於テハ獨逸法系ニ類似スレトモ、唯形式ヲ重ンシ、手形ノ嚴格ヲ維持スルノ點ニ於テ多少緩裕ナルノ差アルニ過キス。此點ヨリ學者又手形法系ヲ二大別シテ英獨主義及佛國主義トナス。

國際私法上ノ手形

惟フニ手形カ國際私法研究ノ物體トナルハ、其上ニ存スル權利義務ノ發生變更消滅カ二國以上ニ關係ヲ有スル場合、即國際手形ニ限リ、其關係一國內ニ止マルトキ、即國內手形ノ場合ハ其國ニ於ケル手形法上ノ問題タルニ外ナラス。

手形法ノ抵觸ニ關スル立法

而シテ手形ニ關スル法律ノ抵觸ニツキテハ、法律行爲ニ關スル一般準據法ニ依ルコトナク、特別規定ヲ設クルモノ少シトセス。(獨逸手形法第八十四條乃至第八十六條、瑞西債務法第八百二十二條乃至第八百二十四條、匈牙利千八百七十六年外國法第九十五條乃至第九十七條、塞耳比亞千八百六十年他國法第百六十八條乃至第百七十條、丁抹瑞典諾威千八百八十年外國法第八十四條乃至第八十六條、英吉利千八百八十二年手形條例第七十二條參照(註二)蓋シ手形行爲ノ成立要件ニ關スル諸國ノ規定ハ收引ノ信用ヲ確保センカ爲設ケタル强行法タルニ起因ス。我國ニ於テモ外國ニ於テ爲シタル手形行爲ノ要件、及手形上ノ權利ノ行使又ハ保全ノ爲メ外國ニ於テ爲ス方式ニツキ特別規定ヲ設ク。商法施行法第百二十五六條ノ規定ハ之ニ屬ス。

(註三) 英吉利ハ手形ニツキ特別法ヲ設ク。「(一)爲替手形ノ形式的要件ニ關スル效力ハ振出地ノ法律ニ依リ、引受、裏書、參加引受ノ如キ附屬的行爲ノ形式上ニ於ケル效力、ハ行爲地法ニ依リテ定ム。但(イ)合衆王國外ニ於テ爲替手形ヲ振出シタルトキハ、其手形ハ振出地ノ法律ニ從ヒ、印紙ヲ貼用セサリシカ爲無效トナラサルヘシ。(ロ)合衆王國外ニ於テ振出シタル爲替手形カ、形式上合衆王國ノ法律ニ適合スルトキハ、合衆王國內ニ於テ之ヲ讓渡シ、若クハ取得シ、又ハ其他ノ方法ニ依リ、當事者間ニ於テハ、支拂ノ强制ニ付キ之ヲ有效ト看做スヘシ。(二)爲替手形ノ振出、裏書、引受又ハ參加引受ノ解釋ハ、本法ニ別段ノ定アル場合ノ外、行爲地ノ法律ニ依リテ之ヲ定ム。但外國ニ於テ爲シタル內國手形ノ裏書ハ、支拂人ニ關シテハ合衆王國ノ法律ニ依リテ解釋スヘシ。(三)引受若クハ支拂ノ呈示ニ關スル所持人ノ義務並ニ拒絕證書ノ作成ヲ必要トスルヤ、若クハ單ニ拒絕ノ通知ヲ以テ足ルヤハ、行爲地若クハ拒絕地ノ法律ニ依リテ之ヲ定ム。(四)合衆王國外ニ於テ振出シタル爲替手形カ、合衆王國內ニ於テ支拂ハルヘキ場合、合衆王國ノ通貨ヲ以テ手形金額ヲ記載セサリシトキハ、其金額ハ別段ノ定ナキ限リ、滿期日ニ支拂地ニ宛テ振出シタル一覽拂ノ爲替手形ノ相場ニ依リテ之ヲ計算ス。（五）一國ニ於テ振出シタル爲替手形ヲ他國ニ於テ支拂フヘキトキハ、支拂期ハ支拂地ノ法律ニ依リテ之ヲ定ム」ト。（手形條例第七十二條）

手形能力ニツキテハ義務者ノ屬人法ニ依ルモノト、之ヲ屬地的ニ決セントスルモノノ別アリ。前者ハ更ニ其本國法ニ依ラントスルモノ（葡萄牙商法第十二條、佛法ノ解釋）ト其住所地法ニ依ラントスルモノ（丁抹、諾威）ニ別ツヲ得ヘシ。獨逸手形條例第八十四條、瑞西債務法第八百二十二條、（註四）ハ前者ニ屬シ、伊太利商法第五十八條及英米法ハ後者ニ屬ス。我國ニ於テハ此點ニ關スル特別ノ明文ナク、又商慣習法ノ徵スヘキモノナキカ故ニ、一般規定ニ依ルヘク、結局法例第三條ノ適用ヲ見ルモノトス。然レトモ法例第二十九條ニ依リ反致ノ原則ノ適用アルハ又看過スヘカラサル所ニ屬ス。

〔註四〕手形能力ニ關シ獨逸手形條例第八十四條ニ曰、「外國人ノ手形能力ハ其本國法ニ依リテ之ヲ定ム。但本國法ニ依レハ無能力者タル外國人カ、內國ノ法律ニ依レハ能力者タルヘキトキハ、內國ニ於テ手形上ノ義務ヲ引受クルコトニ因リテ義務ヲ負フ」ト。瑞西債務法第八百二十二條ニ曰、「外國人ノ手形上ノ義務ヲ負フ能力ハ、其本國法ニ依リテ之ヲ定ム。但本國法ニ依レハ、無能力者タル外國人カ、瑞西ノ法律ニ依レハ能力者タルヘキトキハ、手形上ノ義務ヲ負フ。瑞西人ノ手形能力ニ關シテハ、其内國ニ住スルト外國ニ住スルトヲ問ハス、本法ノ規定ヲ適用ス」ト。七二〇條ニ曰「契約ニ因リ義務ヲ負フ能力アル者ハ手形ニ因リ義務ヲ負フコトヲ得」ト。

手形行爲ノ要件

元來手形行爲ハ一定ノ形式的要件ヲ其基礎トスルカ故ニ、其方式如何ハ極メテ重要ナリトス。從テ内外人カ内外國ニ於テ爲シタル手形行爲ハ、其要件ニ關シ行爲地法ヲ遵守シタル場合ニ限リ、法律上ノ效力ヲ生ストナスヲ其出發點トス。(獨逸手形條例第八十五條英吉利手形條例第七十二條及佛米ノ學説)故ニ或ル證書ヲ手形ト看做ス可キヤ、單純ナル指圖證券又ハ債務證書ト看做スヘキヤハ、一ニ行爲地法ニ依リテ決スルヲ原則トスヘク、我國ニ於テモ「外國ニ於テ爲シタル手形行爲ノ要件ハ行爲地法ニ依ル」トナス。(商法施行法第百二十五條第一項)唯(一)内國ニ於テ基本手形(手形ノ形式ヲ具備シ、振出以外ノ手形行爲ノ基礎トナレル手形)ニ附屬シテ爲シタル手形行爲(裏書、引受、保證等振出以外ノ手形行爲)ハ、其基本手形カ其作成地タル外國ノ法律ニ適合セサルトキト雖、内國ノ法律ニ適合スルトキハ、例外トシテ其效力ヲ生シ、(同上第百二十五條第二項前段)(二)外國ニ於テ内國人相互間ニ手形上ノ義務ヲ負ハント欲スルトキハ、又例外トシテ行爲地法、又ハ共同ノ本國法ニ依リ手形行爲ヲ爲スヲ妨ケサルモノトス(同上後段)蓋シ(一)外國ニ於テ取引ヲ爲ス者ハ外國法規ニ通曉セルモノト看ル可ラサルト、(二)內國人相互間ノ手形行爲ハ、寧ロ內國法ニ從テ之ヲ爲シタルモノト看做シ、內國法ニ依リテ其效力ヲ認メテ可ナルニ起因ス。特ニ注意スヘキハ、附屬的手形行爲ハ形式上有效ナル基本手形ノ存在ヲ要件トスルカ故ニ、苟モ振出ニシテ行爲地法ニ依ル要件ヲ具備セサルトキハ、內國法ノ要件ヲ具備スル場合ノ外、其手形ニ爲サレタル附屬的手形行爲ハ悉ク無效タリ。又前者ノ裏書ノ一カ其行爲地法ニ依リテ無效ナルトキハ、裏書ノ連續ヲ缺クニ至ルカ故ニ、其後ノ裏書モ亦無效トナルノ點ナリトス。

立法論トシテハ、手形行爲ノ效力カ當事者ノ一方又ハ雙方カ外國人ナリヤ否ヤニ依リ解決ヲ異ニスルノ理由ハ之ヲ發見スルヲ得ス。今若シ手形學說ニツキ單獨行爲說ヲ是認スルトキハ、相手方ノ何人タルカニ依リテ手形上ノ效力ヲ異ニスヘキ理由ナク、契約說ニ從フモ、手形行爲ハ單純ナル債權的行爲ナルカ故ニ、相手方ノ國籍如何ニ依リ、其權利義務ヲ異ニス可キ理由ナキヲ以テナリ。商法施行法カ我法律上ノ要件ヲ具備スル外國ニ於ケル手形行爲ヲ我國ニ於テ有效トナセルハ、畢竟其當事者ニ於テ、我法律ニ從ヒ手形上ノ權利義務ヲ享有負擔セントスル意思アリト認メタルニ依ルヘク、外國ニ於ケル內外人間ノ手形行爲タルト內國人相互間ニ於ケル手形行爲タルトニ依リテ其取扱ヲ異ニスヘキ理由ナシ。何レモ當初ヨリ之ヲ有效トナスニ如カス。以上ノ所說ニシテ正當ナリトスレハ、理論上外國ニ於ケル手形行爲ニツキ特別ノ規定ヲ設クルノ要ナク、法例第七條ノ法律行爲ノ一般準據法ニ從フヲ正當トナス。然レトモ商法施行法第百二十五條ノ嚴存スル以上、解釋論トシテハ之ヲ容ルルノ餘地ナシ。

手形上ノ權利ノ行使又ハ保全ノ方式

手形上ノ權利ノ行使又ハ保全ノ方式ニツキテハ各國皆行爲地法ニ依ル。(獨、匈、露、瑞西、伊、スカヂナヸア、英)蓋シ拒絕證書ノ作成、通知等ニ關スル方式ハ、其之ヲ爲ス地ノ法律ニ依ルニ非レハ、事實上權利者ニ於テ之ヲ行フ能ハサルヘキヲ以テナリ。我商法施行法亦此原則ヲ認ム。(第百二十六條)唯注意スヘキハ如何ナル行爲カ權利ノ行使又ハ保全ノ爲ニ必要ナルカハ、手形行爲ノ效力ニ關スル問題ニシテ、手形上ノ權利ノ行使又ハ保全ノ方式トハ嚴格ニ之ヲ區別スルヲ要スルノ點ナリトス。

手形行爲ノ效力

手形行爲ノ效力ハ手形行爲ニ依リテ生スル權利義務ノ內容ノ義ニシテ、行爲者ノ負擔スル責任ノ性質、範圍、消滅原因等ハ之ニ屬ス。此點ニツキ我現行法ハ多數ノ法律ト同シク、特別ノ規定ヲ設ケス、又國際慣習ノ徵スヘキモノナキカ故ニ、法例ノ一般原則(第七條)ニ依リ當事者ノ定ムル所ニ從ヒ、別段ノ定ナキトキハ行爲地法ニ依ル可キモノト解スルノ外ナシ。

船舶

三 船舶

船舶ハ海商法上最モ重要ノ地位ヲ有ス。船舶ニ依ラサル海商ハ之ヲ想像スルコト難シ。凡ソ海商法ハ國際的ヨリ國內的ニ發達セルノ觀アリ。最初海商ニ關シ最モ優勢ナリシ國ノ海商法ハ、模範的法律トシテ他國ニ認メラレタレトモ、近世諸國ニ各別ノ海商法發達スルニ及ヒ、其間規定ノ差異ヲ生シ、茲ニ牴觸ヲ惹起スルニ至レリ。斯クノ如キハ、通常諸國ノ港灣間ニ行ハルル海商ニツキ、實際上ノ不便實ニ鮮少ナリトセス。先ツ共同海損ニ關スル諸國ノ規定ノ差異ニ依ル不便ハ、遂ニ各國ノ海損關係者ヲ驅リテ、千八百六十四年ノ York Rules ヲ作ラシメ、次テ千八百七十七年

海商ニ關スル規定

國際法學會(Assocation)ノ York-Antwerp Rules 十二ケ條成リ、海商法統一事業ノ端緖ヲ見

ノ統一運動

ルニ至レリ。後千八百九十年リヴァープールノ改定ニ依リテ十八條トナリ。千九百三年更ニ之ニ多少ノ追補ヲ加ヘ、之ヲ Antwerp Rules of 1903 ト稱ス。國際法協會又ツリンノ會議ニ於テ其統一ヲ希望セリ。他方、海商ニ關スル學者及實際家ハ千八百九十七年萬國海法會（Comite maritime international）ヲ組織シ爾來毎年相會シテ海商ノ統一ヲ企テタリ。斯クノ如クニシテ白耳義政府ノ主催ニ依リ千九百五年以來海商ニ關スル法規統一ノ爲。國際會議ノ開催ヲ見、遂ニ千九百十年其ブリユクセル會議ニ於テ、船舶衝突ニ付テノ規定ノ統一ニ關スル條約、（註五）及海難ニ於ケル救援救助ニ付テノ規定ノ統一ニ關スル條約、（註六）ヲ議決セリ。我國亦此二條約ニ加入シ、前者ハ大正三年條約第一號、後者ハ同第二號トシテ公布セラレ、何レモ我現行法タル效力ヲ有ス。而シテ其適用範圍ハ條約ニ規定セラレ、訴訟ニ於ケル總テノ船舶カ締約國ニ屬スル場合、及國法ノ規定セル其他ノ場合ニ限ル。唯總テノ利害關係人カ受訴裁判所所屬國ニ屬スルトキハ條約ノ規定ヲ適用セス、內國法ヲ適用スルモノトス（船舶衝突條約第十二條海難救助ニ關スル條約第十五條）故ニ締約國以外ニ屬スル利害關係人ハ勿論、當事者一方カ締約國ニ屬スルモ、他ノ一方カ締約國以外ニ屬スル場合ハ、法律ニ別段ノ規定ナキ限リ、此等ノ條約ニ從フヲ得ス。加之船主責任ニ關スル諸國ノ規定ハ著シク異リ、未タ之ニ關スル統一規定ノ成立ヲ見ルニ至ラス、船舶ヲ中心トスル海商法上ノ法律關係ニツキテハ依然トシテ法律ノ牴觸ヲ生スヘク之ニ關スル國際私法ノ原則ヲ明ニスルヲ必要トス。

〔註五〕千九百十年ブリユクセル會議ニ於テ議決セラレタル船舶ノ衝突ニ付テノ規定ノ統一ニ關スル條約ハ、其適用ヲ受クル船舶ノ範圍ニツキ、商法ト規定ヲ異ニスル所アリ。即條約ニ於テハ航海船ト內水航行船トノ衝突モ亦之ヲ所謂船舶ノ衝突中ニ加フレトモ、商法ノ適用ヲ受クルハ唯雙方共航海船タル場合ニ限リ、航海船其他ノ船舶ト小舟浮標棧橋等ノ衝突ニ及フコトナシ。條約ニ從ヘハ、衝突ハ必スシモ海上ニ起ルヲ必要トセス。平水航路上ニ生シタル衝突ニツキテモ其ノ適用アルヲ妨ケス。又衝突即接觸スル船舶ノ數ハ通常二個ナレトモ、二個以上タルヲ妨ケス。其一方又ハ雙方カ碇泊セルト否トヲ問フコトナシ。其不可抗力ニ依リテ衝突シタルトキハ、各自損害ヲ負擔スルノ外ナク衝突ノ原因不明ナル場合モ亦同シ。衝突カ一方ノ過失ニ基クトキ始メテ過失者カ相手方其他ノ利害關係人ニ對シ、損害賠償ノ責任ヲ負フヘキモノトス雙方共ニ過失アリタル場合過失ノ輕重ヲ判定シ得ルトキハ、其輕重ノ割合ニ從ヒテ、各船舶所有者ノ損害ノ分擔ヲ定ムヘク、其輕重ヲ判定スル能ハサルトキハ、其衝突ニ因リテ生シタル損害ハ各船舶所有者平分シテ之ヲ負擔スヘキモノトス、而シテ衝突ニ因リテ損害ヲ蒙リタル荷主、旅客、其他ノ利害關係人ニ對シ、死傷ニ因リテ生シタル損害ニツキテハ、各船舶所有者連帶債務者トシテ其責任ヲ負擔スレトモ、財産ニ生シタル損害ニツキテハ、各船舶所有者其負擔ノ割合ニ應シテ賠償ノ責ニ任スヘキモノトス。

〔註六〕海難ニ於ケル救援、救助ニ關スル條約ニ從ヘハ、救援救助ニツキ相當ノ報酬ヲ請求スルノ權ヲ生スルハ、其行爲カ有益ナル結果ヲ生シタル場合ニ限リ、有益ナル結果ヲ生セサルカ、又ハ救助セラレタル船舶ノ明示ニシテ且理由アル拒絶アリタルトキハ、斯クノ如キ權利ヲ生スルコトナシ。救援救助ニツキ支拂ハルヘキ金額ハ、如何ナル場合ニ於テモ、援助セラレタル目的物ノ價額ヲ其最大限トシ、曳船カ被曳船又ハ其積荷ノ救援救助ニ付キ報酬ヲ請求シ得ルハ、曳船契約ノ履行ト認ムルヲ得サル特別ノ勞務ヲ爲シタルトキニ限ルモノトス。報酬ハ同一所有者ニ屬スル船舶間ニ救援救助アリタル場合ト雖、之ヲ支拂フヘク、其額ハ當事者ノ契約ニ依リ、契約ナキトキハ裁判所之ヲ定ムルモノトス。援助者間ニ分配スヘキ報酬ノ割合ニ付キテモ亦同シ。援助船ノ所有者、船長其他ノ服務者間ニ於ケル報酬ノ分配ハ、其船舶ノ本國法ノ定ムル所ニ依ル。危難ノ際其影響ノ下ニ爲サレタル救援救助ノ契約ハ、裁判所ニ於テ其契約條件衡平ナラスト認ムルトキ、當事者一方ノ申立ニ因リ之ヲ無效トシ、又ハ變更スルコトヲ得。如何ナル場合ト雖詐欺又ハ隱蔽ノ爲メ當事者一方ノ同意ニ瑕疵アルコトノ證明アリタルトキ、又ハ報酬カ勞務ニ比シ著シク不權衡ナルトキハ、裁判所ハ利害關係アル當事者ノ申立ニ因リ、契約ヲ無效トシ又ハ變更スルヲ得。裁判所ハ報酬ヲ定ムルノ基本トシテ、第一ニ得タル結果、援助者ノ盡力、及ヒ功績、第二ニ援助セラレタル目的物ノ價額ヲ斟酌スヘク、援助者間ニ於ケル報酬分配ノ割合ニツキテモ亦同シ。而シテ裁判所カ救援救助ニ依リテ得タル結果、援助者ノ盡力及功績ヲ斟酌スルニハ、被援助船、其旅客、船員、積荷、及救助者、援助船ノ遭遇シタル危難、援助者ノ費シタル時間、費用及受ケタル損害、援助者ノ冒シタル責任負擔ノ危險、及其他ノ危險、並援助者ノ供用シタル物件ニシテ、危險ニ置カレタルモノノ價格ヲ考慮シ、援助船カ特別ノ設備ヲ要スルトキハ又之ヲ斟酌スヘキモノトス。裁判所ハ援助者カ其過失ニ因リテ救援救助ヲ必要トスルニ至ラシメ、又ハ盜取隱匿其他ノ不正行爲ヲ犯シタリト認ムルトキハ、報酬ノ額ヲ減シ、又ハ其請求ヲ許サヽルコトヲ得。生命ノ救助ヲ受ケタル者ハ、內國法ニ規定アルモノヽ外、報酬ヲ支拂フノ義務ナシ。救援救助ノ行ハレタル事變ニ際シテ、人命ヲ救助シタル者ハ、船舶、積荷及ヒ其附屬ノモノヲ救助シタル者ニ與ヘラルル報酬ニ付キ、相當ノ分配ヲ受クルノ權利ヲ有ス。報酬ノ請求ハ救援救助ノ請求ヲ終リタル日ヨリ、二年ヲ以テ時效ニ罹リ、時效ノ停止及ヒ中斷ノ事由ハ受訴裁判所所屬國ノ法律、卽法廷地法ノ定ムル所ニ依ル。締約國ハ其法律ニ原告ノ住所、又ハ主タル營業所所在國ノ領水內ニ於テ、被援助船ヲ差押フル能ハサリシ事實ヲ以テ、二年ノ時效期間ノ伸長事由ト爲スコトヲ定ムル旨ヲ留保シ、海上ニ於テ生命ノ危難ニ在ル者アルトキハ、船長ハ船舶、船員及旅客ニ重大ナル危害ヲ及ホサヽル限リ、敵人ト雖之ヲ救助スルヲ要ス。而シテ船長之ニ違反スルモ、船舶所有者ハ之ニ依リテ何等責任ヲ負フコトナシ。締約國ニ於テ未タ之ニ違反スル船長ノ行爲ヲ禁遏スル法令ナキモノハ、其行爲ヲ禁遏スル爲必要ナル措置ヲ爲シ、又ハ各自ノ立法府ニ之ヲ提案スヘク、之ヲ實行スル爲、既ニ其國ニ於テ制定シ、又ハ後ニ制定スル法律及規則ヲ遲滯ナク相互ニ通告スルノ義務ヲ有ストナス。

船舶ニ關スル準據法

船舶ハ動産ニシテ、又所有權ノ目的物タリ。而シテ諸國ノ法律ハ船舶登記ノ制ヲ設ケテ之ヲ不動産ト同一視シ、又之ニ船籍ヲ與ヘテ其所屬港ヲ一定スル等、毫モ個人カ戸籍及ヒ國籍ヲ有スルト異ルコトナシ。此點ニ鑑ミ國内法上船舶ハ其船籍國ニ存スル場合ハ勿論、外國領海又ハ公海ニアル場合ト雖、常ニ其本國國權ニ服從シ、其本國法タル船籍國法ニ從フトナス。他方外國商船ハ領海國ノ主權ニ服從スルヲ以テ國際法上ノ原則トナセトモ、苟モ領海國ノ公益公安ヲ害セサル以上ハ、船舶内ニ於テ猶其本國主權ノ行ハルルハ亦一般ニ認メラルル所ナリ。蓋シ船舶内ノ秩序ハ寧ロ其船籍國法ニ依リテ之ヲ維持スヘキモノト看做スヲ以テナリ。斯クノ如ク國内法上ハ勿論、國際法上ニ於テモ、船舶ハ權利ノ主體タル人格者ト同シク本國法、卽船籍國法ヲ有シ、其掲クル國旗ニ依リテ始メテ之ヲ知リ得ルヲ以テ、船舶ノ本國法ハ一名之ヲ旗國法(Flaggenrecht, law of flag)ト稱ス。

旗國法ノ原則ハ海商ニ關スル國際商慣習ヲ形成シ、船舶ニ關スル國際私法上ノ問題ハ、一トシテ其基礎ヲ玆ニ置カサルモノナシ。(船舶法及商法第五編參照)船舶ニ關スル物權關係例ヘハ(一)船舶ノ觀念、(二)船舶所有者ノ範圍、(三)船舶所有權移轉ノ方式、(四)船舶共有權ノ內容及ヒ共有者間ノ權利義務、(五)船舶所有權ノ消滅原因、(六)船舶ニツキ成立セル他物權ノ設定條件及ヒ方法等ハ、悉ク此原則ニ從ヒ、物權ニ關スル一般原則ニ依ルコトナシ。(法例第十條商法第一條)蓋シ物權ノ一般原則ニ從フトキハ、船舶ハ其所在地ヲ變更スル每ニ、其準據法ヲ異ニスルニ至ルヘク、又其公海ニ存スルトキハ所在地法ナキニ至レハナリ。唯抵當權ノ場合ニツキ未タ定說ヲ見ルニ至ラサルノミ。元來船舶抵當權ヲ設定スル實際上ノ必要ハ、船舶カ俄ニ損害ヲ蒙リ外國港灣ニ於テ修繕ヲ要スル場合ニ生シ、此場合若シ其旗國法ニ依ルトキハ、或ハ外國港灣ニ於テ之ヲ設定スルヲ得サル場合ヲ生スヘク、所在地ニ依ルトキハ、其船舶カ本國ニ歸航シ、又ハ第三國港灣ニ碇泊セル場合ニ於テモ、猶所在地法ニ依レル抵當權ノ實行ヲ認メサルヲ得サルヘシ。從テ前者ニ從ヘハ、船舶抵當權ノ成立ヲ認メタル精神ニ反シ、後者ニ從ヘハ特ニ條約ノ規定アル場合ノ外、疑モナク他國ノ領

船舶ニ關スル債權關係

土主權侵害トナルヘシ。現在ノ程度ニ於テハ完全ナル解決ハ之ヲ庶幾スルヲ得スト雖、解釋トシテハ、原則トシテ旗國法ニ從ヒ、所在地法ニ依リテ成立セル抵當權ハ、我法律ノ認メサル限リ、毫モ效力ヲ生セスト謂フノ外ナシ。而シテ船舶自體ノ問題ト船舶上ノ物ノ問題トハ、嚴格ニ之ヲ區別スルヲ要ス。公海ニ於ケル船舶自體ハ所在地法ナク從テ之ニ依ルニ由ナシト雖、船舶上ノ物ニツキテハ船舶自體カ所在地ナルヲ以テ、其船舶ノ旗國法ハ船舶上ノ物ノ所在地法タルモノトス。

船舶ニ關スル債權關係ハ(一)法律行爲ニ因ルモノト、(二)其他ノ法律事實ニ因ルモノニ大別スルヲ得ヘシ。其法律行爲ニ因ルモノハ(1)船舶自體ヲ目的トスルモノト、(二)然ラサルモノニ細別スルヲ得ヘク、傭船契約又ハ運送契約ノ場合ハ前者ニ屬シ船長(註七)又ハ船員ト船舶所有者間、船舶所有者又ハ船長ト第三者間ノ債權關係ハ、後者ニ屬ス。我現行法上此等ノ場合ニ特別規定ナキカ故ニ、其準據法ハ法律行爲ノ一般原則ニ從ヒ當事者ニ於テ自由ニ定メ得ヘシト雖、實際上當事者ノ明示又ハ默示ノ意思表示ニ依リ、旗國法ニ依ルコト多シ。唯外國港灣ニ於テ船員ノ雇入ヲ爲ス場合、其地ノ法律ニ依ルコトアルニ過キサルナリ。

〔註七〕 アントワアープノ列國會議ハ、船長ノ地位ニツキテ決議シテ曰、「船長カ船舶ノ必要ニ應スル爲、之ヲ賣却シ、若クハ書入レ、又ハ冒險貸借ヲ爲ス權限ハ船籍國法ニ依リテ之ヲ定ム。但其行爲ノ方式ハ、船長ニ於テ船籍國法又ハ行爲地法ニ依ルコトヲ得」ト。又曰「船舶及航海ニ關スル爭議ニシテ船舶共有者相互間、船舶所有者ト船長間並ニ船舶所有者又ハ船長ト海員間ニ生スルモノハ船籍國ノ法律ニ依ル」ト。

法律行爲以外ノ法律事實ニ因ル債權關係ハ主トシテ事務管理、不當利得及不法行爲ノ場合ニ生ス。

事務管理ハ海難ノ際ニ於ケル救援救助ニツキテ生シ、其難船者ノ請求ニ因ル場合ハ、疑モナク契約ニ基クモノニシテ、法例第七條ニ依ルヘキモノトス。問題トナルハ契約上ノ義務ナクシテ救助ヲ爲シタル場合ニ關ス。若シ救助カ領海内ニ生シタルトキハ、法例第十一條ノ規定ニ依ルヘシト雖、其公海ニ生シタルトキハ、之ニ依ルヲ得ス。蓋シ事實發生地ニ法律ナキヲ以テナリ。海難ニ關スル救援救助ニ關スル條約ハ、其事實發生地ノ公海タルト領海タルトヲ問ハス、援助船又ハ被援助船カ締約國ニ屬スル場合及ヒ内國法ノ規定セル其他ノ場合ニ適用セラルレトモ、總テノ利害關係人カ受訴裁判所所屬國ニ屬スルトキハ、内國法ノ規定ニ依ルハ既ニ述ヘタカ如シ。唯軍艦及專ラ公用ニ供スル國ノ船舶ニ關スル場合、及官公署ノ經營ニ係リ又ハ其監督ニ屬スル救援救助事務ノ組織、特ニ漁業機械ノ救助ニ關シ、内國法又ハ國際條約ニ特別ノ規定アルトキハ之ヲ適用セサルノ制限存スルノミ。（本項註六參照）

不當利得ノ問題ハ海損ノ場合ニ生シ、問題トナルハ共同海損ノ場合船舶及載貨ヲシテ危險ヲ免レシメンカ爲、ナシタル處分ニ因リ生シタル損害分擔ニ關スル準據法如何ノ點ナリトス。此場合其船舶ノ旗國法ニ依ルヲ通說トス。（註八）

〔註八〕 アントワアープノ列國會議ハ「海損ハ荷卸ヲ爲ス港ノ法律ニ依ル」ト決議セリ。即現ニ荷卸ヲ爲ス港ノ法律ニ依ルモノニシテ、其港ハ必スシモ到達地港タルヲ要セストナス。之ニ對シテ船籍國法ニ依ルヘキヲ主張スルモノアリ。寧ロ之ヲ通說トス。

不法行爲ノ問題ハ船舶ノ衝突及船舶ニ依ル海底電線切斷ノ場合ニ生シ、特ニ問題トナルハ船舶ノ衝突ニ因リ人命又ハ財產ヲ損シタル場合ニ於ケル損害賠償請求權ノ準據法ナリトス。（註九）

〔註九〕 港灣河川其他ノ領海ニ於ケル船舶ノ衝突ニツキ、加害地法即、事實發生地法ヲ適用スルハ何人モ異議ナキ所ニシテ、唯問題トナルハ事實發生地ニ法律ナキ公海ニ於ケル場合ナリトス。而シテ領海トハ沿岸國カ海岸砲臺ニ依リ海岸ヨリ支配シ得ル公海ノ部分ニシテ、其距離ハ多クハ退潮ノ最低水ヨリ三海里ト定メラル。國際法協會ニ於テ之ヲ六海里ニ延長セントノ提議アリシモ、未タ實行セラルルニ至ラス。

千八百八十五年アントワアープ列國會議ノ宣言ニ曰、「港灣河川其他ノ内水ニ於ケル船舶ノ衝突ハ、衝突地ノ法律ニ依リテ之ヲ定ム」ト。

此點ニ關スル諸國ノ規定ハ一ナラス。其責任ノ範圍ニツキテモ或ハ(一)船舶ノ委付ニ依リテ全責任ヲ免除スルモノアリ。(我商法及ヒ佛商法)或ハ(二)委付ノ手續ヲ俟ツコトナク、船舶ニ對スル請求權ノ範圍ヲ其船舶ニ依リテ辨濟ヲ受クヘキ限度ニ限リ、(獨海商)或ハ(三)船舶ノ噸數ニ依リテ所有者ノ義務ヲ定ムル(英國)等、種々ノ主義アリ。其責任ノ分擔ニツキテモ亦一致スルコトナク、共同過失ノ場合或ハ(一)過失ノ輕重ヲ問ハス、雙方ノ損害ヲ通算シテ之ヲ均等ニ分擔セシメ、或ハ(二)其大小ニ應シ比例的ニ分擔セシメ、或ハ(三)全然其請求權ヲ認メサルモノアリ。從テ船舶ニ因ル不法行爲ノ準據法ヲ決スルヲ要ス。

此場合不法行爲ノ發生地カ領海内ナル場合ト公海ナル場合トニ別チテ觀察スヘク、前者ニ於テハ其發生地カ我領海内ナル場合ハ勿論、外國ノ領海内ナル場合ニ於テモ法例第十一條第一項ニ依リテ之ヲ決スヘキヤ疑ヲ容レス唯之ニ關スル訴訟カ我國ニ提起セラレタル場合、始メテ同條二、三項ノ適用アルニ過キス。後者ニアリテハ事實發生地アレトモ發生地法ナク、從テ法例ニ依ルヘキ準據法ナシ。此點ニ關スル學說ハ法廷地法(註十)ニ依ルモノト、旗國法ニ依ルモノノ別アリ。後者ハ或ハ(一)加害船舶ノ旗國法、或ハ(二)被害船舶ノ旗國法ニ依ルトナシ、或ハ(三)加害船被害船雙方ノ旗國法ヲ折衷シ被害船舶ハ加害船舶ノ旗國法ニ於テ認ムル損害賠償ノミヲ請求スルヲ得ヘク、其ノ額ハ同一ノ場合被害船舶ノ旗國法カ加害船舶ニ與フル額ヲ超ユルヲ得ストナス。最後ノ說ハ千八百八十五年アントウアープ及ヒ千八百八十八年ブリユクセルニ於ケル列國會議ノ決議ニ於テ認ムル所タリ。法例ハ此ノ點ニ關スル明文ヲ缺キ、其他ノ法律亦此ノ點ニ關シ規定スル所ナシト雖モ、解釋トシテハ第三說ニヨルノ外ナカルヘシ蓋シ不法行爲ニツキ事實發生地法ヲ認ムル以上國籍ヲ異ニスル船舶相互ノ衝突ニ關スル接觸點ハ、卽チ雙方ノ本國法ノ接觸スル所ニシテ、雙方ノ法律相合シテ事實發生地法ヲ形成スト謂フヲ得レハナリ(註十一)

〔註十〕 公海ニ於ケル船舶ノ衝突ニツキ法廷地法ノ適用ヲ認ムルハ北米合衆國ノ判例ナリトス。(Dicey, Conflict of Laws p.670) 然レトモ不法行爲ニ因ル債務ハ法定義務ニシテ、唯其法律ニ服從スル義務アル者ニ對シテノミ、之ヲ命シ得ルニ過キス。然ルニ公海上ノ外國船舶ハ、唯其旗國法卽本國法ニ服從スルノ義務ヲ有スルニ止マルカ故ニ、之ニ服從義務ナキ法廷地法ヲ適用スルハ寔ニ不當ナリト謂フヘシ。

〔註十一〕 加害船卽被告ノ旗國法ニ依ルトキハ、不法行爲ノ性質ニ適スレトモ、船舶所有者ノ責任輕キ國ノ船舶ハ、其重キ國ノ船舶ニ對シテ常ニ有利ノ地位ヲ占メ、船舶所有者ノ責任重キ國ノ船舶カ原告ナルトキハ、其請求權ハ制限セラルレトモ、其被告ナルトキハ重キ義務ヲ負擔スルニ至ルヘシ。反對ニ被害船卽原告ノ旗國法ニ依ルトキハ、被害船舶卽原告ノ利益ハ之ヲ保護スルヲ得レトモ、加害船卽被告ハ服從ノ義務ナキ法律ニ從フノ結果ヲ生スヘシ。何レモ共ニ國際間ノ衡平ヲ維持スルニ足ラス。遂ニ折衷說ヲ生シ、雙方ノ法律カ共通ニ認ムル範圍ニ於テノミ、債權債務ノ成立ヲ認ムヘシトナスニ至レリ。之ニ從ヘハ委付主義ヲ採ル國ノ船舶ト無限責任主義ヲ採ル國ノ船舶トノ關係ニツキ、何レカ原告トナリ被告トナルモ、常ニ委付ニ依リテ責任ヲ免レ、其結果ヲ一ニスルモノトス。近時此說ハ國際間ノ公平ヲ維持スルヲ理由トシ、國際慣例トシテ多クノ國ニ認メラルルニ至レリ。千八百八十五年アントワアープノ列國會議ノ宣言亦之ト其趣旨ヲ同シクス。曰「同一國ニ屬スル二船ノ公海ニ於ケル衝突ハ、其本國法ニ依リテ之ヲ定ム。若シ二船カ船籍國ヲ異ニスルトキハ、各船ハ其船籍國法ノ認ムル範圍ニ於テ責任ヲ負ヒ、又其船籍國法ノ與フルヨリ多クヲ受クルヲ得ス」ト。而シテ此說ニ對スル非難ハ夜間又ハ濃霧中ニ衝突シ、加害船ノ逃走シタル如キ場合ニ於テハ、其準據法ノ發見容易ナラスト謂フニ在リ。

結論

我現行法上ニ於ケル國際私法關係ノ解決ハ、實ニ上來述ヘタルカ如シ。法律關係ノ性質ニ從ヒ、毎ニ其準據法ヲ異ニスレトモ、本國法ニ依ル場合多キハ又之ヲ認メサルヲ得ス。元來各國ハ其國權ノ作用トシテ、其欲スル所ニ從ヒ、國際私法上ノ問題ヲ決定シ得ヘク、從テ法律牴觸ノ解決ヲ目的トスル各國ノ法律相互間ニ、牴觸ヲ生スルコトアルハ亦免ルヘカラサル所ナリ。斯クノ如キ結果ヲ防止センニハ、國際私法ノ各部ニツキ國際條約ヲ締結スルノ外ナシ。精密ニ謂フトキハ、特定國間ニ國際條約ノ締結アルモ、締約者ノ範圍ハ猶限定セラレ、不定多數ノ國土ト相接觸スル國際關係ノ需要ヲ充スニ足ラス。從テ各國固有ノ國際私法ヲ有シ、其間牴觸ヲ生スルカ如キハ理論上正當ニアラス。寧ロ國際私法ノ原則ハ世界共通ノモノタルヲ理想トナス。(註一)此理想ニ到達スルノ徑路トシテ、先ツ各國ノ法律牴觸ニ關スル規則ノ統一ヲ計ルヲ要スヘク、國際會議ノ開催ハ此目的ヲ達スル最良ノ手段タリ。海牙ノ列國會議南米及中央亞米利加ニ於ケル列國會議ノ開催モ亦此目的ニ外ナラス。然レトモ現在此等ノ會議ニヨリ議決セラレタル事項ハ未タ國際私法ノ一部ニ止マリ重要ナル問題ニシテ猶其決定ヲ見サルモノ多ク、將來ノ努力ニ竢ツ所甚大ナリトス。各國ハ宜シク世界的見地ニ立チ、自國ノ規定ト見解トヲ固持スルコトナク、此統一事業ノ完成ニ力ヲ盡シ、學者亦諸國ノ規定ト實際トヲ研究シテ兩者ノ連絡ヲ計リ、以テ此統一事業ニ對シ資料ヲ供スルヲ要ス。斯クノ如クニシテ始メテ國際私法ノ完成ヲ見ルヘシ。

〔註一〕 此理想ノ域ニ達シ、國際私法ノ實質內容カ世界共通トナルモ、國際私法ガ國內法タルノ性質ハ之ヲ覆スヘキニアラズ。蓋シ國際私法ノ規律スル法律關係ハ國家相互間ノ公生活ニ關スルコトナキヲ以テナリ。（第一編第一章第一節五）

日本國際私法 畢

大正九年九月十四日印刷
大正九年九月十八日發行
大正十年四月十八日訂正再版
大正十年六月一日訂正參版

（日本國際私法奧附）

（定價金貳圓五拾錢）

著者　佐々野章邦

發行兼印刷者　横尾留治
東京市神田區錦町一丁目十二番地

印刷所　日東印刷株式會社
東京市本郷區眞砂町三十六番地

發行所　日英堂
東京市神田區錦町一ノ十二
電話神田二六四三番
振替口座東京一一八六七番

日本國際私法　　　　　　　　日本立法資料全集　別巻 1215

平成31年1月20日　　復刻版第1刷発行

著　者　佐　々　野　章　邦

発行者　今　井　　　貴
　　　　渡　辺　左　近

発行所　信　山　社　出　版

〒113-0033　東京都文京区本郷 6-2-9-102
モンテベルデ第2東大正門前
電　話　03（3818）1019
FAX　03（3818）0344
郵便振替　00140-2-367777（信山社販売）

Printed in Japan.

制作／（株）信山社，印刷・製本／松澤印刷・日進堂

ISBN 978-4-7972-7332-8　C3332

巻数	書　名	編・著者	ISBN	本体価格
950	実地応用町村制質疑録	野田藤吉郎、國吉拓郎	ISBN978-4-7972-6656-6	22,000円
951	市町村議員必携	川瀬周次、田中迪三	ISBN978-4-7972-6657-3	40,000円
952	増補 町村制執務備考 全	増澤鐵、飯島篤雄	ISBN978-4-7972-6658-0	46,000円
953	郡区町村編制法 府県会規則 地方税規則 三法綱論	小笠原美治	ISBN978-4-7972-6659-7	28,000円
954	郡区町村編制 府県会規則 地方税規則 新法例纂 追加地方諸要則	柳澤武運三	ISBN978-4-7972-6660-3	21,000円
955	地方革新講話	西内天行	ISBN978-4-7972-6921-5	40,000円
956	市町村名辞典	杉野耕三郎	ISBN978-4-7972-6922-2	38,000円
957	市町村吏員提要〔第三版〕	田邊好一	ISBN978-4-7972-6923-9	60,000円
958	帝国市町村便覧	大西林五郎	ISBN978-4-7972-6924-6	57,000円
959	最近検定 市町村名鑑 附 官国幣社 及 諸学校所在地一覧	藤澤衛彦、伊東順彦、増田穆、関惣右衛門	ISBN978-4-7972-6925-3	64,000円
960	鼇頭対照 市町村制解釈 附 理由書 及 参考諸布達	伊藤寿	ISBN978-4-7972-6926-0	40,000円
961	市町村制釈義 完　附 市町村制理由	水越成章	ISBN978-4-7972-6927-7	36,000円
962	府県郡市町村 模範治績　附 耕地整理法 産業組合法 附属法令	荻野千之助	ISBN978-4-7972-6928-4	74,000円
963	市町村大字読方名彙〔大正十四年度版〕	小川琢治	ISBN978-4-7972-6929-1	60,000円
964	町村会議員選挙要覧	津田東璋	ISBN978-4-7972-6930-7	34,000円
965	市制町村制 及 府県制　附 普通選挙法	法律研究会	ISBN978-4-7972-6931-4	30,000円
966	市制町村制註釈 完　附 市制町村制理由〔明治21年初版〕	角田真平、山田正賢	ISBN978-4-7972-6932-1	46,000円
967	市町村制詳解 全　附 市町村制理由	元田肇、加藤政之助、日鼻豊作	ISBN978-4-7972-6933-8	47,000円
968	区町村会議要覧 全	阪田辨之助	ISBN978-4-7972-6934-5	28,000円
969	実用 町村制市制事務提要	河邨貞山、島村文耕	ISBN978-4-7972-6935-2	46,000円
970	新旧対照 市制町村制正文〔第三版〕	自治館編輯局	ISBN978-4-7972-6936-9	28,000円
971	細密調査 市町村便覧（三府 四十三県 北海道 樺太 台湾 朝鮮 関東州）附 分類官公衙公私学校銀行所在地一覧表	白山榮一郎、森田公美	ISBN978-4-7972-6937-6	88,000円
972	正文 市制町村制 並 附属法規	法曹閣	ISBN978-4-7972-6938-3	21,000円
973	台湾朝鮮関東州 全国市町村便覧 各学校所在地〔第一分冊〕	長谷川好太郎	ISBN978-4-7972-6939-0	58,000円
974	台湾朝鮮関東州 全国市町村便覧 各学校所在地〔第二分冊〕	長谷川好太郎	ISBN978-4-7972-6940-6	58,000円
975	合巻 佛蘭西邑法・和蘭邑法・皇国郡区町村編成法	箕作麟祥、大井憲太郎、神田孝平	ISBN978-4-7972-6941-3	28,000円
976	自治之模範	江木翼	ISBN978-4-7972-6942-0	60,000円
977	地方制度実例総覧〔明治36年初版〕	金田謙	ISBN978-4-7972-6943-7	48,000円
978	市町村民 自治読本	武藤榮治郎	ISBN978-4-7972-6944-4	22,000円
979	町村制詳解　附 市制及町村制理由	相澤富蔵	ISBN978-4-7972-6945-1	28,000円
980	改正 市町村制 並 附属法規	楠綾雄	ISBN978-4-7972-6946-8	28,000円
981	改正 市制 及 町村制〔訂正10版〕	山野金蔵	ISBN978-4-7972-6947-5	28,000円

巻数	書　名	編・著者	ISBN	本体価格
915	改正 新旧対照市町村一覧	鍾美堂	ISBN978-4-7972-6621-4	78,000円
916	東京市会先例彙輯	後藤新平、桐島像一、八田五三	ISBN978-4-7972-6622-1	65,000円
917	改正 地方制度解説〔第六版〕	狭間茂	ISBN978-4-7972-6623-8	67,000円
918	改正 地方制度通義	荒川五郎	ISBN978-4-7972-6624-5	75,000円
919	町村制市制全書 完	中嶋廣蔵	ISBN978-4-7972-6625-2	80,000円
920	自治新制 市町村会法要談 全	田中重策	ISBN978-4-7972-6626-9	22,000円
921	郡市町村吏員 収税実務要書	荻野千之助	ISBN978-4-7972-6627-6	21,000円
922	町村至宝	桂虎次郎	ISBN978-4-7972-6628-3	36,000円
923	地方制度通 全	上山満之進	ISBN978-4-7972-6629-0	60,000円
924	帝国議会府県会郡会市町村会議員必携 附関係法規 第1分冊	太田峯三郎、林田亀太郎、小原新三	ISBN978-4-7972-6630-6	46,000円
925	帝国議会府県会郡会市町村会議員必携 附関係法規 第2分冊	太田峯三郎、林田亀太郎、小原新三	ISBN978-4-7972-6631-3	62,000円
926	市町村是	野田千太郎	ISBN978-4-7972-6632-0	21,000円
927	市町村執務要覧 全 第1分冊	大成館編輯局	ISBN978-4-7972-6633-7	60,000円
928	市町村執務要覧 全 第2分冊	大成館編輯局	ISBN978-4-7972-6634-4	58,000円
929	府県会規則大全 附 裁定録	朝倉達三、若林友之	ISBN978-4-7972-6635-1	28,000円
930	地方自治の手引	前田宇治郎	ISBN978-4-7972-6636-8	28,000円
931	改正 市制町村制と衆議院議員選挙法	服部喜太郎	ISBN978-4-7972-6637-5	28,000円
932	市町村国税事務取扱手続	広島財務研究会	ISBN978-4-7972-6638-2	34,000円
933	地方自治制要義 全	末松偕一郎	ISBN978-4-7972-6639-9	57,000円
934	市町村特別税之栞	三邊長治、水谷平吉	ISBN978-4-7972-6640-5	24,000円
935	英国地方制度 及 税法	良保両氏、水野遵	ISBN978-4-7972-6641-2	34,000円
936	英国地方制度 及 税法	髙橋達	ISBN978-4-7972-6642-9	20,000円
937	日本法典全書 第一編 府県制郡制註釈	上條慎蔵、坪谷善四郎	ISBN978-4-7972-6643-6	58,000円
938	判例挿入 自治法規全集 全	池田繁太郎	ISBN978-4-7972-6644-3	82,000円
939	比較研究 自治之精髄	水野錬太郎	ISBN978-4-7972-6645-0	22,000円
940	傍訓註釈 市制町村制 並ニ 理由書〔第三版〕	筒井時治	ISBN978-4-7972-6646-7	46,000円
941	以呂波引町村便覧	田山宗堯	ISBN978-4-7972-6647-4	37,000円
942	町村制執務要録 全	鷹巣清二郎	ISBN978-4-7972-6648-1	46,000円
943	地方自治 及 振興策	床次竹二郎	ISBN978-4-7972-6649-8	30,000円
944	地方自治講話	田中四郎左衛門	ISBN978-4-7972-6650-4	36,000円
945	地方施設改良 訓諭演説集〔第六版〕	鹽川玉江	ISBN978-4-7972-6651-1	40,000円
946	帝国地方自治団体発達史〔第三版〕	佐藤亀齢	ISBN978-4-7972-6652-8	48,000円
947	農村自治	小橋一太	ISBN978-4-7972-6653-5	34,000円
948	国税 地方税 市町村税 滞納処分法問答	竹尾高堅	ISBN978-4-7972-6654-2	28,000円
949	市町村役場実用 完	福井淳	ISBN978-4-7972-6655-9	40,000円

別巻　巻数順一覧【878 ～ 914 巻】

巻数	書　名	編・著者	ISBN	本体価格
878	明治史第六編 政黨史	博文館編輯局	ISBN978-4-7972-7180-5	42,000 円
879	日本政黨發達史 全〔第一分冊〕	上野熊藏	ISBN978-4-7972-7181-2	50,000 円
880	日本政黨發達史 全〔第二分冊〕	上野熊藏	ISBN978-4-7972-7182-9	50,000 円
881	政党論	梶原保人	ISBN978-4-7972-7184-3	30,000 円
882	獨逸新民法商法正文	古川五郎、山口弘一	ISBN978-4-7972-7185-0	90,000 円
883	日本民法鼇頭對比獨逸民法	荒波正隆	ISBN978-4-7972-7186-7	40,000 円
884	泰西立憲國政治攬要	荒井泰治	ISBN978-4-7972-7187-4	30,000 円
885	改正衆議院議員選舉法釋義 全	福岡伯、横田左仲	ISBN978-4-7972-7188-1	42,000 円
886	改正衆議院議員選舉法釋義 附 改正貴族院令,治安維持法	犀川長作、犀川久平	ISBN978-4-7972-7189-8	33,000 円
887	公民必携 選舉法規ト判決例	大浦兼武、平沼騏一郎、木下友三郎、清水澄、三浦數平	ISBN978-4-7972-7190-4	96,000 円
888	衆議院議員選舉法輯覽	司法省刑事局	ISBN978-4-7972-7191-1	53,000 円
889	行政司法選舉判例總覽―行政救濟と其手續―	澤田竹治郎・川崎秀男	ISBN978-4-7972-7192-8	72,000 円
890	日本親族相續法義解 全	髙橋捨六・堀田馬三	ISBN978-4-7972-7193-5	45,000 円
891	普通選舉文書集成	山中秀男・岩本溫良	ISBN978-4-7972-7194-2	85,000 円
892	普選の勝者 代議士月旦	大石末吉	ISBN978-4-7972-7195-9	60,000 円
893	刑法註釋 卷一～卷四(上卷)	村田保	ISBN978-4-7972-7196-6	58,000 円
894	刑法註釋 卷五～卷八(下卷)	村田保	ISBN978-4-7972-7197-3	50,000 円
895	治罪法註釋 卷一～卷四(上卷)	村田保	ISBN978-4-7972-7198-0	50,000 円
896	治罪法註釋 卷五～卷八(下卷)	村田保	ISBN978-4-7972-7198-0	50,000 円
897	議會選舉法	カール・ブラウニアス、國政研究科會	ISBN978-4-7972-7201-7	42,000 円
901	鼇頭註釈 町村制　附 理由 全	八乙女盛次、片野続	ISBN978-4-7972-6607-8	28,000 円
902	改正 市制町村制　附 改正要義	田山宗堯	ISBN978-4-7972-6608-5	28,000 円
903	増補訂正 町村制詳解〔第十五版〕	長峰安三郎、三浦通太、野田千太郎	ISBN978-4-7972-6609-2	52,000 円
904	市制町村制 並 理由書　附 直接間接税類別及実施手続	高崎修助	ISBN978-4-7972-6610-8	20,000 円
905	町村制要義	河野正義	ISBN978-4-7972-6611-5	28,000 円
906	改正 市制町村制義解〔帝國地方行政学会〕	川村芳次	ISBN978-4-7972-6612-2	60,000 円
907	市制町村制 及 関係法令〔第三版〕	野田千太郎	ISBN978-4-7972-6613-9	35,000 円
908	市町村新旧対照一覧	中村芳松	ISBN978-4-7972-6614-6	38,000 円
909	改正 府県郡制問答講義	木内英雄	ISBN978-4-7972-6615-3	28,000 円
910	地方自治提要 全　附 諸届願書式 日用規則抄録	木村時義、吉武則久	ISBN978-4-7972-6616-0	56,000 円
911	訂正増補 市町村制問答詳解　附 理由及追輯	福井淳	ISBN978-4-7972-6617-7	70,000 円
912	改正 府県制郡制註釈〔第三版〕	福井淳	ISBN978-4-7972-6618-4	34,000 円
913	地方制度実例総覧〔第七版〕	自治館編輯局	ISBN978-4-7972-6619-1	78,000 円
914	英国地方政治論	ジョージ・チャールズ・ブロドリック、久米金彌	ISBN978-4-7972-6620-7	30,000 円

別巻　巻数順一覧【843～877巻】

巻数	書　名	編・著者	ISBN	本体価格
843	法律汎論	熊谷直太	ISBN978-4-7972-7141-6	40,000円
844	英國國會選擧訴願判決例 全	オマリー、ハードカッスル、サンタース	ISBN978-4-7972-7142-3	80,000円
845	衆議院議員選擧法改正理由書 完	内務省	ISBN978-4-7972-7143-0	40,000円
846	礮齋法律論文集	森作太郎	ISBN978-4-7972-7144-7	45,000円
847	雨山遺稾	渡邉輝之助	ISBN978-4-7972-7145-4	70,000円
848	法曹紙屑籠	鷺城逸史	ISBN978-4-7972-7146-1	54,000円
849	法例彙纂 民法之部 第一篇	史官	ISBN978-4-7972-7147-8	66,000円
850	法例彙纂 民法之部 第二篇〔第一分冊〕	史官	ISBN978-4-7972-7148-5	55,000円
851	法例彙纂 民法之部 第二篇〔第二分冊〕	史官	ISBN978-4-7972-7149-2	75,000円
852	法例彙纂 商法之部〔第一分冊〕	史官	ISBN978-4-7972-7150-8	70,000円
853	法例彙纂 商法之部〔第二分冊〕	史官	ISBN978-4-7972-7151-5	75,000円
854	法例彙纂 訴訟法之部〔第一分冊〕	史官	ISBN978-4-7972-7152-2	60,000円
855	法例彙纂 訴訟法之部〔第二分冊〕	史官	ISBN978-4-7972-7153-9	48,000円
856	法例彙纂 懲罰則之部	史官	ISBN978-4-7972-7154-6	58,000円
857	法例彙纂 第二版 民法之部〔第一分冊〕	史官	ISBN978-4-7972-7155-3	70,000円
858	法例彙纂 第二版 民法之部〔第二分冊〕	史官	ISBN978-4-7972-7156-0	70,000円
859	法例彙纂 第二版 商法之部・訴訟法之部〔第一分冊〕	太政官記録掛	ISBN978-4-7972-7157-7	72,000円
860	法例彙纂 第二版 商法之部・訴訟法之部〔第二分冊〕	太政官記録掛	ISBN978-4-7972-7158-4	40,000円
861	法令彙纂 第三版 民法之部〔第一分冊〕	太政官記録掛	ISBN978-4-7972-7159-1	54,000円
862	法令彙纂 第三版 民法之部〔第ニ分冊〕	太政官記録掛	ISBN978-4-7972-7160-7	54,000円
863	現行法律規則全書（上）	小笠原美治、井田鐘次郎	ISBN978-4-7972-7162-1	50,000円
864	現行法律規則全書（下）	小笠原美治、井田鐘次郎	ISBN978-4-7972-7163-8	53,000円
865	國民法制通論 上巻・下巻	仁保龜松	ISBN978-4-7972-7165-2	56,000円
866	刑法註釋	磯部四郎、小笠原美治	ISBN978-4-7972-7166-9	85,000円
867	治罪法註釋	磯部四郎、小笠原美治	ISBN978-4-7972-7167-6	70,000円
868	政法哲學 前編	ハーバート・スペンサー、濱野定四郎、渡邊治	ISBN978-4-7972-7168-3	45,000円
869	政法哲學 後編	ハーバート・スペンサー、濱野定四郎、渡邊治	ISBN978-4-7972-7169-0	45,000円
870	佛國商法復説 第壹篇自第壹卷至第七卷	リウヒエール、商法編纂局	ISBN978-4-7972-7171-3	75,000円
871	佛國商法復説 第壹篇第八卷	リウヒエール、商法編纂局	ISBN978-4-7972-7172-0	45,000円
872	佛國商法復説 自第二篇至第四篇	リウヒエール、商法編纂局	ISBN978-4-7972-7173-7	70,000円
873	佛國商法復説 書式之部	リウヒエール、商法編纂局	ISBN978-4-7972-7174-4	40,000円
874	代言試驗問題擬判録 全 附録明治法律學校民刑問題及答案	熊野敏三、宮城浩蔵 河野和三郎、岡義男	ISBN978-4-7972-7176-8	35,000円
875	各國官吏試驗法類集 上・下	内閣	ISBN978-4-7972-7177-5	54,000円
876	商業規篇	矢野亨	ISBN978-4-7972-7178-2	53,000円
877	民法実用法典 全	福田一覺	ISBN978-4-7972-7179-9	45,000円

別巻　巻数順一覧【810～842巻】

巻数	書　名	編・著者	ISBN	本体価格
810	訓點法國律例 民律 上卷	鄭永寧	ISBN978-4-7972-7105-8	50,000 円
811	訓點法國律例 民律 中卷	鄭永寧	ISBN978-4-7972-7106-5	50,000 円
812	訓點法國律例 民律 下卷	鄭永寧	ISBN978-4-7972-7107-2	60,000 円
813	訓點法國律例 民律指掌	鄭永寧	ISBN978-4-7972-7108-9	58,000 円
814	訓點法國律例 貿易定律・園林則律	鄭永寧	ISBN978-4-7972-7109-6	60,000 円
815	民事訴訟法 完	本多康直	ISBN978-4-7972-7111-9	65,000 円
816	物権法(第一部)完	西川一男	ISBN978-4-7972-7112-6	45,000 円
817	物権法(第二部)完	馬場愿治	ISBN978-4-7972-7113-3	35,000 円
818	商法五十課 全	アーサー・B・クラーク、本多孫四郎	ISBN978-4-7972-7115-7	38,000 円
819	英米商法律原論 契約之部及流通券之部	岡山兼吉、淺井勝	ISBN978-4-7972-7116-4	38,000 円
820	英國組合法 完	サー・フレデリック・ポロック、榊原幾久若	ISBN978-4-7972-7117-1	30,000 円
821	自治論 一名人民ノ自由 巻之上・巻之下	リーバー、林董	ISBN978-4-7972-7118-8	55,000 円
822	自治論纂 全一册	獨逸學協會	ISBN978-4-7972-7119-5	50,000 円
823	憲法彙纂	古屋宗作、鹿島秀麿	ISBN978-4-7972-7120-1	35,000 円
824	國會汎論	ブルンチュリー、石津可輔、讃井逸三	ISBN978-4-7972-7121-8	30,000 円
825	威氏法學通論	エスクバック、渡邊輝之助、神山亨太郎	ISBN978-4-7972-7122-5	35,000 円
826	萬國憲法 全	高田早苗、坪谷善四郎	ISBN978-4-7972-7123-2	50,000 円
827	綱目代議政體	J・S・ミル、上田充	ISBN978-4-7972-7124-9	40,000 円
828	法學通論	山田喜之助	ISBN978-4-7972-7125-6	30,000 円
829	法學通論 完	島田俊雄、溝上與三郎	ISBN978-4-7972-7126-3	35,000 円
830	自由之權利 一名自由之理 全	J・S・ミル、高橋正次郎	ISBN978-4-7972-7127-0	38,000 円
831	歐洲代議政體起原史 第一册・第二册／代議政體原論 完	ギゾー、漆間眞學、藤田四郎、アンドリー、山口松五郎	ISBN978-4-7972-7128-7	100,000 円
832	代議政體 全	J・S・ミル、前橋孝義	ISBN978-4-7972-7129-4	55,000 円
833	民約論	J・J・ルソー、田中弘義、服部德	ISBN978-4-7972-7130-0	40,000 円
834	歐米政黨沿革史總論	藤田四郎	ISBN978-4-7972-7131-7	30,000 円
835	内外政黨事情・日本政黨事情 完	中村義三、大久保常吉	ISBN978-4-7972-7132-4	35,000 円
836	議會及政黨論	菊池學而	ISBN978-4-7972-7133-1	35,000 円
837	各國之政黨 全〔第1分册〕	外務省政務局	ISBN978-4-7972-7134-8	70,000 円
838	各國之政黨 全〔第2分册〕	外務省政務局	ISBN978-4-7972-7135-5	60,000 円
839	大日本政黨史 全	若林清、尾崎行雄、箕浦勝人、加藤恒忠	ISBN978-4-7972-7137-9	63,000 円
840	民約論	ルソー、藤田浪人	ISBN978-4-7972-7138-6	30,000 円
841	人權宣告辯妄・政治眞論一名主權辯妄	ベンサム、草野宣隆、藤田四郎	ISBN978-4-7972-7139-3	40,000 円
842	法制講義 全	赤司鷹一郎	ISBN978-4-7972-7140-9	30,000 円

[redacted]